Schubert   Frauen in der deutschen Nachkriegszeit   Band 1

Studien
Materialien
Band 21

Geschichtsdidaktik

herausgegeben von
Klaus Bergmann
Annette Kuhn
Jörn Rüsen
Gerhard Schneider

Doris Schubert

Frauen in der deutschen Nachkriegszeit

Band 1: Frauenarbeit 1945–1949
Quellen und Materialien

herausgegeben
von Annette Kuhn

Schwann Düsseldorf

Die vorliegende Arbeit ist entstanden im Rahmen des von der VW-Stiftung geförderten Forschungsprojekts „Die Stellung von Frauen in der Arbeitswelt und in der Familie in Deutschland von 1945–1949. Ein Beitrag zur Erforschung des weiblichen Lebenszusammenhangs in der Nachkriegszeit."
Für die Bereitstellung von Quellenmaterial danke ich den Mitarbeiterinnen und Mitarbeitern des Hauptstaatsarchivs Düsseldorf, des Archivs des DGB, Düsseldorf und der Stadtarchive Duisburg und Wesel sowie dem Imperial War Museum, London.

Dinslaken, im September 1984   *Doris Schubert*

CIP-Kurztitelaufnahme der Deutschen Bibliothek

Frauen in der deutschen Nachkriegszeit / hrsg. von
Annette Kuhn. – Düsseldorf : Schwann
   (Geschichtsdidaktik : Studien, Materialien ; . . .)
NE: Kuhn, Annette [Hrsg.]
Bd. 1. Frauenarbeit 1945–1949. – 1984

Frauenarbeit 1945–1949 : Quellen u. Materialien /
Doris Schubert. – Düsseldorf : Schwann, 1984. – ca. 440 S.
   (Frauen in der deutschen Nachkriegszeit ; Bd. 1)
   (Geschichtsdidaktik : Studien, Materialien ; Bd. 21)
   ISBN 3-590-18028-5
NE: Schubert, Doris [Mitverf.]; Geschichtsdidaktik /
Studien, *Materialien*

© 1984 Pädagogischer Verlag Schwann-Bagel GmbH, Düsseldorf
Alle Rechte vorbehalten
1. Auflage 1984
Titelbild: Frank Grube/Gerhard Richter:
Die Schwarzmarktzeit. Deutschland zwischen 1945 und 1948, Hamburg 1979
Herstellung: Boss-Druck, Kleve
ISBN 3-590-18028-5

Inhalt

Band 1
Frauenarbeit 1945–1949

Vorwort der Herausgeberin

Frauenarbeit in der deutschen Nachkriegsgeschichte –
Ein Beitrag zur Kontinuität der Geschlechterrollen

Erste Annahmen zu den Emanzipationschancen der Frauen nach '45

Als im Jahre 1980 der Projektplan „Die Stellung der Frauen in der Arbeitswelt und in der Familie in Deutschland 1945 bis 1949" entstand, wurden weitreichende Hypothesen zur Bedeutung der Nachkriegszeit für die deutschen Frauen aufgestellt[1]. Aus der Sicht der Frauengeschichte brachten gerade die letzten Kriegs- und ersten Nachkriegsjahre große Veränderungen mit sich, die vor allem im familialen Bereich und in der Arbeitswelt der Frauen ablesbar waren. Diese offensichtlichen Veränderungen begünstigten, so unsere ersten Annahmen, nicht nur eine vorübergehende Enttypisierung der gewohnten Geschlechterrollen[2], sondern auch eine dauerhafte Auflösung der rigiden, geschlechtsspezifischen Rollenzuweisungen, die für moderne kapitalistische Industriegesellschaften typisch sind, die aber in der deutschen Tradition eine besondere Familienorientiertheit der deutschen Frauen aufwiesen.

Die ersten Hypothesen zur möglichen Diskontinuität der Geschlechterrollen nach '45 wurden in einen gesellschaftlichen Bezugsrahmen gestellt, den wir zunächst recht unkritisch als ein Indiz für die Möglichkeiten der Überwindung patriarchalischer Strukturen im Zusammenhang mit der Demokratisierung der Nachkriegsgesellschaft deuteten. Die „Chancen" für die Frauen nach '45 wurden an sehr allgemeinen politischen und ideologischen Tendenzen eines Aufbruchs und eines Neubeginns '45 festgemacht, die wir auch als günstig für die Überwindung autoritärer, patriarchalischer Strukturen und für die demokratische und soziale Neuordnung nach '45 ansahen. Dabei setzten wir einen engen Zusammenhang zwischen der Möglichkeit der Auflösung geschlechtsspezifischer Rollenzuweisungen und den Demokratisierungschancen der deutschen Nachkriegsgesellschaft voraus, so wie wir umgekehrt in der Steigerung der geschlechtsspezifischen Arbeitsteilung und der Ideologisierung der Geschlechterrollen eine Kontinuität antidemokratischer, autoritärer Tendenzen vermuteten, die im deutschen Faschismus ihren äußersten antifeministischen, antidemokratischen und antisozialen bzw. anti-sozialistischen Ausdruck gefunden hatten. In diesem Sinne wurden günstige Faktoren für die Überwindung patriarchalischer Strukturen 1945 u. a. festgemacht an

– den weitgehenden, im Potsdamer Abkommen dargelegten demokratischen Postulaten der Siegermächte

- dem Prestige der Arbeiterbewegung als des bedeutendsten Trägers des antifaschistischen Widerstands
- dem antikapitalistischen Tenor der politischen Programme der sich reorganisierenden bzw. konstituierenden Parteien
- der wohlwollenden Haltung einflußreicher politischer Kreise in Großbritannien und den USA gegenüber den Bestrebungen nach Sozialisierung der Grundstoffindustrien, nach einer umfassenden Bodenreform und Mitbestimmung
- der gesellschaftlichen Notlage nach dem Krieg, der das alte Sozialgefüge scheinbar vernichtet hatte und eine Bevölkerungsverschiebung ungeheuren Ausmaßes provoziert hatte, die eine Umverteilung des Eigentums zwingend erscheinen ließen
- dem scheinbaren totalen Zusammenbruch des kapitalistischen Wirtschaftssystems
- der scheinbaren Zerrüttung bürgerlicher Normen und Wertvorstellungen.

Aufgrund der allgemeinen demokratischen, antifaschistischen Rahmenbedingungen vom Mai 1945 glaubten wir im innergesellschaftlichen Bereich Ansätze zu erkennen nicht nur zu einem gesellschaftlichen Neubeginn, zur Neubestimmung des Verhältnisses von Kapital und Arbeit, von Sozialismus und Demokratie usw., sondern auch zur Überwindung der geschlechtsspezifischen Zuweisungen im Sinne der vorherrschenden, dualistischen Geschlechterstereotypen, zur Aufhebung der herrschenden Diskriminierung der Frauen im familiären und öffentlichen Bereich und zur Problematisierung ihrer strukturellen sozialen Ungleichheit im gesamtgesellschaftlichen Bereich.

Auf den ersten Blick sprach, so schien es, sehr vieles für die Richtigkeit dieser Thesen. Die selbstbewußte Aussage, die in den Jahren '45 bis '47 immer wieder sowohl von männlicher als auch von Frauenseite zu hören war: „Das Schicksal Deutschlands liegt in der Hand seiner Frauen"[3], hatte in dieser Phase der ersten Hypothesenbildung einen programmatischen und verheißungsvollen Klang. Denn die Frauen in Deutschland waren sich 1945 ihres gesellschaftlichen Wertes bewußt; allerdings, wie wir erst später beobachteten, in einem nicht ökonomischen Sinne des Wortes. Den ökonomischen Wert ihrer gesellschaftlich notwendigen Arbeit begriffen sie nicht.

Unsere ersten Vermutungen zur Nachkriegszeit als einer Chance für die Frauenemanzipation stützten sich nicht nur auf die aus Quellen hervorgehende Stimmungslage zur „männerlosen" Zusammenbruchsgesellschaft von 1945 und das offensichtlich gesteigerte Selbstbewußtsein der Frauen in diesen Jahren. Auch in der Frauenforschung der letzten Jahre wurde die These vom Matriarchat der Nachkriegszeit aufgestellt, wenn auch in dem eingeschränkten Sinne als einem von außen „erzwungenen", nicht aber als einem von Frauen selbst gewollten Zustand weiblicher Dominanz und Überlegenheit[4]. Und schließlich galt es, den kritischen Anfragen der jüngeren Generation an die Lernerfahrungen der Mütter und Großmütter nicht auszuweichen. Denn aus den Reihen der Frauen in der Frauenbewegung und in den Geschichtswerkstätten drängte sich wieder die Frage auf: lag nicht in der bedingungslosen Kapitulation vom Mai 1945 gerade für die Frauen die Chance, nachpatriarchalische Verhaltensnormen und Gesellschaftsstrukturen zum Durchbruch zu verhelfen?[5] Oder wurde auch von ihnen 1945 eine einmalige Chance verpaßt?

Die Zusammenbruchsgesellschaft der deutschen Nachkriegszeit war in der Tat in ihrer Mehrzahl eine Frauengesellschaft. 3,7 Millionen deutsche Soldaten waren im 2. Weltkrieg gefallen, 11,7 Millionen befanden sich bei Kriegsende in Gefangenschaft. Es gab 3,7 Millionen alleinstehende Frauen, zum größten Teil im Alter zwischen 20 und 40 Jahren. Allein aus diesem demographischen Befund lag es nahe, aus der Sicht der Frauengeschichte sich in die in der Geschichtswissenschaft inzwischen entfachte Diskussion um die sozialen Kontinuitäten und Diskontinuitäten in der Nachkriegszeit einzumischen, eine Diskussion, die inzwischen fast alle gesellschaftlichen Gruppen und Strukturen der deutschen Nachkriegsgesellschaft erfaßte, die Frauengeschichte und die Frage nach der Kontinuität bzw. Diskontinuität der Geschlechterrollen aber bisher vollends aus dem wissenschaftlichen Diskurs ausgeschlossen hat[6].

Im Verlauf der Projektarbeit sind fast sämtliche der ersten Thesen zur Diskontinuität der Geschlechterrollen in der deutschen Nachkriegszeit wieder in Frage gestellt worden. Die nähere Beschäftigung mit der Frauenarbeit nach '45 und dem möglichen Neubeginn '45 hat sogar zu einer Umkehrung der ersten Annahmen zu den Chancen der Frauenemanzipation der deutschen Nachkriegszeit geführt. Nicht die Diskontinuitäten, sondern die Kontinuitäten in Geschlechterrollenzuweisungen und -verhalten drängten sich immer mehr auf. Wie ist aber diese Revision unserer ersten Annahmen zu erklären?

Neue Frauenrollen innerhalb alter Strukturen – eine erste Auswertung der Quellen zur Frauenarbeit nach '45

Die Erschließung der Quellen zur Frauenarbeit im häuslichen und außerhäuslichen Bereich nach '45 führte keineswegs unmittelbar zu einer Revision der ersten Thesen von den Chancen der Geschlechterrollenveränderung '45 und der Diskontinuität hinsichtlich der traditionellen Vorstellung der Frauenrolle. Im Gegenteil. Manche frühere Thesen zum Neubeginn '45 schienen sich angesichts des Quellenbefundes aus der Sicht der Frauenarbeit zu bestätigen. Denn die gesellschaftliche Bedeutung der Frauenarbeit im erweiterten Reproduktionsbereich, aber zu unserer Überraschung auch im Produktionsbereich stieg nach 1945 immens an. In der akuten Ernährungs- und Versorgungskrise 1946 und 1947 hing das Überleben der Bevölkerung weitgehend von der Leistungsfähigkeit der Frauen ab. Das Jahr 1947 signalisierte die Krise der Reproduktionsfähigkeit der Gesellschaft, eine Krise, die erst in sekundärer Weise zu einer Krise im Produktionsbereich führte[7]. Auch die innerfamilialen Strukturen schienen sich nach '45 grundlegend nicht nur zugunsten der dominanten Rolle der Frauen, sondern auch im Hinblick auf eine neue Sicht der Frauenrolle innerhalb der Familie zu verändern. Frauen erwiesen sich in den Jahren nach '45 als die psychisch stärkeren; sie waren belastbarer und erfindungsreicher als die Männer. Frauen in Männerberufen gehörten zu den Alltagserscheinungen der Nachkriegszeit.

Dieser Quellenbefund ließ auf eine Infragestellung der geschlechtsspezifischen Stereotypisierungen nach '45 zunächst schließen. Denn die Realität der Jahre

'45 bis '49 schloß faktisch die Arbeitsteilung in ihrer traditionellen geschlechts-spezifischen Form aus. Die veränderten Lebensanforderungen an die Frauen widerlegten scheinbar auch die Vernünftigkeit und gesellschaftliche Nützlich-keit der alten Geschlechterrollenzuweisungen. Wieso rückten wir dennoch von der These des Neuanfangs, der Diskontinuität immer mehr ab?

Auf die für uns zunächst erstaunliche Tatsache, daß die neue Realität der erwei-terten Frauenarbeit in fast allen Männerbereichen und der erhöhten gesell-schaftlichen Bedeutung der weiblichen Reproduktionsarbeit keine Strukturän-derungen weder im Hinblick auf eine Aufhebung des geschlechtsspezifischen Arbeitsmarktes noch in dem Verständnis der frauenzentrierten Familienarbeit erzwang, gaben die Quellen selbst eine erste Erklärung. Denn diese Frauenarbeit der Nachkriegszeit, die faktisch die geschlechtsspezifisch gezogenen Grenzen sprengte, wurde immer wieder in den verschiedensten Verfügungen und Refle-xionen sowohl von seiten der Männer als auch der Frauen ausdrücklich als eine begrenzte, vorübergehende Notmaßnahme bezeichnet, als eine Ersatz-Arbeit, nur gültig bis die Männer wieder heimkehrten, bis die Wirtschaft wieder in Ord-nung ist . . . usw. Unter dem altbekannten Hinweis auf die „Wesensgemäßheit" der Frauen und der zu erwartenden „Normalisierung" der Wirtschaft wurde diese Frauenarbeit der Nachkriegszeit ihrer eigenen Faktizität beraubt. Sie blieb somit im Hinblick auf strukturelle Veränderungen ohne Konsequenzen. Sie war Arbeit in einer Notsituation, in der zwar die Legenden zur übermenschlichen Arbeitsleistung der Frauen entstanden, in der aber keine Rechte aufgrund dieser Arbeit einklagbar seien.

Wir haben uns an die verschleiernden Redewendungen zur Nachkriegssituation so sehr gewöhnt, daß sie inzwischen den Schein der Realität für sich beanspru-chen können. Denn es entspricht einem weit verbreiteten Vorurteil, die Deut-schen wären nach '45 in einen faktischen und psychologischen Ausnahmezustand geraten, der sie von der Verantwortung, dem Handeln, bzw. Nicht-Handeln in diesen Jahren dispensiere. Es ist viel von der „Stunde Null", vom Chaos und von dem notwendigen „Tiefschlaf" die Rede. In dieses Gesamtkonzept der Aus-nahmesituation fügt sich auch die Zudeckung der „männlichen" Frauenarbeit nach 1945. Ihre Abwertung als eine vorübergehende Ersatz-Arbeit, eine Abwer-tung, – die auch die Heroisierung dieser Ersatzarbeit gefahrlos einschloß – kann somit als Bestandteil des allgemeinen Mythos des Ausnahmezustandes nach '45 begriffen werden. Innerhalb dieser Sicht verwundert es dann auch nicht, daß sich nach '45 im Hinblick auf das Geschlechterrollenverhältnis so wenig und nichts Entscheidendes geändert hat.

Um aber die mehrwertschaffende Qualität dieser Frauenarbeit, ihre Bedeutung in der akkumulativen Phase der Nachkriegswirtschaft und in der Formations-phase der Nachkriegsgesellschaft zu erfassen, muß diese Erklärung der Frauen-arbeit zu unverbindlichen Ersatzleistungen nochmals unter dem Aspekt der geschlechtsspezifischen und ökonomischen Kontinuität überprüft werden. Denn es gilt, die Funktion der geschlechtsspezifischen Arbeitsteilung und der Ideologie der Geschlechterrollen für die kapitalistische „Restauration" nach '45 zu erfassen. Diese Nachfrage ist um so wichtiger, da auch in der Frauenfor-schung die erste Phase der deutschen Nachkriegszeit immer noch weitgehend als eine Periode „ungesteuerter Auflösungserscheinungen im Produktions- und Reproduktionsbereich" betrachtet wird[8]. Es wird zwar hervorgehoben, daß die Frauen die Hauptverantwortung für die unmittelbare und mittelbare Reproduktion trugen, daß sie darüber hinaus zur Erwerbstätigkeit gezwungen waren. Die konstitutive Bedeutung dieser doppelten Arbeitslast der Frauen für die westdeutsche Wirtschaftsentwicklung und für die Verfestigung der Geschlechterrollen wird aber übersehen.

Die Bedeutung der Restaurationsdebatte für die Einschätzung der Kontinuität der Geschlechterrollen nach '45

Die immer stärkere Hervorhebung der Kontinuität der Geschlechterrollen im Verlauf unserer Arbeit entspricht einem allgemeinen Befund in der gegenwärtigen Kontinuitätsdiskussion. Gerade in der sozial- und strukturgeschichtlichen Ausrichtung dieser Debatte werden trotz der Anerkennung der tiefgreifenden Diskontinuität im politischen Bereich, die in der deutschen Teilung ihren Ausdruck findet, inzwischen vor allem die langfristig wirksamen Kontinuitäten im wirtschaftlichen, sozialen und kulturellen Leben unserer westdeutschen Nachkriegsgesellschaft betont. „In einer langfristigen Betrachtungsweise, die über die jeweiligen Regimephasen hinausgreift, werden vielleicht Entwicklungslinien sichtbar, die in relativer Indifferenz gegenüber dem politischen Herrschaftssystem stehen"[9].

Zu diesen langfristigen Kontinuitäten gehört zweifellos auch die Kontinuität der Geschlechterrollen in Deutschland, die sich trotz mancher Anzeichen des Aufbruchs '45 bis '47 insgesamt durchgesetzt hat und zu einer weiteren Ausdifferenzierung des geschlechtsspezifischen Arbeitsmarktes, zu einer noch stärkeren Betonung der Frauenzentriertheit der Familie und somit zu einer erneuten ökonomisch erklärbaren, ideologisch überhöhten Zementierung der sozialen Ungleichheit der Frauen in den 50er und 60er Jahren der Bundesrepublik geführt hat. Somit fügt sich diese Interpretation der Kontinuität der Geschlechterrollenzuweisungen in einen größeren sozialgeschichtlichen Zusammenhang der Kontinuität grundlegender gesellschaftlicher Strukturen bis in unsere Gegenwart hinein. Die volle Tragweite dieser Kontinuität wird aber in ihren gegenwartskritischen Elementen voll sichtbar, wenn auf die Restaurationsdebatte in ihrer materiellen und politischen Substanz zurückgegriffen wird. Denn die Geschlechterrollenzuweisungen in einer Gesellschaft sind niemals „indifferent" gegenüber dem politischen Herrschaftssystem. Kapitalismus und Faschismus gehören zu den beiden Traditionselementen, die unter dem Aspekt der Geschlechterrollenkontinuität in Deutschland stets mitbedacht werden müssen.

Die Antithese: Restauration oder demokratische Neuordnung stellt, sollte sie als ein Hinweis auf zwei sich völlig ausschließende politische Wege mißverstanden werden, eine falsche Alternative dar. Hierauf hat zuletzt Jürgen Kocka aufmerksam gemacht[10]. Denn unsere gegenwärtige Gesellschaft verkörpert im Gegensatz zum NS-Faschismus eine relativ stabile Form der Demokratie, die von restaurativen, aber auch von antidemokratischen Traditionen stark durchsetzt ist. Der Begriff Restauration ist auch unscharf, da es, streng genommen, keine kapitalistische Restauration gegeben hat, weil der Kapitalismus in Deutschland niemals untergegangen ist.[11] Vergleichbares gilt für die sog. „Restauration" anderer gesellschaftlicher Bereiche, insbesondere für den Fortbestand der Bürokratie, des deutschen Wohlfahrtsstaates usw. Demokratischer Neubeginn und die Durchsetzung restaurativer Tendenzen in der deutschen Gesellschaft nach '45 schließen sich daher nicht aus. Dabei bleibt die Frage nach der Durchsetzung traditioneller Strukturen, wie etwa der gesellschaftlichen Zuweisung der Geschlechterrollen nach '45, für die Bestimmung der materiellen Substanz der Demokratie in der westdeutschen Gesellschaft von zentraler Bedeutung. In diesem Sinne genügt es nicht, einfach die Kontinuität der Geschlechterrollenzuweisungen nach '45 abgehoben von den spezifischen Bedingungen der kapitalistischen Restauration und des demokratischen Neubeginns in der Formationsphase der Nachkriegsgesellschaft nach '45 zu konstatieren. Es muß vielmehr an die Funktion der Geschlechterrollenzuweisungen in modernen Industriegesellschaften erinnert werden, die erst diese Kontinuitätslinie der Geschlechterrollenzuweisungen begründet.

Zu den traditionellen Strukturelementen moderner kapitalistischer Gesellschaften gehört die geschlechtsspezifische Arbeitsteilung, die in der Trennung zwischen Erwerbs- und Familienarbeit, in der Ausbildung eines frauendiskriminierenden, geschlechtsspezifischen Arbeitsmarktes und in der einseitigen Zuweisung der Frau an den häuslichen Arbeitsbereich ihren gesellschaftlichen, in den Geschlechterrollenstereotypen ihren ideologischen Ausdruck findet. Diese Tradition der Geschlechterrollenzuweisungen, die sich bis zum Durchbruch der kapitalistisch-bürgerlichen Gesellschaftsstruktur im Europa des 16. und 17. Jahrhunderts zurückverfolgen läßt, geriet erst in den Rationalisierungsprozessen der kapitalistischen Hochindustrialisierung und bei den mit ihnen verbundenen Wirtschaftskrisen in einen offensichtlich krisenhaften Zustand, der von der gesamtgesellschaftlichen Krise und der besonderen sozialen Gefährdung der Frauen nicht zu lösen ist[12]. Das gilt vor allem für den forcierten Rationalisierungsprozeß während des deutschen Faschismus, als die geschlechtsspezifische Diskriminierung und die soziale Entrechtung sich ungehemmt durchsetzen konnten. Nicht zufälligerweise hat das NS-Regime die geschlechtsspezifische Arbeitsteilung zu einem zentralen Punkt ihres Programms gemacht und durch „ein ganzes Arsenal von Instrumenten" auf allen Bereichen der dequalifizierten weiblichen Erwerbstätigkeit, der unentlohnten weiblichen Hausarbeit und der „ehrenamtlichen" Sozialarbeit durchgesetzt. „Die atavistischen und irrationalen Züge des NS-Regimes (im Hinblick auf ihre Geschlechterrollenpolitik und Ideologie A. K.) stehen durchaus nicht im Gegensatz zu dem modernen Wirtschaftssystem, sondern sie sind, wie ich an der Durchsetzung des Fließbandproletariats zu zeigen versuchte, Grundlage der jüngsten und modernsten Form der Arbeitsteilung"[13].

Wird hier von der Kontinuität der Geschlechterrollenzuweisungen nach '45 gesprochen, so muß gefragt werden, inwieweit diese Ausprägung der geschlechtsspezifischen Arbeitsteilung mit ihrer strukturellen Benachteiligung und ihrer ideologischen Fixierung der Frauen sich nach '45 fortgesetzt hat. Unter diesem

Aspekt erscheint das Phänomen der sozialen Ungleichheit (hier das der sozialen Ungleichheit der Geschlechter) nicht einfach als ein „normales" Folgeproblem westlicher „kapitalistisch-bürgerlicher Industriegesellschaften fortgeschrittenen Types", das unter Absehung des deutschen Sonderwegs und des deutschen Faschismus zu betrachten ist[14]. Die Kontinuität der Geschlechterrollen ist vielmehr auf das engste mit den spezifisch antidemokratischen Tendenzen der gesellschaftlichen Entwicklung in ihrem Mißverhältnis zu den wirtschaftlichen Fortschritten innerhalb dieser gesellschaftlichen Entwicklung verbunden. Die Modernisierung der deutschen Gesellschaft bringt weder eine Demokratisierung noch eine Aufhebung der Frauendiskriminierung automatisch mit sich[15].

In diesem Sinne rücken die Ergebnisse der Quelleninterpretation zur Frauenarbeit in der deutschen Nachkriegsgeschichte und Erkenntnisse aus der Restaurationsdebatte enger zusammen. Denn aus der Sicht der Kontinuität der kapitalistischen Wirtschaft ist erkennbar, daß die wirtschaftliche Restitution nicht selten „zu Lasten der Bevölkerung" ging (Abelshauser), daß die wirtschaftlichen Prioritäten, so z. B. die Bevorzugung der Grundstoff- und der Investitionsgüter zuungunsten der Konsumgüter, die Forcierung der Produktionssteigerung gegenüber der Sicherung der unmittelbaren Lebensbedingungen (Wohnung, Nahrung, Heizung, Kleidung), die steuerliche Begünstigung der Besitzenden gegenüber den Lohnempfängern, die Legalisierung der Hortungen vor der Währungsreform und manches mehr nicht nur als ein Ausdruck der Restitution einer kapitalistischen Wirtschafts- und Gesellschaftsordnung zu werten ist, die keine sozialistischen, wirtschaftsdemokratischen Alternativen mehr zuließ. Diese spezifische Form der Kontinuität der kapitalistischen Produktionsweise in der Geschichte der westdeutschen Nachkriegsgesellschaft hat aus der Sicht der Frauenarbeit nach '45 eine frauenspezifische und eine frauenbenachteiligende Dimension. Werden die wirtschaftlichen Prioritätensetzungen nach '45 nicht nur in ihrer Klassenspezifik, sondern in ihrer Geschlechtsspezifik gesehen, so ging diese Form der kapitalistischen Restauration in besonderer Weise zu Lasten der frauenzentrierten Haushalte und somit primär zu Lasten der Frauen.

Die Betrachtung der Restaurationsdebatte aus der Sicht der Frauenarbeit ist in zweifacher Weise weiterführend. Zunächst wird sichtbar, daß die Interpretation des „Arbeitskräftepotentials" der Nachkriegszeit als eine geschlechtsneutrale Größe zu Verkürzungen führt. Zu den Bedingungen der wirtschaftlichen Restitution gehörten nicht nur die in der Literatur immer wieder angeführten Faktoren, amerikanische technologische Innovationen und amerikanisches Anlagenkapital, die von den USA konzipierte Währungsreform, das niedrige Lohnniveau bei einem hohen Arbeitskräftepotential, die große Nachfrage im Inland, usw., sondern auch die Spezifik der Frauenarbeit, die einfach nicht als geschlechtsneutrales Arbeitspotential verrechenbar ist. Die Sperrigkeit der Frauenarbeit gegenüber den alleinigen Verwertungsinteressen des Kapitals wird vor allem an der doppelten Belastung der Frauen und an der Krise im Reproduktionsbereich sichtbar, die wiederum ein deutlicher Hinweis darauf ist, daß die Frauenarbeitskraft im Reproduktionsbereich nicht einfach als eine unerschöpfliche Naturressource betrachtet werden kann. Somit macht die Frauenarbeit erst auf die Konstitutionsbedingungen der deutschen Nachkriegsgesellschaft aufmerksam, die eine Kontinuität der unentlohnten Frauenfamilienarbeit voraussetzte.

Die gesellschaftliche Notwendigkeit der traditionellen Geschlechterrollenzuweisungen, die ab 1947 unabweisbar war, deutet aber auch auf gesellschaftliche Alternativmöglichkeiten hin, die sich aus einer näheren Betrachtung der Frauenarbeit in der deutschen Nachkriegszeit ergeben. Doris Schubert spricht davon, „daß die Ernährungs- und Versorgungsprobleme und die Eigentumsverhältnisse im Produktionsbereich, die Mißachtung menschlicher Bedürfnisse in der ‚Privat'-sphäre und die Ausbeutung der Arbeiter/innen in der Produktionssphäre zwei Seiten derselben Medaille „Kapitalismus" darstellen ... [Dies] wurde nicht gesehen. Speck *und* Sozialisierung hätte die Forderung nach einer grundlegenden gesellschaftlichen Neuordnung heißen müssen" (S. 54)[16].

Die kapitalistische Restauration der deutschen Nachkriegszeit führte zu einer extremen Disjunktion von Produktions- und Reproduktionsinteressen, obgleich die Subsistenzarbeit der Frauen eine entscheidende Grundlage der Akkumulation bildete. Die verzweifelte Losung in der Krisenzeit 1947, die Speck statt Sozialisierung lautete, signalisierte die Alternativlosigkeit zur privatkapitalistischen Restauration und den erzwungenen Verzicht auf gesellschaftliche Reformen in der Nachkriegsgesellschaft. Diese Krise gibt aber nicht nur Hinweise auf die Sackgasse einer kapitalistischen Entwicklung, die sich soweit von den Reproduktionsbedürfnissen abkoppelte, daß der gemachte Hunger nicht mehr behoben werden konnte. Sie läßt auch erkennen, daß die gesellschaftliche Anerkennung der Reproduktionsbedürfnisse wohl erst gelingen kann, wenn sich die Geschlechterrollenzuweisungen insgesamt ändern. Diese Chance ist in der Tat '45 versäumt worden.

Anmerkungen

[1] Dieses Projekt wurde in den Jahren 1981–84 von der Stiftung Volkswagenwerk gefördert. Doris Schubert ist eine der Mitarbeiterinnen. Zum Projekt s. Arbeitsmaterialien für das 4. Historikerinnentreffen Berlin, 23. bis 25. März 1983. Vervielfältigte Tagungsvorlage S. 27, vorgelegt von Anna Freier und Doris Schubert.

[2] Der Begriff „Enttypisierung" ist dem Projekt von Lutz Niethammer zur oral history entnommen: „Die Jahre weiß man nicht, wo man die heute hinsetzen soll", Bonn 1983. Hier wird von einer kurzfristigen Enttypisierung der Geschlechterrollen gesprochen. Näheres s. Angela Seeler, Ehe, Familie und andere Lebensformen in den Nachkriegsjahren im Spiegel der Frauenzeitschriften. In: Frauen in der Geschichte V, Düsseldorf 1984, S. 90 ff.

[3] Dieses Zitat stammt aus einer der zahlreichen Frauenzeitschriften der unmittelbaren Nachkriegszeit.

[4] Elke Nyssen, Sigrid Metz-Göckel, „Ja, die waren ganz einfach tüchtig" – Was Frauen aus der Geschichte lernen können. In: Frauen in der Geschichte V, Düsseldorf 1984, S. 312 ss.

[5] Nachkriegsgeschichte. In: Geschichtswerkstatt. Info 3, Sondernr. April 1984, S. 23 ff. Die Beschäftigung mit der Nachkriegsgeschichte wird mit dem Suchen nach Alternativen begründet, da die nach dem 2. Weltkrieg „mehrheitlich akzeptierten Entwicklungsmodelle zunehmend brüchig zu werden scheinen".

[6] Werner Conze u. M. Rainer Lepsius (Hg.), Sozialgeschichte der Bundesrepublik Deutschland. Beiträge zum Kontinuitätsproblem, Stuttgart 1983; Heinrich August Winkler (Hg.), Politische Weichenstellungen im Nachkriegsdeutschland 1945–1953, Göttingen 1979.

[7] Diese These von der Krise im Reproduktionsbereich '47 ist neu. Sie steht in einem gewissen Widerspruch zu der Annahme, daß die Produktionskrise von '47 auf eine Krise im Transportwesen, bzw.

in der Infrastruktur zurückzuführen ist. Vgl. Abelshauser, Wirtschaft in Westdeutschland 1945–1948, Stuttgart 1975, S. 168. Diese Nichtbeachtung des Reproduktionsbereichs in der Wirtschaftsgeschichte ist charakteristisch nicht nur für die einseitige Orientierung an der Produktionssphäre, sondern für die Behandlung der Arbeit als eine geschlechtsneutrale Größe. Daß diese Interpretationsdifferenz folgenreich ist, wird zu Recht von der Frauenforschung hervorgehoben.

[8] Karin Jurczyk, Frauenarbeit und Frauenrolle. Zum Zusammenhang von Familienpolitik und Frauenerwerbstätigkeit in Deutschland von 1918–1975, Frankfurt 1977, S. 76; eine differenziertere Darstellung findet sich bei Anne Sachs, Aspekte der beruflichen und sozialen Situation von Frauen in den Jahren 1945 bis 1948. In: Frauenforschung, Informationsdienst des Forschungsinstituts Frau und Gesellschaft, 1. Jg. Heft 3/4, 1983, S. 103 ff.

[9] M. Rainer Lepsius, Die Bundesrepublik Deutschland in der Kontinuität und Diskontinuität historischer Entwicklungen. Einige methodische Überlegungen. In: Sozialgeschichte der Bundesrepublik Deutschland, Stuttgart 1983, S. 14.

[10] Jürgen Kocka, 1945: Neubeginn oder Restauration. In: Wendepunkte deutscher Geschichte 1848–1945. Hg. v. Carola Stern und H. A. Winkler, Frankfurt 1982, S. 141 ff.

[11] E. U. Huster u. a., Determinanten der westdeutschen Restauration 1945–1949, Frankfurt 1977, S. 70.

[12] Zur Kontinuität der Geschlechterrollen herrschen in der Frauenforschung unterschiedliche Meinungen. Nach Karin Hausen (Die Polarisierung der Geschlechtscharaktere. In: Sozialgeschichte der Familie der Neuzeit Europas, Stuttgart 1977) bringt erst der gesellschaftliche Umbruch um 1770 die Geschlechterrollen in ihrer heutigen Stereotypisierung hervor. In meinem Beitrag „Das Geschlecht – eine historische Kategorie?" In: Frauen in der Geschichte IV, Düsseldorf 1983, S. 29 ff. habe ich die beginnende Neuzeit als Ausgangspunkt der neuen Geschlechterrollenzuweisungen bezeichnet.

[13] Annemarie Tröger, Die Frau im wesensgemäßen Einsatz. In: Mutterkreuz und Arbeitsbuch, Frankfurt 1981, S. 261 und S. 272.

[14] Kocka, a. a. O. S. 167.

[15] Für die deutsche Nachkriegsgeschichte wird vielfach von den positiven Auswirkungen der Modernisierung für die Frauen gesprochen. Vgl. Margot Schmidt, Im Vorzimmer. Arbeitsverhältnisse von Sekretärinnen und Sachbearbeiterinnen bei Thyssen nach dem Krieg, und Anne-Katrin Einfeldt, Zwischen alten Werten und neuen Chancen. Häusliche Arbeit von Bergarbeiterfrauen in den fünfziger Jahren. In: „Hinterher merkt man, daß es richtig war, daß es schief gegangen ist". Nachkriegserfahrungen im Ruhrgebiet, hg. von Lutz Niethammer, Bonn 1983; allgemein hierzu: Richard Evans, Modernization. Theory and Women's History. In: Archiv für Sozialgeschichte XX 1980, S. 492 ff.

[16] Doris Schubert, „Frauenmehrheit verpflichtet" – Überlegungen zum Zusammenhang von erweiterter Frauenarbeit und kapitalistischem Wiederaufbau in Westdeutschland. In: Frauen in der Geschichte V, Düsseldorf 1984, S. 231 ff.

Teil I: Einführung

1. Arbeit = Lohnarbeit?
Für einen erweiterten Arbeitsbegriff

Zwei alltägliche Situationen:

- In einer Diskussion über die Problematik der Vereinbarkeit von Berufstätigkeit und Kindererziehung fällt die in diesem Zusammenhang typische Bemerkung: „Meine Frau arbeitet nur halbtags." Ironische Entgegnung: „Den Rest des Tages dreht sie wohl Däumchen?!"
- In einem Gespräch über die Arbeitsbelastung von Hausfrauen behauptet ein Gesprächsteilnehmer, die Beschäftigung einer Mutter mit ihren Kindern könne nicht als Arbeit angesehen werden. Nach einer Begründung dieser Ansicht befragt, antwortet er: „Weil es Spaß macht!"

In diesen beiden Episoden kommen zwei grundlegende Einschätzungen dessen, was in unserer Gesellschaft als Arbeit angesehen wird, zum Ausdruck:

1. Arbeit wird mit der Erarbeitung des für den Lebensunterhalt notwendigen Geldeinkommens, mit Lohnarbeit gleichgesetzt. Nicht entlohnte Tätigkeiten werden nicht als Arbeit angesehen.
2. Es wird strikt getrennt zwischen Arbeit als einer im großen und ganzen unliebsamen und beschwerlichen, aber gesellschaftlich notwendigen Pflicht und lustbetonten, der Selbstverwirklichung dienenden, als „Privatinteressen" deklarierten Tätigkeiten, zu denen ein großer Teil der Hausarbeit (wie in obigem Beispiel die Kindererziehung) gerechnet wird.

Die Gleichsetzung von Arbeit und Lohnarbeit und die Trennung von „privaten" und „gesellschaftlichen" Interessen sind Ausdruck der spezifischen sozioökonomischen Verhältnisse in bürgerlich-kapitalistischen Industriegesellschaften. Im Erleben des einzelnen zerfällt die Gesellschaft in zwei voneinander getrennte Bereiche, die sich an einander scheinbar gegenseitig ausschließenden Normen- und Wertesystemen orientieren.

Der öffentliche Bereich erscheint als ein nach rationalen Prinzipien geordnetes politisch-ökonomisches System, dessen Ziel permanentes ökonomisches Wachstum auf der Basis eines in seinen Zielen nicht hinterfragten technischen Fortschritts ist. „Fortschritt" in der Reproduktionssphäre, ein „besseres Leben", wird von diesem ökonomischen Wachstum in der Produktionssphäre abhängig gemacht. Menschliche Arbeit wird im Hinblick auf möglichst effiziente und reibungslose Erreichung des inhaltlich nicht problematisierten Ziels des Produktionswachstums organisiert; die sich daraus ergebenden „Sachzwänge" bestimmen die Form der Arbeit.

Der private Bereich erscheint als Gegenwelt zu dieser von anonymen „Zwängen" beherrschten öffentlichen Sphäre, als Freiraum zum Ausleben menschlicher Bedürfnisse, als überschaubar, selbstbestimmt, gefühlvoll und *deshalb* als frei von Arbeit.

Im öffentlichen Bereich wird gearbeitet, im privaten Bereich wird gelebt: Arbeit und Leben erscheinen als völlig getrennte Sinnzusammenhänge.

Die Hausarbeit als traditioneller Arbeitsbereich der Frauen ist aus der öffentlichen Produktion ausgelagert und damit unsichtbar gemacht und vom gesellschaftlichen „Fortschritt" ausgeschlossen. Sie gilt als überzeitlich, immer gleichbleibend, als unproduktiv, als gesellschaftlich wertlos, als Privatangelegenheit, als „Nicht-Arbeit".

Die Lohnarbeit hingegen gilt als wertschaffend und deshalb gesellschaftlich sinnvoll; sie ist eingebunden in den Prozeß gesellschaftlichen „Fortschritts", was sich in ihrem Gegenwert, dem Lohneinkommen und dem daran gekoppelten Prestige der im öffentlichen Bereich Beschäftigten ausdrückt. Das Lohneinkommen wiederum gilt als die materielle Basis für den Familienunterhalt, der Mann/Vater als der Ernährer seiner Frau und seiner Kinder.

Die Einschätzung von Hausarbeit als unproduktiver und Lohnarbeit als produktiver Arbeit spiegelt sich auch sowohl in der bürgerlichen wie der marxistischen wissenschaftlichen Auseinandersetzung mit den Ursachen der Frauenunterdrückung und den Strategien zu deren Überwindung, die die Trennung beider Bereiche nicht in Frage stellen, sondern im Gegenteil zementieren. Die marxistische Betrachtung der Hausarbeit als eines feudalen Relikts und die Annahme einer dem Kapitalismus immanenten Tendenz zur Einbeziehung aller Frauen in die Produktionsarbeit, die zwangsläufig die Auflösung der Familie und die Vergesellschaftung der Hausarbeit zur Folge habe, führte zur Ausblendung der Probleme der Hausarbeit, zur Leugnung der Spezifik der „Frauenfrage" und zu einer Strategie der Frauenbefreiung, „die fast ausschließlich die Frauenunterdrückung dort aufgreift, wo die Frauen männlichen Arbeitern gleich, d. h. nicht mehr im traditionellen Sinne Frauen sind"[1], also im Produktionsbereich bzw. im öffentlichen Bereich.

Eine genaue Bestimmung des Verhältnisses von Produktions- und Reproduktionsarbeit im Kapitalismus unterblieb ebenso wie eine historische Analyse der sich verändernden Formen und Inhalte von Hausarbeit im Verlauf der kapitalistischen Entwicklung. Hausarbeit wurde als statisch, als „archaisch" eingeschätzt.

Die Prognose eines allmählichen Absterbens der privaten Hausarbeit aufgrund einer immer stärkeren Einbeziehung der Frauen in die kapitalistische Produktion hat sich nicht bewahrheitet. Der Anteil der Frauen an den Erwerbstätigen ist seit dem Beginn dieses Jahrhunderts nur unwesentlich gestiegen: er liegt relativ konstant bei ca. einem Drittel, eingerechnet geringfügiger konjunkturell bedingter Schwankungen. Allerdings ist eine strukturelle Veränderung weiblicher Erwerbsarbeit insofern feststellbar, als der Anteil verheirateter Frauen – und zwar insbesondere solcher mit minderjährigen Kindern – im Steigen begriffen ist.[2] Trotz dieser für unseren Zusammenhang bedeutsamen Verschiebung ist weder eine Vergesellschaftung der Hausarbeit noch eine Veränderung der Form des Zusammenlebens weg von der Familie in greifbare Nähe gerückt. Im Gegenteil, in der aktuellen ökonomischen Krise erleben wir ja gerade wieder Stärkung und Stützung der Kleinfamilie, Zurücknahme reformerischer Ansätze, erneute massive Propagierung der traditionellen Frauen- und Mutterrolle.[3] Es gibt mittlerweile sogar eine „Deutsche Familien-Partei"[4].

Die vor dem Hintergrund der Neuen Frauenbewegung entstandene Frauenforschung hat aus der Kritik am marxistischen Arbeitsbegriff, der die Hausarbeit als „unproduktiv" und „archaisch" marginalisiert und aus der Analyse gesellschaftlicher Ungleichheit ausklammert, den Versuch einer analytischen Bestimmung des Verhältnisses von Lohnarbeit und Hausarbeit in kapitalistischen Gesellschaften unternommen. Die bisherigen Ergebnisse sollen im folgenden kurz dargestellt werden. Dabei soll besonders auf die Funktionalität der Hausarbeit für kapitalistische Systeme eingegangen werden, die in einer gesellschaftlichen Krisensituation, wie sie die Nachkriegszeit darstellte, besonders deutlich wird.[5]

1. Funktion der Hausarbeit im Kapitalismus ist die Produktion und Reproduktion von Arbeitskraft, sie umfaßt Kinderaufzucht und -erziehung und die materielle und psychische Regeneration des Ehepartners und der eigenen Person.

2. Hausarbeit wird von den Frauen unentgeltlich und privat im Rahmen der Familie geleistet. Dadurch erscheint sie als gesellschaftlich irrelevante Arbeit, als „unproduktive" Arbeit. Tatsächlich bildet die Arbeit der Frau im Haus die notwendige Ergänzung des Lohneinkommens; denn erst die im Haus geleistete Bearbeitung der mit dem Lohneinkommen erworbenen Waren macht diese konsumierbar. Erst Hausarbeit und Lohnarbeit zusammen gewährleisten die Existenzsicherung.

3. Hausarbeit in ihrer jetzigen Form ist demzufolge konstitutiv für kapitalistische Gesellschaftssysteme. Denn die Gratisarbeit der Hausfrauen ermöglicht und gewährleistet die Erzeugung und Abschöpfung von Mehrwert. Würden alle von den Frauen kostenlos verrichteten Arbeiten vergesellschaftet und demzufolge entlohnt, so bliebe von diesem Mehrwert nicht mehr viel übrig.

4. Die private Organisation der Hausarbeit macht sie flexibel und ermöglicht ein spontanes, unmittelbares Eingehen auf sich verändernde Bedürfnisse. Die Hausarbeiterin ist in der Lage, ihre Arbeit jederzeit sich verändernden, von außen gesetzten Bedingungen anzupassen.

5. Diese Flexibilität, die nur die *private* Organisation der Hausarbeit gewährleistet, ist unverzichtbar für kapitalistische Systeme; denn sie garantiert den weitestgehend reibungslosen und störungsfreien Ablauf des Produktionsprozesses, indem sie zum einen die Arbeitskraft durch Kompensation der in der Organisation der Lohnarbeit begründeten Defizite immer wieder erneuert. Zum anderen ist sie in der Lage, auf gesellschaftliche Krisensituationen – die ja in die Familien hineinwirken – mit ausgleichenden Maßnahmen zu reagieren. So kann z.B. im Falle von Arbeitsplatzverlust oder Lohnkürzung das fehlende Geld durch Ausweitung der Hausarbeit ausgeglichen werden.

6. Darüber hinaus gewährleistet die private Organisation der Hausarbeit die Existenz einer disponiblen Arbeitskraftreserve in Gestalt der Hausfrauen, die in Zeiten erhöhten Arbeitskräftebedarfs jederzeit und problemlos „angezapft" und in Krisenzeiten „zurück an den Herd" beordert werden kann.

7. Die Interdependenz von Hausarbeit und Lohnarbeit wird im Alltag zwar erlebt – z.B. die zeitliche Ausrichtung der Hausarbeit an den Zeiteinheiten des Produktionsprozesses oder die schlechte Laune des Ehemannes bei Ärger im Betrieb oder der Schulstreß der Kinder – aber sie wird nicht reflektiert, die Zusammenhänge werden nicht gesehen. Dem subjektiven Erleben stellt sich Hausarbeit nicht in ihrer gesellschaftlichen Dimension dar, sondern nur als privates, persönliches Interesse am Wohlbefinden der Fami-

lienmitglieder, an das das eigene Wohlbefinden der Hausfrau gekoppelt ist. Die Hausfrau sieht ihre Arbeit nicht als gesellschaftlich bedeutungsvoll an, sondern als Privatsache und wird in aller Regel strukturbedingte Probleme der Hausarbeit als „private" Sorgen empfinden, deren Lösung nach ihrem Dafürhalten nicht politisch, sondern nur familienintern erfolgen kann. Die politische Dimension der Hausarbeit gerät gar nicht in den Blick.

8. Die Auslagerung menschlicher Bedürfnisse aus der kapitalistischen Produktion und Öffentlichkeit in die als Gegenwelt fungierende Privatheit der Familie ermöglicht andererseits die totale Unterordnung entlohnter Arbeit unter das Rentabilitätsprinzip. Technisch-ökonomischer „Fortschritt" ist nicht auf Humanisierung gerichtet, sondern auf Gewinnmaximierung qua Rationalisierung. Gesellschaftliche Humanisierung wird durch die Verinnerlichung der Trennung von Arbeit und Leben, von Lohnarbeit und Hausarbeit verhindert.

Aus dieser kurzen Charakterisierung der Hausarbeit in kapitalistischen Gesellschaften ist deutlich geworden, daß wir bei der Rekonstruktion der Entwicklung der Frauenarbeit in der Nachkriegszeit und der Beurteilung eventueller emanzipatorischer „Chancen" einen Arbeitsbegriff zugrundelegen müssen, der die Interdependenz von Hausarbeit und Lohnarbeit in kapitalistischen Gesellschaften in den Blick nimmt. Gesellschaftlicher Fortschritt ist nur durch eine strukturelle Veränderung *beider* Bereiche gesellschaftlicher Arbeit erreichbar, und „Chancen" für die Frauen können nur beurteilt werden, wenn wir den Zusammenhang von Lohn- und Hausarbeit reflektieren. Das heißt, wir müssen konkret fragen:

1. Wie entwickelten sich *beide* Bereiche weiblicher Arbeit, Hausarbeit *und* Lohnarbeit?
2. Wie läßt sich die Funktion beider Arten von Arbeit in der konkreten historischen Situation bestimmen?
3. Auf welche Weise waren weibliche Arbeit und gesamtgesellschaftliche Entwicklung miteinander verknüpft?
4. Gab es Indizien bzw. Ansatzpunkte für eine Aufhebung der Trennung von Haus- und Lohnarbeit, von „privaten" und „gesellschaftlichen", „subjektiven" und „objektiven" Interessen?

2. 1945: Bruch und Kontinuität

Die deutsche Nachkriegsgeschichte ist in zahlreichen ausgangs der 60er und in der ersten Hälfte der 70er Jahre entstandenen kritischen historischen Arbeiten im Gefolge der Studentenbewegung unter dem Aspekt eines möglichen demokratischen Neubeginns nach dem Zusammenbruch des Nationalsozialismus untersucht worden.[6]

Im Vordergrund der in diesen Arbeiten vertretenen „Restaurationsthese" stand die Betonung der „verpaßten Chancen" der unmittelbaren Nachkriegszeit. Das Jahr 1945, das Kriegsende wurde als eine entscheidende, radikale Zäsur der jüngsten deutschen Geschichte angesehen; Zäsur insofern, als die Zerschlagung des nationalsozialistischen Terror-Regimes durch die Alliierten und deren im Potsdamer Abkommen erklärter Wille zur konsequenten Entnazifizierung der deutschen Verwaltungen, zur Entflechtung der deutschen Wirtschaft und damit Entmachtung der ökonomischen Eliten, zur Entmilitarisierung Deutschlands und zur Umerziehung der deutschen Bevölkerung als positive Ausgangsbasis für den Aufbau eines neuen, demokratischen Staates unter maßgeblicher Beteiligung antifaschistischer deutscher Politiker aus Exil- und Widerstandsgruppen angesehen wurde.

„Für die meisten war Politik eine Sache der Siegermächte. Dennoch waren breite Bevölkerungskreise – und das gilt vor allem für die in Gewerkschaften und Parteien organisierten Arbeiter – getragen von der Hoffnung, daß mit dem Faschismus der Kapitalismus besiegt sei, daß an seine Stelle etwas Neues treten werde. Die Zerstörung der Städte, Straßen, Brücken, Eisenbahnen und Produktionsanlagen schien so ungeheuer, der Zusammenhang von Kapitalismus, Faschismus und Krieg so evident, der Wille der Siegermächte, die Kriegsverbrecher in Militär und Industrie zu bestrafen, so eindeutig, daß nur eine Alternative noch denkbar war: Sozialismus oder was mehr oder weniger vage darunter verstanden wurde."[7]

Als entscheidend für das spätere Scheitern der an den o. g. positiven Ausgangsbedingungen festgemachten „Chancen" einer demokratischen Neuordnung auf der Basis einer Umgestaltung der ökonomischen Eigentumsverhältnisse wurde im allgemeinen die Durchsetzung der ökonomischen und machtpolitischen Interessen der USA als der dominierenden westlichen Besatzungsmacht vor dem Hintergrund des schon bald aufbrechenden und sich verschärfenden Ost-West-Konflikts angesehen.

Inzwischen ist – mit der Erweiterung und detaillierteren Aufarbeitung der Quellenbestände zur deutschen Nachkriegsgeschichte – die in den o. g. früheren Arbeiten im Vordergrund stehende Betonung des Kriegsendes als einer grundlegenden Zäsur der jüngsten deutschen Geschichte einer realistischeren und differenzierteren Einschätzung dieser ersten Jahre nach dem Zusammenbruch des Nationalsozialismus gewichen, die eine Akzentverschiebung von der Betonung der „Zäsur", des „Bruchs" 1945 auf die auf allen Ebenen des gesellschaftlichen Lebens feststellbaren Kontinuitäten erbrachte, die die „Chancen" der Nachkriegszeit in Hinblick auf eine *radikale* Umgestaltung der gesellschaftlichen Verhältnisse immer fragwürdiger erscheinen lassen.[8]

Mit der Betonung des Kontinuitätsaspekts rückte auch eine in den frühen Arbeiten unterbelichtete und unterschätzte Determinante der deutschen Nachkriegsgeschichte in den Blick, ohne die die kritische Nachzeichnung der Vorgeschichte und Geschichte beider deutscher Staaten unvollständig und unverständlich bleiben muß: die Frage nach dem Alltagsbewußtsein und der politischen Einstellung der deutschen Bevölkerung[9] und den damit verknüpften Handlungsweisen bzw. „Unterlassungen", die sowohl im Kontext der faschistischen und vorfaschistischen Sozialisation der einzelnen Bevölkerungsgruppen als auch im Zusammenhang mit der faktischen Notsituation der Nachkriegsjahre beurteilt werden müssen.

Narr/Thränhardt schreiben im Vorwort ihrer 1979 erschienenen Arbeit „Die Bundesrepublik Deutschland. Entstehung-Entwicklung-Struktur." der Haltung der Bevölkerung zur politischen und ökonomischen Entwicklung der Nachkriegsjahre, die sie als „Flucht ins Private" charakterisieren, eine entscheidende Bedeutung für den ökonomischen Aufstieg Westdeutschlands und die Durchsetzung des Systems der „sozialen" Marktwirtschaft zu, die einen definitiven Schlußstrich unter alle Ideen und Konzeptionen einer Demokratisierung von Wirtschaft und Gesellschaft zog.

„Als zusätzliche Bedingung des ökonomischen Wiederaufstiegs und des Funktionierens einer oft rücksichtslosen, durch das Adjektiv ‚sozial' allenfalls kaschierten Marktwirtschaft, die freilich erheblich und systematisch staatlich unterstützt wurde, (. . .), muß freilich noch ein sozialpsychologisches, strukturell durchaus erklärbares Moment genannt werden.

Auch von den Zeitgenossen ist immer wieder auf die Flucht ins Private, in den privaten Erwerb, in die Herstellung privater Sicherheit hingewiesen worden. Diese Flucht läßt sich einmal als negatives Erbe der nationalsozialisitischen Überlastung erklären, ist aber auch von den zunächst katastrophalen Folgen nach 1945 für alle Einzelnen verursacht, von der sozialen, ökonomischen und politischen Dissoziation, die zur Verunsicherung und zur Vereinzelung führte. Jeder war sich selbst der Nächste."[10]

Anders formuliert: Ohne diese Abkehr der Bevölkerung von der Politik, ohne die „Flucht ins Private", die Absage an politisches Engagement und die aktive Mitgestaltung der gesellschaftlichen Verhältnisse wäre die Entwicklung anders, zumindest nicht so reibungslos verlaufen.

Wie aber – so müssen wir uns fragen – kam es *genau* zu dieser Haltung? Reicht es aus, die „Flucht ins Private", die in die extreme „Ohne mich" und „Keine Experimente" Haltung der 50er Jahre mündete, auf die politische Verunsicherung infolge des fehlgeschlagenen Engagements für den Nationalsozialismus und die soziale und ökonomische Dissoziation breiter Bevölkerungskreise infolge des verlorenen Krieges zurückzuführen? Handelt es sich hier tatsächlich um eine von vornherein „unpolitische", will sagen nicht politisch motivierte Handlungsweise? Oder haben wir es nicht vielmehr mit einer zwar regressiven, aber im Kern kritischen Reaktion auf eine inhumane Politik zu tun, die sich menschlichen Bedürfnissen – in diesem Fall den drängenden Alltagsproblemen der Nachkriegszeit – verschließt und statt dessen als Agent ökonomischer Machtinteressen fungiert? Und warum kam es (und kommt es immer noch) unter solchen gesellschaftlichen Bedingungen zu einer „Flucht ins Private" statt zu einer „Flucht nach vorn", sprich: zur politischen Durchsetzung berechtigter menschlicher Bestrebungen nach einem „besseren Leben"?

Die Geschichte der Frauenarbeit in der Nachkriegszeit öffnet den Blick dafür, was „Alltag" in dieser Zeit einer für uns heute kaum vorstellbaren Not und krassen Entbehrung des Lebensnotwendigsten bedeutete, mit welchen „privaten" Problemen die Menschen damals zu kämpfen hatten und auf welche Weise die „private" und die gesellschaftliche Entwicklung der Nachkriegsjahre, Frauengeschichte und Gesellschaftsgeschichte miteinander verflochten sind; den Blick dafür, wie es zu dieser „Flucht ins Private" kommen konnte.

Denn es waren – dies sei hier vorweggenommen – in erster Linie die Frauen, die mit ihrer Arbeit, insbesondere im reproduktiven, aber in hohem Maße auch im produktiven Bereich den Nachkriegsalltag meisterten, das gesamtgesellschaftliche Überleben sicherten, sich aber „nach getaner Arbeit" widerstandslos – oder doch fast widerstandslos – in die scheinbare Sicherheit des Privat- sprich Familienlebens zurückdrängen und mit der Glorifizierung der „Trümmerfrauen"-Arbeit bei gleichzeitiger Restaurierung der alten Hausfrauen- und Mutterrolle abspeisen ließen, die ihre gesellschaftliche Mißachtung und Unterdrückung erneut zementierte und ihre erbrachten Leistungen für eben diese Gesellschaft ignorierte.

Diese Ignorierung der gesellschaftlichen Bedeutung weiblicher Arbeit und die dazu passende Unterbelichtung der Probleme und der Entwicklung des Reproduktionsbereichs in der Nachkriegszeit wiederholt sich in der wissenschaftlichen Rekonstruktion dieser „Jahre der Entscheidung". Der aktuelle Stand der Diskussion um die deutsche Nachkriegsgeschichte ist symptomatisch für die Mißachtung der Bedeutung der privaten Reproduktionsarbeit als ökonomische Basis kapitalistischer Produktion. Es ist angesichts der kaum noch zu überblickenden Fülle der Literatur zur Nachkriegszeit geradezu verblüffend und entlarvend für die ideologische Verhaftung wissenschaftlicher Arbeiten in patriarchalischen Denkstrukturen, daß bisher keiner der betreffenden Autoren auf die Idee kam, die Frage nach der politisch-ökonomischen Relevanz der Hausarbeit in der Nachkriegszeit und ihrer Bedeutung für den (kapitalistischen) Wiederaufbau zu stellen.

3. Hausarbeit als Überlebensarbeit. Krisenbewältigung auf Kosten der Frauen

a) Gegen eine erneute Glorifizierung der „Trümmerfrauen"

Die Rekonstruktion der Geschichte der Frauen ist immer auch die Rekonstruktion der Geschichte weiblichen Alltags, der für die weitaus meisten Frauen zum überwiegenden Teil durch die Anforderungen der Hausarbeit bestimmt wird.

Die Inhalte dieser Hausarbeit sind aber nicht statisch oder „überzeitlich", sondern selbstverständlich ebenso wie die anderen Bereiche gesellschaftlichen Lebens und Arbeitens einer langfristigen historischen Veränderung unterworfen. Darüber hinaus sind sie aber auch von den kurzfristigen konjunkturellen Aufs und Abs kapitalistischer Wirtschaftssysteme und in besonders eklatanter Weise von tiefgreifenden kapitalistischen Krisen beeinflußt[11], was sich für die Nachkriegszeit als eine in jeder Hinsicht extreme Krisensituation sehr deutlich nachweisen läßt.

Es ist in den letzten Jahren von Seiten der historischen Frauenforschung damit begonnen worden, die Bedeutung der Frauenarbeit in der deutschen Nachkriegszeit zu thematisieren.[12] Als vorläufig wichtigstes Ergebnis der von einer noch schmalen Quellenbasis abgeleiteten Aussagen über die Entwicklung und den Stellenwert weiblicher Arbeit in den Jahren nach '45 bleibt hier zunächst festzuhalten, daß die Hausarbeit – oder besser: bestimmte Teile der Hausarbeit – eine immense Ausweitung erfuhren, ohne die die Bewältigung des Alltags, und das hieß damals: Überleben, nicht möglich gewesen wäre. An dieses richtige und wichtige Ergebnis knüpfen sich allerdings häufig Einschätzungen weiblichen Erlebens, weiblichen Bewußtseins und gesellschaftlicher Bedeutung von Hausarbeit, die die Reflexion der Frauengeschichte in der Nachkriegszeit in die Gefahr geraten lassen, die zeitgenössische Glorifizierung bzw. Mythisierung weiblicher Arbeit und weiblichen Handelns nach '45 nachzuvollziehen, ihre gesellschaftliche Bedingtheit und ihre objektive Bedeutung für den kapitalistischen Wiederaufbau zu ignorieren und die in der realen historischen Situation gemachten „Fehler" der Zeitgenossinnen im Nachhinein zu wiederholen und festzuschreiben, ja aus einer falsch verstandenen weiblichen Solidarität heraus zu rechtfertigen.[13]

Mir geht es darum, über die Schilderung der Erscheinungsformen der Überlebensarbeit und die selbstbewußte Herausstellung des Wertes dieser Arbeit hinaus, ihre Funktionalisierung für den Wiederaufbau des kapitalistischen Wirtschaftssystems, die systematische staatliche Unterstützung und Absicherung dieser Funktionalisierung sowie die Kontinuität der staatlich sanktionierten

Ausbeutung weiblicher Arbeit einerseits, aber auch des „Mit-sich-machen-lassens" der Frauen selbst andererseits herauszuarbeiten und mögliche Erklärungen für das „Stillhalten" der Frauen zu skizzieren.

b) Die Not der Nachkriegsjahre – zwangsläufige Kriegsfolge oder Basis ökonomischer Rekonstruktion?

Obwohl die Kriegshandlungen in den unterschiedlichen Gegenden Deutschlands zu verschiedenen Zeitpunkten eingestellt wurden, markiert der 8. Mai 1945 mit der bedingungslosen Kapitulation der Regierung Dönitz das Ende der offiziellen Kampfhandlungen in ganz Deutschland und den Beginn der Nachkriegszeit und der Besatzungsregierung.

„Kriegsende", das bedeutete zunächst Wegfall der unmittelbaren Lebensbedrohung durch Bomben und sonstige Kriegseinwirkungen, Erleichterung der überlebenden Kriegsteilnehmer und ihrer Angehörigen über die zunächst überstandene Lebensgefahr und Ungewißheit über die nahe und fernere private und gesellschaftliche Zukunft.

Als „Befreiung" wurde der Zusammenbruch des NS-Regimes vom überwiegenden Teil der Bevölkerung nur im obigen Sinne verstanden, nämlich als Befreiung von Todesangst.

Politische Befreiung, Befreiung aus Sklaverei und Unterdrückung bedeutete sie für sehr viel kleinere Bevölkerungsgruppen, die wegen aktiven Widerstands gegen das Regime oder Verfolgung aufgrund ihrer von den faschistischen Normen abweichenden „Rassen-" oder Gruppenzugehörigkeit das Kriegsende in den nationalsozialistischen Gefängnissen, Zuchthäusern, Arbeitslagern, Konzentrationslagern oder im Exil erlebt hatten.

Für weite Bevölkerungsteile, namentlich die jungen Jahrgänge, bedeutete der „Zusammenbruch" des Nationalsozialismus auch den Zusammenbruch ihrer politischen Identität; sie hatten die nationalsozialistische Ideologie überzeugt vertreten, sahen sich nun faktisch vor dem politischen „Nichts" und waren zumindest für die nächste Zukunft an politischem Engagement nicht interessiert.[14]

Noch geraume Zeit nach Kriegsende vertrat ein großer Teil der deutschen Bevölkerung die Ansicht, der Nationalsozialismus sei im Kern positiv gewesen:

„Bemerkenswert ist jedoch die insgesamt konstante und sogar leicht steigende hohe Tendenz der positiven Antworten auf die Frage, ob der Nationalsozialismus eine gute Idee gewesen sei, die nur schlecht realisiert wurde. Aus den amerikanischen Umfragen, die von frühen deutschen Repräsentativerhebungen gestützt werden, geht hervor, daß zwischen November 1945 und Dezember 1946 in elf Umfragen durchschnittlich 47% der Befragten die gestellte Frage positiv beantworteten. Bis August 1947 stieg dieser Anteil sogar auf 55% an und blieb ungefähr auf dieser Höhe."[15]

Für den größten Teil der Bevölkerung stellten sich die „Besatzer" nicht als „Befreier", das Kriegsende nicht als „Neuanfang", sondern als „Zusammenbruch" dar: Zusammenbruch nicht nur ihrer politischen Vorstellungen, sondern auch all dessen, was ein „geregeltes Leben" ausmacht:

- als Vernichtung der Wohnung, des Zuhause, der Nachbarschaft, des Wohnviertels
- als Vernichtung der beruflichen Existenz, der begonnenen Berufsausbildung, der Aussicht auf einen Studienplatz
- als Zerstörung oder schwere Erschütterung menschlicher Beziehungen, auch und vor allem der ehelichen und familialen Beziehungen.

Mit dem Kriegsende waren viele zurückgeworfen auf einen Nullpunkt, auf einen Zustand, der vom Kampf ums Überleben und von quälender Ungewißheit über die Zukunft geprägt war. Schon bald nach der Übernahme der Regierungsgewalt durch die Alliierten kam es zu akuten Ernährungsengpässen. War während des Krieges die Lebensmittelversorgung der *deutschen* Bevölkerung auf Kosten der Zwangsarbeiter/innen, der Kriegsgefangenen und der Bewohner/innen der besetzten Länder immer sichergestellt gewesen, so mußten die Menschen in vielen Gegenden Deutschlands, insbesondere in den Industriegebieten und Großstädten aufgrund der Kriegszerstörungen in der Landwirtschaft, des Verlustes der agrarischen Ostgebiete, der Zerstörung gewachsener Wirtschaftsbeziehungen durch die Zonengrenzen und der Zerstörung der Transportwege jetzt hungern.

Aber nicht nur Nahrungsmittel waren knapp. Allgemein war der Mangel an allen lebensnotwendigen Gütern das zentrale Problem des Nachkriegsalltags besonders in den industriell strukturierten Gebieten, vor dem alle anderen Probleme zurücktraten. Die Nachfrage nach Kleidung, Schuhen, Möbeln, Hausrat war infolge der Kriegseinwirkungen ebenso groß wie das Angebot unzureichend. Die Lebensbedingungen insbesondere in den Industriegebieten und Großstädten waren unvorstellbar schlecht. 45% aller Wohnungen in den Westzonen waren völlig zerstört oder erheblich beschädigt, jedenfalls unbewohnbar.[16] Die Menschen hausten in dunklen und feuchten Bunkern und Kellern und in zugigen Trümmerwohnungen. Die wenigen wirklich bewohnbaren Wohnungen waren entweder von der Militärregierung beschlagnahmt oder hoffnungslos überbelegt. Viele verfügten nicht mehr über ein eigenes Bett und warmes Bettzeug. Kinder konnten nicht zur Schule, Erwachsene nicht zu ihrer Arbeitsstelle gehen, weil sie keine Schuhe hatten oder nur unzureichend bekleidet waren. Hausfrauen mußten jeden Abend waschen, weil Wäsche zum Wechseln nicht zur Verfügung stand. Für die Neugeborenen gab es keine Säuglingskleidung, nicht einmal Windeln waren vorhanden. Der Mangel an Seife und Waschmitteln erschwerte die Einhaltung der notwendigen Hygiene, was im Verein mit dem durch Hunger geschwächten körperlichen Zustand und dem engen Zusammenleben zur Verbreitung von Krankheiten und Ungeziefer führte. Die Bekämpfung von Krankheiten wurde erschwert durch den Mangel an Medikamenten und kräftigenden Speisen. Kinder und alte Leute waren besonders gefährdet, die Säuglingssterblichkeit war unverhältnismäßig hoch.[17]

Die Verteilung der knappen Güter, die durch Lieferungen verschiedener alliierter Hilfsprogramme ergänzt wurden[18], erfolgte über die Wirtschaftsämter nach einem Bezugsscheinsystem. Nicht nur Lebensmittel, auch Kleidung, Möbel und Hausrat gab es nur „auf Karten". Die mit diesen Lebensmittelkarten und Bezugsscheinen erhältlichen Waren reichten aber bei weitem nicht aus, um den notwendigsten Bedarf zu decken, zumal es oft genug vorkam, daß auch die ohnehin schon viel zu geringen, auf den Karten ausgedruckten Mengen aufgrund akuter Versorgungsengpässe nicht in der angegebenen Menge bereitstanden und die tatsächlichen Rationen zeitweise auf 850 Kalorien pro Tag herabsanken.[19]

Von solchen Hungerrationen konnte natürlich auf die Dauer niemand existieren. Wer überleben wollte, mußte auf andere Mittel als die der offiziellen Zuteilungen zurückgreifen.

Trägerinnen des zermürbenden Überlebenskampfes gegen den Hunger und die Entbehrungen aller Art waren die Frauen. Zum einen waren sie aufgrund ihrer hauswirtschaftlichen Kenntnisse, die im Rahmen der Autarkiebestrebungen der Nazis bereits systematisch erweitert und für Kriegszwecke funktionalisiert worden waren[20], prädestiniert für diese Art von Arbeit, zum anderen gab es bei Kriegsende in Deutschland 7,3 Millionen mehr Frauen als Männer. 3,76 Millionen deutsche Soldaten waren im II. Weltkrieg gefallen, 11,7 Millionen befanden sich bei Kriegsende in Gefangenschaft, und 1946 waren 2 Millionen von ihnen immer noch nicht wieder nach Hause zurückgekehrt.[21] Die Besatzer und die von ihnen eingesetzten deutschen Verwaltungen waren also bei der Organisation des Überlebens auf die Mitarbeit der Frauen angewiesen, sollte Ordnung in das entstandene Chaos gebracht und der Alltag der Bevölkerung normalisiert werden.

Sie brauchten die Frauen als Überlebensarbeiterinnen vor allem deshalb, weil die ökonomisch-politischen Entscheidungen der unmittelbaren Nachkriegszeit eindeutig auf eine Favorisierung der Wiederankurbelung der kapitalistischen Produktion auf Kosten des Reproduktionsbereichs, und das heißt unter Einplanung steigender Anforderungen an die Gratisarbeit der Frauen, hinausliefen.

Aufgrund neuerer Forschungsergebnisse steht inzwischen fest, daß entgegen der lange vorherrschenden Einschätzung des völligen Stillstands und der nur sehr schleppenden Ingangsetzung der Produktion in der unmittelbaren Nachkriegszeit die industrielle Produktion bereits unmittelbar nach Kriegsende wieder in Gang kam und in der amerikanischen Zone im Dezember 1945 schon wieder 20% des Volumens von 1936 erreicht hatte.[22] Sie stieg im Bereich der Bizone in den folgenden Jahren kontinuierlich an und „vermittelt den Eindruck eines sich von Jahr zu Jahr verstärkenden Aufschwunges:

1936	100
1946	34
1947	40
1948	60"[23].

Die Wiederankurbelung der Produktion erfolgte gemäß den Weisungen der Militärregierungen bevorzugt in den zur Grundstoffindustrie zu rechnenden Betrieben; das sind diejenigen Betriebe, die die zur Weiterverarbeitung in anderen Produktionszweigen benötigten Rohstoffe, Halbwaren und Betriebsstoffe herstellen. So blieb trotz des bestehenden existentiellen Bedarfs an Gebrauchsgütern aller Art die „Disproportionalität zuungunsten der Konsumgüterindustrie"[24], die bereits die Struktur der deutschen Wirtschaft vor und im II. Weltkrieg gekennzeichnet hatte, bestehen.

Im britisch-amerikanischen Besatzungsgebiet erreichten die Produktionsziffern bereits im Jahre 1946 in den Bereichen

Elektrizitäts- und Gasversorgung	85%
Bergbau (ohne Kohle)	78%
Kohle	51%

des Standes von 1936.[25] Gleichzeitig waren die an die Haushalte ausgegebenen Kohlezuteilungen so unzureichend, daß im extrem strengen Winter 1946/47 die Temperaturen in vielen Wohnungen nahe dem Gefrierpunkt lagen[26], viele Menschen Erfrierungen erlitten und sogar Todesfälle durch Erfrieren auftraten. Völlig unzureichend waren auch die den einzelnen Haushaltungen zugeteilten Gas- und Strommengen.

Die Konzentration auf Produktionszweige der Grundstoffindustrien erfolgte also nicht etwa unter dem Aspekt der Versorgung der Bevölkerung, sondern weil sie Voraussetzung für die Wiederankurbelung der kapitalistischen Wirtschaft war. Gleichzeitig bedeutete diese Entscheidung die Hintansetzung der Verbrauchsgüterindustrien, und das hieß für die Bevölkerung, daß lebensnotwendige Waren nicht oder kaum über den regulären Markt zu beziehen waren. Die Textil- und Bekleidungsindustrie im britisch-amerikanischen Besatzungsgebiet z. B. erreichte im Jahresdurchschnitt 1946 erst 20% ihres Produktionsoutputs von 1936.[27] Die Erfordernisse des Reproduktionsbereichs wurden also vernachlässigt zugunsten einer kapitalistischen Interessen dienenden Schwerpunktsetzung im Produktionsbereich, die zur Voraussetzung hatte, daß der Reproduktionsbereich angemessen reagierte.

Die in diesem Sinne notwendige Hintanstellung der Konsumgüterproduktion war nur dann realisierbar, wenn der zum Leben notwendige Bedarf der Bevölkerung an Gebrauchsgütern aus anderen Quellen gedeckt werden konnte, und das heißt: Ohne die private Überlebensarbeit der Frauen hätte diese Schwerpunktsetzung nicht bzw. nicht so kostengünstig funktioniert, was den Start ins „Wirtschaftswunder" erheblich verzögert bzw. in Frage gestellt hätte.

Die Motivation und die Kraft für die Erfüllung der Überlebensarbeit bezogen die Frauen aus dem Bewußtsein, sie für den Mann, die Kinder, die Eltern, Verwandte, Freunde oder Nachbarn, für ihnen nahestehende Menschen in derselben schlechten Situation, die verbindend wirkte, zu verrichten.

Genau dieses Bewußtsein aber, das ja konstitutiv für die Funktionalisierung der privaten Hausarbeit im Kapitalismus ist, verstellte den Blick auf die *gesellschaftliche* Bedeutung der Überlebensarbeit, die die Frauen faktisch – auch wenn sie dies nicht erkannten – gerade wegen ihrer humanen Motivation, die eine Arbeitsverweigerung angesichts der Leiden der hungernden Bevölkerung unmöglich machte, zu Erfüllungsgehilfinnen des kapitalistischen Wiederaufbaus machte.

c) Die „Stunde der Frau".
Frauen gemeinsam gegen Hunger und Entbehrung?

Es ist bisher viel von *den* Frauen die Rede gewesen. Diese Verallgemeinerung ist insoweit zulässig, als der Satz „Alle Frauen sind Hausfrauen." zweifellos auch, ja sogar in besonderer Weise für die Nachkriegszeit zutrifft und bis zu einem gewissen Grad auch den Alltag der Frauen bestimmte und als *ein* Erklärungsmuster weiblichen Handelns in dieser Zeit herangezogen werden kann.

Es reicht aber keinesfalls aus, um die Situation und die Handlungsweisen der in unterschiedlichster Weise von den Kriegsfolgen betroffenen Frauen zu charakterisieren und zu interpretieren. Junge Frauen und alte Frauen, Mütter und kinderlose Frauen, Frauen mit und ohne (Ehe-) Mann, Stadtfrauen und Landfrauen, berufstätige und nicht berufstätige Frauen, einheimische Frauen und Flüchtlingsfrauen, sie alle werden nicht einfach durch das Attribut „Frau" – auch nicht in seiner kritischen gesellschaftlichen Bedeutung – zu einer homogenen Gruppe.

Schon gar nicht kann aus dem „Frausein" im Verein mit der zentralen Bedeutung der Überlebensarbeit auf eine auf die Dominanz der Frauen als der dem Leben verpflichteten Trägerinnen dieser Arbeit und Vertreterinnen humaner Prinzipien zurückzuführende Auflösung kapitalistischer Strukturen geschlossen werden.

Die Frauen waren keine Solidargemeinschaft, die aufgrund ihrer „Verbundenheit mit dem Leben" „gegen die ihnen wie Natur vorkommenden gesellschaftlichen Katastrophen" kämpften, „ohne persönliche Selbstdarstellungsinteressen und Imponiergehabe"[28].

Auch die Motivationen und Handlungsweisen der Frauen waren abhängig von ihrem sozialen Status. Zwar basierten soziale Unterschiede in der unmittelbaren Nachkriegszeit nicht mehr auf der Höhe der Lohneinkommen, aber sie waren deshalb nicht plötzlich ausradiert, sondern vielmehr bestimmt durch die Verfügungsgewalt über die knappen und begehrten Verbrauchsgüter, in erster Linie Lebensmittel. 1947 schrieb das Deutsche Institut für Wirtschaftsforschung:

„Für alle gebundenen Bereiche ist die soziale Differenzierung des Lebensstandards nach der Höhe der Einkommen beseitigt. An die Stelle des Einkommens sind die direkten Verfügungsmöglichkeiten über die Waren selbst getreten. Diese Verfügungsmöglichkeiten bestehen (. . .) in Sachvermögensbeständen, die mit ihren Nutzungen dem eigenen Verbrauch dienen oder als hochbegehrte ‚Zahlungsmittel' direkt oder indirekt verwendet werden; sie bestehen ferner in Zugriffsmöglichkeiten zu jenen Teilen der Produktion, die legal oder illegal der Bewirtschaftung entzogen werden können. Die am Geldeinkommen orientierte soziale Differenzierung der Lebenshaltung ist mit anderen Worten weitgehend durchkreuzt und überdeckt durch eine Differenzierung nach den effektiv greifbaren Verbrauchsmöglichkeiten.

Je länger dieser Zustand anhält, zu desto tieferen Umschichtungen muß er führen. Dabei dringt die Bevorzugung derjenigen, die direkte Zugriffsmöglichkeiten zur Produktion haben, immer stärker durch. Denn die Vorzugsstellung des Sachvermögensbesitzers, die daneben heute noch eine Rolle spielt, schwindet im Lauf der Zeit in dem Umfang, in dem die Bestände aufgebraucht werden. Der höhere Bekleidungsstandard des Mittelstandes und der oberen Schichten etwa wird im Lauf der Jahre immer stärker eingeebnet, je mehr die Bestände an Kleidung und Wäsche ihrem natürlichen Ende entgegen gehen."[29]

Auch die Frauen waren in Eigentümerinnen und Nicht-Eigentümerinnen von Sachwerten und Naturalien gespalten, und diese soziale Position bestimmte ihre Verhaltensweisen. Auch Frauen beuteten als Schwarzmarkthändlerinnen, Bäuerinnen, Schieberinnen andere Frauen (und Männer) aus. An den Besitzschranken endete die Solidarität; es gab keine „klassenlose Gesellschaft der Frauen". Beispielhaft dafür ist nicht nur das Verhalten der Schwarzmarkthändlerin gegenüber der hungrigen Kundin, sondern auch das Verhalten der Bäuerin gegenüber der Hamsterin und der Evakuierten, der Wohnungsinhaberin gegenüber der einquartierten Ausgebombten, der Einheimischen gegenüber der Flüchtlingsfrau.

„Frau D. ist eine junge Kriegerwitwe mit einem fünfjährigen Sohn. Ihr Mann war Ingenieur und fiel Ende des Krieges. Als seine Witwe im Juli 1945 nach Berlin zurückkehrte, knüpfte sie bald Beziehungen zu einem Schwarzhändler an. Ihr kleines Vermögen von 3000 RM benutzte sie als Betriebskapital und bald blühte ihr Handel mit den verschiedensten Waren auf. Er brachte mit wenig Arbeit viel Geld ein. Da sie damit ihren Sohn gut versorgen konnte, hielt sie ihre Handelstätigkeit für durchaus berechtigt. Vorstellungen ihrer Familie und deren Hinweise, daß sie mit einem Fuß im Zuchthaus stehe, glitten an ihr ab. Man wollte sie in einem bürgerlichen Beruf unterbringen. Sie widersetzte sich energisch. Sie ist bis heute bei ihrem Handel geblieben und zeigt sich ihrer Familie gegenüber hilfsbereit und freundlich. Nach wie vor erklärt sie, daß ihre Tätigkeit und die daraus erzielten hohen Einnahmen die ihr angemessene Form der Existenz seien."[30]

Aus dieser zeitgenössischen Quelle wird ganz deutlich, daß Frauen nicht etwa einzig aufgrund ihres Frau-Seins einen „natürlichen" innergesellschaftlichen Gegenpol zur kapitalistisch bestimmten Öffentlichkeit bildeten, sondern daß ihr Bewußtsein und ihre Handlungsweisen primär von ihrer sozialen Situation bestimmt wurden. Die Humanität der Frau D. im obigen Beispiel beschränkt sich – ganz systemkonform – auf ihre Hilfsbereitschaft gegenüber der eigenen Familie. Die gute Versorgung ihres kleinen Sohnes ist sogar das Motiv für ihre Schwarzmarktgeschäfte!

Daß Männer in weitaus größerem Umfang als Frauen an den großen Schwarzmarktgeschäften beteiligt waren, ist zum großen Teil wohl darauf zurückzuführen, daß sie eher als Frauen über die entsprechenden Kontakte und das entsprechende „Know how" verfügten.

Kapitalistisch geprägt waren aber nicht nur die Denk- und Verhaltensweisen der vielen vom Elend der Bevölkerung profitierenden Sachwert- und Naturalienbesitzer/innen, sondern auch die Haltung ihrer Opfer, denen solche Handlungsweisen nur „natürlich" erschienen und erst dann nicht mehr akzeptiert wurden, wenn die eigene Situation sich lebensbedrohend verschlechterte. Das beste Beispiel dafür ist die Haltung der Bevölkerung gegenüber dem als direkte Folge des katastrophalen Mangels an lebensnotwendigen Gütern aufblühenden Schwarzmarkts, auf dem Schieber/innen und Spekulanten/innen ihre illegal beschafften Waren anboten – zu völlig überhöhten Preisen. So kostete z. B. 1 kg Butter im Dezember 1946 auf dem Schwarzen Markt RM 320,–; der offizielle Preis betrug RM 3,52.[31] Solche Summen konnten mit einem normalen Lohneinkommen nicht bestritten werden. Potentielle Käufer/innen waren also auch hier die Besitzer/innen von Sachwerten, worunter in den meisten Fällen nicht das gerettete Familiensilber oder der verbliebene Orientteppich zu verstehen ist, sondern häufig buchstäblich der letzte warme Mantel verkauft wurde, um den schlimmsten Hunger zu stillen.

Paradoxerweise schienen aber selbst Leute, die mangels Besitz kaum eine Aussicht hatten, ihre Küchenzettel durch Schwarzmarktkäufe anzureichern, keine moralischen Bedenken gegenüber Schwarzmarktgeschäften, die faktisch die brutalste Form der Durchsetzung kapitalistischer Marktprinzipien darstellen, zu haben:

„Als ein Ventil für das Verlangen nach den notwendigsten Gebrauchsgegenständen, nach Nahrung und Genußmitteln, wird der schwarze Markt betrachtet. Auch unter den gewissenhaft denkenden Familien aller Schichten der Bevölkerung ist seine Anerkennung lebhaft gestiegen. Vereinzelt stößt man noch auf seine grundsätzliche Ablehnung aus moralischen Bedenken, hier und da wird er als notwendiges Übel betrachtet, ganz überwiegend aber als der freie Wirtschaftsbezirk, in dem ein Jeder alles, was er benötigt oder begehrt, kaufen kann. Auch Familien, die aus Geldmangel selten oder gar nicht von ihm Gebrauch machen, wünschen sein Fortbestehen, in der Hoffnung, ihn bei Gelegenheit zur Hand zu haben. Öfter wird die Sorge laut, was werden soll, wenn der schwarze Markt etwa verschwinde und man hilflos mit seinen Bedarfswünschen dastehe. Moralische und sachliche Bedenken über die Hintergründe und das Wesen des schwarzen Marktes sind um so leichter verflogen, als auch Soldaten der Besatzungsmächte erheblich an ihm beteiligt sind und man ihre ‚Zigarettenwährung' hoch einzuschätzen gelernt hat. Die Anerkennung dieses die Zonengrenzen sprengenden, vom Schmuggel genährten und halbwegs internationalen Handelsgetriebes erstreckt sich natürlich auch auf seine Mittelsleute, die Schwarzhändler. Sie genießen das steigende Wohlwollen aller derer, die durch sie das erhalten, was sie brauchen oder zu brauchen glauben. Zwar wird öfter noch unterschieden zwischen ‚anständigen' und ‚unanständigen' Schiebern, doch erkennt man auch die letzteren an, sobald man ohne sie nicht mehr auszukommen glaubt."[32]

Die Ansicht, die deutsche Wirtschaft sei „in weiten Teilen auf den archaischen ... Zustand einer Natural- und Subsistenzwirtschaft zurückgefallen"[33], die einige Autoren aus den Nachkriegsphänomenen des Schwarzmarktes, der Bedeutung von Natural- und Sachwerten und der regen Tauschtätigkeit der Bevölkerung ableiten, ist unzutreffend; sie nimmt die Erscheinungen des Nachkriegsalltags für sein Wesen. Es ist zwar – wie wir gesehen haben – richtig, daß die offizielle Geldwährung faktisch außer Kraft gesetzt war, und es ist auch richtig, daß Schwarz- und Tauschhandel, Hamstern und Subsistenzproduktion das alltägliche Leben vieler Menschen an der Oberfläche bestimmten. Das heißt aber nicht, daß der Kapitalismus deshalb vorübergehend einer Subsistenzwirtschaft Platz gemacht hatte.

Die Funktion des Geldes übernahmen Sachwerte oder die „Zigarettenwährung", und der Produktionssektor blieb – wie bereits aufgezeigt – kapitalistischen Prinzipien unterworfen. Die den Alltag der Bevölkerung dominierenden Tauschgeschäfte und die bedeutende Rolle von Sachwerten und Naturalien für diesen Alltag sind kein Zeichen für den Rückgang des Kapitalismus, sondern sie waren im Gegenteil funktional für dessen ungestörten Wiederaufbau und verweisen – wie die Tolerierung, ja Befürwortung der Schwarzmarktgeschäfte und das hohe Prestige der Schieber eindrucksvoll belegen – auf die ungebrochene Kontinuität kapitalistisch geprägter Bewußtseinsstrukturen.

d) Überlebensstrategien: Erweiterte Hausarbeit als Existenzsicherung

„Es fällt uns nicht leicht, uns vorzustellen, daß es . . . eine Zeit gegeben haben mag, in der es unnatürlich schien, daß irgend jemand aus der Not der anderen Profit zog . . .".[34]

Die Internalisierung kapitalistischer Normen, die vehement gegen die „Chance" einer radikalen gesellschaftlichen Veränderung nach '45 spricht, zeigte sich an der Problematik des Schwarzen Marktes besonders deutlich.

Die meisten, auch der überwiegende Teil der Frauen, bezogen – wie bereits erwähnt – den Schwarzmarkt in ihre Überlebensstrategien ein. Wer keine Möglichkeit hatte, durch Eigenanbau von Kartoffeln, Obst und Gemüse im Garten, Schrebergarten oder auf dem Balkon, durch Kleintierhaltung oder die Unterstützung auf dem Lande lebender Verwandter den täglichen Speisezettel anzureichern, war auf andere Arten der Lebensmittelbeschaffung angewiesen, wobei der Schwarzmarkt ungeachtet seiner moralischen Fragwürdigkeit konkret in die Planungen einbezogen wurde. Nicht nur Lebensmittelkäufe, sondern auch alle anderen Geschäfte mit Gütern des täglichen Bedarfs wurden auf dem Schwarzmarkt abgewickelt: vom Nähgarnkauf über Schuhreparaturen bis zur Renovierung von Wohnungen.

Der folgende Etat einer Nachkriegsfamilie verdeutlicht den Stellenwert des Schwarzmarktes für das tägliche Leben.

„Familie G. besteht aus dem Ehepaar und 2 Mädchen im Alter von 9 und 12 Jahren. Der Vater ist Büroangestellter. Monatsgehalt: brutto 286 RM, netto 239,87 RM.

Laufende Monatsausgaben	September 1947	Zusätzliche Ausgaben	Schwarzer Markt
Miete	43,– RM	Scheuertücher	18,– RM
Gas	7,30 RM	Holz und Kohle	
Licht	5,20 RM	für den Winter	170,– RM
Ration. Lebensm.		4 Brote je 1500 g	150,– RM
Karte III (Vater)	11,34 RM	1 Rolle Nähgarn	30,– RM
Ration. Lebensm.		Renovierung eines	
Karte III (Mutter)	11,34 RM	Zimmers	165,– RM
Ration. Lebensm.			
Karte IV (Kind)	12,65 RM		
Ration. Lebensm.			
Karte IV (Kind)	11,07 RM		
Kleine Sonderzuteilg.	1,50 RM		
Obst lt. Karte (Kinder)	4,92 RM		
Kartoffeln, 48 Pfund			
lt. Karte	5,70 RM		
Gemüse lt. Karte	4,– RM		
Schuhreparaturen	28,– RM		
Waschmittel	3,80 RM		

Laufende Monatsausgaben	September 1947	Zusätzliche Ausgaben	Schwarzer Markt
Partei, Zeitung, FDGB	12,– RM		
Fahrgeld, Haarschneiden, Kino	21,– RM		
Rauchwaren	9,60 RM		
Sonderausgaben			
1 Pullover auf Bezugsschein	54,– RM		
1 Paar Männerschuhe auf Bezugsschein	24,50 RM		
Summe	270,92 RM	Summe	533,– RM
Die Familie hat nach dieser Aufstellung im Monat September insgesamt verausgabt			793,92 RM
Durch das Gehalt des Ehemannes konnte gedeckt werden			239,87 RM
Es blieben aus anderen Einnahmequellen zu decken			554,05 RM"[35]

Im vorliegenden Fall bestanden die „anderen Einnahmequellen" aus dem Verkauf eines Fuchspelzkragens, der 5000 RM einbrachte, und aus Fahrten der Hausfrau aufs Land, „um Gemüse und Hülsenfrüchte heranzuholen. Das Fahrgeld beträgt jedesmal 9 RM. Von den mitgebrachten Lebensmitteln verkauft sie soviel zu erhöhten Preisen, bis ihre Unkosten gedeckt sind."[36]

Mit einem durchschnittlichen Lohneinkommen konnten in der Nachkriegszeit nicht einmal die offiziell zugestandenen Waren vollständig bezahlt werden, erst recht nicht die dringend benötigten zusätzlichen Lebensmittel und die übrigen Lebensunterhaltskosten, von Kleidung, Hausrat, Möbeln usw. ganz zu schweigen.[37]

Welchen „Wert" reguläre Arbeit in der Produktion noch hatte, zeigt das folgende Beispiel besonders drastisch:

„. . . wird der Fall eines Bergarbeiters im Ruhrgebiet geschildert, der in der Woche 60 RM verdiente. Gleichzeitig besaß er ein Huhn, das in der Woche durchschnittlich 5 Eier legte. Eines davon aß er für gewöhnlich selbst, die vier übrigen tauschte er gegen 20 Zigaretten. Diese stellten auf dem schwarzen Markt bei einem Stückpreis von 8 RM einen Gegenwert von 160 RM dar. Das Huhn ‚verdiente' also mit seiner ‚Arbeit' nahezu dreimal soviel wie der Bergmann in 6 Tagen harter Fron unter Tage."[38]

In einer ähnlich glücklichen Lage waren die Besitzer/innen von Gärten oder Schrebergärten, die dort nicht nur für ihren Eigenbedarf produzierten, sondern Teile ihres Ertrages schwarz verkaufen oder tauschen konnten, ebenso wie die Stadtbewohner/innen, die über Verwandte auf dem Land an Naturalien kommen konnten.

„Frau B. holt jeden Monat dreimal Gemüse und Kartoffeln von ihren Eltern aus der britischen Zone. Die Reisekosten werden mit 16 RM veranschlagt. Für die Lebensmittel gibt sie den Eltern durchschnittlich 25 bis 30 RM. Sie verkauft an Bekannte Gemüse zu mäßigen Schwarzmarktpreisen, um mindestens die Unkosten zu decken."[39]

Während das Hamstern offiziell verboten war, in der Praxis allerdings weitgehend toleriert wurde, wurde der private Anbau von Obst, Gemüse und Kartoffeln für den eigenen Bedarf von den zuständigen Verwaltungen sogar gefördert; denn diese Art von Gratisarbeit der Frauen entlastete die Wirtschaft ganz erheblich und ermöglichte die Konzentration auf die Ankurbelung der industriellen Produktion und machte Kapital frei für Investitionen im industriellen Sektor. So wurden auf alliierte Anordnung öffentliche städtische Grünflächen zum Gartenanbau freigegeben.[40]

Das Hamstern wurde ebenso wie der Schrebergartenanbau oder die z. B. in den Arbeitersiedlungen des Ruhrgebiets traditionelle Kleintierhaltung in einem Anbau oder Stall hinter dem Haus (Hühner, Schafe, Ziegen, sogar Schweine waren nicht ungewöhnlich) hauptsächlich von den Frauen besorgt. Während die Arbeiten im Garten und die Kleintierversorgung relativ problemlos erledigt werden konnten und in vielen Fällen traditioneller Bestandteil der Hausarbeit waren, stellten die Hamsterfahrten die Frauen oft vor große Schwierigkeiten. Je nachdem, wo sie wohnten, machte das Hamstern, wenn es sich lohnen sollte, eine oft tagelange Abwesenheit von zu Hause erforderlich, so daß insbesondere Mütter mit kleinen Kindern sich vor erhebliche Probleme gestellt sahen, sofern sie keine Verwandten, Freunde oder Nachbarn hatten, bei denen die Kinder unterzubringen waren. So berichtet eine Fürsorgerin aus Düsseldorf im Juni 1947:

„In meiner kinderreichen Siedlung werden von den kinderreichen Müttern als Selbsthilfe Gesellschafts-Hamsterfahrten inszeniert. Dieser Zustand ist wegen der Ernährung der Familie leider unbedingt wünschenswert, wirkt sich jedoch auf die Versorgung und Erziehung der zurückgebliebenen Kinder sehr ungünstig aus. Wie es denn überhaupt bedauerlich ist, wenn eine kinderreiche Mutter ihren Haushalt auf mehrere Tage verläßt."[41]

In den Quellen finden sich häufig Hinweise auf die Problematik der Hamsterfahrten von Müttern mit Kindern; die sich selbst überlassenen, unbeaufsichtigten Kinder sind ja überhaupt ein Problem der Nachkriegszeit. Dieser Mißstand muß demzufolge allgemein, also auch den Ernährungsbehörden, bekannt gewesen sein. Daß hier seitens der Behörden nicht der Versuch gemacht wurde, z. B. durch strengere Kontrollen der Hamsterzüge Abhilfe zu schaffen, ist ein Beleg dafür, daß man diese Art von Eigeninitiative der Frauen zur Entlastung der Wirtschaftsverwaltungen einplante. In anderen Bereichen waren die Behörden nämlich – wie im weiteren noch gezeigt werden wird – durchaus darauf bedacht, Frauen mit kleinen Kindern und hilfsbedürftigen Angehörigen zu entlasten, damit diese Art reproduktiver Arbeit sichergestellt war, ohne den öffentlichen Etat zu belasten!

Wie aus den bisherigen Ausführungen hervorgeht, war die Ernährung und Versorgung der Familien mit lebensnotwendigen Gütern zum Kernproblem der Hausarbeit nach '45 geworden, dessen Lösung oftmals die ganze Kraft, die Phantasie und den Erfindungsreichtum der Frauen beanspruchte, wobei sie übrigens von den öffentlichen Medien – d. h. in der Hauptsache Zeitungen und Frauenzeitschriften – massiv „unterstützt" wurden. (Ein guter Rat kostet ja bekanntlich nichts!)

Keine Frauenzeitschrift ohne praktische Tips zur – privaten – Bewältigung der Lebensmittelkrise: vom Sammeln von Wildgemüse, Kräutern und Beeren im Wald oder „am Wegesrand" bis zur Herstellung von Seife aus Farnkraut. Keine

Tageszeitung ohne Frauenseite, mit Anregungen zur abwechslungsreicheren Verwendung der Lebensmittelzuteilungen, zur Konservierung von Lebensmitteln, zur Schaffung eines Restes bürgerlicher „Behaglichkeit" inmitten von Trümmern.

Es gab zwei große Aufgabenbereiche auf dem Gebiet der Lebensmittelversorgung: zum einen die Beschaffung der Lebensmittel, zum anderen ihre Zubereitung und Konservierung.

Was die Beschaffung angeht, so wurden bereits die Eigenerzeugung, das Hamstern und das Tauschen erwähnt. Darüber hinaus arbeiteten Frauen in den Großstädten häufig gegen Naturallohn, z. B. bei Bauern der ländlichen Umgebung. Bei diesen Arbeiten handelte es sich meist um ausgelagerte Hausarbeiten wie Flicken, Stopfen, Waschen etc.[42], aber auch um Arbeiten in der Landwirtschaft, also körperlich sehr anstrengende Arbeiten. Zu dieser harten und kräftezehrenden Arbeit kamen dann noch die Probleme mit der Versorgung der Kinder, die schon im Zusammenhang mit dem Hamstern erwähnt wurden.

Sehr aufschlußreich sind in diesem Zusammenhang die ausführlichen Berichte von Fürsorgerinnen über die Ernährungs- und Wohnsituation und den Gesundheitszustand der von ihnen betreuten Familien, die im Frühjahr 1947 auf Anforderung des Sozialministers des Landes Nordrhein-Westfalen erstellt wurden. So berichtete beispielsweise eine Fürsorgerin aus Düren im Mai 1947:

„Die Ernährungsverhältnisse sind in meinem Bezirk nicht so schlecht, wie sie die Stadt aufzuweisen hat. Fast in jeder Familie ist ein Glied in der Landwirtschaft tätig. Selbst Mütter mit kleinen Kindern arbeiten tagsüber beim Bauern, versorgen in den Arbeitspausen die Kinder und bewältigen am Abend die ganze Hausarbeit. Die Bewältigung dieser Aufgaben erfordert natürlich einen ungeheuren Energieaufwand. Viele Frauen wirken mit 30 Jahren bereits wie 50jährige. Die Pflege der Kinder ist in den meisten Fällen nicht ausreichend, vor allem bleibt die Erziehung sehr zurück. Unzählige Kinder sind sich tagsüber vollständig selbst überlassen. Während der Ferien werden die meisten Kinder mit auf's Feld genommen und müssen dort zwischen den ‚Großen' ordentlich mitschaffen. Darunter leidet allzu oft der kindliche Organismus und man trifft Kinder, die mit 12 oder 13 Jahren bereits einen greisenhaften Eindruck machen."[43]

Wenn die bisher erwähnten Möglichkeiten wie Hamstern, Tauschen, Arbeiten gegen Naturallohn etc. wegfielen, blieb den Frauen vielfach nichts anderes übrig, als sich „zu verkaufen". So muß wohl die Umschreibung der Hungerprostitution interpretiert werden, von der eine andere Fürsorgerin, aus Düsseldorf-Eller, im Mai '47 berichtete:

„Bei Hausbesuchen findet man nur wenige Haushaltungen, die warmes Essen auf dem Herd stehen haben. Nur die Familien, die Gärten besitzen oder Beziehungen haben, kennen heute noch ein Mittagessen mit Gemüse und Kartoffeln. Besonders die arme Bevölkerung, die Unterstützung und Rente bezieht, kann sich auf dem schwarzen Markt nichts kaufen. Infolge des Hungers und der häuslichen Not werden ordentliche und ehrenhafte Menschen heute oft dazu getrieben, unreelle Wege des Schwarzhandels zu gehen. Ein Beispiel: Eine Witwe mit 6 Kindern muß von der geringen Wohlfahrtsunterstützung leben. Sie ist herzkrank, unterernährt, bekommt jetzt infolge der Schwäche Ohnmachtsanfälle, kann kaum noch den Haushalt versehen. Sie leidet, wie Mütter leiden, wenn sie ihre Kinder hungern sehen und nicht helfen können. Sie kann nichts schwarz kaufen. In ihrer Not geht sie hin, läßt sich jetzt Zigaretten geben und verkauft sie weiter für einen höheren Preis. Diese Frau möchte rechtschaffen sein und handelt doch aus ihrer Not heraus."[44]

Ein weiteres Beispiel aus einem Bericht aus Neuss:

„Die Arbeit, Mühe und Sorge, besonders der Frau, übersteigt meist ihre Leistungsfähigkeit. Verbitterung, beißende oder höhnende Ironie oder kampfloses, stumpfes Sichfügen in das ‚Unabwendbare', je nach Temperament und Anlage ist ihre Haltung.
Bei vielen ist jedes Maß von Recht und Unrecht verwischt. Junge alleinstehende Frauen, deren Männer in Gefangenschaft, vermißt oder gefallen, haben ungeregelten Männerverkehr, mit Kraftfahrern, Ausländern, jedenfalls solchen, die ihnen Naturalien zubringen.
. . . Es sind mir eine Reihe von Fällen bekannt, wo Mütter ihre 16 + 17jährigen Töchter (in einem Falle ein 12jähriges Mädchen) systematisch in die Läger von Ausländern, Polen, in amerikanisch besetzte Gebiete, zu englischen Soldaten, mit entsprechender Verhaltensanweisung schicken, um Lebensmittel und Rauchwaren heranzuschaffen."[45]

Der Zusammenhang zwischen dem Anstieg der Prostitution – in einem Zeitungsartikel aus dem Jahre 1949 sogar als „Massenprostitution" bezeichnet – und der für viele Frauen katastrophalen wirtschaftlichen Lage wurde durchaus gesehen. So heißt es in dem erwähnten Artikel:

„Ein Gegenmittel? – Es dürfte nicht leicht zu finden sein. Als wirksam hat sich in der Vergangenheit nur eines erwiesen: Verbesserung der wirtschaftlichen, sozialen und moralischen Verhältnisse."[46]

Der Hunger, das Elend der Nachkriegszeit setzten die in Zeiten der Normalität allgemein anerkannten Moral- und Wertvorstellungen faktisch außer Kraft. Das zeigt sich nicht nur im Anstieg der Prostitution und an der steigenden Kriminalität – insbesondere auch Kinder und Jugendlicher – deren Motiv häufig ebenfalls Hunger und Entbehrung war, sondern auch an dem wachsenden egoistischen Verhalten selbst den eigenen engsten Familienangehörigen gegenüber:

„In vielen Familien entstehen Streitigkeiten durch die mangelhafte Versorgung mit Nahrung. Die einzelnen Familienmitglieder nehmen sich gegenseitig die Lebensmittelkarten weg. Die Ehemänner, die ihrer Arbeit kaum mehr nachgehen können, verlangen für sich die Lebensmittelkarten ihrer schwangeren Frauen. Dadurch werden die Ehen und das Familienleben zerrüttet."[47]

„Zu was für heftigen Reaktionen das Überwältigtwerden vom Hunger führen kann, zeigt das folgende Beispiel: in einer Familie, die aus Vater, Mutter und drei Schulkindern bestand, war im Frühjahr 1947 das erste Care-Paket aus Amerika eingetroffen. Der durch Winterkälte und anhaltende Not ausgehungerte Vater schleppte das Paket heimlich in den Keller und aß dort den Inhalt in wenigen Tagen allein auf."[48]

Allerdings zeigte die Notsituation in vielen Fällen auch die gegenteilige Wirkung: Familienangehörige schlossen sich unter dem Druck der katastrophalen Verhältnisse enger zusammen, die emotionale Bindung der Familienmitglieder vertiefte sich gerade *durch* existentielle Not, Krankheit oder seelisches Leiden.[49]

„Wenn wir das alte Sprichwort ‚Not lehrt beten' etwas abgewandelt anwenden wollen, können wir sagen, daß gerade die Not manche Familien, darunter auch junge Kinder, gelehrt hat, ihre egoistischen Wünsche zurückzustellen und statt dessen ‚hilfreich und gut' füreinander einzustehen. Diese Haltung tritt deutlich in verschiedenen Restfamilien hervor."[50]

Die Rolle der Mütter für den Zusammenhalt der Familien, ihre aufopfernde Fürsorge vor allem für die Kinder, ihre „mütterliche(r) Liebeskraft" und „Fähigkeit zum verantwortungsbewußten Ausharren"[51], ihre Bemühungen um die seelische Stützung ihrer Ehemänner werden sowohl in der Untersuchung von Hilde Thurnwald als auch in den o. e. Berichten der Fürsorgerinnen und sogenannten „Stimmungsberichten" aus der Nachkriegszeit immer wieder hervorgehoben. In vielen Fällen wird von Müttern berichtet, die trotz ihrer harten täglichen Arbeit ihre knappen Lebensmittelrationen noch mit Mann und Kindern teilten:

„Eine weitere Kategorie der besonders Notleidenden und Trägerin eines stillen Heldentums sind die vielen älteren Frauen und Mütter, die alles irgendwie zusätzliche, oft noch von ihren eigenen knappen Rationen, dem arbeitenden Manne und den heranwachsenden Kindern opfern. Sie verzichten auf Brot und Aufstrich oder Belag, um den anderen etwas auf den Weg mitgeben zu können."[52]

Diese Haltung ist um so bemerkenswerter, als die Hausfrauen ironischerweise trotz ihrer strapaziösen Arbeit, die – wie bereits verdeutlicht – zu einem großen Teil Schwerarbeit war, die Lebensmittelkarte V, d. h. die niedrigste Lebensmittelzuteilung für Erwachsene erhielten. Welchen Unterschied das konkret ausmachte, zeigt die folgende Gegenüberstellung der Tagesrationen der Karten V und I.

Karte V	*Karte I (Schwerarbeiter)*[53]
u. a. 300 g Brot	600 g Brot
20 g Fleisch	100 g Fleisch
7 g Fett	30 g Fett
30 g Nährmittel	60 g Nährmittel

Unter die Rubrik Schwerarbeiter fielen übrigens u. a. Pfarrer, namhafte Künstler und Schuldirektoren![54]

Auch bei der aufgrund ihres Schwarzmarktwertes äußerst wertvollen Zigarettenzuteilung waren Hausfrauen benachteiligt:

„. . . nach Pressemeldungen werden von den amerikanischen Zigaretten, die demnächst in der Doppelzone ausgegeben werden sollen, alle Berufstätigen – *außer den Hausfrauen* – zehn Stück erhalten. Die Meldung ist in mehreren Zeitungen erschienen und es kann sich deshalb kaum um einen Irrtum einer Redaktion handeln. Und vom Karneval waren wir, als die Veröffentlichung erfolgte, fast so weit entfernt wie vom 1. April. Inzwischen hat jedoch die Verfassung den Hausfrauenberuf als ordentlichen Beruf anerkannt und es hat sich überhaupt herumgesprochen, daß die Arbeit der meisten Hausfrauen der eines Schwerarbeiters gleichkommt."[55]

Hausarbeit war selbst dann Schwerarbeit, wenn die bisher hervorgehobenen außergewöhnlichen Belastungen des Hamsterns, der Subsistenzproduktion und Naturallohnarbeit entfielen.
Allein das stundenlange Schlangestehen vor den Lebensmittelläden war eine Strapaze, der viele Frauen in ihrem geschwächten körperlichen Zustand kaum gewachsen waren:

„Die Bevölkerung ist apathisch, hoffnungslos, verzweifelt und zermürbt. Die Frauen sind total erschöpft. Bei geringer Ernährung müssen sie unmenschliche Kräfte aufbringen, besonders beim Schlangestehen. Das stundenlange Warten lohnt die Mühe nicht. Gegen

2 Uhr kommen die Frauen erst heim, die seit 6 Uhr morgens unterwegs waren. Sie bringen, wenn's gut geht, Brot, etwas Nährmittel, etwas Gemüse mit nach Hause, das nicht einmal für eine Mahlzeit reicht."[56]

Hinzu kam, daß auch alle anderen Hausarbeiten infolge des Mangels erschwert und unverhältnismäßig zeitaufwendig waren.

Da war zum einen der ständige Kampf gegen den Schmutz, der durch die Knappheit an Seife, Wasch- und Reinigungsmitteln nahezu aussichtslos war. Die Hausfrauen stellten selbst Seife aus Farnkrautasche[57] her oder wuschen mit einer Brühe aus Efeublättern oder Kastanien, Kartoffelschalen oder Ochsengalle[58]. Der Zeitaufwand war enorm: Zunächst mußten die entsprechenden Zutaten gesammelt und dann bearbeitet werden, was mehrere Stunden in Anspruch nahm, bevor überhaupt mit der eigentlichen Wäsche *begonnen* werden konnte. Die Einhaltung eines Mindestmaßes an Hygiene war aber andererseits angesichts der sich rapide verbreitenden Schmutzkrankheiten ungeheuer wichtig.

Das Heizen der Wohnungen und das Zubereiten der Mahlzeiten waren problematisch: Strom und Gas waren rationiert und nur einige Stunden am Tag vorhanden. Da die Kohlezuteilungen völlig unzureichend waren, mußte ersatzweise Brennholz aus den umliegenden Wäldern herangeschafft werden, oftmals zu Fuß.

Die wenige vorhandene Kleidung und Wäsche mußte dauernd geflickt und gestopft oder umgeändert werden; angesichts der Schwierigkeiten, Nähgarn, Stopfgarn oder Wolle zu besorgen, bedienten sich die Frauen dazu sehr unkonventioneller Methoden:

„Kunststopfen mit Haar
Risse, die in feinfädigen Geweben wie Seide, seidenähnlichen, feinen Tuchen und Wollstoffen entstehen, stopft man am besten mit Menschenhaar. Für helle Stoffe werden blonde, für dunkle braune oder schwarze Haare verwendet. Diese werden in möglichster Länge in eine Nadel gefädelt, dann werden die Rißstellen gut aneinandergefügt und dann in engen Touren durchzogen. Auch feine Wollstoffe, Tuche und gemusterte Herrenstoffe lassen sich mit Haar völlig unsichtbar, aber sehr fest stopfen."[59]

Wer Glück hatte und alte Uniformen „ergattern" konnte, nähte daraus Kindermäntel, Damenröcke, warme Jacken oder Kostüme.[60] Aus Bettbezügen wurden Blusen, aus Wolldecken Mäntel, aus Autoreifen Schuhsohlen usw. Um an die „Rohstoffe" heranzukommen, mußten die Frauen aber auf dem laufenden sein, wo es was zu kaufen oder zu tauschen gab:

„Zeitraubendes Hin- und Herlaufen erfordern auch die unzähligen Tauschgeschäfte, in die fast alle Hausfrauen verstrickt sind, sei es um eine Rolle Näh- oder Stopfgarn zu erzielen, oder um einige Nähnadeln, ein Paar alte Schuhsohlen, Nägel oder was immer im Augenblick nötig gebraucht wird, durch einfachen oder Kettentausch zu erwerben."[61]

Zeitraubend waren auch die unzähligen Gänge zu Behörden und Ämtern, um „Ausweise, Bezugsscheine, Atteste, Erlaubnisscheine zu erlangen", an die „unzählige dringliche Beschaffungen für Gesunde und Kranke"[62] gebunden waren und für die man nicht nur lange Anmarschwege, sondern auch stundenlanges Schlangestehen in Kauf nehmen mußte.

Die Folge der mit all diesen Arbeiten verbundenen Anstrengungen bei gleichzeitiger akuter Unterernährung und mehr als schlechten Wohnverhältnissen war eine sich rapide beschleunigende Verschlechterung des Gesundheitszustandes der Bevölkerung. Durchschnittliche Gewichtsverluste von 20 bis 25%, bei ehemals korpulenten Leuten sogar bis zu 50%[63] hatten zwangsläufig körperliche und nervliche Erschöpfungszustände zur Folge.

„Die fast ausnahmslos zu beobachtende Folge sind Erschöpfung, Ermüdbarkeit, Kopfschmerz, Schwindelgefühl und Mangel an Konzentrationskraft. Die Ärzte stellen darüber hinaus übereinstimmend fest eine Zunahme der Magen- und Herzerkrankungen, der Geschwürbildungen und Hauterkrankungen, Unterfunktionen der Schilddrüse und Menstruationsstörungen, eine verzögerte oder erschwerte Heiltendenz nach Operationen, eine starke Herabsetzung der Widerstandskraft gegen Erkältungskrankheiten und manche anderen Folgen des Mangels."[64]

Besonders bedenklich war das schnelle Anwachsen der Tuberkulose, von der vor allem Kinder stark betroffen waren. So steigerten sich beispielsweise in Duisburg die Tbc-Fälle von Januar 1946 bis Dezember 1946 um 64%:

„Reagierten bei der Tbc-Prüfung im Jahre 1936 7,9% der Schulanfänger aktiv, so jetzt 15%, das ist eine Steigerung auf fast das Doppelte. Gegenüber dem Jahre 1942 hat die Zahl der Fälle offener Tuberkulose sich verdoppelt, die nicht ansteckungsfähiger, aber aktiver Tuberkulose sich verzweieinhalbfacht, die Zahl der Aufnahmen in die Tuberkulose-Fürsorge stieg auf das Fünffache, die der Reaktivierungen, Blutstürze usw. auf das Sechsfache."[65]

Wenn man bedenkt, wie schlecht die medizinische Versorgung der Bevölkerung war – nicht nur wegen Mangels an Medikamenten und kräftigenden Speisen und der Unmöglichkeit der Einhaltung von Diät- und Hygienevorschriften, sondern auch angesichts der Zerstörung von Krankenhäusern und Arztpraxen und der Personalknappheit im Bereich der Gesundheitsfürsorge – so wird deutlich, welche Rolle die private Krankenpflege der Hausfrauen spielte. Dasselbe gilt für die private Versorgung der besonders unter der Not leidenden alten Leute, die ansonsten den Krankenanstalten zur Last fielen und die wenigen, für die Krankenpflege dringend benötigten Klinikbetten „ihrem eigentlichen Zweck entzogen".[66]

Bemerkenswert ist, daß in vielen Quellen die Sorge um den Gesundheitszustand von Frauen und Müttern zum Ausdruck gebracht und immer wieder betont wird, daß die Frauen sich in einem Zustand permanenter nervlich-seelischer Anspannung und körperlicher Überbelastung befänden, daß aber andererseits der Gesundheitszustand der männlichen Bevölkerung durchschnittlich schlechter war als der der Frauen[67] und daß auch die Sterblichkeitsrate der Männer ungewöhnlich hoch über der der Frauen lag[68]. Besonders auffällig ist auch die unterschiedliche Selbstmordrate bei Männern und Frauen. In Nordrhein-Westfalen lag die Selbstmordrate der Männer 1947 fast doppelt so hoch wie die der Frauen (901:476).

In den bereits erwähnten Berichten der Fürsorgerinnen über die Notlage der Bevölkerung wird häufig hervorgehoben, daß die Frauen trotz der Aussichtslosigkeit bzgl. einer Verbesserung ihrer Lebensbedingungen sich immer wieder um eine Bewältigung der aktuellen Alltagsprobleme bemühten, während den Männern Apathie, Verbitterung, Mutlosigkeit bescheinigt wird.

Zwar waren auch die Mütter oft verzweifelt, wenn ihre Kinder trotz aller Bemühungen hungern mußten, die Säuglinge weder ausreichend gepflegt noch angemessen gekleidet werden konnten, wenn sie nicht mehr in der Lage waren, die Säuglinge zu stillen, doch wird immer wieder betont: „Die Frauen versuchen mit letzter Kraft, Haushalt und Familie gesund und in Ordnung zu halten."[69] Zusätzlich zu allen anderen Schwierigkeiten hatten die Frauen dann häufig noch mit der Verbitterung und der daraus resultierenden Gereiztheit ihrer Männer zu kämpfen, die sie nicht einmal – wie in „normalen" Zeiten – über materielle Versorgungsleistungen lindern bzw. abbauen konnten:

„Die Mutter hat oft sehr unter der Verbitterung ihres Mannes zu leiden: er ist verbittert, weil er als ‚Arbeitender' nicht soviel verdient, um Waren ‚schwarz kaufen' zu können und er sieht neidisch und verärgert auf die Nichtstuer, die im Gelde schwimmen und gut leben. Die Mutter kann die Unzufriedenheit, die schlechte Laune des Vaters nicht durch abwechslungsreiche, schmackhafte Speisen und Rauchwaren verbessern. Wassersuppe morgens, Wassersuppe mittags, Wassersuppe abends bringt natürlich keine Besserung der Laune zustande."[70]

e) Die psychische Seite der Überlebensarbeit: „Behaglichkeit" im Chaos

Aus den Stimmungsberichten der Verwaltungen, aber auch aus den zahlreichen diesbezüglichen Anregungen in Tageszeitungen und Frauenzeitschriften wird nicht nur ersichtlich, wie sehr sich die Frauen selbst in dieser Situation des täglichen Kampfes ums bloße Überleben darum bemühten, den Alltag mit den primitivsten Mitteln ein bißchen zu verschönern, ein wenig Gemütlichkeit zu erzeugen, sondern auch, welch hoher Stellenwert diesen Bemühungen für die Stimmung der Bevölkerung, insbesondere der männlichen Bevölkerung, beigemessen wurde. Auch nach '45 wurde – wenn überhaupt – „mit Liebe gekocht"! Zum Beispiel Ostern 1946:

„Das erste friedliche Osterfest seit 6 Jahren soll besonders festlich begangen werden. ... Und sei der Raum auch noch so beschränkt, die Bestände an Wäsche und Geschirr noch so zusammengeschrumpft – ein bißchen Festlichkeit, Abgegrenztheit vom Alltag ist immer möglich. ...
Auch die Hauptmahlzeiten sollen durchaus frühlingshaften Charakter tragen. ... Es kommt auch dabei nicht ausschließlich auf das ‚was' an, das geboten wird, sondern mindestens ebensosehr auf das ‚wie'. (...) Hier kann Phantasie und Geschmack der Hausfrau Wunder wirken – der Wunder größtes aber müssen Erfreuen*wollen* und Beglücken*können* beisteuern."[71]

Daß solche Anregungen und Tips nicht „graue Theorie" waren, zeigt das „Lob der deutschen Hausfrau", das ihr in einem Bericht der Stadtverwaltung Duisburg über die soziale und gesundheitliche Lage der Duisburger Bevölkerung an den Sozialminister des Landes Nordrhein-Westfalen ausgesprochen wird:

„Hier darf einmal ein Wort zum Lobe der deutschen Haufrau gesagt werden: Trotz allen Mangels an Küchengeräten und Porzellan, Gardinen und Möbeln, Wäsche und Bettzeug sucht sie ihren Angehörigen immer noch ein freundliches Heim zu schaffen. Ist es auch eng und behelfsmäßig eingerichtet, so versteht sie es selbst in fast hoffnungslosen Fällen noch, einen Schimmer von Behagen und Glücksgefühl über die Armut zu breiten, in der sich unser Leben heute abspielt."[72]

Daß dieser Teil der Hausarbeit in einem offiziellen Bericht derartig hervorgehoben wird, beweist seine Bedeutung für die Aufrechterhaltung der „Moral" und des Überlebenswillens der Bevölkerung.

Auch auf weibliche Schönheit, auf Ästhetik wurde selbst in den Jahren unmittelbar nach dem Krieg Wert gelegt. „In Düsseldorf fand Ende Juni (1946, D. S.) im Kellergeschoß des ausgebombten ‚Malkastens' die erste Modenschau statt."[73]

Auch damals war es den Frauen nicht damit getan, einfach „irgendwas" anzuziehen, sondern sie bemühten sich trotz allem um ein bißchen Chic bei der Herstellung ihrer Garderobe – wenn auch mit anderen Mitteln als sonst.

„Wem fehlte nicht ein heller Complet-Mantel, der den Anzug vorteilhaft ergänzt! Auch das Leinen eines Bettlakens eignet sich gut für die sportliche und sehr kleidsame Form der Verarbeitung."[74]

Als Amerika allerdings mitten in der Zeit des Mangels an notwendigsten Kleidungsstücken, als vielen Menschen buchstäblich der warme Wintermantel fehlte, den „New Look" kreierte, hagelte es Proteste in den Frauenzeitschriften:

„Und wozu das Ganze? ... Den gutgewachsenen Frauen aller Länder gefiel der kurze Rock, den Männern auch, und er entspricht der Knappheit der Textilprodukte. Aber da ist die amerikanische Bekleidungsindustrie, eine der größten Industrien in den USA, und die brauchte einen neuen Aufschwung durch erhöhten Absatz."[75]

„Sorgen wir erst einmal dafür, daß jeder deutsche Mensch ein Kleid auf dem Leibe hat und seine Wäsche wechseln kann."[76]

schrieb eine erboste Leserin im Februar 1948 an die Redaktion der „Frau von heute".

Es war also auch in der unmittelbaren Nachkriegszeit, in den Jahren vor der Währungsreform, als existentielle Not und Hunger den Alltag der meisten Menschen bestimmten, nicht so, daß Hausarbeit sich auf die nackte Existenzsicherung beschränkte. Zwar gewannen diejenigen Bereiche der Hausarbeit, die der Lebenssicherung dienten – also alle Arbeiten, die mit der Versorgung der Familien mit dem Lebensnotwendigsten zu tun hatten (Nahrung, Kleidung, Heizmaterial) – zweifellos die Oberhand und wurden zum eigentlichen Kern der Hausarbeit nach '45, während zum Beispiel der gesamte Bereich der Repräsentationspflichten der Hausfrau aufgrund der Nachkriegsverhältnisse in den meisten Familien einfach wegfiel. Das „Besorgen", das „Organisieren" lebensnotwendiger Güter hingegen erfuhr gegenüber Nicht-Krisenzeiten eine immense Ausweitung und wurde zur wichtigsten, anstrengendsten und zeitaufwendigsten Arbeit.

Gleichzeitig versuchten die Frauen aber trotz der geringen zur Verfügung stehenden Mittel, die Charakteristika bürgerlichen Familienlebens wie Gemütlichkeit, Behaglichkeit, „anheimelnde Atmosphäre" auch in den Trümmerwohnungen der Nachkriegszeit aufrechtzuerhalten. Und sie versuchten, weiterhin „Frau" zu sein, das heißt, auch Bereiche wie Schönheit, Ästhetik, Gepflegtsein, Eleganz nicht völlig im grauen Einerlei des Nachkriegsalltags untergehen zu lassen. Bei diesen Bemühungen wurden sie tatkräftig unterstützt von den Medien, was auf die gesellschaftliche Bedeutung dieses Bereichs weiblicher Arbeit verweist.

Die Möglichkeiten, dem drückenden Alltag zu entfliehen, sich abzulenken, waren äußerst gering: ein Kinobesuch ab und an war so ziemlich das höchste der Gefühle. Andererseits ist es aber keinem Menschen unbegrenzt lange möglich, völlig ohne Hoffnung, ohne ein bißchen Lebensfreude, „einen Schimmer von Behagen und Glücksgefühl"[77] zu leben. Die Bemühungen der Frauen auf diesem Gebiet der Hausarbeit hatten also auch und gerade in der Nachkriegszeit einen besonderen Stellenwert, und es ist erstaunlich, mit welch geringen Mitteln es ihnen gelang, diese Lebensfreude tatsächlich immer wieder zu vermitteln und so zur psychischen Stabilisierung der Bevölkerung beizutragen.

f) Erweiterung der Hausarbeit als emanzipatorische „Chance"?

Aus der bisherigen Schilderung der Entwicklung der Hausarbeit nach '45 wurde deutlich, daß

1. Hausarbeit nach '45 von ihrer Erscheinungsform her in weiten Bereichen nicht mit Hausarbeit in Nicht-Krisenzeiten vergleichbar ist.
   Hinter der zeitlichen und physischen Beanspruchung der Frauen durch die „Überlebensarbeit" traten andere Bereiche der Hausarbeit zwangsläufig zurück (z.B. der gesamte Bereich der Kindererziehung und -betreuung) oder entfielen ganz (z. B. Möbelpflege oder Gastlichkeit),
2. in der gesellschaftlichen Krisensituation nach Kriegsende der materielle Wert der Hausarbeit, ihre lebenssichernde Funktion, deutlich sichtbar wurde. Demgegenüber sank der Wert der Lohnarbeit für die Existenzsicherung: Die gegen Lohn offiziell erhältlichen Waren reichten zum Lebensunterhalt nicht aus,
3. Hausarbeit sich nicht auf rein materielle Arbeiten reduzierte, sondern die Einheit von materiellen und psychischen Versorgungsleistungen erhalten blieb und in der historischen Krisensituation der Nachkriegszeit sogar von besonderer Bedeutung war.

Es ergibt sich nun aus frauengeschichtlicher Sicht die Frage, ob die objektiv gestiegene gesellschaftliche Bedeutung der Hausarbeit, die Dominanz der reproduktiven Probleme im Alltag der Bevölkerung und die Rolle der Frauen als Trägerinnen der Überlebensarbeit zu einem neuen weiblichen Selbstbewußtsein, zu einer Identitätserweiterung der Frauen führte.

Konnten die Frauen in dieser Situation die gesellschaftliche Bedeutung ihrer Arbeit erkennen und sich gegen deren Funktionalisierung für den Wiederaufbau der kapitalistischen Wirtschaft zur Wehr setzen?

Gab es Indizien für eine kollektive Stärkung weiblichen Selbstbewußtseins, aus der heraus die Frauen politisch innovativ werden konnten? Innovativ in Richtung auf die Aufhebung der – ideologischen – Trennung von Produktion und

Reproduktion, von Arbeit und Leben? Führte die „Notsituation", die immer schlechter werdende Versorgungslage, die schließlich im Winter 1946/47 ihren Tiefstpunkt erreichte und zur Existenzkrise wurde, zum Umdenken hinsichtlich der Prioritätssetzung ökonomisch-politischer Entscheidungen? Sind die oft von Frauen initiierten und dominierten Hungerdemonstrationen des Winters 46/47 in diesem Sinne als *politische* Kritik zu interpretieren?

Wurde hier der Zusammenhang zwischen dem Aufwärtstrend der Produktion und den immer schlechter werdenden Reproduktionsbedingungen erkannt und in die politische Forderung nach staatlichen Maßnahmen zur vorrangigen Lösung der lebensbedrohenden Ernährungs- und Versorgungsprobleme gekleidet?

Und wie reagierten die Frauen im sogenannten „Privatbereich" auf die Arbeitsüberlastung? Formulierten sie aus ihrer veränderten und erschwerten Arbeitssituation heraus Ansprüche auf Arbeitsentlastung? Setzten sie gegenüber ihren – vielfach arbeitslosen und arbeitsunfähigen – Männern eine veränderte Rollenverteilung im Haus durch? Forderten sie von Behörden, Verwaltungen und Arbeitgebern Unterstützung in Form von Sozialisierung von Hausarbeit?

g) Die „Hungerjahre": Öffentliche Durchsetzung des „weiblichen Prinzips"?

Es wurde eingangs bereits darauf verwiesen, daß das Kriegsende und der Zusammenbruch des Nationalsozialismus von der Masse der Bevölkerung, von der Masse der Frauen, nicht als *politische* Befreiung, sondern „nur" als Befreiung von unmittelbarer Lebensbedrohung durch Bomben und Kampfhandlungen erlebt wurde.

1945 wurde demzufolge von den meisten nicht als politischer *Aufbruch,* als Beginn einer neuen Ära, sondern vielmehr als politischer und privater *Zusammenbruch* empfunden. Der größte Teil der Frauen (wie auch der Männer!) hatte nicht mit fest umrissenen Vorstellungen von einem neu zu schaffenden demokratischen Staat auf das Kriegsende als Signal zum Beginn politischer Arbeit gewartet. Sie hatten sich vielmehr im Kampf ums Überleben, in der Sorge um die Angehörigen, in der Angst der Bombennächte aufgerieben und mit dem Kriegsende allenfalls die Hoffnung auf eine Normalisierung, auf eine Erleichterung des Alltags verbunden. Diese Hoffnung auf Normalisierung, der legitime Anspruch auf ein „besseres Leben" wurde aber nicht in politische Forderungen gekleidet und aktiv angegangen, sondern passiv von den neuen „Machthabern" erwartet – und enttäuscht.

Die ersten Wochen nach Kriegsende brachten aufgrund des Verlustes der deutschen agrarischen Ostgebiete, der weltweiten Mißernten, der Kriegszerstörungen und der Verkehrsprobleme statt einer Verbesserung eine noch erhebliche Verschlechterung der Versorgungssituation. Die Lebensmittelzuteilungen wurden immer weiter gekürzt; hinzu kamen die räumliche Beengung durch die nach „Restdeutschland" strömenden Flüchtlingsmassen und die nach wie vor herrschende Knappheit an allen lebensnotwendigen Gütern. Die tägliche Arbeit der

Frauen wurde durch die Beendigung des Krieges also nicht leichter, sondern im Gegenteil noch erheblich erschwert.

Die Lebensverhältnisse waren also denkbar schlecht, und nur die vermehrten reproduktiven Anstrengungen der Frauen ermöglichten es, daß die Mehrheit der Bevölkerung mit knapper Not – und das hieß häufig mit schweren gesundheitlichen Schäden – davonkam. Gegen Ende des Jahres 1946 stieß die Überlebensarbeit der Frauen an ihre Grenzen. Die Ernährungskrise erreichte in diesem Winter bedingt in erster Linie durch den Zusammenbruch des Verkehrssystems ihren Höhepunkt. Der früh einsetzende und extrem strenge Winter brachte fast das gesamte Transportsystem zum Erliegen, was nicht nur bedeutete, daß die beförderten Nahrungsmittelmengen bei weitem nicht ausreichten, um die Bevölkerung zu versorgen, sondern auch, daß Folgeschäden auftraten: In den Lagerhallen und stillstehenden Eisenbahnwaggons erfroren Tonnen von Kartoffeln und Gemüse, die nicht rechtzeitig weiterbefördert werden konnten.

Die ausgegebenen Lebensmittelrationen in den industriellen Gebieten sanken immer weiter ab. Die große Kälte und die Reduzierung des Personen-Zugverkehrs behinderten auch die Möglichkeiten der Zusatzversorgung durch Hamsterfahrten oder Verwandtenbesuche auf dem Land. Die mühsam angelegten Wintervorräte an Kartoffeln und Gemüse erfroren in den nicht beheizten Kellern oder unzureichend beheizten Wohnungen.

„30 von 154 Familien sind die eingekellerten Kartoffeln erfroren, zahlreiche andere Familien konnten ihre erarbeiteten oder erhamsterten Kartoffeln und Gemüsevorräte nicht mehr rechtzeitig vom Lande abholen, versprochene Sendungen von Verwandten und Freunden konnten nicht abgeschickt werden. Der allgemeine Ausfall von Hamsterfahrten infolge polizeilicher Maßnahmen und Kälte machte sich geltend. In anderen Fällen wurden die eingelagerten Kartoffeln verfrüht aufgegessen, um sie vor dem Erfrieren zu retten (da es oft nicht möglich war, die Kartoffeln in dem einen geheizten Raum unterzubringen). Um der Winterkälte standzuhalten, wurden letzte Nahrungsreserven vorschnell aufgezehrt, es wurde überhaupt mehr Nahrung gebraucht. ... Zusammenfassend läßt sich sagen, daß rund 80 bis 90% aller hier erfaßten Familien an einer Mangelernährung leiden, die ihre Leistungsfähigkeit, ihre produktiven Kräfte innerhalb und außerhalb des Familienverbandes zunehmend schwächt."[78]

Nachdem die tatsächlich ausgegebenen Lebensmittelzuteilungen im Ruhrgebiet und in vielen Großstädten von April bis Juni 1947 nur noch bei 800 Kalorien pro Tag lagen, befanden sich viele Menschen in einem Zustand permanenter Erschöpfung. In einer Denkschrift der deutschen Ärzteschaft aus dem Jahre 1947 heißt es über den Gesundheitszustand der Bevölkerung:

„Die Normalverbraucherrationen des Frühjahrs 1947 sind so niedrig, daß sie nur ein Drittel des Bedarfs decken und in der Zeit von einigen Monaten zum Tode führen würden. Nur mit äußersten Anstrengungen ... unter Mißachtung von Gesetzen und behördlichen Bestimmungen, sind die auf diese Ration angewiesenen Menschen in der Lage, ihre Ernährung auf ein Niveau zu heben, das sie eben an der Grenze schwerer klinischer Unterernährungserscheinungen hält."[79]

In dieser für viele Menschen ausweglosen Situation kam es zu zahlreichen Streiks und Hungerdemonstrationen in den immer schlechter versorgten Großstädten.[80]

Frauen stellten oft nicht nur die Mehrzahl der Teilnehmer, sondern initiierten auch selbst Protestaktionen. So berichtete die Zeitung „Westdeutsches Volks-Echo" im Dezember 1946 wiederholt über Demonstrationen und spektakuläre Maßnahmen von Frauen gegen Lebensmittelschieber:

„13. 12. 1946.
Herne. Über 12 000 Frauen protestierten in Herne auf einer Großkundgebung gegen den Hunger. In einer Resolution wurden die Absetzung von Schlange-Schöningen (Vorsitzender des Zentralamtes für Ernährung und Landwirtschaft der britischen Zone, D. S.) und schärfste Strafen gegen Schwarzhändler und Schieber gefordert. Ferner wurde die Bildung einer Kommission aus Vertretern der Gewerkschaften und Parteien verlangt, die unverzüglich dafür Sorge tragen soll, die noch rückständigen Kartoffelmengen für die Wintereinkellerung sicherzustellen. Anschließend zogen 300 Frauen als Delegation zum Rathaus, um die Durchführung dieser Maßnahmen demonstrativ zu fordern.

20. 12. 1946.
Aachen. Nachdem viele Bauern ihrer Ablieferungspflicht nicht nachgekommen sind und 1000 Zentner Obst, Gemüse und Kartoffeln dem Schwarzen Markt zugeführt wurden, schritt der Aachener Frauenausschuß zur ersten Selbsthilfe. Einige der größten Saboteure wurden herausgegriffen und ihre Bestrafung vom Frauenausschuß gefordert. Diese Bestrafung hatte eine solche Wirkung, daß nun die Händler so viel Gemüse nach Aachen schaffen, daß die Haushaltungen versorgt werden können."[81]

Die Forderungen der Frauen gingen über eine Bestrafung der Schuldigen und die Behebung der akuten Engpässe aber nicht hinaus. Politische Vorstellungen von einer wünschenswerten Wirtschafts- und Gesellschaftsordnung, die an menschlichen statt an marktwirtschaftlichen Normen orientiert ist, wurden nicht artikuliert. Die Frauen forderten auch nicht als Sachverständige und Trägerinnen der Überlebensarbeit eine Beteiligung an den politischen Entscheidungen im ernährungswirtschaftlichen Bereich.

Infolgedessen waren und blieben die Proteste zwangsläufig spontan und situativ, weil die hinter den Mißständen stehenden gesellschaftlichen Zusammenhänge unbegriffen blieben. Der *politische* Gehalt der Forderung nach Sicherung des Lebensunterhalts, des Rechts auf Leben geriet gar nicht in den Blick.

Im Frühjahr 1947 appellierte James R. Newman, US-Gouverneur von Hessen, angesichts der zunehmenden und immer militanter werdenden Hungerdemonstrationen an die hessische Bevölkerung:

„Vermeiden Sie Streiks, meiden Sie Agitatoren, die Streiks anschüren und lehnen Sie es ab, jenen zuzuhören, die aus politischen oder selbstsüchtigen Gründen die Besatzungspolitik *unnötig* kritisieren und zum Widerstand gegen die Gesetze und Forderungen der Militärregierung hetzen.
Seien Sie fleißig! Arbeiten Sie für die Zukunft Ihres Staates und fordern Sie Ihre Mitbürger auf, das gleiche zu tun."[82] (Hvhbg. D. S.)

Diese angesichts der durch den Hunger ausgemergelten, erschöpften und kranken Menschen geradezu höhnische Aufforderung, nur fleißig zu arbeiten, dann werde sich die Situation schon bessern, macht mehr als deutlich, wo hier die Prioritäten gesetzt wurden. Erstaunlich ist, daß die in einer solchen Politik zum Ausdruck kommende Mißachtung menschlichen Lebens zugunsten materiellen

Profits im Kern nicht kritisiert wurde, weder von den Trägern und Trägerinnen der Protestaktionen noch von der politischen Führung der Arbeiterschaft. Es wurde allgemein akzeptiert, daß eine Verbesserung der Versorgungssituation nur über Produktionssteigerungen erfolgen könne. Der Zusammenhang zwischen der Not, der Existenzkrise, dem Hunger auf der einen und den ökonomischen Prioritätssetzungen auf der anderen Seite, die ökonomische Bedingtheit der Zustände im Reproduktionsbereich geriet nicht in den Blick. Auch linke Politiker sahen mit zunehmender Verschlechterung der Versorgungssituation die einzige Lösung in einer „Normalisierung" der Produktion und verschoben die Durchsetzung ihrer gesellschaftspolitischen Forderungen auf später, ohne die Interdependenz zu erkennen.

Auf dem 1. außerordentlichen Bundeskongreß des DGB der britischen Zone im Juni 1948 sagte Hans Böckler zu der Verknüpfung der Gewährung von Marshall-Plan-Hilfe und Verzicht auf die Forderung nach Sozialisierung der Schlüsselindustrien:

„Vieles muß von uns hingenommen werden – einfach aus der Tatsache, weil dem Verhungernden sonst kein Ausweg bleibt. Er greift nach dem letzten, das ihm Rettung verspricht. In dieser Lage sind wir. . . .
Im Osten hört man oft die Meinung, der Plan ist gegen die Sozialisierung der Grundstoffindustrien und für die Wiederaufrüstung des Großkapitalismus. Das mag auch eine Nebenabsicht sein. Vermutlich ist es eine. . . . Aber verringern sich die Absichten in Amerika, wenn wir ablehnen, uns am Marshall-Plan zu beteiligen? Hat Amerika nicht die Möglichkeit, auch ohne Beteiligung der Westzone auf die Erhaltung der großkapitalistischen Bestrebungen hinzuarbeiten? . . . Darum sage ich: Laßt uns alle Bedenken hintanstellen, laßt uns die Vorteile, die uns der Plan bietet – und er bietet auch uns Gewerkschaftlern große Vorteile – laßt uns diese Vorteile nutzen."[83]

Die Sozialisierung der Schlüsselindustrien, als ökonomische Voraussetzung einer gesellschaftlichen Neuordnung von der Arbeiterbewegung angestrebt, wurde mit den Verhältnissen im Reproduktionsbereich, mit dem „Leben", gar nicht in Zusammenhang gebracht.

„Der Ruf nach Überführung der Zechen in Gemeineigentum wurde im Ruhrgebiet fast zu einer Selbstverständlichkeit, gleichwohl besaß er gegenüber den unmittelbar auf den Nägeln brennenden Versorgungs- und Ernährungsproblemen keine Priorität"[84], schreibt Christoph Kleßmann unter der Überschrift „Speck oder Sozialisierung."

Daß die Ernährungs- und Versorgungsprobleme und die Eigentumsverhältnisse im Produktionsbereich, die Mißachtung menschlicher Bedürfnisse in der „Privat"sphäre und die Ausbeutung der Arbeiter/innen in der Produktionssphäre zwei Seiten derselben Medaille „Kapitalismus" darstellen, wurde nicht gesehen. „Speck *und* Sozialisierung" hätte die Forderung nach einer grundlegenden gesellschaftlichen Neuordnung heißen müssen. Aufgrund einer lückenhaften Gesellschaftstheorie, die den Reproduktionsbereich nicht als ökonomische Sphäre begreift, wurde daraus im Resultat „Speck *statt* Sozialisierung".

Von diesem allgemeinen – kapitalistischen – Denkmuster, daß eine Verbesserung der Situation ausschließlich über die „Normalisierung" der Produktion, über Produktionssteigerungen erfolgen könne, wichen aber auch die Frauen nicht ab.

Es ist illusorisch anzunehmen, die Frauen hätten aufgrund ihrer größeren Nähe zum „Leben" und der objektiv gestiegenen Bedeutung ihrer Arbeit ihre „anderen", im Reproduktionsbereich geltenden humanen Maßstäbe auf der Basis einer sich aus der Situation ergebenden, „zwangsläufigen" Bewußtseinserweiterung auf den öffentlichen Bereich übertragen und in politische Forderungen nach einer gesellschaftlichen Humanisierung verwandelt. Wir können aus heutiger Sicht die spontanen Protestaktionen von Frauen als verschlüsselte Kritik an einem inhumanen Gesellschaftssystem, das Profitinteressen über existentielle menschliche Interessen stellt, interpretieren. Die Ausnahmesituation, die viele Frauen in die Rolle der allein Verantwortlichen für das (Über-) Leben ihrer Familien drängte, führte dazu, daß sie, die normalerweise nicht gerade dazu neigen, für die Durchsetzung politischer Ziele „auf die Straße zu gehen", kurzfristig politisch aktiv wurden. Die Demonstrantinnen taten dies aber nicht in dem Bewußtsein, das patriarchalisch-kapitalistische System als Verursacher der Mißstände zu kritisieren und dem „weiblichen Prinzip" zur öffentlichen Durchsetzung zu verhelfen, sondern weil die Grenzen ihrer Überlebensarbeit erreicht waren und alle „privaten" Anstrengungen ihre Familien und sie selbst vor dem Verhungern nicht mehr bewahren konnten.

Sie protestierten „gegen den Hunger". Sie forderten in der lebensbedrohenden Situation der Hungerjahre 46/47 die konsequente Bestrafung von Schiebern und Schwarzhändlern. Sie erkannten aber nicht die gesellschaftliche Bedingtheit der „Notsituation" und übertrugen ihre im Privatbereich geltenden humanen Normen nicht auf die Verhältnisse im öffentlichen Bereich.

h) Arbeitsüberlastung: Chance zur Rollenveränderung im „Privat"bereich?

Wie sah es nun im „privaten" Bereich aus? Deutete sich eine durch die Verhältnisse herbeigeführte Veränderung der rollenspezifischen Arbeitsteilung an? Hatte die immense Ausweitung der Hausarbeit, die totale Arbeitsüberlastung der Frauen nicht *zwangsläufig* veränderte Ansprüche der Frauen zur Folge? Waren sie nicht darauf angewiesen, mußten sie nicht darauf bestehen, daß die Männer Hausarbeiten übernahmen, daß die Kinder in Horten untergebracht werden konnten, daß Teile der Hausarbeit sozialisiert wurden, weil die Arbeitsbelastung einfach zu groß war?

Es kann generalisierend gesagt werden, daß die im Reproduktionsbereich auftretenden Probleme zunächst und in erster Linie privat zu lösen versucht wurden und daß solche „Privatinitiativen" seitens der Frauen von den Verwaltungen ganz gezielt eingeplant, gefördert und abgesichert wurden.

Ein großes Problem stellte in der Nachkriegszeit die Betreuung und Versorgung der vielen Waisenkinder dar, die ihre Eltern auf der Flucht oder durch Bomben verloren hatten, der alten Leute, die unter den Entbehrungen besonders litten, der Kranken und Kriegsversehrten, die gepflegt und psychisch betreut werden mußten. Um die medizinische Versorgung der Bevölkerung war es aufgrund der Zerstörung von Krankenhäusern, des Medikamentenmangels und der Personalknappheit ebenso schlecht bestellt wie um die Unterbringung von Kindern und alten Menschen in Waisenhäusern und Altenpflegeheimen. Wollte man die Kosten für die Sozial- und Gesundheitsfürsorge niedrig halten, so mußten diese Arbeiten „privatisiert" und das hieß von Frauen geleistet werden! Vor diesem Hintergrund sind die Bestimmungen über die Pflichtarbeit[85] zu interpretieren, die eine Arbeitsbefreiung von Frauen beinhalteten, die Kinder unter 14 Jahren oder hilfsbedürftige Angehörige zu versorgen hatten.

Die Betreuung elternloser, in die eigene Familie aufgenommener Kinder und die Pflege alter und kranker Familienmitglieder war für viele Frauen ebenso Bestandteil ihrer täglichen Arbeit wie die Sorge um die körperlich und seelisch zerstörten Kriegsheimkehrer; und in den vielen Broschüren und Aufsätzen über die zeitbedingten Aufgaben, die „Verantwortung der Frau", wurde den Frauen die Erfüllung dieser Aufgaben, die „Verwirklichung des weiblichen Prinzips als Heilmittel für unsere Zeit"[86] immer wieder ans Herz gelegt:

„In Zeiten der Not ist jeder zur gegenseitigen Hilfe verpflichtet, der auch mit wenigem dazu noch in der Lage ist. Das ist Selbstverständlichkeit für den, dessen Herz sich nicht verhärtet und sich den Forderungen der Zeit nicht verschließt, das gebietet Menschenpflicht gegenüber allen, die unverschuldet ins Unglück geraten sind."[87]

„Oder der Mann kommt zurück: krank, als gebrochener Mensch, vielleicht für sein ganzes Leben ein Krüppel. Die Frau neben ihm muß ungeheure Kräfte aufbringen, um nun die Sorge für die Familie zu übernehmen, die sonst dem Manne obliegt, daneben auch noch seine geduldigste Pflegerin sein. Immer freundlich, immer ausgeglichen, immer voller Sonne."[88]

Der Umgang mit den Kriegsheimkehrern war extrem schwierig. Sie kamen häufig krank oder körperlich versehrt nach Hause und waren zudem mit der psychischen Verarbeitung der Kriegserlebnisse allein gelassen. Hinzu kam, daß sie als Verlierer, zerlumpt und abgemagert, ohne Aussicht auf irgendeine Arbeitsstelle, geschweige denn berufliche Zukunftsaussichten, nach Hause kamen und dann dort häufig auf eine Frau trafen, die in den langen Jahren des Getrenntlebens gelernt hatte, ihr Leben und das ihrer Kinder allein zu managen, die durch harte Arbeit und Beherrschung der vielfältigen Überlebenstechniken den Nachkriegsalltag allein meisterte und die männliche Rolle faktisch mit ausfüllte. Wurden diese Männer damit fertig, wenn dann auch noch von ihnen erwartet wurde, im Haushalt mit anzupacken, den letzten Anschein von „Männlichkeit" durch Verzicht auf die traditionellen Privilegien des Ehemannes aufzugeben?

Und waren die Frauen dazu bereit, solche Forderungen überhaupt zu stellen? War es ihnen selbst nicht auch lieber, wenigstens den Schein der alten Rollenverteilung aufrechtzuerhalten, auch wenn das noch mehr Arbeit bedeutete? Und wie wirkte sich die Konkurrenzsituation aufgrund des Frauen„überschusses" auf solche Konflikte aus?

„Eine wahre Panik hat sich all derer bemächtigt, die zu klarem Denken noch nicht vorgedrungen sind, also besonders der jungen Mädchen. Die Jagd nach dem Mann hat vielerorts ungeahnte Formen angenommen: ‚Ein Königreich für einen Mann' – ganz gleich, wie er ist! Jede andere Frau ist eine gefährliche Rivalin im Kampf um den Mann. Darum heran an den Mann mit allen Mitteln der Verführung! Koste es, was es wolle, das ‚gemütliche Eigenheim' oder gar die eigene Persönlichkeit …

Und der Mann? Nun, der sitzt als begehrte Mangelware zufrieden auf seinem Thron und läßt sich die besten Angebote vorführen. Daß er infolge übermäßiger und kritikloser Verwöhnung charakterlich kaum besser werden dürfte, ist eine Tatsache, die hier nicht zur Debatte steht. Aus dem Werbenden ist ein Umworbener geworden. Ob es ihm aber auf die Dauer bekommt, umworben zu sein, nur um erobert zu werden, ist auch eine Frage, die wir hier nicht beantworten wollen. Jedenfalls: es steht nicht gut, weder mit den Panik-Frauen noch mit den Pascha-Männern."[89]

Die hier sehr drastisch geschilderte Konkurrenzsituation unter den Frauen – die sich auch in den Diskussionen um die Tolerierung ehemännlicher „Seitensprünge" und die „Ehe zu dritt" niederschlug – wird sicherlich viele Frauen von einer energischen Durchsetzung einer Rollenveränderung im Haus abgehalten haben ebenso wie ihr Mitleid, ihr Verständnis für die psychische Situation ihrer Männer:

„Mir sind eine Menge Frauen bekannt, die alle ihre Kraft dafür einsetzen, daß der Mann das hilflose und demütigende seiner Lage möglichst nicht merkt. Die zu der Sorge um das tägliche Brot, um die Aufrechterhaltung eines einigermaßen zivilisierten Lebens noch die Kraft aufbringen, dem entmutigten Mann Mut zuzusprechen und seine passive Schwäche zu übersehen. Ganz unerträglich aber wird die Lage, wenn der hilflose Mann mit den Allüren und Gewohnheiten des tyrannischen Hausvaters auftritt. Ein kraftloser Tyrann … das ist ein schrecklicher Typ. Und so viel Entschuldigungen man aus den vertrackten Zeitumständen für ihn anführen kann, seine Ansprüche übersteigen ganz einfach die Kraft der überbeanspruchten Frau. Ich kenne einen ehemals reichen Kaufmann, dessen früher sehr verwöhnte Frau durch ihre Arbeit in einem Fischgeschäft ihre Familie ganz leidlich ernährt. An jedem Abend beschwert sich der Mann über den Fischgeruch, den die Frau aus dem Geschäft mitbringt. Er habe kein Fischweib geheiratet, sagt er. Aber er selbst ist unfähig, auch nur einen Pfennig zu verdienen, einen Nagel einzuschlagen oder Holz und Kohlen zu besorgen, und seiner Frau beim Abwasch zu helfen, ist unter seiner Würde. ‚Mein Vater würde sich im Grabe umdrehn, wenn er mich als Abwaschmädchen sähe.' Wie lange, meinen Sie, kann eine solche Ehe anhalten? Die Frau hätte sich längst scheiden lassen, wenn sie nicht glaubte, daß er ohne sie untergehn müßte."[90]

Dennoch: die „Kameradschaft in Haus und Küche"[91], die gerechtere Verteilung der Hausarbeit auf beide Partner war durchaus in der Diskussion. Die Zeitschrift „Constanze" veranstaltete 1948 eine Umfrage unter ihren Leserinnen: „Soll der Mann im Haushalt helfen?" Aus den Antworten wird deutlich, daß einerseits wohl relativ viele Männer bereit waren, einige Arbeiten im Haushalt zu übernehmen und ihre Frauen zu entlasten, daß aber andererseits die traditionelle Rollenverteilung dadurch nicht ins Wanken geriet: „Er" übernahm die schwereren, „männlicheren" Arbeiten, die ohnehin keinen Prestigeverlust bedeuteten wie Kohlenholen oder Reparaturarbeiten, oder er half „heimlich", um seine Männlichkeit nicht öffentlich in Frage zu stellen oder „ausnahmsweise", wenn seine Zeit es erlaubte. Auf jeden Fall hatte die Frau keinen *Anspruch* auf männliche Unterstützung im Haus und blieb allein verantwortlich. Hier einige Auszüge aus der o. e. Leserinnenbefragung:

„Ob der Mann im Haushalt helfen soll? Ich sage kurz, daß wohl keine Frau die Mitarbeit des Mannes im Haushalt verlangt, sich aber bestimmt sehr freuen wird, wenn er ihr etwas hilft."

„Die Hilfe des Mannes im Haushalt ist so groß wie nie zuvor. Besorgungen, handwerkliche Arbeiten und Erledigung hundert anderer Dinge werden als Selbstverständlichkeit ausgeführt, wenn sich die Möglichkeit hierfür bietet. . . . Lassen Sie mich aber eine Bitte aussprechen: Zeigen Sie nicht in aller Öffentlichkeit, wie Sie Ihren Mann im Haushalt einspannen! Er will nicht lächerlich gemacht werden!"

„Kann man da nicht erwarten, daß der Mann etwas mithilft? Sei es nur Schuhe putzen oder eben Teller abtrocknen. Es muß ja nicht zur Gewohnheit werden, aber z. B. am Waschtag oder sonntags."

„An freien Tagen aber hilft ein guter Mann seiner Frau gerne mal abtrocknen oder Staub wischen, damit beide dann gleichzeitig fertig sind. Nur darf das nicht geschehen, wenn andere dabei sind. (Das untergräbt die Autorität . . . meinen die Männer.) Also kommt es immer auf die ‚kluge' Frau an."[92]

Die Kontinuität der geschlechtsspezifischen Arbeitsteilung im Haushalt zeigte sich nicht nur in den verbreiteten Ansichten darüber, was männliche und was weibliche Arbeiten seien, sondern war auch juristisch fixiert. Die damals geltende Fassung des BGB verpflichtete die Frau zur Hausarbeit und gestattete ihr Berufsarbeit nur, wenn diese die Erfüllung ihrer Pflichten im Haus nicht beeinträchtigte. Gleichzeitig war sie zur Berufsarbeit verpflichtet, wenn der Ehemann die Familie nicht allein ernähren konnte. Umgekehrt war der Mann aber nicht zur Hausarbeit verpflichtet, wenn die Frau – aus welchen Gründen auch immer – sie allein nicht bewältigen konnte. Diese Bestimmungen blieben auch nach der Reform des Ehe- und Familienrechts im Jahre 1957 bestehen und wurden erst 1977 abgeschafft.

Im Gegensatz zu dem Sturm der Entrüstung, den die drohende Verweigerung des Gleichberechtigungsparagraphen durch den Parlamentarischen Rat auf Initiative Elisabeth Selberts[93] entfachte, blieben hier nennenswerte Proteste von Seiten der Frauen aus!

Die Erfüllung der gestiegenen Anforderungen im Reproduktionsbereich, die Überlebensarbeit, brachte den Frauen – wie wir gesehen haben – außer verbaler Anerkennung und erneuter Mystifizierung und Glorifizierung weiblicher Leistungen nichts ein, nicht zuletzt deshalb, weil die Frauen selbst sich nicht mit dem nötigen Druck für ihre Rechte und Interessen eingesetzt haben – weder im „privaten" noch im öffentlichen Bereich.

Angesichts dieser negativen Bilanz stellt sich die Frage nach den Gründen für das Sich-Fügen, das Stillhalten, die Anspruchslosigkeit bzgl. der Durchsetzung eigener Rechte, die bereitwillige Verrichtung der immer schwerer werdenden Arbeit, mit der die Frauen objektiv – wenn auch nicht bewußt – die Restauration des kapitalistischen Wirtschafts- und Gesellschaftssystems unterstützt haben.

i) Der „wehrhafte Haushalt". NS-Reproduktionspolitik als Training für die Nachkriegszeit

Es wurde an anderer Stelle bereits darauf verwiesen, daß das Kriegsende bezogen auf den Arbeitsalltag der Frauen keine grundlegende Zäsur darstellte. Die Arbeit der Frauen veränderte sich gegenüber dem Kriegsalltag nur insofern, als die zeitliche und kräftemäßige Beanspruchung aufgrund der schon ab Sommer '45 sich rapide verschlechternden Ernährungs- und Versorgungssituation noch größer wurde.

Die Hausarbeit der Frauen hatte bereits in den ersten Jahren der NS-Herrschaft eine beträchtliche Erweiterung erfahren. Die aggressive Expansionspolitik der Nazis und die damit zusammenhängenden Autarkiebestrebungen der national-sozialistischen Wirtschaftspolitik waren von einer Intensivierung und Ausweitung der Reproduktionsarbeit abhängig. Die Umstellung der Wirtschaft auf die Rüstungsproduktion, die zwangsläufig eine Drosselung der Konsumgüterproduktion implizierte, hatte eine Verknappung und Verteuerung der Konsumgüter zufolge, die durch Mehrarbeit im Haushalt aufgefangen werden mußte:

„Wenn ‚Kanonen statt Butter' produziert werden, kommen zu wenige und zu teure Konsumgüter auf den Markt, obwohl es gleichzeitig eine Vollbeschäftigung, ja sogar eine Überbeschäftigung gibt, wie in den beiden Weltkriegen und eigentlich während der gesamten Periode des Dritten Reiches. Um das nackte Überleben der Familie zu sichern, muß die Frau dann die Haushaltsproduktion wieder ankurbeln, in einem Haushalt, der eigentlich gar nicht dafür eingerichtet ist: zu dem üblichen Kleidernähen, Strümpfe stricken, Einkochen, kommen dann noch Kaninchen in der Küche und Hühner auf dem Balkon, Ährenlesen und Kartoffelstoppeln usw. Der Schrebergarten gewinnt eine lebensnotwendige Bedeutung."[94]

Die NS-Frauenideologie und die ideologische Favorisierung der Landwirtschaft qua „Blut-und-Boden"-Mythos müssen im Zusammenhang mit den außen- bzw. militärpolitischen Zielen der Nazis gesehen werden.

Die faktische Situation sowohl der Hausfrauen als auch der in der Landwirtschaft Beschäftigten, von denen die meisten der gratis arbeitenden „mithelfenden Familienangehörigen" ebenfalls Frauen waren, stand in absolutem Gegensatz zur nationalsozialistischen Ideologie: Hausfrauen und weibliche Arbeitskräfte auf dem Lande leisteten immer mehr und immer schwerere Gratisarbeit, die die Basis für die steigenden Investitionen der Rüstungsindustrie abgab.

„Die beiden großen Ziele des Vierjahresplanes: Sicherung der Nahrungsfreiheit des deutschen Volkes und Sicherung der Rohstoffreiheit stellen auch der Hausfrau bei ihrer Haushaltsführung besondere Aufgaben: so vielseitig die Arbeit im Haushalt ist, so zahlreich sind die Möglichkeiten für jede einzelne, an der Durchführung des Vierjahresplanes mitzuarbeiten und mitzuhelfen. . . .
Dreierlei ist zur Erreichung dieses Zieles vor allem wichtig:
größte Beweglichkeit der einzelnen Haushalte bei Ernährungsumstellungen unter Berücksichtigung der gesundheitlichen und volkswirtschaftlichen Forderungen, möglichste Entfaltung volkswirtschaftlicher Werte durch ‚Kampf dem Verderb' auf allen Gebieten, und außerdem Verständnis für die neuen Roh- und Werkstoffe und ihre sachgemäße Behandlung. . . .

Doch muß die Ernährung jeder einzelnen Familie nicht nur volkswirtschaftlich richtig, sondern auch gesundheitlich richtig sein; denn je höher die Anforderungen der Wirtschaft und des Vierjahresplanes an die Leistungsfähigkeit des einzelnen sind, um so sorgfältiger muß durch die Arbeit der Hausfrau in der Familie diese Leistungskraft erhalten und gepflegt werden. Hinzu kommen sachgemäße Aufbewahrung der Lebensmittel und rationelle Resteverwertung, die das Haushaltsgeld strecken helfen und keinen Verderb zulassen, und die auch Abfälle, die noch für die tierische Ernährung Wert haben, für eine Weiterverarbeitung sammeln."[95]

Dem Arbeitskräftemangel in der Landwirtschaft und den privaten Haushaltungen konnte aber aufgrund der extrem schlechten Arbeitsbedingungen – niedrige Löhne, ungeregelte, übermäßig lange Arbeitszeiten, persönliches Abhängigkeitsverhältnis – durch die ideologische Aufwertung allein nicht entgegengewirkt werden. Immer mehr Frauen, die in der Rüstungsindustrie Arbeit finden konnten, die vergleichsweise immer noch um einiges günstigere Arbeitsbedingungen bot, wanderten vom Land in die Städte ab. Auch der Einsatz der aus ihrer Heimat verschleppten Zwangsarbeiter/innen und der Kriegsgefangenen konnte den immer größer werdenden Arbeitskräftemangel nicht beheben.

Das „Pflichtjahr" in Haus- und Landwirtschaft, das weibliche Schulentlassene abzuleisten hatten, die Einsätze des weiblichen Arbeitsdienstes, die „Ernteeinsätze" ganzer Schulklassen sollten dieser Entwicklung entgegensteuern und zudem eine langfristige Bindung von Frauen an Land- und Hauswirtschaft gewährleisten. Diese Maßnahmen müssen ebenso wie die Hausfrauenschulungen der NS-Frauenschaft, der „Eintopfsonntag", die Propaganda-Aktion „Kampf dem Verderb" als Bestandteile der nationalsozialistischen Hausarbeitslenkung interpretiert werden. Denn die Landarbeit der Frauen war im Grunde nichts anderes als erweiterte Hausarbeit, die entweder kostenlos oder zu absoluten Hungerlöhnen unter denkbar schlechtesten Arbeitsbedingungen geleistet wurde.

Der Zusammenhang zwischen der Ausbeutung weiblicher Arbeitskraft im Reproduktionsbereich und der geplanten Erreichung der Kriegsziele wird aus dem folgenden Auszug aus den „Monatshefte(n) für NS-Sozialpolitik" aus dem Jahre 1941 ganz deutlich:

„Der moderne Krieg ist ein totaler Krieg. Er erhebt Anspruch auf den Einsatz aller. Seine Auswirkungen militärischer und wirtschaftlicher Art werden für jeden fühlbar. Er macht auch nicht Halt vor dem engeren Lebensbereich der Familie. Seine Gefahren bedrohen in neuer, vielfältiger Weise die Daheimgebliebenen und mit ihnen das Heim, das die Frau nun allein hütet. Von dem Verhalten jeder einzelnen Frau, von ihrem Wirken für das Gesamtwohl hängen Sieg und Niederlage ab wie von der Tat des Mannes. . . .
Bei Ausbruch dieses Krieges lagen die Dinge ganz anders (als im I. Weltkrieg, D.S.). Durch jahrelange Aufklärung und Schulung waren die deutschen Hausfrauen in Stadt und Land so sicher in ihrem hauswirtschaftlichen Können und so vertraut mit den volkswirtschaftlichen Notwendigkeiten, daß die plötzliche Umstellung auf das fein ausgeklügelte Werk der gerechten Verteilung allen hauswirtschaftlichen Bedarfes ihnen keine besonderen Anstrengungen abverlangte. So bewältigten sie die ihnen zufallenden Aufgaben in dem uns aufgezwungenen Wirtschaftskrieg."[96]

Die staatlich betriebene Intensivierung der weiblichen Arbeit in Haus- und Landwirtschaft zu Kriegszwecken wurde – wie aus der obigen Quelle bereits hervorgeht – von langer Hand vorbereitet. Bereits 1934 schrieb die Landwirtschaftsrätin Dr. Aenne Sprengel über „Die Bauersfrau als Berufstätige in der Landwirtschaft":

„... welche Aufgabe die Bauernfrau als Leiterin ihrer Hauswirtschaft zu leisten hat. Diese Frage kann nicht ernst genug genommen werden, da der bäuerliche Betrieb eine Einheit von Landwirtschaft und Hauswirtschaft darstellt und von einer sinngemäßen Führung der Hauswirtschaft das Wohlergehen des Gesamtbetriebes wesentlich abhängt, fließen doch rd. 50% der Einnahmen des bäuerlichen Betriebes wiederum in die Hauswirtschaft. Wie diese Werte verbraucht werden, ist keineswegs gleichgültig; es ist auch keineswegs nebensächlich, ob die Bauernfrau es versteht, sich in der Führung ihrer Hauswirtschaft den jeweiligen wirtschaftlichen Verhältnissen anzupassen, ob sie diejenigen Produkte, die nicht abgesetzt werden können, richtig zu verwerten versteht, ob sie letztlich – und das ist der springende Punkt – in der Lage ist, ihre Hauswirtschaft so zu führen, daß sie dem Betrieb gesunde Arbeitskräfte zur Verfügung stellt. Und nun wird vom deutschen Bauerntum nicht mehr und nicht weniger gefordert, als daß es Kraftquelle für das gesamte deutsche Volk sein soll. Ob es diese Aufgabe für die gesamte Nation erfüllen kann, hängt ganz wesentlich von der inneren und äußeren Leistungsfähigkeit der Bauernfrau ab. Darum beansprucht ,die Frauenfrage auf dem Lande' das Interesse der gesamten deutschen Frauenwelt in dieser Zeit mehr denn je."[97]

Über Jahre, im Grunde die gesamte Zeit der nationalsozialistischen Herrschaft hinweg waren die Frauen systematisch mit den Methoden der „Mangelbewirtschaftung" vertraut gemacht worden. Sowohl die Behebung der Wirtschaftskrise der 30er Jahre als auch die Umstellung der Wirtschaft auf die Kriegsproduktion wäre ohne eine Ausweitung der Reproduktionsarbeit nicht möglich gewesen.

Die Entlastung der kapitalistischen Wirtschaft auf Kosten verstärkter weiblicher Gratisarbeit ist aber keine nationalsozialistische Innovation, sondern integraler Bestandteil kapitalistischer Systeme, deren Krisen generell von einer Ausweitung der privaten Hausfrauenarbeit begleitet sind.[98] Sinkende Reallöhne, Verknappung und Verteuerung der Bedarfsgüter, gleichzeitige Streichung weiblicher Arbeitsplätze *zwingen* die Frauen zur Intensivierung der Hausarbeit, um auf diese Weise die steigenden Lebenshaltungskosten aufzufangen und den sinkenden Wert der Lohneinkommen auszugleichen.

„Für den noch beschäftigten Mann ist die Arbeit der Frau in der Subökonomie ein notwendiges Korrelat zu seinem Lohn, ohne diese Arbeit wäre sein Lohn nur einen Bruchteil wert. Für Frauen wird in Krisenzeiten die noch so kleine, zusammengepferchte und unerträgliche Kleinfamilie wieder zur einzigen Überlebensmöglichkeit. Sie reihen sich in die Subökonomie ein, weil sie auf dem offiziellen Arbeitsmarkt entweder keine Arbeit oder einen Lohn bekämen, von dem sie sich selbst unter eingeschränktesten Verhältnissen nicht ernähren könnten."[99]

Vor diesem Hintergrund wird der reale Wert der Hausarbeit *auch* für das nationalsozialistische Regime, *auch* und vor allem während des Krieges, deutlich. Es war nicht reine Ideologie, wenn die Rolle der Frau als Hausfrau und Mutter herausgestellt und glorifiziert wurde, wie in manchen Arbeiten zur Frauenarbeit im Nationalsozialismus behauptet wird.[100] Die widersprüchlichen arbeitsmarktpolitischen Maßnahmen der Nazis auf dem Gebiet der Frauenlohnarbeit, das Hin und Her um die weibliche Dienstverpflichtung während des II. Weltkrieges müssen vor diesem Hintergrund des faktischen Stellenwerts der Hausarbeit für die Ziele des Regimes und die Ziele der kapitalistischen Wirtschaft gesehen werden!

Mit ihrer Propagierung des „wehrhaften Haushalts", in dem die Hausfrau einen Großteil der in Nicht-Krisenzeiten ausgelagerten bzw. gar nicht anfallenden Hausarbeiten selbst übernahm, konnten die nationalsozialistischen Arbeitsplaner also an eine Tradition der bürgerlich-kapitalistischen Gesellschaft anknüpfen: die Reaktivierung und Intensivierung hauswirtschaftlichen Wissens und hauswirtschaftlicher Praktiken in gesellschaftlichen Krisensituationen.

j) Der „Nothaushalt". Hausarbeitsplanung und -lenkung in der Nachkriegszeit

Die Frage nach den „Chancen" der Frauen nach '45 muß vor diesem Hintergrund neu überdacht werden. Und zwar nicht nur unter der Fragestellung: Wie erlebten die Frauen das Kriegsende, und wie schätzten sie ihre Situation, ihre Handlungsmöglichkeiten ein?, sondern auch im Hinblick darauf, welchen Rahmen die Alliierten und die von ihnen eingesetzten deutschen Verwaltungen mit ihren wirtschafts- und arbeitsmarktpolitischen Maßnahmen für die Frauen absteckten. Bestätigt sich dann der Stellenwert der im Zusammenhang mit anderen Bereichen der Nachkriegsgeschichte erarbeiteten Kontinuitäten und gesellschaftlichen Rahmenbedingungen, die einen völligen „Neuanfang", eine radikale gesellschaftliche Veränderung verhinderten, auch für die Geschichte der Frauenarbeit nach '45?

In diesem Zusammenhang sind *drei Komplexe von Maßnahmen* besonders interessant, mit denen die Alliierten nahtlos an die nationalsozialistischen Praktiken der Arbeitsplanung und -lenkung – und diese schlossen, wie wir gesehen haben, die Hausarbeit mit ein – anknüpften. Es handelt sich um die Fortführung des NS-Bewirtschaftungssystems, die Wiedereinführung des „Pflichtjahres" und die bereits erwähnten Bestimmungen über die Pflichtarbeit.

Erstens wurde das NS-Bewirtschaftungssystem übernommen und mit ihm die Einplanung der gratis geleisteten Überlebensarbeit der Frauen. Der seit 1936 geltende Lohnstop blieb nach '45 bestehen;[101] die Lebensmittelrationierung und die Rationierung anderer lebensnotwendiger Güter wurde fortgeführt. Ebenfalls beibehalten wurde die Praxis der Zwangsabgaben landwirtschaftlicher Erzeuger, die ihre Produkte bis auf die für den Eigenbedarf und die Weiterführung des Betriebes (Samen, Saatgut, Futtermittel) benötigten Erzeugnisse abliefern mußten.[102] Die Bezahlung der abgelieferten Mengen erfolgte im Rahmen der ebenfalls beibehaltenen Preisbindung.

Es gab natürlich für die Besitzer landwirtschaftlicher Betriebe Möglichkeiten, die Vorschriften zu unterlaufen und Teile ihrer Erträge beiseite zu schaffen und auf dem Schwarzmarkt gewinnbringend zu verkaufen.[103] Die „Dummen" waren auch hier die abhängig Beschäftigten, vor allem die vielen Flüchtlinge,

Evakuierten und pendelnden Großstadtbewohner, die von den Landwirten beschäftigt wurden. Auch bei den Angehörigen dieser Gruppen handelte es sich ganz überwiegend um Frauen, die sich gegen ein paar Naturalien bei der Landarbeit abschufteten, was ihnen nicht mehr als das bloße Überleben einbrachte. Und für die Hausfrauen bedeutete die Beibehaltung des Bewirtschaftungssystems die kontinuierliche Weiterführung ihrer schon im Krieg „erlernten" und praktizierten Überlebensarbeit. Ihr Arbeitsalltag in der Nachkriegszeit unterschied sich von ihrem nationalsozialistischen Arbeitsalltag im Krieg allenfalls graduell und zwar zuungunsten der Nachkriegszeit(!), da die Verschlechterung der Versorgungslage einen noch erhöhten Arbeitsaufwand bedeutete. Das Kriegsende brachte hier substantiell keine Veränderung und konnte demzufolge auch nicht als „Bruch" in Form einer veränderten Qualität der Arbeit erfahren werden. Hausarbeit im gesellschaftlichen Rahmen des Nationalsozialismus oder in dem der Besatzungsregierungen blieb *der Form nach* gleich und konnte demzufolge auch nicht als verändert erlebt werden!

Zweitens wurde im September 1945 in der Nordrhein-Provinz (und etwas später auch in anderen Regionen Deutschlands) eine etwas abgeänderte Version des „Pflichtjahres" wieder eingeführt, diesmal als „Land- und hauswirtschaftlicher Einsatz der weiblichen Jugend"[104] deklariert:

> „Die Sicherung des land- und hauswirtschaftlichen Arbeitseinsatzes und die erzieherische Betreuung und hauswirtschaftliche Ertüchtigung der weiblichen Jugend erfordern den planmäßigen Einsatz der Jugendlichen in der Land- und Hauswirtschaft. . . .
> Ledige weibliche Arbeitskräfte unter 21 Jahren, die noch nicht als Arbeiterinnen oder Angestellte oder Lehrlinge beschäftigt waren, dürfen von privaten und öffentlichen Betrieben und Verwaltungen als Arbeiterinnen oder Angestellte oder Lehrlinge nur eingestellt werden, wenn sie mindestens ein Jahr lang mit Zustimmung des Arbeitsamtes in der Land- und Hauswirtschaft tätig waren und dies vom Arbeitsamt förmlich bescheinigt wird."[105]

Man schlug mit dieser Verordnung mehrere Fliegen mit einer Klappe:

1. wurde der Arbeitskräftemangel in Land- und Hauswirtschaft kostengünstig behoben
2. sicherte man den Arbeitskräftenachwuchs in diesen traditionell weiblichen und deshalb von den Arbeitsbedingungen und der Entlohnung extrem unattraktiven Berufszweigen und
3. wurden die Frauen auf ihre zukünftigen Aufgaben als Hausfrau vorbereitet.

Das „Pflichtjahr" war also einerseits eine aktuelle arbeitsmarktpolitische Maßnahme, die – worauf später noch eingegangen wird – auch der hohen Jugendarbeitslosigkeit entgegenwirkte, und diente andererseits der Kontinuität geschlechtsspezifischer Arbeitsteilung, wirkte also einer Aufhebung der Trennung von Produktion und Reproduktion entgegen. Die unverblümte Anknüpfung an die nationalsozialistische Arbeitsmarktpolitik ist verblüffend. Die gewerkschaftlich organisierten Frauen wehrten sich denn auch unter ausdrücklichem Hinweis auf diese Kontinuität gegen eine solche Art von Arbeitslenkung und lehnten sie als gegen die erwerbstätigen Frauen gerichtet ab:

> „Ein hauswirtschaftliches Pflichtjahr für weibliche Schulentlassene lehnen die Gewerkschaften ab. Sie stehen auf dem Standpunkt, daß jedes Mädchen sich *frei* für einen Beruf

entscheiden und nicht zur Hausarbeit gezwungen werden soll, wenn es andere Fähigkeiten und Neigungen hat."[106]

„Sie alle wissen, daß das Pflichtjahr für junge schulentlassene Mädchen als Hausgehilfinnen-Lehrling aus dem 3. Reich stammt. Gewisse Kreise, besonders Frauen-Verbände sind es, die diesen Gedanken besonders propagieren."[107]

Hinter dieser gewerkschaftlichen Kritik stand allerdings keine grundsätzliche Infragestellung der geschlechtsspezifischen Arbeitsteilung:

„Ist denn die Hausarbeit eine untergeordnete Tätigkeit, die man niemand zumuten kann? Ist nicht fast jede Frau gezwungen Hausarbeit zu machen und macht sie diese nicht als etwas Selbstverständliches? . . . Die hauswirtschaftliche Lehrzeit ist keine vergeudete Zeit, ob verheiratet oder nicht, das ganze Leben lang braucht die Frau auch gewisse hauswirtschaftliche Kenntnisse."[108]

Die Zuweisung der Hausarbeit an die Frauen qua Geschlecht wurde also auch von den Gewerkschafterinnen nicht nur nicht problematisiert, sondern sogar vertreten. Die gesellschaftliche Funktion der Hausarbeit und der Zusammenhang zwischen geschlechtsspezifischer Arbeitsteilung und Frauenunterdrückung wurde nicht thematisiert.

Die gewerkschaftliche Kritik am „Pflichtjahr" beschränkte sich auf die Ablehnung der Diskriminierung der weiblichen Lohnabhängigen und nahm den sexistischen Gehalt dieser Maßnahme – die Diskriminierung der Frau als *Frau* – gar nicht wahr!

Auf die dritte administrative Maßnahme, die die Kontinuität der Krisenbewältigung auf Kosten der Frauen verdeutlicht, wurde an anderer Stelle bereits hingewiesen[109]: Die Befreiung von Müttern mit Kindern unter 14 Jahren und Frauen mit hilfsbedürftigen Angehörigen von der Pflichtarbeit.

Diese Bestimmung wirkt auf den ersten Blick positiv und könnte sogar als bedürfnisorientiert, als Rücksicht auf die Probleme des Reproduktionsbereichs mißverstanden werden.

Es muß aber berücksichtigt werden, daß

1. die verstärkte Beziehungsarbeit der Frauen für in vielen Fällen kranke, schwache und unterernährte alte Leute, Kriegsheimkehrer und eigene sowie „angenommene" Kinder den Staat von den Kosten für die anderenfalls notwendig werdende Heim- und Krankenhausbetreuung entband.

2. die Hausfrauen trotz der erschwerten und zeitlich ausgedehnteren Hausarbeit lediglich die Lebensmittelkarte V erhielten, die niedrigste Ration für Erwachsene. Die Diskriminierung der Hausarbeit gegenüber der Lohnarbeit blieb also trotz der objektiven Bedeutung der Hausarbeit für das Überleben bestehen.

3. die Arbeitsüberlastung der Hausfrauen durch die sowohl quantitativ als auch qualitativ gestiegenen Anforderungen der Beziehungsarbeit bei gleichzeitiger Ausweitung der materiellen Versorgungsarbeit staatlicherseits ansonsten überhaupt nicht berücksichtigt wurde. Man verließ sich einfach darauf, daß z. B. die Probleme der Kinderbeaufsichtigung „privat", d.h. in Nachbarschaftshilfe, durch Großeltern oder Bekannte etc. gelöst wurden.

Die Befreiung der o. g. Frauen von der Pflichtarbeit bei gleichzeitig weiter bestehender Diskriminierung der Hausarbeit kann also nicht als Indiz für bedürfnisorientierte Politik seitens der Regierenden gewertet werden.

k) Die „stillen Heldinnen". Zur strukturellen Kontinuität der Hausarbeit in der Nachkriegszeit

Die Betrachtung der deutschen Nachkriegsgeschichte aus frauengeschichtlicher Sicht zeigt, daß die Überwindung des Faschismus und die Etablierung einer neuen demokratischen, sozialistischen Wirtschafts- und Gesellschaftsordnung für die Bevölkerung keineswegs den Stellenwert hatte, auf den die Fixierung auf traditionelle Quellen wie die Gründungsaufrufe der Parteien, die ersten Parteiprogramme, die ersten Verlautbarungen der Alliierten etc. zunächst schließen läßt.

Der größte Teil der Bevölkerung kam überhaupt nicht dazu, sich solche „politischen" Gedanken zu machen. Tatsächlich war die Organisation des Überlebens das den Alltag der Bevölkerung dominierende zentrale Problem der Nachkriegsjahre, das sich Tag für Tag erneut und immer dringlicher stellte und dessen notdürftige Lösung alle Zeit und Kraft absorbierte und ein Interesse an der Auseinandersetzung mit politischen Perspektiven, geschweige denn an der Mitarbeit in politischen Organisationen für das Gros der Bevölkerung gar nicht erst aufkommen ließ.

Die Parteipolitiker und die von den Besatzungsmächten eingesetzten Verwaltungsfachleute hingegen, in deren Händen der Wiederaufbau der Verwaltung und die „Bewirtschaftung des Mangels" lag, wurden von Überlebenssorgen persönlich kaum tangiert.

„Die Führungsgruppe der Politiker, gleich welcher Parteien, hatte keineswegs mit vergleichbaren Schwierigkeiten des alltäglichen Lebens, der Sorge um das schlichte Überleben, zumindest aber um erträgliche Lebensbedingungen zu kämpfen. . . . Politiker wie *Adenauer* oder *Kaiser* waren bereits in der ersten Nachkriegszeit von der Sorge um die materielle Reproduktion, von der Sorge um den Lebensunterhalt freigestellt. . . . Die in ihrer Lebenssituation relativ privilegierten Politiker der Parteien wie die durch die Besatzungsmächte in Ämter eingesetzten ‚Persönlichkeiten' konnten sich also viel früher um politische Perspektiven überhaupt Gedanken machen als die von ihnen vertretenen Bevölkerungsteile. Für diese gab es zunächst ganz andere Prioritäten: Zunächst einmal galt es, die Ernährung sicherzustellen, die Wohnungsnot zu lindern und schließlich das Netz sozialer Beziehungen erst einmal neu zu knüpfen."[110]

Diese „Prioritäten" im Alltag der Bevölkerung waren in erster Linie Sache der Frauen. Nicht nur, weil es rund 7 Millionen mehr Frauen als Männer in Deutschland gab, sondern vor allem deshalb, weil die Frauen als gelernte Reproduktionsarbeiterinnen über Fachkenntnisse und Fertigkeiten verfügten, die den Männern ganz einfach abgingen. Dabei fiel besonders ins Gewicht, daß die nationalsozialistische Reproduktionspolitik die Frauen mit den Methoden der „Mangelbewirtschaftung im kleinen" über Jahre hinaus systematisch vertraut gemacht hatte.

In den ersten Nachkriegsjahren, die eine kontinuierliche Verschlechterung der Versorgungssituation brachten, entwickelte sich die Hausfrauenarbeit mehr und mehr zur lebenssichernden Arbeit, während die Einkommen durch Lohnarbeit zum Lebensunterhalt immer weniger beitragen konnten. Wer wählen konnte, entschied sich für die Subsistenzarbeit als die wertvollere Arbeit. Lohnarbeit war nur für diejenigen interessant, denen andere Möglichkeiten der Nahrungsmittelbeschaffung nicht zur Verfügung standen.

Während die Situation im Reproduktionsbereich sich nach Kriegsende immer weiter verschlechterte und schließlich im Katastrophenwinter 1946/47 auch die Überlebensarbeit der Frauen endgültig an ihre Grenzen stieß und Hunderttausende vom Hungertod bedroht waren, verlief die Entwicklung im Produktionsbereich bis zu diesem Zeitpunkt genau entgegengesetzt.

„In beiden Zonen (amerikanische und britische, DS) folgte auf den Zusammenbruch ein schneller Anstieg der industriellen Produktion, der seine Dynamik bis in den Sommer 1946 bewahrte, sogar bis in das vierte Quartal 1946 anhielt und rund vier Zehntel der Vorkriegsproduktion wieder herstellte."[111]

Dieser Aufschwung in den für die Wiederankurbelung der kapitalistischen Produktion zentralen Industriezweigen wurde erkauft durch die bewußte Hintansetzung existentieller menschlicher Bedürfnisse. Besatzungsmächte und Verwaltungsbehörden verließen sich da ganz auf den Einfallsreichtum und die „freiwilligen" Arbeitsleistungen der Bevölkerung, insbesondere der Frauen. Ohne deren „private" Anstrengungen wäre ein großer Teil der Bevölkerung bereits in den ersten Nachkriegsmonaten buchstäblich verhungert.

Die in der Nachkriegszeit zur Überlebensarbeit avancierte Hausarbeit hatte sich *qualitativ* nicht verändert. Ihre Funktion war und blieb die Reproduktion menschlicher Arbeitskraft, nur wurde sie unter anderen Bedingungen geleistet als in Nicht-Krisenzeiten und zwar nicht nur bezogen auf den Kraftaufwand: Hausarbeit in der Nachkriegszeit wurde öffentlich, sie wurde öffentlich thematisiert (nicht nur in den Frauenzeitschriften für eine „weibliche Öffentlichkeit", sondern auch in den Zeitungen nahmen die Versorgungsprobleme breiten Raum ein), und sie wurde zu einem großen Teil öffentlich geleistet, sie wurde SICHTBAR.

Sie verlor aber dennoch nicht ihren spezifischen „privaten" Charakter. Im Gegenteil, sie funktionierte gerade deshalb so „gut", d. h. im Sinne des Kapitalismus, weil sie nach wie vor der „privaten" Motivation der Frauen, nämlich der Sorge um das Wohlergehen ihrer Angehörigen entsprang und weil sie privat organisiert blieb und infolgedessen an die unterschiedlichen Verhältnisse in den einzelnen Familien und Lebensgemeinschaften angepaßt werden konnte. Flexibilität und Spontaneität als Charakteristika der privaten Hausarbeit im Kapitalismus erwiesen sich gerade in dieser Krisensituation als außerordentlich funktional.

Die nach wie vor „private" Motivation der Überlebensarbeit war der Garant für die totale Ausbeutbarkeit weiblicher Arbeitskraft. Arbeitsverweigerung, Streik war für die Frauen schlechthin undenkbar, denn sie hätten damit Gesundheit und Leben ihrer Angehörigen gefährdet. Kollektive Protestaktionen gegen die katastrophalen Zustände im Ernährungs- und Versorgungsbereich blieben trotz des öffentlichen Sichtbarwerdens der Hausarbeit solange aus, wie die Probleme irgendwie noch privat zu lösen waren.

Zu verstärkten politischen Demonstrationen auch der Frauen gegen den

Hunger kam es erst ab Winter 1946/47, als die Versorgung endgültig zusammenbrach und auch noch so verstärkte „private" Anstrengungen das Überleben nicht mehr sichern konnten. Die Proteste der Frauen richteten sich jedoch nicht gegen das kapitalistische Wirtschaftssystem als Verursacher ihres Elends, sie manifestierten und erschöpften sich vielmehr in Forderungen nach Bestrafung der unmittelbar Schuldigen: Schieber, Schwarzhändler, unfähige Verwaltungsbeamte. Daß diese lediglich Exponenten eines Systems waren, das existentielle menschliche Interessen materiellen Profiten zugunsten der Rekonstruktion der kapitalistischen Wirtschaft unterordnete und Hunger und Elend der Bevölkerung bewußt einkalkulierte, geriet nicht in Sicht.

Ganz im Gegenteil richteten sich die Hoffnungen der Bevölkerung auf eine langfristige Verbesserung ihrer Lebensumstände allein auf die „Normalisierung" der industriellen Produktion. Daß diese „Normalisierung" sich gerade auf Kosten der hungernden Bevölkerung vollzog, daß die Ausbeutung der für einen Hungerlohn und ein paar Zusatzpunkte Schwerarbeit leistenden Arbeiter/innen nur durch die vorgeschaltete Ausbeutung der gratis arbeitenden Hausfrauen überhaupt möglich wurde, war nicht nur den vielzitierten „Normalverbrauchern" nicht bewußt. Im April 1947 nahm der Bezirksausschuß der Gewerkschaften und der Verbandsvorstände in Nordrhein-Westfalen zu den Streiks und Arbeitsniederlegungen im Zusammenhang mit der Ernährungskrise wie folgt Stellung:

„Die Hungerkrise in Nordrhein-Westfalen hat in einer Reihe von Städten zu Demonstrationen und Arbeitsniederlegungen geführt. Die hieraus entstehenden Schäden für Volk und Wirtschaft, insbesondere für die Kohleproduktion, sind, bei längerer Fortdauer der Demonstrationen so schwerwiegend, daß Zusammenbruch und Chaos die Folge sein müssen. Die Gewerkschaften sind gewillt, alles daranzusetzen, diese Gefahr abzuwenden."[112]

Keine Rede davon, daß diese seit nunmehr bereits zwei Jahren bestehende Gefahr des totalen Chaos bisher nur durch die angestrengte Überlebensarbeit der Frauen abgewendet worden war. Trotz ihrer „Sichtbarwerdung" und ihrer für jeden konkret erfahrbaren gestiegenen Bedeutung im Alltag hatte sich demnach an der Einschätzung der Hausarbeit als *gesellschaftlich* irrelevanter Arbeit nichts geändert.

Auch die Frauen selbst hatten kein „Bewußtsein" von der gesellschaftlichen Funktion ihrer Arbeit. Woher auch? Ihre Arbeit war ja nicht „anders" geworden, sondern „nur" immer schwerer und kräftezehrender. An schwere Arbeit aber war der überwiegende Teil der weiblichen Bevölkerung, d. h. alle die Frauen, die ihr Leben lang mit geringen Familieneinkommen wirtschaften mußten, ohnehin gewöhnt und zwar nicht erst seit dem letzten Krieg. Viele von ihnen hatten bereits den I. Weltkrieg und die anschließenden Notjahre und die Zeit der großen Depression als Hausfrauen erlebt und überstanden, indem sie *ihre* „Pflicht" als Frauen erfüllten, und genau das taten sie jetzt auch. Die Not der Nachkriegsjahre kam für sie einer Naturkatastrophe gleich, auf deren Ende man zwar hoffen, auf das man selbst aber keinen Einfluß nehmen konnte, dessen gesellschaftliche Bedingtheit nicht *erfahrbar* war.

Eine Überwindung der Not erhofften sich die meisten Frauen von der Rückkehr auf die alten, bekannten Geleise: „Normalisierung" nicht nur im öffentlichen Bereich (florierende Wirtschaft), sondern auch im Privatbereich: Rückkehr der Männer, Rückkehr zur alten Rollenverteilung.

Denn die durch die Abwesenheit der Männer und die Krise erzwungene Rollenerweiterung konnte ja nicht als befreiend, sondern nur als belastend erlebt werden, bedeutete sie doch für die einzelne Frau meist nur, daß jetzt alle Arbeit, alle Verantwortung, alle Sorge um die Zukunft bei ihr *allein* lagen. Eine Lösung ihrer Probleme, eine Erleichterung ihrer Situation versprachen sich die meisten Frauen nicht von einer *Veränderung* der Rollenteilung, sondern von deren *Wiederherstellung*. Und das betraf nicht nur die verheirateten Frauen, sondern auch die „Frauen ohne Männer", die verwitweten und geschiedenen Frauen und die jungen Frauen mit gesunkenen Heiratschancen. Das ansozialisierte Lebensziel Ehe war nicht so einfach auszulöschen, auch nicht mit Hilfe von Statistiken zum Frauen„überschuß".

„Im Bewußtsein der Frau hat daher die Erwerbsarbeit nur vorübergehenden Charakter. Auch der Gedanke an den beträchtlichen Frauenüberschuß vermag die Mehrzahl der jungen Mädchen nicht daran zu hindern, sich psychisch auf die Ehe einzustellen und ihre Tätigkeit nur als Surrogat zu betrachten. Wenn auch zahlenmäßig feststeht, daß ein großer Teil von ihnen nicht zur Ehe kommen kann, so hofft doch jede für sich persönlich, zur Zahl der Heiratenden zu gehören.
Diese grundsätzliche Einstellung auf die Ehe hemmt die Mädchen, ein bestimmtes Berufsziel zu verfolgen. Sie verbleiben bei der ihr einmal zugefallenen Tätigkeit, kümmern sich nicht um die Weiterbildung und weichen Prüfungen aus, die ihr Fortkommen erleichtern. Erst wenn die Heiratsaussichten ganz gering geworden sind, etwa im Alter von 30–35 Jahren, interessiert der Durchschnitt sich dafür, wirklich etwas zu lernen."[113]

Die meisten Frauen wünschten sich einen Partner und ein Zusammenleben in traditioneller Form. Anders als mit der Sehnsucht nach einem „normalen" Ehe- und Familienleben und der Hoffnung, trotz 7,3 Millionen Frauenmehrheit doch noch einen Partner zu finden, ist das Stillhalten der unverheirateten, geschiedenen, verwitweten Frauen, der Mütter „unehelicher" Kinder angesichts ihrer offensichtlichen Diskriminierung nicht zu erklären.
Die aus dieser Einstellung entstehende Konkurrenzsituation im „Kampf um den Mann"[114] dürfte einiges zur Tradierung der Geschlechtsrollen beigetragen haben!
Und diejenigen Frauen, die sich an die Ehelosigkeit und die damit verbundene Selbständigkeit gewöhnt und Gefallen daran gefunden hatten, für die ein zweigeteiltes Leben nach altem Muster nicht mehr denkbar war, hatten angesichts der in der zweiten Hälfte der Nachkriegszeit – nach der Währungsreform – immer stärker propagierten und staatlicherseits massiv unterstützten Reetablierung der alten Geschlechtsrollen und damit verbunden der heilen Welt der Kleinfamilie kaum Chancen, ihren alternativen Lebensformen zu gesellschaftlicher Anerkennung zu verhelfen.[115] Die Restauration der Kleinfamilie wurde nicht nur verbal gefördert; vielmehr wurde diese traditionelle Form des Zusammenlebens gegenüber den anderen, real existierenden Lebensformen – alleinlebende Frauen, Mutterfamilien, Großfamilien, Frauenwohngemeinschaften – staatlicherseits auch materiell gefördert.[116]

Und das mit gutem Grund. Ab 1948 verschob sich mit der Währungsreform und den anlaufenden ERP-Programmen, mit der Normalisierung des Marktes, die Funktion der Reproduktionsarbeit von der reinen Überlebensarbeit, der Ernährungssicherung auf den Konsum. Und das machte den Wiedereinsatz der Familie in ihre ökonomische Funktion als Konsumtionsgemeinschaft mit der Hausfrau als dem das Lohneinkommen verwaltenden und durch ihre Gratisarbeit Geld für Anschaffungen einsparenden Mittelpunkt notwendig.

Die Währungsreform vom 20. 6. 1948 ist den meisten Zeitgenossen/innen als die einschneidende Zäsur der Nachkriegsgeschichte, die das Ende des Mangels und den Beginn eines sorgenfreieren Lebens markiert, in Erinnerung geblieben. Bis heute teilen sie die Nachkriegszeit in die Jahre vor und nach „der Währung" ein.

War es tatsächlich so? Konnten von einem Tag auf den anderen die lang entbehrten lebensnotwendigen Güter wieder gekauft werden? Wurde die Hausarbeit von heute auf morgen weniger beschwerlich, weniger anstrengend, weniger zeitintensiv, der Alltag erheblich erleichtert?

Eines jedenfalls ist ganz sicher: Es gab „über Nacht" fast alles wieder zu kaufen, was für das tägliche Leben gebraucht wurde; die Schaufenster waren wieder voll. Nur: Wer verfügte schon über das „nötige Kleingeld", um die angebotenen Waren auch tatsächlich kaufen zu können? Ganz im Sinne der Stabilisierung der deutschen Wirtschaft und das hieß ganz zugunsten steigender Unternehmergewinne und dem davon zu erwartenden Investitionsanreiz fiel zwar die Preisbindung fast aller bis dahin bewirtschafteten Waren unmittelbar nach der Währungsreform weg. Nur die wichtigsten Rohstoffe und Nahrungsmittel unterlagen weiterhin der Preiskontrolle.[117] Der Lohnstop jedoch blieb noch bis zum November 1948 in Kraft, während „sich die Lebenshaltungskosten im zweiten Halbjahr 1948 um 17% erhöhten, und ... die Arbeitslosenzahlen sich bis Jahresende auf fast eine Million verdoppelten."[118]

Die „Mangelbewirtschaftung" lief also in den meisten Familien zunächst weiter! Auch nach der Währungsreform wurden noch „falsche Bratwürste" aus Wirsing und „falsche Heringe" aus Kartoffeln, Haferflocken und Essig gefertigt. Für die meisten Familien war der Existenzkampf weiterhin alltagsbestimmend, und die Hausarbeit der Frauen wurde durchaus nicht plötzlich wesentlich leichter. Nach wie vor stabilisierte sich die Wirtschaft auf Kosten der Hauswirtschaft, auf dem Rücken der Frauen.

Eine Bergarbeiterfrau, Mutter von vier Kindern, Einkommen des Mannes 280 DM im Monat, im Frühjahr 1949:

„Das teuere Gemüse brauche ich nicht oft zu kaufen, da ich einen Garten habe. Äpfel für 1 DM oder 1,50 DM das Pfund fallen natürlich weg. Unsere Hühner helfen uns auch weiter. Allerdings brauche ich pro Woche für 10 DM Futter. ... Mein Mann hat auch bereits überlegt, ob er nicht auf das Essen in der Zeche verzichten soll. Ein belegtes Brot kostet jetzt 35 Pfennig, das warme Essen 50 Pfennig. Das sind jeden Tag 1,20 DM."[119]

Wie groß die Not auch weiterhin für viele Familien war, insbesondere wenn es sich um sogenannte „Restfamilien" handelte, also um Frauen, die ihre Kinder allein aufzogen, oder wenn die Männer arbeitslos waren, wird aus dem folgenden Text deutlich. Ende 1949 antwortete eine Industriearbeiterin auf die hypothetische Frage, was sie mit einem Geschenk von 5 resp. 50 DM anfangen würde:

„,5 DM bedeuten für mich sehr viel. Mein Mann ist arbeitslos und wir sind außer der geringen Unterstützung nur auf meinen Verdienst angewiesen. Die Sorge für Heizmaterial könnte damit zu einem Teil behoben werden. Das Geschenk von 50 DM hingegen würde mich in einen Freudentaumel versetzen. Winterkartoffeln, Schuhe für meinen Mann, sogar warme Unterhosen könnten beschafft werden und die dringendste und drückendste Sorge wäre behoben!'"[120]

„Zwei Drittel aller Familien haben nur 150 DM im Monat" schrieb die Neue Ruhrzeitung am 16. 10. 1948.[121] Mit derartig niedrigen Einkommen konnten diese Familien nur unter der Bedingung auskommen, daß der fehlende Lohn auch weiterhin durch erweiterte und intensivierte Gratisarbeit der Hausfrauen kompensiert wurde.

Die Realität der meisten Hausfrauen war bis weit in die 50er Jahre, die Jahre des „Wirtschaftswunders" hinein weniger von einem „wundersamen" Anstieg des Lebensstandards als vielmehr von harter Arbeit bestimmt. Wenn es tatsächlich langsam „aufwärts" ging und die durch den Krieg zerstörte Existenz nach und nach wieder aufgebaut, Wohnungseinrichtung, Hausrat und Kleidung Stück für Stück durch Kauf ergänzt werden konnten, die Familie als „Absatzmarkt" also wieder funktionierte, so deshalb, weil die Hausfrauen das Geld für derartige Anschaffungen durch zusätzliche Hausarbeit einsparten, also *verdienten:* Kartoffeln wurden eben nicht gekauft, sondern selbst angebaut, Kleider auch weiterhin selbst genäht und Pullover selbst gestrickt; statt Konserven zu kaufen, wurde selbst eingekocht, eingelegt, gesaftet etc. und das so eingesparte Geld für Waren ausgegeben, die man selbst nicht ohne weiteres herstellen konnte wie Möbel und Haushaltsgegenstände.

Die Familie als institutioneller Rahmen privater Hausfrauenarbeit funktionierte damit weiterhin ganz im Sinne des Systems. Entsprechend dem anhaltenden wirtschaftlichen Aufwärtstrend verschob sich ihre Funktion nun zunehmend von der Überlebenssicherung auf den – zunächst bescheidenen – Konsum.

Die Hausarbeit der Frauen war die Basis des wirtschaftlichen Aufschwungs, sowohl des Produktionsanstiegs vor der Währungsreform als auch des konjunkturellen Aufwärtstrends der 50er Jahre. Ihre gratis geleistete Arbeit im Reproduktionsbereich ermöglichte die Ausbeutung der Lohnabhängigen im Produktionsbereich, „die drei Jahre lang für fast wertloses Geld oder Naturalien unter heute kaum vorstellbaren Entbehrungen die privaten Produktionsanlagen in Gang gesetzt haben"[122]. Und auch das niedrige Lohnniveau der Jahre nach der Währungsreform[123], das die Voraussetzung der hohen Unternehmergewinne, des „grandiosen Akkumulationsprozesses privaten Kapitals"[124] war, wäre ohne die gratis geleistete erweiterte Hausarbeit der Frauen nicht haltbar gewesen.

4. Frauenlohnarbeit nach '45 – Aufbrechen des geschlechtsspezifischen Arbeitsmarkts?

Die faktische Erweiterung der Frauenrolle in der Nachkriegszeit resultierte nicht allein aus der gestiegenen Bedeutung der Reproduktionsarbeit für die Lebenssicherung. Hinzu kam, daß die Frauen in vielen Fällen aufgrund der kriegsbedingten Abwesenheit der Männer auch die „offizielle", männliche Ernährerfunktion – die Erarbeitung eines angeblich den Familienunterhalt sichernden Lohneinkommens[125] – übernahmen, d. h. auch die nach systemimmanenten Kriterien als gesellschaftlich notwendig anerkannte (Lohn-)Arbeit verrichteten. Und zwar nicht nur in den traditionell weiblichen und deshalb als weniger wichtig diskriminierten Berufszweigen, sondern auch auf typisch männlichen Arbeitsplätzen:

Frauen arbeiteten in der Nachkriegszeit als LKW-Fahrerinnen, Kranführerinnen, Maschinistinnen, Packerinnen, Matrosen und Schiffs‚jungen', selbst als Abstecherinnen und Probenehmerinnen in Hochofenbetrieben[126] usw.

Was brachte ihnen die Ausübung dieser Berufe und die offensichtliche Bewährung auf männlichen Arbeitsplätzen ein? Wurde sie öffentlich honoriert in Form einer langfristigen Öffnung männlicher Berufe für Frauen, einer Einräumung beruflicher Aufstiegsmöglichkeiten auch für Frauen, einer gezielten Verbesserung weiblicher Berufsausbildung, einer Angleichung weiblicher an männliche Löhne?

Wurde auf die Doppelbelastung der erwerbstätigen Frauen eingegangen?

Wurden staatlicher- oder betrieblicherseits Maßnahmen ergriffen, die den erwerbstätigen Frauen die Hausarbeit erleichterten und *nicht* gleichzeitig gegen die Frauen als Arbeitnehmerinnen gewendet wurden?

Wie gingen die Frauen selbst mit der Erwerbstätigkeit einerseits, der Doppelbelastung andererseits um? Setzten sie ihre Interessen als Hausfrau und Mutter gegenüber ihren Arbeitgebern, ihre Interessen als Berufstätige gegenüber ihren Männern durch? Sind Ansätze eines neuen Selbstbewußtseins im Beruf erkennbar?

a) Rahmenbedingungen der Entwicklung weiblicher Erwerbsarbeit in der Nachkriegszeit

Es soll hier zunächst dargestellt werden, welche Veränderungen und Verschiebungen des geschlechtsspezifischen Arbeitsmarktes sich in der Nachkriegszeit ergaben, wobei besonderer Wert darauf gelegt wird, weitverbreitete Vorurteile über die Entwicklung der Frauenerwerbsarbeit nach '45 zu widerlegen. Der undifferenzierte Umgang mit der Frage nach der Bedeutung der Frauenarbeit hat bisher zu falschen Einschätzungen geführt, die von der Glorifizierung der „Trümmerfrauen" bis zu der Behauptung reichen, die angeblich niedrige Frauenerwerbsquote der Nachkriegszeit resultiere aus der geringen Kaufkraft der Lohneinkommen[127], womit implizit sowohl die privaten Wiederaufbauleistungen der Frauen als auch die besonderen Bedingungen weiblicher Erwerbsarbeit nach '45 negiert werden.

Welches waren die Ausgangsbedingungen der Entwicklung weiblicher Erwerbsarbeit? Wie sind die Zusammenhänge zwischen ökonomischer Entwicklung und Entwicklung der weiblichen Lohnarbeit einerseits und Bedeutung der weiblichen Reproduktionsleistungen andererseits? Auf welche Weise ist die Entwicklung der Frauenlohnarbeit mit der gesellschaftlichen Entwicklung verknüpft? Dies sind die zentralen Fragen, denen zunächst nachgegangen werden soll.

Die Entwicklung der weiblichen Erwerbsarbeit nach '45 ist nicht zu trennen von der Entwicklung der Reproduktionsarbeit. Wie bereits an der Handhabung der Arbeitsplanung und -lenkung nach Kriegsende aufgewiesen wurde[128], wurden die für den kapitalistischen Wiederaufbau unverzichtbaren reproduktiven Leistungen der Frauen in die Planungen bzgl. der Ausnutzung des weiblichen Arbeitskräftepotentials ganz konkret mit einbezogen.

Der Zusammenhang zwischen gratis geleisteter weiblicher Überlebensarbeit und ökonomischer Entwicklung zeigt sich aber nicht nur an solchen wirtschaftspolitischen Details, sondern an der gesamten ökonomischen Struktur der Nachkriegszeit. So blieb trotz des bestehenden existentiellen Bedarfs an Gebrauchsgütern aller Art die „Disproportionalität zuungunsten der Konsumgüterindustrie"[129], die bereits als charakteristisch für die Struktur der deutschen Wirtschaft vor und im II. Weltkrieg herausgestellt wurde, bestehen. Ohne die private Überlebensarbeit der Frauen hätte diese Schwerpunktsetzung so nicht erfolgen können, was die Rekonstruktion der westdeutschen Wirtschaft zumindest verzögert hätte.

Die These, „das allgemeine Tempo des wirtschaftlichen Wiederaufstiegs Westdeutschlands" sei „ein Indiz für den Ausbeutungsgrad der *Arbeiter*"[131] (Hvhbg. D. S.), greift also zu kurz, denn

1. übersieht sie die Ausbeutung der Hausfrauen, deren Arbeit der Lohnarbeit *notwendig* vorgeschaltet ist und
2. waren es nicht nur Arbeiter, sondern auch Arbeiter*innen,* die zugunsten erhöhter Kapitalakkumulation ausgebeutet wurden, und zwar doppelt: nämlich als Hausfrauen *und* Arbeiterinnen!

Die Konzentration der Produktion auf die Grundstoffindustrien und einige Branchen der Investitionsgüterindustrie bewirkte aber darüber hinaus eine Veränderung der weiblichen Erwerbsarbeit; denn die Konsumgüterindustrien und bestimmte Teile der Investitionsgüterindustrie wie Elektrotechnik, Feinmechanik und Optik, chemische Industrie waren und sind frauenspezifische Branchen, deren Arbeitskräftebedarf nun infolge ihrer niedrigen Produktionsziffern sehr niedrig war.

So beliefen sich beispielsweise im Jahre 1946 die Produktionsziffern in den Bereichen

Chemische Industrie auf		39%
Leder	auf	34%
Textil/Bekleidung	auf	20%
Metallindustrie	auf	18%

des Standes von 1936.[132]

Das Angebot an traditionell weiblichen Arbeitsplätzen blieb also auch nach Kriegsende weiterhin gering. Die Anzahl der beschäftigten Frauen in der nordrhein-westfälischen Textilindustrie betrug z. B. am 30. 6. 1946 27 087 gegenüber 90 536 am 25. 6. 1938.[133] Die Aussichten auf Beschäftigung in einem frauenspezifischen Betrieb waren also gegenüber Nicht-Krisenzeiten stark gesunken.

Andererseits waren die Frauen wie in den Kriegsjahren weiterhin gezwungen, ausgefallene männliche Arbeitskräfte zu ersetzen. Wie bereits erwähnt, waren 3,76 Millionen deutsche Soldaten im II. Weltkrieg gefallen.[134] Bei Kriegsende befanden sich 11,7 Millionen in Gefangenschaft[135], und noch im Jahre 1946 betrug die Zahl der Gefangenen über 2 Millionen[136]. Dieser Schrumpfung des männlichen Arbeitskräftepotentials stand aber die dringende Notwendigkeit gegenüber, sofort mit Räumungs- und Instandsetzungsarbeiten zu beginnen, sollte die notdürftige Unterbringung und Versorgung der Bevölkerung vor allem in den Großstädten auch nur annähernd gewährleistet sein und das Ingangkommen der Produktion ermöglicht werden.

In den Westzonen waren 45% aller Wohnungen völlig zerstört bzw. erheblich beschädigt[137], und das Verkehrssystem war infolge der gezielten Bombardierungen in den letzten Kriegsmonaten zusammengebrochen[138]. Die Kriegszerstörungen an den Produktionsanlagen selbst waren nicht so hoch wie zunächst angenommen. Ein großer Teil konnte nach Beseitigung von Schutt und Trümmern und nach Durchführung von Reparaturarbeiten wieder in Betrieb genommen werden.[139]

Aufräumarbeiten und Reparaturen des Transportsystems und des Wohnraums waren also zunächst vordringlich, um die Minimalvoraussetzungen menschlicher Existenz zu sichern und die Voraussetzungen für eine Wiederaufnahme der Produktion zu schaffen. Zu diesen Voraussetzungen gehörte neben der Belieferung der Industrie mit Betriebsstoffen, Rohstoffen und Zwischenprodukten die Versorgung der Großstadtbevölkerung mit Lebensmitteln aus den agrarischen Gebieten und die Schaffung von Wohnraum in den Industriezentren.

Das Ingangkommen der Wiederaufbauarbeiten und die Ankurbelung der Produktion wurden erheblich erschwert durch den kriegsbedingten regionalen Mangel an männlichen Arbeitskräften, der zunächst auch durch die Flüchtlinge nicht ausgeglichen werden konnte. Gemäß den Beschlüssen der Siegermächte waren die deutschen Ostgebiete jenseits der Oder-Neiße-Linie vom ehemaligen Reichsgebiet abgetrennt und Ostpreußen, Pommern, Ost-Brandenburg und Schlesien unter polnische, die Stadt Königsberg und Umgebung unter sowjetische Verwaltung gestellt worden. Die bekannte Folge dieser Beschlüsse war die massenhafte Vertreibung der deutschen Bevölkerung der genannten Gebiete, die gemeinsam mit den vor der näherrückenden Front fliehenden Bewohnern in das verbleibende „Restdeutschland" fluteten. Dessen Bevölkerung erhöhte sich dadurch – trotz der kriegsbedingten Bevölkerungsverluste – von 59,7 Millionen im Jahre 1939 auf 65,9 Millionen im Jahre 1946.[140] Da die Franzosen sich einer Eingliederung von deutschen Ostflüchtlingen in ihre Zone erfolgreich widersetzten, ließ sich das Gros der Flüchtlinge in der amerikanischen und in der britischen Besatzungszone nieder.[141] Dadurch erhöhte sich zwar das Arbeitskräftepotential der späteren Bizone bereits im Jahre 1946 um 7,3% gegenüber 1939[142], jedoch konzentrierte sich der Bevölkerungszuwachs durch Flüchtlinge und Vertriebene wegen des Wohnraummangels in den zerstörten Industriestädten auf die ländlichen Gebiete.[143] Die Folge war – insbesondere in der britischen Zone – eine „starke Verlagerung der Beschäftigung zugunsten landwirtschaftlicher Arbeitsplätze"[144]. Die Zahl der Arbeitsplätze in der Landwirtschaft stieg von Mai 1939 im Vergleich zu Juni 1947 um 18%, während die Zahl der Arbeitsplätze in der Industrie um 13% und im davon abhängigen Sektor Handel und Transport um 11% zurückging.[145]

In den Industriegebieten herrschte ein akuter Mangel an Arbeitskräften bedingt zum einen durch Tod und Gefangenschaft deutscher Soldaten und die Befreiung der Zwangsarbeiter/innen, zum anderen durch die während des Krieges erfolgte Evakuierung großer Teile der Stadtbevölkerung. Viele Großstädte waren nahezu entvölkert. „In Köln lebten von rund 730 000 Einwohnern der Vorkriegszeit nur noch 40 000 in Kellern und notdürftig ausgebesserten Häusern."[146] Zwar begann sofort nach Kriegsende die Rückbewegung der Evakuierten vom Land in die Städte, jedoch zog sich dieser Vorgang hin; noch Ende Oktober 1946 hatten die meisten Städte Nordrhein-Westfalens ihren Vorkriegsstand an Einwohnern nicht wieder erreicht.[147]

Trotz der Zerstörungen an Produktionsanlagen und der zahlreichen Produktionsverbote seitens der Militärregierungen herrschte also infolge des kriegsbedingten massenhaften Ausfalls männlicher Arbeitskräfte und der Dislokation des vorhandenen Arbeitskräftepotentials ein regionaler branchenspezifischer Arbeitskräftemangel, insbesondere im Baugewerbe und im Bergbau, zentralen Produktionszweigen der unmittelbaren Nachkriegszeit.

Auf der anderen Seite waren aufgrund der hohen weiblichen Bevölkerungsmehrheit zahlreiche Frauen gezwungen, ein Lohnarbeitsverhältnis einzugehen. Die Frauenmehrheit betrug im Jahre 1946 rund 7,3 Millionen, davon „6 bis 7 Millionen Frauen im heiratsfähigen Alter, die niemals heiraten konnten, weil Millionen von Männern im heiratsfähigen Alter gefallen waren. Auf 1000 Männer kamen 1249 Frauen."[148]

Ebenso notwendig wie der kurzfristige Ersatz ausgefallener männlicher Arbeitskräfte war also auf lange Sicht die Bereitstellung von Arbeitsplätzen für alleinstehende Frauen. Die gesellschaftspolitische Bedeutung dieser doppelseitigen Problematik ist ablesbar an der großen Zahl von Veröffentlichungen, die sich mit der notwendigen Erweiterung weiblicher Erwerbsarbeit und den daraus entstehenden Problemen auseinandersetzen.[149] So schrieb z. B. die Industrie- und Handelskammer Düsseldorf in einem Lagebericht vom Sommer 1946:

„Die bestehenden Spannungen auf dem Arbeitsmarkt haben eher zu- als abgenommen. Trotz unzureichender Roh- und Halbstoffversorgung steigen die Anforderungen der

Wirtschaft an die Arbeitsämter ständig. Diese können jedoch praktisch nicht abgedeckt werden."[150]

Im weiteren Text wird darauf verwiesen, daß

„. . . im Durchschnitt der britischen Zone gegenwärtig auf 1000 anwesende Männer rund 1400 Frauen entfallen. Auch nach Rückkehr des größeren Teils der Kriegsgefangenen dürfte sich diese Zahl günstigstenfalls auf 1250 verringern. Für das britische Besatzungsgebiet wird die Zahl der durch Kriegstod ausgefallenen Männer auf rund 1 Million geschätzt. Einer ungefähr gleich großen Anzahl von Frauen fehlt in Zukunft der Ernährer, sei es, daß sie durch den Kriegstod ihrer Männer verwitwet sind oder daß sich ihnen hierdurch keine Heiratsmöglichkeit bietet. Der überwiegende Teil dieser Frauen, besonders sofern sie den jüngeren und mittleren Altersklassen angehören, dürfte daher in Zukunft auf eine Erwerbstätigkeit verwiesen sein."[151]

Dieser Zusammenhang zwischen fehlenden männlichen Arbeitskräften auf der einen und „unversorgten", d. h. auf eigenes Lohneinkommen angewiesenen Frauen auf der anderen Seite stellte sich in den ersten Jahren nach Kriegsende als zentrales volkswirtschaftliches Problem dar. Noch war weder zu überblicken, wann und in welchem gesundheitlichen Zustand die deutschen Kriegsgefangenen zurückkehren würden noch welches Ausmaß der Bevölkerungszuwachs durch Flüchtlinge, vor allem solche im arbeitsfähigen Alter, erreichen würde noch zu welchem Zeitpunkt mit einer Normalisierung der Wohnsituation als Voraussetzung der notwendigen Ansiedlung von Arbeitskräften in der Nähe der Produktionsstätten zu rechnen war.

Vordringlich waren deshalb zunächst die schnellstmögliche Instandsetzung des Wohnraums und der Transportwege und die effektive Ausnutzung der in den Produktionszentren verbliebenen Arbeitskräfte. Und das bedeutete, daß trotz der Konzentration des ökonomischen Wiederaufbaus auf „männliche" Produktionszweige – Bauwirtschaft und Grundstoffindustrie – und trotz der Vereinnahmung der Frauen durch die Überlebensarbeit auf den Einsatz von Frauen im Produktionsbereich nicht verzichtet werden konnte.

Bevor jedoch die konkrete Entwicklung der Frauenerwerbsarbeit geschildert wird, soll auf den Umfang weiblicher Erwerbsarbeit in der Nachkriegszeit eingegangen werden.

Es ist ein weitverbreitetes Vorurteil, das sich nicht nur in Diskussionen mit Fachkollegen, sondern auch in der Literatur zur deutschen Nachkriegsgeschichte niederschlägt, daß die Frauenerwerbsquote in den Nachkriegsjahren a) besonders niedrig gewesen sei und b) dieser niedrige Beschäftigungsgrad auf die geringe Attraktivität eines Lohneinkommens „in einer Zeit inflationären Geldüberhanges"[152] zurückzuführen sei. Nun ist es zwar richtig, daß die Frauenerwerbsquote in der Bizone von 35,2% im Jahre 1939 auf 28,3% im Jahre 1947 (für die Jahre 1945 und 1946 liegen keine Angaben vor) herabsank, doch ist der Aussagewert eines solchen Vergleichs nackter Prozentzahlen äußerst gering, wenn sie nicht in Relation gesetzt werden zu den Rahmenbedingungen der Frauenerwerbsarbeit in der konkreten historischen Situation, die für die Frauen alles andere als günstig waren.

Zunächst ist anzumerken, daß sich hinter der Quote von 28,3% (1947) in absoluten Zahlen 6 159 000 Frauen verbergen. Der Produktionsoutput hingegen belief sich im selben Jahr und im selben Gebiet lediglich auf rund 40% des Standes von 1936. In diesem Jahr hatte die absolute Zahl weiblicher Erwerbstätiger aber nur 5 612 000 betragen. Der Produktionsreduktion auf ⅖ des Standes von 1936 steht demnach eine Erhöhung weiblicher Erwerbspersonen um 547 000 gegenüber.[153] Das gleichzeitige Sinken der Erwerbsquote erklärt sich aus dem hohen Bevölkerungszuwachs durch die Flüchtlinge.

Die absoluten Zahlen erscheinen jedoch für unseren Zusammenhang sehr viel aussagekräftiger, bedenkt man die ungünstigen Bedingungen der Frauenlohnarbeit.

1. Die regionale Fehlleitung des Arbeitskräftepotentials infolge Wohnraummangels traf für weibliche ebenso wie für männliche Arbeitskräfte zu. Die vielen Flüchtlingsfrauen, die aus diesem Grund statt in ihrem alten Beruf für ein paar Lebensmittel in der Landwirtschaft arbeiteten, tauchen natürlich in keiner Statistik auf.
2. Die frauenspezifischen Arbeitsplätze blieben, wie oben ausgeführt, infolge der Verlagerung der Produktionsschwerpunkte auf die Grundstoffindustrie drastisch reduziert, und die Frauenarbeitsplätze in der Rüstungsindustrie entfielen ganz.
3. Die Arbeit auf „männlichen" Arbeitsplätzen war häufig körperliche Schwer- und Schwerstarbeit, zu der viele Frauen aufgrund ihrer körperlichen Konstitution und ihres schlechten Gesundheitszustandes gar nicht in der Lage waren.
4. Die Ausweitung der reproduktiven Arbeit nahm oft alle Kraft und Zeit in Anspruch, so daß gar nicht die Möglichkeit zur Erwerbsarbeit bestand.
5. Ab 1947 wurden Frauen in zunehmendem Maße von ihren Arbeitsplätzen verdrängt, zugunsten von Kriegsheimkehrern und männlichen Flüchtlingen.

Es erscheint angesichts dieser Bedingungen angemessen, von einer sehr hohen Zahl weiblicher Erwerbstätiger zu sprechen.

b) Frauen stehen „ihren Mann". Der „Männermangel" als Berufschance der Frauen?

Die Frauen wurden also gebraucht. Nicht nur als Hausfrauen, sondern auch als Arbeiterinnen und zwar nicht nur auf traditionell weiblichen Arbeitsplätzen, sondern auch als Ersatz für männliche Arbeitskräfte.

Die Wiederankurbelung der Wirtschaft setzte die schnellstmögliche Instandsetzung des Transportsystems und des Wohnraums voraus. Sollte die Versorgung und Unterbringung der Großstadtbevölkerung als potentieller industrieller Arbeitskräfte auch nur notdürftig gewährleistet sein, so mußte unverzüglich mit Aufräum- und Instandsetzungsarbeiten begonnen werden, und dazu war die möglichst lückenlose Ausschöpfung der noch vorhandenen – männlichen *und* weiblichen – Arbeitskraftreserven notwendig.

Im Sommer 1945 wurde in den einzelnen Ländern und Provinzen die Arbeitspflicht eingeführt, um eine Lenkung und Kontrolle des zur Verfügung stehenden Arbeitskräftepotentials zu ermöglichen.

Männer zwischen 14 und 65 und Frauen zwischen 16 und 45 Jahren wurden bei Strafe der Sperrung ihrer Lebensmittelzuteilungen verpflichtet, sich bei den zuständigen Arbeitsämtern registrieren zu lassen, um im Bedarfsfall zu Pflichtarbeiten herangezogen zu werden. Unter den Begriff „Pflichtarbeit" fielen alle von der Militärregierung verordneten sowie gemeinnützige und für den Wiederaufbau dringend erforderliche Arbeiten.

„Als *gemeinnützig* gelten Arbeiten, die dazu dienen, den gegenwärtigen Notstand im öffentlichen Verkehr zu beheben und die Versorgung der Bevölkerung mit Wasser, Licht und Gas sowie die Kanalisation wieder in Ordnung zu bringen.
Dringend erforderlich sind Arbeiten, die zur Sicherstellung der Ernährung, der Wiederinstandsetzung der für den öffentlichen Dienst erforderlichen Gebäude, der Bereitstellung des notwendigen Wohnraumes oder der Versorgung der Bevölkerung mit Heizstoffen dienen."[154] (Hvhbg. D. S.)

Es handelte sich demnach in der Hauptsache um Aufräumarbeiten, Bauarbeiten, Instandsetzungsarbeiten und Arbeiten in verschiedenen Zweigen der Grundstoffindustrie.
Wie an anderer Stelle bereits erläutert, wurde durch die Entbindung von Frauen mit Kindern unter 14 Jahren oder hilfsbedürftigen Angehörigen von der Pflichtarbeit versucht, die Reproduktionsleistungen von Frauen mit Familien sicherzustellen.
Die Behörden waren bemüht, in erster Linie ledige Frauen, die noch nicht ganze Familien durch ihre Hausarbeit am Leben erhielten und deswegen als Hausarbeiterinnen am ehesten entbehrlich erschienen, zu Pflichtarbeiten heranzuziehen. So erteilte z. B. das Landesarbeitsamt Westfalen-Lippe 1946 den nachgeordneten örtlichen Arbeitsämtern die Anweisung zu einer jahrgangsweisen Heranziehung junger Frauen zu Pflichtarbeiten:

„Es kommen in erster Linie die Angehörigen der Geburtsjahrgänge 1924–1926 infrage; falls diese Jahrgänge nicht ausreichen, die Angehörigen der Geburtsjahrgänge 1923, 1922, 1921, 1927. Es dürfte zweckmäßig sein, den infrage kommenden Personenkreis durch Aufruf zu einer besonderen Meldung beim Arbeitsamt aufzufordern. Die restlose Meldung der aufgerufenen Frauen kann durch eine besondere Kontrolle des infrage kommenden Jahrgangs bei der Lebensmittelkartenausgabe sichergestellt werden."[155]

Über die Höhe der tatsächlich vorgenommenen Dienstverpflichtungen von Frauen zu Wiederaufbauarbeiten liegen keine genauen statistischen Angaben vor. Nach der Volkszählung vom 29. 10. 1946 waren in der britischen Zone offiziell 7291 Frauen als Arbeiterinnen im Bau- und Baunebengewerbe tätig, 7686 in der Wirtschaftsgruppe Bergbau, Salinen, Torfgräberei und 6860 im Bereich Eisen- und Metallgewinnung.[156] Es ist jedoch nicht auszumachen, inwieweit es sich hierbei um Dienstverpflichtungen handelte und wie viele dieser Frauen auf ausgesprochenen Männerarbeitsplätzen beschäftigt waren. Insgesamt waren die Behörden bemüht, eine „umfassende Umschichtung vollarbeitsfähiger Männer zu schwerer Handarbeit" durchzuführen, „so daß erwerbsbeschränkte Kriegsbeschädigte und Frauen die leichteren Arbeiten übernehmen konnten"[157], jedoch ließ sich diese Praxis aufgrund des Mangels an männlichen Arbeitskräften und der infolge der schlechten Versorgungssituation stark geminderten Leistungsfähigkeit der zur Verfügung stehenden Arbeitskräfte nicht konsequent durchhalten. Hinzu kam, daß längst nicht alle Arbeitslosen sich bei den zuständigen Arbeitsämtern registrieren ließen. Wer seinen Lebensunterhalt aus anderen Quellen sichern konnte, verzichtete auf die Lebensmittelkarten und entzog sich der Arbeitsverpflichtung, die in vielen Fällen Schwer- und Schwerstarbeit bedeutete.

Der Arbeitskräftemangel führte schließlich zu einer Verschärfung der Arbeitspflicht-Bestimmungen für Frauen. Die bestehenden Arbeitspflicht-Bestimmungen – nach einer anfänglichen Phase zonen- und länderinterner Regelungen durch den Kontrollratsbefehl Nr. 3 vom 17. 1. 1946 vereinheitlicht[158] – ermöglichten zwar bereits eine Heranziehung von Frauen zu bestimmten Wiederaufbauarbeiten. Der weitergehenden Ausschöpfung weiblicher Arbeitskraftreserven standen jedoch Frauenarbeitsschutzbestimmungen entgegen, die u. a. die Beschäftigung von Frauen auf Bauten untersagten. Zwar galten bis zum 18. 11. 1948 weiterhin die während des Krieges von den nationalsozialistischen Behörden erlassene „Verordnung zur Abänderung und Ergänzung von Vorschriften auf dem Gebiete des Arbeitsrechts"[159] vom 1. 9. 1939 und die „Anordnung über Ausnahmen vom Arbeitsschutz"[160] vom 11. 9./24. 10. 1939, die die Gewerbeaufsichtsämter berechtigten, Ausnahmen von Beschäftigungsverboten aus kriegswirtschaftlichen Gründen zuzulassen; jedoch handelte es sich dabei nicht um eine generelle Aufhebung von Arbeitsschutzbestimmungen, sondern um Sondergenehmigungen, die von Fall zu Fall entschieden werden mußten[161] und mit einem relativ hohen Aufwand an Verwaltungsarbeiten verbunden waren. Da ein solches Verfahren den Einsatz von Frauen bei Räum- und Instandsetzungsarbeiten erheblich komplizierte und verzögerte, gingen die Provinzial- und Landesbehörden schon bald dazu über, Ausnahmegenehmigungen für ihre gesamten Amtsbereiche zu erteilen[162], und mit dem Kontrollratsgesetz Nr. 32 vom 10. 7. 1946 wurde dann die gesetzliche Handhabe für eine generelle Heranziehung von Frauen zu Bau- und Wiederaufbauarbeiten in allen Zonen geschaffen.[163]

Das Kontrollratsgesetz selbst bestimmte lediglich die Aufhebung bzw. Abänderung aller der Beschäftigung von Frauen bei Bau- und Wiederaufbauarbeiten entgegenstehenden Bestimmungen. Nähere Anweisungen zur Durchführung dieses Gesetzes erhielten die Arbeitsämer der einzelnen Zonen per Erlaß der entsprechenden Militärregierungen.[164] Diese Durchführungsbestimmungen enthielten Auflistungen der für Frauen geeigneten und ungeeigneten Arbeiten im Baugewerbe: Als „Beispiele von außergewöhnlich schwerer Handarbeit, für die Frauen nicht eingesetzt werden *sollen* "[165] (Hvhbg. D. S.), wurden erwähnt: Abbrucharbeiten, Arbeiten im Tiefbau, Oberbauarbeiten an Eisen- und Straßenbahnen, die Arbeit mit Preßluftwerkzeugen, das Tragen und der Transport schwerer Lasten und Arbeiten auf Leitern, Gerüsten und Dächern.[166]

Auf der Grundlage des Kontrollratsgesetzes Nr. 32 und seiner Durchführungsbestimmungen wurden Frauen fortan nicht nur zum Schutträumen und bei Bauarbeiten, sondern auch bei der Wiederaufbereitung (Steineklopfen) und Produktion von Baumaterialien (Ziegeleien, Zementsteinindustrie) eingesetzt. Steineklopfende und schutträumende „Trümmerfrauen" gehörten zum alltäglichen Straßenbild der unmittelbaren Nachkriegszeit. Wobei allerdings anzumerken ist, daß ein Großteil der Aufräum- und Wiederaufbauarbeiten freiwillig geleistet wurde. Viele Bewohner/innen beschädigter Häuser und Wohnungen gingen sofort nach Kriegsende in Privatinitiative daran, das Zerstörte wieder instandzusetzen und selbst für ihre Unterkunft zu sorgen.

Es wurde seitens der Arbeitsbehörden von Anfang an deutlich gemacht, daß es sich bei der Frauenarbeit im Baugewerbe nur um eine vorübergehende Erscheinung handeln könne. Der Ersatz- und Interimscharakter dieser Frauenarbeit wird sowohl im Kontrollratsgesetz selbst als auch in den dazugehörigen Ausführungsbestimmungen deutlich:

„In Anbetracht des großen Mangels an tauglichen männlichen Arbeitskräften in gewissen Teilen Deutschlands . . ."[167]

heißt es im Kontrollratsgesetz und

„Solange die gegenwärtige Knappheit an männlichen Arbeitskräften im Baugewerbe besteht, müssen viel weibliche Arbeitskräfte verwendet werden."[168]

in den Ausführungsbestimmungen.

Dementsprechend wurden die im Baugewerbe beschäftigten Frauen lediglich als Hilfsarbeiterinnen eingesetzt, weil „die durch Anlernung hervorgerufene stärkere Bindung von Frauen an typisch männliche Berufe unerwünscht"[169] sei. Den Frauen wurde damit von vornherein die Chance genommen, sich – da sie nun einmal zu diesen Arbeiten verpflichtet wurden und nicht selten auch Gefallen daran fanden – zu Facharbeiterinnen ausbilden zu lassen und damit ihre berufliche Zukunft besser abzusichern. Die Argumente, mit denen den Frauen die Ausbildung verweigert wurde, sind bekannt und zum Teil auch heute noch durchaus gebräuchlich, um Frauen aus qualifizierten und zukunftsträchtigen Berufen – eben aus „Männerberufen" – herauszuhalten und zeugten damals wie heute von der völligen Ignorierung der Arbeitsbedingungen in den sogenannten Frauenberufen und im Haushalt, die stillschweigend als körperlich leichte und der weiblichen Konstitution und Psyche angemessene Arbeiten eingestuft wurden und werden.

So wurden z. B. Anträge von Frauen auf Umschulung zur Maurerin abgelehnt wegen der Absturzgefahr bei Arbeiten auf Leitern und Gerüsten:

„Grundsätzlich habe ich Bedenken, Frauen auf Gerüsten und Leitern im Baugewerbe einzusetzen, sofern die Gefahr des Absturzes mit größerer Wahrscheinlichkeit gegeben ist.
Man muß bei der Frage des Fraueneinsatzes berücksichtigen, daß die weibliche Konstitution eine ganz andere ist als die des Mannes. Durch die weit geringere Zahl an roten Blutkörperchen und auch durch die kleinere Ausbildung des Herzens besteht bei Überanstrengung aber auch insbesondere während der monatlichen Tage bei der Frau in viel größerem Umfange die Möglichkeit und damit die Wahrscheinlichkeit, daß sie Schwindelanfällen ausgesetzt ist als der Mann.
Ich halte es unter Berücksichtigung dieser Gesichtspunkte nicht für zweckmäßig, Frauen im Baugewerbe oder in anderen Betrieben, wo sie in erheblichem Umfange der Absturzgefahr ausgesetzt ist, zu beschäftigen."[170]

„Beschäftigt" wurden die Frauen trotzdem, nur erwuchs ihnen aus dieser Beschäftigung nicht das Recht auf eine Ausbildung. Abgesehen von der unhaltbaren medizinischen Argumentation erscheint es paradox, daß die Absturzgefahr im Bauberuf größer sein sollte als beispielsweise beim Fensterputzen im III. Stock.

Ganz ähnlich verhält es sich mit dem Verweis auf die geringen Körperkräfte der Frau, wohlgemerkt unterschiedslos *jeder* Frau, gleich welcher körperlicher Konstitution. Laut Verfügung der Militärregierung durften Frauen „Handlangerarbeit mit Tragevorrichtung" verrichten, „sofern die Last, die aufwärts zu bewegen ist, 10 kg nicht übersteigt"[171]. Man stelle sich vor, eine Krankenschwester dürfte nur noch Patienten unter 10 kg umbetten. Abgesehen von dieser offensichtlichen Widersprüchlichkeit dürfte die Praxis auf den Baustellen wohl auch von dieser Schutzbestimmung abgewichen sein.

Mit dem Verweis auf diese Widersprüche soll nicht gegen notwendige Arbeitsschutzmaßnahmen angeredet werden, wohl aber gegen die Art und Weise, wie diese diskriminierend gegen die Frauen gewendet wurden (und auch heute noch werden!). Solange „Not am Mann" war, wurden Schutzmaßnahmen außer Kraft gesetzt. Einer eventuellen Ableitung von Ansprüchen seitens der betroffenen Frauen – die bauwirtschaftlichen Berufe stellten schließlich nicht ausnahmslos extreme Anforderungen an die Körperkraft – wurde aber gleichzeitig vorgebeugt durch den Verweis auf den Interimscharakter dieser Lösung. Den Frauen wurde damit von vornherein die Möglichkeit der Bewährung auf diesen Arbeitsplätzen genommen.

Und das obwohl, wie später noch gezeigt wird, durchaus Möglichkeiten bestanden, Männerarbeitsplätze ohne viel Aufwand so umzurüsten, daß sie ohne gesundheitliche Schädigung oder Beeinträchtigung auch von Frauen eingenommen werden konnten.

Und während mit dem Verweis auf ihre besondere Schutzbedürftigkeit der Frau der Zugang zu den lukrativeren qualifizierten Männerberufen versperrt wurde, interessierte sich keine der mit dem Arbeitsschutz beauftragten Behörden für die gesundheitsschädigenden Wirkungen, die die Kraftakte der Hausfrauen und Landarbeiterinnen bei der Erfüllung der Reproduktionsarbeit nach sich zogen.

Dieser Zusammenhang ist jedoch nur scheinbar widersprüchlich. Die Ausbeutung der reproduktiven Arbeitskraft der Frau macht es erforderlich, ihrer Ausbeutung im Produktionsbereich Grenzen zu setzen durch Mutterschutz und Frauenarbeitsschutz. Gleichzeitig werden genau diese Schutzmaßnahmen dazu benutzt, die Frau als Lohnarbeitskraft zu diskriminieren. Sie erfüllen so eine doppelte Funktion: Zum einen sichern sie die reproduktiven Leistungen auch der erwerbstätigen Frauen. Zum anderen gewährleisten sie das Fortbestehen des geschlechtsspezifischen Arbeitsmarktes, indem sie gegen die Frau als Lohnarbeitskraft gewendet werden.

Die Verweigerung einer Ausbildung von Frauen für männliche und das heißt qualifizierte und aussichtsreiche Berufe war also systemimmanent völlig logisch, denn die Aussicht auf eine Karriere im Beruf wäre eine reale Alternative zu einem Leben als Ehefrau und Mutter gewesen und beinhaltete die Gefahr, die Bereitschaft der Frauen zur Familiengründung zu senken. Familiengründung, das war gleichbedeutend mit dem Verzicht auf berufliches Engagement, und dieser Verzicht war, wie an anderer Stelle[172] bereits erwähnt, juristisch sanktioniert durch die Verpflichtung der Frau zur Hausarbeit.

Eine Lockerung des geschlechtsspezifischen Arbeitsmarktes hätte auf lange

Sicht die gesamtgesellschaftliche geschlechtsspezifische Arbeitsteilung, auf die der Kapitalismus angewiesen ist, gefährdet.

Die Gewährleistung der Erfüllung „weiblicher" Aufgaben in der Familie und „männlicher" Aufgaben im Beruf machte es erforderlich, nicht nur den Körper der Frau gegen „übermäßige", d. h. ihre Reproduktionsleistungen beeinträchtigende Beanspruchung zu schützen, sondern darüber hinaus auch die geschlechtsspezifischen Verhaltensweisen, Denkmuster und Gefühle zu sichern. Das heißt, die Frau mußte nicht nur vor zu hoher körperlicher Belastung, sondern auch vor „unweiblichen" Einflüssen „geschützt" werden. Denn die Arbeit im Haus stellt bestimmte Anforderungen, deren Erfüllung durch die Arbeit außerhalb des Hauses nicht gefährdet werden darf. Diese Anforderungen betreffen sowohl die materielle als auch die psychische Hausarbeit und die sexuellen Verhaltensweisen. Die Gefährdung der darauf abgestimmten weiblichen Verhaltensdispositionen durch die Arbeit in Männerberufen wurde deutlich artikuliert:

„Der Einsatz von Frauen im Baugewerbe ist von der Militärregierung im Hinblick auf den Umfang der notwendigen Aufräumungs- und Aufbauarbeiten einerseits und den Mangel an männlichen Arbeitskräften andererseits angeordnet worden. Wenn sich dieser Einsatz bei den derzeitigen Verhältnissen nicht vermeiden läßt, so bleibt doch bestehen, daß die in Deutschland neuartige Beschäftigung von Frauen in der Bauwirtschaft wegen der hohen körperlichen Anforderungen und der *Gefahr psychischer Verrohung* an sich unerwünscht ist und nur durch den bestehenden Kräftemangel und die durch den Einsatz einer großen Zahl von Kräften zu erwartende Beschleunigung des Wiederaufbaues und die damit verbundene Besserung der allgemeinen Lebensbedingungen gerechtfertigt werden kann. Der Baueinsatz der Frau kann nur eine vorübergehende Notmaßnahme sein ..."[173] (Hvhbg. D.S.)

Insbesondere Arbeiten, die mit Staub, Schmutz und Lärm verbunden waren, wurden als negativer Einfluß nicht nur auf die Haushaltsführung, sondern auch auf die Moral der Frauen eingeschätzt:

„Vor allen Dingen ist für sie Sauberkeit und Ordnung wichtig. Die Hausfrau und Mutter opfert in ihrem Haushalt einen wesentlichen Teil der Zeit, um ihn ordentlich und gepflegt zu erhalten. Findet sie nun an ihrem Arbeitsplatz nicht die gewohnte Ordnung und Sauberkeit und hat auch keine Möglichkeit, diese herzustellen, wird nicht nur ihre Arbeitslust gesenkt, da sie sich in dieser Umgebung nicht wohl fühlt, sondern es tritt auch die Gefahr auf, daß sie sich mit der Zeit an diesen Zustand gewöhnt und die Unordentlichkeit und Unsauberkeit im Betrieb nicht mehr empfindet. Sehr leicht verliert sie dann auch in ihrem Haushalt den Blick dafür und läßt den Kindern und dem Heim nicht mehr die erforderliche Pflege zukommen."[174]

„Werksfürsorgerinnen und Fabrikpflegerinnen klagen, daß es bei den Frauen, die längere Zeit mit diesen (schmutzigen D.S.) Arbeiten beschäftigt werden, nicht nur an äußerer Gepflegtheit fehle, sondern daß sie auch in sittlicher Hinsicht unterhalb der anderen Arbeiterinnen stehen. Man vermisse bei ihnen das Feine, Zarte der äußeren Form wie die vornehme und zurückhaltende Haltung der sittlich hochstehenden Frau."[175]

Die Arbeitsbehörden waren bemüht, die Beschäftigung von Frauen auf Männerarbeitsplätzen auf das ökonomisch absolut notwendige Quantum zu beschränken, das heißt Frauen nur da einzusetzen, wo keine männlichen Arbeitskräfte zur Verfügung standen. Die Arbeitsämter waren angehalten, im Interesse der

Gesundheit der erwerbstätigen Frauen erst nach Ausschöpfung aller männlichen Arbeitskraftreserven – auch der nicht voll arbeitsfähigen Männer – auf die Möglichkeit der Dienstverpflichtung und Vermittlung von Frauen auf Männerarbeitsplätze zurückzugreifen[176].

Andererseits gehörten aber gerade die Arbeitsplätze, die mit dem Prädikat Schwer- und Schwerstarbeit ausgezeichnet wurden – also typische Männerarbeitsplätze –, im allgemeinen zu den beliebtesten, weil sie zum einen höhere Lebensmittelrationen garantierten, zum anderen meist mit zusätzlichen Naturallohnanteilen dotiert waren, wie zum Beispiel die Deputat-Kohle und Lebensmittelzulagen beim Bergbau, die in vielen Fällen gestellte Arbeitskleidung und Schuhe in der Bauwirtschaft etc.

„Die Ernährung war das wichtigste Problem und beeinflußte nicht nur Arbeitsfähigkeit und -leistung des einzelnen Arbeiters, sondern auch die allgemeine Arbeitsmoral. Fehlschichten aus physischem Leistungsunvermögen oder auch zur Beschaffung zusätzlicher Lebensmittel waren an der Tagesordnung. Wurde an einem Arbeitsplatz eine zusätzliche Mahlzeit gewährt, bewirkte das verstärkten Andrang. Schwere, kalorienzehrende Handarbeit wurde gemieden. Es bedurfte zusätzlicher Anreize, solche Arbeit anziehend zu machen."[177]

Durch Naturallohnanteile wurde versucht, den Rückgang in der Beschäftigtenzahl aufzufangen, der gerade diejenigen Wirtschaftsbereiche in besonders hohem Maße traf, „die zum großen Teil körperliche Anstrengungen forderten, andererseits waren dieses aber gerade die Schlüsselindustrien, deren Produktion als Grundlage des wirtschaftlichen Wiederanstiegs unbedingt gesteigert werden mußte".[178]

Die widersprüchlichen Anforderungen, die sich aus den Erfordernissen des Produktionsbereichs einerseits, des Reproduktionsbereichs andererseits bezüglich der weiblichen Arbeitslenkung ergaben, werden deutlich an den Divergenzen und Kompetenzstreitigkeiten zwischen den mit der Überwachung der Arbeitsschutzbestimmungen befaßten Gewerbeaufsichtsämtern und den für die Arbeitskräftelenkung verantwortlichen Arbeitsämtern. Immer wieder gab es Beschwerden über die mangelnde Kooperation zwischen den beiden Behörden, weil sich die Arbeitsämter über bestehende Frauenarbeitsschutzbestimmungen hinwegsetzten. Dies führte, insbesondere im Zusammenhang mit der Frauenarbeit im Baugewerbe, die ja zu einem großen Teil öffentlich stattfand, zu massiver öffentlicher Kritik.

„Von den Gewerbeaufsichtsämtern wird berichtet, daß Arbeitsämter anscheinend bei Mangel an erwachsenen männlichen Arbeitskräften, Frauen zu Arbeiten vermitteln, die der Gewerbeaufsicht nur zufällig zur Kenntnis kommen und von denen sie dann feststellen muß, daß sie für Frauen ungeeignet sind oder daß sogar für sie Beschäftigungsverbote bestehen. Neuerdings werden in der Grauwackeindustrie des Oberbergischen Kreises immer mehr Frauen verwendet, vor allem zur Verladearbeit, bei der sehr schwere Steinblöcke gleich unterhalb der Bruchwand oder an anderen Stellen verladen werden, an denen große Blöcke gesprengt werden.

Nach der noch geltenden Bundesratsbekanntmachung vom 31.5.1909, betreffend die Einrichtung und den Betrieb von Steinbrüchen und Steinhauereien (Steinmetzbetrieben) – ergänzt durch die Bekanntmachungen vom 8.12.09 und 20.11.11 (...) – dürfen Arbeiterinnen und jugendliche Arbeiter nicht beim Transport oder Verladen von Abraum, Steinen oder Abfall beschäftigt werden. – An dieser Rechtslage hat das Kontrollratsgesetz Nr. 32 vom 10. 7. 46 nichts geändert. Es beschränkt sich materiell nur auf die Beschäftigung von Frauen bei Bau- und Wiederaufbauarbeiten. . . .

Ein unbeschränkter Fraueneinsatz ist demnach auch nicht auf Bauten erwünscht. In Steinbrüchen bestehen neben der Schwere der Arbeit auch noch Unfallgefahren durch auszuführende Sprengungen, die Silikosegefahr u. a. m., die eine Beschäftigung von Frauen unerwünscht machen. Die Gewerbeaufsichtsbeamten müssen daher die unzulässige Weiterbeschäftigung von Frauen in Steinbrüchen untersagen. Hierdurch werden die örtlichen Arbeitsämter verärgert und die öffentliche Kritik wird wegen des ‚Gegeneinanderarbeitens' zweier Behörden herausgefordert. Dies kann verhindert werden, wenn eine vorherige Verständigung herbeigeführt wird."[179]

Nicht zuletzt die Angst vor öffentlicher Kritik führte wohl dazu, daß der Präsident des Landesarbeitsamts Nordrhein-Westfalen in Reaktion auf die obigen Beschwerden die generelle Vorschaltung der Gewerbeaufsichtsämter verfügte, „in allen Fällen, in denen der Einsatz von Frauen auf ungewöhnlichen oder bisher nur von Männern eingenommenen Arbeitsplätzen geplant ist"[180].

Es handelte sich dabei nicht nur um Tätigkeiten in der Bauwirtschaft, sondern auch in anderen Industriezweigen, insbesondere in den Grundstoffindustrien.

Frauen arbeiteten[181]

● als Koksfahrerinnen in Hochofenbetrieben
● als Probenehmerinnen in Hochofen-, Martin- und Thomasstahlwerken
● als Rollgangsmaschinistinnen und Löscherinnen in Walzwerken
● als Kehrerinnen und Türzieherinnen in Blechwalzwerken
● als Packerinnen und Sortiererinnen in der Glasindustrie
● als LKW-Fahrerinnen
● als Bleigitterputzerinnen in Akkumulatorenfabriken
● als Kranführerinnen, Maschinistinnen, Stoff- und Kauenwärterinnen in der Hüttenindustrie
● als Sägerinnen, Abstecherinnen, Rohrrichterinnen und Gewindeschneiderinnen in Röhrenwerken
● als Blockputzerinnen in Blockwalzwerken
● als Stepperinnen bei der Be- und Verarbeitung von Schlackenwolle
● als Matrosen und Schiffs‚jungen' in der Binnenschiffahrt
● bei Gleisbauarbeiten der Reichsbahn

Viele der hier angeführten Arbeiten fallen unter die Rubrik Schwer- bzw. Schwerstarbeit und waren infolgedessen zulagepflichtig. Die Gewerbeaufsicht stieß deshalb häufig auf den Widerstand der betroffenen Frauen selbst, wenn sie solche Arbeiten als zu schwer beurteilte und die Beschäftigung von Frauen mit leichteren Arbeiten verfügte:

„Im Betrieb der Hüttenwerke G., die zu den entflochtenen Werken zählen, werden eine Anzahl Arbeiterinnen beschäftigt, die bis zum 1. Januar 1948 die Schwerstarbeiter-Zulagekarte erhielten.

Auf Anordnung des Regierungs-Gewerberates G. in Siegen sind diese Zulagekarten gestrichen worden. Als Begründung führt das Gewerbeaufsichtsamt in Siegen an, daß die von den Frauen ausgeführten Arbeiten zu schwer seien und die Frauen durch männliche Arbeitskräfte ersetzt werden müssen.

Die Arbeit der Frauen, besonders in der Blockputzerei besteht darin, daß fehlerhafte Stellen an der Oberfläche der Blöcke angezeichnet und in den meisten Fällen durch Schleifen beseitigt werden. Tiefere Risse, die nicht sehr oft vorkommen, werden mit kleinen Preßlufthämmern, die mit entsprechenden Meißeln versehen sind, herausgestemmt. Die Frauen arbeiten schon lange in unserem Betrieb und sind, wie das jederzeit bei ihnen selbst erfragt werden kann, mit dieser Arbeit zufrieden und würden es, besonders in der heutigen Zeit, als eine Härte empfinden, wenn sie von dieser Arbeit fortgenommen und mit einer sogenannten leichten Arbeit beschäftigt würden, die weniger gut bezahlt und auch nicht mit Zulagekarten bedacht sind.

Es handelt sich hauptsächlich um Frauen, die zu den Ostvertriebenen zählen und aus dem oberschlesischen Industrierevier stammen. Von Hause aus sind diese Frauen an schwere Arbeit gewöhnt und empfinden ihre jetzige Tätigkeit als nicht besonders schwer und ungeeignet für weibliche Personen. Da die von ihnen ausgeführten Arbeiten mit Schwerstarbeiter-Zulage im Katalog des Zulagewesens bedacht sind, würde es eine unbillige Härte sein, wenn diese Karten den Frauen tatsächlich vorenthalten werden sollten.

Es kommt hinzu, daß wir aus Mangel an männlichen Arbeitskräften nicht in der Lage sind, die Frauen von dieser Arbeit abzuzweigen, da sonst der Weiterverarbeitungsprozeß einfach zum Stillstand käme."[182]

Die Überwachung der Einhaltung von Arbeitsschutzvorschriften fiel in den Kompetenzbereich der örtlichen Gewerbeaufsichtsämter und war deshalb subjektiven Entscheidungsmomenten unterworfen, so daß eine einheitliche Behandlung der mit dem Frauenarbeitsschutz zusammenhängenden Fragen nicht auszumachen ist. Es war weitestgehend eine Ermessensfrage der einzelnen Gewerbeaufsichtsbeamten und -ärzte, welche Arbeiten letztendlich freigegeben wurden.

Zahlreiche Hinweise lassen darauf schließen, daß die Arbeitsämter trotz der verfügten Zusammenarbeit mit der Gewerbeaufsicht immer wieder versuchten, diese zwecks rascher Behebung auftretender Engpässe an Arbeitskräften zu unterlaufen und Frauen ohne vorherige Zustimmung der Gewerbeaufsicht in Männerarbeitsplätze zu vermitteln. Diese widersprüchliche Handhabung des Fraueneinsatzes erklärt sich aus dem gleichzeitigen Bemühen der Behörden, zum einen die dringend benötigten fehlenden männlichen Arbeitskräfte kurzfristig zu ersetzen, zum anderen aber die aktuell notwendigen Reproduktionsleistungen der Frauen möglichst nicht zu gefährden und diese auch langfristig zu sichern, das heißt gesundheitliche Schäden durch zu schwere Arbeit zu vermeiden.

Trotz des akuten Mangels an männlichen Arbeitskräften und trotz der bestehenden weiblichen Bevölkerungsmehrheit war eine langfristige Aufrechterhaltung des geschlechtsspezifischen Arbeitsmarktes nie wirklich in Frage gestellt. Es wurde von vornherein deutlich gemacht, daß die Beschäftigung von Frauen in ausgesprochenen Männerberufen nur vorübergehend sein konnte, das heißt zeitlich auf die Dauer des kriegsbedingten Ausnahmezustands begrenzt bleiben sollte:

„Die Frauenvermittlung . . . muß auf lange Sicht, sobald es die Verhältnisse erlauben, die artgemäße Beschäftigung der Frau in den traditionellen Frauenberufen anstreben."[183]

Es wurde an anderer Stelle darauf verwiesen, daß die Reservefunktion der Frauen auf Männerarbeitsplätzen bereits im Kontrollratsgesetz Nr. 32, das ausdrücklich auf den Übergangscharakter dieser Maßnahme verweist, festgeschrieben wurde und als weiteres Indiz für diese Festschreibung die Verweigerung einer Berufsausbildung für Frauen im Baugewerbe angeführt. Die vorliegenden Behördenkorrespondenzen bestätigen diesen Sachverhalt. So heißt es z. B. in einer Rundverfügung des Landesarbeitsamts Westfalen-Lippe vom Juni 1946:

„Der Einsatz von Frauen kommt fast ausschließlich für Hilfsarbeiten infrage. Eine Heranbildung zur angelernten Arbeiterin wird auch von den Frauen selbst nur in seltensten Fällen gewünscht werden. Grundsätzlich ist die durch Anlernung hervorgerufene stärkere Bindung von Frauen an typisch männliche Berufe unerwünscht."[184]

Dies galt nicht nur für die Bauberufe. Vielmehr wurde eine langfristige Öffnung männlicher Berufe für Frauen, die von den Gewerkschafterinnen angesichts der Frauenmehrheit immer wieder gefordert wurde, seitens der Arbeitsbehörden grundsätzlich abgelehnt:

„Neben der Verwendung von Frauen als Bauhilfsarbeiterinnen rückt auch die Beschäftigung von Frauen in männlichen handwerklichen Berufen ins Blickfeld. Da es sich hier um eine dauernde Bindung der Frau an typische Männerarbeit handelt und auch die Besetzung der handwerklichen Berufe durch männliche Erwerbsbeschränkte und rückkehrende Kriegsgefangene noch nicht klar liegt, empfiehlt sich zunächst Zurückhaltung."[185]

Die Begründungen, mit denen eine langfristige Bindung von Frauen an Männerberufe von offizieller Seite abgelehnt wurde, lassen sich in *drei Kategorien* unterteilen, die alle auf die Sicherstellung weiblicher Reproduktionsleistungen verweisen.

Zum einen sollten Frauen „aus gesundheitlichen Gründen" grundsätzlich von schwerer körperlicher Arbeit ferngehalten werden. Darunter wurden aber faktisch nur solche Arbeiten verstanden, die mit einem hohen körperlichen *Kraft*aufwand (z. B. Heben, Bewegen und Tragen schwerer Lasten) oder mit gesundheitlichen bzw. Unfallgefahren verbunden waren, also typische „Männerarbeiten". Die Argumente gegen die Beschäftigung von Frauen in den entsprechenden Berufsfeldern kreisten um die körperliche Konstitution der Frau und ihre davon abgeleitete nervliche „Unzuverlässigkeit" bzw. „Unberechenbarkeit", die auf den weiblichen Zyklus zurückgeführt wurde.

Primär war die Sorge um die Erhaltung der regenerativen Funktion: Unterleibserkrankungen und Zyklusstörungen sollten vermieden werden, wobei allerdings die Lösungen der auftretenden Probleme in direktem Zusammenhang mit den aktuellen Erfordernissen des Arbeitsmarktes gesehen werden müssen. So war beispielsweise bereits 1947 bekannt, daß die Arbeit an sogenannten „Schlagtischen" in der Zementsteinindustrie gesundheitliche Schäden des Gebärapparates nach sich zog.

„Eine Beschäftigung von Frauen an Schlagtischen wird gewerbeärztlicherseits für nicht geeignet gehalten, da bei der Art dieser Arbeit die Frauen ständig den Leib gegen die vordere Tischkante drücken, was zwangsläufig zu einer nachteiligen Rückwirkung auf die Unterleibsorgane führen muß. An den Rolltischen sind zwar die Arbeitsbedingungen nicht ganz so ungünstig, jedoch wird auch diese Arbeit als nicht wünschenswert für Frauen angesehen."[186]

Im März 1948 – also *vor* der Währungsreform – war eine gangbare Lösung für die Beschäftigung von Frauen mit dieser Arbeit gefunden worden, die gleichzeitig eine gesundheitliche Schädigung verhütete:

„Im Wiederaufbauinteresse liegt auch die Erzeugung von Zementdachsteinen. Sie wird in zahlreichen Fällen auf Maschinen mit Handbedienung (auf sogenannten Schlag- und Rolltischen) vorgenommen. Zur Bedienung der Maschinen werden Frauen herangezogen. Im Einvernehmen mit dem Landesarbeitsamt sollen für diese Arbeit Frauen nur auf freiwilliger Grundlage vermittelt werden. Diese Arbeit kann auf die Dauer zu Gesundheitsschädigungen führen, weshalb sie für Frauen nur unter folgenden Bedingungen zugelassen werden soll:

1. Die Frauen müssen mindestens 21 Jahre alt, gesund und kräftig sein.
2. Sie sind vor dem Einsatz vom Arbeitsamtsarzt auf ihre Eignung hin zu untersuchen.
3. Zur Erleichterung der Arbeit und um ein ständiges Bücken und Pressen des Leibes gegen die Tischkante zu vermeiden, müssen die Arbeitsplätze an den Schlag- und Rolltischen der Größe der Arbeiterin (Hüftgelenkhöhe) angepaßt werden. Die Fußhebel sind ebenfalls entsprechend anzuordnen. Die Preßform ist an den Tischrand zu versetzen oder der Teil des Tisches vor der Form auszusparen. Die Formtische sollten für Frauen von vornherein etwas höher gebaut werden, anderenfalls könnte der Größenunterschied z. B. durch Holzunterlagen ausgeglichen werden.
4. Die Frauen dürfen diese Arbeiten nur im Zeitlohn ausführen.
5. Den Frauen sind die Lebensmittelzulagen nach dem Zulagenhandbuch zu gewähren."[187]

Ein gutes Jahr später – es standen nunmehr aufgrund der zwischenzeitlich erfolgten Währungsreform wieder mehr männliche Arbeitskräfte zur Verfügung – wurde der obige Erlaß rückgängig gemacht und die Frauen von den entsprechenden Arbeitsplätzen entfernt, nicht ohne vorherige Rückversicherung, daß sie auch tatsächlich nicht mehr gebraucht wurden!

„Aus den Berichten der Gewerbeaufsichtsämter über Erfahrungen mit der Frauenarbeit an sogenannten Hand-Steinschlagmaschinen ist zu entnehmen, daß die Zahl der hieran tätigen Frauen klein ist und daß bei einigen schon nach verhältnismäßig kurzer Zeit gesundheitliche Schäden an den Unterleibsorganen aufgetreten sind. Ferner ist aus ihnen zu ersehen, daß mit zunehmender Verschärfung des Wettbewerbes der Zementsteinhersteller eine weitere Steigerung der Leistung auch an den Schlag- und Rolltischen anstreben müssen, die jedoch mit Frauen nicht zu erreichen ist.
Aus diesen Gründen beabsichtige ich, meinen Erlaß vom 9. 3. 1948 – ... – zurückzuziehen und diese Frauenarbeit gänzlich zu untersagen. Ich bitte jedoch um vorherigen Bericht, ob die Frauenarbeit noch Bedeutung hat und ob etwa § 120 d) RGO. eine ausreichende Handhabe zu ihrem Verbot bietet."[188]

Es stellt sich also heraus, daß ein auf den ersten Blick „vernünftiges" – will sagen humanes – Argument gegen eine gesundheitsschädigende Arbeit je nach konjunktureller Situation sowohl zu einer Verbesserung der Arbeitsbedingungen – also einer Behebung von gesundheitlichen Gefahren – als auch zu einem Arbeitsverbot führen konnte. Ausschlaggebend für die eine oder die andere Lösung waren aber nicht humane Momente – etwa die Situation der betroffenen Frauen – sondern ausschließlich marktpolitische Erwägungen. Die „Humanisierung" war von vornherein kurzfristig angelegt und funktional sowohl zu den Erfordernissen des Arbeitsmarktes – also der Behebung der Krise – als auch zuden zukünftig zu erbringenden Reproduktionsleistungen der betroffenen Arbeiterinnen.

Die Begründung der besonderen Arbeitsschutzbestimmungen für Frauen nahm bisweilen groteske Züge an. So wurde den Frauen eine generelle, geschlechtlich bedingte höhere Empfindlichkeit gegenüber „gesundheitsschädigenden Stoffen" wie „Gase, Dämpfe, Rauche und giftige Flüssigkeiten, die durch Einatmen oder Berühren den menschlichen Körper bedrohen"[189], bescheinigt. Begründet wurde diese höhere Empfindlichkeit der Frau mit ihrer körperlichen Schwäche, die wiederum aus der regenerativen Funktion der Frau abgeleitet wurde und sie vor allem „in den kritischen Zeiten des Wachstums, der Wechseljahre und während der Menstruation und Schwangerschaft"[190] besonders gefährde.

Der tatsächliche Grund für einen erhöhten Arbeitsschutz der Frau im Vergleich mit dem Mann war auch hier wieder nicht die Sorge um ihre Gesundheit an sich, sondern um die Erhaltung ihrer Reproduktionsfunktion, in diesem Falle der Gebärfähigkeit, denn:

„Die Giftstoffe rufen bei dem weiblichen Organismus tiefgreifendere Schäden hervor als beim männlichen. *Vor allen Dingen treten Störungen bei der Fortpflanzungsfunktion selbst auf.*"[191] (Hvhbg. D. S.)

Es wurde weiterhin behauptet, daß Frauen an Arbeitsplätzen mit hohem, plötzlich auftretendem Unfallrisiko nur sehr bedingt verwendungsfähig seien, da „bei der Frau die Reaktionsgeschwindigkeit der Muskeln weit geringer ist als beim Mann und sie so die Schrecksekunde langsamer überwindet"[192].

Der wirkliche Grund für die behauptete höhere Unfallzahl bei Frauen dürfte – falls sie überhaupt nachgewiesen werden kann – in der Doppelbelastung der Arbeiterinnen durch Haushalt und Berufsarbeit begründet sein. Desgleichen sind die Arbeitsverbote für Frauen an solchen gefährlichen Arbeitsplätzen nicht human motiviert: Wenn ein Mann durch einen Arbeitsunfall vorübergehend oder ganz ausfällt, so sind die Folgekosten erheblich niedriger als beim Ausfall einer weiblichen Arbeitskraft. Denn mit ihr entfallen gleich zwei Arbeitskräfte: Lohnarbeiterin und Hausfrau. Daß in erster Linie Verwertungsaspekte die Fragen des Arbeitsschutzes bestimmen, wird wiederum in Krisensituationen besonders deutlich: Sind männliche Arbeitskräfte nicht vorhanden, so fallen die Frauenarbeitsschutzbestimmungen! Bestes Beispiel ist die Arbeit von Frauen in den extrem unfallgefährdeten Munitionsfabriken während der Weltkriege. Und auch in der Nachkriegszeit wurden Frauen an unfallgefährdeten Arbeitsplätzen oder mit gesundheitsgefährdenden Arbeiten beschäftigt: z. B. bei Sprengungen in Steinbrüchen[193] (Unfallgefahr/Silikosegefährdung) oder bei der Fabrikation von Akkumulatoren, die den Umgang mit Blei bzw. Bleiverbindungen (Gefahr von Bleivergiftung) erforderte[194].

Auf den *zweiten* Begründungszusammenhang wurde an anderer Stelle bereits verwiesen: Die Frauen sollten generell vor psychischer „Verrohung" und moralischer „Gefährdung" bewahrt werden, wobei die Verbindungslinien zu der diesen „Gefahren" immanenten Gefährdung der Erfüllung der reproduktiven „Pflichten" ganz unverblümt gezogen wurden.[195] Darüber hinaus fällt hier der expilizit erzieherische Anspruch auf: die betroffenen Frauen erscheinen als labile, unverständige, kindliche Wesen, jedem äußeren Einfluß schutzlos ausgeliefert und willenlos beeinflußbar:

Die Arbeit ist mit Schmutz oder Staub verbunden.

Wird da nicht auf die Dauer auch ihr Haushalt verrotten?

Sie arbeitet in „männlichen" Industrien.

Muß der rauhe Umgangston nicht zu einer „Entsittlichung" führen, die ihre Erziehungsfähigkeit in Frage stellt?

Sie arbeitet im Team mit Männern zusammen.

Wird sie da nicht zum „Unruheelement", das den Arbeitsablauf gefährdet und zudem Familien zerrüttet?

Letzteres Argument z.B. führte allen Ernstes zu einer Infragestellung des Einsatzes von Frauen als Schaffnerinnen, denn sie seien

„ein Unruheelement in der Belegschaft. . . . Fahrer und Schaffnerin seien sehr stark aufeinander angewiesen, wodurch eine gewisse Vertraulichkeit entstehe, die dann leicht infolge der großen Freiheit und Selbständigkeit (Spätdienst und gemeinsame Heimwege) in ein unerlaubtes Fahrwasser geriete."[196]

Die dahinter stehende Motivation ist offensichtlich: Ein freieres sexuelles Verhalten von Frauen wurde als Gefahr sowohl für die Stabilität bestehender Familien als auch für die Familienorientierung der Frau generell angesehen und mußte unterbunden werden; gerade in der Nachkriegszeit, als die Restabilisierung der bürgerlichen Kleinfamilie, die durch den Krieg ins Wanken geraten war, staatlicherseits mit Nachdruck „unterstützt" bzw. erzwungen wurde.

Da andererseits die ökonomische Notwendigkeit der Frauenlohnarbeit in den traditionellen Frauenindustrien langfristig außer Frage stand und zudem für die vielen „Frauen ohne Männer" zukünftig unverzichtbar war, wurden Konzepte bezüglich der Gestaltung der Arbeitsinhalte und Arbeitsplätze entwickelt, die eine Sicherstellung der Reproduktionsleistungen nicht nur nicht gefährdeten, sondern sogar förderten.

„Andererseits kann ein *ordentlicher und sauberer Betrieb* erzieherisch auf die Frau einwirken, besonders auf die Jungarbeiterin, deren Charakter noch stärker den Umwelteinflüssen unterliegt."[197]

„Diese prinzipielle Interesselosigkeit der Frau an der Industriearbeit hat aber noch einen weiteren Grund. Die Frau ist gewohnt, nicht nur mit der Welt der Lebewesen, sondern auch mit der Sachwelt in ein persönliches Verhältnis zu kommen; sie pflegt daheim ‚ihre' Hauswäsche, putzt ‚ihre' Küche, wäscht ‚ihr gutes Porzellan' ab. In der Fabrik kommt sie in eine fremde Arbeitssituation, in eine spezifisch männliche Welt, von Männern geschaffen. Sie findet keine Beziehung zu den Dingen, zu ihrer täglichen Arbeit. . . . Wird der Frau Verwantwortung übertragen, etwa für eine bestimmte Maschine, ‚ihre Maschine', dann kann sie über den Umweg über die persönliche Beziehung, über Pflichttreue oder Ehrgeiz (ihre Maschine ist die sauberste etc.) hier zu einem sachlichen Interesse kommen."[198]

Die „persönliche Beziehung zur Maschine" steigert ihre Leistungsfähigkeit in der Fabrik und erhält und stützt gleichzeitig die für die Hausarbeit erforderlichen Verhaltensdispositionen.

Das *dritte Argument,* das im Zusammenhang mit der Ablehnung einer Erschließung männlicher Arbeitsgebiete für Frauen immer wieder auftaucht und mit den beiden ersten eng verknüpft ist, ist die Behauptung einer prinzipiellen Eignung der Frau für ganz bestimmte Arbeiten und ihrer aufgrund dieser Prädisposition hohen Leistungsfähigkeit auf diesen „artgemäßen" Arbeitsgebieten.

Die verwendete Terminologie „artgemäße" oder „wesensgemäße" Beschäftigung verweist bereits auf den biologistischen Kern dieses Begründungszusammenhangs, der auf die rassetheoretischen Entwicklungs- und Vererbungslehren des ausgehenden 19. Jahrhunderts zurückgeht, und der Frau aufgrund ihres Geschlechts eine sowohl körperliche als auch geistig-seelische Eignung für spezifische Arbeitsgebiete zuschreibt. Diese „rasse- oder geschlechtsbiologische Festschreibung"[199] diente nicht nur zur „wissenschaftlichen" Untermauerung der Zuweisung der Hausarbeit an die Frau, sondern auch des geschlechtsspezifischen Arbeitsmarktes. Über das traditionelle Muster hinaus, daß typische und angemessene Frauenarbeit die in den Produktions- und Dienstleistungsbereich ausgelagerten Formen von Hausarbeit sind (Erziehung, Krankenpflege, Sozialfürsorge, Landwirtschaft, Textil- und Bekleidungsindustrie etc.), wurde mit Hilfe der Rassen- und Typenlehren die aufgrund des Rationalisierungsschubes in den 20er Jahren ökonomisch notwendig werdende Festschreibung der Frau auf bestimmte Formen der Fließbandarbeit arbeitswissenschaftlich legitimiert. „So war die Eignung der Frau zur Fließbandarbeit mit ihren dazugehörigen Qualifikationen: monotoniefreudig, fingerfertig, begrenztes Interesse und technische Dummheit bereits in der Weimarer Republik wissenschaftlich etabliert. Im Nationalsozialismus erfolgte eine zunehmende biologische Fixierung und damit eine Verlagerung von den ‚Erfordernissen des Arbeitsplatzes' zum ‚Wesensmerkmal der Frau'."[200] Die Anforderungen der Fließbandarbeit (hoher Grad der Arbeitszerlegung, deshalb permanentes monotones Ausführen bestimmter Handgriffe, Fingerfertigkeit, Geschicklichkeit im Umgang mit kleinen und kleinsten Materialteilen) wurden „in der Literatur der 20er Jahre . . . immer mehr zur ‚Eignung' und ‚Fähigkeit' der Frau, wobei offen bleibt, ob sie durch Erziehung zustandegekommen sind oder auf Vererbung beruhen, bis sich schließlich im Nationalsozialismus das Verhältnis umkehrt, die Einrichtung von Fließbandarbeit geradezu gefordert wird, wenn Frauen eingestellt werden, denn grundsätzlich sei dem weiblichen Denken und Fühlen bis ins Kleinste unterteilte Arbeit und hier im besonderen die Bandarbeit am nächsten."[201]

Eine profilierte Vertreterin des „wesensgemäßen" Einsatzes der Frau während des Nationalsozialismus war die Psychologin Martha Moers, deren 1943 erschienene Arbeit „Der Fraueneinsatz in der Industrie"[202] in der Nachkriegszeit zum Standardrepertoire wissenschaftlicher Arbeiten zur industriellen Frauenarbeit gehörte. 1948 veröffentlichte Moers in Anknüpfung an ihre eigene und andere während des Nationalsozialismus erschienene Veröffentlichungen ihr Buch „Frauenerwerbsarbeit und ihre Wirkungen auf die Frau"[203], in dem sie, weit davon entfernt, Verbindungen zwischen ihrem geschlechtsbiologischen Ansatz und seiner Indienstnahme durch den Nationalsozialismus zu sehen, ihre Thesen vom „artgemäßen" Einsatz der Frau weiterführte und unbehelligt weiterführen konnte!

Aufschlußreich ist der von Moers betonte vorrangige Stellenwert der Reproduktionsarbeit, vor allem auch für den ökonomischen und geistigen Wiederaufbau, von dem sie ihre Überlegungen zur weiblichen Erwerbsarbeit ableitet.

Trotz der dringend benötigten weiblichen Arbeitskräfte dürfe die Erfüllung der reproduktiven Leistungen der Frau auf keinen Fall gefährdet werden.

„Die übermäßige Anspannung der Frau, die einen Haushalt und Kinder zu versorgen und sogar in manchen Fällen Erwerbsarbeit zu leisten hat, steht in engster Beziehung zur Zukunft unseres Volkes, die nur wieder aufgebaut werden kann, wenn der letzte Grundstein, die mütterliche – leibliche und besonders auch seelisch-geistige – Leistungsfähigkeit nicht angetastet wird."[204]

Da aber andererseits der ökonomische Bedarf an weiblichen Arbeitskräften – auch und besonders in der Nachkriegszeit – nun einmal gedeckt werden müsse, empfehle es sich, den „Arbeitseinsatz" der Frau so zu gestalten, daß die Frauen mit ihrem „weiblichen Wesen" gemäßen Arbeiten beschäftigt werden, in denen sie zum einen eine hohe Leistungsfähigkeit aufweisen, die sie zum anderen möglichst wenig in der Erledigung ihrer häuslichen Pflichten behindern und vor allem auch das „frauliche Wesen" und die Gesundheit der Frauen nicht beeinträchtigen.

„. . . denn sie hat ja als Mutter Pflichten zu erfüllen, in deren Ausübung sie unersetzlich ist, und zu diesen Aufgaben gehört die volle Gesundheit."[205]

Da die Frau „von Natur aus auf den – meistens vollbefriedigenden – Beruf der Frau und Mutter körperlich und seelisch ausgerichtet ist"[206] und „die seelischen Vorgänge bei der typischen Frau viel stärker zentralisiert (sind) als beim Manne"[207], sei sie im Grunde für moderne Berufsarbeit, die ja immer nur einen Teil, nie aber den „ganzen Menschen" erfordere, denkbar ungeeignet und ihre innere Bindung an die Berufsarbeit geringer als die des Mannes, der in der Lage sei, seine verschiedenen Lebensbereiche voneinander zu trennen. Jedoch sei dies kein unlösbares Problem, denn:

„Allerdings kommt der Frau von einer andern Seite ihres Wesens her eine Hilfe: von der Neigung her, alles möglichst in der Sphäre des Menschlich-Persönlichen zu erleben. Daher kann ihr fast jede Arbeit angenehm werden oder wenigstens selbstverständlich, wenn sie dadurch geliebten Menschen, besonders ihrer Familie helfen kann. Willig übernehmen daher Frauen Arbeitsverrichtungen und führen sie lange Zeit aus, deren geistige Leere nur selten ein Mann auf die Dauer ertragen würde."[208]

Unter der Voraussetzung, daß die Frau von Arbeiten, die sie gesundheitlich oder geistig-seelisch gefährden[209] und damit ihre reproduktive Funktion infragestellen, ferngehalten wird, könne sie demnach außer in den traditionellen Frauenberufen des Dienstleistungs-, Bildungs- und handwerklichen Bereichs auch als Industriearbeiterin eingesetzt werden, vor allem zu solchen Arbeiten, zu denen Männer aufgrund der Sinnlosigkeit und Monotonie der auszuführenden Arbeiten kaum bereit oder auch aufgrund mangelnder Fertigkeiten („Fingerspitzengefühl") gar nicht in der Lage wären.
Den Frauen hingegen, denen aufgrund ihrer „weiblichen Natur" die Industriearbeit an sich fremd sei, könne monotone Arbeit eher zugemutet werden, da sie die sachlichen Arbeitsinhalte ohnehin nicht interessierten und sie den Sinn ihrer Arbeit im Nutzen für ihre Familie sähen (Beitrag zum Familienunterhalt, Finanzierung der Ausbildung ihrer Kinder, Anschaffungen etc.) und nicht in der

Arbeit selbst. Die Monotonie der Fließbandarbeit komme den Bedürfnissen der Arbeiterin sogar entgegen, denn „die Einförmigkeit (bietet) für sie eine Ersparnis an psycho-physischer Energie" und damit mehr Kraft für die Hausarbeit, und die „Sinnlosigkeit der Teilarbeit" wirke auf die Frau „infolge ihrer Doppelinteressen und auch sehr häufig ihrer Doppelarbeit ... weniger bedrückend".[210] Die zukünftige Reetablierung des geschlechtsspezifischen Arbeitsmarktes und die Erhaltung der gesamtgesellschaftlichen geschlechtsspezifischen Arbeitsteilung wurde also in der Nachkriegszeit nicht nur faktisch – durch die entsprechenden administrativen Maßnahmen – vorbereitet, sondern auch gleich, in Fortführung der „Erkenntnisse" nationalsozialistischer Arbeitswissenschaftler, „wissenschaftlich" legitimiert.

Die Entwicklung der Frauenerwerbsarbeit verlief aber nicht eindeutig und absehbar in diese Richtung. Es gab auch kritische Stimmen, die gegen die Funktionalisierung der Frauen als industrielle Reserve Stellung bezogen. Das Quellenmaterial gibt zahlreiche Hinweise darauf, daß eine weitergehende Öffnung „männlicher" Berufe nicht nur von politisch organisierten Frauen, sondern auch seitens der Frauenausschüsse der Arbeitsbehörden immer wieder gefordert wurde, häufig unter Hinweis auf die jahrelange Bewährung von Frauen auf Männerarbeitsplätzen.

Im „Arbeitsblatt für die britische Zone", hrsg. vom Zentralamt für Arbeit in Lemgo, forderte Margarete Brendgen (Gewerkschafterin und Mitglied des Fachausschusses für Frauenfragen im Landesarbeitsamt Nordrhein-Westfalen) 1947 eine Erhaltung aller geeigneten Männerarbeitsplätze, auf die Frauen während des Krieges und in der Nachkriegszeit vermittelt worden waren, und ein Einschreiten gegen die gängige Praxis, Frauen nahezu ausschließlich zu Hilfsarbeiten einzusetzen und die Lehrberufe in den „weiblichen" Branchen zu Hilfsarbeiten zu disqualifizieren:

„Über dem Fernziel, neue Berufe zu erschließen, darf das nächstliegende nicht vergessen werden, nämlich die Berufe, in denen die weiblichen Arbeitskräfte während des Krieges uneingeschränkt Anerkennung ihrer Leistung gefunden haben, der Frau zu erhalten. ... Berufe erhalten heißt auch, Lehr- und Anlernberufe nicht auf die Stufe der Hilfsarbeit absinken zu lassen. Besonders im weiblichen Berufssektor sind derartige Tendenzen festzustellen."[211]

Darüber hinaus forderte sie die Erweiterung weiblicher Arbeitsplätze in Bereichen, „in denen die Mitarbeit der Frau zwar nicht neu ist, jedoch die Zahl der weiblichen Berufsangehörigen über eine kleine Minderheit nicht hinausgewachsen ist: z. B. Fotograf, Buchbinder, Optiker, Drogist, Kürschner, Tischler, Maler und Anstreicher u. a. m."[212], und die Einräumung beruflicher Aufstiegsmöglichkeiten für Frauen.
Solche Forderungen wurden ebenfalls von den Frauenausschüssen der Gewerkschaften aufgestellt; so schrieb die Gewerkschafterin Irmgard Enderle (Mitglied des Frankfurter Wirtschaftsrates) ebenfalls im Jahre 1947:

„Während des Krieges wurde den Frauen großes Lob gespendet, daß sie auch als Ingenieurin, als Schweißerin, Fräserin usw. sehr Tüchtiges leisten. Je mehr man der Frau den Weg öffnet zu den verschiedenen Tätigkeitsgebieten, je mehr ihre Ausbildung dem entspricht und die Erziehung von Mädchen und Jungen weniger einseitig geschieht, desto mehr erweist sich, daß bei Frauen wie bei Männern individuelle Anlagen und Neigungen sehr verschieden sind."[213]

In den o. g. Artikeln, die hier stellvertretend insbesondere für die von den gewerkschaftlichen Frauenausschüssen vertretene Position stehen, wird die Problematik hauptsächlich aus der Perspektive der weiblichen Bevölkerungsmehrheit und deren Anrecht auf Beschäftigung in qualifizierten Berufen aufgerollt, die auch einen „Ersatz" für den Verzicht auf Ehe und Mutterschaft bieten sollte:

„Was das bedeutet, als alleinstehende Frau sein Leben als Hilfsarbeiterin zu fristen, bedarf keiner Ausführung. . . . Es würde ihnen, die gezwungen sind, den schweren einsamen Weg zu gehen, auch noch die andere Möglichkeit genommen, im Beruf Wurzel zu schlagen und Lebenshalt zu finden."[214]

Die weiter oben zitierten Forderungen, die Margarete Brendgen aus dieser Bestandsaufnahme ableitet, hätten langfristig die „Gefahr" einer strukturellen Veränderung des geschlechtsspezifischen Arbeitsmarktes beinhaltet; denn sie liefen auf eine deutliche Anhebung des Qualifikationsniveaus des weiblichen Arbeitskräftepotentials und damit auf eine erhöhte Konkurrenzfähigkeit der Frauen auf dem Arbeitsmarkt hinaus. Die Erfüllung so weitreichender Forderungen hätte u. U. die Familienorientierung vieler Frauen erschüttert und damit das gesamte System der „dualen Ökonomie" ins Wanken gebracht.
Es ist bekannt, daß Frauen mit qualifizierter Ausbildung und dementsprechend anspruchsvolleren Arbeitsplätzen mit einem höheren sozialen Prestige nicht mehr ohne weiteres bereit sind, diese gegen ein Dasein als Hausfrau und Mutter einzutauschen oder die für ihr berufliches Fortkommen hinderliche Doppelbelastung, die mit der Eheschließung verbunden ist, in Kauf zu nehmen.[215] Dieses Verhaltensmuster von Frauen in qualifizierten Positionen kann auch für die Nachkriegszeit aufgewiesen werden.

„Sicherlich hätten sie früher gern geheiratet und hatten, als sie ihre Berufsstelle antraten, lediglich die Absicht, die paar Jahre bis zu einer späteren Heirat mehr oder weniger unlustig in untergeordneter Stellung zu arbeiten. Inzwischen sind sie aber in selbständige und leitende Stellungen hineingewachsen und haben in ihrer Arbeit ein gewisses Hochgefühl entdeckt, sie haben ihren Beruf lieb gewonnen. Er bedeutet ihnen etwas, was sie nicht ohne weiteres aufgeben möchten, wenn ein Mann kommt und ihnen anbietet, sein Essen zu kochen statt über Verkäuferinnen zu kommandieren, oder seine Schuhe zu putzen statt mit 10 000 Mark in der Tasche für die Firma zum Einkauf zu fahren und nach Strich und Faden hofiert zu werden. Ein großer Teil von ihnen will wirklich nicht mehr heiraten."[216]

Selbständige, beruflich erfolgreiche Frauen aber verkörpern die Möglichkeit einer von der bürgerlichen Norm abweichenden weiblichen Daseinsform und widerlegen damit faktisch die These von der Naturgegebenheit der traditionellen Frauenrolle. Sie sind deshalb nur vereinzelt, als „Ausnahmen von der Regel", die diese bekanntlich bestätigen, in Gesellschaftssysteme mit geschlechtsspezifischer Arbeitsteilung integrierbar. Steigt ihre Zahl signifikant an und werden sie ebenso zum Normalfall weiblicher Existenz wie die nicht berufstätige Hausfrau und Mutter, so ist damit eine faktische Rollenerweiterung vollzogen. Zum einen haben die betroffenen Frauen die Chance, für sich selbst neue Möglichkeiten der Lebensgestaltung und Identitätsfindung jenseits der tradierten Frauenrolle zu entdecken und zu bejahen; zum anderen bieten sie Vorbilder, Identifikationsfiguren für die nachfolgende Frauengeneration, weil sie zeigen, „daß es auch anders geht". Allerdings – und das ist die andere Seite der Medaille – fordert berufliches Engagement in kapitalistischen Gesellschaften den vollen Einsatz der ganzen Arbeitskraft und stellt Frauen – konfrontiert mit den Normen des Produktionssektors – vor die Alternative Beruf oder Familie.

Wirklich fortschrittlich im Sinne eines Zuwachses an Selbstbestimmung kann eine solche Rollenerweiterung also nur dann sein, wenn sie von Veränderungen im Reproduktionsbereich begleitet wird, wenn der Reproduktionsbereich aus seiner Funktionalität für den Produktionsbereich entbunden wird und der Sinn menschlicher Produktion nicht mehr Profitmaximierung, sondern Bedürfnisbefriedigung ist.

Nun gab es nach '45 Bemühungen, berufstätigen Ehefrauen und Müttern ihre Doppelbelastung zu erleichtern, d. h. die Probleme des Reproduktionsbereichs durch ihre Einbeziehung in betriebswirtschaftliche Planungen oder durch administrative Regelungen zu „öffentlichen Angelegenheiten" zu machen. Ein „Relikt" aus der Nachkriegszeit ist z. B. der in letzter Zeit in Nordrhein-Westfalen wieder in die Schlagzeilen geratene Hausarbeitstag, der berufstätigen Frauen mit eigenem Hausstand bei einer wöchentlichen Arbeitszeit von mindestens 40 Stunden einen „freien" Tag im Monat zur Erledigung zeitaufwendiger Hausarbeiten geben sollte. (Er wurde auch Waschtag genannt, weil er meist zur Erledigung der großen Wäsche benutzt wurde.) Es gab auch unterstützende Maßnahmen seitens einzelner Betriebe: Einrichtung von Kindertagesstätten, Sammeleinkauf für die angestellten Frauen, zentrale Waschküchen, Bereitstellung von Nähmaschinen zum Flicken der Wäsche u. ä.

Wie sind diese Bemühungen, die den Frauen ja nun faktisch eine große Arbeitserleichterung verschafften, zu beurteilen? Deuten sie auf strukturelle gesellschaftliche Veränderungen hin? Lassen sie auf eine gesellschaftliche Anerkennung der Hausarbeit schließen? Waren sie in diesem Sinne Zeichen, die auf emanzipatorische Chancen, auf eine Aufhebung der Trennung von Produktion und Reproduktion hindeuteten?

Am Beispiel des sogenannten Hausarbeitstages soll diesen Fragen nachgegangen werden.

Das „Gesetz über Freizeitgewährung für Frauen mit eigenem Hausstand" vom 27. Juli 1948 – so die offizielle Bezeichnung des Hausarbeitstages – kam auf Initiative der nordrhein-westfälischen Landtagsfraktion der KPD vom 10. 11. 1947 zustande.[217] Es wurde nicht nur seitens der Arbeitgeber, die die Kosten für den Arbeitsausfall übernehmen mußten, heftig bekämpft; auch die Gewerkschaften konnten – im Gegensatz zu ihren Frauenausschüssen – sich nicht zu einer ihre weiblichen Mitglieder unterstützenden Haltung durchringen, weil „die Forderung von *Sonderrechten* für Frauen mit der gleichzeitigen Forderung nach gleichem Lohn für Frauen und Männer nicht vereinbar"[218] sei. (Hvhbg. D. S.)

Das Gesetz kam auch ohne Unterstützung der Gewerkschaften zustande und trat am 12. Februar 1949 in Kraft. Hier das Gesetz im Wortlaut:

„§ 1 1. In Betrieben und Verwaltungen aller Art haben Frauen mit eigenem Hausstand, die im Durchschnitt wöchentlich mindestens 40 Stunden arbeiten, Anspruch auf einen arbeitsfreien Wochentag (Hausarbeitstag) in jedem Monat.

§ 2 1. Der freie Hausarbeitstag wird mit dem Tagesdurchschnittslohn der vorhergehenden Lohnberechnungsperiode bezahlt.

   2. Vor- und Nacharbeit der infolge des freien Hausarbeitstages ausfallenden Arbeitszeit darf nicht gefordert werden.

§ 3 1. Das Gesetz tritt mit seiner Verkündung in Kraft.

   2. Entgegenstehende Bestimmungen treten außer Kraft."[219]

Aufgrund seiner unklaren Formulierung bot das Gesetz selbst den Unternehmern Möglichkeiten, es zu unterlaufen, wovon sie denn auch in großem Umfang Gebrauch machten.

Anlaß zu solchen Umgehungstaktiken gab vor allem der Begriff „eigener Hausstand", der von vielen Arbeitgebern im Sinne von „Wohnungsinhaberin" ausgelegt wurde. So hatten sie eine Handhabe, den Frauen, die möbliert oder mit ihren Eltern, Verwandten oder Bekannten zusammenwohnten, was aufgrund der Wohnungsnot häufig vorkam, den Hausarbeitstag vorzuenthalten:

„*Eigener Hausstand:* Gehört dazu notwendig eine eigene Wohnung? Kann beim Vorhandensein möblierter Räume auch von eigenem Hausstand gesprochen werden? Wie ist endlich zu verfahren, wenn die Arbeitnehmerin im Haushalt von Eltern oder Elternteilen lebt, für die sie sorgt? Muß sie dort als Haushaltungsvorstand auftreten?"[220]

Die Spitzfindigkeit der Arbeitgeber ging sogar so weit, den „Terminus" Frau zu hinterfragen:

„Ist die Bezeichnung Frau in § 1 a.a.O. lediglich Bezeichnung des Geschlechts und umfaßt sie demzufolge alle weiblichen Arbeitnehmer oder gilt sie nur, für solche Personen, die diesen *Titel* durch Verheiratung *erworben* haben? Im letzteren Fall würden auch verwitwete und geschiedene Frauen in den Genuß der Vorteile des Gesetzes kommen, ledige Arbeitnehmerinnen aber nicht."[221] (Hvhbg. D. S.)

Ein „Fräulein" war eben keine Frau! Und wer keine Familie, sondern nur sich selbst zu versorgen hatte, brauchte auch keinen Hausarbeitstag.

„In allen Betrieben, die einen bezahlten Hausarbeitstag überhaupt gewähren, wird die Anwendung der gedachten Erleichterung Frauen gegenüber, die mit ihrem Ehemann in häuslicher Gemeinschaft leben, als selbstverständlich angesehen. Witwen und geschiedene Frauen genießen in dieser Hinsicht die gleiche Behandlung. Dagegen wird in einer Reihe von Betrieben ledigen Frauen mit eigenem Hausstand und solchen Ledigen, die alte Angehörige zu betreuen haben und mit diesen in Hausgemeinschaften leben, der bezahlte Hausarbeitstag unter Berufung darauf nicht gewährt, daß dies im Gesetz nicht ausdrücklich bestimmt sei."[222]

Gängige Praxis war es auch, in Betrieben mit 5-Tage-Woche den Hausarbeitstag entfallen zu lassen, da ja der Samstag ohnehin frei sei[223], den Hausarbeitstag auf solche Tage zu legen, an denen die Betriebe ohnehin nur halbtags arbeiteten[224] oder in den Urlaubsmonaten entfallen zu lassen[225] mit dem Argument, die Frau hätte ja nun genug „Freizeit", um alle anfallenden Hausarbeiten zu erledigen. Solche Maßnahmen gingen zum großen Teil auf Richtlinien zurück, die die Vereinigung rheinisch-westfälischer Arbeitgeberverbände eigens zum Hausarbeitstag für ihre Mitglieder herausgegeben hatte und die zum Ziel hatten, den betroffenen Personenkreis möglichst klein zu halten. Diese Richtlinien sahen u. a. vor, nur solchen Frauen den Hausarbeitstag zu „gewähren", die ihre Hausarbeit allein, ohne die Hilfe Verwandter oder anderer im Haushalt lebender Personen verrichteten.[226]

Das führte in der Praxis dazu, daß die Werksfürsorgerinnen auf Kontrollgängen an Ort und Stelle feststellen sollten, welche Frauen denn nun anspruchsberechtigt seien und welche nicht.

„In den größeren Betrieben sind seitens der Betriebsleitungen in einzelnen Fällen Kontrollen der persönlichen Verhältnisse der Arbeiterinnen durch Betriebsfürsorgerinnen veranlaßt worden, um festzustellen, ob und wem jeweils Anspruch auf einen freien Hausarbeitstag zuerkannt werden konnte."[227]

Generell gingen viele Betriebe, um allen durch den Hausarbeitstag entstehenden Kosten und Komplikationen aus dem Wege zu gehen, dazu über, ihren infragekommenden Angestellten mit Entlassung zu drohen, sollten sie ihren berechtigten Anspruch durchzusetzen versuchen bzw. anspruchsberechtigte Frauen gar nicht mehr einzustellen:

„Frauen, die den ihnen gesetzlich zustehenden Hausarbeitstag verlangen, werden unter irgendeinem Vorwand entlassen und bei Neueinstellungen machen viele Arbeitgeber den Verzicht auf den Hausarbeitstag zur Bedingung."[228]

„Die beginnende schlechte Geschäftslage hat, wie die Arbeitsämter bestätigen, bereits dazu geführt, daß bei Einstellungen solche Frauen bevorzugt werden, die keinen Anspruch auf einen Hausarbeitstag haben, so daß sich der Wille des Gesetzgebers zum Nachteil der berufstätigen Frauen auswirken könnte."[229]

Der Hausarbeitstag war also „ein Schlag ins Wasser" und ein Paradebeispiel dafür, wie angeblich zum Schutz und zur Arbeitserleichterung der berufstätigen Frauen geschaffene Arbeitsschutzmaßnahmen diskriminierend gegen sie zurückschlagen und zu einer Stabilisierung der geschlechtsspezifischen Arbeitsteilung beitragen, solange die Rahmenbedingungen (Beibehaltung der privaten Organisation der Hausarbeit und der traditionellen Rollenteilung in Arbeitswelt und Familie) unverändert bleiben.

Daß sich an der Zuschreibung der Hausarbeit an die Frauen nichts ändern sollte, wird vollends deutlich, betrachtet man die Formulierungen in dem vom Arbeitsministerium erstellten Entwurf für eine Neu-Fassung des Gesetzes:

„Weibliche Arbeitnehmer, die auf Grund *gesetzlicher* oder *sittlicher Verpflichtung* ganz oder überwiegend für den Unterhalt von Angehörigen, die einen ausreichenden Lebensunterhalt nicht haben würden, im gemeinsamen Haushalt sorgen, haben monatlich Anspruch auf einen *arbeits*freien Wochentag (Hausarbeitstag), wenn sie in jeder Woche an 6 Tagen mindestens 40 Stunden beschäftigt werden."[230] (Hvhbg. D. S.)

Die Arbeit und Bewährung auf „männlichen" Arbeitsplätzen, die lebenssichernde Funktion der Hausarbeit, die erschwerten Arbeitsbedingungen im Beruf und im Haushalt, die aufgezwungene Übernahme der offiziellen männlichen Ernährerrolle führten nicht zu einer juristischen Fixierung der faktisch vollzoge-

nen Rollenveränderung, die den Frauen eine Erweiterung ihrer Rechte einge-
bracht hätte. Die Diskriminierung der Hausarbeit blieb ebenso bestehen wie die
Diskriminierung weiblicher Lohnarbeit, was sich ebenso deutlich wie am Hausarbeitstag auch an der Frage der Lohngleichheit nachweisen läßt.
Die Frauenlöhne, die für die Dauer des Krieges ebenso wie die Männerlöhne auf
dem Stand vom 16.10.1939 eingefroren wurden[231], erreichten auch in der Nachkriegszeit nur in Ausnahmefällen die Höhe der Männerlöhne. Die Lohnhöhe
war in der Nachkriegszeit nicht Gegenstand tariflicher Vereinbarungen zwischen Arbeitgebern und Gewerkschaften, sondern unterlag ebenso wie die
Preise und die Warenverteilung der Bewirtschaftung, wurde also in letzter In-
stanz von den alliierten Kontrollbehörden entschieden.
Mit seiner Direktive Nr. 14 vom 12.10.1945 bestimmte der Alliierte Kontrollrat
die Fortführung des bestehenden Lohnstops und verfügte ausdrücklich:

„Es darf bei Anwendung der Lohnsätze für Gruppen oder Einzelpersonen kein Unterschied aus rassischen oder religiösen Gründen oder auf Grund von politischer Gesinnung
oder von Zugehörigkeit zu einer politischen Partei gemacht werden."[232]

Die Geschlechtszugehörigkeit wurde von dieser Bestimmung ausgenommen,
was faktisch einer Sanktionierung der Lohndiskriminierung gleichkam.
Am 13. September 1946 wurde der § 3 der Direktive Nr. 14 zwar ergänzt u. a.
durch die Klausel:

„Die Löhne für Frauen und Jugendliche *dürfen* bei gleicher Arbeit und gleicher Leistung
bis zur Höhe der Löhne für männliche Arbeitskräfte erhöht werden."[233] (Hvhbg. D. S.)

Jedoch blieb diese Ergänzung der Direktive Nr. 14 aufgrund ihres nicht ver-
pflichtenden Charakters faktisch ohne Bedeutung. Die Durchschnittslöhne
männlicher Hilfsarbeiter lagen im Jahresdurchschnitt 1946 mit 79 Rpf. um
19,1 Rpf höher als die weiblicher Facharbeiter (60,0 Rpf), während weibliche
Hilfsarbeiter sogar 25,1 Rpf weniger als ihre männlichen Kollegen erhielten.
Diese Differenz änderte sich auch im Jahresdurchschnitt 1947 nicht: Weibliche
Facharbeiter erhielten 63,0 Rpf, männliche Facharbeiter 109,9 Rpf, männliche
Hilfsarbeiter 85,5 Rpf.[234]
Die Ergänzung zur Direktive Nr. 14 hatte demzufolge keine grundsätzliche Veränderung erbracht, die auf eine Angleichung männlicher und weiblicher Löhne
hinausgelaufen wäre. Sie konnte allerdings dazu benutzt werden – und das war
wohl auch der Sinn der Sache – Frauen durch Gewährung gleicher Löhne und
vor allem *gleicher Zulagen* zur Übernahme der unliebsamen und von den Männern gemiedenen Schwer- und Schwerstarbeiten zu bewegen.[235]
Durch die Formulierung „bei gleicher Arbeit und gleicher Leistung" blieb nicht
nur die generelle Minderbewertung „weiblicher" Lohnarbeit bestehen, sondern
auch die Minderbezahlung von Frauen auf männlichen Arbeitsplätzen konnte
weitestgehend beibehalten werden, da Frauen meist aufgrund ihrer körperlichen
Konstitution und ihres infolge der Doppelbelastung labilen Gesundheitszustandes an die männlichen Leistungen nicht heranreichten bzw. ein Vergleich von
vornherein ausgeschaltet wurde, da Frauen auf Männerarbeitsplätzen aus Ar-
beitsschutz-Gründen meist ohnehin nicht im Akkord arbeiten durften.

„Männerlöhne" erhielten Frauen immer dann, wenn die Firmen aufgrund des Mangels an männlichen Arbeitskräften auf den Einsatz von Frauen nicht verzichten konnten und einen Anreiz zur Arbeitsaufnahme schaffen mußten. Jedoch änderten solche vereinzelten Maßnahmen nichts an der Kontinuität der strukturell bedingten Lohnungleichheit.

Sowohl am Hausarbeitstag als auch an der Lohnfrage zeigt sich deutlich, daß administrative Maßnahmen, die aus unserer heutigen Sicht auf den ersten Blick fortschrittlich erscheinen, einzig systemimmanente Methoden zur Überwindung der Krise darstellten. Sie sind nicht etwa als Honorierung der gesellschaftlich bedeutsamen Leistungen der Frauen mit einer Erweiterung ihrer Rechte zu verstehen, sondern waren immer schon so angelegt, daß sie jederzeit wieder zurückgenommen bzw. gegen die Frauen gewendet werden konnten, die ökonomische Reservefunktion der Frauen, die langfristige Garantie weiblicher Gratisleistungen im Reproduktionsbereich und die Unterbezahlung weiblicher Lohnabhängiger also nicht in Frage stellten, sondern ganz im Gegenteil absicherten und stützten.

c) „Zurück zur Natur!" Die Reetablierung des geschlechtsspezifischen Arbeitsmarkts nach der Währungsreform

Aus den bisherigen Ausführungen zur Entwicklung der weiblichen Erwerbsarbeit in der Nachkriegszeit geht eindeutig hervor, daß die kriegsbedingten Verschiebungen im Bevölkerungsaufbau und die sich zwangsläufig daraus ergebenden faktischen Rollenveränderungen zu keinem Zeitpunkt zu einer ernsthaften Infragestellung der Beibehaltung der geschlechtsspezifischen Arbeitsteilung und der darauf basierenden Unterdrückung der Frau geführt haben.

Die Gründe für die in der unmittelbaren Nachkriegszeit erfolgte Erweiterung weiblicher Lohnarbeit – womit hier nicht ein Anstieg der weiblichen Beschäftigtenzahlen, sondern der vorübergehende Einsatz von Frauen auf typischen Männerarbeitsplätzen gemeint ist – sind einzig und allein aus den ökonomischen Erfordernissen des Wiederaufbaus der kapitalistischen Wirtschaft ableitbar und verweisen keineswegs auf strukturelle Veränderungen des geschlechtsspezifischen Arbeitsmarktes, die nicht ohne die Gefährdung der gesamtgesellschaftlichen Arbeitsteilung in unbezahlte Hausarbeit und unterbezahlte Lohnarbeit hätten stattfinden können.

Ein Antasten der gesamtgesellschaftlichen geschlechtsspezifischen Arbeitsteilung nämlich wäre ein Angriff auf die Basis kapitalistischer Produktion gewesen:

„Mehrwert in seiner einfachsten Form als Verlängerung des Arbeitstages über die notwendige Arbeitszeit zur Produktion und Reproduktion des Werts der Arbeitskraft selbst hinaus, gründet sich auf nichts anderes als die Tatsache, daß die von der Frau aufgewandte Arbeit zur Schaffung der Arbeitskraft nicht über das Wertverhältnis erscheint und nicht in einem Tausch von Äquivalenten abgegolten werden muß. Würden also alle Produktionskosten der Ware Arbeitskraft in der notwendigen Arbeitszeit reproduziert werden müssen, so bliebe von der Mehrarbeit, die ja dem Kapitalisten seinen Mehrwert überhaupt produziert, wohl kaum etwas übrig."[236]

Die Nachkriegszeit kann als typisches Beispiel kapitalistischer Krisenbewältigung auf der Basis rigoroser Ausbeutung weiblicher Arbeitskraft angesehen werden: Die Anforderungen an die Reproduktionsarbeit der Frauen stiegen in dem Maße wie die Gebrauchsgüter aufgrund der Priorität kapitalistischen Wiederaufbaus vor der Befriedigung menschlicher Grundbedürfnisse knapper wurden. Gleichzeitig wurden wegen der Verknappung männlicher Arbeitskräfte in den für den Wiederaufbau wichtigsten „männlichen" Basisindustrien die Frauen als ökonomische Reserve dringend benötigt.

Beides aber: sowohl die Verschiebungen der Arbeitsschwerpunkte im reproduktiven Bereich von der Warenkonsumtion zur Subsistenzproduktion als auch die Verschiebungen im Produktionsbereich mußten auf die Dauer der Krise begrenzt werden.

Das heißt, es mußte garantiert bleiben, daß bei Normalisierung der Situation die Frauen zurück ins Haus resp. an die „weiblichen" Arbeitsplätze geschickt werden konnten und die Familie ihrer Funktion als Reproduktions- und Konsumtionsstätte wieder nachkommen konnte.

Der doppelte Anspruch an die Frauen – einerseits Erweiterung der Reproduktionsarbeit, andererseits Mobilisierung der weiblichen ökonomischen Reserve – bei gleichzeitiger Betonung des Übergangscharakters einerseits und der Unabdingbarkeit andererseits führte zu einem Gewirr von auf den ersten Blick widersprüchlichen Maßnahmen, die sich bei näherer Betrachtung aber immer als zwei Seiten derselben Medaille herausstellen: hier Dienstverpflichtung – da „Entpflichtung" von Müttern, hier Frauen auf Männerarbeitsplätzen – da Pflichtjahr und Hauswirtschaftslehre.

Immer wieder stoßen wir auf Bemühungen, die Anforderungen des reproduktiven und des produktiven Sektors an die Frauen zu vermitteln und gleichzeitig die langfristige Verfügbarkeit der Frauen für beide Arten von Arbeit nicht zu gefährden.

Die Familienorientiertheit der Frau, das spezifisch weibliche Arbeitsvermögen – Resultat weiblicher Sozialisation zur Hausfrau – erwies sich als probates Mittel zur Erfüllung der krisenbedingten Anforderungen und damit zur Reetablierung des kapitalistischen Wirtschaftssystems, wobei sich gerade die weiblichen Denkmuster und Verhaltensweisen, die sich scheinbar gegen die totale Unterordnung unter das kapitalistische Rentabilitätsprinzip sperren, als extrem funktional erwiesen. Während Männer vergleichsweise selten bereit waren, „für'n Appel und 'n Ei", also für die bloße körperliche Regeneration, Schwerarbeit zu leisten, waren Frauen – aufgrund ihrer sozialisationsbedingten Bedürfnisorientierung – sehr viel eher geneigt, auch dann zur arbeiten und schwer zu arbeiten, wenn das Resultat dieser Arbeit das bloße Überleben war. Und sie waren auch eher als Männer dazu bereit, die damit verbundenen Arbeitsinhalte und -bedingungen hinzunehmen, da ihre Motivation zur Übernahme einer Erwerbsarbeit anders gelagert war.

Zeitgenössische Untersuchungen heben hervor, daß der überwiegende Teil der Arbeiterinnen dazu neigte, die Erwerbstätigkeit als vorübergehende Phase ihres Lebens einzuschätzen und daß die Motivation zur Erwerbstätigkeit in starkem Maße familienorientiert war.[237] Daran hat sich bis heute substantiell nicht viel geändert. (Was nicht heißen soll, daß Frauen nicht auch Bestätigung aus ihrer beruflichen Arbeit ziehen, doch steht die Familie in der Regel in Entscheidungsfällen an erster Stelle.)

Durch ihre Familienorientierung werden Frauen nicht nur davon abgehalten, eine qualifizierte Berufsausbildung überhaupt anzustreben. Sie sind auch nur selten bereit oder in der Lage, sich für die Durchsetzung beruflicher Rechte zu engagieren, selbst dann nicht, wenn aufgrund der Dauer ihrer Berufstätigkeit eigentlich klar sein dürfte, daß es sich hierbei keineswegs um ein kurzfristiges Intermezzo, sondern um eine lebenslange Tätigkeit handelt. Andererseits sind sie – ebenfalls aufgrund ihres familienorientierten Verhaltens – sehr viel leichter einzuschüchtern und in höherem Maße ausbeutbar als Männer, was sich für die Nachkriegszeit beispielsweise am Verhalten der betroffenen Frauen im Zusammenhang mit der Inanspruchnahme des Hausarbeitstages nachweisen läßt. Es wird von „freiwilligen" Verzichten ganzer Belegschaften auf den Hausarbeitstag berichtet[238] oder davon, daß die Frauen sich damit „abfanden", daß in Urlaubsmonaten ein Hausarbeitstag grundsätzlich verweigert wurde.[239]

Ein besonders deutliches Indiz für die objektive Funktion der Frauenerwerbsarbeit in der Nachkriegszeit, aber auch für die geschlechtsspezifische Einschätzung des Sinns und Werts der eigenen Erwerbsarbeit ist die Währungsreform, deren Bedeutung als Zäsur der Nachkriegsgeschichte schon im zeitgenössischen Sprachgebrauch vom „Währungsschnitt" deutlich wird. Es wurde zwar auch vor der Währungsreform im großen und ganzen unmißverständlich klar gemacht, daß nach wie vor die Männer die größeren Anrechte auf die bestehenden Arbeitsplätze hatten.

So existierte beispielsweise eine Verordnung vom 1.9.1939[240], die den Heimkehrern die „Freihaltung" ihres alten Arbeitsplatzes garantierte, was in der Praxis komplikationslose Entlassung der dort vorübergehend beschäftigten Frauen bedeutete.

Während es sich hier aber mehr oder weniger um Einzelfälle handelte, veränderte sich die Situation nach der Währungsreform am 20. Juni 1948 drastisch. Durch die gestiegene Kaufkraft infolge des reichhaltigen Warenangebots normalisierte sich der Wert der Lohneinkommen. Es ging nun nicht mehr ausschließlich um das bloße Überleben von einem Tag auf den anderen. Jetzt konnte wieder an die Zukunft, an den Aufbau einer Existenz gedacht werden. Nicht nur Lebensmittel, auch Kleidung, Schuhe, Hausrat und Einrichtungsgegenstände konnten wieder käuflich erworben werden. Die Normalisierung des Lebens, ein angenehmeres Leben rückte in Sicht. Mit dem Kaufanreiz stieg der Anreiz zur Aufnahme einer Erwerbsarbeit. Vorläufig war der Konsum zwar noch stark behindert, da die Aufhebung der Preisbindung der Aufhebung des Lohnstops voranging.[241] Das änderte aber nichts an der psychologischen Wirkung der Währungsreform auf die Bevölkerung, der wiederhergestellten Attraktivität von Lohneinkommen, die dann nach den Lohnerhöhungen infolge der Aufhebung des Lohnstops allerdings noch größer wurde.

Nicht nur die Währungsreform erfolgte „über Nacht"; auch die lange entbehrten männlichen Arbeitskräfte für die vor der Währungsreform wenig attraktive und angesichts der niedrigen Lebensmittelrationen extrem kräftezehrende körperliche Arbeit standen „über Nacht" wieder zur Verfügung.

Im Oktober 1948 ordnete beispielsweise die Verwaltung für Verkehr an, daß die Verwendung weiblicher Hilfskräfte als Schiffs„jungen" und Matrosen in der Binnenschiffahrt ab 1. 2. 1949 auf das vor dem Krieg übliche Maß zurückzuschrauben sei. Unverhohlen wurde darauf verwiesen, daß aufgrund der Währungsumstellung und der gestiegenen Löhne wieder ausreichend männliche Interessenten zur Verfügung stünden:

„Der kriegsbedingte Mangel an Binnenschiffern hatte Veranlassung gegeben, die Verwendung von Frauen in der Binnenschiffahrt an Stelle eines Schiffsjungen und eines Matrosen weitgehend zuzulassen. Diese Ermächtigung war nur für die Dauer des Krieges beabsichtigt. Trotzdem ist nach dem Zusammenbruch die Verwendung von Frauen an Bord der Binnenschiffe weiter geduldet worden, da der Mangel an Binnenschiffern anhielt und die wirtschaftlichen Schwierigkeiten Rücksichten erforderten.
Inzwischen haben sich die Verhältnisse geändert. Fachkundige männliche Arbeitskräfte stehen durch die Rückkehr der Kriegsgefangenen und als Folge der Währungsumstellung und der Aufbesserung der Löhne in der Binnenschiffahrt wieder zur Verfügung. Dazu kommt, daß die Heranziehung eines brauchbaren Nachwuchses in der Binnenschiffahrt es erforderlich macht, Arbeitsplätze für den Einsatz von Schiffsjungen freizumachen. So wertvoll die Hilfeleistung der Frauen in den Zeiten der Not gewesen ist, so ergibt sich nunmehr doch die Notwendigkeit, die Verwendung von Frauen an Bord von Binnenschiffen auf das vor dem Kriege bestehende Maß zurückzuführen."[242]

Die sich aus den geplanten Entlassungen für die betroffenen Frauen ergebenden existentiellen Probleme angesichts steigender Arbeitslosenzahlen und Mangel an ähnlich gut bezahlten Stellen spielten bei diesen Überlegungen überhaupt keine Rolle. Die eingeräumte Karenzzeit zwischen dem Erscheinen und dem Inkrafttreten des Erlasses betrug ca. drei Monate. Diese waren jedoch nicht etwa eine Konzession an die betroffenen Frauen, sondern bezogen sich ausdrücklich auf eventuelle Schwierigkeiten der Schiffahrt, innerhalb kürzerer Zeit die benötigten Arbeitskräfte zu beschaffen. Der vorsorglich bescheinigte Übergangscharakter der Frauenarbeit in „männlichen" Berufen zeigte nun überall seine Wirkung. Anfang 1949 schrieb z. B. die „Genossin":

„Nachdem die Öffentlichkeit seit längerer Zeit davon Kenntnis nahm, daß die deutsche Reichsbahn wegen finanzieller Schwierigkeiten ein Heer von Angestellten und Arbeitern entlassen muß, sind diese Maßnahmen nun durchgeführt worden.
Die Reichsbahn-Direktion entwickelt dabei im Zuge der ersten Entlassungen eine unsoziale und unverständliche Haltung. Sie verfolgte dabei in erster Linie die Entlassung der weiblichen Arbeitnehmer. Sie nimmt keine Rücksicht auf die Lebenslage der Schaffenden, es werden Witwen und Mütter ebenso davon betroffen wie junge unverheiratete Mädchen. Allgemeine Personaleinschränkungen begründen diese Entlassungen. Uns scheinen aber die Beweggründe der Entlassungen aus anderen Gesichtspunkten heraus zu erfolgen.
Unsere Auffassung ist, daß der Tenor der Entlassungen, die vermeintliche mindere Leistungsfähigkeit der Frauen, sowie die mutmaßliche Einstellung von Kriegsbeschädigten ist. Im ersteren Fall erinnern wir an die damaligen Jahre, als unsere Frauen im Bombenhagel, abgehetzt, das Herz voller Angst und Grauen und doch voll Pflicht- und Verantwortungsgefühl körperliche und physische Leistungen vollbrachten. Wir erinnern an die Nachkriegszeit, in der unsere Eisenbahnerinnen in überfüllten Eisenbahnzügen, bei einem

Reisepublikum, das alles andere als tolerant und diszipliniert war, bewunderungswürdig ihre Arbeit taten. Heute verkehren unsere Züge wieder fahrplanmäßig, das Eisenbahnnetz ist zum größten Teil wieder hergestellt, der Personenverkehr hat sich verringert, und nicht zuletzt ist auch die Lebensmittelversorgung günstiger, doch heute sollen unsere Frauen den Ansprüchen nicht mehr genügen?"[243]

Mit steigender Arbeitslosenquote – infolge des gestiegenen Geldwertes, der Normalisierung des Warenangebots und des Rückgangs des Schwarzmarktes stieg die Zahl derjenigen, die sich als arbeitssuchend registrieren ließen – wurden die Frauen nicht nur von den Männerarbeitsplätzen verdrängt, sondern mußten auch in zunehmendem Maße damit rechnen, von Arbeitsplätzen "entfernt" zu werden, deren "Artgemäßheit" außer Zweifel stand und die in keiner Weise den Frauenarbeitsschutzbestimmungen entgegenstanden, die nun wieder verstärkt dazu benutzt wurden, die Frauen "nach Hause" zu schicken.

Da bei der Entlassung von Frauen aus Verwaltungen, Schulen u. ä. mit Arbeitsschutzbestimmungen beim besten Willen nicht argumentiert werden konnte, wurde die "Doppelverdienerin" aus der arbeitsmarktpolitischen Mottenkiste geholt. Die "Doppelverdiener-Kampagnen" hatten bereits nach dem I. Weltkrieg und im Nationalsozialismus dazu gedient, die Frauen von denjenigen Arbeitsplätzen zu verdrängen, auf denen Männer ebenso rentabel wie Frauen eingesetzt werden konnten; insbesondere aber die lukrativen und qualifizierten Jobs sollten auf diese Weise den Männern vorbehalten bleiben. Unberührt von solchen Maßnahmen blieben hingegen die weiblichen Arbeitsplätze in den frauenspezifischen Industrien, auf denen Männer infolge der niedrigen Löhne, der schlechten Arbeitsbedingungen und der fehlenden Fertigkeiten nicht ohne Verlust einsetzbar waren bzw. nicht bereit waren, zu arbeiten.

Das "Doppelverdiener"-Argument war auch schon im Zusammenhang mit der Arbeitsplatzbeschaffung für Kriegsheimkehrer und männliche Flüchtlinge aufgewärmt worden, gewann aber nun an Bedeutung, da Entlassungen größeren Stils "notwendig" wurden.

Mit dem Begriff "Doppelverdiener" waren nicht etwa Personen mit zwei Einkommen gemeint, sondern erwerbstätige Ehefrauen von ebenfalls erwerbstätigen Männern, die mit dem Argument, der Lebensunterhalt einer Familie sei mit dem Einkommen des Mannes abgesichert, entlassen wurden. Theoretisch galt diese Bestimmung auch für die männlichen Ehepartner, praktisch wurden sie davon aber so gut wie nicht tangiert.

Landes- und Kommunalbehörden gingen bei dieser "Arbeitsplatzbeschaffungsmaßnahme" mit schlechtem Beispiel voran. Verheiratete Beamtinnen wurden entlassen unter Berufung auf einen aus dem Jahre 1937 (!) stammenden Paragraphen, den § 63 des deutschen Beamtengesetzes, der – wie viele andere – die ursprünglich geplante generelle Außerkraftsetzung der nationalsozialistischen Gesetzgebung unbeschadet überstanden hatte:

"Ein verheirateter weiblicher Beamter ist zu entlassen, wenn er es beantragt, oder wenn seine wirtschaftliche Versorgung nach der Höhe des Familieneinkommens dauernd gesichert erscheint. Die wirtschaftliche Versorgung gilt als gesichert, wenn der Ehemann in einem Beamtenverhältnis steht, mit dem ein Anspruch auf ein Ruhegehalt verbunden ist.

Die oberste Dienstbehörde entscheidet endgültig darüber, ob die wirtschaftliche Versorgung dauernd gesichert ist."[244]

In Nordrhein-Westfalen war diese nationalsozialistische Verordnung durch Erlaß des Innenministers am 13. 3. 1948 außer Kraft gesetzt worden. Jedoch beschränkte sich dieses offizielle Abstandnehmen von der „Doppelverdiener"-Argumentation in der Praxis auch tatsächlich nur auf die *Beamtinnen*. Die verheirateten Verwaltungs*angestellten* hingegen wurden auch in Nordrhein-Westfalen entlassen. Selbstverständlich blieben Frauen mit einer frauenspezifischen Ausbildung von diesen Maßnahmen ausgenommen. Auch hier entschieden also einzig ökonomische Verwertungsaspekte über Entlassung oder Weiterbeschäftigung:

„Grundsätzlich sollen Männer und Frauen im Arbeitsprozeß gleichberechtigt sein. Es muß aber dafür gesorgt werden, daß sofort alle verheirateten weiblichen Arbeitskräfte, deren Ehemänner in einem festen Arbeitsverhältnis stehen, ihren Arbeitsplatz freimachen, damit soziale und wirtschaftliche Härten für andere Arbeitskräfte vermieden werden. Selbstverständlich wird es Ausnahmen geben, z. B. bei bestimmten Berufen, für die heute noch ein sehr großer Mangel an Arbeitskräften vorhanden ist und für die eine besondere Berufsausbildung notwendig ist. Z. B. kann eine verheiratete Röntgenassistentin nicht deshalb entlassen werden, weil ihr Ehemann in einem festen Beschäftigungsverhältnis ist, denn für ihre Tätigkeit ist eine besondere Berufsausbildung erforderlich."[245]

Die immer wiederkehrende Argumentation der Entlassung berufstätiger Ehefrauen zur Vermeidung sozialer Härten erscheint absurd, betrachtet man die reale Situation der betroffenen Familien.

„Der Lebensunterhalt für eine vierköpfige Familie beträgt auf Grund der Lebensmittelzuteilungen allein etwa 235 DM im Monat. Demgegenüber steht ein tatsächlicher Verdienst von durchschnittlich 200 DM im Monat. Bereits 35 DM verdient der Familienvater zu wenig, um seine Familie ausreichend ernähren zu können. Und aus welchen Mitteln sollen die anderen Anschaffungen, wie Kleidung, Hausrat, Hauswäsche, Möbel u. a. bezahlt werden, die ergänzt werden müssen? Es ist also ein Trugschluß, zu behaupten, der Lebensunterhalt einer Ehefrau sei gesichert. Tatsächlich verdienen Familienväter in den meisten Fällen weniger als 200 DM im Monat und die Ehefrau, wenn sie erwerbstätig ist, verdient in der Regel nicht mehr als 150 DM. Will man das Arbeitseinkommen auf einen Nenner bringen, dann ergibt sich für beide erwerbstätigen Ehepartner die traurige Feststellung, daß beide ihre Arbeitskraft gegen geringen Lohn verschleudern müssen, weil die Preise für Lebensmittel und Kleidung in keinem Verhältnis zum Arbeitseinkommen stehen, von dem behauptet wird, daß es die Existenzsicherheit der Familie gewährleistet."[246]

Daß die Einkommen der Ehefrauen nicht, wie die Doppelverdiener-Diffamierung glauben machen wollte, der Befriedigung irgendwelcher luxuriösen Wünsche diente, sondern bittere Notwendigkeit war, ergibt sich auch aus der bereits zitierten Untersuchung über die soziale Lage der Industriearbeiterinnen. Eine 1949 erfolgte Befragung verheirateter Arbeiterinnen eines Betriebes der Bekleidungsindustrie, die trotz hoher häuslicher Belastung (bis zu vier Kinder!) einer Erwerbsarbeit nachgingen, ergab,

„daß unter 25 Frauen keine den Verdienst ihres Mannes (Wochenlöhne zwischen 30 und 60 DM) für ausreichend hielt, um den Lebensunterhalt und die notwendigsten Anschaffungen der Familie zu finanzieren".[247]

Wobei unter Anschaffungen nicht etwa Möbel, sondern Schuhe, Kinderkleidung, Hausratsgegenstände usw. verstanden wurden.[248]

Mit der Währungsreform drängten nicht nur die Männer, sondern auch sehr viel mehr Frauen auf den Arbeitsmarkt. Infolgedessen stiegen die weiblichen Arbeitslosenzahlen nach der Währungsreform sprunghaft an. In Nordrhein-Westfalen z. B. betrug die Zahl der registrierten weiblichen Arbeitslosen im Juni 1948 33 263 und im Juli 1948 52 093 – das entspricht einem Anstieg von rund 56% bei einem gleichzeitigen Rückgang der offenen Stellen von 71 860 auf 42 449. Während im Juni 1948 auf 100 offene Stellen 46,3 weibliche Arbeitssuchende kamen, waren es im Juli desselben Jahres 122,7!

Der Anstieg der weiblichen Arbeitslosenzahlen hatte verschiedene Ursachen. Da waren zum einen die Frauen, die vor der Währungsreform von Ersparnissen gelebt hatten, die nun infolge der Geldentwertung von einem Tag auf den anderen fast nichts mehr wert waren. Hamstern und Schwarzmarktgeschäfte, mit denen viele Frauen ihre Familien über Wasser gehalten hatten, fielen ebenfalls als Mittel der Existenzsicherung weg. Die allgemeine Preissteigerung machte einen „Zuverdienst" „weibliche(r) Angehörige(r) von Sozialrentnern und von geringverdienenden Lohn- und Gehaltsempfängern"[249] unumgänglich.

„Neben diesen in der Geschichte der Frauenarbeit einzigartigen Erscheinungen wiederholt sich die Erfahrung, daß steigende Arbeitslosigkeit männlicher Arbeitskräfte verstärkt Frauen und weibliche Jugendliche zwingt, Arbeit zu suchen. Es sei daran erinnert, wie stark die Arbeitslosenzahlen der Krisenjahre 1930 bis 1932 durch die Arbeitssuche der vorher und nachher nicht erwerbstätigen Ehefrauen und Töchter damals arbeitsloser Männer überhöht waren."[250]

Die steigende Arbeitslosigkeit sowohl alleinstehender als auch verheirateter Frauen, deren Einkommen zum Familienunterhalt offensichtlich unumgänglich war, zwang die Behörden zur Erarbeitung von Lösungsmöglichkeiten.

Diese Lösungsversuche standen wiederum ganz im Zeichen der Bemühungen um die Kontinuität der geschlechtsspezifischen Arbeitsteilung.

Auf der einen Seite wurden Frauen aus qualifizierten Berufen herausgedrängt. Lehrerinnen z. B. wurden zugunsten arbeitsloser männlicher Kollegen entlassen[251], verheirateten Ärztinnen wurde die Kassenpraxis verweigert[252], verheiratete Frauen, die einen Studienplatz suchten, wurden als „pathologisch asozial"[253] abgewiesen.

Auf der anderen Seite wurde versucht, arbeitssuchende Frauen mit allen Mitteln auf hauswirtschaftliche oder artverwandte Berufe festzulegen, in denen der Arbeitskräftemangel trotz der hohen Zahl arbeitsloser Frauen aufgrund der schlechten Arbeitsbedingungen nach wie vor hoch war.

Bemerkenswert erscheinen in diesem Zusammenhang insbesondere drei Maßnahmen:

1. Die „Frauenselbsthilfe" des Landesarbeitsamts Hessen
2. Die „Aktion Nordsee" der Landesarbeitsämter der britischen Zone
3. Die Diskussion um das „hauswirtschaftliche Lehrjahr"

1. In Hessen versuchte man, der gestiegenen weiblichen Arbeitslosigkeit entgegenzuwirken, indem in den Arbeitsämtern ab August 1948 (!) zentrale Vermittlungsstellen für Flick- und Stopfarbeiten eingerichtet wurden. Über Presse, Rundfunk und Plakatwerbung wurden „Hausfrauen und berufstätige Männer und Frauen aufgefordert, ihre reparaturbedürftigen Kleidungsstücke und sonstigen Textilien den in Not befindlichen Frauen zum Ausbessern zu überlassen"[254]. Mit dieser Maßnahme sollte vor allem für die bis dato nicht erwerbstätigen, also berufsunerfahrenen und ungelernten Frauen und diejenigen, die aufgrund von „Sorgepflichten gegenüber Angehörigen ... für die üblichen Arbeitnehmertätigkeiten in Betrieben, Dienststellen und selbst Haushaltungen nicht in Betracht"[255] kamen, eine Verdienstmöglichkeit geschaffen werden.

Die „verwertbaren Fähigkeiten der Frauen, die sich, abgesehen von hauswirtschaftlichen Arbeiten im engeren Sinne, in der Regel auf Nähen, Flicken, Stopfen und Stricken beschränken"[256] (Hvhbg. D. S.) konnten damit volkswirtschaftlich sinnvoll genutzt werden, ohne daß die betroffenen Frauen ihre eigene Hausarbeit vernachlässigten und dadurch eventuelle Folgekosten heraufbeschworen; darüberhinaus wurden die Probleme berufstätiger Familienmütter und vor allem „alleinstehender und von ihren Familien getrennt lebender Männer wenigstens teilweise"[257] und vor allem kostengünstig gelöst mit allen bekannten Nachteilen der Heimarbeit für die betroffenen Frauen.

2. Die „Aktion Nordsee", die Vermittlung deutscher Hausgehilfinnen nach Großbritannien, lief im Juli 1948 (!) in der britischen Zone und etwas später auch im britischen Sektor Berlins an. Sie wurde in enger Zusammenarbeit der britischen und deutschen Behörden geplant und durchgeführt und diente ausdrücklich der Entlastung des deutschen Arbeitsmarktes. Die Bewerberinnen mußten einer bestimmten Altersgruppe angehören (18–35), gesund sein und einen guten Leumund haben; hauswirtschaftliche Erfahrung wurde nicht verlangt.

Die Vermittlung erfolgte über die Arbeitsämter, wobei die endgültige Entscheidung einem britischen Sachbearbeiter vorbehalten blieb. Die betreffenden Frauen mußten sich für die Dauer von 2 Jahren verpflichten, erhielten einen Wochenlohn von 42 bis 45 Schilling (= ca. 28 bis 37 DM) nebst freier Unterkunft und Verpflegung.[258] Die soziale Absicherung der Hausgehilfinnen ließ zu wünschen übrig:

- Während sich die Hausangestellte für 2 Jahre verpflichten mußte, konnte die Arbeitgeberseite den Vertrag jederzeit lösen.
- Bei Erkrankung konnte die Hausgehilfin jederzeit zurückgeschickt werden. Kranken- und Unfallversicherung bestanden nicht.
- Ein Rechtsschutz in Großbritannien bestand auch nicht. Die britischen Arbeitsgerichte waren nicht zuständig, deutsche Konsulate existierten noch nicht.[259]

Angesichts der bestehenden großen Nachfrage nach Haushaltsgehilfinnen in Deutschland bestanden behördlicherseits Bedenken gegen die Förderung der Aktion. Jedoch waren die Bewerberinnen in der Regel keinesfalls bereit, eine Hausgehilfinnenstelle in einem deutschen Haushalt anzunehmen. Sie kamen auch nur zum geringeren Teil (30%) aus hauswirtschaftlichen Berufen, während der weitaus größere Teil aus kaufmännischen und gewerblichen Berufen stammte und es sich häufig auch um Studentinnen und Frauen mit qualifizierter

Schul- und Ausbildung handelte, die sich nicht ohne weiteres in unterqualifizierte Stellungen abschieben ließen.

„Die Freiwilligen repräsentieren fast die ganze Breite der Frauenberufe. Da ist die Studentin, die ihr Studium aus wirtschaftlichen Gründen abbrechen mußte, die Abiturientin, die ihre Studienabsichten aufgegeben oder zurückgestellt hat, die Stenotypistin, die ehemalige Schwesternhelferin, die noch keinen befriedigenden beruflichen Anschluß fand. . . . Nicht wenige Freiwillige wählen die Auslandtätigkeit bewußt und zielstrebig zur Vervollkommnung der Sprachkenntnisse oder zur allgemeinen Fortbildung. Frauen und Mädchen mit beachtlicher Allgemeinbildung werden Hausgehilfinnen in England."[260]

Indem man solchen Frauen die Möglichkeit bot, ins Ausland zu gehen, schaffte man natürlich auch eine infolge des höheren Bildungsgrades vergleichsweise aufmüpfige Gruppe zunächst einmal außer Landes, die anderenfalls eventuell doch nicht so ohne weiteres zugunsten der Männer bereit gewesen wäre, auf Studienplätze und berufliche Chancen zu verzichten.
Die Aktion war denn auch sehr erfolgreich: Von September 1948 bis Mai 1949 wurden 3900 hauswirtschaftliche Arbeitskräfte nach Großbritannien vermittelt.[261]

3. Der großen Zahl weiblicher Arbeitssuchender stand die aufgrund der schlechten Arbeitsbedingungen – vergleichsweise geringe Löhne, schwere Arbeit, ungeregelte und lange Arbeitszeiten, starkes persönliches Abhängigkeitsverhältnis – zunehmende Abwanderung weiblicher Arbeitskräfte aus land- und hauswirtschaftlichen Arbeitsstellen in die Industrie gegenüber. Gleichzeitig war insbesondere der Bedarf an hauswirtschaftlichen Arbeitskräften infolge der Kriegseinwirkungen unverhältnismäßig hoch:

„Mit einem hohen Bedarf an Hausgehilfinnen muß vor allem für alte Menschen, die nicht in Heimen aufgenommen werden können, für kinderreiche Familien und für berufstätige Hausfrauen – deren Zahl . . . vermutlich zunehmen wird – gerechnet werden, . . ."[262]

Eine Einsparung staatlicher Aufwendungen für Altenheime, Kindertagesstätten, Pflegeheime usw. schien also nur möglich, wenn der Nachwuchs an billigen Hausangestellten weiterhin gesichert und die Reproduktionsarbeit in möglichst großem Umfang Privatangelegenheit blieb. Ohne eine Verbesserung der beruflichen Situation der Hausangestellten schienen allerdings die Vermittlungsbemühungen der Arbeitsämter ziemlich aussichtslos: Am 30. Juni 1949 fielen rund 40% aller bei den Arbeitsämtern gemeldeten offenen Stellen für weibliche Arbeitssuchende unter die Rubrik „Hausgehilfen und verwandte Berufe" und rund 30% unter „Ackerbauer, Tierzüchter, Gartenbauer"[263]. Die Mehrzahl der weiblichen Arbeitssuchenden lehnte jedoch eine Vermittlung in diese Stellen ab, „ggf. unter Verzicht auf die Arbeitslosenfürsorge"[264].
Die Einrichtung einer hauswirtschaftlichen Anlernzeit bot sich aus verschiedenen Gründen als geeignetes Mittel zur Behebung dieses Engpasses an:
Zum einen konnte dadurch das Image dieses schlecht angesehenen Berufszweiges aufpoliert und damit seine Anziehungskraft erhöht werden, ohne auf unpopuläre zwangsweise Arbeitslenkungsmaßnahmen zurückgreifen zu müssen.
Zum anderen wurde damit die Erledigung der Hausarbeit auch in solchen Haus-

haltungen gesichert, die eine vollwertige, berufserfahrene Hausgehilfin nicht bezahlen konnten.

Gemäß den „Richtlinien" des Bayerischen Staatsministeriums für Arbeit und Soziale Fürsorge[265] sollten die Löhne der hauswirtschaftlichen Lehrlinge im 1. Lehrjahr 12 DM, im 2. Lehrjahr 17 DM *monatlich* betragen.

Zum Vergleich die Löhne für erfahrene Kräfte:

Im 1. und 2. Berufsjahr	30 bis 40 DM
Im 3. bis 5. Berufsjahr	35 bis 45 DM
Nach dem 5. Berufsjahr	40 bis 55 DM[266]

Zur zusätzlichen Unterstützung der Einführung des Anlernverhältnisses im Haushalt wurde die Vorbereitung der jungen Frauen auf ihre zukünftige Funktion als Hausfrau und Mutter angeführt.

„Die hauswirtschaftliche Lehrzeit ist keine vergeudete Zeit; ob verheiratet oder nicht, das ganze Leben lang braucht die Frau auch gewisse hauswirtschaftliche Kenntnisse."[267]

Die Hausfrauenverbände als Arbeitgeberseite unterstützten natürlich die Einrichtung des (kostensparenden) hauswirtschaftlichen Anlernverhältnisses, während es von seiten der gewerkschaftlichen Frauenausschüsse rigoros abgelehnt wurde:

„Es scheint sich zu wiederholen, was bereits nach dem ersten Weltkrieg versucht wurde, daß man sich zur Zeit wieder stärker denn je mit der Frage beschäftigt, ob es nicht gut sei, die jungen schulentlassenen Mädchen für eine bis zweijährige Haushaltslehre oder für das hauswirtschaftliche Anlernverhältnis zu gewinnen. Man hofft dadurch, den Engpaß ‚Arbeitsstelle' überbrücken zu können. ...
Bekannt ist, daß die Nazis ein hauswirtschaftliches Pflichtjahr eingeführt hatten. In diesem Pflichtjahr ist in vielen Fällen eine Ausbeutung der jungen Mädchen übelster Art zu verzeichnen gewesen. Ferner war so ein Pflichtjahrmädel eine billige Arbeitskraft. Gewisse Kreise, die sich in der ‚Naziherrlichkeit' diese Einrichtung zu Nutze machten, scheinen heute das stärkste Interesse daran zu haben, daß eine hauswirtschaftliche Lehrzeit oder ein hauswirtschaftliches Anlernverhältnis für junge Mädchen bis zu 18 Jahren obligatorisch wird. Das wäre aber nur die moderne Umschreibung des von den Nazis eingeführten hauswirtschaftlichen Pflichtjahres."[268]

Die gewerkschaftlichen Frauenausschüsse forderten statt dessen die „Errichtung bzw. den Ausbau weiterer staatlicher Haushaltungsschulen zur Ausbildung von leitenden Kräften für die sozialen Berufe (z. B. Fürsorgerinnen, Krankenpflegerinnen, Anstalts- und Heimleiterinnen)" und die „Schaffung von Arbeitsverträgen auch für die Hausangestellten auf Grund von Tarifverträgen"[269].

„Wenn die Hausangestellten einen entsprechenden Lohn erhalten, ihre Arbeitszeit mit zusammenhängender Freizeit geregelt ist und ihnen eine menschenwürdige Unterbringung und Behandlung zugesichert wird, werden auch junge Mädchen gern den Hausangestelltenberuf ergreifen."[270]

Die Proteste waren aber erfolglos, wohl nicht zuletzt deshalb, weil sich die Gewerkschaften – wie so oft in Frauenangelegenheiten – nicht nachdrücklich hinter die Forderungen ihrer Frauenausschüsse stellten. Das Landesarbeitsamt NRW jedenfalls führte ein hauswirtschaftliches Lehrjahr ein.[271]

Da von dieser Maßnahme aber „keine sofortige Verminderung der Abwanderungen zu erwarten"[272] war, scheute man auch den Einsatz rigoroser Lenkungsmaßnahmen nicht:

„Soweit diese (die Abwanderungen, D.S.) das Gleichgewicht zwischen Kräfteangebot und -nachfrage stören, bleibt im Augenblick zum Schutze der gewerblichen Arbeitnehmer und andererseits zur Wahrung berechtigter – nicht aller – Interessen der land- und hauswirtschaftlichen Arbeitgeber nur das Zustimmungsverfahren auf Grund der Verordnung über die Beschränkung des Arbeitsplatzwechsels vom 1. September 1939 (Arbeitsplatzwechselverordnung). . . .
Geschehen kann dies z.B. durch vorsichtige Zurückhaltung eines Teiles der jüngeren, insbesondere der jüngsten Arbeitssuchenden (Schulentlassenen) von der gewerblichen Arbeit, wobei ihnen die Möglichkeit bleibt, sich vorübergehend in Mangelberufen, insbesondere in der ländlichen und städtischen Hauswirtschaft, zu betätigen, um später bevorzugt in die gewünschte gewerbliche Arbeit vermittelt zu werden. Mangels besonderer gesetzlicher Grundlagen wäre hierfür die Arbeitsplatzwechselverordnung entsprechend anzuwenden, d. h. in geeigneten Fällen die Zustimmung zur Einstellung schulentlassener Mädchen, die nicht sofort auf gewerbliche Arbeit angewiesen sind, zu versagen."[273]

Aus dem „Pflichtjahr" der frühen war also das „hauswirtschaftliche Lehrjahr" der ausgehenden Nachkriegszeit geworden. Während das Pflichtjahr in erster Linie als Maßnahme zur Entlastung des Staates von der Sicherstellung der Ernährung im Rahmen der Erweiterung der Reproduktionsarbeit anzusehen ist, galt die Einrichtung des hauswirtschaftlichen Lehrjahres ebenso wie die Beibehaltung der (nationalsozialistischen!) Arbeitsplatzwechselverordnung der Reetablierung und Festigung des geschlechtsspezifischen Arbeitsmarktes, d.h. der Sicherstellung billiger weiblicher Lohnarbeitskraft.
Eine so verstandene behördliche „Wahrung der Interessen der land- und hauswirtschaftlichen Arbeitgeber" entband diese von einer längst fälligen Verbesserung der unvertretbaren Arbeitsbedingungen und einer Erhöhung der extrem niedrigen Löhne in Land- und Hauswirtschaft und muß als staatlich gestützte Diskriminierung und Ausbeutung weiblicher Arbeitskraft bezeichnet werden.

5. Zum Zusammenhang von Frauenarbeit und kapitalistischer Produktion

Die Rekonstruktion der Entwicklung der Frauenarbeit in der Nachkriegszeit macht deutlich, daß trotz aller feststellbaren Veränderungen der Erscheinungsform sowohl von Hausarbeit als auch von weiblicher Lohnarbeit in den Jahren vom Kriegsende bis zur Währungsreform die strukturelle Kontinuität der Frauenarbeit gewahrt blieb. Obwohl die Hausarbeit in der unmittelbaren Nachkriegszeit kurzfristig aus ihrer „Unsichtbarkeit" heraustrat und öffentlich und unübersehbar wurde und obwohl sie gleichzeitig die für die Lebenssicherung objektiv wichtigere, im Vergleich mit der Lohnarbeit sinnvollere Arbeit war, verlor sie nicht ihren privaten Charakter. Sie wurde weiterhin verrichtet nicht im Bewußtsein ihres gesellschaftlichen (= Reproduktion von Arbeitskraft), sondern ihres privaten Wertes (= liebevolle Sorge für nahestehende Menschen), und sie wurde weiterhin einerseits verbal glorifiziert, andererseits faktisch diskriminiert (siehe Hausfrauenrationen).

Dasselbe gilt für die weibliche Lohnarbeit. Einerseits nahmen die Frauen männliche Arbeitsplätze ein und widerlegten damit faktisch die ihnen unterstellte Unterlegenheit bzw. Unfähigkeit, „männliche" Lohnarbeit überhaupt zu verrichten. Andererseits blieb die Diskriminierung der Frau als Arbeiterin bestehen, auch im Bewußtsein der betroffenen Frauen selbst. Nur wenige wehrten sich gegen die Lohndiskriminierung, gegen die Verweigerung beruflicher Qualifikation, gegen mangelnde Aufstiegsmöglichkeiten, gegen schlechte Arbeitsbedingungen.

Die durch die Kriegsfolgen („Männermangel", Konzentration auf bestimmte Industriezweige) bedingte kurzfristige Öffnung männlicher Berufe für Frauen kann von den Rahmenbedingungen her nicht als emanzipatorische Chance, als die sie vielfach mißverstanden wird, interpretiert werden.

Der Einsatz von Frauen in Männerberufen war von vornherein als Übergangslösung angelegt, und es stand fest und wurde dann auch mit der Währungsreform Realität, daß die Arbeitsverbote bei Auffüllung der entstandenen Lücken in den Reihen der männlichen Arbeitskräfte wieder in Kraft treten würden.

Eine langfristige Erschließung neuer Berufsmöglichkeiten für Frauen ist bisher immer nur unter Rentabilitätsgesichtspunkten erfolgt, das heißt: Frauen wurden und werden solche Arbeitsplätze zugänglich gemacht, an denen sie aufgrund ihrer Sozialisation zur Hausarbeit besonders gut, besser als Männer, funktionieren.[274] Das zeigte sich in der Nachkriegszeit Ende der 40er Jahre an der Eröffnung von Berufsmöglichkeiten für Frauen im sozialpflegerischen Bereich, die durch die langfristigen Kriegsfolgen – Jugendverwahrlosung, Jugendkriminalität, Verarmung breiter Bevölkerungsschichten, Arbeitslosigkeit, Flüchtlings-elend, Kriegswaisen etc. – dringend notwendig geworden war. Aufgrund ihrer Sozialisation zur „Beziehungsarbeit"[275] waren Frauen eben für diese Art von Arbeit besonders gut geeignet und effektiv einsetzbar.

Die Verweigerung einer langfristigen Öffnung „männlicher" Berufe für Frauen kann nicht mit einer ideologischen Verhaftung der maßgeblichen gesellschaft-lichen Instanzen in alten Rollenklischees oder allein mit der Funktion der Frauen als ökonomische Reserve, für die der Haushalt lediglich eine Rückzugsstätte darstellt, erklärt werden. Sie verweist vielmehr im Kern auf das ökonomische, kapitalistische Interesse an der Sicherung der unbezahlten weiblichen Repro-duktionsleistungen, deren gesellschaftliche Bedeutung, die „Schaffung des realen menschlichen Arbeitsvermögens"[276] als Basis kapitalistischer Produk-tion in der Nachkriegszeit besonders deutlich wird. Aufgrund ihrer Flexibilität konnte die Reproduktionssphäre durch immer weitere Ausdehnung der Hausar-beit zur Subsistenzproduktion den Produktionsbereich weitestgehend von den für die Lebenserhaltung der Arbeitskraft notwendigen Versorgungsleistungen entlasten und die öffentlichen Reproduktionskosten auf ein Minimum redu-zieren. Ohne die private Überlebensarbeit der Frauen und ohne die Erweiterung weiblicher Lohnarbeit hätte die Schwerpunktsetzung im Produktionsbereich – Ankurbelung der Basisindustrien, niedrige Produktionsziffern der Konsum-güterindustrien, Hortung von Gütern – nicht bzw. nicht so kostengünstig funk-tioniert, was den Start ins „Wirtschaftswunder" erheblich verzögert bzw. in Frage gestellt hätte. Die verinnerlichte weibliche Rolle war stärker als die weib-liche Realität. Die Frauen erlebten Tag für Tag, daß sie selbst es waren, die Leben erhielten: Lebensmittel bereitstellten, Wohnungen wiederherrichteten, Kleidung ausbesserten, für Kohlen sorgten . . . Dennoch erwarteten auch sie eine langfristige Verbesserung ihrer Lebenssituation von der „Normalisierung" der Wirtschaft, d.h. vom Ingangkommen der kapitalistischen Produktion. Daß die-ser Normalisierungsprozeß auf ihrem Rücken, auf der Basis ihrer Überlebensar-beit, bereits in vollem Gange war, blieb ihnen verborgen.

Die weiblichen, die „privaten" Normen blieben privat und erlangten keine öffentliche Geltung.

Anmerkungen

[1] Silvia Kontos/Karin Walser: . . . weil nur zählt, was Geld einbringt. Probleme der Hausfrauenarbeit. Gelnhausen/Berlin/Stein 1979. S. 18.

[2] Das stellt eine jüngst veröffentlichte Untersuchung des Rheinisch-Westfälischen Instituts für Wirt-schaftsforschung (RWI) fest. Vgl. „Frauen suchen oft vergebens Arbeit". WAZ vom 6. 4. 1983.

[3] Vgl. dazu: Die sanfte Macht der Familie. Hrsg. von der CDA-Verlagsgesellschaft. Königswinter 1981.

[4] Deutsche Familien-Partei mit Sitz in Feucht/Nürnberg.

[5] Zur Funktion von Hausarbeit in kapitalistischen Gesellschaften vgl. Anke Wolf-Graaf: Frauenarbeit im Abseits. Frauenbewegung und weibliches Arbeitsvermögen. München 1981.

[6] Vgl. u. a. Ernst-Ulrich Huster u. a.: Determinanten der westdeutschen Restauration 1945–1949. Frankfurt/Main 1972.
Eberhard Schmidt: Die verhinderte Neuordnung 1945–1952. Frankfurt/Main 1970.

[7] Huster u. a., a. a. O., S. 69.

[8] Vgl. dazu u. a. die von Klaus-Jörg Ruhl herausgegebene Quellensammlung: Neubeginn und Restauration. Dokumente zur Vorgeschichte der Bundesrepublik Deutschland 1945–1949. München 1982. Christoph Kleßmann: Die doppelte Staatsgründung. Deutsche Geschichte 1945–1955. Bonn 1982.

[9] Vgl. dazu insbesondere Lutz Niethammer: Rekonstruktion und Desintegration: Zum Verständnis der deutschen Arbeiterbewegung zwischen Krieg und Kaltem Krieg. In: Heinrich August Winkler (Hrsg.): Politische Weichenstellungen im Nachkriegsdeutschland. 1945–1953. Göttingen 1979. S. 26–43.

[10] Wolf-Dieter Narr/Dietrich Thränhardt (Hrsg.): Die Bundesrepublik Deutschland. Entstehung-Entwicklung-Struktur. Königstein/Ts. 1979. S. 10.

[11] Vgl. dazu Annemarie Tröger: Die Dolchstoßlegende der Linken: „Frauen haben Hitler an die Macht gebracht." Thesen zur Geschichte der Frauen am Vorabend des Dritten Reichs. In: Frauen und Wissenschaft. Beiträge zur Berliner Sommeruniversität. Berlin 1977. S. 324–355.

[12] Vgl. Frauenalltag und Frauenbewegung im 20. Jahrhundert. Materialsammlung zu der Abteilung 20. Jahrhundert im Historischen Museum Frankfurt. Band IV: Frauen in der Nachkriegszeit und im Wirtschaftswunder 1945–1960. Zusammengestellt und kommentiert von Annette Kuhn/Doris Schubert. Frankfurt/Main 1980.
Siegrid Metz-Göckel: Macht- und Selbstlosigkeit der Frauen. Assoziative Überlegungen zum Mutter-Tochter-Bündnis in den letzten drei Generationen oder Das Matriarchat lebt weiter. In: Zeitschrift für Pädagogik. 18. Beiheft. Beiträge zum 8. Kongreß der Deutschen Gesellschaft für Erziehungswissenschaft vom 22.–24. März 1982 in der Universität Regensburg. Hrsg. von Dietrich Benner, Helmut Heid und Hans Thiersch. Weinheim und Basel 1983. S. 353–363.
Artikelserie in der „Courage". Nr. 6, 7 und 8 1982 (7) von Ingrid Schmidt-Harzbach.
Monika Funke-Stern: UP. In: Ästhetik und Kommunikation. Heft 47 1982 (13). S. 43–50.

[13] Die Diskussion in der AG „Frauen in der Nachkriegszeit und in den 50er Jahren" auf dem Historikerinnentreffen in Berlin (März 1983) bestätigte diesen Verdacht. Ziel frauengeschichtlicher Studien – sofern sie Gegenwartsrelevanz erhalten sollen – kann es aber nicht sein, beim hermeneutischen Verstehen weiblicher Handlungsweisen stehenzubleiben und den Frauen jegliche Verantwortung für gesellschaftliche Entwicklungen abzusprechen. Eine so verstandene „feministische" (Geschichts-) Wissenschaft zementiert bestehende gesellschaftliche Mißstände. Um aufklärend und damit gegenwartsrelevant zu wirken, muß historische Frauenforschung sowohl die Funktionalität traditionell weiblichen Verhaltens für die bestehenden gesellschaftlichen Machtverhältnisse aufzeigen als auch „vergessene" historische Handlungsalternativen in Erinnerung bringen!

[14] Vgl. Hilde Thurnwald: Gegenwartsprobleme Berliner Familien. Eine soziologische Untersuchung an 498 Familien. Berlin 1948. S. 173–180.

[15] Kleßmann, a. a. O., S. 56.

[16] Vgl. Peter Waldmann: Die Eingliederung der ostdeutschen Vertriebenen in die westdeutsche Gesellschaft. In: Josef Becker/Theo Stammen/Peter Waldmann (Hrsg.): Vorgeschichte der Bundesrepublik Deutschland. Zwischen Kapitulation und Grundgesetz. München 1979. S. 163–192. Hier S. 168.

[17] In Duisburg z. B. stieg die Säuglingssterblichkeit von 7,6% im Jahre 1938 auf 18,2% im Jahre 1945 an. Vgl. Die sozialen und gesundheitlichen Verhältnisse der Duisburger Bevölkerung. Bericht der Stadtverwaltung Duisburg an den Sozialminister des Landes Nordrhein-Westfalen vom 20. 5. 1947. NW 43–463. Hauptstaatsarchiv Düsseldorf (im folgenden HSTA). S. 8.

[18] Vgl. Harald Winkel: Die Wirtschaft im geteilten Deutschland. 1945–1970. Wiesbaden 1974. S. 30 ff.

[19] Vgl. Die sozialen und gesundheitlichen Verhältnisse der Duisburger Bevölkerung, a. a. O., S. 8.

[20] Zur Reproduktionspolitik der Nationalsozialisten vgl. S. 59–62.

[21] Vgl. Dieter Wirth: Die Familie in der Nachkriegszeit. Desorganisation oder Stabilität? In: Becker/Stammen/Waldmann, a. a. O., S. 193–216. Hier S. 196. Theo Pirker: Die verordnete Demokratie. Grundlagen und Erscheinungen der ,Restauration'. Berlin 1977. S. 100.

[22] Vgl. Werner Abelshauser: Wirtschaft in Westdeutschland 1945–1948. Rekonstruktion und Wachstumsbedingungen in der amerikanischen und britischen Zone. Stuttgart 1975. S. 39.

[23] Ebda., S. 35.

[24] Huster u. a., a. a. O., S. 71.

[25] Vgl. Abelshauser, Wirtschaft in Westdeutschland, a. a. O., S. 43.

[26] Vgl. Thurnwald, a. a. O., S. 44.

[27] Vgl. Abelshauser, Wirtschaft in Westdeutschland, a. a. O., S. 43.

[28] Metz-Göckel, a. a. O., S. 362.

[29] Die deutsche Wirtschaft zwei Jahre nach dem Zusammenbruch. Tatsachen und Probleme. Hrsg. vom Deutschen Institut für Wirtschaftsforschung. Berlin 1947. S. 181.

[30] Thurnwald, a. a. O., S. 80 f.

[31] Vgl. Verwaltungsbericht der Stadt Duisburg für 1946 und 1947. Tabelle 69 und 70. S. 44. Stadtarchiv Duisburg (im folgenden STA-DU).

[32] Thurnwald, a. a. O., S. 77 f.

[33] Dirk Berg-Schlosser: Die Konstituierung des Wirtschaftssystems. In: Becker/Stammen/Waldmann, a. a. O., S. 93–122. Hier S. 96.

[34] Edward P. Thompson: Die ‚sittliche Ökonomie' der englischen Unterschichten im 18. Jahrhundert. In: Detlev Puls (Hrsg.): Wahrnehmungsformen und Protestverhalten. Studien zur Lage der Unterschichten im 18. und 19. Jahrhundert. Frankfurt/Main 1979. S. 13–80. Hier S. 66 f.

[35] Thurnwald, a. a. O., S. 69 f.

[36] Ebda., S. 70.

[37] Der seit 1936 bestehende Lohnstop wurde gemäß der Direktive Nr. 14 des Alliierten Kontrollrats vom 12.10.1945 weitergeführt und erst am 3.11.1948 durch Gesetz des Wirtschaftsrates wieder aufgehoben, nachdem die Preisbindungen der meisten Güter schon im Juni 1948 ebenfalls durch Gesetz des Wirtschaftsrates weggefallen waren. Vgl. Dirk Berg-Schlosser, a. a. O., S. 113.

[38] Vgl. ebda., S. 96.

[39] Thurnwald, a. a. O., S. 69.

[40] Vgl. Winkel, a. a. O., S. 31.

[41] Aus: Berichte der Familienfürsorgerinnen verschiedener nordrhein-westfälischer Städte über die Wohnverhältnisse, Ernährungsverhältnisse, Bekleidung und allgemeine Notlage der Bevölkerung. Juni 1947. NW 42–232. HSTA. Blatt 80 f.

[42] Vgl. Thurnwald, a. a. O., S. 50.

[43] Berichte der Familienfürsorgerinnen, a. a. O., Blatt 53.

[44] Ebda., Blatt 73 f.

[45] Ebda., Blatt 121.

[46] NRZ vom 16.2.1949. STA-DU.

[47] Berichte der Familienfürsorgerinnen, a. a. O., Blatt 11.

[48] Thurnwald, a. a. O., S. 192.

[49] Vgl. ebda., S. 186 ff.

[50] Ebda., S. 188.

[51] Ebda., S. 186.

[52] Berichte der Familienfürsorgerinnen, a. a. O., Blatt 5.

[53] Vgl. Eine Frau in Berlin. Tagebuchaufzeichnungen. Genf/Frankfurt/Main 1958. S. 224.

[54] Vgl. ebda., S. 224.

[55] Die Welt der Frau. Heft 6/1948 (2). S. 2.

[56] Berichte der Familienfürsorgerinnen, a. a. O., Blatt 7.

[57] Vgl. Aus Urgroßmutters Rezeptebüchlein. In: Die Frau von heute. Heft 15 + 16/1948 (3). S. 19.

[58] Vgl. Wäsche waschen ohne Seife. In: Der Regenbogen. Heft 5/1946 (1). S. 13.

[59] Der Regenbogen. Heft 5/1948 (3). S. 18.

[60] Vgl. z. B. Frauenwelt. Heft 2/1946 (1). S. 17.

[61] Thurnwald, a. a. O., S. 35.

[62] Ebda., S. 35.

[63] Vgl. Bericht über die sozialen und gesundheitlichen Verhältnisse der Duisburger Bevölkerung, a. a. O., S. 8.

[64] Ebda., S. 8.

[65] Ebda., S. 10.

[66] Die sozialen und gesundheitlichen Verhältnisse der Stadt Aachen. Bericht des Statistischen Amts der Stadt Aachen an den Sozialminister des Landes Nordrhein-Westfalen vom Juni 1947. NW 42–457. HSTA. S. 32.

[67] Zum Teil sicherlich eine Folge des Kriegseinsatzes und der Zustände in den Gefangenenlagern.

[68] Vgl. z. B. Die sozialen und gesundheitlichen Verhältnisse der Stadt Mülheim-Ruhr. Bericht der Stadtverwaltung Mülheim-Ruhr an den Sozialminister des Landes Nordrhein-Westfalen. NW 43–469. HSTA. S. 3.

[69] Berichte der Familienfürsorgerinnen, a. a. O., Blatt 73.

[70] Ebda., Blatt 22.

[71] Österliche Küche. In: Der Regenbogen. Heft 4/1946 (1). S. 15.

[72] Bericht über die sozialen und gesundheitl. Verhältnisse der Duisburger Bevölkerung, a. a. O., S. 14.

[73] Die Welt der Frau. Heft 2/1946 (1). S. 33.

[74] Die Frau von heute. Heft 12/1946 (1). S. 19.

[75] Was die Mode befiehlt. In: Die Frau von heute. Heft 23/1947 (2). S. 19.

[76] Das hat uns gerade noch gefehlt! In: Die Frau von heute. Heft 4/1948 (3). S. 19.

[77] Bericht über die sozialen und gesundheitlichen Verhältnisse der Duisburger Bevölkerung, a. a. O., S. 14.

[78] Thurnwald, a. a. O., S. 53 und 55.

[79] Zitiert nach Winkel, a. a. O., S. 32.

[80] Vgl. dazu Christoph Kleßmann/Peter Friedemann: Streiks und Hungermärsche im Ruhrgebiet 1946–1948. Frankfurt/Main 1977.

[81] Westdeutsches Volks-Echo vom 13. und 20. 12. 1946. STA-DU.

[82] James R. Newman: Rundfunkansprache. In: Klassenbuch 3. Ein Lesebuch zu den Klassenkämpfen in Deutschland. 1920–1971. Hrsg. von Hans-Magnus Enzensberger u. a. Darmstadt/Neuwied 3. Auflage 1973. S. 134f. Hier S. 135.

[83] Hans Böckler: Vorteile. In: Klassenbuch 3, a. a. O., S. 136f.

[84] Kleßmann, Die doppelte Staatsgründung, a. a. O., S. 112.

[85] Vgl. Verordnung über die Leistung von Pflichtarbeit vom 31.7.1945. In: Mitteilungs- und Verordnungsblatt des Oberpräsidenten der Nord-Rheinprovinz. Nr. 1 vom 20. 8. 1945 (1). S. 2f.

[86] Christine Ständer: Von der Verantwortung der Frau. Ein Weckruf. Warendorf 1947. S. 39.

[87] Frauen gestern und heute. Berlin 1946. S. 11.

[88] Ebda., S. 15.

[89] Helga Prollius: Ein Königreich für einen Mann? In: Constanze. Heft 7/1949. S. 3. Abgedruckt in: Frauen in der Nachkriegszeit und im Wirtschaftswunder, a. a. O., S. 53f.

[90] Walther von Hollander: Der Mann als Ballast. In: Constanze. Heft 15/1948. S. 7. Abgedruckt ebda., S. 48.

[91] Rita Öhquist: Kameradschaft in Haus und Küche. In: Der Regenbogen. Heft 1/1947. S. 22. Abgedruckt ebda., S. 41.

[92] Leserbriefe auf die Umfrage: „Soll der Mann im Haushalt helfen?" In: Constanze. Heft 7/1948. S. 17. Abgedruckt ebda., S. 42f.

[93] Vgl. Frauen in der Nachkriegszeit und im Wirtschaftswunder, a. a. O., S. 121.

[94] Vgl. Tröger, Die Dolchstoßlegende der Linken, a. a. O., S. 343.

[95] Das deutsche Frauenbuch. Hrsg. von Oskar Lukas. Berlin 1942. S. 283–284. Abgedruckt in: Frauenalltag und Frauenbewegung im 20. Jahrhundert. Materialsammlung zu der Abteilung 20. Jahrhundert im Historischen Museum Frankfurt. Band III: Frauen im deutschen Faschismus 1933–1945. Zusammengestellt und kommentiert von Sabine Kübler/Annette Kuhn/Wilma Wirtz. Frankfurt/Main 1980. S. 143f. Hier S. 144.

[96] Else Buresch-Riebe: Der Schutz der weiblichen Arbeitskraft im Kriege. In: Monatshefte für NS-Sozialpolitik. Stuttgart 1941 (8). S. 9f. Abgedruckt ebda., S. 146.

[97] Aenne Sprengel: Die Bauersfrau als Berufstätige in der Landwirtschaft. In: Das nationalsozialistische Frauenbuch. Berlin 1934. S. 103. Abgedruckt ebda., S. 150.

[98] Vgl. Tröger, Die Dolchstoßlegende der Linken, a. a. O.

[99] Ebda., S. 343f.

[100] So z. B. Dörte Winkel: Frauenarbeit im „Dritten Reich". Hamburg 1977.

[101] Vgl. Direktive Nr. 14. Grundsätze für die Bestimmungen betreffs der Arbeitslöhne vom 12.10.1945. In: Amtsblatt des Kontrollrats in Deutschland. Nr. 1. 25. 10. 1945. DIa 28. HSTA. S. 40.

[102] Vgl. z. B. Verordnung Nr. 105. Erfassung und Ablieferung von landwirtschaftlichen Erzeugnissen vom 1. 7. 1947. In: Amtsblatt der Militärregierung Deutschland. Britisches Kontrollgebiet 1947–1948. DIa 27. HSTA. S. 597–600.

[103] Ein Indiz dafür sind die vielen Zeitungsartikel über Schieber und Spekulanten.

[104] Vgl. Mitteilungs- und Verordnungsblatt des Oberpräsidenten der Nord-Rheinprovinz vom 10. 9. 1945 (1). S. 17.

[105] Ebda.

[106] Irmgard Enderle: Frauenüberschuß und Gewerkschaften. Köln 1947. S. 11.

[107] Protokoll über die Tagung der Frauenausschüsse der Bünde vom 25.–27. 1. 1949. S. 3. DGB-Akte „Verschiedenes". DGB-Archiv Düsseldorf.

[108] Margarete Traeder: Hauswirtschaftliches Lehrjahr? In: Der Bund. Nr. 4/1947 (1). S. 3. DGB-Archiv Düsseldorf.

[109] Vgl. S. 56.

[110] Hans Karl Rupp: Politische Geschichte der Bundesrepublik Deutschland. Entstehung und Entwicklung. Eine Einführung. Stuttgart/Berlin/Köln/Mainz 1978. S. 61 f.

[111] Abelshauser, Wirtschaft in Westdeutschland, a. a. O., S. 167.

[112] Zitiert nach: Hartmut Pietsch: Militärregierung, Bürokratie und Sozialisierung. Zur Entwicklung des politischen Systems in den Städten des Ruhrgebiets 1945–1948. Duisburg 1978. S. 284.

[113] Marietta Marx: Die Frau im Betrieb. Eine betriebswirtschaftl. Untersuchung. Diss. Köln 1949. S. 9.

[114] Vgl. S. 56 f.

[115] Vgl. Sibylle Meyer/Eva Schulze: „Alleine war's schwieriger und einfacher zugleich". Veränderung gesellschaftlicher Bewertung und individueller Erfahrung alleinstehender Frauen in Berlin 1943–1955. In: Anna E. Freier/Annette Kuhn (Hrsg.): „Das Schicksal Deutschlands liegt in der Hand seiner Frauen." – Frauen in der deutschen Nachkriegsgeschichte. Düsseldorf 1984. S. 348–385.

[116] So waren z. B. alleinstehende Frauen steuerlich benachteiligt, die Wohnungsbauprogramme in erster Linie auf die Kleinfamilie abgestimmt, uneheliche Kinder gegenüber ehelichen benachteiligt.

[117] Vgl. Kleßmann, Die doppelte Staatsgründung, a. a. O., S. 190

[118] Ebda., S. 191.

[119] So leben wir. Bei den Bergarbeiterfrauen der Ruhr. In: Der Regenbogen. Heft 3/1949 (4). S. 6.

[120] Die soziale Lage der Industriearbeiterinnen. Ergebnisse einer Betriebsuntersuchung. In: Arbeitsblatt. 1949 (1) DIa. 51. HSTA. S. 438.

[121] NRZ vom 16. 10. 1948. STA-DU.

[122] Huster u. a., a. a. O., S. 70.

[123] Kleßmann schreibt dazu: „Nach gewerkschaftlichen Berechnungen lag das Existenzminimum eines Dreipersonenhaushaltes 1952 bei ca. 366 DM. Der Durchschnittsverdienst männlicher Industriearbeiter betrug demgegenüber wöchentlich 82,90 DM, der Lohn von Arbeiterinnen in der Industrie nur 47,96 DM." Vgl. Kleßmann, Die doppelte Staatsgründung, a. a. O., S. 226.

[124] Huster u. a., a. a. O., S. 71.

[125] Auf den ideologischen Charakter dieser Sicht von Lohnarbeit, die die Notwendigkeit der Hausarbeit als Korrelat der Lohnarbeit ignoriert, wurde bereits verwiesen. Vgl. S. 27 f.

[126] Vgl. NW 45-120 und NW 37-647/I. HSTA.

[127] Vgl. hierzu exemplarisch Werner Abelshauser, Wirtschaft in Westdeutschland, a. a. O., der die Bedeutung der Frauenarbeit in der Nachkriegszeit mit dem Hinweis auf die niedrige Frauenerwerbsquote infolge des „geringe(n) Anreiz(es) zur Erwerbstätigkeit in einer Zeit inflationären Geldüberhanges" abtut. (Abelshauser, S. 109).

[128] Vgl. S. 62–64.

[129] Huster u. a., a. a. O., S. 71.

[130] Vgl. Abelshauser, Wirtschaft in Westdeutschland, a. a. O., S. 43.

[131] Huster u. a., a. a. O., S. 70.

[132] Vgl. Abelshauser, Wirtschaft in Westdeutschland, a. a. O., S. 43.

[133] Vgl. Statistisches Jahrbuch Nordrhein-Westfalen. 1. Jahrgang 1949. Hrsg. vom Statistischen Landesamt Nordrhein-Westfalen. Düsseldorf 1950. S. 243.

[134] Vgl. Wirth, a. a. O., S. 198.

[135] Vgl. ebda.

[136] Vgl. Pirker, a. a. O., S. 100.

[137] Vgl. Waldmann, a. a. O., S. 168.

[138] Vgl. Werner Abelshauser: Probleme des Wiederaufbaus der westdeutschen Wirtschaft 1945–1953. In: Heinrich August Winkler, a. a. O., S. 208–253. Hier S. 215 f.

[139] Vgl. ebda., S. 215 f.

[140] Vgl. Pirker, a. a. O., S. 100.

[141] Vgl. Abelshauser, Probleme des Wiederaufbaus, a. a. O., S. 217.

[142] Vgl. ders., Wirtschaft in Westdeutschland, a. a. O., S. 103. Als „Arbeitskräftepotential" gilt hier, ausgehend vom Kontrollratsbefehl Nr. 3 vom 17. 1. 1946, die Summe der Männer zwischen 14 und 65 und der Frauen zwischen 14 und 50 Jahren.

[143] Im Ruhrgebiet verhängte die britische Militärregierung Zuzugsverbote über die zerstörten Städte. Vgl. dazu Peter Hüttenberger: Nordrhein-Westfalen und die Entstehung seiner parlamentarischen Demokratie. Siegburg 1973. S. 23.

113

[144] Abelshauser, Wirtschaft in Westdeutschland, a. a. O., S. 110.

[145] Vgl. ebda.

[146] Manfred Rexin: Die Jahre 1945–1949. In: Herbert Lilge (Hrsg.): Deutschland 1945–1963. Hannover 5. Auflage 1967. S. 3–67. Hier S. 3.

[147] Vgl. Statistisches Jahrbuch Nordrhein-Westfalen, a. a. O., S. 8.

[148] Renate Wiggershaus: Geschichte der Frauen und der Frauenbewegung. In der Bundesrepublik Deutschland und in der Deutschen Demokratischen Republik nach 1945. Wuppertal 1979. S. 21.

[149] In den Jahren nach Kriegsende erschien eine ganze Reihe von wissenschaftlichen Abhandlungen, die das Problem weiblicher Erwerbsarbeit und seine Verknüpfung mit den reproduktiven Tätigkeiten der Frau aus betriebswirtschaftlicher, volkswirtschaftlicher, soziologischer, psychologischer und medizinischer Sicht behandelten. Außerdem wurden zahlreiche Broschüren und Bücher über alte und neue Berufsmöglichkeiten für Frauen veröffentlicht sowie eine Vielzahl von Aufsätzen und Artikeln in Fachzeitschriften und Frauenzeitschriften über Einzelaspekte weiblicher Erwerbsarbeit.

[150] IHK Düsseldorf: Lagebericht Juli 1946. S. 1.

[151] Ebda., S. 2.

[152] Abelshauser, Wirtschaft in Westdeutschland, a. a. O., S. 109.

[153] Vgl. ebda., S. 109.

[154] Vgl. Verordnung über die Leistung von Pflichtarbeit vom 31. 7. 1945, a. a. O., S. 3.

[155] Rundverfügung Nr. 118/1946 des Landesarbeitsamts Westfalen-Lippe vom 5. 6. 1946. NW 37–647/II. HSTA.

[156] Vgl. Statistik der Britischen Besatzungszone. Band 1/Heft 6. Berufszählung. Die Bevölkerung der britischen Besatzungszone nach den Ergebnissen der Berufszählung vom 29. Oktober 1946. Tabellenteil. Teil I. Hrsg. vom Statistischen Amt für die britische Besatzungszone. S. 10 und 11.

[157] Deutschland Jahrbuch 1949. Hrsg. von Klaus Mehnert und Heinrich Schulte. Essen o. J. S. 239.

[158] Vgl. Befehl Nr. 3. Registrierung der in arbeitsfähigem Alter stehenden Bevölkerung. Registrierung der Arbeitslosen und deren Unterbringung in Arbeit. In: Amtsblatt des Kontrollrats in Deutschland. Nr. 6. 30. 4. 1946. DIa 28. HSTA. S. 131–133.

[159] Vgl. Reichsgesetzblatt. Nr. I/1939. S. 1683.

[160] Vgl. Reichsarbeitsblatt. Nr. III/1939. S. 293 und 352.

[161] Vgl. hierzu Schreiben des Arbeitsministers NRW an die Gewerbeaufsichtsämter NRW vom 8. 4. 1949. In: NW 37–647/I. HSTA. Blatt 91.

[162] Am 21. 3. 1946 hob z. B. der Oberpräsident der Provinz Westfalen das Verbot der Beschäftigung von Frauen auf Bauten für seinen Amtsbereich auf. Vgl. Rundbrief des Arbeitsamts Bochum vom Juli 1946. RW177–258. HSTA.

[163] Vgl. Amtsblatt des Kontrollrats in Deutschland. Nr. 9. 31. 7. 1946. DIa 28. HSTA. S. 166.

[164] Vgl. Anweisung zur Durchführung des Kontrollratsgesetzes Nr. 32. In: Arbeitsblatt für die britische Zone. 1947 (1). DIa 51. HSTA. S. 3 f.

[165] Ebda., S. 4.

[166] Vgl. ebda., S. 4.

[167] Kontrollratsgesetz Nr. 32. Beschäftigung von Frauen bei Bau- und Wiederaufbauarbeiten. (10. 7. 1946). In: Arbeitsblatt für die britische Zone. 1947 (1). DIa 51. HSTA. S. 3.

[168] Anweisung zur Durchführung des Kontrollratsgesetzes Nr. 32, a. a. O., S. 3.

[169] Rundverfügung Nr. 118/1946 des Landesarbeitsamts Westfalen-Lippe vom 5. 6. 1946, a. a. O., Blatt 1.

[170] Schreiben des Regierungspräsidenten Arnsberg an das Gewerbeaufsichtsamt Dortmund vom 26. 6. 1948. NW 45–66. HSTA.

[171] Anweisung zur Durchführung des Kontrollratsgesetzes Nr. 32, a. a. O., S. 4.

[172] Vgl. S. 58.

[173] Rundverfügung Nr. 118/1946 des Landesarbeitsamts Westfalen-Lippe vom 5. 6. 1946, a. a. O., Blatt 1.

[174] Ursula unten Schrievers: Die industrielle Frauenarbeit, ihre Entwicklung und ihre Auswirkungen. Diss. Marburg 1946. S. 51.

[175] Martha Moers: Frauenerwerbsarbeit und ihre Wirkungen auf die Frau. Recklinghausen 1948. S. 130 f.

[176] Vgl. Rundverfügung Nr. 118/1946 des Landesarbeitsamts Westfalen-Lippe vom 5. 6. 1946, a. a. O.,

Blatt 1: „Auch die für den Baueinsatz nicht voll tauglichen Männer, die aber die geringere Arbeitsleistung von Frauen erzielen können, sind vor den Frauen der Bauwirtschaft zuzuführen."

Vgl. auch Rundverfügung Nr. 23/1947 des Arbeitsministers, vertreten durch den Präsidenten des Landesarbeitsamtes an die Vorsitzenden der Arbeitsämter im Bezirk des Landesarbeitsamtes Nordrhein-Westfalen vom 22. 2. 1947. NW 45–120. HSTA: „. . . daß in allen Fällen, in denen der Einsatz von Frauen auf ungewöhnlichen oder bisher nur von Männern eingenommenen Arbeitsplätzen geplant ist, vorher die Stellungnahme der örtlichen Gewerbeaufsichtsämter eingeholt wird. Hierdurch wird den Gefahren für die Gesundheit der werktätigen Frauen vorgebeugt und gleichzeitig der zweckvolle Einsatz der weiblichen Arbeitskräfte gefördert."

[177] Deutschland-Jahrbuch 1949, a. a. O., S. 242.

[178] Ebda., S. 240.

[179] Arbeits- und Sozialministerium, Abtlg. Arbeitsschutz an das Landesarbeitsamt Nordrhein-Westfalen und das Landesarbeitsamt Nordrhein-Westfalen, Außenstelle Münster am 27. 1. 1947. NW 45–120. HSTA.

[180] Rundverfügung Nr. 23/1947 des Arbeitsministers vom 22. 2. 1947, a. a. O.

[181] Vgl. NW 45–120 und NW 37–647/I. Nach den dort gefundenen Hinweisen wurde diese Liste erstellt.

[182] Schreiben der Hüttenwerke Geisweid an das Arbeitsministerium Nordrhein-Westfalen vom 26. 1. 1948. NW 37–647/I. HSTA. Blatt 138 f.

[183] Maria Tritz: Zeitbedingte Aufgabe des Fraueneinsatzes. In: Arbeitsblatt für die britische Zone. 1947 (1). DIa 51. HSTA. S. 91.

[184] Rundverfügung Nr. 118/1946 des Landesarbeitsamts Westfalen-Lippe vom 5. 6. 1946, a. a. O., Blatt 2.

[185] Tritz, a. a. O., S. 91

[186] Schreiben des Staatlichen Gewerbearztes für den Aufsichtsbereich 1 (Düsseldorf, Köln, Aachen) an den Arbeitsminister des Landes Nordrhein-Westfalen vom 17. 10. 1947. NW 37–647/I. HSTA. Blatt 214.

[187] Schreiben des Arbeitsministers des Landes Nordrhein-Westfalen an die leitenden Gewerbeaufsichtsbeamten bei der Regierung Düsseldorf, Köln, Aachen, Münster, Arnsberg, Minden vom 9. 3. 1948. NW 37–647/I. HSTA. Blatt 147.

[188] Schreiben des Arbeitsministers des Landes Nordrhein-Westfalen an die Gewerbeaufsichtsämter Nordrhein-Westfalen vom 13. 6. 1949. NW 45–7. HSTA.

[189] Schrievers, a. a. O., S. 67.

[190] Ebda., S. 67.

[191] Ebda., S. 67.

[192] Marx, a. a. O., S. 9.

[193] Vgl. Arbeits- und Sozialministerium, Abtlg. Arbeitsschutz an das Landesarbeitsamt Nordrhein-Westfalen vom 27. 1. 1947, a. a. O.

[194] Vgl. Schreiben des Gewerbeaufsichtsamts Dortmund an den Arbeitsminister des Landes Nordrhein-Westfalen vom 31. 12. 1949. NW 37–647/1. HSTA. Blatt 30.

[195] Vgl. S. 80 f.

[196] Schreiben des Gewerbeaufsichtsamts Essen an den Arbeitsminister des Landes Nordrhein-Westfalen vom 29. 12. 1949. NW 37–647/I. HSTA. Blatt 43.

[197] Schrievers, a. a. O., S. 51.

[198] Marx, a. a. O., S. 9 f.

[199] Annemarie Tröger: Die Frau im wesensgemäßen Einsatz. In: Frauengruppe Faschismusforschung (Hrsg.): Mutterkreuz und Arbeitsbuch. Zur Geschichte der Frauen in der Weimarer Republik und im Nationalsozialismus. Frankfurt/Main 1981. S. 246–272. Hier S. 267.

[200] Ebda., S. 266.

[201] Ebda., S. 266.

[202] Martha Moers: Der Fraueneinsatz in der Industrie. Berlin 1943.

[203] Dies.: Frauenerwerbsarbeit und ihre Wirkungen auf die Frau, a. a. O.

[204] Ebda., S. 180.

[205] Ebda., S. 97.

[206] Ebda., S. 176.

[207] Ebda., S. 176.

[208] Ebda., S. 176.

[209] Vgl. S. 80 f.

[210] Moers, Frauenerwerbsarbeit und ihre Wirkungen auf die Frau, a. a. O., S. 125.

[211] Margarete Brendgen: Neue Wege der weiblichen Berufsberatung. In: Arbeitsblatt für die britische Zone. 1947 (1). DIa 51. HSTA. S. 353–357. Hier S. 356.

[212] Ebda., S. 356.

[213] Enderle, a. a. O., S. 6.

[214] Brendgen, a. a. O., S. 354.

[215] Vgl. dazu Elisabeth Beck-Gernsheim: Das halbierte Leben. Männerwelt Beruf – Frauenwelt Familie. Frankfurt/Main 1980. S. 123. In „hochindustrialisierten Ländern mit hoher Frauenerwerbstätigkeit sinken Heiratshäufigkeit und Geburtenziffern, und der Zusammenhang zur Berufsarbeit ist durchaus nachweisbar. So schieben schon in den Berufen mit mittlerem Ausbildungsniveau junge Frauen die Heirat häufig auf, um noch ein paar Jahre länger berufstätig bleiben zu können; und erst recht in den hochqualifizierten Berufen ist die Entscheidung gegen Ehe und Kinder eine nicht seltene Strategie, um dem Dilemma von Berufsanforderungen und Familienanforderungen zu entkommen." Vgl. auch ebda., S. 165–171.

[216] Wollen alle Mädchen heiraten? Ein neuer Typ unseres Gesellschaftslebens: die eheunwillige Frau. In: Die Frau. Heft 13/1949. S. 17.

[217] Vgl. Bericht der Abteilung III Arbeitsschutz im Arbeitsministerium Nordrhein-Westfalen vom 3. 11. 1948. NW 45–123/124. HSTA. S. 1.

[218] Ebda.

[219] Gesetz über Freizeitgewährung für Frauen mit eigenem Hausstand vom 27. 7. 1948. Abgedruckt in NW 45–123. HSTA.

[220] Gewerbeaufsichtsamt Wuppertal an Arbeitsministerium Nordrhein-Westfalen vom 19. 7. 1949. NW 45–124. HSTA. S. 1.

[221] Ebda., S. 1.

[222] Ebda., S. 2.

[223] Vgl. ebda., S. 4.

[224] Vgl. Gewerbeaufsichtsamt Duisburg an Arbeitsministerium Nordrhein-Westfalen vom 16. 7. 1949. NW 45–124. HSTA. S. 2.

[225] Vgl. Gewerbeaufsichtsamt Wuppertal an Arbeitsministerium Nordrhein-Westfalen vom 19. 7. 1949, a. a. O., S. 5.

[226] Vgl. ebda., S. 3.

[227] Gewerbeaufsichtsamt Duisburg an Arbeitsministerium Nordrhein-Westfalen vom 16. 7. 1949, a. a. O., S. 1.

[228] Aus einer Denkschrift der Deutschen Angestellten-Gewerkschaft, Landesverband Nordrhein-Westfalen vom 16. 5. 1949. NW 45–123. HSTA.

[229] Gewerbeaufsichtsamt Mönchen-Gladbach an Arbeitsministerium Nordrhein-Westfalen am 16. 7. 1949. NW 45–124. HSTA.

[230] Entwurf der Abtlg. IVa im Arbeitsministerium Nordrhein-Westfalen für eine Neufassung des Gesetzes über Freizeitgewährung für Frauen mit eigenem Hausstand vom 27. 4. 1949. NW 45–123. HSTA.

[231] Lohnstop-Verordnung vom 16. 10. 1939. Vgl. Arbeitsblatt für die britische Zone. 1947 (1). DIa 51. HSTA. S. 231.

[232] Direktive Nr. 14, a. a. O.

[233] Ergänzung zur Direktive Nr. 14 vom 13. 9. 1946. In: Arbeitsblatt für die britische Zone. 1947 (1). DIa 51. HSTA. S. 231.

[234] Zahlen gelten für Nordrhein-Westfalen. Vgl. Statistisches Jahrbuch Nordrhein-Westfalen, a. a. O., S. 222.

[235] Vgl. exemplarisch den auf S. 83 f geschilderten Fall.

[236] Wolf-Graaf, a. a. O., S. 282.

[237] Vgl. z. B. Marx, a. a. O., S. 9 ff.

[238] Vgl. Gewerbeaufsichtsamt Mönchen-Gladbach an Arbeitsministerium Nordrhein-Westfalen vom 16. 7. 1949, a. a. O.

[239] Vgl. Gewerbeaufsichtsamt Wuppertal an Arbeitsministerium Nordrhein-Westfalen vom 19. 7. 1949, a. a. O., S. 5.

[240] Vgl. Reichsgesetzblatt. Nr. I/1939. S. 1693. Die Verordnung war in der britischen Zone vorübergehend außer Kraft gesetzt worden, während sie in der amerikanischen und französischen Zone ununterbrochen gültig war.

116

[241] Die Aufhebung des Preisstops erfolgte am 24. 6. 1948.

[242] Rundschreiben Nr. 125 des Zentralausschusses der deutschen Binnenschiffahrt vom 3. 11. 1948. NW 37–647/I. HSTA. Blatt 265.

[243] Reichsbahn entläßt Frauen. In: Die Genossin. Heft 2/1949 (12). S. 47 f.

[244] Sind weibliche Beamte gleichberechtigt? In: Die Genossin. Heft 2/1948 (11). S. 14.

[245] Auszug aus dem Protokoll der Sitzung des Personalausschusses der Stadt Duisburg vom 20. 7. 1948. 100/A7. STA-DU.

[246] Doppelverdiener trotz Arbeitslosigkeit? In: Die Genossin. Heft 11/1949 (12). S. 331.

[247] Die soziale Lage der Industriearbeiterinnen, a. a. O., S. 437.

[248] Vgl. ebda., S. 437.

[249] Erna Hamann: Die Situation der Frauenarbeit. In: Arbeitsblatt. 1949 (1). DIa 51. HSTA. S. 124–128. Hier S. 124.

[250] Ebda., S. 124.

[251] Vgl. Frauenwelt. Heft 11 + 12/1948 (4). S. 32.

[252] Vgl. Die Welt der Frau. Heft 6/1948 (2). S. 27.

[253] Vgl. Gleichberechtigung? In: Die Welt der Frau. Heft 7/1948 (2). S. 28.

[254] „Frauenselbsthilfe" – Ein Versuch der Arbeitsbeschaffung für bisher nicht erwerbstätige Frauen. In: Arbeitsblatt. 1949 (1). DIa 51. HSTA. S. 69–71. Hier S. 70.

[255] Ebda., S. 69.

[256] Ebda., S. 70.

[257] Ebda., S. 71.

[258] Vgl. Maria Tritz: Die „Aktion Nordsee". In: Arbeitsblatt 1949 (1). DIa 51. HSTA. S. 254–256.

[259] Vgl. Niederschrift über die Sitzung des Fachausschusses für Frauenfragen vom 26. 10. 1948 im Landesarbeitsamt Düsseldorf, NW 45–120. HSTA.

[260] Tritz, Die Aktion Nordsee, a. a. O., S. 254 f.

[261] Vgl. ebda., S. 255.

[262] Hamann, Die Situation der Frauenarbeit, a. a. O., S. 126.

[263] Dies.: Die Frau auf dem Arbeitsmarkt. In: Arbeitsblatt. 1949 (1). DIa 51. HSTA. S. 423–426. Hier S. 424.

[264] Hamann, Die Situation der Frauenarbeit, a. a. O., S. 125.

[265] Es handelte sich um Empfehlungen, die schon als sozialer „Fortschritt" für Hausangestellte bejubelt wurden. Tarifverträge nämlich existierten gar nicht, ein weiteres Indiz für die ungeschützte, rechtlose Stellung der Hausangestellten. Vgl. Der Lohnanspruch der Hausgehilfen. In: Der Regenbogen. Heft 11/1948 (3). S. 19.

[266] Vgl. ebda.

[267] Traeder, a. a. O., S. 3.

[268] Liesel Kipp-Kaule: Hauswirtschaftliches Lehr- oder Anlernverhältnis? In: Die Genossin. Heft 7/1948 (11). S. 92 f.

[269] Stellungnahme der Trizonalen Frauenkonferenz der Mitglieder der Frauenausschüsse der Bünde in Rod a. d. Weil vom 25.–27. 1. 1949 zum Hauswirtschaftlichen Lehr- und Anlernverhältnis in privaten Haushaltungen. DGB-Akte „Verschiedenes". DGB-Archiv Düsseldorf.

[270] Die Genossin. Heft 2/1949 (12). S. 46. Bericht über eine Sitzung des Landesfrauenausschusses Württemberg-Baden.

[271] Vgl. Hamann, Die Situation der Frauenarbeit, a. a. O., S. 126.

[272] Ebda., S. 126.

[273] Ebda., S. 128.

[274] So erschloß die Rationalisierungswelle der 20er Jahre den Frauen neue, nämlich Fließbandarbeitsplätze, weil sie aufgrund ihrer antrainierten Eigenschaften, Verhaltensweisen und Denkstrukturen – Geduld, Fingerfertigkeit, Geschicklichkeit, familienorientierte Arbeitsmotivation – zum einen effektiver arbeiteten als Männer und zum anderen die Monotonie der Fließbandarbeit bereitwilliger hinnahmen. Vgl. dazu Gabriele Wellner: Arbeitsmarkt, Arbeit und Privatleben 1919–1933. In: Geschichte und Gesellschaft. Heft 3 + 4/1981 (7): Frauen in der Geschichte des 19. und 20. Jahrhunderts. S. 534–554.
Vgl. auch Annemarie Tröger: Die Frau im wesensgemäßen Einsatz, a. a. O.

[275] „Beziehungsarbeit" meint die psychischen Reproduktionsleistungen von Frauen.

[276] Wolf-Graaf, a. a. O., S. 71.

117

Teil II: Quellen

1. Die Nachkriegssituation

„Es muß in diesem Zusammenhang einmal eine Fehlmeinung beseitigt werden, als habe die Bevölkerung der deutschen Großstädte während des Krieges abgesehen von ein paar Bombennächten ein zwar arbeitsames, aber ruhiges Dasein geführt und sich dabei reichlich, jedenfalls auskömmlich von den Lebensmitteln ernährt, die aus den besetzten Gebieten herangeschafft wurden. Nein, so war es nicht. Vielmehr war die städtische Bevölkerung in Deutschland bei Kriegsende durch eine Unzahl von Bombenangriffen seelisch schwer erschüttert, sie hatte die letzten Jahre des Krieges hindurch vielfach ein geradezu primitives Leben in Hausruinen und Notunterkünften geführt und war auf Lebensmittelrationen gesetzt, die schon damals ein allgemeines Abmagern und zahlreiche darauf zurückzuführende Erkrankungen zur Folge hatten."[1]

Nach Kriegsende jedoch verschlechterte sich die Versorgungslage vor allem in den Großstädten ganz erheblich, was zunächst eine Folge der unmittelbaren Kriegseinwirkungen, insbesondere der gezielten Bombardierung des Verkehrssystems war. Nicht nur die Schienenwege und Straßennetze waren zerstört oder blockiert, sondern auch die Flüsse waren aufgrund gesunkener Schiffe und eingestürzter Brücken zum großen Teil unpassierbar. (Q3)
Die Alliierten übernahmen das nationalsozialistische Bewirtschaftungssystem; die Erfassung und Verteilung der Gebrauchsgüter oblag weiterhin den Wirtschafts- und Ernährungsämtern. Auch der von den Nationalsozialisten verfügte Lohn- und Preisstop blieb bestehen. Offiziell waren Lebensmittel und andere Versorgungsgüter lediglich über Lebensmittelkarten und Bezugsscheine erhältlich. Die auf den ersten Blick sehr niedrig erscheinenden Preise der rationierten Waren (Q22) waren aber angesichts der sehr niedrigen Realeinkommen immer noch so hoch, daß manchen Familien nicht genug Geld zur Verfügung stand, um die ihnen zustehenden Rationen auch erwerben zu können. (Q5) Die Lebensmittelkarten können aber nicht nur aus diesem Grund nicht als Gradmesser für die Güte der Versorgung herhalten; hinzu kam, daß zum einen die ausgedruckten Rationen längst nicht immer auch tatsächlich zur Verfügung standen und zum anderen die Qualität der zugeteilten Lebensmittel sehr schlecht war. Die Versorgungssituation verschlechterte sich aufgrund der alliierten Wirtschaftspolitik, die den Schwer-

---

[1] Die sozialen und gesundheitlichen Verhältnisse der Duisburger Bevölkerung. NW 43 Nr. 463. HSTA.

punkt auf die Ankurbelung der Grundstoff- und Produktionsgüterindustrien legte und die landwirtschaftliche Erzeugung und die Konsumgüterindustrien hintansetzte, kontinuierlich (Q6) und erreichte im Zeitraum vom Jahresende 1946 bis zum Sommer 1947 ihren absoluten Tiefpunkt (Q11–13).

Der Winter 1946/47 war außerordentlich hart. Trotz der gestiegenen Kohlenförderung waren die an die Bevölkerung ausgegebenen Hausbrandmengen so gering, daß die meisten Menschen diesen Winter in unterkühlten Wohnungen mit Temperaturen knapp über 10 Grad verbringen mußten. Mangel an Schuhen, warmer Kleidung und Bettzeug machten die Kälte vielfach unerträglich (Q10) und hatten nicht selten Frostbeulen und Erfrierungen zur Folge.

Zusätzlich erschwert wurde die Situation durch die Stromsperren (Q8 + 9). Für die Hausfrauen bedeutete das, daß sie das Kochen und die Erledigung anderer wichtiger Hausarbeiten wie Flicken, Stopfen, Nähen, innerhalb der „hellen" Stunden zu absolvieren hatten.

Erschwerend kam hinzu, daß ein großer Teil der Bevölkerung inzwischen nicht mehr über Tauschwerte verfügte und auf die sinkenden Rationen angewiesen war. (Q15) Die Unzulänglichkeiten des Bewirtschaftungssystems (Q16), die bis dahin durch die Zusatzarbeit der Hausfrauen mehr schlecht als recht aufgefangen worden waren, waren nun nicht mehr zu verbergen und wirkten sich auf die industrielle Entwicklung aus. Immer mehr Arbeitskräfte fielen wegen Krankheit, Erschöpfung, Unterernährung, unzureichender Bekleidung aus, die Produktionsziffern sanken. (Q17 + 18) „Im Februar 1947 war die Industrie der vereinigten Zone am Tiefpunkt der Winterrezession angelangt. Mit einem Stand von 29% der Produktion des Jahres 1936 (...) war das Niveau weit unter den Jahresdurchschnitt 1946 abgesunken."[2]

[2] Werner Abelshauser: Wirtschaft in Westdeutschland 1945–1948, a. a. O., S. 42

Q1 Wesel – Großer Markt 1946
Der Stadtkern von Wesel am Niederrhein war nach Kriegsende zu 97% zerstört. In ganz
Wesel gab es nur noch 60 unzerstörte Häuser mit 180 Wohnungen.
Quelle: Stadtarchiv Wesel

Q2 Befreite Zwangsarbeiterinnen in Wesel 1945
Quelle: Imperial War Museum, London

Q3   Die Ernährungslage in Duisburg – Juni 1945

Als Folge des Krieges und der weitgehenden Zerstörung der Verkehrswege und Verkehrsmittel ist namentlich in den Ruhrgroßstädten die Ernährungslage ernst. Selbstverständlich sind alle verantwortlichen und fachkundigen Stellen sowohl bei der Militärregierung wie bei den deutschen Behörden sofort mit aller Entschlossenheit an die Lösung der äußerst schwierigen Aufgabe gegangen, die Ernährung der Bevölkerung für die Übergangszeit bis zur neuen Ernte zu sichern und ausreichende Vorsorge für den kommenden Winter zu treffen.

Außerordentlich erschwert wird die Versorgung der Städte mit Nahrungsmitteln durch die katastrophalen Transportverhältnisse. Eisenbahn und Schiffahrt, die für die Versorgung des Marktes Duisburg seit jeher wichtigsten Verkehrsmittel, fallen zur Zeit noch völlig aus. Jede, auch die kleinste Menge muß durch Kraftfahrzeuge herangeschafft werden.

Hierzu fehlt es aber trotz aller bereitwilligen Hilfe der Militärregierung an dem erforderlichen Treibstoff. Auch der Wagenraum ist sehr knapp infolge der starken Zerstörungen durch Fliegerangriffe und infolge Abtransports vor der Besetzung. Die sinnlosen Zerstörungen der Verkehrswege vor der Übergabe der Stadt Duisburg erschweren hier eine Besserung der Zustände mehr als in jeder anderen Stadt. Erfreulicherweise ist aber jetzt doch damit zu rechnen, daß in absehbarer Zeit Lebensmittel wenigstens in beschränktem Umfange mit der Reichsbahn wieder herangeschafft werden können.

In der Bevölkerung ist vielfach die Vorstellung verbreitet, daß die Nahrungsmittelfrage in anderen Großstädten besser gelöst sei. Dies ist mindestens für die Ruhrstädte *irrig,* denn die Rationen für die wichtigsten Nahrungsmittel werden seit Beginn der 76. Versorgungsperiode durch die zuständigen Zentralbehörden einheitlich festgesetzt; sie sind für die gesamte nördliche Rheinprovinz gleich.

Quelle: Bekanntmachungen der Stadtverwaltung Duisburg. Nr. 5 vom 7. Juni 1945. STA-DU

Q4   Kein Ersatz bei Verlust von Lebensmittelkarten

Die Bevölkerung wird wiederholt darauf hingewiesen, daß Ersatz für angeblich verlorengegangene oder gestohlene Lebensmittelkarten mit Rücksicht auf die gespannte Lebensmittelversorgung nicht gegeben werden kann. Das Ernährungsamt hat Anweisung erhalten, derartige Anträge abzulehnen.

Quelle: Bekanntmachungen der Stadtverwaltung Duisburg. Nr. 4 vom 5. Juni 1945. STA-DU

Q5   Niederer Reallohn

Das starre Lohnstopprinzip hatte zu einer kritischen Lohnsituation geführt. Der Arbeitslohn war durch die absinkenden Nominal- wie Reallöhne, die sich aus Preissteigerungen, Arbeitszeitverkürzungen, Arbeitsausfällen und erhöhten Abgaben in den niederen und mittleren Einkommensstufen ergaben, keineswegs mehr angemessen. Die Einkommensteuer war sehr erhöht worden (...). Preise und Lebenshaltungsindex überstiegen vor der Währungsreform den durchschnittlichen Lohnindex. Eine Arbeiterfamilie von vier bis fünf Köpfen benötigte ein monatliches Bruttoeinkommen von 220 bis 250 RM um ihre Rationen einzukaufen, der Durchschnittslohn in Berlin betrug aber nach Angaben der Versicherungsanstalt Berlin nur 180 RM brutto und lag dabei noch über dem Durchschnitt in anderen Teilen Deutschlands! ...

So werden Meldungen verständlich, daß einige Haushaltungen nicht mehr in der Lage waren, die ihnen zugeteilten Rationen zu kaufen, ganz zu schweigen von den sonst benötigten Verbrauchsgütern. Deshalb wurden freie Lohnbewegungen, die von Arbeitern und Arbeitgebern gewünscht wurden, unter Kontrolle gehalten. Es war sogar unmöglich gewesen, die behördlich genehmigten Lohnerhöhungen ohne eine gewisse Preissteigerung durchzuführen. Dies wurde aber als ungefährlich in solchen Industriezweigen hingenommen, die die dringendsten Bedürfnisse der Bevölkerung zu befriedigen hatten. Man sah in solchen Lohnerhöhungen keine Gefahr der Inflation, sondern betrachtete sie infolge ihres Arbeitsanreizes als konstruktive Maß-

nahme. Vorsicht war dort geboten, wo eine Teillohnerhöhung die Lohnstruktur eines Unternehmens oder einer ganzen Industrie in Bewegung gebracht und somit eine allgemeine Lohnerhöhungswelle ausgelöst hätte. Die Errichtung einer besonderen Dienststelle für Lohnberatung durch den Berliner Magistrat und die Bildung eines Lohnberatungsausschusses auf Weisung der Br. MilReg. ist vermutlich eine Folge solcher Erwägungen gewesen.

Quelle: Deutschland-Jahrbuch 1949. Hrsg. von Klaus Mehnert und Heinrich Schulte. Essen o. J. S. 242

Q 6   Antrag der CDU-Fraktion des Rates der Stadt Duisburg (1946)

Die Stadtvertretung beschließt, folgende Eingabe an die Militärregierung zu machen:

Im Namen der Menschlichkeit spricht der Rat der Stadt Duisburg in seiner letzten Sitzung vor den Wahlen folgende Bitten aus:

1. Seit 1½ Jahren ruhen zwar die Waffen, trotzdem sind ungezählte arbeitsfähige Kriegsgefangene auch unserer Stadt noch nicht heimgekehrt. Zahllosen Familien fehlt sogar jede Nachricht über das Schicksal ihrer vermißten Angehörigen. Die Freilassung der Kriegsgefangenen ist ein selbstverständliches Gebot.

Mit Sorge beobachtet der Rat der Stadt, daß die besonders aus der russischen Kriegsgefangenschaft heimkehrenden Kriegsgefangenen zum großen Teil menschliche Ruinen sind. Er bittet deshalb die britische Militärregierung, auf die in Frage kommenden Regierungen einzuwirken, daß den deutschen Soldaten in russischer Kriegsgefangenschaft eine menschenwürdige Behandlung und ausreichende Ernährung zuteil wird.

2. Die Sperre der Kriegsbeschädigten- und Kriegshinterbliebenen-Renten ist im Interesse der notleidenden betroffenen Kreise unerträglich und verletzt eine Ehrenpflicht des deutschen Volkes. Diese Anordnung muß deshalb aufgehoben werden.

3. Das in seiner überwiegenden Mehrheit stets nazifeindliche deutsche Volk will durch eigene produktive Arbeit seinen Lebensunterhalt erwerben, statt mit fremder Unterstützung sein Leben zu fristen. Unbe-

dingtes Erfordernis ist, daß ihm Arbeitsgelegenheit durch Inbetriebnahme oder Wiederinbetriebnahme gerade der eisenschaffenden und eisenverarbeitenden Duisburger Industrie gegeben wird. Die jüngst ausgesprochenen Stillegungen müssen rückgängig gemacht werden und die angedrohten Stillegungen unterbleiben. Der Rat der Stadt weist mit ernster Sorge auf die fast hoffnungslose Stimmung der Bevölkerung hin.

4. Die bevorstehende Erhöhung der Lebensmittelration auf 1500 Kalorien täglich ist durchaus ungenügend, um die in jahrelangen Entbehrungen erschütterte Volksgesundheit wieder herzustellen. Es fehlt besonders an hinreichender Zuteilung von eiweißhaltigen Nahrungsmitteln. Die schwerstarbeitende Bevölkerung, namentlich die Bergarbeiter, müssen weitere besondere Berücksichtigung erfahren.

5. Die ganz ungenügende Versorgung mit Hausbrand ist eine weitere Gefahr. Der Bevölkerung fehlt jedes Verständnis dafür, daß sie im Ruhrgebiet selbst nicht mal die notwendige Kohle erhalten soll.

6. Auch der Mangel an warmer Kleidung, Wäsche und Schuhwerk wirkt sich katastrophal aus. In den Haushaltungen fehlt es immer noch an den notwendigsten Verbrauchsgütern. So erfreulich die Aufhebung der Verkaufssperre der eingelagerten Vorräte ist, reichen diese Bestände in keiner Weise aus, die allgemeine Not zu beheben. Deshalb muß die Erzeugung von Kleidung, Wäsche, Schuhen und Haus-

haltsgegenständen schleunigst ermöglicht und gesteigert werden.

7. Ungezählte Familien hausen noch immer in menschenunwürdigen Unterkünften, schutzlos Wind und Wetter preisgegeben. Die Instandsetzung der beschädigten Wohnungen und die Herstellung neuen Wohnraums ist im nennenswerten Umfang unmöglich geblieben, weil die notwendigen Baumaterialien nicht zur Verfügung gestellt wurden. Die Bauindustrie als Schlüsselindustrie muß durch Bereitstellung der erforderlichen Kohlenmengen dazu in der Lage sein, den außerordentlichen Bedarf zu decken. Das viel zu bürokratische Verfahren muß vereinfacht und beschleunigt werden.

Quelle: Niederschrift über die nichtöffentliche Sitzung der Stadtvertretung am 5. Juli 1946. S. 17f. Bestand 100 A1. STA-DU

Q7   Weseler Frauen beim Wasserholen

Wie hier in Wesel war in vielen Städten infolge der Bombardements die Wasserversorgung nahezu zusammengebrochen, so daß Wasser aus einigen wenigen Quellen oft kilometerweit nach Hause getragen werden mußte.   *Quelle:* Imperial War Museum, London

Rationierung von Elektrizität und Gas

Angesichts der außergewöhnlich großen Knappheit an Kohle und anderen Brennmitteln verordnet der Kontrollrat wie folgt:

Artikel I

Die Elektrizitäts- und Gasversorgung muß in allen Zonen rationiert werden, und es müssen alle möglichen Vorkehrungen für einen sparsamen Verbrauch getroffen werden.

Artikel II

Zu diesem Zwecke werden Vorschriften von den jeweiligen Zonenbefehlshabern in amtlicher Form erlassen und veröffentlicht, wobei herrschende örtliche Verhältnisse berücksichtigt werden.

Artikel III

Bei Zuwiderhandlungen gegen dieses Gesetz oder seine etwaigen Durchführungsbestimmungen setzen sich die Schuldigen strafrechtlicher Verfolgung aus und werden vor deutschen Gerichten oder Gerichten der Militärregierung gemäß folgenden Bestimmungen abgeurteilt:

a) Bei Mehrverbrauch von weniger als 10% der monatlichen Zuteilung für die erste Verfehlung eine Geldstrafe von 100 RM für Elektrizität und für Gas 40 RM pro Kubikmeter des Mehrverbrauchs.

b) Bei Mehrverbrauch von mehr als 10% der monatlichen Zuteilung oder im Falle einer zweiten Verfehlung innerhalb einer Frist von 12 Monaten nach der ersten Verfehlung zusätzlich zu den in Artikel III Absatz a) erwähnten Strafen: Einstellung der Gas- und Elektrizitätsversorgung auf eine Zeitdauer von höchstens 30 Tagen und in den Fällen, in denen der Mehrverbrauch für zwei aufeinanderfolgende Monate anhält, Gefängnisstrafe bis zu drei Monaten.

c) Ein Verbraucher, der Elektrizität oder Gas für durch amtliche Vorschrift als unerlaubt bezeichnete Zwecke verwendet, oder der absichtlich das normale Funktionieren der Zähler stört oder betrügerischerweise Strom oder Gas sich verschafft oder sich zu verschaffen versucht, wird mit Gefängnis bis zu einem Jahr und einer Geldstrafe von 100 bis 500 RM oder mit einer von diesen Strafen allein bestraft. Die Einstellung der Elektrizitäts- und Gasversorgung kann ferner für eine Zeitdauer von höchstens drei Monaten vom Gericht verfügt werden.

d) Inspektoren, Kontrolleure, die die Zähler ablesen, oder andere Angestellte der öffentlichen Gas- und Elektrizitätswerke, die in irgendeiner Weise Vorschriftsverletzungen dulden oder zu ihrer Begehung Beihilfe oder Vorschub leisten, können zu einer Geldstrafe von 500 RM für jede Verfehlung oder zu einer Gefängnisstrafe bis zu einem Jahr oder zu Geld- und Gefängnisstrafe gleichzeitig verurteilt werden.

Ausgefertigt in Berlin, den 30. November 1945.

(Die in den drei offiziellen Sprachen abgefaßten Originaltexte dieses Gesetzes sind von *G. Schukow,* Marschall der Sowjetunion, *Joseph T. McNarney,* General, *B. L. Montgomery,* Feldmarschall, und *P. Koenig,* Armeekorps-General, unterzeichnet.)

Quelle: Amtsblatt des Kontrollrats in Deutschland. Nr. 2. 30. 11. 1945. DIa 28. HSTA. S. 32f.

Q9 Stromausfall

Der Winter ist dieses Jahr sehr hart. Alles liegt tief verschneit, und der Frost will gar nicht wieder aufhören. Daher bleiben die Kohlenzüge oft viele Tage lang auf der Strecke liegen, können nicht weiter, und die Städte bleiben ohne Kohle. Deshalb geht sehr oft das Licht aus, und wir müssen den ganzen Abend im Dunkeln sitzen. Eines Tages ist es wieder so. Wir, mein Onkel, meine Tante, meine Mutter und ich, sitzen gemütlich zusammen, hören Radio und lesen, und plötzlich geht das Licht aus, und wir sitzen im Dunkeln. „Ach, du liebe Zeit!" seufzt meine Tante. „Ich freute mich gerade und dachte, heute wird das Licht wohl anbleiben." – „Bis zu den Nachrichten hätten sie auch damit warten können!" schimpft mein Onkel leise vor sich hin. „Vielleicht kommt es ja wieder", erwidert meine Mutter, „ich will noch ein Weilchen mit dem Abendbrot warten. Es schadet auch nichts, wenn wir ein wenig im Dunkeln sitzen, die Kerze können wir sparen." Sie wirft noch ein paar Scheite Holz in den Ofen und sagt: „So, wir können uns ja mal von innen besehen, gute Nacht."

Quelle: Auszug aus einem Aufsatz einer 13jährigen Schülerin. In: Jugend im Schatten von gestern. Aufsätze Jugendlicher zur Zeit. Hrsg. von Erna Stahl. Hamburg 1948. S. 64

Q10 Winter 46/47: „Gewöhnung" an Untertemperaturen

Die anhaltende und schwere Kälte des Winters 1946/47 und der entsprechend früher und stärker eingetretene Mangel an Holz und Kohle nötigte viele Familien zur Gewöhnung an Untertemperaturen. Infolgedessen änderte sich das subjektive Wärmeempfinden in der Weise, daß eine Innentemperatur von 13 bis 14° Celsius von den meisten Familien als „warm" empfunden wurde und auch 10 bis 12° Zimmerwärme noch als „ausreichend" galt. Natürlich gab es große individuelle Unterschiede in der Abhärtungsfähigkeit und in der Disziplinierung im Ertragen von Kälte. Solche Unterschiede sind zunächst konstitutionsbedingt und hängen weiterhin vom Alter, von der Ernährung und Kleidung ab. Daß alte Menschen erheblich mehr Wärme brauchen ist bekannt, ebenso, daß gut ernährte und mit genügender Wollkleidung versehene Menschen einen ungenügend geheizten Raum leichter ertragen können.

Unter den hier erfaßten Familien zeigten die älteren und die unterernährten Leute durchweg die geringste Widerstandskraft gegen Kälteeinwirkungen. Sie wurden in ihrer gesamten Leistungsfähigkeit und in ihrer Stimmung meistens schwer beeinträchtigt (...). Umgekehrt kann die psychische Bereitschaft zum Ertragen von Kälte manchmal hinwegtäuschen über eine tatsächliche Schädigung des Organismus. Auch bei Kindern wirkten die unzureichend oder gar nicht geheizten Räume in Verbindung mit ungenügender Kleidung und Ernährung sich bedrohlich aus, soweit die Kinder nicht in wärmenden Betten Zuflucht fanden. Männer litten öfter schwerer unter den kalten Zimmern als ihre im Haushalt herumwirtschaftenden Frauen, vor allem, wenn die Männer tagsüber in kalten Arbeitsräumen ihres Betriebes durchgefroren waren.

Quelle: Hilde Thurnwald: Gegenwartsprobleme Berliner Familien. Eine soziologische Untersuchung an 498 Familien. Berlin 1948. S. 44 f.

Q11 Nahrungssicherstellung – das Problem Nr. 1

Noch drückender als die Bekleidungssorgen sind im Augenblick die Nahrungssorgen. Die Mütter jagen wirklich allem Eßbaren nach, um wenigstens einmal am Tage eine warme Mahlzeit herrichten zu können. Hungrig finden sich mittags die Kinder ein und erhalten immer wieder die gleiche dünne Suppe mit Maisgries. Kartoffeln und Gemüse fehlt in den meisten Familien. Viele Väter und auch Jugendliche essen auf der Arbeitsstätte mittags nur eine Schnitte trockenes Brot, weil der Weg nach Hause sich bei der schlechten Verpflegung nicht lohnt. Für die Eltern ist der Anblick der hungrigen Kinder unerträglich. Sie werden zum Diebstahl und Schwarzhandel gezwungen. Wie oft höre ich: „Wir können

doch die Kinder nicht verhungern lassen. Sie sind im Wachstum, später rächt sich die mangelhafte Ernährung."

Wieviele Menschen haben versucht, sich ehrlich durchzuschlagen. Unermüdlich wurde im Garten gearbeitet, die Kinder sammelten das Futter für die Kaninchen. Alle Not ertrug man in der Hoffnung auf eine gute Zeit. Diese kam leider nicht, denn andere ernteten, als Garten- und Kaninchenbesitzer vom Erfolg ihrer Mühen träumten. Ich bin dann bis ins Innerste erschüttert, wenn ich die Enttäuschung der Menschen sehe. Selten kommt es zu einem Wutausbruch. Meist fehlt dazu die Kraft. Sie legen die bittere Erfahrung zu den übrigen Enttäuschungen und sind trauriger als bei dem Tod eines Freundes. Da ist es leicht zu verstehen, daß andere Menschen gleich auf eine andere Art ihre Ernährung „sicherstellen". Sie brauchen sich nicht anzustrengen, verbrauchen wenig Kalorien, die sie leicht ersetzen können. Einer meiner Bezirke ist wegen des Schwarzhandels berüchtigt. Aber im Verhältnis zur großen Einwohnerzahl Dürens sind es nur wenige Familien, die noch ausreichend zu leben haben.

In der letzten Woche habe ich mit mehreren Müttern von schulentlassenen Kindern gesprochen. Eine Arbeitsvermittlung lehnen sie ab mit der Begründung, die Kinder müßten Nahrung heranschaffen. Täglich werden diese Kinder auf die Dörfer geschickt. Was ihnen nicht freiwillig gegeben wird, wird einfach „organisiert". Die besten Kinder müssen dabei verderben.

Es gibt auch Frauen, die einen anderen Weg finden, das nötige Essen für ihre Kinder zu beschaffen. Ich komme in viele Familien, wo der „Onkel" eine große Rolle spielt. Er ist aus dem Haushalt nicht mehr wegzudenken. Die Frauen sind Kriegerwitwen oder geschieden. Sie leben in wilder Ehe und werden mit ihren Kindern mit allen notwendigen Lebensmitteln versorgt. Leider gehen auch Frauen von Kriegsgefangenen diesen Weg.

Quelle: Bericht einer Fürsorgerin der Stadt Düren an den Sozialminister des Landes NRW vom 27. 5. 1947. NW 42–232, HSTA. S. 2 f.

Q12 Die Ernährungslage in Duisburg – I. Quartal 1947

Ich füge hier eine Zusammenstellung der dem Duisburger Normalempfänger in der Zeit vom 6. Januar bis 30. März 1947 zugeteilten Lebensmittel nach ihrem Kaloriengehalt ein:

		Soll	Ist	mithin fehlen
97. Periode	1. Woche	1540	1243	297 Kalorien
6. Januar bis 2. Februar 47	2. Woche	1540	1243	297 Kalorien
	3. Woche	1540	874	666 Kalorien
	4. Woche	1540	1116	424 Kalorien
98. Periode	1. Woche	1554	1043	511 Kalorien
3. Februar bis 2. März 47	2. Woche	1554	1237	317 Kalorien
	3. Woche	1554	1420	134 Kalorien
	4. Woche	1554	1428	126 Kalorien
99. Periode	1. Woche	1573	1330	243 Kalorien
3. März bis 30. März 47	2. Woche	1573	1304	269 Kalorien
	3. Woche	1573	1102	471 Kalorien
	4. Woche	1573	848	725 Kalorien

Dabei ist nicht zu übersehen, daß bei der Zusammensetzung dieser Rationen die Kohlehydrate stark überwiegen, während Fett in viel zu geringer Menge, Eiweiß so gut wie gar nicht ausgegeben wird und Obst und Gemüse ausgesprochene Raritäten sind. Man darf auch nicht vergessen, daß diese Hungerrationen den unglücklichen Hausfrauen erst nach vielstündigem Warten vor den Geschäften (Schlange-Stehen) ausgehändigt werden. Etwas Unfrohes, Verbitterndes wird durch diese trostlosen Begleitumstände zur vermeidlichen Zutat jeder Mahlzeit. In der zweiten Maiwoche, da diese Zeilen niedergeschrieben werden, haben sich in zahlreichen Städten des Ruhrgebietes die Zuteilungen auf den absoluten Hungersatz von etwa 750 Kalorien vermindert. Die neue Ernte aber steht erst nach drei Monaten zur Verfügung. Die Katastrophe scheint unausbleiblich.

Quelle: Bericht der Stadtverwaltung Duisburg an den Sozialminister des Landes NRW über „Die sozialen und gesundheitlichen Verhältnisse der Stadt Duisburg" (1947). NW 43–463, HSTA. S. 7 f.

Quelle: Richard Bauer: Ruinen-Jahre. Bilder aus dem zerstörten München 1945–1949.
München 1983. S. 24

Mobilmachung!

gegen Hunger

Mobilmachung befohlen.

Streikkomité der Schwarzhändler

Q 14   Für die Schwedenspeisung ausgewählte, unterernährte Kinder aus Duisburg
(Oktober 1946)
Quelle: Stadtarchiv Duisburg

Q15 Die Verschlechterung der Wirtschaftslage im Winter 46–47

Da Ersparnisse und noch vorhandene Tauschwerte schwinden, muß eine zunehmende Anzahl von Familien sich auf die rationierten Waren und geringfügige Ergänzungen beschränken. In einem Bericht im Frühjahr 1947 heißt es: „Die Einkünfte von Familie H. sind unverändert, trotzdem reichen die Einnahmen in diesem Winter schlechter aus als im vergangenen Winter (1945/46), da verschiedene Dinge hinzugekauft werden mußten und die Familie über keine Tauschwerte mehr verfügt. Zusätzliche Lebensmittel können aus Mangel an Geld nicht mehr beschafft werden. ... Auch Gebrauchsgegenstände, die auf Bezugsscheine oder frei in Ladengeschäften zu kaufen sind, kosten meistens ein Vielfaches der früheren Preise, zum Beispiel:
1 einfacher Wollpullover 50–75 RM (früher 6–15 RM),
1 einfaches Kinderkleid aus Baumwolle 110 RM (früher 7 bis 15 RM),
1 Küchenhandtuch 10 RM (früher 0,60–0,90 RM),
1 Scheuertuch 4–5 RM (früher 0,30–0,50 RM),

1 einfache Teetasse 10–20 RM (früher 0,30–0,50 RM),
1 Einkaufstasche für Hausfrauen, je nach Qualität 7–75 RM (früher 2–5 RM),
1 Schreibheft für Geschäftszwecke 3 RM (früher 0,30 RM),
1 Liter flüssige Seife 2,50 RM (früher 0,30 RM),
1 Pfund Seifenpulver 8 RM (früher 0,75 RM),
1 Kerze 5–10 RM (früher 0,20 RM),
1 Rolle Stopftwist auf Bezugschein 0,75 RM (früher 0,10 RM),
1 Brett auf Rädern mit Deichsel = sogen. Wagen zur Beförderung von Kohlen oder Kartoffeln 45–100 RM (früher etwa 7–10 RM). ...
Alle Hausfrauen müssen die wenigen rationierten „Waschmittel" durch Ankauf der in Drogerien und anderen Geschäften erhältlichen „freien Seifenwaren" ergänzen. Mütter, die mehrere Kinder haben, geben oft 26 bis 30 RM im Monat aus. Bei einem Netto-Wochenlohn von 30 bis 40 RM fallen solche Ausgaben schwer ins Gewicht. Auch manche rationierten Lebensmittel

sind erheblich im Preis gestiegen, z. B. Gemüse (1 Pfund Tomaten 2,50 RM im Laden, 1 Pfund Gurken 1,75 RM, 1 Kopf Salat 80 Pf. im August 1947). Gelegentlich frei erhältliches Gemüse oder Obst kostet auch in Läden weit mehr (im August 1947 1 Pfund Äpfel 3,50 bis 4 RM, 1 Pfund Gurken 4 RM usw.).

Ergänzen wir diesen Überblick durch einige Durchschnittspreise des schwarzen Marktes aus dem Frühjahr 1947:

1 Pfund Butter	250–350 RM
1 Pfund Speck	350–460 RM
1 Pfund Roggenmehl	18– 25 RM

1 Pfund Weizenmehl	40– 60 RM
1 Roggenbrot (3 Pfund)	35– 45 RM
1 Pfund Gerstengrütze	25– 40 RM
1 Pfund Zucker	80–100 RM
1 Pfund Fleisch	120–150 RM
1 Ei	15– 20 RM
1 Pfund Zwiebeln	10– 12 RM
1 Zentner Briketts	50– 80 RM
1 Rolle Nähgarn	30– 50 RM
1 Paar Schuhe besohlen	25– 50 RM
1 Paar Absätze	10– 15 RM

Fast alle diese Preise bedeuten eine mehr als hundertfache Überhöhung der amtlichen Preise.

Quelle: Hilde Thurnwald: Gegenwartsprobleme Berliner Familien. Eine soziologische Untersuchung an 498 Familien. Berlin 1948. S. 65–67

Q16 Verordnung Nr. 105

Erfassung und Ablieferung von landwirtschaftlichen Erzeugnissen

Um die Erfassung und Ablieferung der landwirtschaftlichen Erzeugnisse im Lande Nordrhein-Westfalen sicherzustellen, wird hiermit folgendes verordnet:

Artikel I

Festsetzung des Gesamtbedarfs

1. Die insgesamt für die Erzeugung, Erfassung und Ablieferung im Lande Nordrhein-Westfalen erforderliche Menge an landwirtschaftlichen Erzeugnissen wird durch den Zweizonen-Exekutiv-Ausschuß (Bi-zonal Executive Committee) nach den allgemein geltenden Grundsätzen und unter Berücksichtigung der vom früheren Bipartite Food and Agriculture Panel gebilligten Richtlinien für den zu erhaltenden Viehbestand festgesetzt.

Artikel II

Ermächtigung

2. Der Minister für Ernährung und Landwirtschaft des Landes Nordrhein-Westfalen („Der Minister") wird hierdurch ermächtigt, die erforderlichen Anordnungen über Erfassung und Ablieferung landwirtschaftlicher Erzeugnisse (und zur Ausführung dieser Verordnung) zu erlassen; sie müssen in Übereinstimmung mit den Grundsätzen der Militärregierung stehen.

3. Der Minister hat unverzüglich Abschrift einer jeden Anordnung dem Gebietsbeauftragten von Nordrhein-Westfalen und gleichzeitig dem Bipartite Control Office zu übersenden.

Artikel III

Festsetzung der Grundmenge

4. (a) Anordnungen des Ministers auf Grund des Artikels II setzen die Grundmenge (nachstehend erläutert) fest, die jeder landwirtschaftliche Betrieb zu erzeugen hat.

(b) Die Grundmenge jedes Betriebes richtet sich nach der Klasse („Ertragsklasse"), in die der Betrieb eingereiht ist.

5. Die Grundmenge wird in Getreidewerten ausgedrückt. Der Getreidewert bildet die Maßeinheit für alle landwirtschaftlichen Erzeugnisse.

6. Die Bemessung des Ernteertrags und des Viehbestandes in Getreidewerten ist Aufgabe des Ministers und bedarf der Zustimmung des Direktors für Ernährung und Landwirtschaft.

Artikel IV

Festsetzung der Jahresmenge

7. (a) Die Anordnungen bestimmen die Jahresmenge, die gleichfalls in Getreidewerten auszudrücken ist. Diese Werte dürfen von den Grundmengen abweichen mit Rücksicht auf Verschiedenheiten im Wetter und andere jahreszeitliche Umstände, die den Ertrag beeinflussen.

(b) Falls keine Jahresmenge bis zum 1. September jedes Jahres (beginnend mit dem Jahre 1947) bestimmt ist, wird die Grundmenge als die Jahresmenge angesehen. Wenn der Landwirt landwirtschaftliche Erzeugnisse (einschließlich der rückgelieferten Magermilch) erwirbt, erhöht sich die Jahresmenge um den entsprechenden Getreidewert. . . .

Artikel VI
Ausnahmen von der Ablieferungspflicht

9. Vorbehaltlich der Vorschriften der Artikel VIII und IX setzt der Minister im Rahmen der bestehenden Gesetze die Erzeugnisse fest, die der Landwirt behalten darf, nämlich

(a) die für seinen eigenen Verbrauch und den seines Haushalts bestimmten;

(b) Samen und sonstiges Saatgut;

(c) Futtermittel für den Viehbestand und die Aufzucht.

Diese Erzeugnisse sind von der Ablieferungspflicht ausgenommen. . . .

Artikel VIII
Verwendung der jährlichen Überschußerzeugnisse

11. Der Minister trifft Anordnungen über die Verwendung der Erzeugnisse, die über das jährliche Soll hinaus von jedem landwirtschaftlichen Betrieb erzeugt werden. Hierdurch soll festgesetzt werden, ob die Überschußerzeugnisse

(a) auf dem ordentlichen Wege abzuliefern oder

(b) zur Steigerung des Ertrages der Wirtschaft zu verwenden sind. (Erzeugnisse, die der totalen Ablieferungspflicht unterliegen, dürfen nicht für diesen Zweck verwandt werden).

12. Auch „Prämien" können für die Überschußerzeugung gewährt werden. Die Art der Verteilung der Mengen wird durch den Minister mit Zustimmung des Exekutivausschusses bestimmt.

Artikel IX
Unzulässige Abgabe

13. Jede sonstige Abgabe von landwirtschaftlichen Erzeugnissen im Wege des Verkaufs, des Tausches oder der Schenkung, als Gegenleistung oder auf andere Weise ist verboten. . . .

Artikel XI
Beschwerderecht

15. (a) Der Landwirt kann innerhalb von drei Wochen nach Empfang des Bescheides über das jährliche Ablieferungssoll seines Betriebes schriftlich Beschwerde gegen die festgesetzte Höhe einlegen;

(b) Der Minister hat einen oder mehrere Sonderausschüsse für das Beschwerdeverfahren einzurichten;

(c) Die Einlegung der Beschwerde berührt auf keinen Fall die Verpflichtung des Landwirts zur Ablieferung in voller Höhe;

(d) Wird auf Grund der erfolgreichen Beschwerde das Ablieferungssoll herabgesetzt, so erhält der Landwirt Ausgleich durch Herabsetzung seines Solls in späteren Zeiträumen.

Artikel XII
Abweichende deutsche Gesetze

16. Durch diese Verordnung und alle auf Grund dieser Verordnung erlassenen Anordnungen und Befehle sind alle hiervon abweichenden Vorschriften deutscher Gesetze aufgehoben, abgeändert oder überholt.

Artikel XIII
Strafen

17. Wer Bestimmungen dieser Verordnung verletzt oder zu verletzen versucht, hat sich vor Gerichten der Kontrollkommission oder vor deutschen Gerichten zu verantworten.

Wird jemand von einem Gericht der Kontrollkommission für schuldig befunden, so können gegen ihn alle Strafen (außer Todesstrafe) verhängt und neben oder anstelle dieser Strafen folgende Maßnahmen getroffen werden:

(i) Dauernder oder zeitlich begrenzter Teil- oder Gesamtverlust des Rechts, Erzeugnisse einzuhalten (Art. VI) für den Landwirt, seine Angestellten oder andere Angehörige der Selbstversorgungsgemeinschaft;

(ii) Wegnahme von Vieh über das jährliche Ablieferungssoll hinaus. „Vieh" im Sinne dieser Verordnung bedeutet: Rindvieh, Schweine, Schafe, Pferde und Jungtiere;

(iii) Dauerndes oder zeitlich begrenztes Gesamt- oder Teilverbot der Kleintierhaltung. Kleintiere, die der Landwirt entgegen einem gültigen Gesamt- oder Teilverbot hält, können eingezogen werden. „Kleintiere" im Sinne dieser Verordnung bedeutet: Hühner, Gänse, Enten, Kaninchen und Ziegen;

(iv) Stellung des Betriebes unter Wirtschaftsüberwachung (auf Grund des Artikels VII des Kontrollratsgesetzes Nr. 45 und der Militärregierungsverordnung Nr. 84 Anhang C II § 3);

(v) Stellung des Betriebes unter Treuhänderverwaltung (auf Grund des Artikels VII des Kontrollratsgesetzes Nr. 45 und der Militärregierungsverordnung Nr. 84, Anhang C III § 6);

(vi) Zwangsverpachtung des Betriebes;

(vii) Besitzentsetzung (Abmeierung).

Wird jemand von einem deutschen Gericht für schuldig befunden, so ist er nach den deutschen Gesetzen zu bestrafen; es können auch nach dem Ermessen des Gerichts die vorstehend unter (i)–(vii) aufgeführten Maßnahmen getroffen werden.

Ohne Rücksicht auf den Tag des Inkrafttretens dieser Verordnung dürfen die vorstehend aufgeführten Maßnahmen nicht durchgeführt werden, bevor der Minister den Tag festgesetzt hat, an dem die Anordnungen zur Durchführung dieser Verordnung in Kraft treten. . . .

Artikel XVII

Tag des Inkrafttretens

21. Diese Verordnung tritt am 1. Juli 1947 in Kraft.

Im Auftrage der Militärregierung.

Quelle: Amtsblatt der Militärregierung Deutschland. Britisches Kontrollgebiet. 1947. DIa 27. Nr. 21–28. HSTA. S. 597–600 Nr. 21–28

Q17 Die Entwicklung der Lebensmittelversorgung 1945–1948 (aufgerufene Rationen in Tageskalorien)

Quelle: Werner Abelshauser: Wirtschaft in Westdeutschland 1945–1948. Rekonstruktion und Wachstumsbedingungen in der amerikanischen und britischen Zone. Stuttgart 1975. S. 133

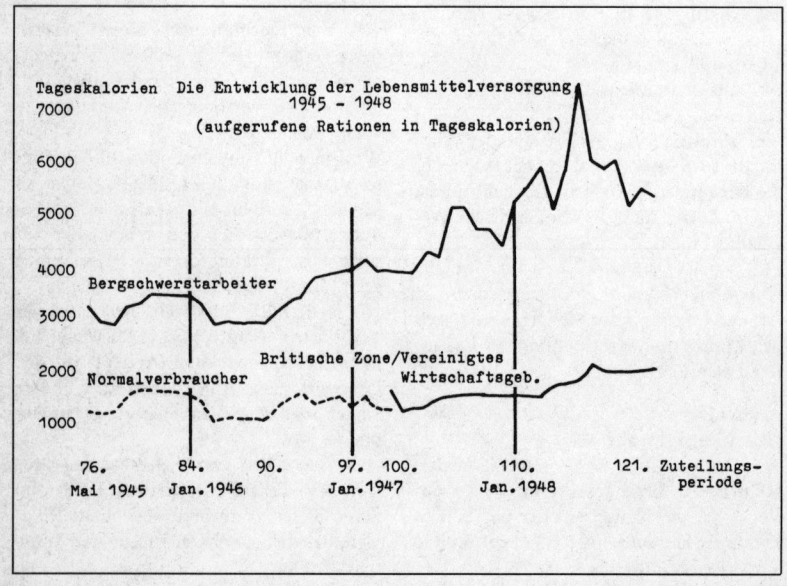

Q18 Die Entwicklung der industriellen Produktiom im britisch-amerikanischen Besatzungsgebiet während der ersten Phase der Rekonstruktion 1945–1947

Quelle: Werner Abelshauser: Wirtschaft in Westdeutschland 1945–1948. Rekonstruktion und Wachstumsbedingungen in der amerikanischen und britischen Zone. Stuttgart 1975. S. 38

a) Britische Zone (1936 = 100)

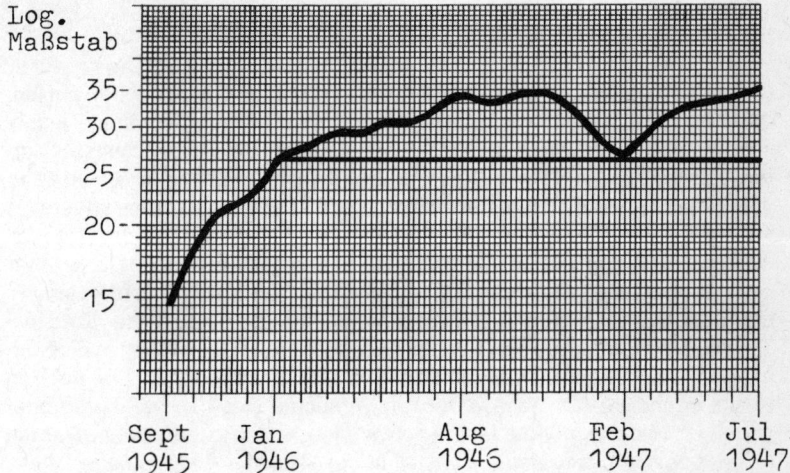

b) Amerikanische Zone (1936 = 100)

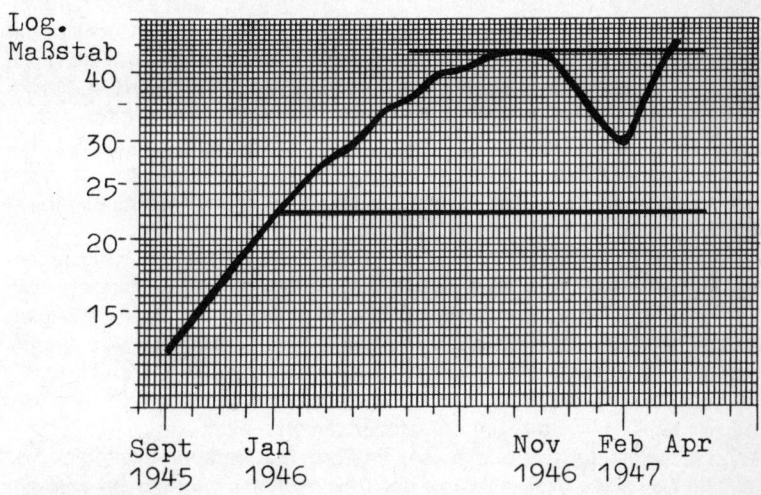

Untere Linie: Ausgangspunkt 1946
Obere Linie: Produktionsmaximum 1946

2. Ernährungssicherstellung – die Überlebensarbeit Nr. 1

Die ständig sinkenden Lebensmittelrationen konnten ein Überleben auf längere Sicht nicht garantieren. Die zugeteilten Kalorienmengen waren – insbesondere angesichts der schlechten Lebensumstände und der mehr als harten Arbeitsbedingungen – auf die Dauer völlig unzureichend (Q19), und darüber hinaus war die Zusammensetzung der Nahrungsmittel alles andere als ausgewogen. Kohlehydrate (Brot, Kartoffeln, „Nährmittel") überwogen bei weitem, „während Fett in viel zu geringen Mengen, Eiweiß so gut wie gar nicht ausgegeben wird und Obst und Gemüse Raritäten geworden sind"[1]. Ein reger Schwarzmarkt- und Tauschhandel war die Folge dieser Notsituation und der sich daraus ergebenden neuen „Klassen"-einteilung in Eigentümer/innen und Nicht-Eigentümer/innen von Ressourcen. (Q25) Wer noch im Besitz irgendwelcher Sachwerte war, versuchte diese zu verkaufen oder gegen dringend benötigte lebensnotwendige Waren zu tauschen. Der mit Orientteppichen ausgelegte Kuhstall in der Karikatur (Q20) spiegelt diese neuen „Klassen"strukturen. Welche Gewinne mit derartigen Geschäften erzielt werden konnten, verdeutlicht die Gegenüberstellung der regulären Handelspreise (die ja der Preisbindung unterlagen) mit den Schwarzmarktpreisen (Q22). Die dennoch überwiegend positive Haltung der Bevölkerung gegenüber den Schiebern und professionellen Schwarzmarkthändlern läßt sich wohl nur dadurch erklären, daß der Schwarzmarkt vielen als einzige Möglichkeit erschien, überhaupt an zusätzliche Lebensmittel oder andere notwendige Waren heranzukommen. (Q27) Die kapitalistischen Marktgesetze von Angebot und Nachfrage waren so verinnerlicht, daß sie erst dann und nur dann in Frage gestellt wurden, wenn die Menschen buchstäblich vom Hungertod bedroht waren (Q28).
Andererseits veränderte sich das Rechtsempfinden der Bevölkerung gegenüber Eigentumsdelikten unter dem Eindruck des ständigen Mangels. Das „Fringsen" z. B. (Kohlenstehlen von Eisenbahnwaggons oder Lastwagen, benannt nach dem Kölner Kardinal Frings, der dafür öffentlich Verständnis gezeigt hatte) war eine allgemein akzeptierte Methode des „Organisierens". Dies wird deutlich an der offenen Art, mit der die Schülerin in Q31 den Kohlendiebstahl ihrer Mutter zum Aufsatzthema verarbeitet.
Auch das „Hamstern" war eine illegale Form der Nahrungsmittelbeschaffung, da auf diese Weise Waren der Bewirtschaftung entzogen wurden. Allerdings drückten hier die Behörden abgesehen von gelegentlichen Kontrollen meist beide Augen zu, da diese Form der „Privatarbeit" offensichtlich

für viele Familien lebensnotwendig war und politisch ungefährlicher als etwa kollektive Protestaktionen gegen den staatlich verwalteten Hunger.

Die Hamsterfahrten, die die Frauen aus den Großstädten der Industriegebiete in die ländliche Umgebung, oft aber auch in Stunden entfernte agrarische Gebiete unternahmen, dauerten oft Tage, wenn sie sich lohnen sollten. (Q34) Vom Ruhrgebiet bis nach Kassel, von Hamburg bis nach Bayern fuhren sie, um ihre Lebensmittelvorräte aufzubessern. Die Fahrten in den überfüllten Zügen waren äußerst mühsam (Q34–36) so daß die Beschwerden der deutschen Politiker (Q35) über die „Zumutung", mit farbigen Besatzungssoldaten in einem Zug reisen zu müssen, abgesehen von dem daraus sprechenden Rassismus auch reichlich weltfremd anmuten und tatsächlich eindrucksvoll belegen, wie weit die Politiker von den Problemen der „Normalverbraucher/innen" entfernt waren.

Ein Problem waren die Hamsterfahrten besonders für Mütter mit kleinen Kindern (Q34 + 37). Wenn nicht Nachbarn oder Verwandte die Aufsicht übernahmen, so mußten die Mütter entweder verzichten oder die Kinder sich selbst überlassen.

Das „Organisieren" von zusätzlichen Lebensmitteln für die Existenzsicherung wurde ergänzt durch die Aktivierung von Praktiken der Subsistenzproduktion. Neben den Schrebergärten (Q40), die die Unterschichtsfamilien der Großstädte auch in Nicht-Krisenzeiten für einen ausreichenden Lebensunterhalt benötigten, wurden nun auch ehemalige Parks und Grünflächen offiziell für die Gartenbebauung freigegeben, ein Indiz für die öffentliche Förderung der privaten Erweiterung der Hausarbeit. „Vor dem Reichstag wachsen jetzt Kartoffeln" lautete eine bezeichnende Schlagzeile der NRZ vom 3. August 1946. Wer keinen Schrebergarten zur Verfügung hatte, besann sich – mit massiver Unterstützung seitens der Zeitungen und Frauenzeitschriften – auf „Urgroßmutters Rezepte" (Q47), die zuweilen an archaische Zustände des „Jagens und Sammelns" erinnern. Nicht nur Beeren und Pilze sammelten die Frauen in den Wäldern oder „am Wegesrand", auch Eicheln, die zu Mehl verarbeitet wurden (Q42), Tannenzapfen zur mühseligen Ölgewinnung (Q43), Brennesseln und Löwenzahn zur Herstellung von Salaten (Q44). Eichhörnchen wurden von Frauenzeitschriften als Delikatesse empfohlen (Q46). Von den nationalsozialistischen Machthabern bereits bestens im „Kampf dem Verderb" geschult (Q49), half die „deutsche Hausfrau" nun zwar nicht mehr, „den Krieg zu gewinnen", aber immerhin die Kriegsfolgen zu lindern. Es gab nichts Eß- und Verwertbares, das weggeworfen wurde. Obstabfälle wurden zu Essig, Blumenkohlblätter zu Gemüsesuppen, Kochwasser von Gemüse zur Grundlage der nächsten Suppe (Q47–49). Und es gab Dutzende von „Ersatz"stoffen: „falsche" Mandeln aus Eicheln, „falsche" Reibekuchen aus Kohlrüben, „falsche" Rosinen aus Ebereschen (Q50).

Trotz der (verbalen) Anerkennung der weiblichen Leistungen auf dem Gebiet der „Überlebensarbeit" (Q57) wurde die Hausarbeit faktisch nach wie vor

---

[1] Die sozialen und gesundheitlichen Verhältnisse der Duisburger Bevölkerung. a. a. O.

nicht anerkannt: Hausfrauen erhielten die niedrigsten Lebensmittelrationen, die sogenannten „Friedhofskarten" (Q65), und sie wurden bei Sonderzuteilungen benachteiligt (Q67); Frauen stand generell nur die Hälfte der männlichen Zigarettenrationen zu (Q66), was angesichts des Kaufwerts von Zigaretten auf dem Schwarzmarkt doppelt schwer ins Gewicht fiel.

Besonders benachteiligt bei der Lebensmittelzuteilung waren die Kleinkinder (Q51). Mit den daraus entstehenden Problemen wurden die Mütter völlig allein gelassen, so daß sie oft keinen anderen Ausweg sahen, als ihre eigenen knappen Rationen zugunsten ihrer Kinder noch weiter zu schmälern (Q53–57). Die Auswirkungen der bedürfnisfernen Politik der Besatzungsmächte und der unter ihrer Kontrolle arbeitenden deutschen Behörden, die nach wie vor die nach kapitalistischen Maßstäben „wertvollere" Arbeit in den Grundstoffindustrien am meisten honorierten (Q68 + 69), mußte zwangsläufig eine rapide Verschlechterung des Gesundheitszustandes der benachteiligten Bevölkerungsgruppen der nicht in der Produktion Beschäftigten – also besonders der „unproduktiven" Hausfrauen und Kinder – zur Folge haben.

Sozialarbeiter/innen, die den besten Einblick in das alltägliche Elend der Bevölkerung hatten, warnten ebenso eindringlich wie zwecklos vor den absehbaren Folgen dieser Politik: Erschöpfungszustände und Mangelerkrankungen häuften sich bei den Hausfrauen, besonders bei den doppelt und dreifach belasteten berufstätigen Müttern (Q59), wobei es sich keineswegs um kurzfristige Erscheinungen handelte, sondern „um anhaltende Symptome eines Kräfteverfalls" (Q59).

Der Kräfteverfall der Hausfrauen beeinflußte die Ernährungspolitik aber nicht sonderlich, man konnte sich schließlich darauf verlassen, daß sie buchstäblich „bis zum Umfallen" weiterarbeiteten. Erhaltens„wert" war vielmehr die Arbeitskraft der in der Produktion Beschäftigten, insbesondere der Bergarbeiter, die gegenüber der übrigen Bevölkerung große Vorteile genossen (Q68 + 69).

Zur Unterstützung der überlasteten Hausfrauen besannen sich die Behörden des im Nationalsozialismus erprobten und für gut befundenen „Pflichtjahres" für schulentlassene Mädchen (Q70). Hausfrauenverbände und konservative Frauenzeitschriften begrüßten diese in den einzelnen Provinzen zu unterschiedlichen Zeitpunkten erlassene Verordnung, Gewerkschafterinnen und linke Politikerinnen lehnten sie ab (Q71). Insgesamt fand die Diskussion um das „Haushaltsjahr", die bis in die 60er Jahre hinein unter unterschiedlichen Vorzeichen anhielt, in der Nachkriegszeit kein sonderlich großes Interesse seitens der Öffentlichkeit, wahrscheinlich weil im Grunde die Masse der Bevölkerung gegen eine solche Kontinuität geschlechtsspezifischer Arbeitsteilung wenig einzuwenden hatte. Der Einsatz von Frauen im Baugewerbe dagegen stieß auf eine vergleichsweise vehemente öffentliche Kritik!

Von einem „Bruch" im Sinne radikaler Veränderung der Hausarbeit kann insgesamt trotz aller veränderter Erscheinungsformen nicht die Rede sein. Hausarbeit blieb Privatsache, und sie behielt ihren Charakter der Liebesarbeit bei, was aus den Quellen 74–77 sehr deutlich wird. Der Ausdruck liebevoller Zuwendung mittels materieller Leistungen war im tristen Nachkriegsalltag von besonderer Bedeutung. Der Hoffnungslosigkeit und Depression, die sich besonders der Männer bemächtigte, denen ja ein Erfüllen ihrer Rolle zum großen Teil nicht mehr möglich war (vgl. hierzu die Selbstmordzahlen in Q73), mußte mit einem „Übererfüllen" der weiblichen Rolle begegnet werden. Das verzweifelte Bemühen, zu Festtagen auch festlich zu kochen, die Wohnung zu schmücken, sich möglichst festlich zu kleiden, festliche Stimmung zu erzeugen, kann nicht als Ideologie oder krampfhaftes Festhalten an Traditionen abgetan werden, sondern ist Ausdruck der Unabdingbarkeit dieser Arbeit gerade in einer so kritischen gesellschaftlichen Situation. Darauf verweist auch die Propagierung dieser weiblichen „Aufgaben" in den Frauenzeitschriften und sogar in den Tageszeitungen. Ziel solcher Bemühungen war die Gewährleistung der psychischen Gesundheit der Bevölkerung auf längere Sicht.

Q19
Quelle: Ruhr-Zeitung vom 21. 11. 1945. S. 3. STA-DU

Was kochen wir morgen?

Ein zeitgemäßer Wochenspeiseplan für sieben Personen

Unlängst veröffentlichte die Ruhr-Zeitung unter dem Titel „Mit rationierten Rationen" einen Vorschlag für die Gestaltung eines Wochenküchenzettels für 4 Personen. Heute legt die hauswirtschaftliche Mitarbeiterin einen Wochenplan für eine siebenköpfige Familie vor, mit Vater und Mutter, zwei Kindern von 6 bis 18 Jahren, zwei von 3 bis 6 Jahren und einem Kleinkind unter 3 Jahren. Was den Kindern an Sonderzuteilungen zukommt, ist dabei nicht einberechnet; es soll ihnen in den Zwischenmahlzeiten gegeben werden.

Wochenküchenzettel für 7 Personen

Zuteilung aller Karten im Durchschnitt je Woche: Brot 7000 g, Zucker 658 g, Mehl 2060 g, Fleisch 700 g, Nährmittel 2400 g, Fett 624 g, Milch $3\frac{1}{2}$ l.

Verbrauch beim Kochen: Brot 1500 g, Zucker 610 g, Mehl 1875 g, Fleisch 650 g, Nährmittel 2370 g, Fett 510 g, Milch $2\frac{1}{4}$ l.

Morgengericht: 1 Teller Suppe mit einer Schnitte Brot. Rezept: 2 l Wasser, 70 g Nährmittel, Salz. Man kann die Suppe ändern, indem man Suppengrün, Metzgerbrühe, Bier oder Milch verwendet.

Mittagsgerichte: (N = Nährmittel, F = Fett, B = Brot, Z = Zucker, M = Mehl, Fl = Fleisch, Mi = Milch.)

Sonntag: Fleischbrühe (60 N), Salat, Kartoffeln oder Nudeln, Ragout (40 F, 50 M, 400 Fl), Grießschaum (100 N, 60 Z, ½ Mi). **Montag:** Suppenrest vom Sonntag (10 F, 50 B, 50 M), weiße Rüben und Kartoffeln zusammengekocht (80 F, 80 Z, 20 M). **Dienstag:** Semmelsuppe (60 N, 20 F, 200 B), Steckrübensalat (30 F, ¼ Mi), Schmorkartoffeln. **Mittwoch:** Biersuppe (50 Z), Himmel und Erde (80 F, 40 Z). **Donnerstag:** Steckrübeneintopf mit Metzgerbrühe oder entr. Milch (1/8 Mi), gebr. Blutwurst (100 Fl; 50 g Marken = ½ Pfd.!). **Freitag:** Käsewassersuppe (60 Z, 80 M), Möhren, Kartoffeln. **Samstag:** Gemüsesuppe, Rote Grütze von eingemachtem Rhabarber (250 N, 80 Z).

Abendgerichte. Sonntag: Dampfnudeln mit Tunke oder Obst (60 F, 100 Z, 1000 M, 1/8 Mi), Käsebrot (selbstgem.). **Montag:** Saure Kartoffeln (10 F), veget. Klopse (250 N, 15 M, ¼ Mi), Wasserbrotsuppe (250 B, 40 Z, 10 M). **Dienstag:** Nudelauflauf (500 N, 10 F, 150 Fl), Möhrensalat. **Mittwoch:** Grießklöße (500 N, 50 F, 50 Z, 1/8 Mi), Salat, Brot und Kaffee. **Donnerstag:** Dicke Metzgerbrühsuppe (100 N). Semmelschmarren (60 N, 1000 B, 50 Z, 30 M, 1/4 Mi). **Freitag:** Geröstete Mehlsuppe (40 F, 120 M), Brot mit Marmelade. **Samstag:** Pfannkuchen (80 F, 500 M, ¼ Mi), Brot mit selbstgekochtem Rübenkraut, Restesuppe vom Mittag.

Rezepte:

Grießschaum: 1 l Wasser und Milch gemischt, 80—100 g Grieß unter Rühren einstreuen, sobald die Flüssigkeit kocht; 60 g Zucker hinzu und kochen, bis der Grieß glasig ist. Dann kühl stellen und schaumig schlagen (1 Std.). Wenn man Obst eingekocht hat, etwas davon in die Schüsseln unter den Schaum geben.

Semmelsuppe: 4 alte Brötchen in Scheiben schneiden und mit einer Messerspitze Fett anrösten, 1 Eßlöffel Mehl darüber streuen und langsam 2 l Wasser dazugeben, würzen und 5 Min. kochen lassen.

Steckrübensalat: Die Rüben müssen roh wie Blumenkohl schmecken, dann sind sie am besten geeignet. Gut schälen, holzige Teile entfernen, auf einer nicht zu feinen Reibe in Späne raspeln. Entweder eine übliche Salattunke herstellen oder eine Mehlschwitze von 40 g Mehl, ½ l Wasser, Zwiebel, Essig usw. bereiten. Petersilie, Schnittlauch (aus dem Blumentopf), Majoran, Kümmel dazu. Oder: Man knetet eine heiße Kartoffel, 1 Teelöffel geschmolzenes Fett, etwas Knochenbrühe, Milch, Essig und Gewürze dazu.

Schmorkartoffeln für acht Personen: 80 g Mehl in einem trockenen Gefäß bräunen. Langsam 1 l Wasser dazu, Zwiebel, Salz, Kümmel nach Geschmack. Reife Dillkörner verbessern den Geschmack. In diese dünne Tunke gibt man die geschälten, grob gewürfelten, rohen Kartoffeln und läßt sie darin gar schmoren.

Biersuppe: Für 8 Personen rechnet man 2 l Flüssigkeit. Wasser kochen lassen. Bier mit 80 g Mehl anrühren und gut schlagen, langsam in das kochende Wasser geben, 10 Min. gut kochen lassen. Würzen mit Salz und Zucker. Man kann auch statt Wasser Milch nehmen.

Käsewassersuppe: Von der Sauer- oder Buttermilch macht man sich Quark. Das Wasser wird aufgefangen und zur Suppe verarbeitet. 2 l Flüssigkeit, 80 g Mehl, 3 Eßlöffel Zucker. Sie enthält viel Nährsalze.

Dampfnudeln für 8 Personen: Man bereitet einen Teig aus 2 Pfd. Mehl, 70 g Hefe, 80 g Fett, 1/8 l Milch, 3/8 l Wasser, Salz. Den Teig gut durcharbeiten, in ein Tuch geben und in einen Eimer handwarmes Wasser legen. Wenn der Teig oben schwimmt, 100 g Zucker unterkneten, dick ausrollen, mit einem Glas Nudeln ausstechen und gehen lassen. In einem Bräter oder Pfanne etwas Fett zerlassen und Salzwasser hinzu. Wenn die Ballen hineingelegt sind, den Deckel f e s t schließen. Auf kleiner Flamme gar werden lassen. Den Deckel erst abnehmen, wenn kein Dampf mehr entweicht.

Saure Kartoffeln: 4 Pfd. Kartoffeln werden halb bedeckt mit Wasser; Salz, Zwiebeln dazu und garkochen. Mit Essig und einer Prise Zucker abschmecken. Wenn ganz weich, wie Kartoffelbrei zerkleinern. Etwas Fett.

Vegetarische Klopse: ½ Pfd. Weizenflocken in ¼ l Milch und ¼ l Wasser einweichen. Zwiebel, Petersilie (aus dem Blumentopf), Salz, geriebene Möhre oder Sellerie, Majoran, Kümmel und 1—2 Eßlöffel geschmolzenes Fett hinzu. Kleine Bällchen formen und in der Pfanne braten.

Semmelschmarren für 8 Personen: 2 Pfd. Weißbrot in Scheiben schneiden, 60 g Grieß darübergeben, ¼ l Milch und ¾ l Wasser dazu und mit 30 g Mehl zu einem Teig verarbeiten. 50 g Fett in der Pfanne heiß werden lassen, den Teig hineingeben und unter Wenden und Zerstoßen goldgelb werden lassen. Mit etwas Zucker bestreuen und warm reichen.

Q20 Der Perser im Kuhstall
Quelle:
Die Frau von heute. 7/1948 (3). S. 7

Q21

Quelle: Notjahre der Eifel 1944–49. Katalog zur gleichnamigen Ausstellung. Hrsg. vom Arbeitskreis Eifeler Museen. Meckenheim 1983. S. 60

Aufruf

an die Bevölkerung des Regierungs-
bezirks Trier zur Einhaltung der
Preisvorschriften.

In weiten Kreisen der Öffentlichkeit besteht Unklarheit über die zulässige Höhe von Preisen und Entgelten für Güter und Leistungen. Vielfach herrscht die Meinung vor, daß mit der Beendigung des Krieges die behördliche Einflußnahme auf Bildung und Kontrolle von Preisen aufgehört und damit das Verhältnis zwischen Angebot und Nachfrage ~~~ Pre~ selbständig gestalte.

Hierzu wird amtlich festgestellt: Die Alliierte Militärregierung hat in ihren Anordnungen an die deutsche Zivilbevölkerung durch Aushänge und Rundfunkmeldungen ausdrücklich darauf hingewiesen, daß die

Preisbestimmungen weiterhin in Kraft

bleiben und daß ein Absinken der Währung vom deutschen Volk im eigenen Interesse verhindert werden müsse. Damit sind alle gegenteiligen Meinungen als unzutreffend erkannt und alle willkürlich und eigenmächtig vorgenommenen Preisforderungen als unzulässig, den öffentlichen Interessen abträglich und schädlich gekennzeichnet, die den Aufbau unseres schwergeprüften Vaterlandes ernstlich gefährden und verhindern können. Es muß heute die Aufgabe jedes Bürgers sein, in Preisfragen eine verantwortungsbewußte, anständige Gesinnung zu wahren und energisch gegen solche Bestrebungen Front zu machen, durch die der Ungeist eines von Sitte und Verantwortlichkeit gelösten Regimes auf unser Aufbauwerk überzugreifen droht.

Verstöße gegen die Preisvorschrifte~ könne~ daher in Zukunft nicht mit Unkenntnis entschuldigt, sondern müssen mit aller Strenge geahndet werden, um ernste Gefahren für den Wiederaufbau zu bannen. In diesem Zusammenhang muß auch der Tausch- und Schleichhandel, der das Preisgefüge erschüttert und die Versorgungslage in Unordnung bringt, schärfstens verurteilt werden. Hier wird von zuständiger Stelle mit wirksamen Mitteln eingegriffen.

An alle Bevölkerungsteile ergeht daher der dringende Aufruf, die Weisungen zuständiger Behörden gewissenhaft zu befolgen, nicht aus der Notlage Einzelner gewinnsüchtig Nutzen ziehen und bereitwilligst den Aufbau unseres Landes und unserer Wirtschaft durch Beachtung gesetzlicher Ordnungsvorschriften auch hinsichtlich der Preise zu förder~ Hier ~erpflichtet die Losung:

Preismoral baut auf.

Trier, den 3(Juni 1945

Der Präsident
des Regierungsbezirks Trier
Dr. Steinlein

Kleinhandelspreise wichtiger Lebensmittel

Ware	Menge	Stand	
		15. 12. 1946 RM	15. 12. 1947 RM
Ortsübliches Brot			
a) Schwarzbrot	1 kg	0,45	0,44
b) Graubrot	1 kg	–	0,48
Weizen-Kleingebäck: Semmel, Brötchen	1 kg	0,60	–
Weizenmehl	1 kg	0,44	0,42
Graupen, grobe	1 kg	0,52	0,52
Weizengrieß	1 kg	0,46	0,46
Haferflocken, lose..................	1 kg	0,64	0,64
Erbsen, gelbe, ungeschält	1 kg	0,92	–
Speisebohnen, weiße, ungeschält	1 kg	0,95	–
Gemahlener Haushaltszucker	1 kg	1,06	1,14
Eßkartoffeln (mittlere Sorte, abl., alte) .	1 kg	0,12	0,12
Weißkohl	1 kg	0,21	–
Wirsing	1 kg	0,25	–
Rotkohl............................	1 kg	0,25	–
Spinat	1 kg	0,34	–
Mohrrüben (Speisemöhren)	1 kg	0,24	–
Sauerkraut	1 kg	0,50	–
Rindfleisch (Kochfleisch mit Knochen)..	1 kg	1,70	1,90
Schweinefleisch (Bauchfleisch, frisch) ..	1 kg	1,80	–
Kalbfleisch (Vorderfleisch, Rippe, Hals)	1 kg	2,10	2,10
Hammelfleisch (Brust, Hals, Dünnung)	1 kg	2,04	–
Speck (fett, geräuchert, inländischer) ..	1 kg	2,20	–
Leberwurst (mittlere Sorte)	1 kg	3,20	2,80
Schweineschmalz	1 kg	2,20	–
Salzheringe	1 kg	0,80	0,92
Schellfisch mit Kopf (frisch)	1 kg	1,30	–
Vollmilch ab Laden	1 Ltr.	0,23	0,24
Molkereibutter	1 kg	3,52	3,60
Margarine	1 kg	1,96	1,96
Käse (halbfetter, etwa 20% Fettgehalt) .	1 kg	2,62	3,12
Eier	1 Stck.	0,12	–
Kaffee-Ersatz	1 kg	0,84	0,88
Speisesalz	1 kg	0,26	0,26
Steinkohlen (Hausbrand), frei Keller...	1 Ztr.	1,50	1,88
Briketts (Braunkohlen), frei Keller	1 Ztr.	1,45	1,95
Brennholz, gesägt, frei Keller	1 Ztr.	4,50	–
Kochgas	1 cbm	0,16	0,16
Elektrizität (Licht)..................	1 KWst	0,38	0,38

Schwarzmarktpreise für einige Lebens- und Genußmittel

Ware	Menge	Dez.1946 RM	Dez. 1947 RM
Butter	1 Pfd.	160,00	200,00
Schmalz............................	1 Pfd.	140,00	180,00
Speck	1 Pfd.	150,00	170,00
Fleisch	1 Pfd.	28,00	40,00
Mehl	1 Pfd.	12,00	40,00
Zucker	1 Pfd.	60,00	60,00
Öl..................................	1 Ltr.	150,00	200,00
Schnaps	¾ Ltr.	140,00	120,00–180,00
Tabak	50 g	20,00	25,00– 30,00
Amerikanische Zigaretten	1 Stck.	6,00	7,00
Deutsche Zigaretten	1 Stck.	2,50	3,00
Englische Zigaretten	1 Stck.	5,00	6,00

Quelle: Verwaltungsbericht der Stadt Duisburg 1946/47. S. 44. STA-DU

Kleinhandelspreise wichtiger Lebensmittel

Ware	Menge	15. 12. 1948 DM
Ortsübliches Brot:		
a) Schwarzbrot	1 kg	0,40
b) Graubrot.....................................	1 kg	0,41
c) Weizenbrot	1 kg	–
Weizenkleingebäck: Semmel, Brötchen..............	1 kg	0,90
Weizenmehl	1 kg	0,64
Graupen, grobe	1 kg	0,68
Weizengrieß	1 kg	0,70
Haferflocken, lose	1 kg	0,64
Erbsen, gelbe, ungeschält	1 kg	–
Speisebohnen, weiße, ungeschält	1 kg	0,60
Gemahlener Haushaltszucker	1 kg	1,16
Eßkartoffeln (mittlere Sorte) alte..................	1 kg	0,15
Weißkohl	1 kg	0,12
Wirsing	1 kg	0,20
Rotkohl...	1 kg	0,65
Spinat	1 kg	0,35
Mohrrüben (Speisemöhren).......................	1 kg	0,20
Sauerkraut	1 kg	0,34
Rindfleisch (Kochfleisch mit Knochen)..............	1 kg	3,00
Schweinefleisch (Bauchfleisch, frisch)..............	1 kg	–
Kalbfleisch (Vorderfleisch, Rippen, Hals)	1 kg	2,86
Hammelfleisch (Brust, Hals, Dünnung)	1 kg	–
Speck (fett, geräuchert, inländisch)	1 kg	–
Leberwurst (mittlere Sorte)	1 kg	4,00
Schweineschmalz.................................	1 kg	3,36
Salzheringe	1 kg	1,00
Schellfisch mit Kopf (frisch)......................	1 kg	0,95
Vollmilch (ab Laden)	1 Ltr.	0,36

Ware	Menge	15. 12. 1948 DM
Molkereibutter	1 kg	5,12
Margarine	1 kg	2,44
Käse (etwa 40 v. H. Fettgehalt)	1 kg	6,00
Eier	1 Stck.	–
Kaffee-Ersatz	1 kg	0,96
Speisesalz	1 kg	0,30
Steinkohlen (Hausbrand) frei Keller	1 Ztr.	2,85
Briketts (Braunkohlen) frei Keller	1 Ztr.	2,35
Brennholz, gesägt, frei Keller	1 Ztr.	–
Kochgas	1 cbm	0,19
Elektrizität (Licht)	1 KWst.	0,37

Schwarzmarktpreise für einige Lebens- und Genußmittel

Ware	Menge	Dez. 1947 RM	Dez. 1948 DM
Butter	1 Pfd.	200,00	16,00
Schmalz	1 Pfd.	180,00	18,00
Speck	1 Pfd.	170,00	16,00–18,00
Fleisch	1 Pfd.	40,00	6,00–10,00
Mehl	1 Pfd.	40,00	1,30– 1,50
Zucker	1 Pfd.	60,00	2,10
Oel	1 Ltr.	200,00	18,00–20,00
Schnaps	1 Ltr.	120,00–180,00	10,00–12,00
Tabak	50 gr.	25,00– 30,00	1,80– 3,00
Zigaretten (amerik.)	1 Stck.	7,00	0,70
Zigaretten (dtsch.)	1 Stck.	3,00	0,20– 0,30
Zigaretten (engl.)	1 Stck.	6,00	0,70

Quelle: Verwaltungsbericht der Stadt Duisburg 1948. S. 35. STA-DU

Q 23 Plakat gegen den Schwarzmarkt (siehe Abbildung auf Seite 145)
Quelle: Wolfgang Trees/Charles Whiting/Thomas Omansen: Drei Jahre nach Null. Geschichte der britischen Besatzungszone. Düsseldorf 1978. S. 119

Q 24 Die Einstellung der Bevölkerung zum Schwarzmarkt
Als ein Ventil für das Verlangen nach den notwendigsten Gebrauchsgegenständen, nach Nahrung und Genußmitteln, wird der schwarze Markt betrachtet. Auch unter den gewissenhaft denkenden Familien aller Schichten der Bevölkerung ist seine Anerkennung lebhaft gestiegen. Vereinzelt stößt man noch auf seine grundsätzliche Ablehnung aus moralischen Bedenken, hier und da wird er als notwendiges Übel betrachtet, ganz überwiegend aber als der freie Wirtschaftsbezirk, in dem ein Jeder alles, was er benötigt oder begehrt, kaufen kann. Auch Familien, die aus Geldmangel selten oder gar nicht von ihm Gebrauch machen, wünschen sein Fortbestehen, in der Hoffnung, ihn bei Gelegenheit zur Hand zu haben. Öfter wird die Sorge laut, was werden soll, wenn der schwarze Markt etwa verschwinde und man hilflos mit seinen Bedarfswünschen dastehe. Moralische und sachliche Bedenken über die Hintergründe und das Wesen des schwarzen Marktes sind um so leichter verflogen, als auch Soldaten der Besatzungsmächte erheblich an ihm beteiligt sind und man ihre „Zigarettenwährung" hoch einzuschätzen gelernt hat. Die Anerkennung dieses

.. so stehen sie an, stundenlang – für das Allernotwendigste, die

Diebe und Schieber aber schlemmen auf unsere Kosten!

BOYKOTT dem SCHWARZEN MARKT!

die Zonengrenzen sprengenden, vom Schmuggel genährten und halbwegs internationalen Handelsgetriebes erstreckt sich natürlich auch auf seine Mittelsleute, die Schwarzhändler. Sie genießen das steigende Wohlwollen aller derer, die durch sie das erhalten, was sie brauchen oder zu brauchen glauben. Zwar wird öfter noch unterschieden zwischen „anständigen" und „unanständigen" Schiebern, doch erkennt man auch die letzteren an, sobald man sie nicht mehr auszukommen glaubt. (Als „anständig" gilt der Händler, der z. B. ein Paar kunstseidene Strümpfe für 80 RM besorgt, als „unanständig" derjenige, der 150 bis 160 RM für die gleichen Strümpfe fordert, oder für eine Schachtel Streichhölzer 10 RM statt 5 RM). Auch die Kinder gelangen zunehmend in den Bann dieser Anerkennung. Ein Beispiel: Die zwölfjährige Tochter eines Berliner Nationalökonomen hörte von ihrer Hortleiterin abfällige Worte über die „Schieber". Unwillig entgegnete sie: „Die guten Schieber, ohne sie würden wir ja verhungern." Sie berief sich dabei auf eine Doktorarbeit, die in Wien nach dem ersten Weltkriege veröffentlicht wurde und nachzuweisen suchte, daß die Wiener ohne ihre Schieber verhungert sein würden.

Quelle: Hilde Thurnwald: Gegenwartsprobleme Berliner Familien. Eine soziologische Untersuchung an 498 Familien. Berlin 1948. S. 77f.

Q 25   Beispiele von Familien, die zum Schwarzhandel übergehen

Fall I

Der Ehemann ist Arzt. Seine Frau ließ sich, als das dritte Kind ein halbes Jahr alt war, von ihm wegen seiner dauernden Untreue scheiden. Er wurde als allein schuldiger Teil erklärt, hat sich aber nie mehr um den Unterhalt seiner Familie gekümmert und lebt wieder verheiratet in der Westzone. Frau A. lebt seither mit den Kindern bei ihrer Mutter in einer Zweizimmerwohnung. Sie läßt ihre Stimme für die Oper ausbilden. Um diese Ausbildung und die Lebenskosten zu bestreiten, verkaufte Frau A. nach und nach alle Werte, die sie noch hatte, zuletzt ihren Pelzkragen für 4000 RM. Sie geht jetzt mit dem Gedanken um, durch An- und Verkauf von Sachen soviel Geld zu verdienen, daß sie ihre Ausbildung vollenden und ihre Kinder erziehen kann. Sie wird als eine wertvolle Frau und liebevolle Mutter geschildert.

Fall II

Im Haushalt leben die 73jährige Witwe eines ehemaligen Berufsoffiziers, ihre gelähmte Tochter und eine Hausgehilfin (ostpreußischer Flüchtling). Die Wohnung besteht aus 7 Zimmern, von denen 4 abvermietet sind. Wertvolle Einrichtungsgegenstände füllten die Zimmer. Da Mutter und Tochter bestrebt sind, im alten Stil weiter zu leben, haben sie nach und nach einen großen Teil ihrer Schätze verkauft. Die dadurch erzielten großen Einnahmen reichten jedoch nicht aus, um fortlaufend die altgewohnten Mengen an Fleisch, Zucker, Kakao (1 Pfd. 650 RM) und Speck auf dem schwarzen Markt einzukaufen. Der nächste Schritt war daher, daß Frau B. unter der Hand Kleidung und Wein einhandelt und diese Sachen mit hohen Aufschlägen weiter verkauft.

Fall IV

Frau D. ist eine junge Kriegerwitwe mit einem fünfjährigen Sohn. Ihr Mann war Ingenieur und fiel Ende des Krieges. Als seine Witwe im Juli 1945 nach Berlin zurückkehrte, knüpfte sie bald Beziehungen zu einem Schwarzhändler an. Ihr kleines Vermögen von 3000 RM benutzte sie als Betriebskapital und bald blühte ihr Handel mit den verschiedensten Waren auf. Er brachte mit wenig Arbeit viel Geld ein. Da sie damit ihren Sohn gut versorgen konnte, hielt sie ihre Handelstätigkeit für durchaus berechtigt. Vorstellungen ihrer Familie und deren Hinweise, daß sie mit einem Fuß im Zuchthaus stehe, glitten an ihr ab. Man wollte sie in einem bürgerlichen Beruf unterbringen. Sie widersetzte sich energisch. Sie ist bis heute bei ihrem Handel geblieben, erzieht ihren Sohn ordentlich und zeigt sich ihrer Familie gegenüber hilfsbereit und freundlich. Nach wie vor erklärt sie, daß ihre Tätigkeit und die daraus erzielten hohen Einnahmen die ihr angemessene Form der Existenz sei.

Fall VII
Kinderloses Ehepaar. Der Mann, 40 Jahre alt, war früher Kleinhändler, und verlor durch
Kriegseinwirkungen seinen Laden. Er kauft seit einem Jahr laufend Korn auf, brennt
Schnaps davon und verkauft diesen zu Höchstpreisen. Er hält es für töricht, sich nach
regulärer Arbeit umzusehen. Es komme nur darauf an, so rasch und intensiv als möglich
Geld zu verdienen, Skrupel über den Mißbrauch des von ihm aufgekauften Getreides kom-
men ihm nicht in den Sinn. Seine Frau, früher fleißig und solide arbeitend, unterwirft sich
blind seinen Wünschen.
Quelle: Hilde Thurnwald: Gegenwartsprobleme Berliner Familien. Eine soziologische
Untersuchung an 498 Familien. Berlin 1948. S. 79–81

Q 26   Einer alten Frau werden Lebensmittel gestohlen
Der Hunger ließ die Menschen durchaus nicht nur „näher zusammenrücken", auch Sze-
nen wie diese – Hungrige bestehlen sich gegenseitig – waren an der Tagesordnung.
Quelle: Charles Whiting: Norddeutschland Stunde Null. April – September 1945. Düsseldorf 1979. S. 125

Q 27   Ein Haushaltsbudget der Nachkriegszeit im Krisenjahr 1947
Familie A. besteht aus dem Ehepaar und 2 Kindern im Alter von 5 und 9 Jahren, der Vater
ist ungelernter Bauarbeiter. Wochenverdienst: brutto 52,80 RM, netto 45,45 RM; im
Monat netto 204,53 RM.

Laufende Monatsausgaben	September 1947	Zusätzliche Ausgaben	Schwarzer Markt
Miete	35,– RM	Kohlen für den Winter	100,– RM
Gas	8,40 RM	Waschmittel	16,– RM
Licht	5,20 RM	Kerzen für den Winter	24,– RM
Ration. Lebensmittel		3 Brote je 1500 g	120,– RM
Karte II (Vater)	14,79 RM		
Ration. Lebensmittel			
Karte III (Mutter)	11,34 RM		
Ration. Lebensmittel			
Karte IV (Kind)	12,65 RM		
Ration. Lebensmittel			
Karte IV (Kind)	13,76 RM		
Kleine Sonderzuteilung	3,40 RM		
Obst auf Karte (Kinder)	5,10 RM		
Kartoffeln auf Karte	5,70 RM		
Gemüse auf Karte	4,80 RM		
Schuhreparaturen	9,60 RM		
Waschmittel	3,80 RM		
Rauchwaren	9,60 RM		

Sonderausgaben:
1 Unterrock auf Bezugsschein 4,50 RM

Summe	147,64 RM	Summe	260,– RM

Die Familie hat nach dieser Aufstellung im Monat September insgesamt verausgabt .... 407,64 RM
Durch das Nettogehalt des Ehemannes konnten gedeckt werden .... 204,53 RM
Es blieben aus anderen Einnahmequellen zu decken .... 203,11 RM

Die Familie besitzt in ihrer Häuslichkeit keine Tauschobjekte. Frau A. fährt fast jede Woche aufs Land, holt Gemüse, Kartoffeln, Obst oder Hülsenfrüchte herein. Davon verkauft sie einen Teil schwarz, um Brot, Feuerung und sonstige Schwarzmarktwaren anschaffen zu können. Ferner tauscht sie, wenn sie in besonderer Not ist, auch Milchpulver gegen Brot. Es werden wöchentlich zusätzlich mindestens 2 Brote gebraucht, weil der Ehemann ein starker Brotesser ist. Die Landfahrten dürften mit Beginn des Winters aufhören.

Q 28 Münchner Hausfrauen demonstrieren gegen Schieber und Schwarzhändler
(siehe Abbildung auf Seite 149)
Quelle: Richard Bauer: Ruinen-Jahre. Bilder aus dem zerstörten München 1945–1949. München 1983. S. 194

Q 29 Landarbeit gegen Naturallohn
Die Ernährungsverhältnisse sind in meinem Bezirk nicht so schlecht, wie sie die Stadt aufzuweisen hat. Fast in jeder Familie ist ein Glied in der Landwirtschaft tätig. Selbst Mütter mit kleinen Kindern arbeiten tagsüber beim Bauern, versorgen in den Arbeitspausen die Kinder und bewältigen am Abend die ganze Hausarbeit. Die Bewältigung dieser Aufgaben erfordert natürlich einen ungeheuren Energieaufwand. Viele Frauen wirken mit 30 Jahren bereits wie 50jährige. Die Pflege der Kinder ist in den meisten Fällen nicht ausreichend, vor allem bleibt die Erziehung sehr zurück. Unzählige Kinder sind sich tagsüber vollständig selbst überlassen. Während der Ferien werden die meisten Kinder mit auf's Feld genommen und müssen dort zwischen den „Großen" ordentlich mitschaffen. Darunter leidet all-

zuoft der kindliche Organismus und man trifft Kinder, die mit 12 und 13 Jahren bereits einen greisenhaften Eindruck machen.
Quelle: Bericht einer städtischen Fürsorgerin aus Düren an den Sozialminister des Landes NRW vom 27. 5. 1947. NW 42–232, HSTA. Blatt 53

Q 30 (siehe Abbildung auf Seite 150)
Quelle: Klaus-Jörg Ruhl: Die Besatzer und die Deutschen. Amerikanische Zone 1945–1948. Düsseldorf 1980. S. 88

Q 31 Kohlenklau
Um halb acht waren wir an der Bahn. Ich wußte nun alles, was heute geschehen sollte. Mutti hatte einen Bekannten, der bei der Reichsbahn war. Wir sollten an einem Bahnwärterhäuschen warten, und Herr W. wollte uns die Kohlen holen. Am Hauptbahnhof stiegen wir in einen Doppeldecker, den Harburger Zug. . . . In Wilhelmsburg stiegen wir aus. Herr W. schleppte drei Taschen voll Kohlen heran, die wir in unsere Rucksäcke verteilten. Wir bekamen den Zug, der um elf Uhr am Hauptbahnhof war. Um halb zwölf Uhr waren wir in Ohlsdorf. Der letzte Zug lief mit uns zur gleichen Zeit ein. Wir gaben schon alle Hoffnung auf, daß wir den Zug noch erreichen würden. . . . Wir liefen, so schnell wir konnten, die Treppe hinaus. Mutti taumelte nur noch, beinahe wäre sie zusammengebrochen. Aber wir brachten unsere Last doch nach Hause und hatten für einige Zeit eine warme Stube.
Quelle: Auszug aus einem Aufsatz einer dreizehnjährigen Schülerin. In: Jugend im Schatten von gestern. Aufsätze Jugendlicher zur Zeit. Hrsg. von Erna Stahl. Hamburg 1948. S. 67f.

Q 32 „Fringsen" (siehe Abbildung auf Seite 151)
Quelle: Frank Grube/Gerhard Richter: Die Schwarzmarktzeit. Deutschland zwischen 1945 und 1948. Hamburg 1979. S. 142

Zuteilung von Brennstoff.

Vom 5. September ab wird an alle Verbraucher, die in der Kunden-liste der hiesigen Kohlenhändler eingetragen sind, je ein halber Zentner Braunkohlen-Briketts verausgabt werden. Den Verbrauchern wird bei dieser Gelegenheit ihre Kohlenbezugskarte ausgehändigt. Von dieser Karte ist der Teilabschnitt Nr. 1 durch die Kohlenhändler abzutrennen und aufzubewahren.

Die zur Verteilung erforderlichen Brikettmengen sind bereits ein-gelagert, sodaß jeder Verbraucher die oben angegebenen Mengen mit Sicherheit erhalten wird. Es muß daher erwartet werden, daß zur schnellen und reibungslosen Abwicklung beim Abholen der Briketts folgende Reihenfolge, nach Anfangsbuchstaben der Familien-namen geordnet, unbedingt eingehalten wird:

am 5. und 6. 9. Buchstaben A, B, C, D

am 7. und 8. 9. Buchstaben E, F, G, H, J

am 10. und 11. 9. Buchstaben K, L, M

am 12. und 13. 9. Buchstaben N, O, P, Q, R

am 14. und 15. 9. Buchstaben S, Sch, Sp, St

am 17. und 18. 9. Buchstaben T, U, V, W

am 19. 9. 1945 Buchstaben X, Y, Z

Während der Ausgabe der Brikettzuteilung findet eine Abgabe von Holz nicht statt.

Wirtschaftsamt Frankfurt a. M.

Karl Möller, Frankfurt u. M.

Q33 (siehe Abbildung auf Seite 152)
Quelle: Notjahre der Eifel 1944–49. Katalog zur gleichnamigen Ausstellung. Hrsg. vom Arbeitskreis Eifeler Museen. Meckenheim 1983. S. 55

Q34 Interview-Auszug über Hamsterfahrten

Dann sind wir zu den Bauern gegangen und haben da dann, wenn man was hatte, getauscht und ansonsten gebettelt. Wir haben dann gesagt, wir kommen aus dem Ruhrgebiet, aus der und der Stadt, wir sind ausgebombt und was weiß ich, was ich alles erzählt hab', ob wir ein paar Kartoffeln bekommen könnten. Manchmal bekam man drei, vier, manchmal bekam man gar nichts, manchmal bekam man ein Pfund. . . .

Getauscht wurden zu der Zeit Silbermünzen, alte Reichsmarkmünzen, die schon einige Zeit ungültig waren wegen des Silbergehaltes, die wir eigentlich auch gar nicht haben durften, aber hatten, und Parteiabzeichen. . . . Alle Zeichen aus der Hitlerzeit, Hitlerjugendabzeichen . . . Damit sind wir erst in die Kasernen gegangen (gemeint sind die amerikanischen Kasernen, D.S.), und in den Kasernen haben wir dann Zigaretten bekommen. Und für die Zigaretten haben wir dann bei den Bauern getauscht. . . .

Die Bauern wollten aber auch noch andere Dinge haben, und da kam ich dann durch meine Beziehungen, durch meine Lehre dran. (Interview-Partnerin arbeitete in einem Lebensmittelgeschäft). Einige meiner Bekannten waren in Bäckereien beschäftigt, die gaben mir dann schon 'mal ein Pfund Hefe. Und Hefe suchten die Bauern ja. Die hatten ja Mehl, und die wollten ja backen und hatten aber keine Hefe. Und wenn ich Hefe hatte, habe ich immer sehr viel nach Hause gebracht. Ohne Hefe bin ich auch selten gefahren. Das war eigentlich das, was ich immer hatte. . . .

Man gab ungefähr einen Block Hefe, den man für 2 Pfund Mehl braucht, den gab man dann eben für 2 Pfund Kartoffeln ab. . . . Für Zigaretten bekam man dann schon einiges mehr, hier mal ein Stück Speck und da mal ein Stück Wurst, oder mal zwei Eier, das war schon eine Seligkeit, das war schon ein Heiligtum, die hat man balanciert, damit man die nach Hause bekam . . .

Wir konnten an einem Tag nie genügend zusammenbekommen, um wieder nach Hause zu gehen. Wir fuhren meist erst wieder nach Hause, wenn einiges voll war. (Gemeint sind Koffer und Taschen, D. S.) Das ist uns eigentlich auch immer gelungen. Ich weiß genau, daß ich mal 160 Pfund Kartoffeln alleine nach Hause getragen hab', mit 16 Jahren! In zwei Koffern, in einem Rucksack und über dem Rucksack noch einen Sack, keinen Zentnersack, aber es waren ja auch zusammen nur 160 Pfund. Aber die hab' ich getragen! . . . Und zwar – was dann noch so schlimm war – dieser Viadukt zwischen Neuenbeken und Altenbeken war gesprengt, und deshalb mußte man immer durch den Ort laufen. Da hat man dann für ein paar Kartoffeln aber auch eine Karre bekommen können. Da warteten schon die Karrenbesitzer – die im Dorf noch Karren hatten – die warteten schon auf die Hamsterer. Die kamen dann: „Was gibste? Dann fahr' ich dir die Kartoffeln." Dann fuhren die die Kartoffeln durch den Ort. Aber diese 160 Stufen 'rauf

(zum Viadukt, D.S.), die mußte man die ja
schleppen. Und meistens mußte man seine
ganze Habe auf einmal tragen, weil sonst,
wenn man erst eins nach oben brachte und
dann das nächste holte, das andere schon
weg war. Und solange wir noch nicht in
Gruppen fuhren, daß oben jemand auf-
paßte, da passierte es eben, daß dann der
Sack schon fehlte. Das war ja klar! Also
hat man die 160 Pfund Kartoffeln auch die
160 Stufen hochgetragen. Darum hab' ich
auch so gut die Anzahl der Pfunde behalten, weil es 160 Stufen und 160 Pfund
waren. ... Es war ziemlich schlimm; und
dann hatte man ja auch immer noch Angst.
Hamstern war ja im Grunde verboten. Es
konnte passieren, daß die Polizei kam, und
die Leute wurden kontrolliert, und dann
mußte man alles auf einen großen Haufen
schütten, und dann war man seine ganze
Hamsterware wieder los! Aber mir ist das
nie passiert. Ich hab' immer alles heil nach
Hause bekommen. ... Hamstern war verboten, weil das wahrscheinlich nicht jeder
konnte, wegen der Gleichheit vielleicht.
Kranke, alte Leute konnten das ja nicht.
Oder eine Frau mit kleinen Kindern. Wie
wollte die die Kinder verlassen, um hamstern zu gehen, wenn der Mann noch nicht
zurück war? Ich habe ja auch für meine
Schwester, die kleine Kinder hatte, immer
mitgehamstert. Darum bin ich so oft gefahren. Jede Woche 1945. ... Immer in die
amerikanische Zone, bis zur russischen Zo-
nengrenze, bis Bebra. (Interviewpartnerin
wohnte in Mülheim-Ruhr.) ... Da war ich
dann immer weg von montags bis samstags. So lange dauerten unsere Hamster-
touren. Man bekam doch keine 100 Pfund
Kartoffeln an einem Tag! Dafür hat man
gebettelt! Aber während dieser Tage war
man ja auch zu Hause nicht auf der Lebensmittelkarte. Man wurde schon irgendwie satt. Ein Butterbrot und ein Schluck
Kaffee und ein Schluck Milch und mal eine
gekochte Kartoffel – das bekam man immer irgendwo. Wir haben damals sehr auf
die Bauern geschimpft, aber wenn ich mir
das aus der heutigen Sicht überlege. Es kamen ja auch Hunderte! 'Zig täglich, die
Kartoffeln wollten, und unerschöpflich

waren deren Vorräte ja auch nicht. Und
daß die dann lieber was für eine Gegenleistung gaben, ist ja auch ganz klar! Aber
trotzdem, ganz ohne bin ich niemals nach
Hause gekommen. Auch wenn ich nichts
mithatte! ...
Wir hatten die gleichen Lebensmittelkarten in der ganzen englisch besetzten Zone.
Es gab ja nicht immer alles, was ausge-
druckt war. Das wurde aufgerufen. Und
diese Zuteilungsscheine hatten jede Woche
einen anderen Buchstaben. Da gab es zum
Beispiel auf den Buchstaben F Brot. Einmal gab es in Oberhausen Brot, als es in
Mülheim nichts gab und einmal in Hannover. Das hat man dann irgendwie erfahren.
Einer hat das zufällig gehört, und dann
waren Invasionen unterwegs. Da haben wir
auf den Eisenbahnzügen gelegen, zwischen
den Puffern gestanden, auf den Trittbrettern. Wenn ich unsere heutigen modernen
Züge ansehe, dann denke ich manchmal:
„Mein Gott, wenn mal wieder solch eine
Zeit kommt, da kann sich kein Mensch
mehr festhalten! Da kann ja kein Mensch
mehr außerhalb der Waggons eine Reise
unternehmen!" Und damals hat man irgendwo gestanden. Wenn die Mütter das
gesehen hätten, in welche Gefahr sich die
Kinder begeben haben, ich glaube nicht,
daß meine Mutter überhaupt noch eine ru-
hige Minute gehabt hätte. Ich weiß auch
nicht, wie die das ausgehalten hat. Wahrscheinlich war man aber schon durch die
dauernde Gefahr, die tägliche und stünd-
liche Gefahr des Krieges so daran gewöhnt. ...
Es war so: Man konnte ja nicht auf den Zügen liegend die Fahrt verbringen. Das ist ja
ganz unmöglich. Es war ja keine Gelegenheit, sich festzukrallen. Aber in den Bahn-
höfen mußte man auf die Züge gehen,
sonst haben die Hunde der Bahnpolizei
einen da wieder runtergeholt. Während der
Fahrt kletterte man dann wieder runter und
hat zwischen den Puffern und auf den
Trittbrettern gestanden. ... Die Menschen
hingen wie Trauben an den Zügen. Wenn
alle Plätze und alle Stehplätze besetzt
waren, wurden immer noch ein paar durch
die Fenster reingeschoben. ...

Q 35 Die Alltags„probleme" führender Politiker

„Die Führungsgruppe der Politiker, gleich welcher Parteien, hatte keineswegs mit vergleichbaren Schwierigkeiten des alltäglichen Lebens, der Sorge um das schlichte Überleben, zumindest aber der Sorge um erträgliche Lebensbedingungen zu kämpfen. . . .
Politiker wie Adenauer oder Kaiser waren bereits in der ersten Nachkriegszeit von der Sorge um die materielle Reproduktion, von der Sorge um den Lebensunterhalt freigestellt. Für Reisen hatten sie teilweise bereits Dienstwagen zur Verfügung; ganz empörend war für hohe Beamte und Politiker zunächst, wie geschildert wird, daß sie für ihre Reisen von der amerikanischen Besatzungsmacht Abteile in Zügen zugewiesen bekamen, ‚in denen farbige Besatzungstruppen transportiert wurden'."

Quelle: Hans Karl Rupp: Politische Geschichte der Bundesrepublik Deutschland. Entstehung und Entwicklung. Eine Einführung. Stuttgart 1978. S. 61

Q 36 Hamsterzug

Quelle: Frank Grube/Gerhard Richter: Die Schwarzmarktzeit. Deutschland zwischen 1945 und 1948. Hamburg 1979. S. 135

Q37 „Gesellschafts-Hamsterfahrten" aus Vergnügungssucht?

Die Haltung der Bevölkerung meines Bezirks entspricht derjenigen, die für den Rheinländer typisch ist. Bei der großen Notlage nimmt die Bevölkerung eine kollossal aktive Haltung ein. In meiner kinderreichen Siedlung werden von den kinderreichen Müttern als Selbsthilfe Gesellschafts-Hamsterfahrten inszeniert. Dieser Zustand ist wegen der Ernährung der Familie leider unbedingt wünschenswert, wirkt sich jedoch auf die Versorgung und Erziehung der zurückgebliebenen Kinder sehr ungünstig aus. Wie es denn überhaupt höchst bedauerlich ist, wenn eine kinderreiche Mutter ihren Haushalt auf mehrere Tage verläßt. Bei ihrer Rückkehr ist sie derart körperlich erschöpft, daß sie nun auch nicht sofort den vernachlässigten Haushalt wieder in Schwung bringen kann. Außerdem muß sie auch unbedingt mit ihren Reisegenossinnen ins Kino gehen, wodurch die Schlamperei zu Hause größer wird. Das stundenlange Anstehen für Lebensmittel wird im großen und ganzen sehr geduldig hingenommen. Es kommt jedoch auch dabei zu Verzweiflungsausbrüchen und schweren Nervenstörungen. So sind in den letzten Monaten zwei Mütter meines Bezirks in die Anstalt Grafenberg aufgenommen worden. Die Männer nehmen zum großen Teil eine passivere Stellung ein. Die ordentlichen unter ihnen leiden sehr unter der Aussichtslosigkeit, der Notlage in irgendeiner Weise Herr zu werden. Sehr aktive Naturen kommen dauernd mit dem Gesetz in Konflikt, da sie den Unterschied zwischen Mein und Dein nicht mehr anerkennen wollen. Die große Ernährungsnotlage treibt auch viele Jugendliche aus den ordentlichen Familien dahin, aus Hilfsbereitschaft für die Familienangehörigen „krumme Dinger zu drehen". Die zunehmende Vergnügungssucht bei alt und jung, die so oft gerade beim Rheinländer verurteilt wird, ist im Grunde die Sehnsucht, über den entsetzlichen Alltag hinaus einmal etwas anderes zu erleben. Es ist dabei erfreulich, daß gerade auch für ernsthafte Veranstaltungen Zeit, Geld, und oft sogar die letzte Zigarette (zu der Beschaffung einer Eintrittskarte) geopfert wird. Trotz der furchtbaren Notlage läßt sich der Rheinländer nicht unterkriegen.

Quelle: Bericht einer städtischen Fürsorgerin aus Düsseldorf an den Sozialminister des Landes NRW vom 2. 6. 1947. NW 42–232, HSTA. Blatt 80 f.

Q38 Rückkehr von der Hamsterfahrt

Quelle: Wolfgang Trees/Charles Whiting/Thomas Omansen: Drei Jahre nach Null. Geschichte der britischen Besatzungszone. Düsseldorf 1978. S. 50

Quelle: Frank Grube/Gerhard Richter: Die Schwarzmarktzeit. Deutschland zwischen 1945 und 1948. Hamburg 1979. S. 66

Q 40   Interviewauszug Schrebergärten

Mein Vater war kurz vor Kriegsende verstorben, und dann haben meine Mutter und ich den Schrebergarten unterhalten. Aber wir hatten ja noch die Familie meiner Schwester praktisch mit zu ernähren. Die waren ja vollkommen unbeholfen, was so was anging. . . . Also, wir hatten jetzt eben diesen großen Schrebergarten, der allerdings ziemlich weit vom Haus weg war. . . . Bis zum Einbruch des Winters (1945/46, D.S.) war die Not noch nicht so groß. Dann fing es allerdings schon an. . . . Dann gab's kein Heizmaterial mehr, es gab keine Kartoffeln einzukellern. So wie heute war's ja früher nicht. Da wurde ja auch Gemüse eingekellert: Möhren und Kohl und Steckrüben und Sellerie und Porree. Das kam alles in den Keller, in so Sandbergen wurde das eingebuddelt. Was nicht eingekocht wurde, wurde eben so für den Winter haltbar gemacht. . . . Möhren kamen in die Erde, Kohl wurde aufgehängt, Endiviensalatköpfe wurden zugebunden, damit sie von innen schön gelb wurden. Die wurden mit der Wurzel aus der Erde gezogen und wurden eigentlich schon im Garten zugebunden. Und wenn dann der erste Frost drohte, wurden die in dunkle Keller gehängt. Da hatte man immer seine Vorräte. . . . Die hielten sich natürlich nicht sehr lange. Die mußten natürlich zuerst verbraucht werden, Salatköpfe und so was. Aber Kohlköpfe und so was hielten sich schon sehr lange. . . . Damals hatten wir die Keller immer voll, mit allem. . . .

Wir hatten noch unsere Kartoffeln für den ganzen Winter (1945/46 D.S.), und wir hatten auch haltbares Gemüse und auch eingekocht. Wir hatten Gläser. Man konnte auch im ersten Sommer nach dem Kriege irgendwo . . . Ich weiß nur heute nicht mehr, wie man das erfahren hat. Wir wußten dann plötzlich, in Oberhausen gab es irgendwo Einkochgläser. ... Ob das in der Zeitung stand oder ob das die Geschäfte selbst vorher bekanntgegeben haben. ... Und dann bin ich nach Oberhausen gegangen und hab' sechs Weckgläser bekommen. ... Aus dem Garten hatten wir Kartoffeln, Möhren, Bohnen – Schnitt- und Stangenbohnen –, Kohl, Zwiebeln vor allen Dingen – das war ja ganz wichtig –, Porree, das war damals ganz wichtig, weil es ja eben dann keine Fette gab, und Fett ist ja nun mal ein Geschmacksbestimmer beim Essen. Und das mußte man dann überbrücken durch Kräuter, so wie wir das heute bei unseren Diäten machen. Damit die überhaupt schmecken, geben wir heute möglichst viele Kräuter da rein und damals eben, weil wir kein Fett hatten. ...

Obst gab's ja im Schrebergarten nicht ganz so viel, weil große Bäume ja darin nicht erlaubt waren – und auch heute nicht erlaubt sind – sondern, ja, Halbstammobst und Johannisbeeren. Damals hatten wir auch – das war aber schon '45 – da ließ man dann auch so gar nichts verkommen – aus Holunderbeeren, die heute überall so verblühen und nachher die Früchte verdorren, konnte man wunderbaren Saft und Gelee kochen. Marmelade haben wir nicht gekocht. ... Der Saft ist sehr gesund. Der ist fiebersenkend, es gab ja damals noch keine Medikamente, kein Penicillin wie heute, um Fiebererkrankungen zu bekämpfen. ...

Q 41 Interviewauszug – Bewachung von Schrebergärten

Ja, in den Schrebergärten ist auch gestohlen worden. 1945 noch nicht, aber 1946 mußte dann – wir hatten ja keinen Mann, mein Vater war ja tot, und mein Bruder war vermißt in Rußland – da mußten immer ... Für jedes Tor waren zwei Männer dann abkommandiert, die mußten da nachts immer patrouillieren, weil eben dann gestohlen wurde. Die Leute hatten ja alle Hunger! ... Dann haben die nachts Wache geschoben, weil sonst gestohlen wurde. ... Ich war ja damals erst 16, und meine Mutter war schon 57, die schied dann schon aus Altersgründen aus, und ich war ja noch zu jung, ich brauchte nicht, weil ich ja im Berufsleben stand. ... Das machten überhaupt nur Männer. Das war ja viel zu gefährlich für Frauen. Denn die da eindrangen, die wehrten sich ja auch, wenn sie daran gehindert wurden zu stehlen. Die haben ja aus Hunger gestohlen, also wehrten sie sich auch dementsprechend. Die liefen nicht weg! ... Das war 1946 im Spätsommer. ...

Q 42 Eichelbrot

Herstellung des Eichelmehls: Die Eicheln werden enthülst. Durch Überbrühen mit kochendem Wasser und nachfolgendem Halbieren lassen sich die Schalen leichter entfernen. Die halbierten Kerne werden nochmals durchgeschnitten und über Nacht in kaltem Wasser eingeweicht (einmal erneuern!), im warmen Zimmer gut getrocknet und dann dreimal durch die Kaffeemühle getrieben. – Eichelmehl enthält an Nährwerten: 37% Kohlehydrate, 4% Eiweiß, 4% Fett.

Vorschrift: 250 g Eichelmehl, 250 g Schwarzmehl, 15–20 g Hefe, Salz, evtl. Kümmel, Wasser.

Festen Hefeteig herstellen, in Kapselform füllen, gehen lassen, in starker Hitze backen. Zugabe von Kümmel erhöht den Wohlgeschmack.

Eichelbrot, noch auf eine andere Art.

Vorbereitung: Die Eicheln werden kurz geröstet, damit sie sich leicht schälen lassen. Nach dem Schälen einmal anbrühen und rasch abgießen, im 2. Brühwasser etwa 4 Stunden stehen lassen, dann durch den Fleischwolf geben oder trocken durch die Mandelreibe.

Teig. Auf 6 Pfd. Brotmehl 4 Pfd. Eichelmehl. Etwas mehr Sauerteig nehmen und einen dünneren Teig machen als bei reinem Brotmehl. Eine Verbesserung erreicht man durch Austausch von 1–1½ Pfd. Brotmehl gegen Maismehl. Stuttgarter Frauendienst, Gruppe Hausfrauen.

Quelle: Die Welt der Frau. 5/1946 (1). S. 24

Q 43   Speiseöl aus Tannenzapfen

Ähnlich wie die Bucheckern sollen die Tannenzapfen ein hochwertiges Speiseöl ergeben. – Der nachfolgende Versuch, der unsere Leser ohne Zweifel interessieren dürfte, hat
dies bereits bestätigt.

Wenn man einen geschlossenen Zapfen etwa 1 Stunde lang auf einen warmen Ofen oder
Herd (jedoch nicht mehr als 60 Grad) legt, springen durch die Wärme die Zapfen auf.

Um den Samen herauszuholen, genügt es, den Zapfen leicht aufzuklopfen, damit die be-
flügelten Samenkörnchen unter den geöffneten Schuppen herausfallen. Ein Zentner nicht
getrockneter Fichten- bzw. Rottannenzapfen liefert ein bis zwei Kilo Samen. Sie sind stark
ölhaltig. Um sie zu verarbeiten, müssen aber vorher die Flügelchen entfernt werden. Das
geschieht durch Reiben der Samen zwischen den Händen oder durch Abklopfen der in
Säcke gefüllten Samen mit Knüppeln oder Dreschflegeln. Die Flügel werden entfernt,
indem man die so bearbeiteten Samen anbläst.

Durch Pressen der Samen wird das rohe Öl gewonnen, das aber infolge von Verunreini-
gungen durch Harz und andere Stoffe noch bitter und harzig schmeckt. Deshalb muß das
rohe Öl einer Reinigung unterzogen werden. Ein Verfahren zur praktischen Durchführung dieser Reinigung ist bereits ausgearbeitet worden.

Das so gewonnene Fett ist ein hochwertiges, klares, goldgelbes Speiseöl, dessen Eignung
für Speisezwecke bereits festgestellt worden ist.

Quelle: Die Landfrau. 21–24/1947 (2). S. 45

Q 44   Vorsicht beim Verzehr von Brennesseln

Quelle: Die Frau von heute.
11/1948 (3). S. 32

Im Garten des Vergnü...

„Sie! Sie waren es doch, die mir gesagt hat, daß Brennesseln eßbar wären!"

Q 45   Die Quecken-Quelle

Hei! Laßt uns Begeisterung wecken
für ein leckeres Mahl von Quecken,
die – sagt DENA – werden schmecken,
daß wir uns die Finger lecken.

Es verquickt in sich die Quecke
mancherlei – auch gute – Zwecke.
Eine dichte Queckenhecke
ziere jede Garten-Ecke.

Quecken sind – so klingt die Frage –
doch nur lästige Unkrautplage?
So war's ehdem! Heutzutage
hat verändert sich die Lage:
Eine Kalorienquelle
„Queckensirup" sprudelt helle;
drum, o Hausfrau, auf der Stelle
rupf dir Quecken vor die Kelle!
Und aus deiner Queckenwiese
pflück ein Vitamingemüse.
Quelle: Die Landfrau. 13 + 14/1947 (2). S. 24

„A" und „B" vereinigt diese
Queckenkraftstoffzufuhrdüse.
Doch der Trumpf liegt noch im Spiele:
Alkohol gibt's, wenn du viele
Quecken quetschst zu diesem Ziele;
solcherhalb nach Quecken schiele!
Nicht mehr ist es zu verstecken:
vielfach nützlich sind die Quecken.
Wissenschaft, willst du uns necken?
Was wirst nächstens du entdecken?

Q 46 Was alles *nicht* gegessen wird

Man sollte in den gegenwärtigen Verhältnissen annehmen, daß die Bevölkerung gern zu neuen Nahrungsmitteln greifen würde, die sie bis jetzt aus irgendwelchen Gründen heranzuziehen verschmäht hat. Das ist indessen nur selten der Fall. Ein konservativer Zug im Volke verhindert es, die Hilfsmittel der Heimat auszunützen. Gute und schmackhafte Kost, die in Hülle und Fülle vorhanden ist, wird aus Vorurteil oder Unkenntnis verschmäht, wie dies beispielsweise mit dem Kaninchen- und Pferdefleisch der Fall ist. Und wie viele gibt es, die es über sich bringen, ein Eichkätzchen zu verspeisen? Und doch liefert unsere ganze Tierwelt keinen zarteren, schmackhafteren Braten als dieses heimische Äffchen. . . .
Daß die knollige Wurzel von Topinambur (. . .) sehr gut eßbar ist, ist wohl bekannt. Sie wird auch auf Märkten gelegentlich angeboten, findet aber wenig Abnehmer. Die Blütenstände des Holunders werden gebacken, während man aus den Beeren Mus und Suppe bereitet. Wie Spargel schmecken die jungen Blätter der Farnkräuter und die Triebe des Hopfens, die der Zichorie bieten ein gutes Gemüse und ebensolchen Salat. . . . Mit Kaffeesurrogaten, und nicht den schlechtesten, versorgt uns Wald und Flur. So gibt die Wurzelknolle des Cyperngrases geröstet ganz guten Ersatzkaffee, desgleichen der Same der Kaffeewicke (. . .) und die Holunderbeere. Daß Eicheln und Zichorie dazu benutzt werden, ist bekannt. . . .
Wald und Feld bietet uns also vieles Gute, das leider größtenteils unbeachtet bleibt. Und doch handelt es sich vielfach nicht um Surrogate, sondern um wertvolle Nahrungsmittel, die vielfach als Unkraut gedeihen oder sich mit wenig Mühe dem Gemüsegarten einverleiben ließen. Da gilt es nicht, landfremde Pflanzen unserem Klima anzupassen. Wir haben bodenständige Gewächse vor uns. Alles, was wir zu tun haben, wäre eigentlich nur – sie zu benützen. Die Schulkinder könnten hier unter Leitung ihrer Lehrer viel helfen.
Quelle: Die Landfrau. 11 + 12/1946 (1). S. 28

Q 47 (siehe Abbildung auf Seite 160)
Quelle: Die Frau von heute. 15 + 16/1948 (3). S. 19

Q 48 Küchenregeln

Was man in der Küche vermeiden sollte:
1. Ungesiebtes Mehl zu verwenden.
2. Groben Zucker zum Backen zu nehmen.
3. Eier sofort an die Speisen zu schlagen, zuerst in eine Tasse geben, es könnte ein schlechtes das ganze Essen verderben.
4. Salz aus der Tüte ans Essen zu schütten; man nehme die Hand oder einen Löffel.
5. Essig direkt aus der Flasche zu gießen, immer erst auf einen Löffel.
6. Ausgekochtes Suppengrün wegzuwerfen, man kann es noch zu Gemüsesalat verwenden.

Aus Urgroßmutters

REZEPTEBÜCHLEIN

Wenn wir mitunter über verknappte Waren stöhnen, vergessen wir nur zu leicht, daß es einmal eine Zeit gab, die keine Industrie kannte, die alles Lebensnotwendige im eigenen Hause herstellte. Wohl sehnen wir uns nicht danach zurück, doch als Überbrückung greifen wir gern auf die Erfahrungen unserer Urgroßmütter zurück, denn sie haben auch heute noch in vielen Fällen Gültigkeit.

Seife aus dem Wald

Seife war auch früher oft knapp. Was taten die klugen Landfrauen damals? Sie sammelten Farnkraut, ließen es trocken werden und verbrannten es dann. Die Asche gaben sie durch ein feines Sieb und verrührten sie mit Wasser zu einem dicken Brei. Nun formten sie runde Bällchen, im Durchmesser von etwa 5 cm die an der Luft trocknen müssen.

Die so gewonnene Pflanzenseife ist sehr wertvoll, sie greift die Wäsche nicht an, sie verleiht ihr jedoch jenen angenehmen, frischen Geruch, den wir in den Schränken besonders lieben.

Mostrich

½ Pfund fein gestoßene und gesiebte Senfkörner werden mit siedendem Wasser zu einem Brei verrührt, der aufquellen und erkalten muß. ¼ l Essig, 3 Eßlöffel braunen Zucker und 15 g Salz läßt man nebenher aufkochen. Ist die Flüssigkeit kalt, verdünnt man die Senfmasse mit ihr unter ständigem Rühren. Zur Verfeinerung kann man den Mostrich mit etwas Zimt, Nelken und Muskatblüte (Ersatz) abschmecken, bevor man ihn in einen Steintopf gibt und zubindet.

Aus Obstabfällen wird Essig

Fallobst, Schalen und Rückstände von süßen Birnen, Äpfeln und Pflaumen eignen sich zur Essiggewinnung. Je höher der Zuckergehalt ist, um so besser wird der Essig. Preßrückstände von Beerenobst, z. B. Johannisbeeren, enthalten nur wenig Fruchtsäure und ergeben daher einen schwachen Essig.

Niemals jedoch dürfen faulige Teile verwendet werden. Die Obstabfälle werden mit kaltem Wasser gut gereinigt, zerkleinert und in einer geschlossenen Gärflasche (Abschluß durch Korken mit Gärröhrchen) unter Zusatz von 1 Eßlöffel Zucker und 5 g Bäckerhefe auf 1 l Flüssigkeit vergoren. Die Gärzeit beträgt bei Zimmertemperatur (ca. 15 bis 20°) im Durchschnitt 3 bis

5 Tage. Die Gärung ist beendet, wenn keine Bläschen in der Flüssigkeit mehr aufsteigen.

Jetzt gießen wir das Ganze durch ein leichtes Tuch, um es von allen festen Rückständen zu befreien. Nun stellen wir die Flüssigkeit in offenen Schalen mit großer Oberfläche (Schüsseln) auf. Nach einigen Tagen prüft man den Säuregrad. Nimmt er nicht mehr zu, ist der Essig fertig. Es empfiehlt sich nicht, die Flüssigkeit länger als sieben Tage in den offenen Schüsseln stehen zu lassen, da sonst Geschmack und Haltbarkeit des Essigs beeinträchtigt werden. Er hält sich nur eine begrenzte Zeit.

Hefe – für den Sonntagskuchen

Wir zerquetschen etliche Pellkartoffeln, damit sich die in ihnen enthaltene Stärke verkleistert. Zu dieser Kartoffelstärke gibt man Grünmalz. Es entsteht auf folgende Weise:

Man läßt Gerste in 30 Grad warmem Wasser zwei Stunden auf der Luft quellen, nach einem halben Tag muß sie noch ein bis zwei Stunden nachquellen. Es kommen helle Spitzen heraus, die man zugedeckt sich zu einer Keimlänge von 2 bis 3 cm entwickeln läßt (Feucht aufbewahren und zudecken.) Dieses Grünmalz geben wir warm und zerkleinert zu der Kartoffelmasse.

Durch Trocknen des Grünmalzes erhält man Darrmalz, das man in einer gutschließenden Flasche zu späterer Verwendung aufheben kann, damit es nicht zu Schimmelbildung neigt. Das Malz greift die Kartoffelstärke an und baut sie zu Zucker ab. Nach dem Verzuckerungsprozeß filtrieren wir die Masse — ein Seihtuch genügt schon. Man kann nun Zucker hinzusetzen, ihn aber sparen, wenn man zuckerhaltige zerquetschte Rüben, erfrorne Kartoffeln usw. an seiner Stelle nimmt. Jetzt braucht man allerdings etwas Hefezusatz. Hat man irgendwelche Bodensätze von Bier oder anderen alkoholartigen Getränken, kann man sie verwenden, im andern Falle hilft der Dorfbäcker aus. Die Hefe vergärt den Zucker und vermehrt sich stark, wenn man die Masse in dünner Schicht stehen läßt. So kann viel Luft heran, während sich bei hoher Schicht bei wenig Luftzutritt Alkohol bildet. Die Hefe setzt sich als Bodensatz ab. Sie muß vor dem Gebrauch gereinigt werden, indem man das Schmutzwasser fortgießt und die von den Kartoffeln übriggebliebenen Unreinigkeiten herauswäscht.

7. Blumenkohlblätter wegzuwerfen, sie sind sehr wertvoll; man kocht sie mit an eine Gemüsesuppe.

8. Kochwasser von Kartoffelklößen, Fisch usw. wegzuschütten; man kann es als Grundlage für Suppen verwenden. Das gleiche gilt vom Kochwasser von Salzkartoffeln, in dem Nährsalze und Vitamin C gelöst sind.

9. Auf der Pfanne zu Bratendes auf offenes oder starkes Feuer zu stellen. Man spart entschieden Fett, wenn man Bratkartof-

feln, Fleischküchle usw. bei kleinem Feuer seitlich auf dem Herd braten läßt.

10. Oelflaschen ohne Tropfkorken zu verwenden.

11. Eingeweichte Weckle zu lange im Wasser zu lassen. Altbackne Semmeln legt man ¼ Std. in kaltes Wasser, einmal wenden.

12. Knochen unzerkleinert zur Suppe zu verwenden, man hacke sie recht klein, dann kommen die Nährstoffe aus dem Innern auch zur Geltung.

Quelle: Frauenwelt. 1/1945 (1). S. 19

Q 49 Aus der Praxis der Hausfrau

Wie meistere ich die Winterernährung? Kampf dem Verderb und sachgemäße Zubereitung. . . .

Für die sachgemäße Zubereitung der spärlichen Kost gelten grundsätzlich folgende Richtlinien:

1. Kartoffeln in der Schale und im Dämpfer gar machen (Erhaltung des Vitamins C und sämtlicher Mineralstoffe).

2. Alle Gemüse (soweit sie einwandfrei gedüngt sind) mit dem Kochwasser zubereiten, Vorteile wie bei Kartoffeln. Bei Grünkohl, Spinat, Sauerkohl, kann ein Teil roh zugegeben werden. Aber man darf diesen Teil erst hacken oder durch die Maschine geben, wenn das übrige Gemüse fertig ist. Würde man es längere Zeit so stark zerkleinert an der Luft stehen lassen, ginge der Vitamin C-Gehalt stark zurück und die Mühe wäre vergeblich.

3. Gemüsekochwasser nie wegschütten, es bildet die Grundlage zu Suppen, ebenso das Kochwasser von Salzkartoffeln.

4. Würzen mit frischen Kräutern (Petersilie, Schnittlauch, Kresse), Verwendung von Rohsalaten, im Winter aus Weißkraut, Wirsing, Sauerkraut, Zichoriensalat (in Sand im Keller antreiben), Mohrrüben, Sellerie, Rettich roh gerieben, nicht zu vergessen den vitaminreichen Meerrettich.

5. Aufwerten der Kost durch Hefeflocken und frische Hefe, wo solche zu haben ist. Man erreicht dadurch eine Aufwertung an Eiweiß, Vitaminen der B-Gruppe und Mineralsalzen.

6. Vollkornbrot sei besonders im Winter empfohlen. Man wechsle mit den Sorten und versuche neue, schmackhafte Aufstriche.

7. Die Kost soll stets schmackhaft und ansehnlich zubereitet sein, was die Verdauung und Auswertung im Körper günstig beeinflußt. Kompotte, Obstsäfte und Mus werden erst jetzt, wenn die frischen Gemüse zu Ende gehen, auf den Tisch gebracht und dienen mit ihrem Vitaminreichtum ganz besonders dazu, die Spannkraft zu erhalten.

Die Qualität unserer Winterernährung wird davon abhängen, ob es den Hausfrauen gelingt, den Vitamin- und Mineralstoffgehalt so weit wie möglich zu erhalten. Der Wert des Vitamin C liegt darin, daß es als Steuerer der gesamten Ernährung wirkt, die Widerstandsfähigkeit gegen Infektion stärkt und die Leistungsfähigkeit erhöht. Der Wert einer durchdachten, sachgemäß durchgeführten Ernährung liegt nicht allein darin, die Familie auf gute Art satt zu machen, sondern ihr in gewissem Sinne eine vorbeugende Heilnahrung zu bereiten. Darum fordert die Ernährungslehre vielseitige Kost, vollwertige, nicht entwertete Nahrung, Rohkostbeigabe auch im Winter, Vollkornbrotverzehr! Vitamin C-Tabletten sind kein Ersatz für das natürliche Vitamin, sondern nur ein Notbehelf, der zusätzlich gegeben wird. Die Kinder und Mütter, die Tabletten bekommen, benötigen außerdem das Vitamin in der Nahrung, die Mütter und Hausfrauen sind dagegen nicht der Sorge enthoben, vollwertige Kost zu bereiten. Das ein-

Quelle: Frauenwelt 2/1946 (1). S. 19

gemachte Beerenobst ist besonders reich an Vitamin C und sollte im Spätwinter unsern Kindern vorbehalten werden.

Q 50   Nachkriegsrezepte

Quelle: Die Frau von heute. 18/1948 (3). S. 29

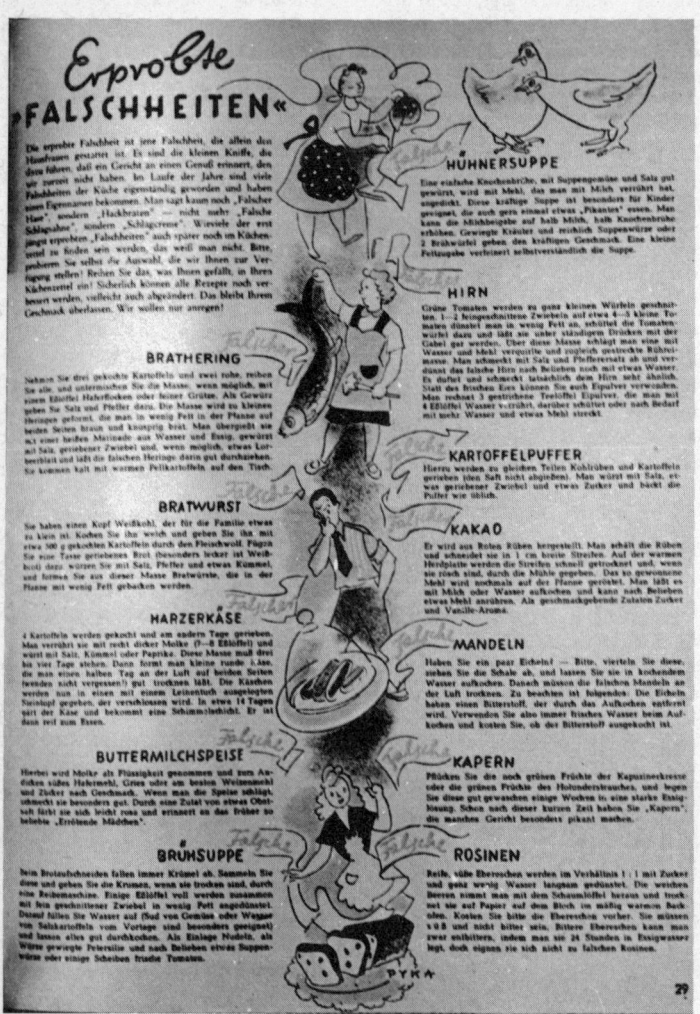

Q51   Kleinstkinder – Stiefkinder!

Warum werden unsere Kleinstkinder in der Lebensmittelzuteilung so stark benachteiligt? So fragen die Mütter der 1–3jährigen vergeblich. Es sieht fast so aus, als ob man sich an den maßgebenden Stellen nicht im klaren darüber wäre, was ein Kleinstkind ißt! Natürlich weniger als die 3–6jährigen, und deshalb ist es in Ordnung, daß Brot und Nährmittel in kleineren Mengen zugeteilt werden. Aber warum fallen fast alle allgemeinen und Sonderzuteilungen weg? Es fängt schon mit dem Mischkaffee an, den Kleinstkinder nicht bekommen. Aber was sollen sie trinken, wenn aus der ihnen zustehenden Vollmilch Brei oder Pudding gekocht wird? – Den Frischfisch (eiweiß- und fettreich und leicht verdaulich) erhalten Kleinstkinder ebensowenig wie die Sonderzuteilungen von amerikanischen Fischkonserven. Marmelade, so heiß ersehnt von den kleinen Süßmäulchen, bekommen sie ebensowenig wie Trockenei. Aber auch Kleinstkinder wollen von den damit zubereiteten Speisen (Pudding, Mehlspeisen) essen. Wohl in Anbetracht der größeren Zuckerration mußten sie auf Süßstoff verzichten; niemand denkt daran, daß in den ersten Lebensjahren Durchfälle sehr häufig sind und dann Süßstoff dringend gebraucht wird. Ganz unverständlich aber ist es, daß auch die amerikanischen Fruchtsäfte mit ihrem Vitaminreichtum den Kleinsten versagt blieben. Mit dem vollendeten ersten Lebensjahr paßt sich ein Kind sehr rasch dem Speisezettel der Erwachsenen an. Es soll also endlich dafür gesorgt werden, daß das Kleinstkind am Familientisch mitessen kann, ohne die Rationen der anderen dadurch zu schmälern. Halla Zeißner, München
Quelle: Der Regenbogen. 1/1947 (2). S. 2

**Q52   Ausreichende Brotrationen
für die Kinder –
vorläufig ein Wunschtraum!**
Quelle: Die Frau von heute. 1946/47

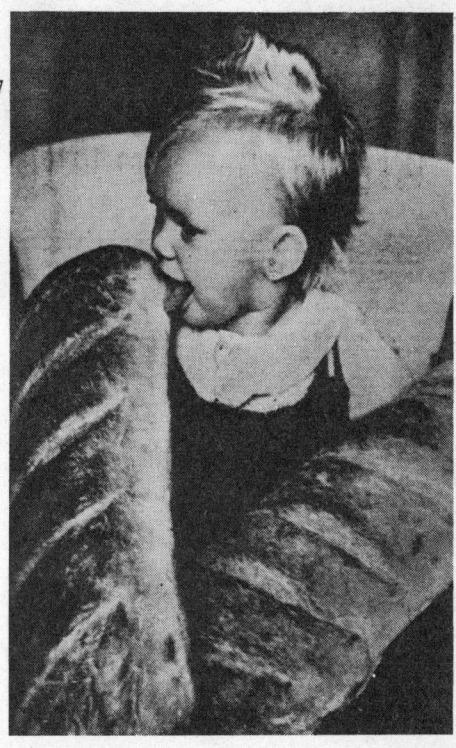

Q 53   Mütter hungern für ihre Kinder

58 v. H. aller Schulkinder leiden an der englischen Krankheit, stellt der Landesarzt des Bayerischen Roten Kreuzes fest. 75 v. H. aller Kinder über sechs Jahre seien unterernährt. Bei Kindern unter sechs Jahren handelte es sich nur um 14 v. H., da die jungen Mütter zu Gunsten ihrer Kinder hungerten. Die Säuglingssterblichkeit liege heute bei 12 v. H. Infolge des Männermangels sei ein Fünftel aller Mütter ledig; man nehme an, daß diese Zahl sich in Zukunft nicht verringern würde. Während früher auf zwei Erwachsene fünf Kinder entfielen, kämen heute zwei Kinder auf 6,5 Erwachsene.

Quelle: Westdeutsche Allgemeine Zeitung (WAZ) vom 10. 4. 1948. STA-DU

Q 54   Unterernährte Schulkinder aus Duisburg
Quelle: Stadtarchiv Duisburg

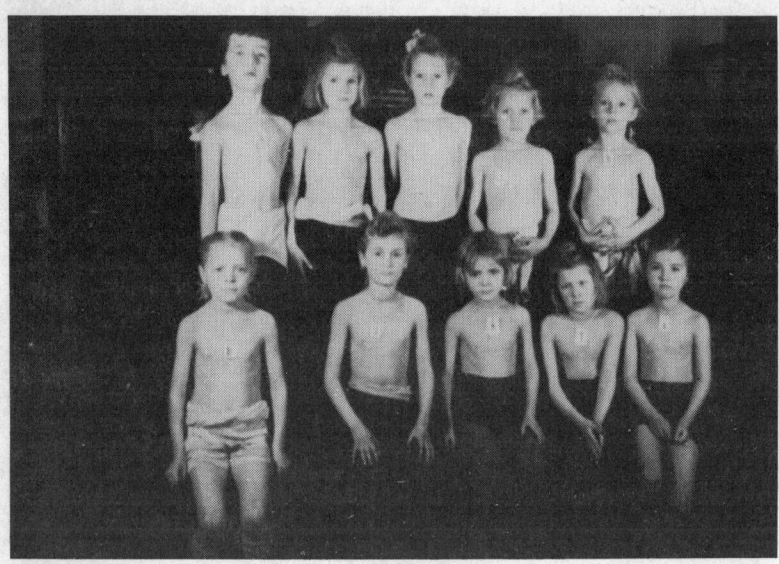

Q 55   Die Familienmütter entbehren am meisten

Infolge der mangelhaften Ernährung ist die Gesamtbevölkerung in keiner Weise mehr widerstandsfähig. Krankheiten greifen um sich. Die Zahl der Tuberkulose-Kranken nimmt in erschreckender Weise zu, ebenso die Furunkulose. Die Säuglinge können nicht zweckmäßig ernährt werden, weil es an geeigneten Nährmitteln und an Gemüse und Obst völlig fehlt. – Die Familienmütter entbehren am meisten, sie ziehen sich alles ab, um Ehemann und Kinder zu befriedigen und verlieren auf die Dauer alle Kräfte. Stummheit und Hoffnungslosigkeit greifen immer mehr um sich. In vielen Familien entstehen Streitigkeiten durch die mangelhafte Versorgung mit Nahrung. Die einzelnen Familienmitglieder nehmen sich gegenseitig die Lebensmittelkarten weg. Die Ehemänner, die ihrer Arbeit kaum mehr nachgehen können, verlangen für sich die Zusatzlebensmittelkarten ihrer schwangeren Frauen. Dadurch werden die Ehen und das Familienleben zerrüttet.

Mit der zunehmenden Mattigkeit ist eine große Arbeitsunlust verbunden. Viele Menschen gleiten ab in den Schwarzhandel, durch den das Notwendige beschafft werden kann, und wo tatsächlich auch alles zu haben ist. Am meisten gefährdet sind die Jugendlichen, die zum Teil überhaupt keiner geregelten Beschäftigung nachgehen, sondern Schwarzhandel treiben, kleine Diebesbanden organisieren und dadurch kriminell werden. Auch die kleinen Kinder verwahrlosen, weil die Mütter stundenlang für die nötigsten Lebensmittel wie Brot, Fleisch usw. Schlange stehen und Haushalt und Kinder unbeaufsichtigt lassen müssen.

Trotz allem erträgt ein Teil der Frauen und Mütter diese verzweifelte Lage mit einer bewunderungswürdigen Tapferkeit. Sie setzen alle Kräfte daran, ihren Haushalt und ihr Familienleben geordnet aufrecht zu erhalten.

Quelle: Bericht einer städtischen Fürsorgerin aus Wuppertal an den Sozialminister des Landes NRW vom 7. 6. 1947. NW 42–232, HSTA. Blatt 11

Q 56   Menschenunwürdige Ernährungsverhältnisse

Die Ernährungsverhältnisse sind menschenunwürdig, da es die Zuteilungen nicht gibt. Daß die Menschen hier noch nicht ganz verhungert sind, haben sie den Familienmüttern zu verdanken, welche weite Reisen (Oldenburg, Ostfriesland, Weserland) unternehmen, um dort auf den Karten Brot, Nährmittel und Kartoffeln zu holen. Die Strapazen, welchen die Frauen dabei ausgesetzt sind, bleiben nicht ohne Folgen. Wochenlang haben sie starkgeschwollene Füße und Beine.

Durch die vollkommen unzureichende Zuteilung an Lebensmitteln ist der Ernährungszustand, besonders bei Kindern und älteren Leuten sehr schlecht. Ein Teil der Schulkinder erscheint morgens noch nüchtern in der Schule, da zu Hause kein Brot ist. Ein großer Teil der Kinder und Erwachsenen hat Untergewicht. Bei den Säuglingen macht sich das Fehlen an Nährmitteln, Gemüse und Obst mit Darmstörungen, Gewichtsstillstand oder Abnahme bemerkbar.

Eine weitere Kategorie der besonders notleidenden und Trägerin eines stillen Heldentums sind die vielen älteren Frauen und Mütter, die alles irgendwie Zusätzliche, oft noch von ihren eigenen knappen Rationen dem arbeitenden Manne und den heranwachsenden Kindern opfern. Sie verzichten auf Brot und Aufstrich oder Belag, um den andern etwas auf den Tag mitgeben zu können. Doch trotz aller Opfer, Mühe und Einkaufshetze ist es oft nicht möglich, die Kinder mit einem Frühstücksbutterbrot zur Schule zu schicken. An seine Stelle tritt in vielen Fällen die Schulspeisung, die ja nicht Ersatz, sondern Ergänzung des Schulfrühstückes sein sollte.

Quelle: Bericht einer städtischen Fürsorgerin aus Duisburg an den Sozialminister des Landes NRW vom 18. 6. 1947. NW 42–232, HSTA. Blatt 5

Q 57   (siehe Abbildung auf Seite 166 oben)

Quelle: Bericht der Stadtverwaltung Hagen an den Sozialminister des Landes NRW über „Die sozialen und gesundheitlichen Verhältnisse der Stadt Hagen". NW 43–465. HSTA

Q 58   Kinderlandverschickung in die Schweiz 1947 (siehe Abbildung auf Seite 166 oben)

Quelle: Stadtarchiv Duisburg

Q 59   Unterernährung und Überarbeitung führen zu Erschöpfungszuständen

In 78 von 200 Familien lagen bei Abschluß der Ermittlungen keine akuten Erkrankungen vor, wohl aber die erwähnten Erschöpfungszustände, in erster Linie bei Hausfrauen infolge von Unterernährung und Überarbeitung. Diese beiden Ursachen standen in engster Wechselwirkung in jedem einzelnen Fall. Zahlenmäßig konnte über die vorgefundenen Störungen folgendes ermittelt werden:

Erschöpfung der Arbeit bei unzureichender Ernährung		normale Leistungsfähigkeit		eingeschränkte Leistungsfähigkeit	
Männer	Frauen	Männer	Frauen	Männer	Frauen
41 (31%)	110 (58%)	11 (8%)	18 (10%)	81 (61%)	60 (32%)

Die Mutter – das Opfer

Außenansicht einer Wohnbaracke

Wenn Du aber wirklich wissen willst, wie es um ein Volk steht, so steige hinab in seine geheimnisvollste Tiefe: das ist die Seele der Mutter. In ihrem Leid ermiß die Not aller Völker, die von den Schrecken des Krieges heimgesucht wurden!

Wenn man fragt, wer den Krieg nicht gewollt hat, so sind dies die Mütter aller Länder, denn sie wissen, daß sie mit ihren Söhnen ihr eigenes Blut opfern. Auch die deutschen Mütter wissen das. Und die Mütter, die noch jung waren und ihre Männer hinausziehen sahen, sie standen in der Heimat vor der Not des furchtbaren Luftkrieges, in den auch das kleinste Kind mit hineingezogen wurde. Es dem Leben zu bewahren, das war tagaus tagein auch die Sorge der Hagener Mutter. Und die Sorge um das Leben ihres Kindes hörte nicht auf, als der Kriegslärm verstummte. Der Kampf mit dem Hunger, nicht nur mit dem eigenen, sondern auch mit dem Hunger des Kindes, beherrscht das Leben unentwegt. Sie hungert mehr als die andern und gibt es den Kindern. Sie schläft weniger als die andern und näht und stopft für die Kinder. Sie sorgt und sorgt bis zur Erschöpfung. Sie kämpft in ihrer Behelfsunterkunft mit der Not und wehrt dem Untergang der Familie. Stille Heldin der Notzeit, die trägt und nicht klagt.

Wenn wir noch Kinder gesund und munter umherlaufen sehen, steckt dahinter das Opfer der Mütter.

Seien wir darauf bedacht, daß sie, die die schwersten Opfer für uns erleiden, nicht selbst Opfer werden. Für ein Volk ohne opfernde Mütter käme die Hilfe zu spät.

Diese Zahlen und Prozentziffern beziehen sich bei den Männern nur auf die in den Familien anwesenden Männer (Vollfamilien). Bei den Frauen sind auch die Witwen und geschiedenen Mütter eingerechnet. Von 133 anwesenden Männern bleiben demnach 11 Männer (8%) übrig, die sich für normal leistungsfähig hielten, von 188 Frauen 18 Frauen (10%). 12 Frauen wurden mangels klarer Angaben abgerechnet.

Der hohe Anteil der „erschöpften" Frauen (58%) entspricht durchaus dem Eindruck, den man beim Lesen der Familienberichte gewinnt. Er entspricht auch den Mitteilungen erfahrener Ärzte und Ärztinnen. Die Erschöpfungszustände häufen sich bei Hausfrauen, die gleichzeitig erwerbstätig sind, und die neben der tatsächlichen Arbeitsleistung auch psychisch die volle Verantwortung für die Versorgung der Familie zu tragen haben (überwiegend die alleinstehenden Mütter, aber auch Ehefrauen, deren Männer krank und arbeitslos sind). Bei diesen Erschöpfungszuständen handelt es sich nicht um vorübergehende Ermüdungen, sondern um anhaltende Symptome eines Kräfteverfalls. Über etwa ein Drittel dieser Frauen wurde ausgesagt, sie ständen vor einem körperlichen und nervlichen Zusammenbruch und hielten dem Übermaß an Arbeit und Verantwortung nur noch stand durch ihr angespanntes Pflichtgefühl. Dabei muß erinnert werden, daß diese körperliche und seelische Überforderung, vielleicht noch mehr die letztere, in vielen Fällen bis tief in die Kriegsjahre zurückreicht. Doch wäre der Abbau der Kräfte wohl in den meisten Fällen aufzuhalten gewesen durch eine rechtzeitige Verbesserung der Mangelernährung. Statt dessen fühlen sich zahlreiche Ehefrauen und Mütter verpflichtet, auf Teile ihrer Lebensmittelrationen zu verzichten zugunsten von Mann und Kindern. Die in der Mehrzahl der Fälle von den Frauen geleistete Tagesarbeit ist nicht nur umfangreicher und mühsamer geworden, sondern steht in einem steigenden Mißverhältnis zu der geringen Erneuerung der Kräfte durch Ernährung und Schlaf. Hinzu kommen im Winter die besonderen Einwirkungen der Kälte.

Quelle: Hilde Thurnwald: Gegenwartsprobleme Berliner Familien. Eine soziologische Untersuchung an 498 Berliner Familien. Berlin 1948. S. 85 f.

Q 60 Schlangestehen gehörte zum Alltag der Nachkriegszeit
Quelle: Richard Bauer: Ruinen-Jahre. Bilder aus dem zerstörten München 1945–1949. München 1983. S. 160

Q 61   Der Alltag der Hausfrauen

Die meisten von uns wissen aus eigner Erfahrung, welche Zeit und Kraft das Herbeischaffen von Nahrung, von Holz, oft auch von Kohle beansprucht. Lange Fahrten mit der S-Bahn und daranschließende Fußmärsche sind für zahlreiche Frauen aus dem Stadtinnern notwendig, um mehrmals in der Woche Brennholz aus den umliegenden Wäldern heranzuschleppen. Man sieht Scharen solcher schwer bepackter Frauen (auch Männer und Jugendliche) täglich in den Abteilen der S-Bahn und weiß, daß derartige Expeditionen einen halben oder ganzen Vormittag kosten. Hinzu kommt das oft stundenlange Warten der Frauen auf den Ämtern, um dort Ausweise, Bezugsscheine, Atteste, Erlaubnisscheine zu erlangen. Unzählige dringliche Beschaffungen für Gesunde und Kranke sind an derartige Scheine gebunden und erfordern Fahrten und lange Wartezeiten. Aufmerksam beobachtende Ärzte haben diesen „Leerlauf", der im täglichen Leben der Familien eine erhebliche Rolle spielt, als „zermürbend" bezeichnet, weil hier unentwegt Energien verbraucht werden, die der wirklichen Arbeitsleistung entzogen, sozusagen im leeren Raum verpuffen. Da dieser Leerlauf oft von nagendem Hunger begleitet wird, kann er, besonders in der kalten Jahreszeit, empfindlich reagierende Menschen erheblich schwächen. Zeitraubendes Hin- und Herlaufen erfordern auch die unzähligen Tauschgeschäfte, in die fast alle Hausfrauen verstrickt sind, sei es um eine Rolle Näh- oder Stopfgarn zu erzielen, oder um einige Nähnadeln, ein Paar alte Schuhsohlen, Nägel und was immer im Augenblick nötig gebraucht wird, durch einfachen oder durch Kettentausch schließlich zu erwerben. Rechnet man die tatsächliche tägliche Arbeitsleistung der Hausfrauen hinzu, das immer mühseliger werdende Flicken der abgenutzten Wäsche, das Stopfen der Strümpfe, die Umänderung alter Kleidung für heranwachsende Kinder, so begreift man, daß alle diese Arbeiten allein schon den Tag einer Familienmutter ausfüllen, ja häufig überfüllen. Dort, wo der Mann fehlt, und die Kinder noch zu jung sind, werden die Sonntage von den Müttern häufig zu Hamsterfahrten benutzt, um von Fremden oder Verwandten aus der ländlichen Umgegend zusätzliche Nahrung heranzuholen. Im Winter erschwert das Zusammengedrängtsein in einem Raum die Haushaltsführung, weil in allzu großer Beengung ein ständiger Kampf geführt wird, um das Mindestmaß von Sauberkeit, Ordnung und Zufriedenstellung der einzelnen Familienmitglieder zu erreichen. Gerade die verantwortungsbewußten Hausfrauen tragen daran oft am schwersten. Die zusätzlichen Arbeitsleistungen, die der Winter 1946/47 durch das Einfrieren der Wasserleitungen, der Toiletten usw. brachte, werden durch die Familienberichte deutlich. Alle diese Erschwerungen der täglichen Arbeit verbinden sich für die meisten Hausfrauen mit dauernden Sorgen um Gesundheit und Existenz der Familie.

Quelle: Hilde Thurnwald: Gegenwartsprobleme Berliner Familien. Eine soziologische Untersuchung an 498 Familien. Berlin 1948. S. 35 f.

Q 62   (siehe Abbildung auf Seite 169)

Quelle: Klaus-Jörg Ruhl: Die Besatzer und die Deutschen. Amerikanische Zone 1945–1948. Düsseldorf 1980. S. 187

Q 63   Die Arbeitsbelastung der Hausfrauen

Die Aussagen beziehen sich auf den Zeitraum von Februar 1946 bis Sommer 1947 in Berlin. Es erstaunt daher nicht, daß auch die Nur-Hausfrauen vielfach übermüdet und erschöpft sind. Von den befragten 200 Frauen klagten 103 über ständige Übermüdung. 38 Frauen erklärten, in normaler Verfassung zu sein, von 59 Frauen liegen keine klaren Angaben vor. Über die Arbeitsstunden und Arbeitshilfen konnte folgendes festgestellt werden:

Arbeitsstunden der Hausfrauen		Wer hilft?	Zahl der Familien
bis zu 8 Stunden täglich	19	Verwandte	29
8 bis 12 Stunden	17	Ehemann	19
12 bis 18 Stunden	44	Kinder	75
„den ganzen Tag"	71	bezahlte Hilfskraft	20
nicht ermittelt	49	ohne jede Hilfe	8
		nicht ermittelt	49

Beide Aufstellungen vereinigen die Nur-Hausfrauen und die erwerbstätigen Frauen. Unter den Frauen, die „den ganzen Tag" beschäftigt sind (worunter im Durchschnitt 12 bis 15 Stunden verstanden werden dürfen, mit eingeschalteten Pausen für die Mahlzeiten), sind 24 erwerbstätige Frauen. Sie vermochten ihre Arbeitsleistung für Haushalt und Erwerbsarbeit nicht scharf getrennt anzugeben. Unter den 44 Frauen, die ihre Arbeitszeit mit 12 bis 18 Stunden veranschlagten, sind 14 Erwerbstätige. Somit bleiben 72 Frauen übrig, die ohne Erwerbstätigkeit den ganzen Tag für ihre Familien tätig sind, oft nur mit einer kurzen Pause für die Mahlzeiten (...). Viele Frauen beklagen die Beeinträchtigung ihrer Arbeitsleistung durch ständigen Hunger und die daraus folgende rasche Ermüdbarkeit. Eine Frau gibt z. B. an, daß sie die große Wäsche für ihre Familie alle vier Wochen nur bewältigen kann, wenn sie sich vorher mehrere Fleischrationen zusammengespart hat zu ihrer Kräftigung an dem betreffenden Tag (häufiges Waschen hat sich wegen der mangelnden Waschmittel und wegen des Heizmaterials als unökonomisch erwiesen).

Natürlich hängt es in jedem Einzelfall auch von der Konstitution und der Rüstigkeit der Hausfrau ab, ferner von ihrer Fähigkeit, Zeit, Geld und vorhandene oder beschaffbare Hilfsmittel einzuteilen und richtig zu nutzen. Träge, dumme oder leichtsinnige Frauen lassen heute ihre Familien noch mehr darben als es durch die Umstände bedingt ist. Doch bleibt, wie die Familienberichte zeigen, auch für die aktivste und umsichtigste Hausfrau allein die materielle Versorgung ihrer Familie eine schwierige Aufgabe, die öfter nur noch unter Hergabe der letzten Kräfte bewältigt werden kann. Erwerbstätige Mütter haben zwar überwiegend ihre jüngeren Kinder in Kindergärten und Horten tagsüber versorgt, doch gibt es nicht wenige der Erschöpfung nahe oder bereits kranke Mütter, deren Kinder nicht untergebracht werden können, weil die vorhandenen Kindertagesstätten nicht ausreichen oder vom Wohnbezirk der Familie zu weit entfernt sind. Daneben gibt es Fälle, in denen Mütter aus persönlichen, manchmal recht kurzsichtigen Gründen ihre Kinder den Tagesstätten fernhalten.

Quelle: Hilde Thurnwald: Gegenwartsprobleme Berliner Familien. Eine soziologische Untersuchung an 498 Familien. Berlin 1948. S. 36f.

Q 64   Holz mußte oft über weite Strecken aus den umliegenden Wäldern oder aus Parks herangeholt werden

Quelle: Frank Grube/Gerhard Richter: Die Schwarzmarktzeit. Deutschland zwischen 1945 und 1948. Hamburg 1979. S. 117

Q 65   Sind Hausfrauen „Normalarbeiter"?

Die Bewohner der Westzonen, und zwar sowohl Frauen wie Männer, waren darüber empört, daß in der sowjetisch besetzten Zone Hausfrauen eine Zeitlang die niedrigsten Lebensmittelzuteilungen, die sogenannten „Friedhofskarten" bekamen und dadurch gezwungen wurden, berufstätig zu sein, was nicht selten auf Kosten des Haushalts und vor allem der Kinder ging. Denn es zweifelt wohl niemand mehr daran, daß sehr viele Hausfrauen heute schwerer und länger arbeiten als die übrigen Berufstätigen und eigentlich mehrere Berufe gleichzeitig ausüben; sie kennen keine 48-Stunden-Woche und keinen Sonntag. Die Einsicht, wie viel von einer geschickten Haushaltführung für die Familie und damit für den Staat heute abhängt, brachte die Anerkennung des Hausfrauenberufs als

ordentlichen Beruf in den neuen Verfassungen (Rheinland-Pfalz, Süd-Württemberg/ Baden, Nord-Württemberg/Baden). Hätte man daher nicht erwarten sollen, daß auf die vor einiger Zeit in der Presse veröffentlichte Meldung, wonach bei einer Neuordnung des Zulagewesens die Zulagekarten für Normalarbeiter aufgehoben und dafür eine Zuteilung für eine neu festzulegende Kategorie Beschäftigter erfolgen soll – die jedoch die *Hausfrauen ausschließt* –, ein Sturm der Entrüstung sich erheben würde? Aber nichts dergleichen geschah, Männer nahmen die Nachricht stillschweigend als selbstverständlich hin, Frauen schüttelten resigniert die Köpfe. Daß sofort alle Stuttgarter Frauenverbände *gemeinsam* beim Ernährungs- und Landwirtschaftsrat in Frankfurt Einspruch erhoben haben, ist immer noch nicht so selbstverständlich, wie es eigentlich sein müßte und daher als Fortschritt anzusehen. Bei der ablehnenden Antwort, daß – wenn es je zu dieser Neuregelung käme – der Kalorienunterschied zwischen Beschäftigten und den übrigen ganz minimal sei, handelt es sich um eine wenig befriedigende Begründung. Die Tatsache, daß ein solcher Plan überhaupt in Erwägung gezogen wurde, zeigt, wie notwendig es ist, daß Frauen auch in diesen Ämtern mitreden, die Gleichberechtigung in der *Praxis* scheint doch noch auf sehr wackligen Beinen zu stehen.
Quelle: Die Welt der Frau. 5/1948 (2). S. 2

Q 66   Geschlechtsspezifische Tabakwaren-Zuteilung

Die Anordnung des Reichswirtschaftministers vom 11. Juni 1942 über die einheitliche Regelung des Kleinverkaufs von Tabakwaren erstreckte sich nur auf eine Verkaufsregelung durch Ausgabe von Raucherkarten an Verbraucher, den Aufruf von Raucherkarten-Abschnitten zur mengenmäßig festgesetzten Belieferung durch den Handel und die Abrechnung der vom Handel abzuliefernden Raucherkarten-Abschnitte mit Überprüfung der Tabakwaren, die vom Hersteller bzw. Großhandel prozentual nach bisherigen Umsätzen bezogen wurden. Der Übelstand der Teilbewirtschaftung, daß die Tabakwaren-Lieferungen sich mit den ausgegebenen Raucherkarten nicht deckten, wurde mit der Verordnung des Oberpräsidenten über die Bewirtschaftung von Tabakwaren vom 14. November 1945 durch Einführung der Vollbewirtschaftung beseitigt.
Männer vom vollendeten 18. Lebensjahre und Frauen vom vollendeten 25. Lebensjahre ab erhielten Raucherkarten. Bergleute erhielten außerdem eine Bergarbeiter-Sonderkarte. Zuteilungssätze auf die Männer-Raucherkarte Ende des Berichtsjahres: 40 Zigaretten oder 24 Zigarillos aller Preislagen oder Stumpen bis 6 Pfg. oder 16 Zigarren von 10–15 Pfg. oder 12 Zigarren über 15 Pfg. (ohne Kriegszuschlag) oder 50 Gramm Rauchtabak oder 4 Rollen oder Dosen Kautabak. Frauen-Raucherkarten oder Bergarbeiter-Sonderkarten waren mit 50 Prozent der angegebenen Sätze bezugsberechtigt.
Quelle: Verwaltungsbericht der Stadt Duisburg für 1945. S. 27. STA-DU

Q 67   Wer nicht lohnarbeitet, braucht auch nicht zu rauchen

Als vor einiger Zeit noch Frauen über fünfundfünfzig bei der Rauchwarenzuteilung leer ausgingen und von verschiedenen Seiten Stimmen gegen die Zurücksetzung der älteren Frauen laut wurden, nahm man ohne viel Aufhebens von dieser Altersbegrenzung Abstand. Es schien damals fast, als schäme man sich dieses Überbleibsels aus vergangenen Tagen, und es gab hoffnungsvolle Leute, die in diesem Zusammenhang behaupteten, die Gleichberechtigung der Frau werde nunmehr auch außerhalb der Verfassung zur Realität. Diese Leute haben sich jedoch als schlechte Propheten erwiesen: nach Pressemeldungen werden von den amerikanischen Zigaretten, die demnächst in der Doppelzone ausgegeben werden sollen, alle Berufstätigen – *außer den Hausfrauen* – zehn Stück erhalten. Die Meldung ist in mehreren Zeitungen erschienen, und es kann sich deshalb kaum um einen Irrtum einer Redaktion handeln. Und vom Karneval waren wir, als die Veröffentlichung erfolgte, fast so weit entfernt wie vom 1. April. Inzwischen hat jedoch die Verfassung den

Hausfrauenberuf als ordentlichen Beruf anerkannt, und es hat sich überhaupt herumgesprochen, daß die Arbeit der meisten Hausfrauen heute der eines Schwerarbeiters gleichkommt.

Zweierlei bewundert man aufs neue in diesem Fall: die Unverfrorenheit, mit der die zuständigen Stellen eine solche Anordnung treffen und bekanntgeben (und man ist geradezu neugierig, wie dieser „Verteilungsschlüssel" begründet wird), zum andern die Geduld der Hausfrauen. Was muß wohl noch angeordnet werden, bis sie einmal geschlossen protestieren? Weniger erstaunlich kommt es einem vor, daß die Forderung der Frauenverbände auf so entschiedenen Widerstand stößt, Hausfrauen, die ihre eigenen Belange vertreten, in die verschiedenen Ausschüsse der Ämter und Behörden zuzulassen. Denn dann wären die Herren der Schöpfung vor die Aufgabe gestellt, eine neue Kategorie von Menschen ausfindig zu machen, die man zugunsten der übrigen benachteiligen kann. Wer ganz zufriedenen Gemütes ist oder Galgenhumor hat, der könnte bei diesem Fall gar einen Fortschritt feststellen gegenüber der weihnachtlichen Branntweinzuteilung neulich, die in Nordwürttemberg-Baden allen Beschäftigten „außer den Hausfrauen" zugute kam. Denn damals fand man es nicht einmal nötig, die Hausfrauen überhaupt – und sei es nur als „nicht empfangsberechtigt" – zu erwähnen.

Quelle: Die Welt der Frau. 6/1948 (2). S. 2

Q 68   Interview-Auszug über Care-Pakete für Bergarbeiter

Die Zechenarbeiter, die förderten ja dann auch die Kohle nur fürs Ausland, für die Siegermächte. Die bekamen dann wegen ihrer besonders schweren Arbeit zusätzliche Lebensmittel, zuerst Lebensmittelmarken. Aber als es auf den Lebensmittelmarken die Zuteilungen auch nicht mehr gab, bekamen sie Pakete. Ich weiß nicht, in welcher Höhe, ich weiß auch nicht, was drin war. Ich kann mich nur erinnern, als ich meinen Mann kennenlernte – wir waren 18, das war 1947, also noch ein Jahr vor der Währung –, da hatte er einen Bekannten, dessen Vater wohl in der Zeche war. Und der hat dann immer zu mir gesagt: „Wenn du mit mir tanzt, bekommst du auch Kaffee!" Das waren vielleicht so 5 g gemahlener Kaffee, immer so für eine Tasse, und das kriegte ich dann für meine Mutter mit nach Hause.

Q 69   Produktionssteigerung durch Punktesystem

Die Maßnahmen zur Erzielung höherer Förderleistungen (u. a. durch das vom Verwaltungsamt für Wirtschaft ab 1. April 1947 eingeführte Bergmannspunktsystem, das dem Bergmann durch Sonderbezugsrechte für Ernährung, Bekleidung, Hausrat usw. eine Besserstellung gegenüber dem Normalverbraucher zusicherte), hatten wohl ein stetiges Anwachsen der bisher sehr niedrigen Kohlenförderung zur Folge, dennoch aber reichten die von der Militärregierung zugeteilten Brennstoffmengen zur Deckung des Hausbrandbedarfes nicht aus. Seit dem 1. Oktober 1946 war es wieder den deutschen Verwaltungsstellen gestattet, die Verteilung der von der Militärregierung bereitgestellten Kohlenmengen zu übernehmen. Vom Wirtschaftsministerium wurde zwar versucht, mittels Schlüsselzahlen Zuteilungsmengen für die einzelnen Verbrauchergruppen festzusetzen, doch scheiterte der Plan an der ungenügenden Höhe der Zuteilungsmengen. Die Kohlenverteilung wurde folglich ganz der Verantwortung des Wirtschaftsamtes überlassen, das nunmehr mit sehr unzureichenden Mitteln improvisierte. Aus der Versorgung durch das Wirtschaftsamt waren die Industriebetriebe ausgenommen. Die kleinindustriellen Betriebe wurden vom Bezirkswirtschaftsamt Essen, die Großbetriebe durch das Wirtschaftsministerium unmittelbar versorgt.

Die Hausbrandversorgung, die bis Oktober 1946 nur die Zuteilung von minderwertigen Brennstoffen (Schlammkohlen, Koksgrus) für Kochzwecke zur Grundlage hatte, wurde durch die Anordnung Kohle I/46 des Zentralamtes für Wirtschaft vom 1. November 1946 nebst Durchführungsverordnung Nr. 1 vom 16. November 1946 neu geregelt. Die Durchschnittszuteilung je Haushalt betrug 1946: 10 Zentner Brennstoffe und 30 Zentner Brennholz, 1947: 19 Zentner Brennstoffe. (...)

Mangel an Treibstoff und Kraftfahrzeugen, Verladeschwierigkeiten an den Abholstellen und nicht zuletzt die angeordnete Kurzfristigkeit der Zuteilungsberechtigungen ließen eine vollständige Heranschaffung der zugeteilten Kohlenmengen im Wege des Landabsatzes nicht immer zu.

Den milden Wintermonaten des Jahres 1947/48 war es allein zu verdanken, daß sich die Notstände der Wintermonate 1946/47 nicht wiederholten.

Quelle: Verwaltungsbericht der Stadt Duisburg für 1946 und 1947. S. 27f. STA-DU

Q70   Verordnung über den land- und hauswirtschaftlichen Einsatz der weiblichen Jugend
Quelle: Mitteilungs- und Verordnungsblatt des Oberpräsidenten der Nordrhein-Provinz. Nr. 4 vom 10. September 1945 (1). HSTA. S. 17

Verordnung

über den land- und hauswirtschaftlichen Einsatz der
weiblichen Jugend.

Vom 20. August 1945.

Die Sicherung des land- und hauswirtschaftlichen Arbeitseinsatzes und die erzieherische Betreuung und hauswirtschaftliche Ertüchtigung der weiblichen Jugend erfordern den planmäßigen Einsatz der Jugendlichen in der Land- und Hauswirtschaft. Ich bestimme daher folgendes:

1. Ledige weibliche Arbeitskräfte unter 21 Jahren, die noch nicht als Arbeiterinnen oder Angestellte oder Lehrlinge beschäftigt waren, dürfen von privaten und öffentlichen Betrieben und Verwaltungen als Arbeiterinnen oder Angestellte oder Lehrlinge nur eingestellt werden, wenn sie mindestens ein Jahr lang mit Zustimmung des Arbeitsamtes in der Land- oder Hauswirtschaft tätig waren und dies vom Arbeitsamt förmlich bescheinigt ist. Zuständig ist das Arbeitsamt, in dessen Bezirk die land- oder hauswirtschaftliche Tätigkeit ausgeübt wird.

2. Durchführungsbestimmungen zu dieser Verordnung erläßt der Präsident des Landesarbeitsamtes Nord-Rheinprovinz.

3. Die Verordnung tritt am 1. Oktober 1945 in Kraft. Gleichzeitig tritt die Anordnung zur Durchführung des Vierjahresplanes über den verstärkten Einsatz von weiblichen Arbeitskräften in der Land- und Hauswirtschaft vom 15. Februar 1938 (Deutscher Reichsanzeiger Nr. 43 vom 21. Februar 1938) außer Kraft.

Düsseldorf, den 20. August 1945.

Der Oberpräsident der Nord-Rheinprovinz.

In Vertretung:

Q71 Ein hauswirtschaftliches Pflichtjahr für weibliche Schulentlassene lehnen die Gewerkschaften ab

Sie stehen auf dem Standpunkt, daß jedes Mädchen sich *frei* für einen Beruf entscheiden und nicht zur Hausarbeit gezwungen werden soll, wenn es andere Fähigkeiten und Neigungen hat.

Wohl aber unterstützen die Gewerkschaften die Einführung von hauswirtschaftlichem Unterricht in den Schulen und eines hauswirtschaftlichen Lehrjahres für solche Mädchen, die sich bei einer grundlegenden Besserstellung dieses Berufes freiwillig wahrscheinlich zahlreicher als bisher für ihn entscheiden würden.

Quelle: Irmgard Enderle: Frauenüberschuß und Erwerbsarbeit. Köln 1947. S. 11

Q72 Hauswirtschaftliches Lehrjahr?

Neue tarifliche Regelungen sind notwendig
„Meine Tochter soll der Frau Professor den Dreck nicht wegputzen!" sagt ein Vater, dem der Vorschlag gemacht wird, seine schulentlassene Tochter vorübergehend in einen Haushalt zu geben, bis ihr eine Lehrstelle vermittelt werden kann.

Ist denn die Hausarbeit eine untergeordnete Tätigkeit, die man niemand zumuten kann? Ist nicht fast jede Frau gezwungen Hausarbeit zu machen, und macht sie diese nicht als etwas Selbstverständliches? Warum also diese abweisende Einstellung? Das Schlimme ist, daß noch heute so häufig in der Übernahme der Hausarbeit eine alte Form des Dienens – des Bedienens gesehen wird und nicht der Beruf, der wie alle anderen Berufe gewertet werden sollte.

Die Zeit, in der die Hausangestellte vor allem zur persönlichen Bedienung da war, ist vorbei. Wer wirklich zu diesem Zweck noch eine Hausangestellte sucht, der bemüht gar nicht das Arbeitsamt, denn er weiß genau, daß ihm dieses nach Prüfung der Verhältnisse eine solche nicht vermittelt. Er beschafft sie sich gegen gute Versprechungen und Vergünstigungen auf irgendeine – wenn auch untersagte – Art selbst. Geschäftshaushaltungen, berufstätige Frauen und Mütter wenden sich dagegen zu Hunderten an das Arbeitsamt und bitten um Vermittlung einer Hausangestellten, die sie wirklich dringend gebrauchen. Da aber fehlt es an Kräften, während auf der anderen Seite für die meisten aus dem achten und neunten Schuljahr entlassenen Mädchen keine Lehrstellen vorhanden sind.

Sollte es da nicht möglich sein, einen Ausgleich zu schaffen, um beiden Teilen zu helfen? Wir können doch die große Zahl der aus verschiedenen Gründen nicht arbeitenden jüngeren und älteren Mädchen immer noch weiter vergrößern! Die einjährige, völlig freiwillige Lehrzeit (kein Pflichtjahr) in einem vom Arbeitsamt nachgewiesenen, einwandfreien Haushalt und Lehrstellenvermittlung dann nach Ablauf des Jahres dürfte ein Ausweg sein.

Für Mädchen, welche die Hauswirtschaft als Beruf erlernen wollen, soll die zweijährige Ausbildungszeit mit nachfolgender Prüfung bestehenbleiben.

Der heutigen Zeit entsprechend muß allerdings das Arbeitsverhältnis sowohl für die ein- wie für die zweijährige Lehrzeit auf neuer Grundlage aufgebaut werden. Arbeitszeit, Freizeit, Urlaub, Entlohnung und alle sonstigen Arbeitsbedingungen müssen tariflich festgelegt werden. Auch soll die Lehrzeit in jedem Fall angerechnet werden bei späterem Eintritt in soziale Berufe. Die Gewerkschaften müssen sich gerade auch dieses Teiles der erwerbstätigen Frauen dringend und mit aller Energie annehmen.

Die Eltern und Erziehungsberechtigten müssen sich einmal mit diesem Gedanken befassen und vertraut machen. Sie müssen den Mädchen klar und deutlich sagen, daß sie nicht alle ins Büro gehen oder Schneiderin oder Verkäuferin werden können, es ist unmöglich. Der hauswirtschaftliche Beruf sollte mehr geachtet und erlernt werden. Manchem Mädchen liegt er besser als ein anderer. Die hauswirtschaftliche Lehrzeit ist keine vergeudete Zeit; ob verheiratet oder nicht, das ganze Leben lang braucht die Frau auch gewisse hauswirtschaftliche Kenntnisse.   Margarete Traeder.

Quelle: Der Bund. Köln. Nr. 4/1947 (1). S. 3

Q73   Selbstmordrate in Duisburg 1945
Quelle: Verwaltungsbericht der Stadt Duisburg 1945. S. 5. STA-DU

Selbstmorde (Ohne Ortsfremde).

Es schieden freiwillig aus dem Leben:

	männl.	weibl.	zuf.
in Duisburg	22	7	29
in Duisburg-Süd	9	—	9
in Duisburg-Hamborn	10	2	12
überhaupt:	41	9	50

Nach dem Familienstand waren davon:

	Duisburg männl.	Duisburg weibl	Duisburg-Süd männl.	Duisburg-Süd weibl.	Duisburg-Hamborn männl.	Duisburg-Hamborn weibl.	Zusammen männl.	Zusammen weibl.
ledig	3	4	1	—	1	—	5	4
verheiratet	16	1	8	—	8	2	32	3
verwitwet	2	1	—	—	—	—	2	1
geschieden	1	1	—	—	1	—	2	1
überhaupt:	22	7	9	—	10	2	41	9

Nach Alter und Beruf ergibt sich folgende Gliederung:

Alter	männl.	weibl.	Beruf	männl.	weibl.
15—20 Jahre	—	—	Angestellte	5	1
20—30 Jahre	3	1	Arbeiter	20	—
30—40 Jahre	6	3	Beamte	6	—
40—50 Jahre	10	2	Rentner und Invaliden	5	—
50—60 Jahre	12	3	Selbständige	5	—
60—70 Jahre	6	—	Hausangestellte und		
70—80 Jahre	3	—	sonstige	—	8
über 80 Jahre	1	—			

Q74   Ein Schimmer von Glücksgefühl

Es hat etwas Rührendes zu beobachten, wie sich die Frauen mit der zwangsweisen Rückkehr zum Primitiven in ihrer Haushaltsführung abfinden. Zahlreiche Gegenstände werden von mehreren Familien gemeinsam benutzt. Jedes Familienmitglied muß lernen, sich an das Fehlen früher für selbstverständlich gehaltener Dinge zu gewöhnen, und man erfährt tatsächlich an sich selbst die Wahrheit des Wortes, daß man mit sehr wenig auskommen kann. Hier darf einmal ein Wort zum Lobe der deutschen Hausfrau gesagt werden: Trotz allen Mangels an Küchengeräten und Porzellan, Gardinen und Möbeln, Wäsche und Bettzeug sucht sie ihren Angehörigen immer noch ein freundliches Heim zu schaffen. Ist es auch eng und behelfsmäßig eingerichtet, so versteht sie es selbst in fast hoffnungslosen Fällen noch, einen Schimmer von Behagen und Glücksgefühl über die Armut zu breiten, in der sich unser Leben heute abspielt.

Quelle: Bericht der Stadtverwaltung Duisburg an den Sozialminister des Landes NRW über „Die sozialen und gesundheitlichen Verhältnisse der Stadt Duisburg" vom 20. 5. 1947. NW 43–463. HSTA. S. 14

Q75 Die Aufgaben der Mutter zu Weihnachten

Gerne hat man die Festtagsvorbereitungen auf sich genommen. Im ganzen Hause ist ja keine Ecke mehr, die sich nicht fein säuberlich geputzt sehen lassen dürfte. Wir Landfrauen sind ja immer noch in der glücklichen Lage, von „Weihnachtsbäckereien" sprechen zu können, die gleichfalls darauf warten, ihrer Bestimmung zugeführt zu werden. Trotzdem man immer hört: „Es gibt ja doch nichts" hat doch jede Mutter ihre Weihnachtsgeschenke schon verpackt. Frische Gardinen sind aufgesteckt, die Fußböden glänzen, und nun kommt noch das letzte, die Sorge für die festtäglichen Mahlzeiten! Da möchte man mit dir, liebe Land- und Stadtfrau, noch ein Wörtchen unter vier Augen reden. Gewiß gehört es dazu, sich auch seine Mahlzeiten festlich zu gestalten, aber wie oft macht sich die Mutter, auch in der Gegenwart, viel mehr Mühe für die Befriedigung leiblicher Genüsse, als dies im Sinne des Festes liegt. . . .

In froher Erwartung soll sich auch die Mutter sammeln zum Fest und ihr „Sonntagskleid" anlegen. Noch im Alter werden es ihr die Kinder danken, wenn sie es versteht, solche Festtage mit Poesie zu überstrahlen. Mit nichts kann sie wohl ihre Kinder mehr erfreuen, als wenn sie Zeit findet, so bald als möglich auch einmal mit ihnen zu spielen. Die Festtage sind uns geschenkt, damit wir uns wieder einmal so recht nahe kommen können. . . . Je einfacher und schlichter das Fest gefeiert wird, um so mehr Zeit bleibt uns zu innerer Besinnlichkeit, der gemütvollen Besinnlichkeit der deutschen Familie. . . .

Quelle: Die Landfrau. 11 + 12/1946 (1). S. 15

Q76 Weihnachten in der Nachkriegszeit

Quelle: Hagen Rudolph: Die verpaßten Chancen. Die vergessene Geschichte der Bundesrepublik. Hamburg 1979. S. 48

Q77 Wir backen zu Weihnachten

Jede Mutter hat wohl versucht, im Laufe der Monate etwas an Zutaten einzusparen, um den Kindern zum Weihnachtsfest eine kleine Freude zu bereiten. Unsere hauswirtschaftliche Mitarbeiterin hat deshalb eine Auswahl einfacher, der Zeit angepaßter Backrezepte zusammengestellt, teils „ohne Ei und Fett". Die nötigen Backgewürze, wie Anis, Kardamon, Mischbackgewürz, sind vielleicht hier und da zu erstehen oder noch vorhanden. Wo notwendig, läßt sich ein Teig statt mit Kakao auch mit Kaffeeaufguß dunkel färben.

Anisplätzchen. 250 g Mehl, 175 g Zucker, 1 Teel. Anis mit ⅛ l Milch oder Wasser zu einem dickflüssigen Teig verrühren. 1 Messerspitze Natron mit einigen Tropfen warmen Wassers auflösen, dazugeben und tüchtig schlagen, bis er Blasen wirft. Mit 2 Teel. kleine Häufchen auf ein gefettetes Blech (mit Margarinepapier abreiben) geben, über Nacht stehen lassen und am nächsten Tag bei Mittelhitze goldgelb backen.

Hefewaffeln. 1000 g Mehl, 250 g Grießmehl (oder Schrot), 500 g gekochte, geriebene Kartoffeln, ¼ Pfd. Zucker, (2 Eier fallen heute weg), 50 g Hefe (selbst gemacht), Salz, Flüssigkeit, heute Wasser, so viel der Teig annimmt. Er muß dickflüssiger als Pfannkuchenteig sein. Er muß feste gerührt werden und 2–3 Stunden gehen. Das Eisen gut heiß werden lassen und leicht mit Fettpapier ausreiben.

Quelle: Ruhr-Zeitung vom 8. 12. 1945, S. 3. STA-DU

Spritzkuchen. 60 g Kunsthonig, 60 g Rübenkraut (oder nur Kraut) mit 80 g Zucker erwärmen, dazu (kalt), ½ Tasse Flüssigkeit (Milch oder Wasser), Gewürze, die man kaufen kann, zum Färben etwas Kaffeebrühe, ¼ Pfd. Mehl, ½ Teel. Backpulver (od. Natron mit Essigtropfen). Alles tüchtig verarbeiten, Rollen formen, backen, in dreieckige Stücke schneiden. Wenn man hat, mit Zuckerguß überziehen. Guß: 6 Eßl. Zucker mit 3 Eßl. Wasser kochen lassen.

Kleine Lebkuchen. 60 g Kunsthonig oder Kraut erwärmen, 50 g Zucker dazu, ¼ Pfd. Mehl, etwas Backpulver oder Natron. Gewürze tüchtig verarbeiten und kleine Kuchen abbacken.

Moppen. ½ Pfd. Kunsthonig oder Kraut auflösen, dazu 20 g Zucker, Gewürze, die man kaufen kann, ½ Pfd. Mehl und tüchtig durchkneten. Dann 5 g Natron dazu. Kugeln oder kleine Rechtecke formen und nach dem Backen mit Zuckerguß bestreichen.

Printen. ¼ Pfd. Rübenkraut, ½ Glas Marmelade, ¼ Pfd. Zucker (wenn möglich Kandis gehackt), ¾ Pfd. Mehl, 1 Teel. Natron, Gewürze, Kraut und Marmelade erwärmen, alles dazu, zuletzt Zucker und Natron. Eine Nacht stehen lassen, dann Rechtecke dick ausschneiden. Nach dem Backen mit Zuckerwasser bestreichen.

Backpulver ist beim Backen folgendermaßen zu ersetzen: Auf 1 Pfd. Mehl gibt man 5 g Natron mit 5 Eßl. Essig.

3. Versorgung

Die Ernährungskrise war zweifellos das beherrschende Problem der Nachkriegszeit. Der „Mangel" beschränkte sich jedoch nicht auf die Lebensmittelversorgung, sondern charakterisierte die Reproduktionsarbeit generell: Mangel an Wohnraum, Mangel an Kleidung, Mangel an Hausrat, Mangel an Möbeln, Mangel an medizinischer Versorgung, Mangel an Seife und Reinigungsmitteln, es fehlte einfach alles, was ein menschenwürdiges Dasein ermöglicht.

Ein großer Teil des Wohnraums, insbesondere natürlich in den Großstädten war zerstört (Q81), fast die Hälfte aller Wohnungen in den Westzonen waren völlig zerstört oder unbewohnbar, d. h. erheblich beschädigt. Die Bewohner der Großstädte lebten zusammengepfercht auf engstem Raum, und die Flüchtlinge aus den ehemaligen deutschen Ostgebieten und der sowjetisch besetzten Zone, die nach Kriegsende täglich zu Tausenden in den Westzonen eintrafen, stellten die Behörden vor kaum überwindbare Probleme (Q83). Die Quellen 81–83 vermitteln einen Eindruck davon, unter welch unvorstellbar schlechten Bedingungen viele Großstadtbewohner zu wohnen gezwungen waren; dunkle, kalte, zugige Wohnlöcher, die oft nicht einmal den Regen abhalten konnten, mit Pappe verschlossene Fenster, einsturzgefährdete Wände und Treppen, keine sanitären Anlagen, notdürftiges Mobiliar – so sahen die „Wohnungen" vieler Menschen aus.

Die Militärbehörden versuchten, das Wohnungsproblem durch Wohnraumbewirtschaftung in den Griff zu bekommen. Um einen Überblick über die Belegung der Wohnungen zu erhalten, erließ z. B. die britische Militärregierung im Dezember 1945 für ihre Zone ein „Wohnungswechsel-Verbot" (Q84), das faktisch das Eigentumsrecht der Wohnungsbesitzer und das Grundrecht auf Freizügigkeit außer Kraft setzte. Ein Wohnungswechsel war fortan an die Genehmigung der Militärregierung bzw. der zuständigen Wohnungsämter gebunden. Die Wohnungseigentümer konnten nicht über ihr Eigentum frei verfügen, sondern mußten sowohl Einweisungen von Mietern als auch die Ausweisung aus dem eigenen Haus hinnehmen. Diese Außerkraftsetzung des Eigentumsrechts ist aber nicht als eine gezielte antikapitalistische Maßnahme im Sinne einer geplanten gesellschaftlichen Umgestaltung mißzuverstehen. Sie war vielmehr ähnlich wie z. B. die Bestimmungen über die Ablieferungspflicht landwirtschaftlicher Erzeuger oder über die Arbeitspflicht eine Maßnahme, mit der der herrschenden Not begegnet werden sollte.

Welche zwischenmenschlichen Probleme sich aus dem ungewohnten engen Zusammenleben mit Fremden ergaben und wie sehr auch in dieser Zeit der krassen Not seitens der Besitzenden – in diesem Fall der Wohnungsinhaber – auf die Eigentumsrechte gepocht wurde, zeigt Q 85.

Die schlechten Wohnbedingungen, die sanitären und hygienischen Mißstände, der Mangel an Heizmaterial und ausreichender Kleidung (Q86–90) und die unzureichende Ernährung führten zu einem allgemeinen bedrohlichen Absinken des Gesundheitszustandes der Bevölkerung und zur Ausbreitung ansteckender Krankheiten und Ungezieferplagen (Q93–98), die aufgrund der schlechten medizinischen Versorgung (Mangel an Medikamenten, medizinischem Personal, Krankenhausbetten) (Q99) nur sehr unzureichend bekämpft werden konnten. Auch die sich daraus ergebenden Probleme mußten, da behördliche Hilfen ausblieben, durch erweiterte Hausarbeit aufgefangen werden. Die Einhaltung eines Mindestmaßes an Hygiene ohne die dazu notwendigen Reinigungsmittel wie Seife oder Waschmittel z. B. mußte durch Eigenerzeugung von Ersatzstoffen gewährleistet werden. Auch hier griffen die Frauen – wiederum unterstützt durch die Frauenzeitschriften – auf tradierte und in den Krisenzeiten des Kapitalismus immer wieder aktivierte Methoden aus vorindustrieller Zeit zurück: Waschmittelerzeugung aus pflanzlichen Stoffen und bei der Lebensmittelzubereitung gewonnenen Nebenprodukten wie Kartoffelschalen (Q101).

Die Krankenpflege war ebenfalls in erheblich höherem Maße als in Nicht-Krisenzeiten Bestandteil von Hausarbeit. Zum einen, weil die Menschen geschwächt, von daher anfälliger und somit viel häufiger krank und ernsthafter krank waren. Bei den schlechten Wohnverhältnissen und dem geschwächten Gesundheitszustand wurde aus einer normalen Erkältung sehr schnell eine Lungenentzündung. Zum anderen verbreiteten sich ansteckende Krankheiten wie Tuberkulose und Diphterie aufgrund der mangelnden Isolierungsmöglichkeiten der Kranken ganz rapide. Ungeziefer (Läuse, Wanzen, Flöhe) verbreitete sich, und Hautkrankheiten (Krätze, Schuppenflechte, Impetigo, Skabies) griffen infolge der mangelnden Hygiene um sich (Q96). Die Frauenzeitschrift „Die Landfrau" führte eigens eine Rubrik „Der Hausarzt spricht", in der den Frauen Tips zur Behandlung aller möglichen, insbesondere typischer Nachkriegskrankheiten, gegeben wurden. (Q104)

Besonders viel Zeit nahm auch die Instandhaltung (Q105, 108–110) und Umarbeitung der wenigen vorhandenen Kleidung bzw. die Fertigung von Kleidungsstücken aus allen möglichen und unmöglichen Stoffen in Anspruch: Bettlaken, Zuckersäcke, Uniformen, Decken wurden umgearbeitet zu Kleidern, Mänteln, Strümpfen etc. (Q106 + 107) Es wurde mit Haar gestopft (Q105), mit Sauerampfer und Spinat gefärbt (Q110), aus Öl und Ruß Stiefelwichse gefertigt (Q109) etc.

Vorschläge zur Umarbeitung alter oder abgetragener Kleidung (Q110) füllten die Frauenzeitschriften, die aber nie nur zweckmäßig waren, sondern immer auch Chic hatten. Das Modephoto der Quelle 111 ging allerdings an den Nöten der Zeit völlig vorbei. Angesichts der die Realität der Nachkriegszeit ad absurdum führenden Stoffülle des „New Look" protestierten denn auch die Leserinnen unter dem Eindruck der Stoffknappheit vorerst noch (Q112). Kritik wurde auch laut, wenn trotz der herrschenden Entbehrung am Lebensnotwendigsten „normale" kapitalistische Geschäftspraktiken fröhliche Urständ' feierten und „Ausschußwaren" mit kleinen Mängeln in Massen vernichtet wurden, um die Reputation bekannter Fabrikanten zu wahren und deren vergleichsweise hohe Preise zu rechtfertigen. (Q113)

Die Bürokratie war ebenso wie die nach wie vor nach kapitalistischen Prinzipien arbeitenden Produktionsbetriebe weit davon entfernt, bedürfnisorientiert zu handeln. Statt spontan und „unbürokratisch" zu helfen, wenn es schon einmal möglich war, blieben die Verwaltungen monatelang auf dringend benötigten Verbrauchsgütern sitzen, weil man sich über den Verteilungsmodus nicht klarwerden konnte (Q114). „Weibliche" Prinzipien wie Bedürfnisnähe, Spontaneität, blieben auf den „privaten", den Reproduktionsbereich beschränkt.

Kontinuität zeigte sich auch in den Schönheitsidealen, wie sie aus den Kosmetiktips und der Kosmetikwerbung der Frauenzeitschriften herauszulesen sind. (Q115–117) Sommersprossen scheinen auch 1947 ein Problem gewesen zu sein, und die Werbung begann bereits, die Geschäfte mit der Beseitigung unübersehbarer „Kriegsfolgen" in Gestalt von Falten und grauen Haaren vorzubereiten, unter dem zynischen Motto: „Für sein Gesicht ist jeder selbst verantwortlich!" (Q117)

Q78 Eine Flüchtlingsfrau in Köln

Quelle: Hagen Rudolph: Die verpaßten Chancen. Die vergessene Geschichte der Bundesrepublik. Hamburg 1979. S. 36

Q79 Flüchtlingsstrom zum Westen

Hunderttausende brauchen Unterkunft in der britischen Zone

Der Zustrom von Flüchtlingen aus der russischen Zone nimmt in steigendem Maße zu und erschwert immer mehr das ernste Problem der Unterbringung und Ernährung von etwa zwanzig Millionen Deutschen in der britischen Zone.

Nach neuesten Schätzungen beträgt der wöchentliche Zustrom 50 000 Menschen. Trotz aller Bemühungen und trotz der Zusammenarbeit seitens der russischen Kommandeure in der angrenzenden Zone hat es sich als unmöglich erwiesen, den ungeordneten Zustrom deutscher Flüchtlinge aufzuhalten, so daß die britischen Behörden gezwungen waren sie aufzunehmen und Maßnahmen zu ergreifen, um den Zustrom in geordnete Bahnen zu lenken.

Viele dieser Flüchtlinge sind Evakuierte aus den Kriegsjahren, die das Ruhrgebiet und andere Industriebezirke Nordwestdeutschlands verließen, um den Bombenangriffen zu entgehen. Andere wieder fluten zurück aus Gebieten, die auf Grund der Potsdamer Beschlüsse anderen Mächten unterstellt wurden.

Die Gesamtzahl der Flüchtlinge, die in der britischen Zone aufgenommen werden muß, ist noch gar nicht abzusehen. In der Zwischenzeit bedeutet der tägliche Zustrom entwurzelter Deutscher für die britischen Behörden ein ernstes, ständig schwieriger werdendes Problem, das unverzüglich gelöst werden muß. Die hereinströmenden Flüchtlinge werden in Auffanglagern gesammelt und registriert. Dann werden sie ärztlich untersucht und entlaust. Ein Tauglichkeitszeugnis ist die weitere Voraussetzung, um die Reise fortzusetzen und Lebensmittelkarten in dem Gebiet zu erhalten, in das sie verschickt werden.

Wenn es irgend geht, werden sie in ihre alten Wohngebiete zurückgeschickt, sofern diese sich in der britischen Zone befinden. Ausnahmen werden nur im Falle ganzer Familien gemacht, die aus den kriegsverwüsteten Gebieten, wie z. B. dem Ruhrgebiet, stammen. Diesen Familien wird die Rückkehr in die alte Heimat nicht gestattet. Dabei wird von der Voraussetzung ausgegangen, daß, wenn ganze Familien in die Ostgebiete evakuiert wurden, es geschah, weil ihre Heimstätten zerstört waren, oder daß die Wohnungen jetzt anderweitig besetzt sind, wenn sie noch stehen.

Einzelpersonen erhalten dagegen gewöhnlich die Erlaubnis, sich mit ihren Familien, selbst in kriegsverwüsteten Gebieten, wieder zu vereinigen, wenn das für bereits besetzte Häuser nur den Zuzug von ein oder zwei Personen bedeutet.

Flüchtlinge, die ihren Wohnsitz ursprünglich außerhalb der britischen Zone hatten, werden je nach der veranschlagten „Aufnahmefähigkeit" einer der vier Provinzen der britischen Zone zugeteilt.

Jeder große Zustrom bedeutet letzten Endes für die Bevölkerung der britischen Zone eine weitere Verringerung der bereits unzureichenden Lebensmittelrationen sowie eine weitere Überfüllung des jetzt schon äußerst spärlichen Wohnraumes.

Der deutschen Bevölkerung, die dieser Tatsache gewärtig ist, wird daher immer wieder vor Augen gehalten, daß diese Flüchtlinge ihre eigenen Landsleute sind, und daß die Hauptverantwortung für die Verwaltung von Flüchtlingslagern und die Beschaffung von Wohnraum den deutschen Provinzialbehörden sowie freiwilligen deutschen Hilfsverbänden überlassen bleiben muß.

Die Abteilung für Kriegsgefangene und Zwangsverschleppte der alliierten Kontrollkommission, die jetzt diese neue Aufgabe unvorstellbaren Ausmaßes mit übernommen hat, stellt die notwendigen Arbeitsstäbe zusammen, um weiteres Chaos zu verhindern.

Quelle: Ruhr-Zeitung vom 27. 10. 1945. S. 1. STA-DU

Q 80   Duisburgs Altstadt nach dem Großangriff vom 14./15. 10. 1944
Quelle: Stadtarchiv Duisburg

Q 81   Bevölkerungszahl und Wohnraum in der Stadt Bottrop (Stand: Mai 1947)
Die statistischen Aufzeichnungen über die Bevölkerungsbewegung ergeben folgendes:

1939	1946	1947
17. 5. – 83 381	1. 3. – 79 593	1. 3. – 83 043
	1. 6. – 79 613	
	1. 9. – 80 885	
	1. 12. – 82 042	

Die Stadt Bottrop hatte einen Friedensstand von 9267 Häusern mit 22 240 Wohnungen = 77 840 Wohnräumen. Hiervon sind zerstört oder beschädigt:

Anzahl der Häuser	Anzahl der Wohnungen	Zerstörungsgrad	Art des Zerstörungsgrades
1150	5191	55–100%	unbewohnt, total zerstört oder schwer beschädigt,
1060	2002	40– 55%	bewohnt, schwer beschädigt,
2440	6524	15– 40%	bewohnt, mittelschwer beschädigt,
4617	8523	0– 15%	bewohnt, leicht beschädigt.

Es sind 23% aller Wohnungen total zerstört und alle anderen mehr oder weniger schwer beschädigt. Z. Zt. verfügt die Stadt über eine Gesamtzahl von 16 934 Wohnungen mit 61 554 Wohnräumen. 9419 Wohnungen mit 23 548 Wohnräumen wurden bisher wieder bewohnbar gemacht. Reparaturbedürftig sind noch 8292 Wohnungen mit 20 730 Wohnräumen. An Notwohnungen, Nissenhütten, Baracken usw. wurden 778 Einheiten mit 2072 Wohnungen hergestellt. Bei der Wiederherstellung der Wohnungen hat bisher trotz guten Willens ein beachtenswerter Fortschritt nicht erzielt werden können, da es an Material und Arbeitskräften fehlt. Bei dem bisher Geschaffenen handelt es sich zunächst um nur behelfsmäßige Reparaturen. Mit einer noch größeren Einschränkung an Wohnräumen muß gerechnet werden, da ein großer Teil der Wehrmachtsangehörigen und evakuierten Ortsansässigen noch nicht zurückgekehrt ist (ca. 10 000) und außerdem mit einem weiteren Zustrom von Flüchtlingen, die aus den Ostgebieten vertrieben wurden, gerechnet werden muß. Bei der jetzigen Bevölkerung waren am 1. 3. 1947 in Bottrop 10 451 Wohnungssuchende, das sind solche Personen, die notdürftig bei Verwandten untergebracht sind und keine eigene Wohnung besitzen.
Quelle: Schreiben des Oberstadtdirektors der Stadt Bottrop an den Sozialminister NRW vom 19. 5. 1947. NW 43–460. HSTA

Q 82   Flüchtlingsquartiere in Voerde (Rheinland) 1951 (siehe Abbildung auf Seite 184)
Quelle: Stadtarchiv Wesel

Q 83   „Wohnen” in Aachen (1947)
Familie Josef G., 11 Personen, bewohnt eine Nissenbaracke an der Trierer Straße. Außer der Mutter und dem Familienoberhaupte sind 9 unmündige Kinder, darunter ein Säugling von einigen Monaten, vorhanden. Kurz vor dem Kälteeinbruch im vorigen Winter befand sich die Baracke noch in der Fertigstellung. Ein viel zu kleiner Ofen sollte für die notwendige Erwärmung sorgen. Obwohl sich die Familie in der Haupt-sache um das kleine Öfchen lagerte, konnte nicht verhindert werden, daß den Kindern Hände und Füße erfroren sind und sie Aufnahme im Krankenhaus finden mußten. Bei dieser Gelegenheit erfroren auch noch 12 Zentner Kartoffeln. Die 11 Personen verfügten über 6 Betten mit je 1 Decke. Wenn es ihnen zu kalt war, legten sie sich zu 3 Personen in ein Bett. Bettzeug fehlt fast gänzlich. Die ganze Zimmereinrichtung

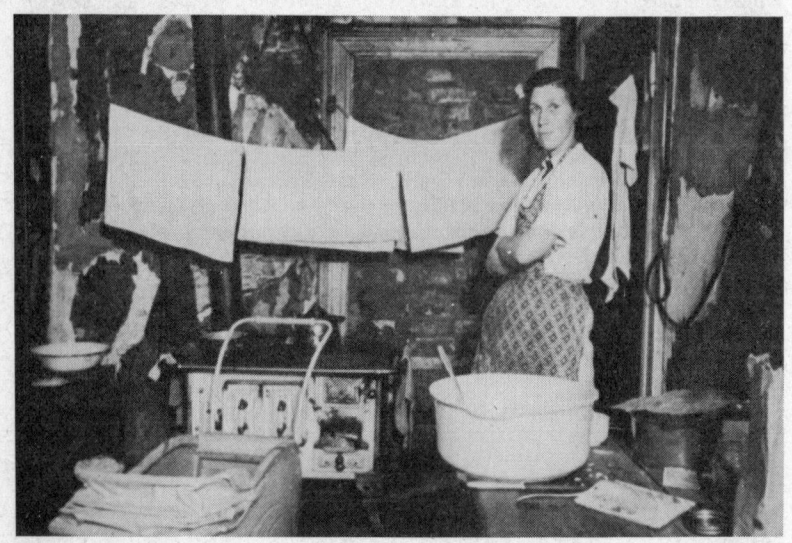

besteht aus Herd, Tisch, Küchenschrank und einem kleinen Schrank, Kleiderschrank ist nicht vorhanden. Soweit die Kleider nicht gerade zum Anziehen benötigt werden, hängen sie an der Wand. Z. Zt. liegt ein Kind mit Lungenentzündung danieder.

Im Hause Rüttenstraße 56 wohnen 6 Familien, meistens Wohlfahrtsempfänger. Hier ist kein Dach, kein Schutz gegen die Unbilden der Witterung. Die Treppe wird auf Pfählen gestützt. Der Sturm, der auf dieser Höhe immer sehr beträchtlich ist, braust mächtig durch alle Räume. Bei schlechtem Wetter müssen die Leute mit ihrer armseligen Habe andere Unterkunft aufsuchen. Bei Regenfall werden alle verfügbaren Eimer und Kessel herausgeholt, um die herabstürzenden Wassermassen aufzufangen. Sanitäre Anlagen sind nicht vorhanden. Die Notdurft wird auf einem Eimer verrichtet, der dann auf einem Müllhaufen entleert wird. Das Wasser muß aus einem Nebenhaus geholt werden.

Das Haus Wespienstr. 2, durch Bombentreffer zur Hälfte weggerissen und im übrigen ganz erheblich zerstört, ist bewohnt. Es ist kaum glaublich, daß darin überhaupt Menschen wohnen können. Man hat die Empfindung, daß auch dieser Hausteil jeden Moment zusammenbrechen wird.

Wände und Deckenverputz sind abgebröckelt, Fenster bzw. Fensterrahmen fehlen, einströmender Regen hat das Gemäuer unterhöhlt. Die Kälte hat ungehinderten Zutritt. Im Winter sind Treppen und Gänge eine Eisfläche. Jeder Versuch, die Wohnung zu erwärmen, muß bei diesen Umständen scheitern. Wasser gibt es in diesem Hause nicht. Es muß ca. 100 Meter weit hergeholt werden. Der Zustand der sanitären Anlagen ist nicht zu beschreiben. Es wird jetzt versucht, notdürftig ein Klosett einzurichten. Bisher wurden die Bedürfnisse in den herumliegenden Trümmern verrichtet. Die Zimmereinrichtungen sind äußerst dürftig. Es fehlt an allem. Die dort wohnende Familie E. besteht aus 4 Personen und benutzt 2 Räume. Als Küchenschrank dient eine Holzkiste, ein kleiner Ofen soll die Räume erwärmen. Im Schlafzimmer steht ein Feldbett und 1 Kinderbett. Betteinlagen sind nicht vorhanden. Eine Wolldecke dient als Unterlage. Selbstverständlich fehlt es auch an einem Kleiderschrank. Der Regen hat zu allen Räumen Zutritt. Eine weitere Familie wohnt mit 3 Personen im gleichen Hause in einem Raum. Auch hier sind kaum die notdürftigsten Einrichtungsgegenstände vorhanden.

Quelle: Bericht der Stadtverwaltung Aachen an den Sozialminister des Landes NRW über „Die sozialen und gesundheitlichen Verhältnisse der Bevölkerung der Stadt Aachen" (1947). NW 43–457. HSTA

Q 84 Verordnung Nr. 16

Wohnungswechsel-Verbot

Artikel I

Allgemeines Verbot

1. Nach Inkrafttreten dieser Verordnung darf niemand

a) ohne vorher eine den Vorschriften dieser Verordnung entsprechende Genehmigung erhalten zu haben, seine Wohnung wechseln;

b) gestatten oder dulden, daß in Räumen, deren Eigentümer oder Besitzer er ist, jemand eine Wohnung bezieht, ohne ihm bei Beziehen der Wohnung eine den Bestimmungen dieser Verordnung entsprechende Genehmigung vorzulegen;

c) gestatten oder dulden, daß in Räumen,

deren Eigentümer oder Besitzer er ist, jemand verbleibt, der entgegen den Bestimmungen dieser Verordnung die Wohnung gewechselt hat. . . .

Artikel X

Ausnahmen

12. Diese Verordnung bezieht sich nicht auf Fälle, in denen Personen von der Militärregierung oder den zuständigen deutschen Behörden zwangsweise einquartiert werden. Sie bezieht sich jedoch auf solche Personen, die nach der erwähnten Einquartierung anderswo Wohnung beziehen oder die die Räume, in denen sie einquartiert waren, verlassen, um anderswo Wohnung zu beziehen.

13. Diese Verordnung verhindert nicht die Beschlagnahme von Wohnstätten durch die zuständigen deutschen Behörden, die im Rahmen ihrer Befugnisse oder auf Befehl der Militärregierung handeln.

Artikel XI

Inkrafttreten

14. Diese Verordnung tritt am 1. Dezember 1945 in Kraft:

Im Auftrage der Militärregierung.

Quelle: Amtsblatt der Militärregierung Deutschland, Britisches Kontrollgebiet. Nr. 5/1945. DIa 27. HSTA. S. 51–54

Q 85   Auf engstem Raum. Probleme des Zusammenlebens

Warum ist das Zusammenleben so schwer, warum verwandelt sich Freundschaft zuweilen in unerbittliche Feindschaft, wenn man unter einem Dache lebt? Warum zerreißen beste Familienbeziehungen, wenn die Umstände plötzlich ein Zusammensein auf engstem Raum fordern? Warum steht die Tochter gegen die eigene Mutter auf – oder auch umgekehrt –, wenn man nicht mehr „Besuch" ist, sondern für unbegrenzte Dauer zusammenzieht? ...

Am eigenen Heim hängt besonders das Herz der Frau mit großer Liebe. Mit wieviel Freude wurde einst die Aussteuer zusammengestellt, mit wieviel Liebe oft dieses und jenes Stück erspart und angeschafft. Viele Menschen, die in den letzten Jahren etwas besaßen, haben klein, manchmal mit nichts angefangen. Nicht alle Töchter kamen aus „großen" Häusern, und viele Männer, die es im Leben zu einer beachtlichen Stellung gebracht haben, stammen aus bescheidensten Verhältnissen. Sie verzichteten auf vieles, nur um sich ihr Heim so behaglich wie möglich zu gestalten, das für Mann und Frau nicht eine Anhäufung von mehr oder weniger nützlichen Gebrauchsgegenständen darstellte, sondern als manchmal einziger Besitz der Ausdruck ihrer ganzen Lebenshaltung, das Ergebnis ihres Fleißes, ihrer Sparsamkeit, ihrer ordentlichen Lebensführung war. Manch ein anderer vertat, was er verdiente, und machte sich einen guten Tag, um heute mit dem Anspruch aufzutreten, daß andere ja zur Hilfe verpflichtet seien. Da sie nicht wissen, was es heißt, etwas mühsam zu erarbeiten, fehlt ihnen auch die Achtung und der Respekt vor dem Eigentum der Mitmenschen. ...

In den Zeiten der Not ist jeder zur gegenseitigen Hilfe verpflichtet, der auch mit wenigem dazu noch in der Lage ist. Das ist Selbstverständlichkeit für den, dessen Herz sich nicht verhärtet und sich den Forderungen der Zeit nicht verschließt, das gebietet Menschenpflicht gegenüber allen, die unverschuldet ins Unglück geraten sind. Im allgemeinen wird heute mehr geholfen als öffentlich bekannt wird, auch freiwillig und ohne Zwang von außen. Wer die Not selbst kennengelernt hat, steht dabei meist an vorderster Stelle.

Doch hart im Raum stoßen sich die Dinge, hart im Raum treffen sich auch leider oft die Menschen. Mancher, der in freudigster Hilfsbereitschaft Herz und Tür öffnete, ist enttäuscht worden, und er stellt die Frage, die wir schon aussprachen: Wie ist es möglich, daß Menschen sich so ändern, warum gibt es so wenig Verstehen bei engerem Zusammenleben? ...

Wer sein Heim noch besitzt – sei es auch noch so bescheiden –, empfindet jede Einweisung Fremder als einen Einbruch in die privateste Sphäre und die intimsten Bezirke seines Lebens. Das hat gar nichts mit der meistens durchaus vorhandenen Erkenntnis zu tun, daß heute keiner mehr für sich leben kann. Jeder, der nicht zu seiner Familie gehört, nimmt ihm die Freiheit der Disposition, auch die Freiheit, wenigstens zu Hause über sich selbst und seine Habe zu verfügen. Der eine Teil fühlt sich enttäuscht, weil er nicht mehr allein sein darf, der andere darüber, daß er die Füße unter einen fremden Tisch strecken muß. Es dauert nicht lange, bis alle Unlust und Unzufriedenheit sich ein Ventil sucht, und die Differenzen sind da. Kein Wunder bei der heutigen Zeit und bei der Belastung und Nervenanspannung, der jeder einzelne ausgesetzt ist. ...

Wieder muß gesagt werden, die Frau hat es in diesem Zusammensein am schwersten. Es soll nicht behauptet werden, daß Frauen untereinander schwerer auskommen als Männer, aber leichter sicher auch nicht! Sie sind den meisten Teil der Zeit im Hause, sie stehen nicht mehr allein am eigenen Herd und sind nicht mehr ihr eigener Herr. Sie sehen besser als der Mann, wie ihr gepflegter Haushalt leidet und leiden selbst darunter.

Geht es mit Verwandten besser? Es gibt Menschen genug, die das Gegenteil erfahren haben. „Zu Besuch" ja, für immer nein! Wie oft hört man das. Und wie kompliziert sich alles mit alten Menschen und mit Kindern!

Wie sich all diese Probleme lösen lassen? Natürlich am besten dadurch, daß jeder wieder an einen eigenen Herd zurück darf, der wirklich Goldes wert ist. Aber solange sich das durch äußere Umstände noch nicht ermöglichen läßt, muß jeder versuchen, sich in die Lage des anderen zu versetzen, muß sich beständig erziehen, muß alle Kraft zusammennehmen, um auszukommen. Wir müssen alle zurückstecken und vielleicht noch auf lange Zeit auf vieles verzichten – bleibt nur, daß wir uns bemühen, uns das Leben zu erleichtern, soweit es nur geht. Mit gutem Willen ist da oft viel getan!

Quelle: Frauen gestern und heute. Berlin 1946. S. 9–13

Q 86 „Ausgebombt". Duisburg 1943
Quelle: Stadtarchiv Duisburg

Q 87 Versorgung der Bevölkerung mit Möbeln und Haushaltsgeräten aus Metall

Auch diese Erzeugungsgruppen sind dem gesteigerten Bedarf der Flüchtlinge und Ausgewiesenen aus dem Osten nicht gewachsen.

Warengattung	Vorräte bei Händlern und Erzeugern am 30. 4. 1946	vom 1. 5. 1946 bis 31. 1. 1947 wurden erzeugt	zugeteilt	Bestände bzw. Überzuteilung am 31. 1. 1947	
		in tausend Stück			
Bettstellen aller Art	54	126	186	Überzuteilung	6
Schränke aller Art	17	20	40	Überzuteilung	3
Tische aller Art	19	22	41		0
Stühle	103	280	356	Bestand	27
Kohlenöfen und -herde	105	240	404	Überzuteilung	19
Gas- und Elektroherde und Kochplatten	69	226	306	Überzuteilung	11
Haushalts-Eimer	79	27	104	Bestand	2
Tischmesser	532	568	989	Bestand	111
Gabeln	1168	1230	2203	Bestand	195
Löffel	2826	2551	5048	Bestand	329

Nimmt man an, daß in der britischen Zone 3 500 000 Ostflüchtlinge und Ausgebombte ihren Hausrat erneuern müssen, so würden sie – wenn alle übrigen Bewohner der Zone überhaupt nichts bekämen – erst in 21 Jahren alle mit einem Bett, in 30 Jahren mit einem Tischmesser, in 14 Jahren mit einer Gabel und in 6½ Jahren mit einem Löffel ausgestattet sein. Rechnet man eine Flüchtlingsfamilie zu drei Personen, so könnten alle diese Familien in 44 Jahren mit einem Schrank, in 40 Jahren mit einem Tisch, in vier Jahren mit einem Kohlenofen oder Herd, in 32 Jahren mit einem Haushaltseimer versorgt werden.

Quelle: Rudolf Hübner: Kleidung und Hausrat in der britischen Besatzungszone. Bestand 0216. Archiv der Friedrich-Ebert-Stiftung. Bonn

Q 88 So sah die „Schuhbekleidung" in der Nachkriegszeit häufig aus

Quelle: Dieter Franck: Jahre unseres Lebens 1945–1949. München 1980. S. 94

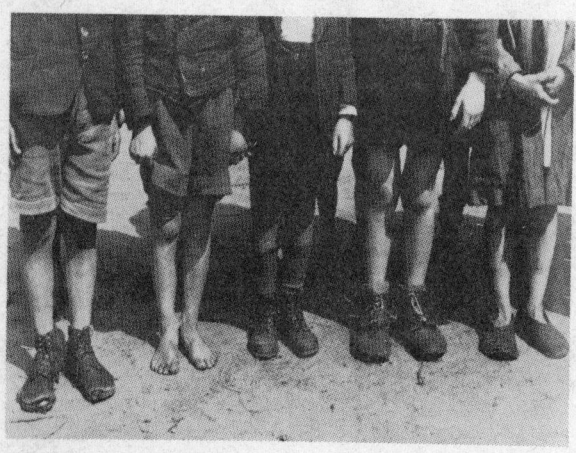

Q 89 Schuhmangel und die Folgen

Der Mangel an Schuhen und die Schwierigkeiten, sie reparieren zu lassen (Mangel an Nägeln, Leder und Flickschustern), wurde schon im Sommer 1946 von allen nachdenklichen Müttern als die große Gefahr für den kommenden Winter angesehen. Schon damals mußten die Mütter häufig die Schuhe vorn aufschneiden, damit die Zehen der Kinder in den ausgewachsenen Schuhen Platz finden konnten. Der Mangel an regendichtem Schuhzeug hatte in jenem weniger trockenen Sommer manche Schulversäumnisse zur Folge. In einigen Bezirken Berlins wurden den Kindern bei längerem Versäumen des Unterrichts die Lebensmittelkarten für den laufenden Monat entzogen, um das häufige „Schwänzen" der Kinder wirksam zu bekämpfen. Auch wenn das einzige Paar Schuhe, über das ein Kind verfügte, 4 bis 6 Wochen beim Flickschuster war, konnte dieser Zustand die ganze Kette von Folgen nach sich ziehen.

In verschiedenen Familien erhielten Kinder und Erwachsene Bezugscheine für Schuhe durch die Sozialämter vermittelt, die auch hier und da Holzpantoffeln an bedürftige Kinder verteilten. Ebenso konnten verschiedene Kindertagesstätten durch ausländische Hilfe Schuhe verteilen und regelmäßige Reparaturen durchführen lassen. So wurden z. B. durch die „Schuhbesohlaktion" des Schwedischen Roten Kreuzes in den Charlottenburger Horten pro Hort und Monat 5 Paar Schuhe der Kinder besohlt. Alle diese Maßnahmen vermochten jedoch bisher nur einen Bruchteil des Schuhbedarfs für Kinder wie für Erwachsene zu decken. Schon im ersten Nachkriegswinter brachten manche der erwerbstätigen Mütter ihre Kinder frühmorgens auf dem Rücken tragend in den Kindergarten, weil die Schuhe fehlten. In anderen Fällen konnten die Kinder wochenlag die Wohnung nicht verlassen. Eine erwerbstätige Muter setzte ihr größeres Kind, das sie nicht in den Hort tragen konnte, in Decken gehüllt auf den kalten Küchenherd, wo man es bei einem Hausbesuch vorfand. Das sind nur einige herausgegriffene Beispiele. Auch die Leistungsfähigkeit der Väter und Mütter, ihr täglicher Weg zur Arbeitsstätte wird nicht selten durch die fehlenden Schuhe in Frage gestellt.

Quelle: Hilde Thurnwald: Gegenwartsprobleme Berliner Familien. Eine soziologische Untersuchung an 498 Familien. Berlin 1948. S. 56f.

Q 90 Bekleidungsverhältnisse

Es besteht ein besonders großer Mangel an Kinderschuhen. Verkrüppelung an Kinderfüßen habe ich schon häufiger beobachten können. Bei Schwangeren macht sich der Mangel an geeignetem Schuhwerk gesundheitsgefährdend bemerkbar. Auch fehlt es hier an geeigneter Oberkleidung. Es kommt häufig vor, daß Frauen, die hochschwanger sind, in ihrem Zustand derart ungenügende Kleidung haben, so daß es auf der Straße direkt anstößig und unwürdig wirkt. Die Beschaffung von Säuglingswäsche ist ein so trauriges Kapitel und bereits schon so viel erörtert, daß sich hierüber jegliche weitere Worte erübrigen. Hier können nur Tatsachen in Form von Windeln und Jäckchen helfen. Auch sei hierbei bemerkt, daß die Kinderwagen in so geringem Maße an die Bevölkerung verteilt werden, obwohl große Mengen bei den Geschäften vorhanden sind.

Quelle: Bericht einer städtischen Fürsorgerin aus Düsseldorf an den Sozialminister des Landes NRW vom 2. 6. 1947. NW 42–232. HSTA. Blatt 80

Q 91 Duisburger Kinder völlig unzureichend bekleidet (1947)

Nach Erhebungen durch das Schulamt sind von 43 449 Volksschülern 11 784 (27%) ganz ungenügend bekleidet, 19 245 (44%) nur mangelhaft. Bei den 6955 Schülern der höheren und der Mittelschulen sind die entsprechenden Zahlen 1357 (19%) und 3202 (47%). Noch schlechter ist die Versorgung mit Schuhwerk. Von den Volksschülern waren 13 681 (31,5%) ganz ohne festes Schuhwerk, bei 18 176 (41,8%) war es mangelhaft, nur bei 11 592 (26,7%) ausreichend. Bei den höheren und den Mittelschulen ergab sich folgendes Bild:

1375 Kinder (19,5%) waren ganz ohne Lederschuhe, 3477 (50%) waren nur mangelhaft, 2103 (30,5%) ausreichend beschuht. Katastrophal ist die Versorgung mit Säuglingswäsche. Das Städt. Wirtschaftsamt kann einer werdenden Mutter höchstens 1 Windeltuch zur Verfügung stellen. Andere Tücher, Hemdchen, Jäckchen oder gar Bettzeug fallen ganz aus. So ist die junge Mutter darauf angewiesen, bei Verwandten oder Freunden wenigstens eine gewisse Ergänzung des allernötigsten Bedarfs sich zusammenzubetteln. Wie oft wird der jungen Mutter die Freude an dem neuen Lebewesen nicht dadurch getrübt, daß sie ihm nicht die nötige Pflege angedeihen lassen kann!
Quelle: Bericht der Stadtverwaltung Duisburg an den Sozialminister des Landes NRW über „Die sozialen und gesundheitlichen Verhältnisse der Stadt Duisburg" vom 20.5.1947. NW 43–463. HSTA. S. 15

Q 92 „Recycling" in der Nachkriegszeit
Quelle: Richard Bauer: Ruinen-Jahre. Bilder aus dem zerstörten München 1945–1949. München 1983. S. 19

Zum Weiterbezug von Verbandsstoffen, Damenbinden und anderen Waren wird dringend **Altpapier** benötigt

Bitte unterstützen Sie den Einkauf und bringen Sie mir Altpapier gleich welcher Art! Hefte, Zeitungen, Zeitschriften Faltschachteln usw.

Q 93 Ausbreitung von Krankheiten
(Beispiel Bochum 1947)

Es ist erklärlich, daß unter solchen Verhältnissen sich Krankheiten weit über den früheren Stand ausbreiten. So waren verschiedene Ortsteile von einer Typhus-Epidemie heimgesucht, die sich um so schlimmer auswirkte, als die wenigen vom Kriege verschont gebliebenen Krankenhäuser ohnehin schon überbelegt waren. Trotz der schwierigen äußeren Verhältnisse konnte die Epidemie dank der ärztlichen Bemühungen verhältnismäßig schnell eingedämmt werden. Bei den äußerst schwierigen Ernährungsverhältnissen besteht jedoch die Gefahr eines erneuten Aufflackerns dieser Krankheit. Hierneben haben sich Tuberkulose und Diphterie vermehrt, auch die Geschlechtskrankheiten, die bis zum Ende des Krieges einen verhältnismäßig günstigen Stand aufgewiesen haben, haben stark zugenommen. Von den 1784 im Jahre 1945 geborenen Kindern starben 22,5 % im ersten Lebensjahre. Im Frieden betrug die Geburtenzahl 5000, die Säuglingssterblichkeit 7 %. Infolge Seifenmangels in Verbindung mit den schlechten Wohnverhältnissen und den dürftigen hygienischen Verhältnissen sowie dem Mangel an Bade- und sonstigen Waschgelegenheiten haben sich gewisse Hautkrankheiten (Skabies) stark ausgebreitet.

Quelle: Schreiben des DRK, Kreisverband Bochum, an den Oberstadtdirektor vom 9. 6. 1947. NW 43–459. HSTA

Q 94

Quelle: Klaus-Jörg Ruhl: Die Besatzer und die Deutschen. Amerikanische Zone 1945–1948. Düsseldorf 1980. S. 75

Achtung! Ratten-Bekämpfungsaktion

Wie in früheren Jahren, wird auch in diesem Winter wieder eine allgemeine Rattenbekämpfungsaktion unter polizeilicher Kontrolle durchgeführt werden.

Diese Maßnahme ist um so notwendiger, als sich, bedingt durch die weit ausgedehnten Trümmergebiete, die Ratten in den letzten Monaten erheblich vermehrt haben. Der Schaden, der so an Lebensmittelvorräten angerichtet wird, ist bei der augenblicklichen Ernährungslage für uns untragbar, denn eine Ratte kann mit ihrer Nachkommenschaft allein in einem Jahr mindestens so viel fressen wie einem erwachsenen Manne zusteht. Dazu kommt noch mehr als die doppelte Menge Brot und sonstige Nahrungsmittel. Auf die Bedeutung der Ratte als gefährlicher Überträger von Krankheitskeimen ist bereits oft genug hingewiesen worden.

Die Durchführungsbestimmungen sind der Bekanntmachung des Oberbürgermeisters über Rattenbekämpfung zu entnehmen.

Q 95 Zahnbürsten sind ein Luxusartikel geworden (1947)

Die Not ist in Düren besonders groß. Tausende Menschen sind total ausgebombt worden. Die wenigen Dinge, die in der Evakuierung ersetzt werden konnten, wurden bei der Heimkehr unterwegs abgenommen oder sind fast verschlissen. Es fehlt vor allem an Unterwäsche, an Männerhosen, Hemden, Strümpfen, an Taschentüchern und Handtüchern. Die

Mütter würden gern stopfen und flicken, wenn das Garn dazu vorhanden wäre. Flicklappen aller Art fehlen.

Die Beschaffung von Säuglingswäsche macht den Müttern viel Kopfzerbrechen. Vor allem fehlen die Windeln.

Die Reinigung der wenigen Wäschestücke macht in den Haushaltungen große Schwierigkeiten. Es sind weder Waschkessel noch Waschwannen vorhanden. Der Kochtopf muß auch häufig zum Kochen der Wäsche dienen. So ist es auch mit den Schüsseln. Eine Schüssel dient für alles. Morgens wird sie von der ganzen Familie zum Waschen benutzt. Außerdem wird sie zum Spülen, zum Waschen von Gemüse und Kartoffeln und der schmutzigen Wäsche benutzt. Hier möchte ich erwähnen, daß in sehr vielen Haushaltungen nur *ein* Handtuch für alle Familienmitglieder vorhanden ist. Zahnbürsten sind auch ein Luxusartikel geworden. Ich erlebte es in einer Familie, daß sich eine Zahnfleischerkrankung auf alle Kinder übertrug, weil nur eine Zahnbürste zur Verfügung stand.

Badegelegenheit gibt es für die Mehrzahl der Bevölkerung nicht. Bei den Schuluntersuchungen fällt die schlechte Pflege der Haut besonders auf. Krätze ist an der Tagesordnung.
Quelle: Bericht einer Familienfürsorgerin der Stadt Düren vom 27. 5. 1947. NW 42–232. HSTA. S. 2

Q 96 Gesundheitsschäden infolge der Nachkriegsnot
(Beispiel Bottrop 1947)

Akute Infektionskrankheiten konnten auf Anfangsherde beschränkt werden.

Typhuserkrankungen 1946	....	41 (5 Todesfälle)
Paratyphus	1946	6 –
Ruhr	1946	0 –

Öffentliche Schutzimpfungen werden periodisch durchgeführt. Fleckfieber ist nicht aufgetreten.

Scharlach und Diphterie treten in Bottrop nur in mäßigem Umfange auf, da seit Jahren planmäßig Schutzimpfungen gegen diese Krankheiten durchgeführt werden. Im vergangenen Jahre wurden über 10 000 Kinder gegen Scharlach und Diphterie schutzgeimpft.

Ungezieferbefall war nach Kriegsende erheblich, jetzt nur gering. Schmutzkrankheiten, insbesondere Krätze und Impetigo nach dem Kriege erheblich, jetzt in mäßigen Grenzen. Die Krätze wird in zwei öffentlichen Behandlungsstationen bekämpft. Sehr ungünstig wirkt sich hinsichtlich der Schmutzkrankheiten der außerordentliche Mangel an Seife und Waschmittel aus.

Die Versorgung der Bevölkerung mit Kleidung ist sehr schlecht, stellenweise katastrophal. Die öffentlichen Hilfen z. B. Flüchtlingsunterstützung, Sammlung und dergl., können keine durchgreifende Besserung bringen, da neue Kleidungsstücke nicht geliefert werden. Ebenso verhält es sich mit der Fußbekleidung der Kinder. Besonders im verflossenen kalten Winter hat es sich sehr nachteilig auf die Kinder ausgewirkt (häufig Erkältungskrankheiten). Sehr betrüblich ist der Mangel an Säuglingswäsche, besonders an Windeln.

Bei den Einwohnern der Stadt handelt es sich um eine reine Bergarbeiterbevölkerung. Die Ausstattungen der Wohnungen ist recht bescheiden. Durch Bombenschäden sind die dürftigen Wohnungsausstattungen der Einwohner in erheblichem Umfange vernichtet worden. Ein Ersatz hierfür war nur in sehr geringem Maße zu beschaffen.

Die Säuglingssterblichkeit ist relativ hoch. Todesursache: Lebensschwäche und Ernährungsstörungen. (. . .)

An Arzneimitteln ist immer noch großer Mangel. Insbesondere fehlt es an Insulin, Salvarsan, an Opiumderivaten und Chemikalien und Drogen.

Quelle: Bericht der Stadtverwaltung Bottrop an den Sozialminister des Landes NRW über „Die sozialen und gesundheitlichen Verhältnisse der Stadt Bottrop" vom 19. 5. 1947. NW 43–460. HSTA

Q 97 Hunger und Kälte als Ursache von Erkrankungen

Wir gehen wieder aus von der bis zum Herbst 1946 untersuchten Gruppe von 200 Familien. Bei ihren Mitgliedern waren im Jahre 1945/46 neben akuten Erkrankungen häufig Erschöpfungszustände und Schwächegefühle festzustellen, die in erster Linie auf die qualitativ und quantitativ unzureichende Ernährung, auf Kälte und Überarbeitung zurückgeführt werden mußten. Auch die Krankheiten hatten natürlich oft diese Ursachen. Soweit über die Erkrankungen und ihre Ursachen klare Angaben gemacht werden konnten, bieten die folgenden Zahlen einen Anhalt:

a) Erkrankungen im Jahre 1946

Männer 51 (38%)

Frauen 104 (55%)

Kinder 120

insgesamt .... 275 Krankheitsfälle

b) Ursachen der Erkrankungen

Unterernährung 109 (35%)

Kälte 67 (21%)

sonstige Ursachen 139 (44%)

insgesamt .... 315 Angaben

c) Fortdauer der Erkrankungen

geheilt .... 36 Personen

anhaltende Krankheiten .... 239 Personen

davon im Krankenhaus .... 37 Personen

Der geringere Anteil erkrankter Männer erklärt sich durch den Ausfall von 55 (27%) Männern (Tote, Vermißte, Gefangene). In weiteren 12 Fällen (6%) liegen keine klaren Auskünfte vor. Auch die Zahl der Erkrankungen von Kindern dürfte eher größer gewesen sein, da die Mütter zurückliegende Erkrankungen vielleicht nicht immer erwähnt haben. Unter b) werden 40 Krankheitsfälle mehr gezählt als unter a). Diese Zählung entstand dadurch, daß in manchen Fällen die Krankheiten durch Unterernährung und Kälte ausgelöst wurden. Folglich wurde die Erkrankung in beiden Spalten notiert und gezählt. Unter den 139 „sonstigen Ursachen" sind zahlreiche Fälle, die zwar nicht durch Unterernährung oder Kälte verursacht wurden, jedoch durch diese Faktoren ungünstig beeinflußt worden sind. Hunger, Kälte oder ungeeignete Ernährung (mangelnde Diät) haben natürlich auch die unter c) angeführten andauernden Erkrankungen oft entscheidend beeinflußt. Auch der Mangel an Medikamenten, die schweren Sorgen und Erregungen verlangsamten den Heilungsvorgang häufig – daher die große Zahl der „fortdauernd Kranken" (es wurden darunter alle die Fälle verstanden, die länger als ein Vierteljahr liefen und bei Abschluß der Ermittlungen noch als Krankheiten registriert werden mußten).

Quelle: Hilde Thurnwald: Gegenwartsprobleme Berliner Familien. Eine soziologische Untersuchung an 498 Familien, Berlin 1948. S. 84 f.

Q 98 Sterbefälle in Duisburg 1945 (siehe Abbildung auf Seite 194)
Quelle: Verwaltungsbericht der Stadt Duisburg 1945. S. 4. STA-DU

Q 99 Die Situation der städtischen Krankenanstalten Aachen 1947

Die städt. Krankenanstalten umfassen insgesamt 9 Kliniken, nämlich die medizinische Klinik, die chirurgische Klinik, die orthopädische Klinik, die Kinderklinik, die Hals-, Nasen- und Ohrenklinik, die Augenklinik, die Hautklinik, die Röntgenklinik und die Zahnklinik. Erst am 16. Januar 1946 konnten die städt. Krankenanstalten, die bis dahin als Militärlazarett geführt worden waren, von der Stadt wieder übernommen werden. Neben erheblichen Verlusten an Gebäuden ist dem Anstaltsbetrieb besonders großer Schaden durch die Zer-

Insgesamt starben (ohne Ortsfremde) in der Berichtszeit:

männlich	1 548
weiblich	1 083
zusammen	2 631

Sterbefälle nach Todesursachen (ohne Ortsfremde).

Todesursachen	männl.	Zahl der Verstorbenen weibl.	zus.
1. Typhus und Paratyphus	20	22	42
2. Scharlach	1	—	1
3. Keuchhusten	2	3	5
4. Diphterie	29	28	57
5. a) Tuberkulose der Atmungsorgane	125	78	203
b) Tuberkulose der Hirnhäute und des Zentralnervensystems	7	3	10
c) Tuberkulose anderer Organe und Miliartuberkulose	13	16	29
6. Syphilis unter 1 Jahr	—	—	—
7. a) Grippe mit Lungenerkrankung —	7	3	10
b) Grippe ohne Angabe einer Lungenerkrankung	8	2	10
8. Masern	1	—	1
9. Übertragbare Gehirnentzündung	—	2	2
10. Übertragbare Genickstarre	6	6	12
11. Krebs und andere bösartige Neubildungen	146	147	293
12. Akuter fieberhafter Gelenkrheumatismus	—	3	3
13. Zuckerkrankheit	18	13	31
14. Gehirnblutung und sonstige von den Gefäßen ausgehenden Hirnschäden	63	53	116
15. Herzkrankheiten	197	168	365
16. Bronchitis	11	7	18
17. Lungenentzündung	90	53	143
18. Darmkatarrh unter 1 Jahr	89	53	142
19. Blinddarmentzündung	4	2	6
20. Nierenentzündung	35	20	55
21. Kindbettfieber bei Fehlgeburt	—	3	3
22. Kindbettfieber bei standesamtlich meldepflichtiger Geburt	—	4	4
23. Sonstige Zufälle der Schwangerschaft und des Kindbetts	—	4	4
24. Frühgeburt	33	27	60
25. Angeborene Mißbildungen (unter 1 Jahr) bei Neugeb., Lebensschwäche, Geburtsfolgen	18	20	38
26. Altersschwäche	118	103	221
27. a) Selbstmord	41	9	50
b) Mord und Totschlag	25	9	34
c) Verunglückungen	119	33	152
28. Plötzlicher Tod und nicht oder ungenau angegebene Ursachen	83	37	120
29. Alle übrigen Todesursachen (ohne Totgeburten)	239	152	391
Insgesamt	1 548	1 083	2 631

störungen und die Verluste an fast allen Einrichtungsgegenständen wirtschaftlicher und medizinischer Art entstanden. Die städt. Krankenanstalten befinden sich auch deshalb heute noch in besonders ungünstiger Lage, weil im Augenblick der Wiedereröffnung des Krankenhauses die Bestände an Materialien aller Art in den einschlägigen Lägern bereits geräumt waren. Neubeschaffungen sind aber praktisch unmöglich. So weisen die städt. Krankenanstalten nur primitivste Bestände auf.

Bis zur Zwangsräumung im Jahre 1944 waren die Anstalten mit 729 Betten für Kranke ausgestattet. Die Anstalten wurden im Jahre 1946 mit fast 500 Betten wieder eröffnet, die Belegung steigerte sich dann im August auf 895 Betten, in November auf 1063 Betten und im April 1947 auf 1152 Betten. Die Betten wurden aus privaten Anstalten entliehen.

Dringend erforderlich ist die Einrichtung eines Operationssaales für die Hautklinik. . . .

Quelle: Bericht der Stadtverwaltung Aachen an den Sozialminister des Landes NRW über „Die sozialen und gesundheitlichen Verhältnisse der Bevölkerung der Stadt Aachen" (1947). NW 43–457. HSTA

Q 100 „Entlausen"
Quelle: Wolfgang Trees/Charles Whiting/Thomas Omansen: Drei Jahre nach Null. Geschichte der britischen Besatzungszone. Düsseldorf 1978. S. 131

Nicht alles aus Großmutters Tagen ist so, daß wir es heute in der modernen Haushaltführung auf die Seite schieben müßten, um es „besser" zu machen.

Besonders in Notzeiten läßt uns das moderne Zeitalter gerne im Stich, wie wir es in unseren Tagen nun auch wieder erleben. Es kann nicht mehr für uns arbeiten, während die Natur unabhängig von allen Geschehnissen in ihrer chemischen Werkstatt weiterarbeitet. Auch für Ihre Wäsche hat sie ein Mittel bereit. Da nun der Schnee weggeschmolzen ist, holen Sie sich Efeublätter zum Waschen Ihrer dunklen Woll- und Seidensachen. Auch Strümpfe, Mützen oder Filzhüte (bevor sie zum Umarbeiten kommen) lassen sich sehr gut damit reinigen. Im Herbst liegen die braunen Kastanien auf den Wegen. Auch die Kastanien enthalten, wie die Efeublätter, seifenhaltige Bestandteile, die ausgekocht eine gut reinigende, sogar schäumende Waschbrühe ergeben. Und das ganze Jahr über fallen in Ihrer Küche immer wieder einmal Schalen von roh geschälten Kartoffeln an, die, ebenfalls ausgekocht, eine sehr gut reinigende Brühe ergeben. Und das Waschen mit Ochsengalle ist ein altbewährtes bekanntes Mittel.

Waschen mit Efeublättern (für dunkle Woll- und Seidensachen, Strümpfe).

3 Liter Wasser, 50 g Efeublätter. Die gewaschenen Efeublätter im kalten Wasser zusetzen, 5 Minuten kochen lassen und abgießen. Die Brühe handwarm abkühlen lassen, dann schaumig schlagen und die Wäschestücke gut darin durchdrücken. Mehrmals gut spülen.

Zum Abkochen der Blätter einen alten Kochtopf verwenden, da der Absud leicht giftig ist. Auf alle Fälle nachher sehr gut ausspülen.

Waschen mit Kastanien (für dunkle und helle Sachen aus Wolle oder Seide oder Mischgeweben.)

8 Kastanien, 4 Liter abgekochtes Wasser oder Regenwasser. Die Kastanien ungeschält in kleine Stücke schneiden, das Regenwasser oder das abgekochte und wieder abgekühlte Wasser darangießen, 4–5 Stunden stehen lassen, durch ein Sieb oder Tuch abseihen. Die Brühe handwarm erwärmen, schaumig schlagen und die Wäschestücke darin durchdrücken, in klarem warmem Wasser spülen.

Waschen mit Kartoffelschalen (für helle und dunkle Sachen, Strümpfe).

Die Schalen von sauber gebürsteten, roh geschälten Kartoffeln in ein kleines Tuch oder Säckchen (am besten Mullsäckchen) binden, in kaltem Wasser aufsetzen und auskochen. Den Absud handwarm abkühlen lassen, schaumig schlagen, die Wäschestücke darin durchdrücken, spülen.

Waschen mit Ochsengalle (für dunkelblaue und schwarze Sachen).

10 Liter Wasser, ¼ Liter Ochsengalle (beim Metzger erhältlich). Das Wasser mit der Galle mischen, in der handwarmen Brühe die Wäschestücke durchdrücken, gut nachspülen.

Holzaschenlauge zum Einweichen für die große Wäsche.

Auf einen Waschzuber legt man zwei Holzleisten, darauf stellt man einen Weidenkorb, den man mit einem alten Tuch oder einem Sackrupfen auslegt. Man gibt die Holzasche hinein und gießt langsam kaltes Wasser darüber, bis die Asche ganz durchnäßt ist. Über die durchnäßte Asche muß nochmals Wasser gegossen werden, jedoch nur soviel, daß eine *kräftige* Lauge abfließt.

Die anfangs trübe Lauge wird nach längerem Stehen hell. Je nach Wasserzugabe wird sie kräftiger oder schwächer.

Die Lauge soll hellgelb, klar und im Griff weich sein. Man stellt sie am besten 24 Stunden vor dem Einweichen her, sie klärt sich dann gut.

Auch Regenwasser, dem keinerlei Zusatz beigefügt werden muß, eignet sich zum Einweichen.

Die Verwendung von flüssiger Seife

Die flüssige Seife ist eine Seifenlauge, die als Handwaschmittel für die sogenannten Seifenspender hergestellt wird. Sie ist nicht alkalifrei – wie etwa Lux, Fewa oder das heute noch im Handel befindliche Feinwaschpulver.

Zum Waschen der Wäsche ist eine Seifenlösung, aus einer Mischung von 1 Liter flüssiger Seife und 10 Liter Wasser zu empfehlen. Diese Lösung ist nicht so scharf, daß sie die Wäsche angreift, und doch kräftig genug, um wirklich Schmutz zu lösen. Sehr gut ist das vorherige Enthärten des Wassers, aber das ist in der Regel dank des fehlenden Sodas schwer. Wer es irgend ermöglichen kann, sollte Regenwasser verwenden. Mit einiger Überlegung ist das auch in den meisten Stadthaushalten möglich. Wichtig ist beim Auskochen der Wäsche mit flüssiger Seife, daß die sonst geltenden Waschregeln befolgt werden – also sorgsames Sortieren von Grob- und Feinwäsche, das Einweichen der Kochwäsche, was auch lohnt, wenn man kein Einweichmittel hat.

Quelle: Der Regenbogen. 5/1946 (1). S. 12

Q102   Waschmittelwerbung 1948
Quelle: Frauenwelt. 1948

Q103 Wäschetrocknen 1951

Mit der Waschmittelwerbung hatte die Realität des Wäschewaschens nichts zu tun: Wäschetrocknen zwischen Trümmern.

Quelle: Stadtarchiv Wesel

Q104 Der Hausarzt spricht: Der Insektenstich

Eine sehr kleine Hautverletzung in der wärmeren Jahreszeit stellt ein Stich durch die weitverbreiteten Stechmücken (Schnaken oder Gelsen genannt) und Stechfliegen dar. Flöhe und Wanzen stechen ebenfalls durch ihre Mundwerkzeuge. Durch den Saugrüssel wird zunächst ein Giftstoff abgegeben, ehe es zur Blutaufsaugung kommt. Bei Bienen, Wespen, Hornissen und Hummeln wird der Stich durch den Wehrstachel ersetzt, durch dessen Kanal ein Giftstoff, der sich in den Giftblasen ansammelt, abgegeben wird. Die giftige Substanz reizt das Gewebe. Es kommt zur Quaddelbildung, die von einem roten Hof umgeben ist und mit Austritt von Blutwasser (Serum) einhergeht, wodurch eine Verdünnung des Giftstoffes eintritt. Erhebliche Hautschwellungen oder eine starke Blasenbildung können bei Wanzenstichen auftreten. Flohstiche zeigen meist das charakteristische Bild kleiner roter Knötchen mit einem dunkelroten Zentrum. Sehr quälend ist das Jucken, das bei jedem Insektenstich auftritt. . . .

Zur Linderung des starken Juckreizes empfiehlt sich bei Stichen von Stechmücken und -fliegen das Betupfen mit Salmiak, Ammoniak oder mit 1–2%igem Karbolsäurespiritus oder mit 10–20%igem Formaldehydspiritus. Bei Wanzenstichen leistet Aufstreichen von 2%iger Mentholvaseline wertvolle Dienste. Kampferspiritus bewährt sich bei Flohstichen. . . .

Vor der weitverbreiteten Unsitte des Kratzens mit Fingernägeln ist dringend zu warnen. Gelegentlich dringen durch die Kratzwunden Eitererreger in das Gewebe ein, die dann unangenehme Eiterungen zur Folge haben.

Quelle: Die Landfrau. 13 + 14/1947 (2). S. 24

Q105 Tips zur Ausbesserung der Kleidung

Kunststopfen mit Haar

Risse, die in feinfädigen Geweben wie Seide, seidenähnlichen, feinen Tuchen und Wollstoffen entstehen, stopft man am besten mit Menschenhaar. Für helle Stoffe werden blonde, für dunkle braune oder schwarze Haare verwendet. Diese werden in möglichster Länge in eine Nadel gefädelt, dann werden die Rißstellen gut aneinander gefügt und dann in engen Touren durchzogen. Auch feine Wollstoffe, Tuche und gemusterte Herrenstoffe lassen sich mit Haar völlig unsichtbar, aber sehr fest stopfen.

Unterhosen auszubessern
Außerordentlich praktisch ist es, die zerrissenen Zwickel in den Herrenunterbeinkleidern durch gestrickte oder gewirkte zu ersetzen. Man kann ein solches Beinkleid noch sehr lange damit hinhalten. Wer alte weiße Strumpflängen oder dergleichen hat, kann sie gut dazu verwenden. (...)

Unseren Strümpfen sei ein besonderes Augenmerk gewidmet
Bei bereits stark gestopften Fersen schneidet man in der Mitte der Hacke einen kleinen Keil heraus und stopft die Schnittränder gegeneinander. So wird die Ferse verkürzt und die häßlichen Stopfstellen verschwinden beim Tragen im Schuh. – Da die Strümpfe meist zuerst an den Hacken durchgescheuert werden, ist es zweckmäßig, die gefährdeten Stellen im Voraus zu schützen: man stopft sie von links mit in der Farbe genau passenden Fäden schräg durch und zwar mit ganz kleinen, außen fast unsichtbaren Stichen.

Mit Altem Neues erhalten
... Gehäkelte Fersen. Bei gewebten oder mit der Maschine gestrickten Strümpfen empfiehlt es sich, die schadhaft gewordenen Fersen nicht einzustricken, sondern einzuhäkeln. Dabei fällt das mühselige, und dabei doch meist nicht tadellose Aufnehmen der Maschen auf die Stricknadel fort und die ganze Arbeit ist bedeutend angenehmer auszuführen und schnell fördernd. Die Strumpfränder, aus denen die Ferse getrennt wurde, werden sofort mit festen Maschen umhäkelt und die Ferse ebenfalls aus festen Maschen, bei denen man aber immer die vorhergehende Masche ganz zu fassen hat, in hin- und zurückgehenden Touren gebildet. Das Dächel wird beim Häkeln genau wie beim Stricken behandelt und die Seitenränder des Füßlings der neuen Fersen angehäkelt. Zum Einhäkeln dieser Fersen muß das Garn etwas feiner wie das des Strumpfes sein. Die gehäkelten Fersen halten viel länger wie die gestrickten und lassen sich, wenn sie schadhaft sind, bedeutend leichter heraustrennen und ergänzen, weshalb die Damen beim Stricken neuer Strümpfe die Fersen gleich einhäkeln. Bei den ganz feinen Sommerstrümpfen, deren Fersen so schnell zerreißen, empfiehlt sich dieses einfache Ergänzungsmittel ganz besonders und man verwendet hierfür am besten feine Cordonnetseide, die sehr gut hält und nett als gehäkelte Ferse aussieht.
Stopfen – einmal anders ... Wie schade, denken wir oft, daß der Pullover maschinengestrickt ist, so daß wir ihn nicht aufräufeln können.
Wie kann man nun die kleinen Mottenlöcher stopfen, daß man es nicht merkt, noch dazu, wenn das passende Stopfgarn fehlt? Gibt es da überhaupt noch eine rettende Möglichkeit? O ja!
Was man dazu benötigt? Zunächst einmal ein ganz klein wenig gute Laune, damit wir lustig und heiter diese Schäden ausbessern. Sicher finden wir dann noch irgendwo einen alten Filzhut, ein paar ausgediente Lederhandschuhe, nicht mehr brauchbare Gürtel oder einen Tuchrest und etwas farbiges Garn zum Nähen. Nun schneiden wir aus dem Vorhandenem Motive zu, die uns recht gut gefallen. Vielleicht einen Berg mit einem Tannenbaum, eine Skihütte, auf die mit viel Schwung ein Schihasl braust, Sterne oder Schneeflocken. Aber auch sommerliche Motive (für Pullover, die auch im Sommer getragen werden) sehen sehr nett aus wie: Segelschiffe, Anker oder Blumen, ja selbst mit Tieren kann man eine besondere, aparte Wirkung erzielen. Dann verteilen wir die ausgeschnittenen Motive auf die schlechten Stellen und nähen die Figuren mit feinen Zierstichen auf.
Quelle: Der Regenbogen. 5/1948 (3). S. 18

Q106 Nachkriegskleidung 1945:
Kostüm aus einem alten Anzug,
Strümpfe aus aufgeriffelten
Zuckersäcken, Handtasche aus
Straßenarbeiter-Handschuhen.
Aus Privatbesitz

Q107 Interview-Auszug über die Bekleidungssituation

Als der Krieg zu Ende war, hat man ja viel weggeworfene Soldatenkleidung gefunden. Die Soldaten haben ja versucht, der Gefangenschaft zu entgehen und sich dann irgendwie ihrer Kleidung entledigt. Ich hatte zum Beispiel einen Mantel. Das war so ein besonders warmer Mantel, den die Kradfahrer hatten, . . ., der war von außen feldgrün und von innen dunkelgrau. Das war Wollstoff. Und aus diesem Mantel habe ich zwei Mäntel gehabt. Von einer Kundin hatte ich einen kleinen Pelzkragen geschenkt bekommen, der war auf dem grünen Stück. Das haben wir dann aber einfärben lassen. Und dann hatte ich noch einen grauen Mantel. Da hatte ich zwei schöne Wintermäntel. Das waren Reichtümer zu der damaligen Zeit! Und die waren warm. Das war ja reine Wolle und dickes Tuch. Und Stiefel hab' ich auch gehabt. Die hatte mir jemand gemacht. Derselbe, der mir mal die Schuhe gemacht hat. . . .

Wir sind deshalb an viele Sachen herangekommen, weil meine Mutter und ich ja während des Krieges und auch zu der Zeit (Nachkriegszeit, D.S.) noch Zeitungen ausgetragen haben und dadurch auch eben sehr viel gehört haben. Wir hatten fast 300 Abonnenten täglich zu beliefern. Und einmal im Monat mußte man zu der Zeit noch das Zeitungsgeld kassieren, was man heute ja alles bargeldlos macht. Dann ist man ja auch ins Gespräch gekommen. . . .

Q108 Ich hab es getragen sieben Jahr

und muß es leider noch länger tragen – mein altes Kleid nämlich und die übrige Garderobe, die nun einmal nicht ohne weiteres durch Neues ersetzt werden kann. Darum ist ihre Instandhaltung und Pflege wichtiger denn je. Wenn möglich, wechselt man häufig das Kleid und den Anzug und hängt es nach Gebrauch stets zum Lüften auf. Oft genügt schon der Feuchtigkeitsgehalt der Luft, daß Falten und Kniffe sich aushängen.

Wollene Damenkleider und Mäntel, sowie auch Herrenanzüge sollen alle Woche entstaubt werden. Am besten klopft man sie mit einem nicht so großen Klopfer gut durch und bürstet mit einer weichen Bürste von oben nach unten Bahn für Bahn den losgeklopften Staub ab. Flecke sind stets sofort zu entfernen ehe sie alt werden und sich im Gewebe festsetzen. Bei gründlicher Reinigung von durch Schnee und Regen verdorbenen oder speckig gewordenen Sachen nimmt man Wasser und Bürste zur Hilfe. Nachdem die Kleidungsstücke entstaubt sind, entfernt man nun die gut sichtbaren Flecke mit einem Fleckenwasser, aus einem Schuß Salmiakgeist mit Essigbeimischung und dämpft sie schließlich mit sehr heißem Eisen über einem feuchten Tuch auf; dabei bürstet man ab und zu den noch dampfenden Stoff leicht dem Strich nach. Die Wollfasern werden so gelockert und der Stoff erscheint wie neu. Ehe das so abgedämpfte Kleid wieder in den Schrank gehängt wird, muß es an der Luft trocknen.

Sachgemäße Aufbewahrung trägt auch viel zum guten Aussehen der Kleidung bei. Reißverschlüsse an Röcken sollen beim Aufhängen immer geschlossen sein, der Rock stets zu beiden Seiten des Bügels an kleinen Einschnitten oder Häkchen aufgehängt werden. Wird in der Mitte des Bügels noch eine Schnappklappe angebracht, so hängt der Rock tadellos glatt und kann sich nicht verziehen. Über das helle Kleid, die zarte Spitzenbluse wird eine Hülle gezogen; ein Quadrat aus leichtem Stoff mit eingeschnittenem Loch in der Mitte, durch das der Bügelhaken gezogen wird. Ein wollenes Strickkleid oder einen Pullover hängt man nicht auf, sondern legt ihn, um die Form zu wahren, zusammengefaltet in den Schrank. Faltenbrüche sollen immer straff und fest sein, man stopft sie deshalb zum besseren Halt dicht an den Bruchrändern der Innenbrüche aus und bügelt öfters über einem feuchten Tuch nach. Bei Waschstoffen, besonders bei Kunstseideleinen und bei sehr weichen Wollstoffen steppt man außerdem auch die Bruchkanten der Außennähte mit genau im Farbton passendem Faden so knapp wie möglich ab. Diese Stepplinien fallen nicht auf, jedoch die Wirkung ist überraschend. Durchgestoßene Jackenärmel bessert man auf folgende Weise aus: man trennt das Futter ab, steppt von links den durchgescheuerten Rand mit einfacher Naht ab, bügelt gut aus und näht dann das Futter wieder an. So fallen nur einige Millimeter der Länge fort und die Ärmelkante ist wieder glatt und neu. Die häßlichen Querfalten, die sich leicht beim Sitzen an knappanliegenden Röcken bilden und das Ausbeuteln der geraden Kostümröcke kann man vermeiden, wenn man den Rock beim Hinsetzen an den Hüften ein wenig hochzieht. Auch sollte beim Sitzen besonders im Büro, stets ein flaches Kissen oder ein Sitzfilz untergelegt werden, der das Glänzendwerden des Stoffes verhindert.

Quelle: Der Regenbogen. 5/1948 (3). S. 18

Q109   Stiefelwichse – selbst hergestellt!

... Wir bereiten uns aus ganz feinem, schwarzem Ofenruß und Abfallschmierölen (aus Autos, Traktoren, Motoren usw.) unsere Stiefelkreme. Der Ruß wird im Öl am Herd in einer alten Konservenbüchse verrührt, und dazu gibt man vorhandene Kerzenstümperln oder altes Bienenwachs. Dies läßt man alles recht dicklich zusammenlaufen. Die Masse ist richtig fertig, wenn einige Tropfen davon auf einen Glasscherben getropft zu einer schwarzen, glänzenden, leicht zerdrückbaren Masse erstarren. Durch dieses Gemisch wird das Schuhleder wasserdicht, weicher und widerstandsfähiger gegen Abnutzung. ...

Quelle: Die Landfrau. 21–24/1947 (2). S. 50

Q110   Die Färberei im Hause

Es wird wahrscheinlich noch geraume Zeit vergehen, ehe die gewerblichen Färbereien ihre Tore wieder öffnen. Nehmen wir des-halb unseren ganzen Mut zusammen und versuchen wir selbst mit der geheimnisvollen Kunst des Färbens fertig zu werden! So geheimnisvoll ist diese Kunst aber gar nicht, wir müssen nur recht exakt und sorgfältig zu Werke gehen.

Erste Grundbedingung ist, daß wir das Färbegut sauber waschen und von jeglichen Flecken befreien. Wenn das Kleidungsstück umgearbeitet werden soll, so wird es vorher zertrennt und die einzelnen Stoffstücke gefärbt. Wollgarn wird in große, locker abgebundene Lagen gewickelt, die nicht zu dick sein dürfen. Alles Färbegut geben wir naß in die Farbe. In jedem Fall wird vorher eine Probe eingefärbt, bevor das Ganze in die Farblauge kommt.

Aber – wenn wir nun keine Stoffarben vom Drogisten kaufen können? Helfen wir uns eben mit „Naturfarben":

Zwiebelschalen (ockerfarben): Zwiebelschalen – die Menge richtet sich nach der helleren oder dunkleren Schale der Zwiebeln und nach dem gewünschten Farbton – werden ausgekocht. Baumwollene und kunstseidene Stoffe kocht man mit dem abgegossenen Saft durch, seidene und wollene Stoffe werden kalt angesetzt und bis ans Kochen gebracht.

Übermangansaures Kali (braun, nicht lila!): Die (sehr intensiv färbenden) stäbchenartigen lila Körnchen werden in Wasser sorgfältig aufgelöst. Man gießt die Farbbrühe durch ein feines Sieb oder Tuch und verdünnt je nach dem gewünschten Farbton mit mehr oder weniger Wasser. Man färbt warm oder kalt.

Rote Tinte (hell- und dunkelrosa): Je nach dem gewünschten Farbton wird wenig Tinte mit mehr oder weniger Wasser verdünnt (sehr gut umrühren, damit sich alle roten Körnchen lösen!). Man färbt auf kaltem oder warmem Wege. Diese Lösung eignet sich zum Färben und Auffärben von Wäsche, Blusen, Kinder- und Babysachen.

Kopierstift (blaulila): Ein Stück Kopierstift (ohne Holz) wird fein zerkleinert und in Wasser aufgelöst. Man gießt die Farbbrühe durch ein feines Tuch und färbt auf warmem oder kaltem Wege.

Quelle: Der Regenbogen. 2 + 3/1947 (2). S. 30

Rote Rüben (karminrot): Die gut gewaschenen Schalen oder roten Rüben werden ordentlich ausgekocht. Die abgegossene Flüssigkeit ergibt ein sehr kräftiges Färbemittel, das man je nach Wunsch mit mehr oder weniger Wasser verdünnt.

Spinatbrühe (hellgrün): Der Saft von zusammengefallenen Spinatblättern (schlechte zum Essen unbrauchbare Blätter verwenden!) wird abgegossen und das Färbegut hineingegeben.

Heidekraut (braun): Blühendes, zerkleinertes Heidekraut – auch im getrockneten Zustand zu verwenden – wird einige Stunden in Wasser gekocht und mit Brühe abgegossen. Das Färbegut wird vorher mit Alaun gebeizt – man rechnet auf 50 g Wolle, 10 g Alaun – d. h. man läßt es eine Stunde in dieser Beize liegen und kocht es dann eine Stunde in der Farblauge.

Galläpfel (Sandfarbe bis hellbraun): 5 Galläpfel werden in 2 Liter Wasser eine halbe Stunde gekocht. 50 g Färbegut werden mit 8 g Alaun gebeizt und in der durchgegossenen Farbbrühe solange gekocht, bis der gewünschte Farbton erreicht ist.

Birkenlaub (grüngelb): 250 g frisches Birkenlaub werden in 2 Liter Wasser eine Stunde lang gekocht. 50 g Färbegut beizt man in einer Lösung von 10 g Alaun auf 2 Liter Wasser eine halbe Stunde lang, dann gibt man es in die durchgossene Farbbrühe und kocht es eine Stunde lang darin.

Sauerampfer (maisgelb): 200 g Sauerampfer kocht man in 2 Liter Wasser aus. 50 g Färbegut werden in 2 Liter Wasser mit 8 g Alaun gebeizt und eine Stunde langsam in der Farbbrühe gekocht.

Äußere Schalen reifer Walnüsse oder Erlenrinde (braun): Zerkleinerte Walnußschale oder die sorgfältig abgelöste Rinde junger Erlenzweige (auch zerkleinert!) werden 3 Stunden ausgekocht. Dann gießt man die Farbbrühe ab und gibt das Färbegut hinein, das etwa 2 Stunden darin gekocht wird.

Q111 „**Tyrannin Mode**". So hieß der Artikel zu diesem Photo aus dem Jahre 1949. Der stoffverschwendende „New Look" wurde angesichts der immer noch herrschenden Bekleidungsnot stark kritisiert.
Quelle: Die Welt der Frau. 3/1949 (4). S. 23

Q112 „**Das hat uns gerade noch gefehlt!**"
Diese Äußerung paßt so recht zu der Betrachtung der in Mode kommenden halblangen Röcke. Als deutsche Frau möchte ich dazu folgendes sagen: Wir haben Millionen deutscher Flüchtlinge und Bombengeschädigter, die kaum etwas anzuziehen haben. Wir haben ebensoviel Heimkehrer, die in der gleichen Lage sind. Für alle diese Ärmsten reicht es nicht zu den notwendigsten Kleidungsstücken, und da sollen wir deutschen Frauen die Mode der längeren Röcke mit dem Mehrverbrauch an Stoff gutheißen oder gar mitmachen? Ganz abgesehen davon, daß wir zum größten Teil wegen Stoffmangel gar nicht in die Versuchung „kurz oder halblang" kommen werden, müßte bei unserem Verkehrstempo und dem Balancieren über die Trümmer der bombenzerstörten Städte sich ein langer Rock als unzeitgemäß von selbst verbieten. Sorgen wir erst einmal dafür, daß jeder deutsche

Mensch ein Kleid auf dem Leibe hat und seine Wäsche wechseln kann. Erst dann könnten wir dem Modeproblem „langer oder kurzer Rock" näher treten. *Johanna*

Quelle: Die Frau von heute. 4/1948 (3). S. 19

Q113 Da schlag' doch einer lang hin . . .

Liebe Frau von heute! Zufällig kam mir eine süddeutsche Zeitung in die Hand, und darin las ich zu meinem Entsetzen, daß in den großen Porzellanfabriken Bayerns alles nicht ganz einwandfrei hergestellte Porzellan zerschlagen, also unbrauchbar gemacht wird. Ich kann mich über diese Tatsache nicht beruhigen. Wieviel ist in den verruchten Kriegsjahren in Scherben gegangen an wertvollem und Gebrauchsporzellan! Die Folge davon ist, daß wir Hausfrauen bei dem Mangel an Ersatzwaren genau wie unsere Flüchtlinge und Ausgebombten nicht einmal das notwendigste Geschirr besitzen, um unsere kargen Mahlzeiten in einer Form einzunehmen, wie man es gewohnt war. Der Ehrgeiz der berühmten Porzellanhersteller, nur Stücke in den Handel zu bringen, die nicht den geringsten Fehler aufweisen, geht heute wohl zu weit. Dazu kommt, daß wertvolle Rohstoffe umsonst verbraucht und Kohlen umsonst verbrannt wurden. Man könnte das nicht einwandfreie Porzellan doch als Ausschußware verkaufen, womit Tausenden von notleidenden Haushalten geholfen wäre. Dafür sollten sich auch die zuständigen Wirtschaftsämter einmal interessieren.

Eine Berliner Hausfrau

Quelle: Die Frau von heute. 4/1948 (3). S. 18

Q114 StEGreif-Ökonomik

„In Sandhofen bei Mannheim lagern an die zehn Millionen Stück amerikanischer Textilien, Pullover, Strümpfe, Unterhosen und -hemden, Mäntel und Decken und Planen. Zehn Millionen Stück, je eines für zehn Millionen Menschen. Eilt herbei, die ihr nackt seid allzumal und kleidet euch mit dem, was euch beschert . . ." So rief der Wirtschaftsrat, so die StEG, die Treuhänderin für all das amerikanische Heeresgut, das auf deutschem Boden hängen geblieben ist. Die zehn Millionen kamen, jeder nahm sich ein Stück, zog es sich an, über oder unter, und das StEG-Lager Sandhofen bei Mannheim war verteilt. Sozusagen aus dem Stegreif, gerade so wie es von der auch nur im Stegreif improvisierten „Staatlichen Erfassungsgesellschaft für öffentliches Gut m. b. H." hatte übernommen werden müssen. Indes, es kam nicht so. Denn von solcher Stegreif-Ökonomik war die StEG nicht zu überzeugen. Sie glaubte nicht an die Gerechtigkeit dieses biederen Verteilungsmodus. Darum nahm sie sich der Sache(n) auf ihre Weise an und behandelte sie nach den anerkannten Prinzipien der Volks- und Betriebswirtschaftslehre, als da sind: Die ökonomisch-technische Bereitstellung der Güter, Rationalisierung von Arbeit und Werkzeug, Bildung einer technisch-ökonomischen Organisationseinheit des Betriebes. Wertschätzung der Güter, Preisbildung, Einschaltung des Handels zwecks interpersonaler und interlokaler Güterübertragung u. v. a. m. Und die StEG organisierte, inventarisierte, sortierte, entmilitarisierte, kalkulierte, bilanzierte, daß es eines rechten Zahlmeisters helle Freude sein konnte, und, ja, sie improvisierte auch, wo sie mit all dem wirklich nicht mehr durchkam. Nun *mußte* es ja klappen. Indes, es kam auch dies nicht so. Die Organisation klappte zwar, aber das andere nicht. Das Verteilen, wie wenigstens dem Endverbraucher schien, der sich nach den neuen Socken sehnte, weil er von Ökonomik nichts verstand. Auf brüchigen Holzrosten, knapp zehn Zentimeter über der Erde, im Matsch des Lagers Sandhofen, lagen im Januar immer noch fast fünf Millionen Pullover, Strümpfe, Unterhosen und -hemden, Mäntel und Decken und Planen. Was nicht schon verrottet, verdreckt, verfallen, verfault ist in drei Jahren amerikanischer und vier Monaten StEG-Verwaltung, kann es bald sein.

Inzwischen sind hier und da StEG-Waren aufgetaucht, offenbar aber nur so wenige, daß man immer nur vom Hörensagen von ihnen erfährt und an sie glaubt, um nicht böswillig zu sein. Der schlichte Verbraucher aber, ganz weit hinten, kaum erreichbar, ringt weiter stumm die Hände nach Socken und bittet um Aufklärung. Er ahnt ja nichts von Ökonomik.

Quelle: Die Welt der Frau. 8/1949 (3). S. 9

Q115   Die Sonne bringt sie an den Tag ...

Sommersprossen hin – Sommersprossen her – der Volksmund spottet ihrer, indem er behauptet: Sommersprossen seien noch lange keine Gesichtspunkte; – die davon Betroffenen wissen es besser.

Unsere Großmütter fürchteten sie und schützten sich durch Schleier und Sonnenschirme. Sie hatten auch ein anderes Teintideal als die Frau von heute. Die bei starker Sonnenbestrahlung im Anfang fast immer auftauchenden Sommersprossen versinken bald wieder in der gleichmäßigen Bräune der Haut.

Im allgemeinen werden Sommersprossen als Schönheitsfehler wesentlich überschätzt. Der individuelle Reiz eines Teintfehlers ist unbestritten. Am meisten stört es die Person selbst – die anderen merken es meist kaum oder finden es sogar typisch. Doch auch das kann verärgern, wenn das Wunschbild so ganz anders aussieht, als die Natur es für richtig hielt, – oder nicht? Der allgemeingültige „Geschmack" ist eine gefährliche Diktatur, der auch die gescheitesten Frauen unwillkürlich und unbewußt unterliegen. Dabei gibt es kein Gesetz, was zwingender und gerechter sein könnte, als die Natur.

Wer dennoch nicht ohne eine Korrektur auszukommen glaubt, lasse sich in der Apotheke eine Sommersprossencreme empfehlen oder nach eigenem Rezept zusammenstellen. Empfindliche Haut bedarf stets der ärztlichen Betreuung. „Schwächere Gesichtspunkte" verschwinden schon unter etwas Schminke oder Puder. Lassen sie sich nicht so leicht vertuschen, so bleibt eben die Korrektur! Das älteste und bekannteste Mittel gegen Sommersprossen ist das Kummerfeldsche Waschwasser. (4 g Schwefelblume, 24 g Glyzerin, 8 g Kampferspiritus, 20 g Lavendelspiritus und Kölnisch Wasser, 240 g destilliertes Wasser. Bei Fehlen des einen oder anderen Bestandteiles wird der Apotheker sich durch gleichwertigen Ersatz zu helfen wissen.)

Die häufig empfohlenen Schälkuren, insbesondere bei Leberflecken, können nicht ohne den Arzt angewandt werden, bleiben aber auch dann noch fragwürdig, da die Verfärbungen oft tief unter der Haut (in den Basalzellen) liegen und nicht beim Abschälen der oberen Schichten erfaßt werden können.

Leichtere Fälle von unerwünschten Sommersprossen lassen sich auch leichter beseitigen (oder vertuschen). Tägliches Betupfen mit 3%igem Wasserstoffsuperoxyd – die bleichende Flüssigkeit verbleibt auf der Haut bis zum Eintrocknen oder solange, wie es die Haut verträgt – oder 10%ige Essigsäure oder 10%ige Salzsäure. Es ist selbstverständlich, daß jeder Angriff auf die zarten Gewebe der Haut eine nachträgliche Beruhigung zur Folge haben muß. Also: Kühlcreme oder Vaseline auftragen und nie mit Gewalt vorgehen. Dauer und Regelmäßigkeit tun auch schon Wunder.

Die Anwendung noch stärker wirkender Mittel, wie Kohlensäureschnee (Trockeneis), Quarzlicht (künstliche Höhensonne), Radium- oder Röntgenstrahlen (evtl. auch Chloräthyl oder Ausschneidung) bedürfen der kundigen Hand des Arztes, da der Laie nicht das Maß abzuwägen vermag, das noch gerade von der Haut ertragen werden kann. Nun, wie ist es mit den ach so scheußlichen Sommersprossen? Ob es nicht gescheiter wäre, man verliebte sich in sie?   *Ch. L.*

Quelle: Die Frau von heute. 15/1947 (2). S. 23

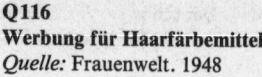

Q116
Werbung für Haarfärbemittel
Quelle: Frauenwelt. 1948

Q117 Kosmetikwerbung
Quelle: Die Welt der Frau.
12/1949 (3). S. 38

4. Die Währungsreform

Die Währungsreform, die am 20. Juni 1948 in den Westzonen durchgeführt wurde, gilt im Bewußtsein der Zeitgenossen/innen, aber auch vieler nur nachvollziehender Betrachter/innen der Nachkriegszeit bis heute als die entscheidende Zäsur, als Wende zur Besserung der Lebensbedingungen. Eindringlich im Gedächtnis haften blieb die „erstaunliche" Tatsache der über Nacht aufgefüllten Schaufenster und Läden, die, wenn man die Hintergründe der Währungsreform kennt, allerdings weniger erstaunlich als vielmehr zwangsläufig, da geplant, erscheint. Angesichts der schon Wochen vor der Währungsreform erfolgten unverblümten Aufforderung Erhards im Wirtschaftsrat, mit dem Verkauf von Gebrauchsgütern nunmehr bis zur bevorstehenden Währungsreform zu warten, sprich: zu horten, weicht die Erleichterung über das Wieder-Vorhandensein lang entbehrter Konsumgüter dem Erschrecken und der Wut über die Brutalität einer solchen menschenverachtenden Politik. (Q119 über Hungerdemonstrationen vor der Währungsreform und 120 über die Versorgungslage im Mai 1948.) Lange Zeit galt auch in der historischen Aufarbeitung der politisch-ökonomischen Entwicklung der Nachkriegszeit die Währungsreform als das Fanal konjunkturellen Aufschwungs und der daran gekoppelten Hebung des Lebensstandards. Inzwischen wurde die Bedeutung der Währungsreform für das konjunkturelle „Wirtschaftswunder" der 50er Jahre stark relativiert.

Was weniger hervorgehoben wurde und vielleicht auch nicht sonderlich interessierte, ist die Tatsache, daß die Währungsreform für das *Leben* der Bevölkerung zunächst einmal keine große positive Bedeutung hatte bzw. sich sogar negativ auswirkte.

Wir haben alle die angebliche Bedeutung der Währungsreform als Wende zum Besseren so sehr verinnerlicht, daß die zahlreichen Hungerdemonstrationen und Käuferstreiks der 2. Hälfte des Jahres 1948 jahrelang regelrecht aus dem kollektiven Gedächtnis verdrängt waren und erst mit der Konzentration auf alltagsgeschichtliche Aspekte der Nachkriegszeit „erinnert" wurden. Infolge der Aufhebung des Preisstops bei gleichzeitiger Beibehaltung des Lohnstops bis zum November des Jahres 1948 war ein großer Teil der Bevölkerung zunächst einmal kaum in der Lage, die nun zwar vorhandenen, aber übersteuerten Waren überhaupt zu bezahlen, zumal die Arbeitslosigkeit hoch war und die Möglichkeiten für die Frauen, durch Hamstern, Tauschen, Naturallohnarbeit usw. zur Existenzsicherung beizutragen, erheblich sanken.

Die Quellen 122–125 veranschaulichen die nach wie vor schlechten Lebensbedingungen und die ungeachtet der elementaren Bedürfnisse der aufgrund der langen Jahre der Entbehrung ausgehungerten, erschöpften und vielfach kranken Bevölkerung rücksichtslose Durchsetzung profitorientierter Marktstrategien. Der Widerstand der Bevölkerung, deren Plünderungs- und Bestrafungsaktionen (Q126) gegen die Anbieter überteuerter Waren an die „sittliche Ökonomie" vorindustrieller Gesellschaftssysteme[1] erinnert, wurde von der Militärpolizei und der deutschen Polizei brutal unterdrückt.

Die vom Wirtschaftsrat erlassenen Gesetze gegen Preistreiberei (Q128) wirkten, wie die offensichtlich als „normal" geltenden und legalen Preissteigerungen zeigen, ähnlich „durchschlagend" auf die Preisbildung wie etwa aktuelle Antidiskriminierungsbestimmungen auf die Umgestaltung des geschlechtsspezifischen Arbeitsmarktes.

Wie die Quelle 129 zeigt, blieb in vielen Familien auch im Jahre 1949 „Schmalhans Küchenmeister", auch wenn die Werbung von zahlreichen „wieder" erhältlichen Waren kündete. (Q130)

Die Hausfrauen übten sich weiterhin in der „Mangelbewirtschaftung", jetzt mit dem zusätzlichen Akzent des „Sparens". Rechnen, Preisvergleiche, Einteilung des knappen Geldes, „maßhaltender" wohlüberlegter Konsum wurden nun zum tragenden Bestandteil reproduktiver Arbeit, der Haushalt langsam aber sicher wieder primär in seine Konsumtionsfunktion eingesetzt. Was diesen Konsum anging, wurde der Hausfrau empfohlen, nun völlig „unweiblich" nicht „ihr Herz und ihre Seele", sondern „ihren Verstand und ihre Vernunft" zu Rate zu ziehen, d.h. durch Einkaufsstrategien die Preisentwicklung zu beeinflussen. Nur: wie sollten „Einkaufsstrategien" greifen, wenn Obst überteuert angeboten wurde, die Kinder aber Vitamine brauchten, und zwar – nach den langen Jahren der Entbehrung – besonders dringend brauchten? Die Hausfrau in Quelle 146 sah das ganz richtig: „Die Wirtschaftler sind Realisten. Darauf tun sie sich etwas zugute. Realist ist man heute, wenn man den Menschen möglichst niedrig einschätzt."

[1] Vgl. Edward P. Thompson: Die ‚sittliche Ökonomie' der englischen Unterschichten im 18. Jahrhundert. In: Detlev Puls (Hrsg.): Wahrnehmungsformen und Protestverhalten. Studien zur Lage der Unterschichten im 18. und 19. Jahrhundert. Frankfurt/Main 1979. S. 13–80

Q118 Geldumtausch.
Zweifelnd und ratlos blickt
diese alte Frau aus Duisburg
auf die neuen Banknoten.
Quelle: Stadtarchiv Duisburg

Q119 Hungerdemonstration der Frauen
Abflauen der Streiks in Niedersachsen und Bayern – Forderungen der Landarbeiter

Düsseldorf, 14. Mai. (dpd.-Eigenbericht).
Die Streikbewegung in Niedersachsen
scheint sich zu beruhigen. Vertreter der Me-
tallarbeitergewerkschaft in Hannover beschlossen, die Arbeit am Dienstag wieder
aufzunehmen. Die Industriegewerkschaften
Papier, Chemie und Keramik haben sich
noch nicht entschieden; eine neue Konferenz ist für Samstag einberufen worden. Inzwischen haben die gewerkschaftlich organisierten Landarbeiter einen Streik ange-
droht, falls ihre Forderungen auf ernäh-
rungsmäßige Besserstellung, lohn- und ta-
rifmäßige Gleichstellung mit den Industrie-
arbeitern und einen stärkeren Einfluß der
Gewerkschaften nicht erfüllt werden.
In München haben rund 70 Prozent der Arbeiter ihre Tätigkeit am Freitag wieder aufgenommen, nachdem der Straßenbahner-
streik am Donnerstag beendet worden war;
die Gewerkschaftsführung hatte erklärt,
daß bei einer Fortführung des Streiks die
Lebensmitteleinfuhren aus dem Auslande
in Frage gestellt seien. Auch im übrigen
Bayern sind die meisten Streiks beendet
worden. Immerhin befinden sich in ganz
Bayern noch rund 80 000 Arbeiter im Aus-
stand. In München veranstalteten am Donnerstag 5000 Frauen eine Protestdemon-
stration gegen die unzureichende Lebensmittelversorgung. Auch in Coburg demon-
strierten 800 Frauen. In den Robert-Bosch-
Werken in Stuttgart wird wegen der Nicht-
belieferung der Fleischabschnitte auf den
Arbeiterzulagekarten nur noch an vier Tagen wöchentlich gearbeitet.

Quelle: Rheinische Post vom 15. 5. 1948. S. 1. STA-DU

Q120   Fünf Eier im Juni

Frankfurt, 14. Mai. (Eigenbericht.) Wie von der Verwaltung für Ernährung mitgeteilt wird, beträgt die Fleischration im Juni wiederum nur 100 Gramm; Fleischzulagen werden nur an Bergschwer- und Bergschwerstarbeiter ausgegeben. Als Ersatz für das fehlende Fleisch sollen pro Normalverbraucher fünf Eier und für Erwachsene 100 Gramm Trockenmilch verteilt werden. Die Fischration beträgt 600 Gramm. Auf Nährmittelkarten soll es 250 Gramm Hülsenfrüchte geben. Trockenfrüchte werden nicht mehr auf die Nährmittel angerechnet. Die Fettration beträgt, wie schon gemeldet, 500 Gramm, für Kinder unter zehn Jahren 400 Gramm.

Quelle: Rheinische Post vom 15. 5. 1948. S. 1. STA-DU

Q121   Ab heute alles ohne

Einige Lebensmittel blieben auch nach der Währungsreform noch der Bewirtschaftung unterworfen.

Quelle: Dieter Franck: Jahre unseres Lebens. München 1980. S. 160

Q122   L., den 1. 7. 1948

Lieber Willi!

Heute, an meinem freien Nachmittag regnet es, da kommen wir endlich mal zum Schreiben. Entschuldige bitte, daß wir Dich so lange haben warten lassen. Hier sind jetzt die Blaubeeren reif und wenn es das Wetter erlaubt, gehen wir nach Feierabend immer welche holen. Doch leider regnet es ja diesen Sommer so viel hier, dabei ist es ziemlich kalt und das Gemüse auf dem Kahlschlag will nicht wachsen, ja ist nicht einmal alles aufgegangen. Hoffentlich gedeihen wenigstens die Kartoffel. Auf den freien Stellen im Walde steht der rote Fingerhut in wunderbarer Blüte.

Wie geht es Dir? Wann dürfen wir Dich zurück erwarten? Wir möchten gerne im Herbst Hochzeit machen, haben aber leider noch keine Wohnung und Möbel. Doch wollen wir sehen, was wir tun können, und da wäre es schön, wenn Du wieder hier wärst und dabei sein könntest.

Meine Eltern lassen danken für Deinen lieben Brief und wünschen Dir gute Besserung. ...

Schönen Gruß von Edith und Willi

Quelle: Privatnachlaß

Q 123   Die Bedeutung der Währungsreform für die „Normalverbraucher"

Die Preise steigen weiter an ...

Frankfurt a. Main. Die vom bizonalen Wirtschaftsamt vorgeschlagene Erhöhung der Gas- und Strompreise ist nunmehr vom Verwaltungsrat gebilligt worden. Danach wird der Gaspreis um vier Pfennig je Kubikmeter und der Strompreis um drei Pfennig je Kilowattstunde erhöht. Der Verwaltungsrat kündigte gleichzeitig an, daß mit einer weiteren Preisheraufsetzung zu rechnen sei, wenn auch mit den neuen Preisen die erhöhten Ausgaben der Gas- und Kraftwerke, die eine Folge der Heraufsetzung der Kohlenpreise und Frachttarife sind, nicht gedeckt werden sollten.

Es reicht nicht hin und her

Freiburg. Wie die Gewerkschaften in Freiburg errechnet haben, braucht eine Familie mit zwei Kindern allein zum Einkauf der Lebensmittel- und Tabakrationen monatlich rund 115 Mark, wobei Miete, Strom und Gas noch nicht enthalten sind. Ein Textilarbeiter verdient aber nur durchschnittlich 110 bis 140 Mark im Monat, während das Monatseinkommen eines Kriegsbeschädigten mit Familie einschließlich Fürsorgeunterstützung nicht mehr als etwa 99 Mark beträgt. Die Preise für Arbeitskleidung und Schuhe sind bei gleichbleibenden Löhnen um 150 Prozent gestiegen.

Fleisch und Brot werden teurer

Frankfurt a. Main, Vertreter der SVD, der SPD und des Zentrums protestieren dagegen, daß nach einem Beschluß des Ernährungsausschusses des Wirtschaftsrates der Bizone der Brotpreis um 10 Pfennig für das Kilo und der Fleischpreis um 34 Pfennig für das Pfund erhöht werden sollte. Der Ernährungsausschuß führte außerdem freie Fleischwarenspitzen ein, für die keine Preisvorschriften erlassen werden sollen.   *DFP.*

Quelle: Die Frau von heute. 21/1948 (3). S. 2

Q 124   Lieber Willi!

Du wirst sicher schon recht lange auf Post von uns warten. Ich hatte mir auch immer wieder vorgenommen zu schreiben, habe aber keine Zeit gefunden. Erst mußte ich alle Tage nach M. den weiten Weg, Mittagessen rausbringen, das dauerte immer an 3 Stunden, und nachdem wurde mein lieber Mann recht krank. Er hatte Grippe und Rippenfellentzündung. Ich mußte ihn füttern usw. Da kam ich erst recht nicht zum Schreiben, obwohl ich oft daran dachte. Dazu haben sich meine Eltern eine Kuh gekauft. Für diese und die Kaninchen habe ich viel Futter gepflückt. Ich bekam zur Hochzeit ein Huhn, für dieses mußte ich Ähren sammeln. Dazu das viele Flicken und Stopfen. Also sei bitte nicht böse, daß ich Dich so lange warten ließ.

Hier sind nun etliche Wohnungen fertig geworden. Da sind mehrere Familien von H. eingezogen. Auch B's sind endlich aus dem engen Keller rausgekommen und bei den andern wird es in den nächsten Tagen so weit sein.

Das Geld ist jetzt aber sehr knapp in L. Es gibt nur ⅓ von dem früheren Lohn. Dabei ist alles viel teurer geworden. Ein Brot 80 Pfennig – jetzt 1 Mark, graues Mehl früher 30 Pfennig – heute 70 Pfennig für dasselbe. Und so ist es mit allen Sachen. Essig-Essenz erst 1 Mark, dann 1,20, dann 1,30, jetzt 1,65, und so geht es lustig fort. 1 Pfund Äpfel kostet

90 Pfennig bis 1 Mark 50. Stundenlohn bei der Firma bringt aber nur 52 Pfennig, und da gehen noch die Steuern ab. Aus diesem Grunde kann ich Dich auch nicht besuchen kommen. Ich habe für meinen Mann einen gebrauchten Mantel sehr preiswert bekommen. . . .

Meine Eltern und Geschwister lassen auch vielmals grüßen und gute Besserung wünschen. Mutti hat auch welche Zutaten zum Backen gegeben. Zigaretten und Tabak konnte ich leider nicht bekommen, so gerne ich Dir davon schicken wollte. Nun wünsche ich Dir von ganzem Herzen gute Besserung, ein gesegnetes Weihnachtsfest und ein frohes, besseres Neues Jahr.

Deine Edith

Quelle: Privatnachlaß

Q125
Quelle: NRZ vom 11. 8. 1948. S. 1. STA-DU

Boykott wirksam gegen Preiswucher

Nordrheinland bekämpft die überhöhten Obst- und Gemüsepreise — Handel schaltet sich ein

NRZ Essen, 10. Aug. Der dreitägige Boykott des Einzel- und Großhandels in Nordrheinland gegen einheimisches Obst und Gemüse löste bereits preissenkende Tendenzen aus. Ziel der Aktion ist, die in letzter Zeit stark überhöhten Preise auf das Niveau der bedeutend billigeren Importware herabzudrücken.

In den meisten Städten wurde der Boykott wirksam durchgeführt. Es kamen nur Importgemüse und Obst zum Verkauf. Am Montag wurden teilweise noch die Restbestände vom Samstag abgesetzt. In vielen Städten hängen große Plakate aus, die die Käufer über den Sinn der Aktion aufklären.

Tomaten jetzt für 33 Pfennige

In einzelnen Orten, wie z. B. in Dinslaken, war anfänglich von dem Boykott nichts zu bemerken. In Duisburg waren

Nur Großgemüse wurde auf dem Kreuzener Markt angeboten

am Dienstagmorgen auf dem Dellplatz, der sonst viele Reihen von Verkaufsständen zeigt, nur vier Gemüsestände zu sehen mit holländische Tomaten zu 30—35 Pfennig sowie Zwiebeln und Datteln. Verkaufen Obst und Gemüse war nicht zu bemerken. In Mülheim war ein starker Rückgang der Preise zu verzeichnen, wiewohl über den Käuferstreik anfänglich einige Unklarheit herrschte. Auch in Essen gab es nur Tomaten zu 33 Pfennig und ausländisches Obst.

Hausfrauen sind solidarisch

Die meisten Hausfrauen glauben nach so vielen Jahren des Verzichtes auch

jetzt einige Tage ohne Obst und Gemüse auskommen zu können. Dies umsomehr, als in den meisten Städten ausländische Waren in ausreichendem Maße vorhanden sind. Nur vom Niederrhein wird gemeldet, daß entgegen der Aufforderung einzelne Frauen zu den Erzeugern aufs Land fahren, um dort einzukaufen.

Nicht mehr als 0,50 DM für Obst!

Eine Besprechung zwischen Vertretern des Handels und der Gewerkschaften in Essen ergab, daß die Großhändler bereit sind, auch nach Beendigung des Streiks am Donnerstag inländisches Obst und Gemüse nur für tragbare Preise zu kaufen. Im allgemeinen ist man der Auffassung, daß der Verbraucherpreis für Obst guter Qualität keinesfalls 0,50 DM übersteigen darf.

Man befürchtet zwar, daß die Konservenindustrie sich die augenblickliche Lage für Großeinkäufe zunutze machen könnte, doch kündigt der Einzelhandel an, daß er später auch Konserven zu überhöhten Preisen boykottieren werde.

Handel verdient mehrere 100 Proz.

Düsseldorf, 10. Aug. (dpd) Der Provinzialverband der Erwerbs-, Obst- und Gemüsebauern erklärte, aus Italien seien große Mengen von Pflaumen und Äpfeln zu 19 bzw. 12,50 DM pro Zentner eingeführt worden. Dieses Obst werde jedoch ausnahmslos zu den gleichen Preisen wie das deutsche angeboten, wiewohl die Frachtkosten bis Köln nur etwa 3 DM pro Zentner betragen. Der Handel nutze hier die Situation rücksichtslos aus, in dem er an der Mangelware mehrere 100 Prozent verdiene.

„Großhandel: Haltet den Dieb!"

NRZ Düsseldorf, 10. Aug. Ein Vertreter des Ernährungsministeriums meinte, der vom Groß- und Einzelhandel inszenierte Boykott erwecke den Eindruck, als wolle sich der Handel noch der Methode „Haltet den Dieb!" gegen die berechtigten

Unwillen der Käufer schützen. Bei vielen Gemüsearten, z. B. Weißkohl, läge der deutsche Erzeugerpreis weit unter den Preisen der Importwaren. Der Handel aber habe die Möglichkeit, aus der Differenz zwischen inländischen und ausländischen Preisen den Endverkaufspreis zu „gestalten".

212

Q126
Quelle: Volks-Echo vom 30. 10. 1948. S. 1. STA-DU

Mit Bajonetten gegen Demonstranten

Zusammenstöße zwischen Militärpolizei, deutscher Polizei und Teilnehmern einer Protestaktion

Stuttgart, 28. Oktober. (VE.-dpd.) Nach einer Protestkundgebung der Gewerkschaften gegen die hohen Preise, an der etwa 30 000 Demonstranten teilnahmen, kam es in der Stuttgarter Innenstadt zu schweren Zusammenstößen, als 4000 Demonstranten die dort liegenden Luxusgeschäfte bestürmten und die Scheiben mehrerer Geschäfte einwarfen. Einheiten der Militärpolizei versuchten, die sich mit Messern verteidigende demonstrierende Menge auseinanderzutreiben. Die Militärpolizei ging mit gezogener Waffe und mit Tränengas gegen die erregte Menge vor.

Nach einigen Stunden gelang es der deutschen Polizei und der Militärpolizei, die Demonstranten vor dem Stuttgarter Hauptbahnhof zusammenzudrängen. Es wurde versucht, die Menge mit aufgepflanztem Bajonett auseinanderzutreiben. Bei Einbruch der Dunkelheit befanden sich noch etwa 6000 Demonstranten vor dem Hauptbahnhof, die sich weigerten, den Platz zu verlassen. Von der Stuttgarter Polizeileitung wurde die höchste Alarmstufe ausgegeben und die Hilfe der Landespolizei angefordert.

Bei den Zusammenstößen wurden ein deutscher Demonstrant und zwei amerikanische Militärpolizisten verletzt. 50 verhaftete Demonstranten übergab die Militärpolizei den deutschen Behörden.

Telegramm nach Frankfurt

Auf der Kundgebung der Gewerkschaften — die Stuttgarter Betriebe hatten schon mehrere Stunden vor Beginn geschlossen — forderte der Vorsitzende des Ortsausschusses Stuttgart im Württembergisch-Badischen Gewerkschaftsbund, Stetter, eine

radikale Umgestaltung der gegenwärtigen Wirtschaftspolitik. Die Produktion muße planmäßig gelenkt und die Preise staatlich geregelt werden. In einer Zeit ungenügender Warendeckung sei die von Dr. Erhard propagierte Preisregelung durch Angebot und Nachfrage ein Betrug.

In einem Telegramm an den Wirtschaftsrat, das den stürmischen Beifall der Versammelten fand, wird erklärt, daß die Gewerkschaften mit allen ihnen zur Verfügung stehenden Mitteln zur Selbsthilfe greifen werden, falls keine Änderung der Wirtschaftspolitik eintrete.

Die Teilnehmer an der Kundgebung führten Transparente und Galgen mit, um damit ihre Forderungen zu unterstreichen.

Q127 Mußte das sein?

So fragen sich viele Frauen gleich mir, wenn sie die Berge von Kleinartikeln sehen. Mußte das sein, daß wir uns jahrelang mit den primitivsten Notbehelfen für alltägliche Kleinigkeiten, wie Schuhbänder, Gummilitzen, Nähzeug usw. quälten, während sie massenweise fabriziert worden sind. Wir begreifen, daß größere Artikel bis zum Erscheinen des neuen Geldes zurückgehalten wurden, aber diese Sachen hätte man doch bestimmt in größerer Anzahl ausgeben können. Wie viel Zeit, Gehetze und Nervenkraft wäre uns erspart geblieben.
Quelle: Der Regenbogen. 7/1948 (3). S. 2

Q128 Gesetz gegen Preistreiberei vom 7. Oktober 1948

Der Wirtschaftsrat hat das folgende Gesetz beschlossen:

§ 1

Wegen Preistreiberei wird mit Gefängnis und Geldstrafe oder einer dieser beiden Strafen bestraft:

1. wer in Ausübung eines Berufes oder Gewerbes oder in unbefugter Betätigung wie ein Gewerbetreibender eine Mangellage oder seine wirtschaftliche Überlegenheit dadurch unlauter ausnutzt, daß er für Güter oder Leistungen des lebenswichtigen Bedarfs unangemessene Entgelte fordert, verspricht, annimmt oder gewährt,

2. wer Gegenstände des lebenswichtigen Bedarfs zurückhält, beiseiteschafft, verderben läßt oder vernichtet, obwohl er weiß oder den Umständen nach annehmen muß, daß dadurch der Preis auf eine unangemessene Höhe gesteigert oder auf einer solchen Höhe gehalten werden kann oder wer ohne die Absicht der Warenverknap-

pung Waren zurückhält, um bei späteren Verkäufen höhere Preise zu erzielen,

3. wer Gegenstände des lebenswichtigen Bedarfs dadurch verteuert, daß er sich, ohne die Bedarfsdeckung zu fördern, in den üblichen Warenverkehr einschiebt.

§ 2

Hat der Täter wissentlich und gewissenlos oder aus grobem Eigennutz gehandelt oder ist er, bevor er die neue Tat beging, schon einmal wegen eines Vergehens gegen dieses Gesetz rechtskräftig verurteilt worden, so kann auf Zuchthaus erkannt werden.

§ 3

Auf das Verfahren finden die §§ 10–31 des Gesetzes über Notmaßnahmen auf dem Gebiet der Wirtschaft, der Ernährung und des Verkehrs (Bewirtschaftungsnotgesetz) vom 30. Oktober 1947 in der Fassung des Gesetzes vom 5. August 1948 (WiGBl. S. 79) Anwendung.

Die strafrechtliche Verfolgung soll grundsätzlich im beschleunigten Verfahren durchgeführt werden.

§ 4

Dieses Gesetz tritt mit seiner Verkündung in Kraft und am 31. Dezember 1948 außer Kraft.

Das vorstehende Gesetz wird nach Zustimmung des Länderrates hiermit verkündet.

Frankfurt am Main, den 7. Oktober 1948.

Der Präsident des Wirtschaftsrates

Dr. Erich Köhler

Quelle: Gesetzgebung des Wirtschaftsrates für das Vereinigte Wirtschaftsgebiet. Amtsblatt der Militärregierung Deutschland. Britisches Kontrollgebiet. S. 134. DIa 27. Teil II–IV. HSTA

Q 129   So leben wir

Bei den Bergarbeiterfrauen an der Ruhr

Aus der Entfernung betrachtet hatte ja der Bergmann in den letzten Jahren offenbar das Paradies auf Erden. „Mit dem Schnaps und Bohnenkaffee fährt mein Mann auf's Land, um Kartoffeln zu organisieren", erzählte mir im Winter 1947 eine Bergmannsfrau in der Essener Straßenbahn. „Dabei muß er sich zwei Nächte um die Ohren schlagen, wenn er keine Schicht versäumen will. Ich habe drei kleine Kinder und kann nicht fort. Aber auch diese Kartoffeln reichen nicht. An Gemüse haben wir in den letzten Monaten einmal Mohrrüben bekommen. An Nährmitteln gibt es ja meist nur Mais. Was ich koche? Viel mehr als eine Suppe aus einem Würfel mit ein paar Kartoffeln hineingeschnitten und ein Stück Brot gibt es selten. Sein Frühstück von der Zeche bringt mein Mann den Kindern mit. Er hat ja dort das warme Essen. Was wir an Fett zusätzlich bekommen, muß für ihn und die Kinder bleiben". Sie lächelte etwas müde. „Hier muß ich aussteigen. Ich will sehen, ob ich eine Steppdecke bekomme. Wir sind ausgebombt und haben nur ein Federbett. Mein Mann hat die Punkte Kameraden abgekauft". . . .

Auch bei Frau G. ist bereits die ganze Wohnung blitzsauber und frisch gebohnert. Auf dem Herd kocht das Essen, während sie mit ihrer Tochter Inge auf dem Wachstuchsofa, das in keiner Bergmannsküche fehlt, sitzt und näht. Der Berglehrling Karl und der Schlosserlehrling Hans, die erst mittags zur Arbeit gehen, verhandeln gerade darüber, wo es die besten Klümpchen (lies Bonbons) gibt. Frau G., die heute an die Fünfzig ist, war früher Krankenpflegerin. Ihre Familie fand die Heirat mit

einem Bergmann durchaus nicht standesgemäß, noch weniger, daß sie sich sechs Kinder zulegte. Erst als die Bergleute Kaffee und Zigaretten bekamen, fand es das Standesbewußtsein zweckmäßig, sich mit den Tatsachen auszusöhnen. Das hat aber das glückliche Zusammenleben der Familie G. nicht beeindruckt. Im Gegenteil, man wird in diesen Zeiten, in denen Egoismus Trumpf ist, an manche Tür klopfen müssen, bis man eine Familie findet, in der man sich mit solcher Herzlichkeit zugetan ist. Die Mutter erzählt stolz von ihrer Ältesten, die seit kurzem verheiratet ist. Am schönsten sei es aber, wenn sie und der Schwiegersohn zu Besuch kämen und wieder alle Kinder singend um den Tisch säßen. Jedes der Geschwister hat gespart oder durch Sonderarbeit Geld verdient, um der Schwester etwas in den Haushalt mitgeben zu können. Dabei sind die wirtschaftlichen Verhältnisse der Familie G. durchaus nicht rosig. Der Vater hatte einen Unfall und war wochenlang krank. Jetzt arbeitet er obertags und verdient dementsprechend weniger. Etwa 200 DM braucht Frau G. im Monat zur Bestreitung des Haushalts. Ob sie ihr Mann nach Haus bringen wird, kann erst die nächste Lohnzahlung ergeben. Aber dann helfen eben die Kinder mit, die schon in der Lehre sind. Anschaffungen freilich müssen zurückgestellt werden, obwohl sie so dringend wären, da Frau G. mit den Kindern nach Pommern evakuiert war, dort die Polenzeit erlebte und ohne jede Habe zurückkehrte. . . .

Die Familie P. wohnt in einem der alten Koloniehäuser, wo sie für drei Zimmer 20 DM Miete bezahlt. Der älteste Junge blieb im Krieg. Das Mädel ist Verkäuferin, während der Bruder Schlosser lernt. Der Vater aber sitzt den ganzen Tag am Fenster und wartet auf den Tod. Anders kann man es nicht nennen. Er hat Silikose, Staublunge, jene tückische Krankheit, der früher infolge mangelhafter Schutzvorrichtungen viele Gesteinshauer zum Opfer fielen und für die es kein Heilmittel gibt. Er ist heute 54 Jahre alt und seit sieben Jahren Invalide. Die Kumpels, mit denen er früher zusammenarbeitete, sind schon lange tot. „Ich habe mich so gut gehalten", lächelt er, und es ist kein bitteres Lächeln, „weil ich so gern Speck esse. Silikosekranke müssen ja viel Fett essen. Früher, wenn meine Frau verreist war, bin ich immer über die Speckseiten gegangen. Frau P. erzählt von ihrem kleinen Schwein, das sie für ihren Mann großzieht. Währenddessen hat sie Kaffee gemahlen und aufgegossen, die guten Tas-

sen aus dem Schrank geholt und uns auf das Wachstuchsofa genötigt. „Und nun langen sie man zu", sagt sie herzlich und mütterlich besorgt. Sie spricht nicht von dem Leid über den Verlust ihres Ältesten, von der Not um den Mann, der nachts keinen Schlaf mehr findet, den sie waschen, anziehen und pflegen muß wie ein Kind. Sie findet keine Klage über dieses Leben, das zwar dank der Knappschaft finanziell gesichert ist, aber doch nur Sorge und Leid kennt. Und klagen wäre doch so naheliegend, da die Fürsorgerin der Gewerkschaft mitgekommen ist. Aber die beiden erzählen vielmehr, wie nett es sei, daß der Arzt jeden Tag vorbeikommt – obschon er nur Erleichterung geben, nicht helfen kann – daß die Kameraden Bücher aus der Bibliothek mitbringen und vor allem, daß sie im nächsten Jahr ihren 30jährigen Hochzeitstag feiern wollen. . . .

Quelle: Der Regenbogen. 3/1949 (4). S. 6f.

Q130   Werbung nach der Währungsreform
Quelle: Die Welt der Frau. 12/1949 (3). S. 39f.

Q131 Eine Hausfrau sieht die Wirtschaft
Von Charlotte Klatt-Krieser

(...) Da las ich kürzlich in der Zeitung einen Bericht vom Frankfurter Wirtschaftsrat, der besagte, daß die Preise noch immer anzögen und daß sich die Wirtschaft weiter im Aufstieg befinde. Was geschieht, wenn die Preise ansteigen? Dann wird bei gleichbleibenden Löhnen ein großer Teil des Volkes aus dem Verbrauch herausgeschleudert. Es kann die Güter nicht mehr bezahlen. Jede Hausfrau weiß, wie ihr das Geld heute aus dem Portemonnaie rinnt. Daß die Wirtschaft mehr produziert, ist schön, aber sonst muß ich schon sagen wär's mir lieber, sie stiege ein wenig herab – nämlich bis dorthin, wo sie sich wieder mit dem übrigen Volk trifft. Im Augenblick sieht's aus, als stände sie ganz allein für sich, ohne sich an irgendeine Gemeinschaft gebunden zu fühlen. Sie kennt – wie man das so nennt, nur „ihr eigenes Gesetz".

Nun ja, deswegen heißt es wohl „freie Wirtschaft". Früher, in der Zeit des Liberalismus, funktionierte wenigstens so einigermaßen dies „eigene Gesetz". Das war der Preis und der entstand aus Angebot und Nachfrage. War das Angebot klein, so war der Preis entsprechend hoch, ließ die Nachfrage nach, so sank er. Daraus lassen sich sehr viele Züge der kapitalistischen Wirtschaft erklären, z. B. der, daß immer wieder neue Nachfrage künstlich geschaffen werden muß. Man braucht sich bloß einmal die Reklame in den amerikanischen Zeitschriften und Zeitungen anzusehen. Dann weiß man, daß es sich hier längst nicht mehr um echten Bedarf handelt. Der ist gedeckt. Man muß also neue Industriezweige schaffen. Dann gibt es aber auch noch einen anderen Weg. Man hält das Angebot so klein, daß es gerade den Bedarf deckt und daß man den Preis für die Ware diktieren kann. Darum verbrennt man Weizen oder Kaffee, wenn die Ernte zu groß ist. Aber damit das wirksam werden kann und nicht der eine oder andere aus der Reihe tanzt, muß man sich zu Gesellschaften zusammenschließen, die alle nach derselben Marschroute marschieren. So entstehen die Kartelle. ...

Angebot und Nachfrage hatten wir gesagt, bestimmen den Preis. In normalen Zeiten und in normalen Ländern mag das so einigermaßen stimmen. Obgleich ich auch da schon meine Zweifel habe. Aber bei uns ist es doch so, daß auf lange, lange Sicht hin die Nachfrage wesentlich größer bleiben wird als das Angebot. Darin steckt unser Volksschicksal. Und nun werden die Produzenten nicht nur aus diesem Volksschicksal herausgenommen, sie profitieren auch noch daran, denn auf der durch Krieg und Niederlage erhöhten Nachfrage bauen sie ihre Preise auf.

Man sagt uns auch, die Preise sind überall in der Welt höher als bei uns und als vor dem Kriege. Gut, geben wir das einmal zu. Dann stecken in diesen höheren Preisen doch auch die enorm gestiegenen Löhne der ausländischen Arbeiterschaft. Bei uns sind die Löhne bis jetzt gebunden geblieben, erst jetzt vor den Wahlen will man da etwas nachgeben. Unsere Industrie produziert also, was Arbeitskraft anbetrifft, vorläufig nicht teurer als vor dem Krieg. Weiter aber: selbst von Frankfurt aus verkündet man, daß man mit ausländischen Waren die inländischen Preise drücken wolle. Sie können also doch nicht teurer sein als bei uns?

Oder ich bin eben zu dumm, das zu begreifen. ...

Eine Flüchtlingsfrau mit zwei Kindern bekommt heute an Unterstützung 90 DM. An Miete bezahlt sie 25 DM. An Licht, Gas 10 DM, Heizung muß man durchschnittlich mit 8 DM einsetzen. Was man auf Karten kaufen kann, kostet monatlich 21 DM. Die Rechnung geht nicht auf. Und die Preise sollen noch steigen.

Die Wirtschaftler sind Realisten. Darauf tun sie sich etwas zugute. Realist ist man heute, wenn man den Menschen möglichst niedrig einschätzt. Deswegen sprechen sie den Produzenten bei seinem Egoismus an. Jetzt vor der Wahl wird es aber selbst der CDU angst. Sie ruft nach Preisbindungen, die sie bis jetzt heftig geschmäht hat. Wahlmanöver? Oder gibt man ehrlich zu, daß man sich geirrt hat? Dann hat man an dem totkranken Körper unserer Volkswirtschaft ein unerhört gefährliches Experiment ausgeführt, für das es keine Entschuldigung gibt.

Seit der Sonntagnacht nach der Währungsreform, als in den Schaufenstern aus dem Dunkel gezaubert überall die so schmerzlich entbehrten Waren auftauchten, hat wohl auch der Gutgläubigste die Hoffnung verloren, daß sich die Wirtschaft von sich aus je an etwas anderes als den nackten Egoismus binden würde. Wirtschaft und Volk – so etwas scheint es nicht zu geben. Wirtschaft und Christentum, ja wie steht's damit? Die CDU nimmt doch für sich in Anspruch, die wahren Christen in ihren Reihen gesammelt zu haben. Und zugleich

Quelle: NRZ vom 9. 10. 1948. S. 3. STA-DU

sammelt sie die Geschäftsleute und die Produktionsinhaber. Wie hat sich ihr Christentum dahinein ausgewirkt? „Gehe hin und tue desgleichen", sagte Christus zu dem reichen Jüngling.

Aber wir wissen heute, daß kein Volk so arm ist, daß man sich nicht an seiner Verarmung noch mästen könnte.

Das Brot, das wir unter unser Volk zu verteilen haben, ist klein geworden, das ist sicher. Was macht eine Mutter in solchem Fall? Sie teilt es ein, daß jedes ihrer Kinder sein Teil bekommt. Sollte das nicht auch für die Wirtschaft als Ganzes gelten? Ich meine, man kann da nur ja sagen.

Aber wie gesagt, von Volkswirtschaft verstehe ich ganz und gar nichts.

5. Hausarbeit in der Diskussion der Nachkriegsjahre

„Täte die Hausfrau ihre Arbeit nicht aus Liebe zu ihren Angehörigen – gegen Bezahlung würde sie es sicher ablehnen, diese Mühe, diese Last, diese erdrückende Kleinarbeit zu übernehmen." (Q132)

Die unauflösbare Verknüpfung von emotionaler Verbundenheit und Arbeit, die für die Organisation der privaten Hausarbeit im institutionellen Rahmen der bürgerlichen Kernfamilie charakteristisch ist, erwies sich gerade in der Krisensituation der Nachkriegszeit als extrem funktional für die Restabilisierung kapitalistisch-patriarchalischer Gesellschaftsstrukturen. Die hier abgedruckten Auszüge aus einer 1946 erschienenen konservativen Schrift „Frauen gestern und heute" (Q132) nehmen in wesentlichen Zügen grundlegende Thesen der aktuellen Diskussion um den Charakter privater Hausfrauenarbeit in kapitalistischen Industriegesellschaften vorweg – allerdings ohne einen Ansatz von Kritik unter ausschließlicher Hervorhebung der positiven Bedeutung der Hausarbeit für den „Wiederaufbau", ja unter Gutheißung der „Reparatur"-funktion von Hausarbeit, ohne nach den politisch-ökonomischen Prämissen des Neu- bzw. Wiederaufbaus zu fragen, ohne Anmeldung von politischen Ansprüchen. Im Gegenteil: „Frauen sind verständig genug, um einzusehen, daß nicht alles auf einmal wieder ins Lot kommen kann und daß die Folgen einer katastrophalen Politik nicht so rasch beseitigt werden können." (Q132)

Und weit davon entfernt, dem Resultat dieser ausschließlich den Männern angelasteten „entgleisten" Politik nun ein alternatives Konzept entgegenzustellen, empfiehlt die Autorin die „willige Einordnung" in die Aufbauarbeit und die Renaissance der Familie als „Keimzelle des Staates". Gefordert wird eigentlich nur ein bißchen schulterklopfende Anerkennung als Lohn für die Überlebensarbeit, und als zusätzliche Motivation zum Durchhalten wird der Blick auf eine bessere Zukunft gelenkt: „Hausfrauenarbeit verringert sich nicht, aber sie kann mit fortschreitendem Wiederaufbau leichter werden. Darum arbeiten wir mit Eifer an jedem Fortschritt, denn nur, wenn wir uns regen, geht es auch hier voran." (Q132)

Eine bessere Zukunft, ein „besseres Leben", beschränkt sich hier auf die Erleichterung der Hausarbeit, deren privater Charakter aber nicht in Frage gestellt wird. Diese Art von Anerkennung bzw. Honorierung der Hausarbeitsleistungen nach dem Krieg ist charakteristisch für die veröffentlichte Meinung zur Hausarbeit in den Nachkriegsjahren. Derselbe Tenor findet sich in Q134, die die Frau auch noch für das reibungslose Funktionieren des Haushalts im eigenen Krankheitsfall verantwortlich macht. Auch dieses Problem nämlich sollte privat gelöst werden: Die von der Mutter rechtzeitig dazu angehaltenen Kinder und das „Familienoberhaupt" sollten dann einspringen und die Mutter so gut wie möglich ersetzen. Dieser „gute Rat" hatte natürlich einen sehr realen Hintergrund: den Mangel an Hausgehilfinnen und sozialpflegerischem Personal in der Nachkriegszeit. Die Quellen 135, 136, 138, 140 bringen dann konkrete Vorschläge zur Erleichterung der Hausarbeit. Sie stammen aus der Frauenzeitschrift „Der Regenbogen", einer Dissertation (!) zum Thema „Rationalisierung des Haushalts durch Elektrizität", die die Autorin bezeichnenderweise ihrem Verlobten „als Anmeldung meiner Ansprüche" widmete, und der SPD-Frauenzeitschrift „Die Genossin". Alle hier enthaltenen Vorschläge sind entstanden aus der Erfahrung der absoluten Arbeitsüberlastung der Hausfrauen in den Nachkriegsjahren. Die Quellen 135, 136, 138 wollen Erleichterungen ausschließlich durch Rationalisierung im Einzelhaushalt selbst erreichen: arbeitsökonomische Aufteilung und Einrichtung der Wohnungen, Installierung von Elektrogeräten nach amerikanischem Vorbild zur Ermöglichung einer effizienteren Zeiteinteilung (s. auch Q141).

Q140 enthält darüber hinaus auch Vorschläge zur Auslagerung von Hausarbeit: gemeinsame Kinderhorte, Waschhäuser, Badehäuser für moderne Wohnblocks werden gefordert, sogar die Einrichtung der aus den 20er Jahren als Modell bekannten „Einküchenhäuser" wird empfohlen. Jedoch wird auch hier an der Vorstellung der zurückgezogen in den „eigenen 4 Wänden" lebenden Kleinfamilie festgehalten. In keinem der Texte – auch nicht in denen aus der „Genossin" – begegnet man Wohngemeinschaften, die doch nicht gerade eine seltene Form des Zusammenlebens in der Nachkriegszeit darstellten. Überall der Wunsch nach „praktischen" Klein- und Kleinstwohnungen für Kleinfamilien.

Nicht nur die Erleichterung der Hausarbeit wurde diskutiert – gegen Ende der 40er Jahre mit deutlichem Konsumaspekt (Q137 + 139). Angesichts der besonders nach der Währungsreform einsetzenden Zurückdrängung der Frauen aus dem Produktionsbereich wurde es zunehmends notwendiger, das aufgrund ihrer Nicht-Entlohnung geringe Prestige der Hausarbeit aufzumöbeln, um den Frauen ihre Rolle als Konsumentinnen (Q144), als Mittelpunkt der Konsumstätte Haushalt auch schmackhaft zu machen. Unter diesem Aspekt muß die „Anerkennung" der Hausfrauenarbeit als ordentlicher Beruf, die in einigen Länderverfassungen der Nachkriegszeit verankert wurde, gesehen werden (Q142). Ein derartiges Anheben des Prestiges der Hausarbeit war für Staat und Wirtschaft äußerst billig, denn es beschränkte sich auf eine Phrase ohne jegliche materielle Konsequenzen. In dieselbe Rubrik gehört die Einführung eines „Hausfrauenexamens", das der Reproduktionsarbeit einen Anstrich qualifizierter Berufsarbeit verleihen sollte (Q142). Die Realität der meisten Hausfrauen – Erschöpfungszustände infolge Arbeitsüberlastung waren auch 1949 noch an der Tagesordnung – ließen derartige Vorschläge einigermaßen absurd erscheinen. Die Hausfrauen hatten da ganz andere Sorgen, z. B. neben der Belastung durch die häusliche Schwerarbeit ihre finanzielle Abhängigkeit vom Ehemann, die sie im Alltag als „würdelos" (Q146) erlebten und die im Fall einer Scheidung zur Existenzfrage wurde. Die Forderungen nach Aufteilung des ehemännlichen Einkommens unter beide Ehegatten oder gutgemeinte Ratschläge eheinterner Lösung des Problems durch Einsicht und Toleranz (Q145) gingen allerdings am Kernproblem der geschlechtsspezifischen Arbeitsteilung als Grundlage des kapitalistischen Wirtschaftssystems völlig vorbei.

Q132   Hausarbeit – erdrückende Kleinarbeit aus Liebe zu den Angehörigen

Man weiß nicht, was man mehr bewundern soll: die Stetigkeit und Ausdauer, mit der eine Frau Familie und Heim betreut, die Vielseitigkeit und Mannigfaltigkeit, die ihre Tätigkeit auszeichnet, die Unermüdlichkeit und Hingabe, mit der sie von früh bis spät auf den Beinen ist, die Geschicklichkeit und Findigkeit, die gerade heute Vorbedingung für jede hausfrauliche Arbeit ist, oder den Arbeitsaufwand an sich. Die Hausfrau kennt – auch für andere Zeiten gilt das – keine Ferien, für sie gibt es keine genormte Beschränkung der Arbeitszeit, keinen Sonntag und keinen Feiertag, im Gegenteil, das sind die besonderen, anstrengenden Arbeitstage mit den größeren Anforderungen und Ansprüchen.

Man darf wohl behaupten: Täte die Hausfrau ihre Arbeit nicht aus Liebe zu ihren Angehörigen – gegen Bezahlung würde sie es sicher ablehnen, diese Mühe, diese Last, diese erdrückende Kleinarbeit zu übernehmen. Trotz allem guten Willen und aller Bereitwilligkeit, das Maß ihrer Kräfte beständig zu überschreiten, fallen ihr dennoch des Abends manchmal die Augen vor Müdigkeit zu, wollen die Beine nicht mehr, schmerzt der Rücken. Und sieht sie dann nach aller Arbeit in den Spiegel und auf die Hände, dann fragt sie sich resigniert: Was hast du eigentlich vom Leben, du alterst und wirkst müde, und alle Jugendfrische ist hin.

Warum ist Hausarbeit so schwer? Weil sie in ihrer Gesamtheit eine Kleinarbeit ist, die man weder vermutet noch immer sieht und darum auch nur so selten würdigt und anerkennt. Weil sie so anstrengend ist, weil sie kein Ende nimmt, weil das, was heute getan ist, morgen bereits wiederholt werden

muß; weil die Zeiten zwischen den Mahlzeiten so rasch vergehen, weil es so schwer ist, mit dem, was man hat, auszukommen. Weil heute noch tausend Dinge zum Wirtschaften fehlen und Hilfsmittel erst ganz allmählich wieder zu haben sind. ...

Bedeutet Hausfrau sein einen Beruf haben? – Frauen wehren sich dagegen, ihre Arbeit für die liebsten Menschen, die sie besitzen, als Beruf angesprochen zu sehen. Was sie aber erwarten, ist, daß ihre ungewöhnlich umfangreiche Leistung nicht unterbewertet wird. Es ist sicher manchmal leichter, ins Büro zu gehen, sich an einen vorbereiteten Arbeitsplatz zu setzen und eine vielleicht interessantere Arbeit zu erledigen, als Geschirr abzuwaschen, Strümpfe stricken, Wäsche waschen und die Treppen kehren. Zur geistigen Entspannung, für Interessen, die auf anderen Gebieten liegen, zu einer ruhigen Stunde, zu so vielen Dingen, die der Frau Freude geben, bleibt heute noch so wenig Zeit.

Trotzdem soll daran gearbeitet werden, den Frauen das Arbeiten zu erleichtern, besonders auf ihrem Spezialgebiet: Haushalt und Wirtschaft. Frauen sind verständig genug, um einzusehen, daß nicht alles auf einmal wieder ins Lot kommen kann und daß die Folgen einer katastrophalen Politik nicht so rasch beseitigt werden können. Darum ordnen sie sich ohnehin in die Aufbauarbeit willig ein, darum haben sie schon vielen Schutt beseitigt, den die entgleiste Politik ihrer Männer verursacht hat.

Wäre es zum Kriege gekommen, wenn die Masse der Hausfrauen und Mütter darüber zu entscheiden gehabt hätte? Die Antwort brauchen wir nicht niederzuschreiben. Sie spricht aber für die Frauen. Auch die

Hausfrau muß ihren Platz in der Politik erhalten und behaupten. Aus ihrem kleinen Reich strahlen die unendlich vielen Kräfte, die draußen in ihrer Gesamtheit wirksam werden, zu ihr kehren alle Maßnahmen, die sie auslösen, wieder zurück. Die Hausfrau ist nicht ohne Einfluß, selbst wenn sie sich darüber keine Rechenschaft abgibt; sie braucht nicht hinter den Berufstätigen (zu denen sie oft noch zusätzlich gehört) zurückzustehen. Denn ihre Leistung ist eine außerordentliche – für den kleinen Kreis der Familie wie für die Allgemeinheit.

Ach, das bißchen Hausarbeit, hört man wohl manchmal geringschätzig sagen, oder es fragt sogar einer, der es genau weiß: „Was tust du schon den ganzen Tag?" – Gottlob kommt das selten vor, denn mit der Zeit wird es auch dem oberflächlichen Betrachter klar, was es heißt, einen Haushalt in Ordnung zu halten. Zur Jugend aber sollte man darüber ruhig öfter sprechen; es

braucht auch der junge Mensch nicht als selbstverständlich hinzunehmen, was dem Erwachsenen Lebensinhalt bedeutet. Achtung vor Arbeit und Leistung erzeugt Respekt vor dem Menschen, der sie verrichtet. Auch wer nicht im Hause wirkt, muß wissen und erkennen, was es eigentlich bedeutet, einen Haushalt ordentlich und vorbildlich zu führen – und noch dazu in dieser Zeit. Von der Ordnung im eigenen Heim und von dem Geist, der hier herrscht, hängt mehr ab, als wir ahnen: nicht zuletzt Gesundheit und seelisches Wohlbefinden, Faktoren von geradezu unermeßlichem Wert, für die der Hausfrau die ganze Verantwortung zufällt.

Hausfrauenarbeit verringert sich nicht, aber sie kann mit fortschreitendem Wiederaufbau leichter werden. Darum arbeiten wir mit Eifer an jedem Fortschritt, denn nur, wenn wir uns regen, geht es auch hier voran.

Quelle: Frauen gestern und heute. Berlin 1946. S. 19–22

Q133 Haushaltsunterricht der NS-Frauenschaft. Ortsgruppe Duisburg-Hochfeld
Hausarbeitstraining auch für die Nachkriegszeit
Quelle: Stadtarchiv Duisburg

Q134 Die Hausfrau ist krank!

Von Toni Hartmann

Krankheitsfälle können sich überall und immer ereignen. Tritt nun in einer Familie ein Fall von Krankheit auf – ist sogar ärztliche Hilfe nötig – so wird eine gute Hausfrau hier wohl ganz besonders ihre Tüchtigkeit beweisen müssen, denn der Haushalt muß ja genau wie sonst weitergehen, trotz der Nachtwachen, der ständigen Umschläge, der Zubereitung von Krankenkost, trotz der zahlreichen Hilfeleistungen für den Patienten. Das Essen wird mit gewohnter Pünktlichkeit auf dem Tische stehen, die Zimmer sind aufgeräumt, die Kinder werden versorgt.

Aber nun, wenn nun die Hausfrau und Mutter selbst einmal darniederliegt, wenn sie selbst einmal der Pflege bedarf – was dann? Ein Haushalt, wo die Mutter einmal erkrankt ist, braucht absolut nicht gleich einem aufgescheuchten Ameisenhaufen zu gleichen. Daß dem nun nicht so sei, liegt ganz an der Hausfrau selbst, und zwar muß sie vorher in gesunden Tagen dafür sorgen! Eine tüchtige Hausfrau wird wohl stets ihren Stolz darin erblicken, ihre Arbeit gut, besonnen und möglichst selbst auszuführen. Und doch sollte sie auch andere gern einmal helfen lassen. Kinder, und wenn sie noch so klein sind, helfen gern – aber wenn Mutter ewig behauptet: „Das kannst du noch nicht!" oder „Das machst du doch nicht richtig!" ziehen sie sich naturgemäß wieder zu ihren Spielen zurück; dagegen kann die Mutter sich durch gelegentlich und weise zugeteilte kleine Lobe nicht zu unterschätzende Hilfskräfte gerade an den Kindern heranziehen und sie auf diese Weise ja auch so herrlich für das harte Leben vorbilden. Es gibt aber Hausfrauen, denen niemand etwas recht machen kann, seien es die Kinder, der Mann oder die Dienstboten. Sie machen alles lieber selbst, die Umgebung wird dadurch bequem oder unsicher und unselbständig, was sich natürlich in Tagen, an denen die Hausfrau selbst einmal krank liegt, bitter bemerkbar macht. Jede Hausfrau – auch die tüchtigste und gewissenhafteste! – sollte bemüht sein, sich beizeiten in ihrer Umgebung evtl.

Hilfskräfte für Krankheitsfälle, die an sie selbst herantreten könnten, heranzuziehen. – Es gibt Männer, die sich nicht nur den Schlips täglich von der arbeitsüberhäuften Gefährtin binden lassen, sondern die es seelenruhig geschehen lassen, daß die abgehetzte Frau ihnen noch die Brötchen bestreicht – vielleicht lassen sie sich auch gar noch die Schuhe von der Getreuen zuschnüren! Auch die Kinder werden von solchen Frauchen hinten und vorn bedient. Das Herz krampft sich einem da wohl unwillkürlich zusammen, wenn man sich das „Leben" dieser armen, geplagten Wesen vorstellt – und doch sind solche Frauen nur selbst an diesen ungesunden Zuständen schuld. Gedankenlos werden die Dienste der Mutter und Frau angenommen und hörten dieselben eines Tages einmal ganz auf, würden sich die andern zuerst wohl recht verwundert angucken, um – – sich dann hübsch manierlich alles allein zu machen!

Hat sich aber nun eine Hausfrau ihre Angehörigen zu hilfsbereiten Menschen herangezogen, so wird es selbstverständlich sein, daß alle sich untereinander helfen, besonders aber der Hausfrau gern und willig manchen Dienst abnehmen und ihr nicht etwa immer noch mehr aufbürden. Das ist natürlich nur mit Hilfe gut erzogener Kinder und eines anständigen Tones zwischen den Eheleuten möglich. Ich glaube, in einem solchen Haushalt würden sich die Kinder wohl in Grund und Boden schämen, sich z. B. die Schuhe von der geplagten Mutter putzen oder zuschnüren zu lassen, wenn sie selbst dazu imstande sind. Und wenn eine solche vorzeitig verbrauchte Frau infolge Arbeitsüberlastung schließlich krank zu Bett liegen muß, ist das kein Wunder. Es ist aber auch kein Wunder, wenn es dann in einer solchen Familie buchstäblich drunter und drüber geht, wodurch die kranke Mutter natürlich immer mehr herunterkommt, da zwei Sorgen sie ja immer quälen: „Wie schaffen sie es bloß ohne mich – es geht ja nicht, ich muß ja aufstehen!" oder „Ach, du lieber Gott, was werde ich da, wenn ich erst wieder auf bin, überall für Zustände in der Wohnung vorfinden!" Entweder wird nun ein solches Frauchen nie wieder ganz gesunden, da sie ja voller Unruhe zu früh versucht, wieder im Hause herumzukriechen, um einigermaßen Ordnung zu schaffen – oder aber, das Lebensflämmchen wird eben leise und langsam verlöschen – – die Frau und Mutter wird erlöst sein.

Wenn die Mutter einmal krank ist, darf sich das im Haushalt nie so bemerkbar machen, daß die Leidende vor Angst und Sorge immer nur noch kränker wird. Ein liebevoller Mann wird es sich zur Ehrenpflicht machen, wo und wie er nur kann, Hilfe zu leisten, und es geht wunderschön! Voller Vergnügen entdeckt er, daß er pickfein Kartoffeln schälen und so ein Krankensüppchen fabrizieren kann – gar das Zimmer kann er ab und zu feucht aufnehmen; Krankenpflege übernimmt er so gut es eben geht – Mutter ist ja glücklich, daß es so geht und man nicht fremde, teure Pfleger nehmen braucht. Und eine gutherzige Nachbarin guckt auch vielleicht einmal nach dem Nötigsten. Die Kinder sind leise und friedlich miteinander, besorgen schnellstens alle vorher aufgeschriebenen Wege und Einkäufe, spülen das Geschirr ab, bringen die Küche in Ordnung, die während der Krankheit der Mutter natürlich als Wohnraum dient, damit nicht noch mehr Arbeit ist. Sind die Kinder größer, können sie wiederum den Vater bei dessen ungewöhnlichen Hausarbeiten unterstüt-
Quelle: Frauenwelt. 2/1946 (1). S. 8

zen, abends Kartoffeln für den nächsten Tag schälen, für den nächsten Morgen alles bereit legen – es geht alles, wenn nur der gute Wille und Liebe untereinander vorhanden sind. Behauptet die Mutter, nun aber endlich aufstehen zu müssen, so wird in einer solchen Familie bestimmt energisch Protest erhoben werden – sie muß lieber noch ein paar Tage länger ruhen, es geht schon noch so kurze Zeit! Da Mutter ja nun schon weniger Pflege braucht, bleibt sogar noch Zeit, die Wohnung ein bißchen in Ordnung zu bringen – denn da sieht's natürlich böse aus! In den Zimmern liegt der Staub, die Küche gleicht einem Zigeunerlager, und Vater kann noch nicht einmal schelten, denn wenn er an seine Sachen und an seinen Schreibtisch denkt – na, da sieht's schlimm aus. Also nun schnell alle Mann angetreten und Ordnung gemacht! Der Kleinste holt noch schnell ein paar Blümchen, die er wichtig in die allerschönste Vase tut und dann auf den Tisch des Wohnzimmers stellt, in das Mutter heute zum ersten Male für ein paar Stunden hinein darf. Und wie glücklich leuchten die Augen der Genesenden, wenn sie dann nach langen, bangen Wochen durch ihr Heim schreitet – manchen kleinen, vielleicht sogar bedenklich groß gewordenen Mangel sieht sie überhaupt nicht – sie sieht nur die Liebe der Ihrigen und dankt dem Schöpfer, daß sie nun wieder für diese lieben Menschen tüchtig schaffen und leben darf!

Q135 Wenn ich wieder eine Wohnung habe ...

Augenblicklich leben wir ja, fünf Mann hoch, recht eng aufeinander als Untermieter in zwei kleinen Zimmern: mit Küchenbenützung. Aber manchmal träume ich doch von meiner eigenen Wohnung. Nicht von der großen, weitläufigen Wohnung „mit allem Komfort", die uns vor zwei Jahren ausgebrannt ist, sondern von der neuen Wohnung, die uns vielleicht eines Tages wieder beschert sein wird. Da baue ich in Gedanken an unserem Heim. Es wird so bescheiden werden, wie es unsere Zeit verlangt. Es soll aber auch so durchdacht und praktisch ausgetüpfelt sein, daß unsere ganze Familie, vor allem die Kinder, sich wohl darin fühlt. Meine Kräfte sind nicht mehr so groß wie damals, als wir uns die Riesenwohnung mieteten. Also muß alles so angelegt sein, daß ich meine Hausarbeit mit einem möglichst geringen Aufwand an Zeit und Kraft machen kann. Wenn ich zum Beispiel daran denke, daß man in der alten Wohnung eine kleine Reise machen mußte, um von der Küche ins Eßzimmer zu kommen, daß das Bad ein Saal war, wir dafür aber keine Speisekammer hatten, daß zwei Zimmer ohne Sonne waren, dafür aber das Treppenhaus

in wärmstem Mittagslicht lag, dann sehne ich mich eigentlich gar nicht mehr nach ihr zurück. Von der Küche ganz zu schweigen! Die Anlage von Herd, Wasserhahn und dem Platz für den Geschirrschrank war so, daß ich bei der Küchenarbeit allein vom vielen Laufen müde wurde. Manchmal hatte ich meinen Mann geärgert mit der Behauptung, daß leider Wohnungen – jedenfalls solche, wie die unsere es war, von Männern erbaut werden, die keine Ahnung haben, wie die Benutzung eines Heims sich eigentlich vollzieht. Denn die meisten von ihnen gehen doch morgens fort an ihre Arbeit, kommen abends wieder, setzen sich gemütlich an den gedeckten Tisch und haben mit dem „Betrieb" nichts zu tun. –
Nun aber, da die Notwendigkeit besteht, viele tausende von Wohnungen neu erstehen zu lassen, soll auch die *Frau* mitarbeiten; sie soll mindestens von dem bauenden Mann vorher befragt werden. Ich sagte schon: *meine* neue Wohnung ist im Geiste fertig. Sie nimmt weniger als die Hälfte des Raumes der alten ein und ist dabei viel praktischer und schöner. Da sind zum Beispiel eingebaute Schränke, Klapptische für das Kinderzimmer (damit tagsüber Raum zum Spielen und Arbeiten ist), sogar Klappbetten, ein Hängeboden als Abstellraum. Es ist auch alles so ausgedacht, daß ich bei meiner Haushalt-Arbeit möglichst wenig Lauferei habe und jedes Ding seinen sinnvollen Platz hat.
Ich weiß, heute ist alles noch Wunschtraum. Aber eines Tages werden doch wieder Wohnungen gebaut werden für uns und unsere Kinder, für die Ausgebombten, die Flüchtlinge. Ob man dann auch uns fragen wird, uns Hausfrauen? *Frida K.*
Quelle: Der Regenbogen. 4/1946 (1). S. 2

Q136 Rationalisierung des Haushalts durch Elektrizität

Auch in Deutschland hat man angefangen, Elektroküchen nach der neuen Art einzurichten und Siemens und AEG bringen schon 1939 Abbildungen davon. Sie teilen, wie die amerikanischen Vorbilder, die Arbeiten im Bereich der Küche in drei Gruppen auf: Lagern und Frischhalten der Speisen (Kühlschrank nahe Kücheneingang) – Abwaschen des Gemüses, Vorbereiten der Speisen, Reinigen des Geschirrs nach der Mahlzeit (Spültisch und Küchenmotore) – Kochen und Anrichten der Speisen (Herd, nahe dem Zugang zum Wohn- oder Eßzimmer). Selbstverständlich sind alle Arbeitszentren gesondert beleuchtet, genügend Steckdosen für den Betrieb der Kleingeräte (Tauchsieder, Schnellkocher, Wärmeplatte usw.) vorhanden, eine elektrische Uhr (die das Aufziehen überflüssig macht) ist an gut sichtbarer Stelle angebracht. Es wird vorgeschlagen – wie es inzwischen in Amerika durchgeführt wird – die ganze Küchen baukastenmäßig zusammenzusetzen, um sie gerade für die Bevölkerungsteile mit geringem Einkommen erschwinglich zu machen. Wir sehen also, wenn die Elektrizität einmal in den Haushalt Eingang gefunden und zur Rationalisierung einzelner Arbeitsvorgänge durch die entsprechenden Geräte geführt hat, duldet sie neben ihnen nichts Unrationelles mehr. Von ihnen, wie von Kristallisationspunkten aus, werden auch die übrigen Einrichtungsgegenstände umgestaltet und Küche und Waschküche zu wirklichen Werkstätten, in denen die Hausfrau ihre Arbeiten mit geringster Mühe und größtmöglicher Annehmlichkeit ausführen kann. Wie weit sich diese Tendenz auch in der übrigen Wohnung Geltung verschaffen wird, bleibt abzuwarten. Aber es wäre doch zu überlegen, ob man in neuen Häusern durch zweckmäßigen Grundriß, zweckmäßige Anlage der Beheizung, mehr eingebaute oder mit dem Boden abschließende Schränke, weniger staubfangende, unerreichbare Leisten, Beheizungskörper usw. die Pflege der Wohnung weiter erleichtern könnte. Vielleicht wird es in absehbarer Zeit soweit kommen, daß man Wohnungsplanung und -einrichtung nicht nur auf die Wünsche des Hausherrn, sondern auch darauf abstimmt, derjenigen die Mühe zu erleichtern, die die Last des Haushaltens zu tragen hat: der Frau.
Und man wird es nicht zu bereuen haben.
Quelle: Margareta Leyhausen: Rationalisierung des Haushalts durch Elektrizität. Diss. Nürnberg 1947. S. 81 f.

Q137 Haushaltsgeräte auf engstem Raum. Stand „Küchentisch" auf der Ausstellung „Wesel stellt aus" vom August 1950.
Quelle: Stadtarchiv Wesel. Photo Hilde Löhr

Q138 Die Notwendigkeit, die Hausarbeit zu erleichtern

Es ist eine der vielen unglücklichen Folgen des Krieges, daß es heute kaum Frauen gibt, die nicht mit Arbeit überlastet sind. Die Gründe dafür sind mannigfach: Da ist die Wissenschaft der Lebensmittelkarten, das stundenlange Anstellen vor Gemüse-, Fisch- und Bäckerläden, die tägliche bange Frage: was sollen wir heute kochen? Wieviel Zeit vergeht mit dem Strümpfestopfen, mit dem Ausbessern der fadenscheinigen Kleidung, wieviele ungewohnte Arbeiten, man denke nur an Holzmachen, müssen selber getan, wieviele Notbehelfe gefunden werden! Aber selbst wenn wir das Lebensnotwendigste wieder frei kaufen können, wird den Frauen eine größere Last als vor dem Kriege zufallen. Denn Tausende, deren Männer nicht zurückgekommen sind, werden sich und ihre Kinder mit ihrer Hände Arbeit durchbringen, Tausende zum geringen Verdienst der Männer ihren eigenen hinzufügen müssen, um die Familie zu erhalten. Dazu kommen die alleinstehenden berufstätigen Frauen, und auch ihre Zahl wird zunehmen. Auf sie alle wartet, wenn sie müde heimkommen, die Hausarbeit, denn auch wenn sie in Untermiete wohnen, setzt man es als selbstverständlich voraus, daß sie ihr Zimmer reinigen und ihre Kleider und Wäsche selber in Ordnung bringen. . . . So wird man denn Mittel und Wege finden müssen, die Hausarbeit zu erleichtern. Man wird den Haushalt einmal von der technischen Seite her betrachten und versuchen müssen, auf ihn das Mittel anzuwenden, das im industriellen Betrieb zum Erfolg geführt hat: die Rationalisierung.
Quelle: Margareta Leyhausen: Rationalisierung des Haushalts durch Elektrizität. Diss. Nürnberg 1947. S. 9f.

225

Q139 Staubsaugerwerbung. Größere Anschaffungen sind „Männersache". Rollenteilung in der Werbung wie gehabt.
Quelle: Frauenwelt. 1949

Q140 Wohnungsbau – Wohnkultur

Von Lisa Albrecht, Mittenwald

Mit dem wenigen Geld, daß uns nach der Währungsreform zur Verfügung steht, müssen wir versuchen, aus Chaos und Trümmern der Städte und Ortschaften wieder Wohn- und Heimstätten aufzubauen. Überall da, wo Frauen in den Stadt- oder Gemeinderat gewählt worden sind, sollten sie versuchen, ihren Einfluß geltend zu machen bei der inneren Gestaltung der Häuser und Wohnungen. Der private Wohnungsbau ist zugunsten des gemeinnützigen Wohnungsbaues stark zurückgedrängt worden und unsere Mittätigkeit bei dieser Angelegenheit ist um so wichtiger, zumal eine sehr große Abwanderung aus den Städten auf das Land sich vollzogen hat. Hinzu kommen die Flüchtlinge, die seit 2 Jahren auf engstem Raum zusammengepfercht leben und den berechtigten Wunsch nach einem ,eigenem Dach über dem Kopf' haben.

Der Plan ,A' der bayrischen Genossen
zeigt den ganz sicheren realen Weg zur ,Bau-Tat'. Ein Plan zur Finanzierung folgt in Kürze. Jede Stadt- oder Gemeinderätin sollte sich diese Pläne beim zentralen Frauenbüro besorgen.

Das äußere Gesicht der Häuser wird sich der allgemeinen Stadtplanung oder der Landschaft anzupassen haben. Bei der Beschaffung des Materials wird man nicht in die Ferne schweifen, sondern auf das, was die Nähe bietet, greifen.

Großwohnungen mit übertriebenem Luxus gehören der Vergangenheit an.
Es hat auch niemand mehr Sehnsucht nach Vestibülen aus Marmor mit facettierten Spiegeln. Und doch sollen unsere Häuser

und Wohnungen eine Atmosphäre haben. Die ‚schöne Zweckmäßigkeit' ist bestimmend. Auch das einfachste Material läßt sich in betonter Formschönheit bearbeiten. Jeden Stein und jedes Holz kann man so gestalten und nuancieren, daß dem individuellen Geschmack Rechnung getragen wird. Der kleinste Raum kann ein Schmuckkästchen sein.

Klein- und Kleinstwohnungen werden gebaut werden müssen.
In großen Wohnblocks, in Siedlungen und Einzelhäusern. Großartige schöne, zweckmäßige Bauten kennen wir aus Wien, Hamburg, Frankfurt usw., Siedlungen aus Berlin, Stuttgart und anderen Städten. Der gemeinnützige Wohnblockbau in der Großstadt wird der Verbilligung wegen Wasch- und Badehaus zentralisieren, für die Kinder der erwerbs- und berufstätigen Frauen und Mütter Kindergärten und -horte einrichten, Läden mit notwendigem Bedarf ebenfalls im ‚Block' eine Bleibe verschaffen. In Siedlungen am Rande der Stadt, in Landstadtsiedlungen lassen sich diese notwendigen Einrichtungen ebenfalls zweckmäßig schön gestalten. Die Benutzungen dieser Einrichtungen müssen im Mietpreis einbegriffen sein. Wohnblocks mit einer ‚zentralen Heizung' wären, wenn irgend möglich, zu schaffen. Daß wir in einer Wohnung elektrisches Licht und Strom und Gas zum Kochen finden, ist uns selbstverständlich. Ebenso selbstverständlich müßte das eingebaute Radio sein.
Die holländische Hausfrau wäre erstaunt, wenn sie für Küchenmöbel sorgen müßte, oder für Kleider- und Wäscheschränke. Ihre Küche findet sie eingebaut vor, und Wände hinter oder zwischen den Türen bilden Schränke. Pompös eingerichtete Schlafzimmer dürften ebenfalls ein Luxus sein, dafür wird das kombinierte Zimmer eine Zukunft haben. Küche als Werkstatt oder Wohnküche? Hier wird manche Frau lange überlegen, was für sie das Zweckmäßigste ist. Auf keinen Fall aber eine Küche, in der sie sich ‚verrennt'.
Für die berufstätige Frau wird die horizontale Wohnung das Gegebene sein. In Wohnblocks der großen Städte ist diese Bauart auch fast ausschließlich vorhanden. Das Einzelhaus, von einem Partner bewohnt, vermehrt die Arbeitslast sehr, besonders für die Frau. Bei Siedlungsbauten in kleinen Ortschaften ließe sich eine horizontale Wohnungsordnung ebenso bei einem Einzelhaus gut durchführen. Bei der Planung in großen Städten müßte immer wieder der Versuch gemacht werden, zu erreichen, daß Einküchenhäuser für berufstätige Ehepaare, Wohnblocks mit Kleinstwohnungen für Junggesellen gebaut werden. Jede Stadt- und Gemeindevertreterin muß sich stets vergegenwärtigen, daß die Wohnung das Zentrum der Familie ist und hier sich das Leben entfaltet. Für den ledigen Menschen ist sie die Zuflucht aus dem angestrengten Arbeitstag. Eine eigene Wohnung zu besitzen ist die berechtigte Forderung aller Menschen, in ihr zu leben und zu arbeiten, ein Wunsch, der um der sozialen Gerechtigkeit willen erfüllt werden muß.
Die weitgehende Zerstörung unserer Städte gibt uns eine Chance, beim Neubau alle Gesichtspunkte einer fortschrittlichen Außen- und Innen-Architektur zu beachten. Die Wünsche und Anregungen der Hausfrauen und berufstätigen Frauen müssen bei der Bauplanung unbedingt berücksichtigt werden.

Quelle: Die Genossin. Heft 5 + 6/1948 (11). S. 43

Q141   Amerikanische Fertighäuser. Als vorbildhaft angepriesen von einer deutschen Frauenzeitschrift (siehe Abbildungen auf Seite 228)
Quelle: Frauenwelt 1949

Q142   Gabriele Strecker – Die Hausfrau
Der Hausfrauenberuf ist heute in den meisten Länderverfassungen als ordentlicher Beruf anerkannt. Damit ist zum mindesten ausgedrückt, daß die Tätigkeit der Hausfrau nicht ge-

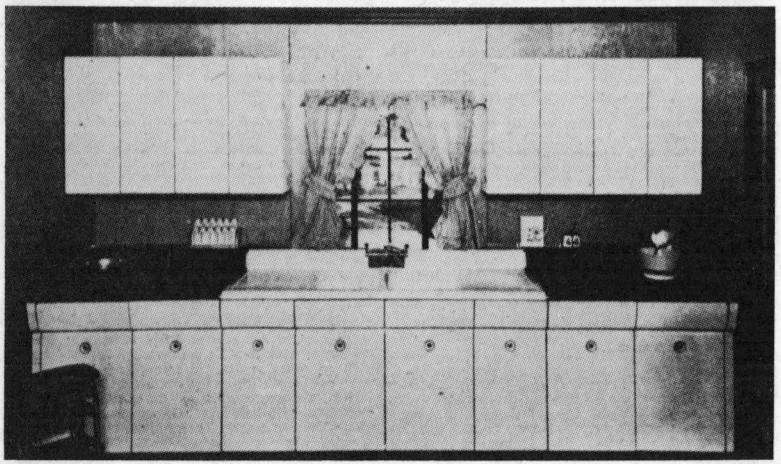

ringer bewertet wird als die der berufstätigen Frau. Wohl aber wird nach wie vor von berufstätigen Frauen die Einstellung zahlreicher Hausfrauen der älteren, aber auch der jüngeren Generation zu ihrer häuslichen Arbeit nicht ganz richtig empfunden und andererseits sind viele Hausfrauen der Meinung, die Berufstätige überschätze ihre beruflichen Pflichten. Dies hat zu einem gewissen Mißtrauen der beiden „Stände" gegeneinander geführt, dem man öfter begegnet. Vielleicht ist die nachstehende, sehr pointiert und temperamentvoll vorgetragene Ansicht einer berufstätigen Frau, die gleichzeitig einen Haushalt hat, geeignet, zu erklären und zum gegenseitigen Verständnis aufzurufen. Wir stellen die Arbeit zur Diskussion. . . .

Und nun liest und hört man von Bestrebungen, die Hausfrauenarbeit der außerhäuslichen Berufsarbeit der Frau gleichzusetzen, ihr gewissermaßen gesetzliche Anerkennung zu verleihen. Damit möchte man so etwas wie einen Stand der Hausfrauen schaffen und als folgerichtige Entwicklung aus diesen Überlegungen will man sogar ein Hausfrauenexamen den bisher von Examen unbehelligten Hausfrauen aufhalsen. Es ist in diesem Zusammenhang verständlich, daß die Hausfrauenverbände wieder aufleben, und kaum erstaunlich, daß sie regen Zuspruch finden und ein nachhaltigeres Echo erwecken als etwa die Frauenorganisationen, die die Frauen zu Staatsbürgerinnen machen wollen.

... Wie stehen die Hausfrauen heute innerlich zur Hausfrauenarbeit? Wenn man mit vielen Hausfrauen gesprochen hat, muß man zu dem Ergebnis kommen, daß im tiefsten Grunde die Frauen heute die Hausfrauenarbeit nicht mehr so bedingungslos verrichten wollen wie unsere Mütter und Großmütter. Man will zwar Hausfrau, Ehefrau, Mutter sein, aber man möchte nicht immer den Boden putzen, einkaufen und die mühevolle Kleinarbeit verrichten, die unscheinbaren Dienste ableisten im eintönigen und doch so gespannten Tagesablauf, in dem das Leben der Hausfrau – im günstigsten Fall – sang- und klanglos verrinnt. Noch gibt es zwar Putzfanatikerinnen – noch gibt es die Deckchennärrinnen und die Umstandskrämerinnen beim Kochen, aber schon wird die überkommene Hausfrauenkonvention aus den eigenen Reihen derer durchbrochen, an denen der Zweifel nagt, ob das nun alles rechten Sinn hat, und die, wenn sie auch noch Hausputz halten, ihn mit schlechtem Gewissen veranstalten. Auch alles Reden und Planen von Hausfrauenexamen und zukünftigem Vereinfachen sagt nur aus, daß man ein Haar in der Suppe gefunden hat und daß man kaum mehr mit der gläubigen Unschuld des bürgerlichen Zeitalters „als züchtige Hausfrau und Mutter der Kinder" wird walten können, wenn rings herum der Druck einer andern Schicht von Frauen, der berufstätigen Frauen, psychologisch auf den Hausfrauen lastet. ...

Über den Wert und die lebensnotwendige Bedeutung der Hausarbeit besteht kein Zweifel. Wenn Zweifel am Platz ist, dann an gewissen Auswüchsen, an überlebten Formen, die sich speziell in Deutschland entwickelt haben. Hier liegt eine große Aufgabe vor den deutschen Hausfrauen: mehr sein, mehr Persönlichkeit sein, die beschlagen und unterrichtet ist, die sich selbst das Leben aussucht und nicht mehr lediglich durch Mann und Kinder hereintragen läßt, also weniger tun an Kram, mehr Zeit haben für den Mann, mehr für sich selbst, mehr Liebe zu sich selbst, und was kann das anderes sein als rechte Entspanntheit. Weg vom Kult der Dinge, hin zur Hingabe an die Menschen, innerliche Aufgeräumtheit vor aufgeräumte Schubladen setzen. Man gebe dem Haushalt, was des Haushalts ist, und das ist heute weniger als vor vierzig Jahren. Man gebe dem Leben, was des Lebens ist, und das heißt am Geschehen der Zeit lebendig teilnehmen und persönliche Verantwortlichkeit fühlen für alles, was geschieht. Die Hausfrauen sollten die Fähigkeiten zu entwickeln suchen, die erfahrungsgemäß bei der reinen Hausfrauentätigkeit abzusterben drohen: die Lust, etwas anderes zu sehen und zu hören, Teilnahme am öffentlichen Leben, der Drang, Zusammenhänge zu erkennen, sich mit wirtschaftlichen Fragen vertraut zu machen, mit einem Wort, sie müßten reifen an den Zuständen und Menschen außerhalb ihres Kreises. Weil die Hausfrauen das in den letzten Jahrzehnten versäumt haben, kann man manche erschütternde Tragödie gerade älterer Hausfrauen erleben, die nun auf sich selbst gestellt, ohne Berufsausbildung, ohne Berufstraining hilflos auch vor leichter Tätigkeit in abhängigen Stellungen stehen. Es ist ein anderes, wenn man nicht wohl ist, zu arbeiten, regelmäßig zu tun, was ein anderer zu tun aufgibt, unbarmherziger Kritik der Vorgesetzten ausgesetzt zu sein, als im eigenen Haushalt immerhin gewisse Rücksichten auf sich selbst nehmen zu können. Ich habe viele dieser Frauen gesprochen und möchte meinen, daß die Hausfrau, die zum Beruf abschwenkt, häufiger versagt, als die berufstätige Frau eine schlechte Hausfrau abgibt, wenn sie heiratet. Ich habe mit Absicht nichts von den unmeßbaren, unermeßlichen seelischen Werten gesprochen, die die Hausfrau im Familienleben sowohl schaffen wie genießen kann. Mit diesen verglichen gehören die Werte, die die berufstätige Frau erfährt, einer anderen Rangstufe an. Wer könnte wagen zu sagen, die Hausfrau sei mehr oder weniger wert als die berufstätige Frau? In der Ordnung der Welt haben beide ihren

Platz. Zum Wesen des Lebens gehört aber die Veränderung. Und eine unerbittliche Entwicklung hat die Frau in das Erwerbsleben getrieben – zu ihrem Schaden, zu ihrem Nutzen? Aber von Zeit zu Zeit ergibt sich die Notwendigkeit, überalterte Vorstellungen zu prüfen und eine Atmosphäre der Unklarheit zu bereinigen, auch auf die Gefahr hin, sich den Zorn der „Betroffenen" zuzuziehen.

Quelle: Die Welt der Frau. 9/1949 (3). S. 28 f.

Q143   Leserinnenbriefe – Meinung und Austausch – Die Hausfrau

Gabriele Streckers Ausführungen über „Die Hausfrau" in unserm Märzheft haben eine Fülle von Meinungsäußerungen heraufgerufen. Die hier veröffentlichten Auszüge aus den Zuschriften stehen jeweils für weitere, die gleiche oder ähnliche, zustimmende oder ablehnende Argumente enthalten. Besonders zahlreich waren die Stimmen der Frauen, die sich gegen Frau Streckers Meinung aussprechen, der Haushalt von heute könne infolge der technischen Vereinfachungen die Frau nicht mehr ausfüllen, fast ebenso zahlreich die Stimmen der Frauen, die das Wesen des Hausfrauseins nicht im Ableisten der immer gleichen Arbeit sehen, sondern im Schaffen jener Atmosphäre, die eben das Heim ausmacht.

Die Kräfte reichen nicht

Der Artikel von Gabriele Strecker beschäftigt mich als Hausfrau und Mutter sehr. Frau Strecker hat Recht: Wir deutschen Hausfrauen müßten mehr Zeit und Kraft erübrigen für alles was geschieht, für Politik, für Wirtschaft, Wissenschaft und Kunst – für alle Geistesströmungen der Gegenwart. Was täten wir lieber, wenn . . .!

Es kommt in dem Artikel m. E. nicht zum Ausdruck, warum das Hausfrauenlos momentan so schwer ist, warum ein großer Teil völlig davon aufgezehrt wird und seine Schwestern im Büro mit den festumrissenen Arbeitsstunden beneidet. Ich kenne eine Mutter, die seit Jahren von sechs Uhr früh bis Mitternacht arbeitet. Ihre fünf Kinder sind vorbildlich erzogen, das Hauswesen atmet Ordnung. Sauberkeit und Schönheitssinn. Jeder Bedürftige findet bei ihr ein warmes Herz und eine helfende Hand. Glauben Sie, daß solche Frauen jeweils Rücksichten auf ihr Befinden nehmen können, wenn Mittag- und Abendessen z. B. zwei- bis viermal gereicht werden müssen, weil jeder andere Termine hat? Oder daß eine solche Frau noch Zeit und Kraft für irgend etwas findet, was in der Welt vorgeht? Diese äußerste Anstrengung, bei der viele geistige Fähigkeiten und Bedürfnisse verkümmern, lähmt und macht unfroh, wo wir früher für Mann und Kinder und liebe Gäste mit Lust und Liebe gearbeitet haben. . . .

Die Hausfrau ist am Ende ihrer Kraft. Unsere Hoffnung ist, daß dieser unwürdige Zustand ein Engpaß sei, den wir in absehbarer Zeit hinter uns haben, noch bevor ein großer Teil der jetzigen Generation in Krankheit und Resignation versinkt. Ihr zu helfen, damit sie nicht wie „abgestandenes Wasser stockt", sondern wieder als freier, fröhlicher Mensch atmet, müßte ein Hauptanliegen aller gutwilligen Menschen sein.   *Margarete Kittel – Stuttgart*

Der Haushalt ist komplizierter

Der sehr interessante Artikel von Frau Gabriele Strecker „Die Hausfrau" fordert unbedingt auch zu Einwänden auf, und zwar möchte ich vorausschicken, daß ich sowohl berufstätig war (und zwar nicht in den Kriegsjahren, sondern vor 1933, wo der Kampf um die Stellung unter Wettbewerb auch schon eine Rolle spielte) als auch Hausfrau und zeitweise wieder berufstätig mit Kindern, wenn auch nur vorübergehend. Ich sehe durchaus die Schwierigkeiten, mit denen die berufstätige Frau zu kämpfen hat, ja ganz besonders natürlich in den letzten schwierigen Jahren, aber ich möchte behaupten, daß sich all diese Schwierigkeiten für die Hausfrauen noch weit schlimmer ausgewirkt haben. Das größte Übel, die Wohnungsnot, die Enge, die Unordnung trifft doch hauptsächlich die Familie und um so drückender, je größer die Familie ist. Dazu die unregelmäßigen Schulanfänge, die schuld sind, daß man von 11–2 Uhr Mittagessen bereithalten muß und abends erst gegen 7.30 Uhr alle Familienmitglieder zusammenbringt. Es fällt mir da der Ausspruch eines Arztes ein, aus Anlaß eines eiternden Fingers: „Die Hausfrauen sind mir am unangenehmsten, alle anderen kann man krank schreiben, nur sie nicht." Daher dieser müde, abgespannte Ausdruck bei vielen Frauen und natürlich bei den deutschen Hausfrauen, die einfach über ihre Kräfte leisten müssen. Hausangestelltenmangel hat meiner Ansicht nach den gleichen Grund, denn meistens läßt sich im Haushalt auch beim besten Willen der Hausfrau der Achtstundentag für die Angestellte nicht einhalten, und dieser Mangel wird auch in den meisten Fällen durch den Familienanschluß nicht aufgewogen. Ich muß es im Gegensatz zu Frau Strecker noch einmal feststellen: der Haushalt ist heute in vielen Fällen komplizierter als vor vierzig Jahren, und ich weiß viele Hausfrauen, die sich mit aller Kraft bemühen, neben dem Haushalt her geistige Interessen zu pflegen, und immer mehr einsehen müssen, daß dazu sehr wenig Kraft da ist.   *Frau Helene Oschmann – Stuttgart*

Hausfrau sein ist ein Beruf!

Die Arbeit der Hausfrau sei kein Beruf, aber die Arbeit der Hausangestellten ist es. So meint Frau Dr. Gabriele Strecker, die Verfasserin des Artikels „Die Hausfrau". Sie meint auch, daß die Hausgehilfinnen aus diesem „Beruf" heraustreben, weil sie den Sinn der Arbeit nicht erkennen und das Gleichmaß der täglich wiederkehrenden Arbeit geisttötend finden. Umfaßt der Beruf der Hausfrau nun wirklich nur die Koch-, Putz- und Flickarbeiten? O nein, das ist nur der mechanische Teil: Sinn und Ethik des Hausfrauenberufes liegen auf anderer Ebene. Die Hausfrau muß Kameradin ihres Mannes sein, sie muß sich in die Arbeit ihres Mannes einfühlen und mitdenken, sie muß ein Heim schaffen, in welchem der von seiner Erwerbstätigkeit ermüdete Ehemann sich erholen und neue Kräfte schöpfen kann. – Sie muß die Kinder erziehen, sie muß in deren Herzen die Anlagen zu allem Guten wecken und ihnen die Grundlage mitgeben, so auch wieder tüchtige, freie Menschen werden zu können. Ist eines der Familienmitglieder krank, so ist die Hausfrau deren Pflegerin, oder hat jemand Sorgen oder seelisches Leid, so muß sie helfen können. All das soll auch die im Erwerbsberuf stehende Hausfrau und Mutter. Weil sie aber erkennt, daß sie diesen vielseitigen Pflichten nicht gerecht werden kann, strebt sie aus ihrem Erwerbsberuf in den Hausfrauenberuf, nicht aber weil „Hausfrausein" bequemer ist.

Um all diese Pflichten erfüllen zu können, ist eine gute Ausbildung erforderlich, wobei kein vernünftiger Mensch ein Examen verlangen wird. Wohl plant man z. Z. den weiteren Ausbau der hauswirtschaftlichen Berufsschulen und ein hauswirtschaftlich-wissenschaftliches Institut. Dort sollen aber nicht sämtliche junge Mädchen zu Hausfrauen erzogen werden, sondern es werden dort Lehrkräfte ausgebildet, die den zukünftigen Hausfrauen das notwendige Wissen für ihren volkswirtschaftlich und für die Erhaltung der Familie so wichtigen Beruf vermitteln sollen.

Diese neuen Erkenntnisse den heutigen jüngeren und älteren Hausfrauen zu vermitteln, betrachten die Hausfrauenverbände als ihre wichtigste Aufgabe. Gleichzeitig behandelt ein gut geleiteter Hausfrauenverband auch alle anderen Tagesfragen und versucht, die Hausfrauen mit ihren Aufgaben als Staatsbürgerin vertraut zu machen, ohne deswegen den politischen Verbänden Konkurrenz machen zu wollen. Gerade die Vielseitigkeit ist es, was den Hausfrauenverbänden den regen Zuspruch bringt, nicht etwa die Tasse Kaffee, die bei den Zusammenkünften getrunken wird.

Schneiderin, Köchin, Putzfrau, Kindergärtnerin: jede dieser Tätigkeiten ist ein für sich anerkannter Beruf. Alle diese Berufe muß eine gute Hausfrau ausüben und muß noch viel mehr können und leisten. Und somit ist die Tätigkeit der Hausfrau ein Beruf.

    Maria Hamann – Stuttgart   Vorsitzende des Berufsverbandes der Hausfrauen

Hausfrauentum kein Beruf!

Es wäre zu wünschen, daß der von Frau Gabriele Strecker veröffentlichte Beitrag zum Thema „Die Hausfrau" vor allem von möglichst vielen „Nur-Hausfrauen" gelesen werden würde! Als vollberufstätige Ehefrau und Mutter eines sechsjährigen Töchterchens vertrete ich folgende Ansicht:

Die „Nur-Hausfrau" hat sich (mehr oder weniger bewußt) durch ihre Heirat in finanzielle Abhängigkeit ihres Ehemanns begeben. Jede Nur-Hausfrau und jede Frau, die es werden will, muß sich über die Begrenzung ihrer finanziellen und wirtschaftlichen Freiheit klar sein.

Das BGB in seiner zur Zeit noch rechtsgültigen Form ist auch in bezug auf die „Nur-Hausfrau" in vielen Punkten revisionsbedürftig. Durch eine Reform des BGB sollte möglichst rasch den veränderten Lebensformen der Gegenwart sachgemäß Rechnung getragen werden. Aber nicht immer sind die Forderungen der „Nur-Hausfrauen" nach einer Reform auf der Basis vollkommener Gleichberechtigung gerechtfertigt. Vor allem sind die Forderungen mancher Hausfrauenvereine etwas zu hoch geschraubt, da die von ihnen geforderten Rechte in einem offensichtlichen Mißverhältnis zu Leistung und Pflichten stehen. Leider können oder wollen viele „Nur-Hausfrauen" (sofern sie sich überhaupt für ihre Rechte interessieren) dies nicht erkennen. Die Anerkennung (theoretisch und praktisch) vollkommener Gleichberechtigung auf allen Lebensgebieten kommt nur der wirtschaftlich selbständigen Frau zu. Ganz gleich, ob diese Frau ledig, verheiratet, verwitwet oder geschieden ist, ob sie Kinder hat oder keine. Die „Nur-Hausfrauen" müssen lernen, die Notwendigkeit einer Begrenzung ihrer Gleichberechtigungsansprüche einzusehen.

Die meisten Hausfrauen suchen die Ursache der in Mißkredit geratenen Hausfrauentätigkeit in der ihr bisher versagten Gleichberechtigung. Das ist falsch! Hausfrau-Sein sollte als „Berufung" empfunden werden und nicht als Beruf im herkömmlichen Sinne gelten. Von dieser Warte aus gesehen ist die Forderung nach einem Hausfrauenexamen kaum ernst zu nehmen. Echtes Hausfrauentum setzt eine Persönlichkeit voraus. Nur eine Frau, die ständig an ihrer Persönlichkeit arbeitet, wird der Hausfrauentätigkeit Sinn, Wert und Würde zu geben vermögen.   *Maria Klemmer – Kissingen*

Quelle: Die Welt der Frau. 12/1949 (3). S. 37–41

Q144 Hausarbeit – Beruf oder „Liebesdienst"?

Ist die Tätigkeit im Haushalt ein Beruf, oder ist sie „gar kein Beruf, sondern Nebenwirkung einer Liebeswahl"? Die Antwort auf diese Frage hängt jeweils davon ab, was man unter Beruf versteht. Wenn Beruf Leistung einer Spezialität in der Gemeinwirtschaft bedeutet, für die der Mensch besonders ausgebildet wird, dann könnte man sagen, die Hausfrauentätigkeit sei kein Beruf; denn sie bedeutet ja das Gegenteil von einer Spezialitätenleistung, andererseits kann man aber das Gesamt der Hausfrauentätigkeit trotz der heterogenen Elemente, die es umfaßt, als eine Spezialität ansehen, und dann wäre die Tätigkeit der Hausfrau doch als Beruf anzusehen, zumal es ja auch die verschiedensten Ausbildungsmöglichkeiten für die zukünftige Hausfrau gibt. Die Ausbildung kann mit dem Anlernen im Haushalt der Mutter beginnen. Es gibt heute aber auch Lehrverhältnisse für Haushaltslehrlinge, und Haushaltungsschulen verschiedenster Art von der Hauswirtschaftlichen Berufsschule bis zu den Haushaltungspensionen und Frauenfachschulen.

Die letzte Ursache für den Streit um den Hausfrauenberuf ist u. E. die einseitige, durch das Gelddenken beeinflußte Beurteilung der Wirtschaft, die nur die Güterherstellung als Produktion wertet, die im Markt einen Preis und somit einen „Wert" erhält, und dementsprechend nur den „Beitrag zum Wirtschaftsleben der Gesellschaft" als Beruf anerkennt, der einen Preis hat, der gegen Lohn oder Gehalt geleistet wird. Die Hausfrauentätigkeit wird nicht bezahlt; folglich kann sie rechnerisch nicht genau erfaßt werden, also hat bei rein rechnerischer Betrachtung der Dinge die Nur-Hausfrau keinen Beruf. So lesen wir bei E. Schneider: „Zur letzten Stufe der Konsumgüterabteilung gehören neben den Zwischenprodukte verarbeitenden Betrieben auch alle Personen, die unmittelbar durch Abgabe von Dienstleistungen an der Erstellung von Konsumgütern arbeiten (Beispiele: Dienstleistungen eines Hausangestellten etc.). Die Verwendung der fertigen Konsumgüter von seiten des Verbrauchers und die damit verbundene Aufwendung der eigenen Arbeitskraft des Verbrauchers (Zubereitung von Mahlzeiten; Stopfen von Strümpfen) dagegen sollen nicht als Bestandteil des gesellschaftlichen Produktionsprozesses aufgefaßt werden und gehören deshalb nicht dem Bereich der Konsumgüterabteilung an."

Dazu können wir nun feststellen, daß die Hausfrauentätigkeit, die zum großen Teil Produktionstätigkeit ist, obwohl sie nicht für fremde Rechnung und gegen Gehalt geschieht, jeder anderen Produktionstätigkeit im „Beruf" gleichgestellt werden muß; denn beide schaffen wirtschaftliche Güter.

Quelle: Anna Maria Heck: Der Haushalt als Produktionsstätte. Wirtschaftswissenschaftl. Diss. Nürnberg 1949. S. 81f.

Q145 Auch die Hausfrau verdient

Die Geldfrage ist heute in manchen Ehen eine Art Sprengstoff, zumal da, wo der Mann oder die Frau nicht genug Einsicht aufbringen, dem für das Geschäftliche Tüchtigeren oder Begabteren, das Wirtschaften zu überlassen, vielmehr einander, je nach Kassenstand, mit lauteren oder leiseren Vorwürfen reizen, wo denn das viele Geld geblieben sei? Der soll mit dem Gelde wirtschaften, der es am besten kann und mehr Neigung dazu verspürt. Es gibt gänzlich unkaufmännische Männer (Gelehrte, Künstler), die froh sind, wenn ihre Frauen das Amt des Kassenverwalters übernehmen. Daß es ausgesprochen geschäftstüchtige Frauen gibt, ist auch bekannt. Ob er oder sie das Geld verwalten, ist gleichgültig. Nur darf die Auseinandersetzung nicht böse, tyrannische Formen annehmen. Ich kenne eine junge Mutter mit drei Kindern, die ihrem Mann das Wirtschaftsgeld in Raten von fünf Mark abisten muß, seit Jahren schon, und die es immer noch nicht müde ist, die törichtesten Vorwürfe anzuhören, wenn sie Geld braucht. Dieser Zustand ist beinahe erniedrigend, und nicht viele Frauen würden es soweit kommen lassen. Insofern ist das Haushalten ein wirkliches Eheproblem: Eine gute Ehe wird auch eine dauernd gespannte Finanzlage nicht zerstören können, und Temperamentsunterschiede im Schenken oder Ausgeben dürften sich in Liebe und Vernunft ausgleichen lassen. Ich habe eine so hohe Meinung von den wirtschaftlichen Fähigkeiten der Frauen im allgemeinen, daß ich glaube, die meisten Männer würden gut fahren, überließen sie ihren Frauen das Wirtschaften. Er und sie mögen gemeinsam den monatlichen Ausgabenplan machen – für den auf sie entfallenden Teil aber soll die Frau verantwortlich sein und der Mann möge sich des Nörgelns und Hereinredens enthalten, auch wenn es „sein Geld" ist, das ausgegeben wird. Schließlich ist die Arbeitskraft der Frau auch wertvoll, und sie hat es verdient, mit einem Teil des männlichen Einkommens abgefunden zu werden, nicht um es sinnlos zu verpulvern, sondern um mit dem größten Teil laufende Verpflichtungen abzugelten, mit dem kleineren Teil aber nach eigenem Gutdünken zu verfahren. . . .

In einer bekannten Familie habe ich vor Jahren schon eine sehr interessante Regelung dieser Art kennengelernt. Der Mann verdiente verhältnismäßig wenig, als er sich entschloß, seine Frau aus der ihnen beiden peinlichen finanziellen Abhängigkeit herauszubringen. Er verabredete mit ihr ein monatliches Gehalt, und zwar händigte er am Monatsende seiner Frau den größten Teil des eigenen Gehaltes aus. Sie hatte davon die meisten Haushaltsrechnungen zu bezahlen. Der Mann beglich von seinem Gehaltsanteil einige andere feststehende Verpflichtungen. Was den beiden Eheleuten monatlich übrigblieb, gehörte jedem von ihnen, und keiner fragte den anderen nach der Verwendung. Inzwischen wurde das Gehalt des Mannes erhöht, und er erhöhte seinerseits das Gehalt seiner Frau.

Quelle: Das Geld – ein Eheproblem? In: Der Regenbogen. 10/1949 (4). S. 20

Q146 Lohn für Hausarbeit

Wenn ich den ewigen Streit über den freien Samstag des Handels höre, so frage ich immer, und die Hausfrau?

1. Sie wird da nie erwähnt. Sie arbeitet nicht acht sondern sechzehn Stunden wie ein Lokomotivführer, aber ohne Bezahlung und ohne Freizeit. Vom Mutterberuf spreche ich hier gar nicht. Nur von dem der Hausfrau und der sagenhaften Leistung in sechs Kriegsjahren und vier noch schwereren kalten Kriegsjahren. Das alles bleibt unerwähnt.
2. Sie ist die Hauptstütze der Familie und damit des Staates. Den Staat interessiert das alles heute nicht.
3. Dank erwarten wir gewiß nicht, aber eine geregelte Bezahlung der schweren Arbeit. Das ist eine reine Geschäftssache und hat mit dem Begriff Ehe gar nichts zu tun. Der Mann verlangt ja auch Abrechnung von uns. Ich halte das auch für richtig. Es würde dann der ewige Geld- und Kleiderkrieg aufhören. Das Betteln um die notwendigsten Dinge des täglichen Lebens ist *würdelos;* anders bekommt die Frau aber leider nichts. – Ausnahmen bestätigen nur die Regel.
4. Eine bezahlte Arbeit wird ganz anders gewertet als die unbezahlte der Hausfrau. Ich hörte z. B. wie ein Mann sagte: Du hast ja noch nie Geld verdient! Du weißt ja gar nicht wie schwer das ist. Das muß sich eine Frau sagen lassen, die zwanzig Jahre hindurch pflichtbewußt und fleißig von früh bis spät schaffte. Ganz anders und *mühsamer* als der Mann, aber – und das ist das Wichtigste – ohne Bezahlung.
5. Ich bitte Sie, diese Bitte den Frauen weiterzugeben, die für die gerechte Stellung der Hausfrau und die gerechte Beurteilung ihrer Arbeit eintreten.

Quelle: Frauenwelt. 10/1949 (4). S. 33

Q147
Leitbild der Werbung:
Die perfekte Hausfrau
und
strahlende Konsumentin
Quelle: Frauenwelt 1949

6. Ausgangsbedingungen weiblicher Erwerbstätigkeit

Die Entwicklung der weiblichen Erwerbsarbeit nach Kriegsende war im wesentlichen bestimmt durch die demographischen Verschiebungen infolge des Krieges und die ökonomischen Entscheidungen der Besatzungsmächte bzgl. der vorrangigen Ankurbelung der Grundstoffindustrien und der Wiederinstandsetzung des Wohnraums und der Verkehrswege.

Rein numerisch betrachtet wurden die Verluste an gefallenen männlichen Arbeitskräften in den Westzonen mehr als ausgeglichen durch den anhaltenden Zustrom an Flüchtlingen aus den ehemaligen deutschen Ostgebieten und der sowjetisch besetzten Zone (Q148), der zur Folge hatte, daß nach dem Krieg im Bereich der Bizone erheblich mehr Arbeitskräfte zur Verfügung standen als vor Kriegsbeginn (1946 im Vergleich zu 1936 111% bei nur 42% der Produktion von 1936). Jedoch muß berücksichtigt werden, daß zum einen der Altersaufbau des Arbeitskräftepotentials sich stark zuungunsten der leistungsstarken, jüngeren Jahrgänge verschob (Q149) und daß die Flüchtlinge aufgrund des Wohnraummangels in den Städten zum größten Teil zunächst in den Agrargebieten angesiedelt werden mußten (Q148) und daß zudem die Bevölkerung der Großstädte u. a. wegen Evakuierungen stark dezimiert war (Q150), woraus sich eine erhebliche Dislokation der Arbeitskräfte ergab (Q151).

Außerdem ergaben sich starke Verschiebungen bzgl. der Sexualproportion. Der Anstieg des Arbeitskräftepotentials im Vereinigten Wirtschaftsgebiet von 21 247 000 im Jahre 1939 auf 22 780 000 (= + 7,3%) im Jahre 1946 ist ausschließlich auf das Anwachsen der weiblichen Bevölkerung zurückzuführen. Der Anteil der männlichen Arbeitskräfte ging im selben Zeitraum um 2% zurück.

Die größte Frauenmehrheit fand sich in den Altersgruppen der 20–40jährigen Frauen (Q152). Es kann davon ausgegangen werden, daß ein nicht geringer Teil dieser Frauen – nämlich alle, die sich selbst und/oder ihre Familien unterhalten mußten und diesen Lebensunterhalt nicht durch Erweiterung der Reproduktionsarbeit bestreiten konnten – auf eigenes Lohneinkommen angewiesen waren, also auch tatsächlich als Arbeitskräfte zur Verfügung standen. (Vgl. hierzu auch die Angaben über die Zahl der verwitweten und geschiedenen Frauen in Q153). Demgegenüber standen aber aufgrund der Zurückstellung der Verbrauchsgüterproduktion sehr viel weniger frauenspezifische Arbeitsplätze als in Nicht-Krisenzeiten zur Verfügung (Q154 + 155), so daß die auf Lohneinkommen angewiesenen Frauen auch „männliche" Arbeiten annehmen mußten (Vgl. auch die Angaben über frauenspezifische Arbeitsplätze in Q157), zumal die durch Schwer- und Schwerstarbeit charakterisierten Industrien wie Bergbau und Eisenindustrie zunächst einen sehr starken Beschäftigungsrückgang aufwiesen (Q156), der dann später durch das Zulagen- und Punktewesen z. T. wieder ausgeglichen werden konnte.

Q148 Bevölkerungsentwicklung im vereinigten Wirtschaftsgebiet 1939–1948

Länder bzw. Zonen	Bevölkerung[a] (in 1000)	Zu- oder Abnahme seit 1939 (in 1000)	Insgesamt (in 1000)	Zuwanderung[b] in v.H. der Gesamtbevölkerung von 1948
Schleswig-Holstein	2 712,3	+ 1123,3	1034,4	38,2
Hamburg	1 502,9	+ 209,0	125,7	8,3
Niedersachsen	6 745,0	+ 2205,5	2017,2	30,0
Nordrhein-Westfalen	12 608,6	+ 663,5	1111,4	8,8
Britische Zone	23 568,8	+ 3783,3	4288,7	18,2
Bayern	9 141,2	+ 2103,6	2086,1*	22,8*
Hessen	4 214,0	+ 734,8	736,6*	17,4*
Württemberg-Baden	3 811,1	+ 593,8	728,1*	19,2*
Bremen	525,4	− 37,5	38,9*	7,4*
Amerikanische Zone	17 691,7	+ 5394,7	3589,7*	20,3*
VWG	41 260,5	+ 7178,0	7878,4*	19,1*

* Schätzung der deutschen Landesbehörden.
[a] „Nährmittelbevölkerung" am 1. Oktober 1948.
[b] Vertriebene und Flüchtlinge aus den deutschen Ostgebieten und dem Ausland, sowie Zuwanderer aus der SBZ und Berlin.

Quelle: Werner Abelshauser: Wirtschaft in Westdeutschland 1945–1948. Rekonstruktion und Wachstumsbedingungen in der amerikanischen und britischen Zone. Stuttgart 1975. S. 102

Q149 Der Altersaufbau der Bevölkerung des britisch-amerikanischen Besatzungsgebietes 1933, 1939 und 1946

Altersklasse	1933 (v.H.)	1939 (v.H.)	1946 (v.H.)
Gesamtbevölkerung			
0 bis unter 6	9,2	10,1	9,2
6 bis unter 14	14,3	11,9	14,2
14 bis unter 20	8,0	10,6	9,1
20 bis unter 25	9,7	5,6	7,0
25 bis unter 30	9,5	9,1	5,8
30 bis unter 40	16,2	17,6	14,7
40 bis unter 50	12,3	13,0	15,3
50 bis unter 60	10,6	10,3	11,4
60 bis unter 65	3,8	4,5	4,5
65 und darüber	6,4	7,3	8,8

Altersklasse	1933 (v. H.)	1939 (v. H.)	1946 (v. H.)
Männer			
0 bis unter 6	9,5	10,5	10,5
6 bis unter 14	14,8	12,3	16,1
14 bis unter 20	8,3	11,1	9,9
20 bis unter 25	9,9	5,6	5,8
25 bis unter 30	9,7	9,3	4,7
30 bis unter 40	15,6	18,0	12,9
40 bis unter 50	11,6	11,9	15,5
50 bis unter 60	10,6	9,9	11,0
60 bis unter 65	3,9	4,4	4,5
65 und darüber	6,1	7,0	9,1
Frauen			
0 bis unter 6	8,8	9,7	8,2
6 bis unter 14	13,7	11,5	12,7
14 bis unter 20	7,8	10,2	8,4
20 bis unter 25	9,5	5,7	8,1
25 bis unter 30	9,4	8,9	6,6
30 bis unter 40	16,6	17,1	16,1
40 bis unter 50	13,0	14,0	15,2
50 bis unter 60	10,7	10,8	11,6
60 bis unter 65	3,8	4,5	4,5
65 und darüber	6,7	7,6	8,6

Quelle: Werner Abelshauser: Wirtschaft in Westdeutschland 1945–1948. Rekonstruktion und Wachstumsbedingungen n der amerikanischen und britischen Zone. Stuttgart 1975. S. 107

Q150 Die Entwicklung der Bevölkerung größerer Gemeinden

Gemeinde	1939	1946
Essen	666 743	524 728
Köln	772 221	491 380
Dortmund	542 261	436 491
Düsseldorf	541 410	420 909
Duisburg	434 646	356 408
Wuppertal	401 602	325 846
Gelsenkirchen	317 568	265 793
Bochum	305 485	246 477
Oberhausen	191 842	174 117
Krefeld	170 968	150 354
Solingen	140 466	133 001
Mülheim a. d. Ruhr	137 540	132 370
Bielefeld	129 466	132 276
Hagen	151 760	126 516
Aachen	162 164	110 462
Mönchengladbach	128 306	110 444

Quelle: Statistisches Jahrbuch Nordrhein-Westfalen. 1. Jg. 1949. Hrsg. vom Statistischen Landesamt Nordrhein-Westfalen. Düsseldorf 1950. S. 8

Q151   Dislokation des Arbeitskräftepotentials in der britischen Zone

	Kriegsbedingter Verlust[a] an Wohnungen; Stand 1945/47 in v. H. des Vorkriegsstandes	Entwicklung des Anteils der abhängig Beschäftigten des industriellen Sektors an der Gesamtzahl der abhängig Beschäftigten			Wachstum des Arbeitskräftepotentials 1939–1946 v. H.
		1938 v. H.	1947 v. H.	Differenz v. H.	
Schleswig-Holstein	14	44,5	35,3	− 9,2	+ 47,9
Hamburg	54	44,5	40,2	− 4,3	− 22,2
Niedersachsen	16	50,7	36,6	− 14,1	+ 28,5
Nordrhein-Westfalen	27	66,4	56,9	− 9,5	− 7,1
Britische Zone	–	59,1	47,6	− 11,5	+ 4,0

* Luftkrieg und sonstige Kampfhandlungen, nur schwere Schäden.

Quelle: Werner Abelshauser: Wirtschaft in Westdeutschland 1945–1948. Rekonstruktion und Wachstumsbedingungen in der amerikanischen und britischen Zone. Stuttgart 1975. S. 112

Q152   Die Bevölkerung NRW's am 29. 10. 1946 nach Altersgruppen

insgesamt	Männer		....	5 295 085
	Frauen		....	6 410 204
	Summe		....	11 705 289

unter 6	Männer	525 606		35–40	Männer	385 167
	Frauen	502 897			Frauen	564 654
	Summe	1 028 503			Summe	949 821
6–14	Männer	825 812		40–45	Männer	461 002
	Frauen	797 098			Frauen	540 306
	Summe	1 622 910			Summe	1 001 308
14–18	Männer	354 550		45–50	Männer	420 471
	Frauen	349 443			Frauen	478 808
	Summe	703 993			Summe	899 279
18–20	Männer	168 667		50–55	Männer	318 844
	Frauen	188 460			Frauen	412 827
	Summe	357 127			Summe	731 671
20–25	Männer	297 732		55–60	Männer	282 359
	Frauen	512 008			Frauen	345 935
	Summe	809 740			Summe	628 294
25–30	Männer	242 378		60–65	Männer	249 377
	Frauen	417 088			Frauen	283 961
	Summe	659 466			Summe	533 338
30–35	Männer	297 450		65 und mehr	Männer	465 670
	Frauen	492 323			Frauen	524 396
	Summe	789 773			Summe	990 066

Quelle: Statistisches Jahrbuch Nordrhein-Westfalen. 1. Jg. 1949. Hrsg. vom Statistischen Landesamt Nordrhein-Westfalen. Düsseldorf 1950. S. 10

Q153   Die Bevölkerung am 29. Oktober 1946 nach Geburtsjahr und Familienstand (NRW)

Geburts-jahr	Gesamt-zahl	Ortsanwesende Bevölkerung				
		insgesamt	davon männlich			
			davon			
			ledig	ver-heiratet	ver-witwet	ge-schieden
1946	136 374	70 025	70 025	–	–	–
1945	129 194	65 759	65 759	–	–	–
1944	174 169	88 801	88 801	–	–	–
1943	176 408	90 229	90 229	–	–	–
1942	170 881	87 371	87 371	–	–	–
1941	207 069	105 865	105 865	–	–	–
1940	220 578	117 385	117 385	–	–	–
1939	226 493	115 401	115 401	–	–	–
1938	215 076	109 555	109 555	–	–	–
1937	203 849	103 652	103 652	–	–	–
1936	203 885	103 778	103 778	–	–	–
1935	203 150	103 261	103 261	–	–	–
1934	197 348	100 156	100 156	–	–	–
1933	153 112	77 511	77 511	–	–	–
1932	159 074	80 424	80 424	–	–	–
1931	168 132	84 937	84 937	–	–	–
1930	186 136	93 913	93 913	–	–	–
1929	184 881	92 749	92 749	–	–	–
1928	189 852	94 526	94 225	288	8	5
1927	172 820	79 570	78 977	582	10	1
1926	159 628	62 595	61 349	1 223	15	8
1925	163 384	60 543	57 345	3 142	41	15
1924	159 210	56 559	50 587	5 913	39	20
1923	155 890	55 481	45 960	9 396	52	73
1922	167 603	61 889	46 423	15 192	126	148
1921	175 044	63 624	41 669	21 470	185	300
1920	172 486	62 315	34 858	26 744	279	434
1919	133 899	49 111	23 148	25 173	315	475
1918	98 817	36 715	15 063	20 919	334	399
1917	93 164	35 377	12 588	22 040	323	426
1916	105 068	39 246	12 196	26 157	354	539
1915	137 187	50 653	13 532	35 890	504	727
1914	173 561	63 868	14 497	47 638	718	1 015
1913	177 436	67 631	13 685	52 192	732	1 022
1912	181 784	70 155	12 503	55 700	879	1 073
1911	175 448	68 585	10 781	55 889	904	1 011
1910	184 243	72 060	10 344	59 721	967	1 028
1909	193 370	77 856	9 908	65 834	1 044	1 070
1908	197 539	80 904	9 307	69 438	1 076	1 083
1907	196 473	83 169	8 933	72 105	1 090	1 041
1906	198 070	85 201	8 546	74 378	1 225	1 052
1905	201 857	92 659	8 593	81 602	1 371	1 093
1904	204 392	94 516	8 352	83 683	1 412	1 069

Geburts-jahr	Gesamt-zahl	Ortsanwesende Bevölkerung				
		insgesamt	davon männlich			
			davon			
			ledig	ver-heiratet	ver-witwet	ge-schieden
1903	197 256	92 205	7 613	82 006	1 486	1 100
1902	200 061	94 863	7 295	84 930	1 601	1 037
1901	196 869	94 070	6 974	84 403	1 663	1 030
1900	191 478	91 819	6 281	82 689	1 828	1 021
1899	180 091	84 848	5 077	76 961	1 859	951
1898	180 333	79 540	4 651	72 132	1 873	884
1897	163 432	73 906	4 046	67 242	1 862	756
1896	161 792	71 644	3 922	65 007	1 946	769
1895	151 608	66 487	3 540	60 394	1 839	714
1894	145 929	62 912	3 117	57 275	1 862	658
1893	134 983	61 548	3 049	55 830	2 013	656
1892	134 962	58 592	2 883	52 972	2 184	553
1891	133 716	58 449	2 888	52 776	2 211	574
1890	127 275	56 550	2 780	50 869	2 339	562
1889	128 282	57 344	2 738	51 275	2 769	562
1888	123 275	56 005	2 726	49 901	2 818	560
1887	120 707	54 979	2 660	48 502	3 267	550
1886	115 423	53 260	2 607	46 530	3 602	521
1885	113 105	52 752	2 570	45 676	3 966	540
1884	107 443	50 288	2 482	43 071	4 237	498
1883	101 030	47 377	2 375	40 194	4 372	436
1882	99 264	46 684	2 394	38 835	5 039	416
1881	95 207	44 864	2 366	36 591	5 453	454
1880	90 973	43 183	2 276	34 738	5 738	431
1879	88 195	42 092	2 215	33 042	6 482	353
1878	83 465	39 863	2 133	30 357	7 027	346
1877	80 842	38 747	2 107	28 707	7 601	332
1876–1872	316 132	151 497	8 414	102 645	39 423	1 015
1871–1867	155 964	72 330	4 318	39 202	28 461	349
1866–1862	70 168	31 430	1 939	12 519	16 879	93
1861–1857	19 247	7 856	542	2 030	5 272	12
1856–1852	3 070	1 245	192	229	823	1
1851 u. früher	678	276	140	58	76	2
Insgesamt	11 705 289	5 295 085	2 505 451	2 561 897	193 874	33 863
dagegen 1933	11 586 634	5 710 959	3 020 416	2 511 662	154 197	24 684

Q153 Die Bevölkerung am 29. Oktober 1946 nach Geburtsjahr und Familienstand (NRW)

Geburts-jahr	Ortsanwesende Bevölkerung					
	Gesamt-zahl	davon weiblich				
		insgesamt	davon			
			ledig	ver-heiratet	ver-witwet	ge-schieden
1946	136 374	66 349	66 349	–	–	–
1945	129 194	63 435	63 435	–	–	–
1944	174 169	85 368	85 368	–	–	–
1943	176 408	86 179	86 179	–	–	–
1942	170 881	83 510	83 510	–	–	–
1941	207 069	101 204	101 204	–	–	–
1940	220 578	112 193	112 193	–	–	–
1939	226 493	111 092	111 092	–	–	–
1938	215 076	105 521	105 521	–	–	–
1937	203 849	100 197	100 197	–	–	–
1936	203 885	100 107	100 107	–	–	–
1935	203 150	99 889	99 889	–	–	–
1934	197 348	97 192	97 192	–	–	–
1933	153 112	75 601	75 601	–	–	–
1932	159 074	78 650	78 650	–	–	–
1931	168 132	83 195	83 195	–	–	–
1930	186 136	92 223	91 930	255	33	5
1929	184 881	92 132	91 224	838	65	5
1928	189 852	95 326	93 527	1 740	52	7
1927	172 820	93 250	88 988	4 159	70	33
1926	159 628	97 033	88 033	8 707	208	85
1925	163 384	102 841	86 275	15 894	501	171
1924	159 210	102 651	77 731	23 606	991	323
1923	155 890	100 409	66 660	31 460	1 838	451
1922	167 603	105 714	59 984	42 001	3 008	721
1921	175 044	111 420	52 846	52 908	4 619	1 047
1920	172 486	110 171	42 956	59 933	5 968	1 314
1919	133 899	84 788	27 753	50 037	5 893	1 105
1918	98 817	62 102	16 975	39 353	4 882	892
1917	93 164	57 787	14 126	38 011	4 807	843
1916	105 068	65 822	14 222	44 778	5 825	997
1915	137 187	86 534	16 249	61 093	7 883	1 309
1914	173 561	109 693	18 407	79 566	10 102	1 618
1913	177 436	109 805	16 538	81 496	10 187	1 584
1912	181 784	111 629	15 907	83 893	10 213	1 616
1911	175 448	106 863	14 373	81 562	9 403	1 525
1910	184 243	112 183	14 549	86 441	9 584	1 609
1909	193 370	115 514	14 579	90 216	9 119	1 600
1908	197 539	116 635	14 602	91 536	8 825	1 672
1907	196 473	113 304	14 116	89 569	7 940	1 679
1906	198 070	112 869	14 238	88 976	7 901	1 754
1905	201 857	109 198	13 881	86 156	7 568	1 593
1904	204 392	109 876	14 041	86 299	7 832	1 704

Geburts-jahr	Ortsanwesende Bevölkerung					
	Gesamt-zahl	davon weiblich				
		insgesamt	davon			
			ledig	ver-heiratet	ver-witwet	ge-schieden
1903	197 256	105 051	13 595	82 182	7 628	1 646
1902	200 061	105 198	13 962	81 568	8 038	1 630
1901	196 869	102 799	13 296	79 474	8 461	1 568
1900	191 478	99 659	12 820	76 445	8 790	1 604
1899	180 091	95 243	11 908	72 728	8 992	1 615
1898	180 333	100 793	12 563	75 743	10 797	1 690
1897	163 432	89 526	11 254	67 079	9 667	1 526
1896	161 792	90 148	11 412	66 772	10 489	1 475
1895	151 608	85 121	10 734	62 226	10 772	1 389
1894	145 929	83 017	10 567	59 740	11 422	1 288
1893	134 983	73 435	8 956	52 202	11 098	1 179
1892	134 962	76 370	9 283	53 350	12 528	1 209
1891	133 716	75 267	8 999	51 912	13 259	1 097
1890	127 275	70 725	8 173	47 718	13 834	1 000
1889	128 282	70 938	8 178	46 423	15 332	1 005
1888	123 275	67 270	7 445	43 486	15 449	890
1887	120 707	65 728	7 078	41 554	16 239	857
1886	115 423	62 163	6 410	38 406	16 559	788
1885	113 105	60 353	6 070	36 314	17 205	764
1884	107 443	57 155	5 809	33 426	17 286	634
1883	101 030	53 653	5 329	30 423	17 316	585
1882	99 264	52 580	5 012	29 013	18 009	546
1881	95 207	50 343	4 950	26 628	18 282	483
1880	90 973	47 790	4 687	24 162	18 518	423
1879	88 195	46 103	4 289	22 533	18 878	403
1878	83 465	43 602	4 154	20 325	18 769	354
1877	80 842	42 095	3 895	18 553	19 311	336
1876–1872	316 132	164 635	15 145	61 101	87 448	941
1871–1867	155 964	83 634	7 822	19 980	55 545	287
1866–1862	70 168	38 738	3 588	5 239	29 815	96
1861–1857	19 247	11 391	1 053	825	9 492	21
1856–1852	3 070	1 825	196	107	1 520	2
1851 u. früher	678	402	95	83	223	1
Insgesamt	11 705 289	6 410 204	2 803 119	2 848 203	702 288	56 594
dagegen 1933	11 586 634	5 875 675	2 894 216	2 513 818	431 804	35 837

Quelle: Statistisches Jahrbuch Nordrhein-Westfalen. 1. Jg. 1949. Hrsg. vom Statistischen Landesamt Nordrhein-Westfalen. Düsseldorf 1950. S. 9

Q154 Die Entwicklung der industriellen Produktion[a] im britisch-amerikanischen Besatzungsgebiet 1946–1948 (1936 = 100)

Periode	Insgesamt	Kohle	Bergbau (ohne Kohle)	Eisen und Stahlprodukt.	NE-Metalle	Stahl und Eisenbau	Maschinenbau u. opt. Ind.	Fahrzeugbau	Elektroindustrie	übrige Metallindustrie
Gewichtung	100,0[b]	8,6	1,2	8,7	2,7	2,9	9,9	3,6	3,8	11,4
1946	34	51	78	20	24	42	35	15	33	18
1947	40	65	80	22	28	47	34	15	59	21
1948	60	79	103	38	50	72	52	39	105	36
1947										
Januar	30	60	68	17	22	45	23	9	41	15
Februar	29	59	50	16	19	28	23	7	40	14
März	34	66	52	21	23	52	25	8	44	15
April	39	56	76	22	28	47	33	15	57	19
Mai	41	58	83	22	28	47	39	16	57	20
Juni	41	61	84	21	28	42	40	17	64	22
Juli	42	67	92	25	28	42	55	20	71	21
August	42	68	95	24	27	49	32	20	65	23
September	43	69	90	24	30	52	36	20	69	24
Oktober	45	73	95	26	32	66	41	17	67	26
November	45	72	90	26	32	51	40	18	68	23
Dezember	44	72	90	26	30	50	40	18	68	23
1948										
Januar	47	73	94	27	34	56	40	20	68	27
Februar	47	70	89	26	35	55	44	23	73	27
März	51	78	96	29	36	54	45	26	84	29
April	53	76	101	31	40	59	46	27	93	31
Mai	47	66	91	27	35	56	41	22	72	27
Juni	51	80	97	32	57	62	43	26	81	27
Juli	61	83	104	40	56	74	45	41	94	36
August	65	81	108	44	59	80	53	42	112	42
September	70	82	110	47	65	84	60	52	130	45
Oktober	74	86	114	51	66	95	65	58	142	44
November	76	84	113	51	70	91	73	63	153	48
Dezember	79	89	118	55	73	99	73	69	165	51

[a] Nicht saisonbereinigt.

[b] Flugzeugindustrie, Gewicht 2.2 ist mangels laufender Produktion nicht enthalten. Im Index der gesamten Industrie sind Schätzungen für diejenigen Industriegruppen enthalten, über deren Produktion keine Informationen vorliegen.

Periode	Steine und Erden	Glas und Kera- mik	Petro- leum u. Kohle- pro- dukte	Chem. Indu- strie	Kaut- schuk- Indu- strie	Holz- verarb. u. Säge- Indu- strie	Papier und Pappe	Leder- Indu- strie	Textil- u. Be- kleid.- Indu- strie	Elektri- zitäts- u. Gas- ver- sorgung
Gewichtung	4,4	1,5	1,1	8,6	1,4	3,6	4,3	2,4	11,0	6,7
1946	29	42	38	39	45	49	29	34	20	8
1947	35	54	46	40	48	47	31	34	30	9
1948	64	78	60	61	82	59	52	51	52	121
1947										
Januar	22	41	35	30	22	38	24	29	23	95
Februar	18	42	27	28	28	35	19	26	21	87
März	20	51	40	37	38	37	23	32	28	96
April	28	52	41	45	52	46	31	34	31	89
Mai	36	53	45	46	50	49	31	34	30	86
Juni	39	54	53	42	52	52	33	34	30	86
Juli	42	58	52	46	56	51	35	34	32	94
August	45	59	52	44	50	52	34	34	31	96
September	46	57	56	39	55	50	33	34	32	95
Oktober	47	63	45	41	58	50	35	38	34	105
November	44	62	52	42	59	50	34	37	33	107
Dezember	38	58	46	43	60	48	36	36	30	115
1948										
Januar	37	58	52	46	60	49	38	38	36	122
Februar	36	60	45	48	70	49	40	40	39	112
März	42	62	50	53	71	52	41	42	41	119
April	47	67	53	56	79	55	45	43	44	115
Mai	48	62	55	52	62	52	36	34	38	108
Juni	58	64	50	53	64	52	43	32	44	108
Juli	73	76	68	64	90	57	58	55	54	112
August	84	85	66	68	92	62	60	61	61	115
September	87	93	67	70	97	67	64	65	63	127
Oktober	90	99	72	72	99	72	67	64	67	132
November	86	105	71	75	97	73	68	66	67	134
Dezember	76	111	71	76	102	74	68	68	69	144

Quelle: Werner Abelshauser: Wirtschaft in Westdeutschland 1945–1948. Rekonstruktion und Wachstumsbedingungen in der amerikanischen und britischen Zone. Stuttgart 1975. S. 43

Q155 Die industrielle Produktion der vereinten Zone im Oktober 1947, verglichen mit 1936 (1936 = 100)

Nahe am Vorkriegsstand		Etwa durchschnittliche Entwicklung		Unterdurchschnittliche Entwicklung	
Elektrizitäts- und		Glas und Keramik	63	Papier und Pappe	55
Gasversorgung	105	Kautschuk	58	Textilindustrie	34
Bergbau	93	Holzindustrie	50	NE-Metalle	52
Kohle	73	Steine und Erden	47	Eisen- und	
Elektroindustrie	67	Petroleum und		Stahlproduktion	26
Stahl- und		Kohleprodukte	45	Übrige Metall-	
Eisenbau	66	Chemische		industrie	26
		Industrie	41	Fahrzeugbau	17
		Maschinenbau und			
		optische Industrie	41		

Quelle: Werner Abelshauser: Wirtschaft in Westdeutschland. Rekonstruktion und Wachstumsbedingungen in der amerikanischen und britischen Zone. Stuttgart 1975. S. 44

Q156 Die Beschäftigungslage in der Nachkriegszeit

Obgleich es noch unmöglich ist, vollständige Statistiken aufzustellen, geben regionale Übersichten eine Andeutung der allgemeinen Lage bis zur Währungsreform. Die Verhältnisse in der Br. Z. mögen als Beispiel dienen. Die Bevölkerung in diesem Gebiet betrug 1933 19,3 Mill., nach dem Flüchtlingseinstrom von 1945 und 1946 22,5 Mill. Die Differenz stellten 600 000 Männer und 2,4 Mill. Frauen. Diese Zunahme führte jedoch nicht zu einem proportionalen Anwachsen der Arbeitskraft:

Beschäftigte unselbständige Arbeitskräfte in der Britischen Zone (in 1000)

	1938	1947 (31.3.)	1948 (31.3.)
Männer	4483	4706,7	5097
Frauen	1778	1878,2	1877
Gesamt	6261	6584,9	6974

Die Gesamtsumme der beschäftigten Arbeiter von 1946 überstieg nur wenig die Zahl von 1939. Die wirkliche Zahl der Beschäftigten blieb praktisch unverändert, während das Beschäftigungsverhältnis, gemessen an der Gesamtbevölkerung, zurückgegangen ist.

Erwerbstätige in der Britischen Zone (in % der Bevölkerung)

Jahr	Männer	Frauen	Gesamt
1939	64,6%	31,4%	47,8%
1946	59,9%	23,1%	39,8%

Die zahlenmäßige Verschiebung im Verhältnis der Geschlechter zueinander kam auch im Beschäftigtenstand zum Ausdruck, wenn auch die Änderung bei Bevölkerung und Erwerbstätigen nicht so ausgeprägt war:

Anteil der Männer und Frauen an der Bevölkerung und an den Erwerbstätigen in der Britischen Zone 1939 und 1946 (in %)

Jahr	Bevölkerung				Erwerbstätige insgesamt	
	insgesamt		davon 15–65 Jahre			
	männlich	weiblich	männlich	weiblich	männlich	weiblich
1939	49,4	50,6	49,1	50,9	66,8	33,2
1946	45,3	54,7	43,1	56,9	68,2	31,8

Der Rückgang in der Beschäftigtenzahl betraf hauptsächlich solche Industrien, die zum großen Teil körperliche Anstrengungen forderten, andererseits waren dieses aber gerade die Schlüsselindustrien, deren Produktion als Grundlage des wirtschaftlichen Wiederanstiegs unbedingt gesteigert werden mußte. In der Britischen Zone meldeten folgende Industrien einen erheblichen Beschäftigungsrückgang 1946 gegenüber 1938:

Beschäftigungsrückgang in der Britischen Zone 1946 gegenüber 1938 (in 1000)

Wirtschafts- zweig	Beschäftigte 1946			Rückgang 1946:1938		
	Männer	Frauen	Gesamt	Männer	Frauen	Gesamt
Bergbau	405,9	13,9	419,5	− 25,0	+ 9,2	− 15,8
Baustoff-Industrie	52,8	3,9	56,7	− 43,7	+ 1,3	− 42,0
Keramik, Glas	12,9	3,3	16,2	− 13,8	− 2,2	− 16,4
Eisen, Metall	186,8	12,7	199,5	− 176,1	+ 0,2	− 175,9
Eisen-, Metall- warenherstellung	232,2	33,0	265,3	− 27,6	− 20,4	− 48,0
Masch.-Kessel- Apparatebau	382,6	26,6	409,2	− 79,6	+ 2,1	− 77,5
Chem. Industrie	88,4	29,2	117,6	− 8,9	− 6,5	− 15,4
Textilgewerbe	64,5	59,8	124,3	− 86,1	− 71,0	− 157,1
Papier	16,2	8,8	25,0	− 16,6	− 12,2	− 28,8
Nahrung, Genuß	163,5	64,5	228,0	− 34,4	− 22,5	− 56,9
Bau-Bauneben- gewerbe	521,1	21,8	342,9	− 16,7	+ 11,9	− 4,8
Insgesamt	2127,0	277,2	2404,2	− 528,5	− 110,1	− 638,6

Quelle: Deutschland-Jahrbuch 1949. Hrsg. von Klaus Mehnert und Heinrich Schulte. Essen o. J. S. 239 f.

Q157 Die beschäftigten Arbeiter und Angestellten in den wichtigsten Berufsgruppen in NRW 1938–1949

a) Männer

Stichtag	Berufsgruppe									Übrige Berufe	Insgesamt
	1/2 Land- u. Forstw.	3 Bergbau	5 Metall	12 Holz	13 Nahrung	16 Bau	21 Verkehr	23 Ungelernte	25/26/27 Angestellte		
25. 6.1938[1]	126 594	334 363	628 491	104 870	78 908	177 604	253 107	378 247	477 539	349 821	2 909 544
30. 6.1946	180 227	268 570	547 446	83 821	53 922	149 081	215 249	218 203	405 680	221 833	2 344 032
31.12.1946	193 573	286 363	565 913	91 192	55 845	162 553	231 088	242 142	445 226	233 388	2 507 283
31. 3.1947	193 234	299 194	564 898	93 622	54 815	170 262	235 733	236 972	453 356	233 961	2 536 047
30. 6.1947	189 536	306 996	571 874	97 667	54 513	176 858	235 682	230 254	464 353	238 321	2 566 054
30. 9.1947	193 668	326 926	569 665	98 914	52 073	180 008	241 542	237 663	459 214	242 161	2 601 834
31.12.1947	188 324	342 774	575 725	100 265	53 208	181 988	246 261	243 198	467 515	244 326	2 643 584
31. 3.1948	184 889	348 962	581 831	101 991	53 276	185 387	249 925	247 327	476 967	249 363	2 679 918
30. 6.1948	184 570	356 811	605 787	106 900	54 001	193 328	259 011	259 915	488 945	261 232	2 770 500
30. 9.1948	177 220	357 092	626 138	111 802	55 039	201 847	261 842	286 513	489 456	268 770	2 835 719
31.12.1948	163 901	363 300	645 148	114 557	53 626	209 920	264 576	321 751	487 123	271 223	2 895 125
31. 3.1949	156 781	369 351	653 111	114 943	52 958	204 572	261 354	316 513	488 394	273 796	2 891 773
30. 6.1949	157 046	373 790	651 380	115 557	54 292	212 820	259 207	307 584	490 554	278 152	2 900 382

[1] Arbeitsbuchpflichtige (Beschäftigte einschließlich der Personen unbekannten Verbleibs).

Quelle: Statistisches Jahrbuch Nordrhein-Westfalen. 1. Jg. 1949. Hrsg. vom Statistischen Landesamt Nordrhein-Westfalen. Düsseldorf 1950. S. 243

b) Frauen

| Stichtag | Berufsgruppe | | | | | | | | | Übrige Berufe | Insgesamt |
	1/2 Land- u. Forstw.	9 Textil	14 Bekleidung	15 Friseure	20 Gaststätten	21 Verkehr	22 Hausgehilfen	23 Ungelernte	25/26/27 Angestellte		
25. 6.1938[1]	34 149	90 536	77 635	7 158	17 644	30 489	410 118	90 455	305 935	86 148	1 150 267
30. 6.1946	61 773	27 087	58 475	10 412	21 961	21 737	234 669	49 300	275 053	50 999	811 466
31.12.1946	60 191	30 512	64 961	11 265	27 509	24 534	262 728	64 033	291 567	50 479	887 779
31. 3.1947	59 354	31 136	67 339	11 479	29 718	25 405	268 057	61 922	301 201	45 867	901 478
30. 6.1947	59 421	32 996	70 002	11 863	32 234	26 335	264 965	62 792	307 866	43 375	911 849
30. 9.1947	56 419	35 156	69 074	11 418	33 563	26 797	259 101	61 256	305 102	43 583	901 469
31.12.1947	54 782	36 283	70 608	11 736	33 651	27 823	259 555	64 348	306 554	42 237	907 577
31. 3.1948	53 197	37 695	71 957	12 027	34 058	28 004	253 567	63 938	307 853	42 354	904 740
30. 6.1948	55 130	40 314	76 524	12 441	33 630	29 193	256 291	68 465	318 669	44 057	934 714
30. 9.1948	53 836	46 521	82 723	12 348	31 610	31 153	259 651	81 963	323 294	49 188	972 287
31.12.1948	50 604	52 106	87 114	12 227	30 535	34 739	257 616	107 914	330 589	55 346	1 018 790
31. 3.1949	48 342	57 322	88 524	12 150	30 647	35 281	259 189	112 276	335 829	58 167	1 037 727
30. 6.1949	48 863	61 897	92 273	12 208	29 962	36 385	261 139	107 466	347 008	57 847	1 055 048

[1] Arbeitsbuchpflichtige (Beschäftigte einschließlich der Personen unbekannten Verbleibs).

Quelle: Statistisches Jahrbuch Nordrhein-Westfalen. 1. Jg. 1949. Hrsg. vom Statistischen Landesamt Nordrhein-Westfalen. Düsseldorf 1950. S. 243

Q 158 Frauen in „Männerberufen" – kein Novum der Nachkriegszeit. Auch während des Krieges waren Frauen aufgrund des „Männermangels" bereits in „Männerberufen" eingesetzt. Die hier abgedruckten Photos zeigen Frauen in der Kupferhütte Duisburg. Das Aussehen der Frauen und der ästhetische Bildaufbau deuten darauf hin, daß es sich um NS-Propagandaphotos handelt.

Quelle: Stadtarchiv Duisburg

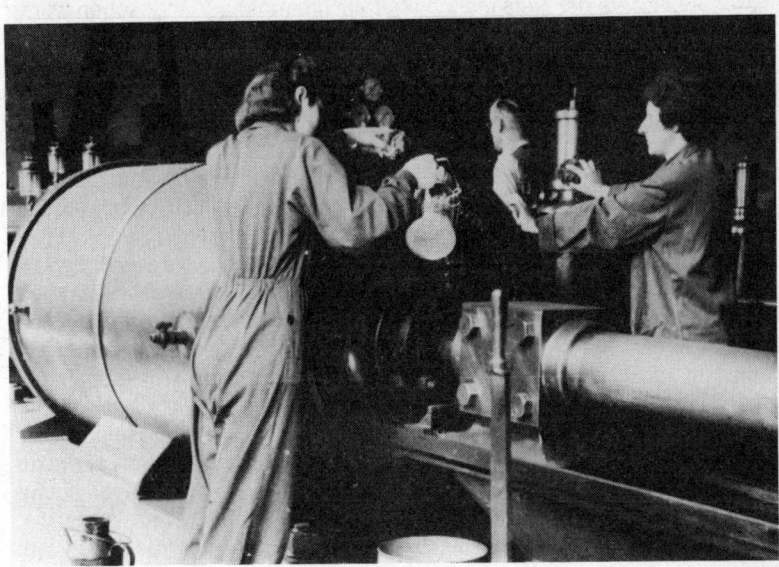

7. Frauen in Männerberufen

Für die Entwicklung der weiblichen Erwerbsarbeit gilt, was bereits für die Entwicklung der Hausfarbeit festgestellt wurde: Historische „Brüche", die auf günstige Ausgangsbedingungen für eine substantielle Veränderung des Charakters und der Organisation gesellschaftlicher Arbeit schließen ließen, sind nicht aufweisbar.

Die Erweiterung der weiblichen Erwerbsarbeit durch die Erschließung männlicher Arbeitsplätze stand nicht im Zeichen einer Erweiterung weiblicher Rechte, sondern war bestimmt durch den Mangel an männlichen Arbeitskräften (Q159) und zeitlich begrenzt auf die Dauer dieser Ausnahmesituation. Auch die von den Besatzungsmächten praktizierte Planung und Lenkung des Arbeitskräftepotentials (Q161–165) darf nicht als Vorstoß zugunsten einer Überwindung der geschlechtsspezifischen Arbeitsteilung als Bestandteil der kapitalistischen Wirtschaftsordnung mißverstanden werden. Solche planwirtschaftlichen Maßnahmen waren bereits von den nationalsozialistischen Behörden durchgeführt worden, was zunächst wohl auch zu Bedenken bzgl. der Anknüpfung an die „Dienstverpflichtungen" geführt hatte, angesichts der Notsituation aber als unumgehbar angesehen wurde (Q169) und schließlich nur noch eine Frage veränderten Vokabulars war: der nationalsozialistisch vorbelastete Terminus „Dienstverpflichtung" sollte vermieden und durch „Arbeitsverpflichtung" ersetzt werden. Für die Betroffenen war also weder die „Dienstverpflichtung" noch die Arbeit an „männlichen" Arbeitsplätzen ein Novum gegenüber der NS-Zeit und konnte deshalb auch nicht emanzipativ wirken. Der Alltag dieser Frauen blieb kontinuierlich bestimmt von harter, zu harter, als „unweiblich" empfundener Arbeit, die keine Identifikationsmöglichkeiten bot.

Besonders auffallend und die Öffentlichkeit erregend war die Beschäftigung von Frauen auf Bauten. Die „Trümmerfrauen" waren unübersehbar im Straßenbild der Nachkriegsstädte, und die teilweise vehemente Kritik und Ablehnung dieser Art von Arbeit resultierte nicht nur aus der gesundheitlichen Gefährdung der Frauen (Q167, 171, 173) und den schlechten Arbeitsbedingungen (Q169), sondern vor allem auch aus dem „unweiblichen" Charakter dieser Arbeit. Bauarbeit, das war gleichbedeutend mit „sittlicher Gefährdung" infolge rauhen Umgangstons und hohen Alkoholgenusses, die als charakteristisch für die Atmosphäre auf dem Bau galten. Immer wieder wurde betont: „Frauen im Baugewerbe bleiben doch Frauen!" (Q166), und damit man ihnen die unversehrte Weiblichkeit auch ansah, brachten die Frauenzeitschriften kosmetische Tips für die „Frauen vom Bau" (Q175). Die Frauen auf Männerarbeitsplätzen empfanden sich in der Mehrzahl der Fälle auch selbst als „Ersatz" und zwar als „minderwertigen" Ersatz für die Männer. Es wurden zwar auf Befragen Klagen laut über die Ausbeutung weiblicher Arbeitskräfte und die geringere Entlohnung, aber ein organisierter Kampf für die Durchsetzung eigener Rechte wurde nicht in Betracht gezogen. (Q169) Die Arbeiterinnen – geübt im „Ertragen" untragbarer Zustände – fügten sich in ihr weibliches „Schicksal".

Vertreter/innen der Gewerkschaften und der Frauenabteilungen der Arbeitsämter leiteten aus dem Einsatz und der Bewährung von Frauen auf Männerarbeitsplätzen Forderungen nach der Eröffnung neuer *Ausbildungsberufe* ab (Q176–179). Sie hatten auch teilweise Erfolg damit insofern, als zumindest offiziell die Möglichkeit einer Ausbildung in einigen bisher verschlossenen Berufen eingeräumt wurde (Q180 + 181). In vielen, besonders in handwerklichen Berufszweigen, trafen diese Forderungen aber auf den massiven Widerstand der Berufsorganisationen (Q182), deren Ablehnung allerdings nicht nur ideologische, sondern wohl auch handfeste materielle Gründe hatte. Wie sehr gegen die „unnatürliche" Beschäftigung von Frauen in „männlichen" Handwerksberufen Front gemacht wurde, zeigt Q184. Aber auch die Einstellung der Frauen selbst, die ihre Erwerbsarbeit als kurzes Intermezzo bis zur Familiengründung und deshalb eine langjährige Ausbildung als unnötig ansahen, änderte sich trotz der gesunkenen Heiratschancen und der gestiegenen Scheidungszahlen nicht (Q185) was angesichts der real erfahrenen, mehr als schlechten Arbeitsbedingungen (Q186 + 187), dem „männlichen" Arbeitsumfeld und der weiblichen Sozialisation zu der ganz „anderen" Hausarbeit allerdings nicht weiter verwundern dürfte.

Q159 Ökonomische Kriterien bestimmen den Fraueneinsatz

Der Mangel an Arbeitskräften für die vordringlichen gewerblichen Arbeiten ist seit geraumer Zeit Gegenstand der Sorge der Arbeitsämter. Bei der Umschau nach Reserven wird der Blick zwangsläufig auf die Frauen gelenkt.

Aus dieser Lage, die sich in Zukunft noch verschärfen wird, – vorausgesetzt, daß ein Stop der Stillegungen und langsames Anlaufen der Wirtschaft erreicht wird – ergibt sich die Grundlinie für die Planung im Fraueneinsatz: Ausnutzung der weiblichen Reserven, Verstärkung der gewerblichen Frauenarbeit unter Einbeziehung männlicher Arbeitsstellen. ...

Die Einbeziehung männlicher Arbeitsstellen in die Frauenvermittlung ist für den gegenwärtigen Abschnitt des Arbeitseinsatzes charakteristisch und wird auch auf längere Zeit hinaus bestimmend bleiben. Bei dem Mangel an männlichen Arbeitskräften, der infolge des ungünstigen Altersaufbaues der männlichen Bevölkerung in der nächsten Zeit nicht ausgeglichen werden kann, muß die Arbeitskraft der Frau stärker als bisher den vordringlichen Arbeitsprogrammen nutzbar gemacht werden, mit anderen Worten, die Lücken in den Reihen der schaffenden Männer müssen mittelbar oder unmittelbar durch Frauen geschlossen werden. Dieses Ziel ist auch dann anzustreben, wenn der Bedarf im weiblichen Sektor noch nicht voll gedeckt ist. Maßgebend für die Verteilung der weiblichen Arbeitskräfte ist die Dringlichkeitsordnung des Gesamtbedarfs.

Quelle: Maria Tritz: Zeitbedingte Aufgaben des Fraueneinsatzes. In: Arbeitsblatt für die britische Zone. Hrsg. vom Zentralamt für Arbeit, Lemgo. 1. Jg. 1947. S. 90. DIa 51, HSTA

Q160 Verpflichtung von Arbeitskräften

1945 wurde die Zwangseinweisung von Arbeitskräften in bestimmte Arbeitsstellen als typisch für den totalitären Staat angesehen und mit der demokratischen Freiheit für unvereinbar gehalten. Aber im Hinblick auf den großen Mangel an Arbeitskräften für den wirtschaftlichen Wiederaufbau hielten die neuen Arbeitsbehörden es doch für unmöglich, auf die Dauer ohne Zwangsmittel auszukommen. In den Zonen und Ländern sind daher neue Bestimmungen ergangen. Anfänglich waren diese in ihrer gesetzlichen Regelung wie praktischen Durchführung je nach Zone und Bezirk sehr unterschiedlich. Später gab der KRBefehl Nr. 3 vom 17. 1. 46 einheitliche Vorschriften. In der Sow. Z. erließ die SMA den Befehl Nr. 153 vom 29. 11. 45, der die Maßnahmen zur Sicherstellung von Arbeitskräften in den wichtigsten Wirtschaftszweigen betraf. Ausführungsbestimmungen wurden durch die Deutsche Zentralverwaltung für Arbeit erlassen. In der Fr. Z. wurden getrennt für die einzelnen Länder Arbeitseinsatzanordnungen herausgegeben: in Rheinland-Pfalz am 15. und 17. 5. 46, in Baden am 3. 8. 46, in Württemberg-Hohenzollern am 27. 8. 46. In der Br. Z. waren eingehende neuregelnde Vorschriften zur Arbeitsverpflichtung in der VO der Mil-Reg. Nr. 54 vom 22. 10. 46 enthalten. In der Am. Z. reichte der Länderrat einen die ganze Zone einheitlich betreffenden Entwurf ein; da keine Einigung erzielt wurde, waren getrennte Vorschriften für die einzelnen Länder notwendig geworden: in Württemberg-Baden und Hessen sind dazu neue Gesetze über Arbeitsverpflichtung erlassen worden, während Bayern den KRBefehl Nr. 3 als ausreichend erachtete. Die Gesetzgebung in der Bizone begrenzte durchweg die Dauer einer Arbeitsverpflichtung, unter Aufrechterhaltung des alten Arbeitsverhältnisses für diese Zeit, auf 6 bis 12 Monate. In der Fr. Z. und insbesondere in der Sow. Z. war eine Arbeitsverpflichtung auch auf unbegrenzte Zeit unter Erlöschen des alten Arbeitsverhältnisses gestattet.

Quelle: Deutschland-Jahrbuch 1949. Hrsg. von Klaus Mehnert und Heinrich Schulte. Essen o. J., S. 244

Verordnung über die Leistung von Pflichtarbeit.

Vom 31. Juli 1945.*

Die Sicherstellung unserer Ernährung, die Wiederinstandsetzung unserer Wohnungen und die Neuordnung des wirtschaftlichen und sozialen Lebens unseres Volkes erfordern die Heranziehung jeder für den Wiederaufbau einsatzfähigen Arbeitskraft. Ich ordne daher für das Gebiet der Nord-Rheinprovinz mit sofortiger Wirkung an:

§ 1

Jeder männliche Deutsche im Alter vom vollendeten 14. bis zum vollendeten 65. Lebensjahr ist verpflichtet, die ihm zumutbare Arbeit zu leisten. Die Arbeitspflicht erstreckt sich auch auf Frauen im Alter vom vollendeten 16. bis zum vollendeten 45. Lebensjahre, wenn diese nicht im eigenen Haushalt lebende Kinder unter 14 Jahren oder andere hilfsbedürftige Angehörige zu betreuen haben.

§ 2

Eigentümer oder von diesen beauftragte Verwalter von Werkzeugen, Maschinen, Fahrzeugen, Zugtieren und anderen für die Ausführung von Arbeiten erforderlichen Hilfsmitteln können zu deren Hergabe gegen angemessene Entschädigung verpflichtet werden.

§ 3

Die unter diese Anordnung fallenden Personen sind verpflichtet, sich innerhalb von zwei Wochen nach örtlicher Bekanntgabe der Anordnung beim zuständigen Arbeitsamt zwecks Erfassung zu melden. Schon in Arbeit stehende Personen werden durch ihre Arbeitgeber dem Arbeitsamt gemeldet.

§ 4

Jeder Arbeitgeber hat bis zu einem vom Vorsitzenden des Arbeitsamtes festzusetzenden Termin die bei ihm beschäftigten Personen unter Angabe von Namen, Beruf, Alter und Wohnung der Beschäftigten sowie Art der ausgeübten Tätigkeit und Dauer der Arbeitszeit beim Arbeitsamt schriftlich zu melden.

§ 5

Die Leistung von Pflichtarbeit kann nur gefordert werden, wenn die auszuführen-den Arbeiten von der Militärregierung verlangt werden, wenn sie gemeinnützigen Charakter haben oder für den Wiederaufbau dringend erforderlich sind.

Als gemeinnützig gelten Arbeiten, die dazu dienen, den gegenwärtigen Notstand im öffentlichen Verkehr zu beheben und die Versorgung der Bevölkerung mit Wasser, Licht und Gas sowie die Kanalisation wieder in Ordnung zu bringen.

Dringend erforderlich sind Arbeiten, die zur Sicherstellung der Ernährung, der Wiederinstandsetzung der für den öffentlichen Dienst erforderlichen Gebäude, der Bereitstellung des notwendigen Wohnraumes oder der Versorgung der Bevölkerung mit Heizstoffen dienen.

§ 6

Träger der gemeinnützigen Arbeit sind in der Regel die Gemeinden. Diese können private Unternehmer mit der Ausführung solcher Arbeiten beauftragen.

§ 7

Der Vorsitzende des Arbeitsamtes entscheidet darüber, ob Arbeiten als gemeinnützig oder dringend erforderlich gelten können. Gegen seine Entscheidung ist die Beschwerde an den Präsidenten des Landesarbeitsamtes zulässig. Dieser entscheidet endgültig.

§ 8

Im Falle dringenden Bedarfs an Arbeitskräften für die unter § 5 genannten Arbeiten kann das Arbeitsamt auch Personen zur Dienstleistung abordnen, die schon in einem geordneten Arbeitsverhältnis stehen, wenn die dort geleistete Arbeit weder gemeinnützig noch dringend erforderlich ist. Diese Abordnung ist zeitlich zu begrenzen. Die betroffenen Personen gelten für die Zeit ihrer Abordnung zu einer anderen Arbeit bei ihrem Stammbetrieb als beurlaubt. Das Beschäftigungsverhältnis darf während der Beurlaubung vom Arbeitgeber nicht gekündigt werden.

Die Arbeitsämter dürfen von der Abordnung zur Pflichtarbeit nur Gebrauch machen, wenn der volle Einsatz noch nicht beschäftigter Personen nicht ausreicht, um den Bedarf an Arbeitskräften zu decken.

§ 9

Weigert sich der Arbeitspflichtige ohne berechtigten Grund, eine ihm vom Arbeitsamt zugewiesene Arbeit anzunehmen, so ist ihm ein Arbeitsbefehl auszustellen.

§ 10

Die regelmäßige Arbeitszeit beträgt bei Pflichtarbeit wöchentlich 48 Stunden.

§ 11

Bei der Heranziehung zur Pflichtarbeit hat das Arbeitsamt darauf zu achten, daß der Dienstverpflichtete möglichst in seinem Beruf beschäftigt wird und lange Anmarschwege zur Arbeitsstelle vermieden werden.

§ 12

Die Entlohnung Dienstverpflichteter erfolgt bei gemeinnützigen Arbeiten nach den Sätzen für Notstandsarbeiter, bei den übrigen Arbeiten nach den einschlägigen Lohntarifen.

§ 13

Soweit die Benutzung betriebsfremder Werkzeuge, Maschinen u. a. m. für die Durchführung von gemeinnützigen und dringend erforderlichen Arbeiten notwendig ist, erfolgt deren Beschlagnahme durch die hierfür örtlich zuständige Gemeindebehörde.

§ 14

Solchen Personen, die es ohne berechtigten Grund unterlassen, sich beim Arbeitsamt zu melden, oder die sich ohne berechtigten Grund weigern, die zugewiesene Arbeit auszuführen, ist die Lebensmittelzuteilung zu sperren.

Außerdem sind diese Personen wie auch Arbeitgeber, die die nach § 4 zu erstattende Meldung unterlassen, unverzüglich der nächsten Dienststelle der Militärregierung zu melden; sie werden einer Strafverfolgung vor einem Gerichtshof der Militärregierung ausgesetzt sein.*

Düsseldorf, den 31. Juli 1945.

Dr. Fuchs

Oberpräsident der Nord-Rheinprovinz.

* Diese Verordnung war mit anderem Wortlaut des § 14 bereits unter dem Datum 11. Juli 1945 veröffentlicht worden. Gültig ist der vorliegende Text vom 31. Juli 1945.

Quelle: Mitteilungs- und Verordnungsblatt des Oberpräsidenten der Nordrhein-Provinz. Nr. 1 vom 20. 8. 1945 (1). S. 2 f.

Q 162   Befehl Nr. 153 des obersten Chefs der sowjetischen Militärverwaltung in Deutschland vom 29. November 1945

Berlin

Inhalt: Maßnahmen zur Sicherstellung von Arbeitskräften in den wichtigsten Wirtschaftszweigen.

Zur Sicherstellung von Arbeitskräften für die wichtigsten Wirtschaftszweige und zwecks einer Ordnung für den Arbeitseinsatz der arbeitsfähigen Bevölkerung in der sowjetischen Besatzungszone Deutschlands

befehle ich:

1. Den Präsidenten der Provinzen Brandenburg, Sachsen, der Bundesländer Sachsen, Thüringen, Mecklenburg und dem Präsidenten der Deutschen Verwaltung für Arbeit und Sozialfürsorge:

a) die arbeitsfähige arbeitslose Bevölkerung in erster Linie an Unternehmungen, die für Reparationslieferungen arbeiten, an Unternehmungen der Brennstoffindustrie, an Elektrizitätswerke, an Unternehmungen, die landwirtschaftliches Inventar herstellen, für den Eisenbahntransport und für andere Transportarbeiten (Renovierung von Brücken, Straßen u. a.) und für Instandsetzungsarbeiten an Wohnungen und wichtigen kommunalen Unternehmungen zu vermitteln,

b) Umschulungen von Arbeitern und Angestellten in erster Linie für Berufe, die in den wichtigsten Industriezweigen und für den Transport notwendig sind, zu organisieren,

c) den Arbeitsämtern bei Bedarf das Recht einzuräumen, Arbeitslose, ohne Rücksicht auf den Beruf, zur Arbeit zu vermitteln. Personen, die sich der Arbeitspflicht entziehen, sind von der Zuteilung von Lebensmittelkarten auszuschließen und zur Verantwortung heranzuziehen,

d) für ehemalige Mitglieder der NSDAP, die auf den Arbeitsämtern als Arbeitslose geführt werden, oder die sich bis jetzt der Arbeitspflicht entzogen haben und die aus den Verwaltungen und Unternehmungen entlassen werden, Maßnahmen zur Heranziehung derselben für körperliche, niedrige Arbeiten auszuarbeiten.

2. Dem Präsidenten der Deutschen Verwaltung für Arbeit und Sozialfürsorge, Herrn Gundelach, das Recht zu geben, im Bedarfsfall eine Verteilung der Arbeitskräfte unter den Provinzen (Bundesländern) vorzunehmen und von einer Provinz (Bundesland) in die andere umzuleiten, und die Präsidenten der Provinzen (Bundesländer) zu berechtigen, die Arbeitskräfte in ihrem Provinzgebiet (Bundesland) zu verteilen und von einer Stadt (Bezirk) in die andere zu leiten.

3. Von der Meldepflicht auf den Arbeitsämtern und von der Einsatzpflicht sind folgende Bevölkerungsgruppen zu befreien:

a) Frauen mit Säuglingen,

b) Frauen mit Kindern unter 6 Jahren, die von keinem anderen Familienmitglied betreut werden können,

c) Schüler aller Lehranstalten,

d) Invaliden – Frauen und Männer –, die ⅔ und mehr an Arbeitskraft verloren haben,

e) Kulturschaffende

f) Personen der freien Berufe.

4. Dem Chef der Abteilung „Arbeitskraft" der SMA in Deutschland, Remtsow, und den Leitern der SMA in den Provinzen und Bundesländern, die Durchführung dieses Befehls zu kontrollieren.

Stellvertreter des Obersten Chefs der Sowjetischen Militärverwaltung in Deutschland

Generaloberst

I. Serow

Mitglied des Militärrats der Sowjetischen Militärverwaltung in Deutschland

F. Bokow

Stabschef der Sowjetischen Militärverwaltung in Deutschland

Generalleutnant M. Dratwin

Quelle: Arbeit und Sozialfürsorge. Nr. 1/1946 (1). S. 3 f.

Q163 (siehe Abbildung auf Seite 256)
Quelle: Richard Bauer: Ruinen-Jahre. Bilder aus dem zerstörten München 1945–1949. München 1983. S. 18

Q164 Gesetz Nr. 32 des alliierten Kontrollrats vom 10. Juli 1946

Beschäftigung von Frauen bei Bau- und Wiederaufbauarbeiten

In Anbetracht des großen Mangels an tauglichen männlichen Arbeitskräften in gewissen Teilen Deutschlands, erläßt der Kontrollrat das folgende Gesetz:

Artikel I

Die zuständigen deutschen Behörden dürfen weibliche Arbeitskräfte bei Bau- und Wiederaufbauarbeiten einschließlich Aufräumarbeiten beschäftigen beziehungsweise ihre Beschäftigung genehmigen.

Artikel II

Die Bestimmungen der Verordnung vom 30. April 1938 über die Arbeitszeit (Arbeitszeitordnung, RGBl. 1938, I, 447) und alle sonstigen gesetzlichen Bestimmungen, die im Widerspruch zu diesem Gesetz stehen, werden hiermit aufgehoben oder im Sinne dieses Gesetzes abgeändert.

Artikel III

Dieses Gesetz tritt mit dem Tage seiner Verkündung in Kraft.

(Die in den drei offiziellen Sprachen abgefaßten Originaltexte dieses Gesetzes sind von V. SOKOLOWSKY, Marschall der Sowjetunion; Joseph T. MC. NARNEY, General; Sholto DOUGLAS, Marschall der Royal Air Force und P. KOENIG, General der Armee, unterzeichnet.)

Quelle: Arbeitsblatt für die britische Zone. Hrsg. vom Zentralamt für Arbeit, Lemgo. 1947 (1). S. 3. DIa 51. HSTA

Registrierung
bei den Arbeitsämtern

Alle meldepflichtigen Frauen, die zum Zwecke ihrer Registrierung im Arbeitsamt München, Thalkirchner Straße 54, einen Arbeitsbuchantrag abgegeben haben, können die zur Vorlage bei den Verteilungsstellen für die 81. Verteilungsperiode erforderliche Meldekarte unter Vorlage des Registrierscheines in der Woche vom 1. mit 6. Oktober 1945 in der Thalkirchner Straße 54 abholen und zwar:

Montag,	den 1. Oktober	Buchstabe	A, B, C, D, E
Dienstag,	den 2. „	Buchstabe	F, G, H, I, J
Mittwoch,	den 3. „	Buchstabe	K, L, M
Donnerstag,	den 4. „	Buchstabe	N, O, P, Qu, R
Freitag,	den 5. „	Buchstabe	S, Sch, St, T
Samstag,	den 6. „	Buchstabe	U, V, W, X, Y, Z.

Sämtliche Frauen, die in der Woche vom 1. bis 6. Oktober 1945 eine Meldekarte ausgehändigt erhalten, haben sich in der Zeit zwischen dem 15. Oktober und 6. November 1945 in der für sie zuständigen Zweigstelle nach folgender alphabetischer Ordnung zu melden:

In der Woche vom 15. mit 22. Oktober . . Buchstabe A mit I
in der Woche vom 24. mit 29. Oktober . . Buchstabe K mit R
in der Woche vom 1. mit 6. November . . Buchstabe S mit Z.

Bei dieser Meldung wird festgelegt, wie oft und an welchen Tagen die Meldung künftig zu erfolgen hat.

Damit alle beschäftigten Männer und Frauen den für die Verteilungsstelle erforderlichen Nachweis erhalten, werden die Betriebsführer nochmals darauf hingewiesen, diese Bestätigungen, die Postkartengröße haben müssen, mit den vom Arbeitsministerium festgelegten vollständigen Angaben zu versehen:

Es ist anzugeben:

„Name und Vorname, Geburtsdatum, Wohnung, erlernter Beruf, beschäftigt als ____ , beschäftigt bei ____ , seit ____ , versichert bei der Krankenkasse , nicht versichert weil erwerbsbeschränkt durch , Sprachkenntnisse Mein Betrieb arbeitet. Ich bin davon unterrichtet, daß falsche Angaben nach den Bestimmungen der Militärregierung bestraft werden."

München, den 29. September 1945.

Der Leiter des Arbeitsamtes München
gez. F. Wurzinger

Q165 Anweisung zur Durchführung des Kontrollratsgesetzes Nr. 32 (Oktober 1946)

Betr. Beschäftigung von Frauen bei Bau- und Wiederaufbauarbeiten.

Es ist von der Militärregierung beschlossen worden, daß im Zusammenhang mit dem Kontrollratsgesetz Nr. 32 betr. Beschäftigung von Frauen bei Bau- und Wiederaufbauarbeiten die folgenden Anweisungen von den Arbeitsämtern zu beachten sind:

1. Die Arbeitsverwaltung ist die einzig zuständige Behörde, die entscheidet, ob weibliche Arbeitskräfte bei diesen Arbeiten eingesetzt werden sollen oder nicht, und wenn entschieden wird, daß weibliche Arbeitskräfte eingesetzt werden können, wird die Vermittlung durch die Arbeitsämter erfolgen. Solange die gegenwärtige Knappheit an männlichen Arbeitskräften im Baugewerbe besteht, müssen viel weibliche Arbeitskräfte verwendet werden.

2. Folgende Arbeiten gelten als für weibliche Arbeitskräfte geeignet:

A. Baugewerbe und Bau-Nebengewerbe

a) Putzen und Stapeln von Mauersteinen, Sand- und Schutt-Sieben;

b) Mörtel- und Beton-Mischen (von Hand und mit Maschinen, einschl. leichter Schaufelarbeit);

c) Laden und Entladen von Loren und ähnlichen Fahrzeugen einschl. leichter Schaufelarbeit, nicht über 1 m hoch;

d) Handlangerarbeit mit Tragevorrichtung, sofern die Last, die aufwärts zu bewegen ist, 10 kg nicht übersteigt;

e) Herstellung von Mauerwerk, sofern keine Arbeit auf Leitern vorgesehen ist;

f) Herstellung von Beton-Werkstein, Säubern der Schalung usw.;

g) Putzarbeiten an Wänden;

h) Maler- und Tapezierarbeiten, aber keine Außenarbeiten über dem 1. Stockwerk;

i) Glaserarbeiten;

k) leichte Zimmerarbeiten;

l) elektrische Installation.

B. Trümmerbeseitigung

a) leichte Aufräumarbeiten;

b) Weiterreichen, Auf- und Abladen von Mauersteinen;

c) Putzen, Sortieren und Stapeln von Mauersteinen;

d) Leichte Schaufelarbeit, nicht über 1 m hoch;

e) Handlangerarbeiten mit Tragevorrichtung und sonstige leichte Handlangerarbeiten auf ebener Erde.

3. Körperlich taugliche Frauen zwischen dem 18. und 45. Lebensjahr werden sich gewöhnlich für die schwereren Arbeiten unter den oben aufgezählten eignen. Frauen über 45 Jahre können für die leichteren Arbeiten eingesetzt werden.

4. Folgendes sind Beispiele von außergewöhnlich schwerer Handarbeit, für die Frauen nicht eingesetzt werden sollen:

a) Abbrucharbeiten;

b) Schwere Schaufelarbeit;

c) Arbeiten im Tiefbau;

d) Oberbauarbeiten an Eisenbahnen und Straßenbahnen;

e) Arbeiten mit Preßluftwerkzeugen;

f) Tragen oder Transport mittels Karre von schweren Lasten, z. B. Steine, Mörtel, Beton;

g) Arbeiten auf Gerüsten, Leiter- und Dacharbeiten.

5. Bevor Frauen für den Einsatz bei Bau- und Wiederaufbauarbeiten oder für Trümmerbeseitigung vorgeschlagen werden, sollen sie vom Amtsarzt des Arbeitsamtes auf ihre Tauglichkeit für diese Arbeit untersucht werden. Frauen sollen auch vom Arbeitsamtsarzt untersucht werden, wenn sie Befreiung von dieser Arbeit wegen schlechten Gesundheitszustandes verlangen. Schwangere Frauen ab dritten Monat der Schwangerschaft und Frauen kurz nach der Entbindung dürfen für diese Arbeiten weder eingesetzt noch festgehalten werden.

6. Die Arbeitszeit für Frauen darf 48 Stunden in der Woche nicht übersteigen. Die Beschäftigung von Frauen im Freien bei ungewöhnlich schlechtem Wetter ist nicht zulässig.

7. Die Frauen sind nach Möglichkeit getrennt von den Männern und in geschlossenen Arbeitsgruppen unter weiblicher Aufsicht einzusetzen. Auf der Baustelle müssen getrennte heizbare Baubuden und ge-

trenne Aborte für beide Geschlechter vorhanden sein.

8. Die Vorschriften der Freizeit-Anordnung vom 22. Oktober 1943 (RABl. III, S. 325 u. 343) sind zu beachten.

9. Bei Festsetzung der Lohnsätze für weibliche Arbeitskräfte müssen sich die Präsidenten nach der Ergänzung zu A. C. A. Direktive Nr. 14 und den im Zusammenhang damit ergangenen Anweisungen richten.

10. Die Gewerbeaufsicht soll in Zweifelsfällen, auf die in dieser Anweisung kein Bezug genommen wurde, entscheiden.

Quelle: Arbeitsblatt für die britische Zone. Hrsg. vom Zentralamt für Arbeit, Lemgo. 1947 (1). S. 3 f. DIa 51. HSTA

Q166 Frauen im Bauhandwerk bleiben doch Frauen

Arbeitsminister Halbfell: „Gleicher Lohn für beide Geschlechter"

Düsseldorf, 5. November (NRZ-Eigenbericht). Auf der Tagung des Arbeitsausschusses des Landes Nordrhein-Westfalen führte Arbeitsminister Halbfell aus: „Zwei Probleme beschäftigen uns heute ganz besonders: einmal die noch immer nicht erfolgte Angliederung des Frauenlohnes an den Männerlohn für die gleiche Arbeit, eine durch nichts zu rechtfertigende Tatsache; zweitens das Problem Frauenarbeit überhaupt."

Die Zahl der in diesem Kriege aus Rheinland und Westfalen auf dem Schlachtfeld verbliebenen Männer beträgt für jedes Land ca. 300 000. Mithin können aus diesen beiden Ländern 600 000 Frauen nicht mehr heiraten. Sie müssen aber versorgt werden. Der Staat allein kann sie nicht unterstützen. Also müssen die Frauen arbeiten.

Kein Zwang zur Arbeit

Wir müssen nun nach Einsatzmöglichkeiten für die Frau suchen. An Stelle des Zwanges zur Arbeit tritt für die Frau ihr Recht auf Arbeit. Dieses Problem müssen wir lösen.

Der für die nächsten Jahre unerschöpfliche Arbeitsmarkt in Deutschland ist der Baumarkt. Alle anderen Wirtschaftszweige sind beeinträchtigt. Es liegt auf der Hand, daß alle interessierten Stellen sich mit der Frage des Arbeitseinsatzes der Frau im Baugewerbe beschäftigen.

Ich habe bereits vor einem Jahr in Westfalen für die Gewerbeaufsicht Richtlinien für den Arbeitseinsatz der Frau im Baugewerbe ausarbeiten lassen. Darin ist genau festgelegt, welche Arbeit die Frau im Baugewerbe verrichten darf und welche nicht.

Eigenaufgaben

Die von allen Seiten hierin gemachten Proteste gegen Frauenarbeit im Baugewerbe sind mittlerweile verstummt, weil man zu der Überzeugung kommt, daß die Frau eingesetzt werden muß. Wir müssen und werden von behördlicher Seite alles tun, um die Frau unter keinen Umständen auch nur im geringsten gesundheitlichen Schaden erleiden zu lassen. Man muß der Frau Aufgaben zuweisen, an denen sie wachsen kann und ein Mitbestimmungsrecht habe. Ich bin überzeugt, daß jede Frau die ihr zugewiesene Arbeit mit Mut und Energie annehmen wird, wenn es gilt, aus diesem Trümmerhaufen ein neues, demokratisches Deutschland aufzubauen. . . .

Quelle: NRZ vom 6. 11. 1946. S. 5. STA-DU

Q167 Die Praxis des Kontrollratsgesetzes Nr. 32

Von den Gewerbeaufsichtsämtern wird berichtet, daß Arbeitsämter, anscheinend bei Mangel an erwachsenen männlichen Arbeitskräften, Frauen zur Arbeiten vermitteln, die der Gewerbeaufsicht nur zufällig zur Kenntnis kommen und von denen sie dann feststellen muß, daß sie für Frauen ungeeignet sind oder daß sogar für sie Beschäftigungsverbote bestehen. Neuerdings werden in der Grauwackeindustrie des Oberbergischen Kreises immer mehr Frauen verwendet, vor allem zur Verladearbeit, bei der sehr schwere Steinblöcke gleich unterhalb der Bruchwand oder an anderen Stellen verladen werden, an denen große Blöcke gesprengt wurden.

Nach der noch geltenden Bundesratsbekanntmachung vom 31. 5. 1909, betreffend die Einrichtung und den Betrieb von Steinbrüchen und Steinhauereien (Steinmetzbetrieben) – ergänzt durch die Bekanntmachungen vom 8. 12. 09 und 20. 11. 11 (Reichsge. Bl. 1909 S. 471 – und 971, 1911 S. 955 –) dürfen Arbeiterinnen und jugendliche Arbeiter nicht beim Transport oder Verladen von Abraum, Steinen oder Abfall beschäftigt werden. – An dieser Rechtslage hat das Kontrollratsgesetz Nr. 32 vom 10. 7. 46 nichts geändert. Es beschränkt sich materiell nur auf die Beschäftigung von Frauen bei Bau- und Wiederaufbauarbeiten. Die zu dem Gesetz erlassene Anweisung der Militär-Regierung vom Okt. 1946 führt zudem als Beispiel von außergewöhnlich schwerer Handarbeit, für die Frauen nicht angesetzt werden sollen, an

„6. Tragen oder Transport mittels Karre von schwerer Last, z. B. Steinen".

Ein unbeschränkter Fraueneinsatz ist demnach auch nicht auf Bauten erwünscht. In Steinbrüchen bestehen neben der Schwere der Arbeit auch noch Unfallgefahren durch auszuführende Sprengungen, die Silikosegefahr u. a. m., die eine Beschäftigung von Frauen unerwünscht machen.

Quelle: Schreiben der Abteilung Arbeitsschutz im Landesarbeitsministerium NRW an das Landesarbeitsamt NRW und die Außenstelle Münster am 27. 1. 1947. NW 45 Nr. 120. HSTA

Q168 **„Aufbau-Lied". Geschrieben von Eva B. aus Wesel kurz nach Kriegsende 1945.**

Wir wirken hier in uns'rer Stadt,
Sie war einst unser Stolz
Die Kriegsgreuel verwüstet hat
Zu Schutt von Stein und Holz.

Uns treibt kein Zwang zur Arbeit hin
Freiwillig helfen wir.
Dem *Ganzen* nur gilt unser Sinn
Und „Wesel" seis Panier!

Wie Wüste liegt was wir bewohnt
Der Wes'ler Stolz und Glück!
Nicht eine Straße blieb verschont,
Nur Trümmer trifft der Blick.

Doch Wesels Jugend zaget nicht
Sie greifet mutig an,
Sie schüppt und gräbt, sie hackt und sticht,
Gern wird das Werk getan.

Wir wissen, auch aus unserm Fleiß
Baut neu die Stadt sich auf
Und kostet es auch Müh und Schweiß
Wir nehmens gern in Kauf.

Bei uns ist, wer den Aufbau will,
Wer Spaß am Schaffen hat,
Schwer ist das Werk, doch schön das Ziel:
Es *lebe* unsere Stadt!

Quelle: Stadtarchiv Wesel

Q169 Wir klopfen Beton – unser Berichterstatter besucht Mädchen auf dem Bau

Ich muß ein Geständnis machen: Ich war nicht allein. Ich hatte mir eine Begleiterin mitgenommen. Für alle Fälle. Ich weiß nicht, woran es lag, jedenfalls wurden wir mit offenen Armen aufgenommen. 25 junge, unternehmungslustige Mädel zwischen 16 und 23 Jahren, die vom Arbeitsamt als Hilfskräfte für das Baugewerbe verpflichtet waren, umringten uns auf dem Bochumer Schlachthof. Eine Gemeinschaft tapferer deutscher Mädel, die den festen Willen zur Mitarbeit beim Aufbau haben. ‚Jawohl, wir sind aus allen Berufsgruppen zusammengewürfelt. In unseren erlernten Berufen besteht zur Zeit keine Aussicht auf Anstellung, da hat man uns ohne Umschulung hierher verpflichtet.‘ Büroangestellte, Stenotypistinnen, Kontoristinnen, Sportlehrerin, alle Berufsarten sind hier vertreten. Die Älteste ist 23 Jahre alt, die Jüngste unter ihnen 17. Alle Mädel erhalten Schwerarbeiterzulagen und arbeiten 8½ Stunden am Tag.

‚Wie steht es eigentlich mit der Entlöhnung?‘ ‚Fauler Zauber‘, meint ein kleines, aber lebhaftes, schwarzhaariges Fräulein, ‚der Bauhilfsarbeiter erhält 0,70 RM pro Stunde und wir Mädel bei gleicher Leistung nur 0,60 RM. Außerdem geht es bei uns nach dem Alter. Unser ‚Nesthäkchen‘ erhält nur 0,42 RM in der Stunde.‘ Eine andere lacht fröhlich: ‚Wir müssen eben durchsetzen, daß wir auch hier mit unseren männlichen Kollegen gleichgestellt werden – gleiche Arbeit fordert gleiche Entlöhnung – nur werden wir bald in Badetrikots arbeiten müssen.‘ Ich bin platt. ‚Ja, bekommen Sie denn kein Arbeitszeug gestellt?‘ ‚Man verhandelt darüber eifrig – und das schon recht lange – aber bis jetzt ...‘ Sie zeigt auf eine unzählige Male gestopfte und geflickte ehemalige Wehrmachtshose.

‚Stengt die Arbeit eigentlich sehr an?‘ ‚Anstrengend ist sie schon für uns Mädel und ungewohnt, aber wir werden Gott sei Dank nicht getrieben – wir klopfen Beton, kneifen Draht, schieben Loren.‘ ...

‚Wer vertritt eure Interessen beim Unternehmer?‘ Betretenes Schweigen. Dann eine kläglich: ‚Wer etwas auf dem Herzen hat, geht zum Betriebsobmann Schröder ... Oskar ist ganz in Ordnung – überhaupt auch unser Oberpolier Neumann ist prima.‘

Die Mädels sind nicht gewerkschaftlich organisiert. Sie sind noch hilflos, sie wissen nichts von Betriebsausschüssen und Vertrauenskörpern. Es muß ihnen klargemacht werden, daß sie das Recht haben ein Mädel aus ihrer Mitte als ihre Vertreterin, als Betriebsrätin, zu verlangen. Sie haben im Monat keinen Tag frei ... Warum wird nicht auch eine kleine Gemeinschaftsküche für sie eingerichtet? ...

Hier ist eine vordringliche Aufgabe für die Gewerkschaften, sich gerade dieser Mädel anzunehmen.

‚Was habt ihr sonst noch auf dem Herzen?‘ frage ich die muntere Schar. ‚Sehen Sie‘, meint die kleine Schwarze von vorhin, ‚wir arbeiten hier tagsüber schwer im Baufach, und wieviel tausend Männer faulenzen auf dem Schwarzen Markt herum? Warum wird da nicht eingegriffen? Wir sind immer die Dummen –‘ sie seufzt, ‚erst waren wir im Landjahr‘, dann im Rüstungsbetrieb, zum Schluß steckte man uns in die Wehrmacht – und jetzt sind wir wieder die, die aufräumen sollen. Wir tun es ja gerne, aber sollen wir für immer Loren schieben? Warum werden nicht die vielen untätigen Männer, die auf dem Schwarzen Markt herumlungern, dazu herangezogen? Laufen nicht noch Tausende von ehemaligen aktiven Nazis herum, die Schuld an diesem Elend sind und die ihre Hände auch heute wieder in die Hosentaschen vergraben? Warum packt man nicht diese Leute und läßt sie das aufbauen, was sie mit ihrer Schuld zerstört haben?‘

Ich nicke mit dem Kopf. Recht haben sie, die Mädel, es ist notwendig, daß sich die zuständigen Stellen endlich für die Interessen und Belange dieser lebenstüchtigen Mädel einsetzen.“

Quelle: Westdeutsches Volks-Echo. Die Zeitung der Werktätigen für Ruhrgebiet-Westfalen. 7. Juni 1946. STA-DU

Q170 Steineklopfende Frauen

Vor Weiterverwendung mußten die Ziegelsteine von Mörtel und Zement gesäubert werden.
Quelle: Frank Grube/Gerhard Richter: Die Schwarzmarktzeit. Deutschland zwischen 1945 und 1948. Hamburg 1979. S. 59

Q171 Frauen keine Bauhandwerker

Entschließung des SPD-Ausschusses

Düsseldorf, 5. November (NRZ-Eigenbericht). Die Forderung, Frauen nur auf freiwilliger Grundlage und nach vorheriger ärztlicher Untersuchung im Baugewerbe zu beschäftigen, wurde vom Bezirksfrauenausschuß der SPD, Bezirk Niederrhein, in seiner letzten Sitzung erhoben. In einer Entschließung an den Parteivorstand in Hannover heißt es u. a.:
„Wir fordern die Erschließung von handwerklichen Berufen für die intelligente und geschickte Frau, die ihrer Körperkraft angemessen wird. Die Gewerbefreiheit ist auch für die Frau gesetzlich verankert. Trotzdem sind ihr durch den Widerstand der Innungen und Handwerksmeister zahlreiche Handwerke verschlossen. Wir können aber nicht dulden, daß die Frauen ohne Rücksicht auf Geschicklichkeit und Intelligenz in reine Hilfsarbeiterberufe abgedrängt werden.
Frauen, die freiwillig im Bauberuf arbeiten wollen, sind Schwerarbeiterzulagen zu gewähren, ausreichende Arbeitskleidung und -schuhe zu stellen und der volle Hilfsarbeiterlohn nebst Schmutzzulage zu zahlen. Unberührt von dieser Entschließung bleibt unsere grundsätzliche Ablehnung der Frauenarbeit im Bauberuf, denn es gibt kaum einen Beruf, der sich für den Frauenkörper weniger eignet."
Quelle: NRZ vom 6. 11. 1946. S. 5. STA-DU

Q172 Der Frauenausschuß der Gewerkschaften der britischen Zone zum Problem „Frauen im Baugewerbe"

Besonders wichtig wird in nächster Zukunft die Frage der Umschulung in das Baugewerbe sein. Kollegin Sieder formulierte klar den Standpunkt, den der Frauenausschuß einzunehmen hat: Wenn ein wirklicher Mangel im Baugewerbe herrscht, kann der Frauenausschuß eine Beschäftigung von Frauen in diesem Beruf nicht ablehnen. Es gilt auch hier, ohne Zwang eine sinnvolle Lösung zu finden, die zum Ziele führt, etwa Werbungen in der

Öffentlichkeit durchzuführen und bei der Bevölkerung eine geistige Voraussetzung für die Notwendigkeit einer neuen Wirtschaftsplanung zu schaffen. Frauen sollen hier die Möglichkeit haben, im Baugewerbe ihren Beruf zu finden (etwa Innenarchitektin). Andererseits will der Frauenausschuß erwirken, daß, wenn in nächster Zeit Verpflichtungen nicht zu vermeiden sind, man aus leichteren Arbeiten Männer herauszieht und dort Frauen einsetzt, so daß erstere für die zu besetzenden schweren Posten freiwerden.

Quelle: Protokoll über die 2. Sitzung des Frauenausschusses der Gewerkschaften in der britisch besetzten Zone am 14. und 15. Februar 1947 in Bielefeld. S. 2. DGB-Akte „Verschiedene Protokolle", DGB-Archiv

Q173   Frauenarbeit in den Trümmern der Großstadt

Unter allen Eindrücken, die uns die zerstörte Großstadt vermittelt, gehört die Frau in den Steinbrüchen der Haustrümmer zu denen, die ein Mensch, dessen Denken und Fühlen noch nicht abgestumpft ist, nicht vergißt. ...

In langen Reihen sahen wir sie gleich nach Beendigung der Kampfhandlungen von der schwindelnden Höhe der noch verbliebenen Mauern bis hinunter auf die Straße: Stein um Stein wanderte durch ihre Hände, Eimer um Eimer, gefüllt mit Schutt, wurde weitergegeben. Lange Ketten von Menschen wanden sich durch das Geröll, sie endeten immer an einer abgelegenen Stelle, wo noch Platz für das zertrümmerte Gestein war.

Die Ketten sind heute nicht mehr. Dafür sind Loren als willkommene Transportmittel gekommen. Frauen beladen sie, Frauen schieben sie, Frauen kippen sie aus, Frauen rollen mit ihnen wieder zurück. Ruhe gibt es bei dieser Arbeit kaum. Die kurzen Pausen werden dazu benutzt, um noch einen hervorlugenden Balken abzusägen oder abgebrochene Holzteile beiseite zu legen; die Feuerung verschlingt mehr davon, als man herbeischleppen kann! Die Frauen erzählen sich dabei viel. Jede kennt das Schicksal der anderen, jede weiß um ihre Sorgen, um ihre Familie, um alles, was sie bedrückt. Eine jede weiß aber auch von sich und von der Kameradin neben sich, in welch einer anderen Welt sie einst gelebt hat, die nun der Erinnerung angehört, aber hierin zugleich der kostbarste Besitz ist, den man, ist auch alles verloren, als letztes keinem Menschen nehmen kann.

Die Frauen lachen auch gern einmal, wenn sie verweilen. Den Loren haben sie Filmnamen gegeben. Es ist, als nehmen sie ihnen die Schwere. Auch Frauen haben, wie man sieht, Humor!

Wer in den Steinen arbeitet, kann nicht nach der Mode gekleidet gehen. Was haben sie sich alles angezogen, diese Frauen! Holzschuhe und Schistiefel, Männersocken oder Fußlappen darin, ein Paar derbe Hosen oder einen Trainingsanzug – das älteste Zeug oder auch das stabilste. Dazu ein buntes Tuch um den Kopf und irgend etwas an den Händen. Denn Steine reißen die Haut auf und Geröllstaub dringt in die Poren. Sie machen sich dann manchmal selbst über ihre merkwürdige Aufmachung lustig. Aber aufs Zweckmäßige kommt es bei dieser Arbeit an und nicht darauf, wie man aussieht. Das Derbste ist hier der letzte Schrei.

Mädchen, Mütter, Witwen, alleinstehende Frauen und solche, die für ihre Familie einstehen – kein Alter fehlt. Von den meisten können wir nicht sagen, welchem Jahrgang sie angehören. Viele Frauen haben ihre einst strahlende Jugend vorzeitig verloren. Im Staub der Steinarbeit wirken sie fast ergraut. Junge Mädchen sind darunter. Sie schwingen die Spitzhacke, sie buddeln und schaufeln, als mache ihnen das nichts aus. Ganz alte Frauen sind dabei, sie gehen langsam, die Füße wollen nicht mehr recht, leichter als das Schippen und Tragen erscheint ihnen noch das Abklopfen. Denn Stein um Stein wird gesäubert und damit zum Baustein für eine erhoffte und ersehnte bessere Zukunft.

Ein Mauerstein wiegt etwa 7 Pfund. Mancher wußte das nicht. Er hat es erst jetzt erfahren. Und ein Kubikmeter Schutt und Erde – wie wenig ist das in den Trümmern! – hat ein Gewicht von etwa 25 Zentnern! Für Frauen, denen es um Lebensmittelkarte und Lohn geht, kein leichtes Gewerbe und, weiß Gott, keine „frauliche" Beschäftigung.

Es gibt kein Bild, das eindrucksvoller und anschaulicher, aber zugleich auch ergreifender die Folgen einer Katastrophenpolitik charakterisiert, als diese in den Trümmern bei jeder Witterung mit unermüdlicher Ausdauer arbeitenden Frauen. Von allen Versprechungen, die ihnen einst großspurig gegeben wurden, ist ihnen nichts geblieben als Geröll und Steinhaufen, die sie im wahrsten Sinne des Wortes mit eigenen Händen wegräumen müssen, damit das Leben weitergehen kann. Sie verbergen ihre Enttäuschung über ihr Schicksal nicht, aber was auch geschehen mag; sie wollen über diese schwere Zeit hinweg. So entfalten sie unerwartete seelische und physische Kräfte und beweisen, daß auch das schwache Geschlecht sehr stark sein kann, wenn's darauf ankommt!

Quelle: Frauen gestern und heute. Berlin 1946. S. 34–36

Q174   Kette von Trümmerfrauen in Köln (siehe Abbildung auf Seite 264)
Quelle: Frank Grube/Gerhard Richter: Die Schwarzmarktzeit. Deutschland zwischen 1945 und 1948. Hamburg 1978. S. 46

Q175   Gesund und schön – ein Kapitel Gesichtspflege für die Frauen vom Bau

Es ist leider nicht zu vermeiden, daß Mörtel, Staub und ständiger Witterungswechsel mit der Zeit im Gesicht ihre Spuren hinterlassen. Das trifft besonders die Frauen „vom Bau", unsere fleißigen Schipperinnen und Bauarbeiterinnen. Sie müssen also Gesichtspflege treiben. Wie dies auch mit den einfachen, uns heute noch zur Verfügung stehenden Mitteln möglich ist, soll hier einmal kurz besprochen werden. Bei der Reinigung der Haut muß starkes Reiben vermieden werden. Zur intensiven Säuberung gehört nicht Frottieren, sondern tüchtiges Erweichen, darauf sorgfältiges Spülen und sodann wieder Erweichen der Haut. Das Erweichen geschieht durch Umschläge (Kompressen), die vorher in lauwarmes Wasser zu tauchen und dann so zu legen sind, daß Mund und Nase frei bleiben. Zum Schluß nicht abtrocknen, vielmehr das Gesicht der Luft möglichst feucht zum Trocknen aussetzen. Auf diese Weise wird ein Ausgleich dafür geschaffen, daß die Haut durch die Arbeit an der frischen Luft eine bestimmte Menge Flüssigkeit verliert, zu sehr austrocknet und infolgedessen einen Teil ihrer Spannung und Widerstandskraft einbüßt.

Die Behandlung mit lauwarmen Kompressen soll neben der Reinigung gleichzeitig bewirken, daß die ursprüngliche Spannung und Widerstandskraft wiederhergestellt wird; dies ist schon ein Moment der Heilung.

Für den besonderen Zweck des Heilens wachsen uns verschiedene Kräuter zu, die wir in den Dienst dieser Aufgabe stellen können. Ein Aufguß von Fliederblüten z. B. wirkt schweißtreibend und sorgt dafür, daß der eingedrungene Schmutz aus den Poren entfernt wird und die Schweißdrüsen wieder richtig funktionieren. Schafgarbe und Kamille bekämpfen Entzündungen und wirken heilend bei Ausschlägen. Wer sehr empfindliche Haut hat, die zum Rissigwerden neigt, der muß die Hornbildung fördern und der Haut einen eigenen Schutz verleihen. Brombeer- und Himbeerblätter sind dazu hervorragend geeignet. Kräuter setzt man abends mit kaltem Wasser an, bringt sie morgens langsam zum Kochen, läßt sie fünf Minuten kochen und dann auskühlen. Von dem so gewonnenen Extrakt wird ein Teil dem lauwarmen Wasser beigegeben, mit dem man die eben beschriebenen Umschläge macht. Es ist gut, vor dem Zubettgehen die mit dem Kräuterextrakt getränkte Kompresse möglichst lange auf dem Gesicht zu belassen; auch morgens wird das Gesicht mit lauwarmem Wasser gewaschen, dem man etwas Kräuterextrakt beigefügt hat. Seife ist unter allen Umständen zu vermeiden, da sie infolge ihrer alkalischen Eigenschaften

die an sich schon strapazierte Haut noch mehr schädigen würde. Ist die Haut ausgeheilt, muß Vorsorge getroffen werden, daß sie intakt bleibt. Da heißt es in erster Linie einfetten, aber nicht mit sogenannten Tagcremes, sondern mit solchen Cremes, die einen Zusatz von Vaseline enthalten. Derartige Cremes werden von der Haut nicht sofort aufgenommen und trocknen nicht gleich ein.

Ein medizinischer Gesichtspuder, den wir morgens und mittags auftragen, gibt der Gesichtshaut tagsüber einen Schutz. Sie stehen diesem Ratschlag ablehnend gegenüber? Probieren Sie es am eigenen Gesicht!

Quelle: Die Frau von heute. 13/1946 (1). S. 10

Q176   Kein generelles Verbot der Frauenarbeit im Bergbau

Es kommt darauf an, mehr Berufsmöglichkeiten für die Frau zu erschließen, um jede zur Verfügung stehende Arbeitskraft zweckmäßig einzusetzen. Wir können es uns nicht erlauben, vollwertige Arbeitskräfte brachliegen zu lassen, nur weil sie für die anfallende Arbeit nicht ausgebildet sind. Andererseits geht es auch nicht an, Frauen im Bergbau unter Tage zu beschäftigen. Niemand wird bestreiten wollen, daß das keine geeignete Arbeit für Frauen ist. Ein generelles Verbot der Frauenarbeit im Bergbau wird jedoch nicht mehr bestehen bleiben können. Die für Frauen vorgesehenen Arbeiten sind allerdings sorgsam zu überprüfen und erst dann festzulegen. Schutzmaßnahmen müssen verstärkt und die Frauen unter ständige ärztliche Kontrolle genommen werden.

Erwähnenswert ist vor allem die Feststellung, daß der Frau auch heute noch Hilfsarbeiten, auch wenn diese mit erheblichen körperlichen Anstrengungen verbunden sind, ohne weiteres zugemutet und zugewiesen werden. Frauen werden als Transportarbeiterinnen beschäftigt, beim Entladen von Güterzügen, ganz gleich, ob es sich um Kohlen oder Baumaterialien handelt. Erstreben die Frauen aber einen Facharbeiterberuf, so erfolgt vielfach Ablehnung mit der Begründung, daß der Beruf wegen der damit verbundenen körperlichen Anstrengungen für Frauen nicht geeignet ist.

Quelle: Mina Amann: Die Entwicklung der Frauenarbeit. In: Zentralblatt für Arbeitswissenschaft. 4/1947 (1). S. 73–76. Hier S. 74 f.

Q177   Plädoyer für die Schaffung qualifizierter weiblicher Arbeitsplätze

Der verhängnisvolle Ausgang des zweiten Weltkrieges stellt die weibliche Berufsberatung vor eine bedeutsame Aufgabe, die zwar nicht neu, aber in ihrem jetzigen Ausmaß erstmalig ist. Der gewaltige Ausfall an erwerbsfähigen Männern einerseits und der Frauenüberschuß andererseits, der ein Vielfaches von dem durch den ersten Weltkrieg verursachten ausmacht, fordern mit aller Eindringlichkeit die Intensivierung der Frauenerwerbsarbeit, jedoch nicht nur quantitativ, sondern auch qualitativ, d. h. daß dem weiblichen Geschlecht auch die Erlernung qualifizierter männlicher Berufe ermöglicht werden muß. . . .

Ich möchte ernstlich davor warnen, die Angehörigen des weiblichen Geschlechts in der Hauptsache nur für kurzfristig zu erlernende Teilarbeiten in den Wirtschaftsprozeß einzugliedern und sie zum bloßen Objekt herabzuwürdigen. Es sind Stimmen laut geworden, die das sogar als Erfordernis unserer künftigen Wirtschaft ankündigen, bezugnehmend auf ausländisches Beispiel. So sehr eine solche Entwicklung an sich als verhängnisvoll und menschenunwürdig abzulehnen ist, ebenso sehr ist zu verwerfen, wenn ihre Folgerungen nur den weiblichen Berufstätigen zugemutet werden sollten. Es würde ihnen, die gezwungen sind, den schweren einsamen Weg zu gehen, auch noch die andere Möglichkeit genommen, im Beruf Wurzel zu schlagen und Lebenshalt zu finden.

Quelle: Margarete Brendgen: Neue Wege der weiblichen Berufsberatung. In: Arbeitsblatt für die britische Zone. Hrsg. vom Zentralamt für Arbeit, Lemgo. 1. Jg. 1947. S. 353 f. DIa 51. HSTA

Frauenüberschuß und Nachkriegswirtschaft
Bei der Betrachtung des Problems der Frauenarbeit in Deutschland muß man zweierlei auseinanderhalten:
Einmal den derzeitigen Ausnahmezustand infolge des Frauenüberschusses und die besonderen Mittel zu seiner Überwindung, zum anderen die Maßnahmen, die sich angesichts der voraussichtlichen Entwicklung unserer Wirtschaft bei wieder normalen Bevölkerungsverhältnissen als notwendig erweisen werden.

Das große Übergewicht der Frauen in den heiratsfähigen Jahrgängen (bei den 20- bis 40jährigen 50%!) bis hinunter etwa zu den 12jährigen Mädchen, (als deren künftige Partner die 15- bis 18jährigen, höchstens aber die heute 19jährigen Männer in Betracht kommen, die als letzter Jahrgang eingezogen waren und Verluste gehabt haben), dieses Übergewicht wächst allmählich wieder aus dem Volkskörper hinaus.

Die ältere Frauengeneration aber, die nicht leicht mit einer Verehelichung rechnen kann, steht vor der Frage, wie sie dieser kriegsbedingten Sachlage Rechnung tragen soll. Daß diese Frauen arbeiten müssen, ist klar, weil sie sich selbst zu ernähren haben und weil sie der Männermangel einfach zwingt, mit anzupacken. Das Zeitalter, das der Frau die verdiente Gleichberechtigung dem Manne gegenüber bringt, legt ihr auch gleiche Verpflichtungen auf.

Schon während des Krieges hat sich gezeigt, daß die Frau viele Arbeiten ebensogut verrichten kann wie der Mann, manche sogar besser. Nichts liegt also näher, als Frauen auch weiterhin an „männlichen" Arbeitsplätzen zu beschäftigen. Eine allmähliche Umschichtung der noch voll einsatzfähigen Männer zu schweren Arbeiten hin wird immer mehr Leichtarbeitsplätze nicht nur für Erwerbsbeschränkte, sondern vor allem auch für Frauen freimachen.

Frauenberufe von heute
Einsichtige Schulabgängerinnen und jüngere Frauen werden sich dazu entschließen, einen Beruf zu erlernen. Es gibt eine große Zahl von „Männerberufen", die Mädchen ausüben können, nicht nur die überfüllten Modeberufe der Schneiderin und Friseuse. Es seien hier – abgesehen von den typisch weiblichen, sozialen und pflegerischen Berufen – als wichtigste genannt: Feinmechanikerin, Elektrikerin, Uhrmacherin, Optikerin, Fotografin, Schriftsetzerin, Graphikerin, Laborantin.

Bei körperlicher Leistungsfähigkeit und Neigung kommen auch andere Handwerkerberufe in Betracht, wie der des Glasers, Tischlers, Drechslers, Korbflechters, Schuhmachers, Kürschners, Sattlers, Tapezierers und Buchbinders, alles Berufe, die keine ausgesprochene Schwerarbeit verlangen.

Mit Arbeitseinsatzmaßnahmen für Frauen, einem vermehrten Zustrom von Mädchen in Lehrstellen ist das Problem des Frauenüberschusses teilweise zu lösen. Es fragt sich nun: soll diese Entwicklung nicht nur vorübergehend gefordert werden, sondern grundsätzlich auch für später beibehalten werden, wenn wieder ein normales zahlenmäßiges Verhältnis der Geschlechter besteht? Um diese Frage beantworten zu können, bei der es um nichts weniger als um eine Umwandlung unserer ganzen, in Jahrhunderten gewachsenen, sozialen Struktur geht, müßte man wissen, wie und inwieweit sich Deutschlands wirtschaftliche Zukunft entscheidet, ob wir östlichen oder westlichen Vorbildern folgen werden.

In Sowjetrußland werden die Frauen genau so wie die Männer zum Arbeiten herangezogen. Die erstaunliche Kraft und die unverwüstliche Gesundheit eines unverbrauchten Volkes befähigen sie auch zu fast allen Männerarbeiten. Familienleben, Hausfrauen- und Mutterpflichten treten dort vor der „Erzeugungsschlacht" in den Hintergrund. Der Abendländer hat die vielfältige Arbeit der Frau und Mutter im Haushalt immer als gleichwertig neben der Berufsarbeit des Mannes betrachtet. Gewiß werden die Not oder der Wunsch, das bescheidene Einkommen des Mannes zu ergänzen und zu verbessern, auch in Zukunft viele Frauen dazu bringen, trotz ihrer Ehe irgend eine Arbeit anzunehmen. Das

Ideale für diesen Fall wäre jedoch nach westlicher Auffassung die Tätigkeit der nicht voll ausgelasteten Frau im Rahmen des eigenen Heims und ihrer häuslichen und erzieherischen Pflichten, im Siedlerhaus mit Garten und Kleintierzucht, mit intensivem, einträglichem Obst- und Gemüseanbau oder mit handwerklicher bzw. industrieller Heimarbeit.

Gelernte Arbeit – der Schlüssel zum Erfolg!
Wenn die Frage der Frauenarbeit auch in ihrer Gesamtheit noch im Ungewissen liegt, so ist doch eines sicher: Der verlorene Krieg, Wiedergutmachungspflichten sowie unsere eigene Wiederaufbauarbeit zwingen das deutsche Volk zu den größten Anstrengungen. Aus diesem Grunde muß zum mindesten für eine Übergangszeit von mehreren Jahrzehnten die Frau weitgehend auch dort mitarbeiten, wo sie in normalen Zeiten eine Konkurrenz des Mannes darstellte. Sie muß einen großen Teil der Leichtarbeitsplätze in Industrie, Handwerk, Handel und Verwaltung besetzen, um möglichst viele Männer für die schweren Aufbauarbeiten freizugeben.

Wenn aber viele Frauen arbeiten müssen, dann ist es ein Gebot der Klugheit, möglichst einen Beruf mit Aufstiegsmöglichkeiten, d.h. ein regelrechtes Lehrverhältnis einzugehen. Wenn im vergangenen Jahr nur 12% in Lehr- und Anlernberufe gegangen sind, während es vor dem Kriege durchschnittlich ein Viertel war, so kommt in diesem Rückgang vor allem der Mangel an ausgesprochen weiblichen Lehrstellen zum Ausdruck.

Quelle: Beruf und Arbeit. 13/1947 (2). S. 2

Wie bereits betont, ist es notwendig, daß die Frauen möglichst zahlreich in Berufe gehen, die bisher den Männern vorbehalten waren. Diese Umstellung wird vielen nicht leicht fallen, weil Herkommen und Tradition dagegen stehen! Sie muß aber erfolgen, damit der Frauenanteil an der Gesamtzahl der Schaffenden steigt. Im Vergleichsjahre 1937 haben von den weiblichen Schulentlassenen, außer den genannten 25%, noch 16% Hilfsarbeit angenommen. Es sind also trotz der Friedensverhältnisse insgesamt 41% tätig geworden. Im Kriegsjahre 1942 sind außer den 25% Lehrlingen und Anlernlingen 43% der Schulentlassenen ein Arbeitsverhältnis eingegangen, insgesamt standen also 68 Proz. im Arbeitsprozeß. Im Jahre 1946 dagegen waren es, einschließlich der 22% Hilfsarbeiterinnen, nur 34%!

Aus diesen Zahlen gilt es heute und für die kommenden Jahrzehnte die Folgerungen zu ziehen. Es ist zwecklos, „abzuwarten" und vergangenen Zeiten nachzutrauern! Was früher war, kommt nie wieder! Die höhere Tochter, die bei Klavier und Poesiealbum auf den Zukünftigen wartet, die große Dame, die den Vormittag vor dem Spiegel und auf dem Sofa, den Nachmittag aber beim Kaffeekränzchen verbringt, sterben aus, ohne daß wir ihnen eine Träne nachweinen. Die Frau wird zur Arbeitskameradin des Mannes, die tatkräftig mit dazu beiträgt, daß unsere Wirtschaft möglichst bald wieder gesundet und so auch unser Lebensstandard sich wieder erhöht.
Dr. Otto Buchheit.

Q179 Eine Gewerkschafterin zur Berufsumschulung von Frauen

Die Kollegin Lühmann-Klinke, welche sich speziell mit dieser Aufgabe befaßt, übernahm hier die Berichterstattung und teilte mit, daß, da noch keinerlei Gesetze oder Anordnungen erlassen sind, der Erfolg aller Vorarbeiten sehr viel von der Person des Vorsitzenden des entsprechenden Verbandes bzw. der entsprechenden Behörde abhängig sei, wieweit sich dieser dafür interessiert und einsetzt. Im übrigen handelt es sich bisher mehr um eine *Umsetzung* von Frauen in andere Berufe, noch nicht um *Umschulung.* Kollegin Lühmann-Klinke schilderte die Schwierigkeiten, die auftreten, um die notwendige Einsichtnahme zu erlangen, da dafür jedes Mandat fehle. Zu dem Problem der Umschulung selbst betonte sie nochmals, daß hier eine Erziehungsarbeit die notwendige Voraussetzung zur Durchführung sei. Ohne eine gewisse moralische Erkenntnis sei das Umschulungsproblem nicht zu lösen. Die Kolleginnen berichteten von den Schwierigkeiten, auf die sie innerhalb ihrer Bezirke bzw. Ortsausschüsse immer wieder stoßen, vertraten allgemein den Standpunkt, daß es Hauptaufgabe des Frauenausschusses sei, hier nicht zu ermüden und die schwierige Aufgabe allmählich zu lösen. Vorerst seien die Erwerbstätigen durch Versammlungen oder durch die Presse auf alle Möglichkeiten eines neuartigen Arbeitseinsatzes hinzuweisen und für die Mangelberufe zu interessieren. Kollegin Stein berichtete in diesem Zusammenhang, daß vom Landesarbeitsamt Düsseldorf die Einrichtung von Umschulungsämtern angestrebt wird, welche wiederum Umschulungskurse einführen können. Über dieses Thema spricht dort eine Referentin vor interessierten Kolleginnen aus den einzelnen Ortsausschüssen, welche diese Gedanken weitergeben werden. Der Frauenausschuß wird sich noch eingehend mit der Frage befassen müssen, welche Berufe er für die Frau vorschlagen bzw. forcieren soll. Zum Abschluß bat er die Kollegin Lühmann-Klinke nochmals um ein schriftlich bekundetes Mandat, auf Grund dessen sie sich das notwendige statistische Zahlenmaterial beschaffen kann.

Quelle: Protokoll über die 3. Sitzung des Frauenausschusses der Gewerkschaften in der britisch besetzten Zone am 28. und 29. März 1947 in Hamburg. S. 2f. DGB-Akte „Verschiedene Protokolle". DGB-Archiv

Q180 Umschulungen von Berlinerinnen für Männerberufe

In Berlin haben sich viele Frauen auf Männerberufe umschulen lassen, um somit wieder eine Lebensgrundlage zu haben. Gegenwärtig arbeiten etwa 70 000 Frauen auf den früher in erster Linie den Männern vorbehaltenen Gebieten, 9000 davon in technischen Berufen, auch als Ingenieure. 12 000 betätigen sich als Glaser, Maurer, Dachdecker und Ofensetzer, 8000 als Klempner, Rohrleger, Monteure, Feinmechaniker, Installateure und Schlosser. Rund 1300 sind Tischler, Parkettleger, Drechsler und Stellmacher.

Quelle: Die Frau von heute. 20/1947 (2). S. 4

Q181 360 Polizistinnen für Berlin

In Berlin wurden die ersten 360 Polizistinnen nach sechswöchentlicher Ausbildung eingestellt. Auch Leipzig und Dresden beschäftigen bereits weibliche Polizisten.

Quelle: Der Regenbogen. 10/1946 (2). S. 24

Q182 Berufsaussichten der Frau im Handwerk

Das deutsche Handwerk stand seit je überall in der Welt in gutem Ruf. Es hatte auch in den letzten hundert Jahren trotz der zunehmenden Industrialisierung der Wirtschaft seinen Platz behauptet. Wohl verschob sich das Kräfteverhältnis zwischen Fabrik und Handwerk zu seinen Ungunsten, als die Massenherstellung aller Arten von Waren begann. Nie jedoch konnte der Wert der handwerklichen Arbeit unterschätzt werden – oder sinken. Und heute, da ein so großer Teil unserer Industrie nicht mehr produktionsfähig ist und still liegt, sind wir in erhöhtem Maße wieder auf Meister, Gesellen und Lehrlinge unseres Handwerks angewiesen. Wir erkennen erneut und dankbar die große Bedeutung ihrer soliden, handwerklichen Arbeit, die uns beim Wiederaufbau unserer Städte und Wohnungen unentbehrlich ist.

Dem Bedürfnis nach handwerklich geschulten Kräften, das allenthalben besteht, kommt ein anderes entgegen: das Bedürfnis nämlich nach neuen Berufen für die Frau.

Warum soll der sprichwörtlich fröhliche Handwerksbursch in Zukunft nicht auch ein Mädchen sein können? Freilich: es ist noch kein Meister vom Himmel gefallen. Und die Stufenleiter vom Lehrling über den Gesellen zur schließlichen Selbständigkeit zu erklimmen, bleibt auch dem weiblichen Handwerker nicht erspart. Dieser gesunde Aufstieg indessen barg schon immer die Gewähr für die Auswahl tüchtigster Kräfte. Es liegt an den

Mädchen und Frauen, ob sie ihren Mann stehen oder nicht – auch als Handwerksmeister. . . .

Vorauszuschicken ist allerdings, daß zunächst noch eine kaum geahnte, bedauerliche Voreingenommenheit fast aller Handwerksmeister gegenüber ihren weiblichen Berufsgenossinnen besteht, die meistens durch nichts anderes begründet werden kann als durch althergebrachte Tradition: es war noch nie üblich, daß weibliche Gesellen, weibliche Meister in der und der Innung gearbeitet hätten . . . Aber die Zeiten ändern sich, und es ist manches andere auch schon ohne Schaden eingeführt worden, was früher nicht üblich gewesen ist! Es gilt also nur, die Vorurteile zu überwinden und das Exempel zu statuieren, daß sehr wohl auch der weibliche Handwerker zur Ehre seiner Zunft zu schaffen vermag, wenn die Arbeit den fraulichen Kräften und körperlichen Fähigkeiten entspricht.

Quelle: Es ist noch kein Meister vom Himmel gefallen. In: Frauenwelt. 16/1946 (1). S. 12

Q 183 Der Friseurberuf erfordert keinen „Ganzen Mann" – zur Schaffung neuer Berufe für Frauen

Die weibliche Jugend steht den neuen Gedankengängen im allgemeinen aufgeschlossen gegenüber. Es fehlt ihr jedoch die Anschauung der männlichen Berufe und die Kenntnis ihrer Anforderungen, so daß sie vor dem Ungewissen und Ungewöhnlichen, das ihrer wartet, leicht zurückscheut. Die Erziehungsberechtigten verhalten sich abwartend; sie bringen unter der drückenden Last des Alltags nicht das Interesse auf, um sich eingehend mit diesen Fragen zu befassen. Die Hemmnisse, die in diesen Kreisen besehen, sind dem jetzigen Eindruck gemäß bei entsprechender Aufklärung zu überwinden.

Mannigfachen Ursprungs und oft einander widersprechend ist die Einstellung der Wirtschaftsorganisationen und Arbeitgeber. Es ist verständlich, daß Menschen konservativer Geisteshaltung und geringer Wendigkeit, wie z. B. der bergische Mensch, diesem „Novum" abwehrend gegenüberstehen. Daß ferner die traditionelle Gebundenheit des Handwerkers die Umstellung erschwert, ist durchaus zu verstehen und zu würdigen. Völlig abwegig und unzeitgemäß ist die geschlechtsegoistische Ansicht, daß Berufe wie Zahntechniker, Goldschmied, Herrenfriseur ihren männlichen Charakter bewahren müßten. Geradezu lustig wirkt die Äußerung eines Friseur-Innungsobermeisters, der Friseurberuf erfordere „einen ganzen Mann". Verhältnismäßig häufig wird als Ablehnungsgrund für die Einstellung weiblicher Lehrlinge die Kurzfristigkeit der Berufstätigkeit der Frau angeführt. Die Mühe und Kosten der Ausbildung seien nicht lohnend und man benötige Fachkräfte, die dauernd im Beruf verblieben. Abgesehen davon, daß auch viele männliche Berufsangehörige durch Berufswechsel nach der Lehre oder in späteren Jahren ihrem Beruf verloren gehen oder weil sie, wie z. B. im Bäckerhandwerk, nicht mehr benötigt werden, muß man fragen, ob die Möglichkeit der Unrentabilität nur bestimmten Berufen zugemutet werden darf. Wenn z. B. die Industrie aus diesen Gründen die Ausbildung der weiblichen Industrie-Kaufmannes ablehnt und vielleicht gleichzeitig sogar in der Produktion Tausende Hilfsarbeiterinnen als billige Arbeitskräfte beschäftigt, so kann man sich des Eindrucks nicht erwehren, daß es sich hier um eine einseitig kapitalistische Forderung handelt. Wie es den Frauenberufen von jeher möglich war, die Investierungsverluste zu tragen und auszugleichen, ebenso muß es auch für die männlichen Berufe tragbar und deshalb zumutbar sein.

Quelle: Margarete Brendgen: Neue Wege der weiblichen Berufsberatung. In: Arbeitsblatt für die britische Zone. Hrsg. vom Zentralamt für Arbeit, Lemgo, 1. Jg. 1947. S. 355. DIa 5, HSTA

Q 184 Wo sind die Grenzen der Frau im Handwerk?

Als wir die Tür zur Schreinerei öffneten, fiel der kreischende Lärm der Kreissäge über uns her. Staub verhüllte die gebückt Arbeitenden. Es dauerte seine Zeit, bis wir, das Ohr am Mund des Meisters, Antwort erhielten auf die Frage, wo Irene arbeite, sein weiblicher Lehrling. Das Mädchen leimte an der Hobelbank und kehrte uns den Rücken. In dem blauen Arbeitsanzug unterschied sie sich nicht von den Gehilfen. Sie bewegte sich wie sie, sie packte zu wie sie, sie redete in ihrer derben Männersprache und biß, nachher in der Mittagspause, ebenso herzhaft ins Brot wie der Eisgraue neben ihr, der schon seit fünf Jahrzehnten an der Hobelbank schafft.

„Irene, wie fühlst Du Dich unter den Männern?", fragten wir sie, und sie lachte und gab sich Mühe, unbekümmert dreinzuschauen. Dann zuckten ihre Schultern, und sie sagte: „Es wird schon werden. Drei Jahre gehen auch vorbei."

Drei lange Jahre mußte Irene noch lernen, weniger fünf Wochen, die sie von der Lehrzeit heruntergewerkelt hatte. Das Kopftuch verhüllte ihre hübschen Haare, um sie gegen den Staub zu schützen. Die Arbeitskluft verhüllte ihren Mädchenkörper, Hosen ihre Beine, und die Hände waren rauh und rissig vom Umgang mit Holz und Werkzeug.

Irenes Vater gehört zur Schicht der neuerdings Gescheiterten. Sein Einkommen vor zehn Jahren erlaubte ihm, sich ein Haus zu bauen und es gut einzurichten. Heute bringt er, kriegsversehrt und aus dem Beruf gedrängt, seine Familie mit äußerster Mühe gerade durch. Die Aussichten auf Besserung sind gering. Also entschlossen sich Irenes Eltern, die älteste Tochter, ohnehin zu geistiger Arbeit wenig Neigung erkennen ließ, aus der Schule zu nehmen, und nach kurzer Überlegung einem bekannten Schreinermeister in die Lehre zu geben. „Handwerk hat goldenen Boden", sagte der Vater zur Mutter, und die Mutter sagte es den Nachbarinnen. Und wenn Bedenken laut wurden, ob dem Mädchen Irene der jähe Wechsel von der Oberschule, aus dem bürgerlichen Elternhaus, in die staubige, lärmende Werkstatt, in die schweißige Welt der rauhen Mannsbilder guttun würde – dann hatten Vater und Mutter die Entgegnung gleich bei der Hand: „Drei Jahre Lehre vergehen schnell. Danach wird sie es leichter haben, sie wird ja Kunstschreinerin. Und Arbeit hat noch keinem geschadet." So saß Irene in der Mittagspause auf der Hobelbank und kaute. Man konnte von ihr nicht sagen, sie sähe glücklich und zufrieden aus. Offensichtlich hatte sie sich noch immer nicht abgefunden mit der neuen Umwelt. Der Umgang mit Hobel und Säge bereitete ihr nicht nur körperliche Beschwerden. Sie schien überhaupt nicht recht einsehen zu können, weshalb sie, die höhere Tochter, einfache Verrichtungen wie Hobeln und Sägen so mühevoll lernen solle. . . .

Quelle: Neigung und Eignung. In: Der Regenbogen. 10/1949 (4). S. 10f.

Q185 Das Verhältnis der Frau zur Erwerbsarbeit

Die Frau empfindet die außerhäusliche Arbeit in der Regel als etwas ihr nicht Gemäßes. Sie übernimmt sie meist nur unter dem Druck des Verdienenmüssens. Das Geldverdienen ist demnach das leitende Motiv bei der Arbeitsaufnahme. Sie betrachtet ihre Arbeit im Durchschnitt nicht als Beruf, sondern als Erwerb. Ihr Hauptberuf ist der ihr von jeher vorbestimmte der Hausfrau und Mutter. Die Industriearbeit kann für sie nur Nebenberuf für eine bestimmte Zeit sein, bis sie heiratet und ihrer eigentlichen Bestimmung leben kann. Die vor allem in der Textilindustrie recht zahlreichen Beispiele für die Weiterarbeit von Frauen nach der Heirat, sogar nach der Geburt des ersten Kindes, vermögen diese Behauptung nicht zu entkräften, denn der Antrieb zur Weiterarbeit nach der Heirat wird in der Regel darin liegen, noch möglichst lange mitzuverdienen, um Hausrat und Kinderausstattung anzuschaffen, weniger aber aus Berufsinteresse.

Im Bewußtsein der Frau hat daher die Erwerbsarbeit nur vorübergehenden Charakter. Auch der Gedanke an den beträchtlichen Frauenüberschuß vermag die Mehrzahl der jungen Mädchen nicht daran zu hindern, sich psychisch auf die Ehe einzustellen und ihre Tätigkeit nur als Surrogat zu betrachten. Wenn auch zahlenmäßig feststeht, daß ein großer

Teil von ihnen nicht zur Ehe kommen kann, so hofft doch jede für sich persönlich, zur Zahl der Heiratenden zu gehören.

Diese grundsätzliche Einstellung auf die Ehe hemmt die Mädchen, ein bestimmtes Berufsziel zu verfolgen. Sie verbleiben bei der ihr einmal zugefallenen Tätigkeit, kümmern sich nicht um die Weiterbildung und weichen Prüfungen aus, die ihr Fortkommen erleichtern. Erst wenn die Heiratsaussichten ganz gering geworden sind, etwa im Alter von 30–35 Jahren, interessiert der Durchschnitt sich dafür, wirklich etwas zu lernen.

Quelle: Marietta Marx: Die Frau im Betrieb. Eine betriebswirtschaftliche Untersuchung. Diss. Köln 1949. S. 9

Q186   Schwerindustrie braucht weibliche Arbeitskräfte

Die Einstellung zur Arbeitsaufnahme seitens der weiblichen Kräfte zeigt sich im Berichtsmonat etwas günstiger, doch bleibt die Hinlenkung der Frauen und Mädchen in Betriebe der Schwerindustrie und die Befriedigung des sonstigen vorrangigen Bedarfs schwierig. Der Bedarf der Schwerindustrie an weiblichen Kräften steigert sich weiter. Die Zuweisung scheitert zumeist an dem ständig größer werdenden Mangel an Kleidung und Schuhwerk. Immerhin kamen 116 Kräfte zur Einstellung.

Quelle: Die Arbeitslage im Oktober. In: Duisburger Mitteilungen Nr. 47 vom 21.11.1947. STA-DU

Q187   Auswirkungen des Bedarfsgütermangels auf die Arbeitsbedingungen der Frauen

In den Oberhausener Hüttenwerken sind weder Schlag- noch Rolltische vorhanden. Hier sind die Frauen an einem Drehtisch mit Druckpressen eingesetzt. Die Arbeit besteht hier im wesentlichen in der Wegnahme der gepreßten Steine. Weiter sind die Frauen in diesem Werk mit dem Transport der Steine auf leichten Karren und dem Aufstapeln der Steine auf dem freien Platz beschäftigt. Die Arbeitsbedingungen sind derartig, daß gegen einen Fraueneinsatz keine Bedenken bestehen dürften, vorausgesetzt jedoch, daß den Frauen geeignetes Schuhwerk zur Verfügung gestellt wird. Das ständige Laufen auf dem kalten Betonboden verlangt besonders in den Wintermonaten entsprechendes Schuhwerk. Infolge ungeeigneten Schuhwerkes feierten am Tage der Besichtigung etwa 30% der Frauen wegen „Fußleiden" krank. Durch schlechtes Schuhwerk treten leicht Schürfwunden auf, die dann unter den Einwirkungen des Zementstaubes sich zu schlecht heilenden tiefen Ätzwunden verschlimmern. Falls keine geeigneten Arbeitsschuhe beschafft werden können, muß in den kommenden Wintermonaten mit noch größerem Ausfall gerechnet werden, zumal eine Reihe von Frauen nur dünne Sandalen besitzen.

Quelle: Schreiben des Staatlichen Gewerbearztes für den Aufsichtsbezirk I (Düsseldorf, Köln, Aachen) an den Arbeitsminister des Landes NRW vom 17.10.1947. NW 37–647 Band I. HSTA

8. Frauenarbeitsschutz

Angesicht der Knappheit an männlichen Arbeitskräften und der großen Frauenmehrheit schien die Ausdehnung weiblicher Erwerbsarbeit auf männliche Arbeitsgebiete einerseits unerläßlich (Q188 + 189), andererseits langfristig generell unerwünscht oder nur unter größten Vorsichts- und Schutzmaßnahmen durchführbar. Die Argumente gegen eine Beschäftigung von Frauen in Männerberufen und für einen weit ausgelegten Arbeitsschutz der Frau kreisten um

- die prinzipielle, „angeborene" Nicht-Eignung der Frau für bestimmte, insbesondere technische Berufe aufgrund mangelnden Verständnisses bzw. Interesses
- die besondere Schutzbedürftigkeit der Frau aufgrund ihrer schwächeren körperlichen Konstitution und ihrer regenerativen Funktion
- die größere seelische Empfindsamkeit und Verletzlichkeit der Frau aufgrund der „Andersartigkeit" der weiblichen Psyche. (Q190–193)

Die Nicht-Eignung der Frau für bestimmte Arbeitsgebiete wird häufig auf den gesamten Bereich industrieller Arbeit, also auch auf traditionell „weibliche" Industrieberufe, ausgedehnt: Die „Welt der Fabrik" sei nicht die Welt der Frau, sie sei ihr „wesensfremd". Diese als „angeboren", „artgemäß" oder „natürlich" ausgegebene psychische Disposition der Frau, die „Fremdheit" gegenüber der industriellen Arbeitswelt, das prinzipielle Desinteresse an dieser Art von Arbeit als rein ideologisches Konstrukt zur langfristigen Fernhaltung der Frauen von männlichen Arbeitsplätzen vorschnell beiseitezuschieben, würde aber den komplexen Zusammenhängen von Auswirkungen der geschlechtsspezifischen Arbeitsteilung nicht gerecht. Von vornherein zur Hausarbeit als dem – allerdings funktionalen! – Gegenpol zur „entpersönlichten" Lohnarbeit sozialisiert, fiel (und fällt!) es Frauen tatsächlich schwer, den so gänzlich „anderen" Arbeitsprinzipien und -formen der Produktionssphäre Verständnis entgegenzubringen. Denn der Produktionsbereich arbeitet nach „männlichen" Normen, die den Normen des Reproduktionsbereichs auf der Erfahrungsebene widersprechen. Diese „männlichen", d. h. kapitalistischen Normen der Produktionssphäre wurden in der Nachkriegszeit nicht grundsätzlich hinterfragt, sondern als gegeben akzeptiert, folglich mußten die dem Fraueneinsatz in der Industrie im Wege stehenden „weiblichen" Normen für die Produktionssphäre „nutzbar" gemacht werden (Q194, 196, 198). Ein „Umdenken" der Frauen, ihre Gewöhnung an „männliche" Normen konnte nicht erwünscht sein, da die Erfüllung ihrer reproduktiven Pflichten gefährdet worden wäre (zur Gefährdung der Reproduktionsfunktion durch Männerarbeit s. Q194–196, 198–200). Vor diesem Hintergrund müssen die besonderen Frauenarbeitsschutzbestimmungen, auf die die Gewerbeaufsichtsämter trotz der Ausnahmesituation großen Wert legten (Q207 + 208) interpretiert werden.

Die „männlichen" Normen der Produktionssphäre materialisierten sich auch in der Beschaffenheit der Arbeitsplätze: Werkzeuge, Maschinen, Arbeitstische, mechanische Arbeitserleichterungen waren auf den Einsatz von Männern zugeschnitten (Q203–206), galten aber als Argument für die körperliche Nicht-Eignung, also produktive Minderwertigkeit weiblicher Arbeitskräfte.

Veränderungen der Produktionsarbeit, die ein Eingehen auf die Bedürfnisse des Reproduktionsbereichs erkennen ließen, fanden nicht statt (Q209). Die Beweggründe für die Beibehaltung eines besonderen Frauenarbeitsschutzes sind nicht im Sinne einer „humanisierten Arbeitswelt" zu werten, obwohl sie sich *faktisch* für die Frauen so auswirkten (allerdings nur am Arbeitsplatz! s. Q. 208). Es ging damals wie heute nicht um den Schutz von Leben und Gesundheit aus ethischen Motiven, sondern um die Erhaltung der Fortpflanzungsfunktion und der reproduktiven Arbeitskraft der Frau (Q210 + 211).

Die Vorrangigkeit des reibungslosen Funktionierens der Ökonomie gegenüber einer Humanisierung der Wirtschaft zeigt sich auch an der Handhabung des Mutterschutzgesetzes. Nicht nur mußten die Frauen eine materielle Verschlechterung gegenüber der Vorkriegs- und Kriegszeit hinnehmen (der § 7 wurde außer Kraft gesetzt,); im Juli 1949 verabschiedete der Wirtschaftsrat eine Neufassung des Gesetzes, die den Kündigungsschutz für Schwangere einschränkte (Q217).

Q188 Plädoyer für die Schaffung „artgemäßer" Frauenarbeitsplätze im Ruhrgebiet

Das Problem der verstärkten Einbeziehung der Frauen in das Berufsleben gehört mit zu den Hauptthemen, die nach dem zweiten Weltkrieg im Mittelpunkt der wirtschafts- und sozialpolitischen Diskussion stehen. Die Forderung einer Ausweitung des Berufsraumes der Frauen stützt sich sowohl auf die Ausfälle männlicher Arbeitskräfte als auch auf den kriegsbedingten Frauenüberschuß.

Im Ruhrgebiet führt die vorwiegend schwerindustriell ausgerichtete Wirtschaftsstruktur eine Besonderheit in der Frauenarbeit herbei. Nicht nur die Wirtschaft, auch die Bevölkerung des Ruhrgebiets hängt im Gegensatz zu gemischtwirtschaftlichen Bezirken von Konjunkturschwankungen im größeren Ausmaß ab. In Zeiten günstigen Wirtschaftsverlaufs reichen die Lohneinkommen der Industriearbeiter zum Lebensunterhalt aus. Für weite Frauenkreise besteht keine Notwendigkeit eines eigenen Erwerbs. Die grundsätzlich ablehnende Einstellung der Frauen zur Berufsarbeit ändert sich in Krisenzeiten. Die besonders schnell ansteigende Arbeitslosigkeit der Produktionsgüterindustrien zwingt eine beträchtliche Anzahl der Frauen zum Mitverdienst. Da der heimische Arbeitsmarkt nicht über genügend passende Beschäftigungsgelegenheiten verfügt, bleibt den arbeitsuchenden Frauen nur eine Abwanderung in weniger krisenempfindliche Wirtschaftsräume übrig. So ergibt sich für das Ruhrgebiet eine strukturell bedingte Erwerbslücke für Frauenarbeit, die je nach der Lage der Wirtschaftskonjunktur die Form einer Erwerbsnot annehmen kann. . . .

Ausgehend von der wirtschaftlichen Notlage erscheint dagegen eine Erweiterung der Frauenarbeit im Ruhrgebiet dringend notwendig. Nicht nur die freigesetzten weiblichen Kräfte, sondern darüber hinaus die infolge zunehmender Geldverknappung zum Erwerb genötigten Frauen fordern eine Bereitstellung artgemäßer Beschäftigungen. Dabei handelt es sich um Aufnahme in solche Arbeitsgebiete, denen die Frau neben einer naturgegebenen Veranlagung auch Interesse entgegenbringt. Eine gewerbliche Arbeit entspricht überall dort dem fraulichen Wesen, wo die Arbeit verhältnismäßig einfach, sauber und nicht gesundheitsschädigend ist. Es stellt sich immer wieder heraus, daß sich die Arbeitsverrichtungen für Frauen am besten eignen, die wohl eine große Geschicklichkeit und Anpassungsfähigkeit von der Arbeiterin verlangen, daneben aber das eigene Denken der Frau, das zutiefst in ihrem außerberuflichen Bereich wurzelt, nicht zu sehr beanspruchen. Für die Zukunft kommt es darauf an, nicht nach Notlösungen für die Frauenarbeit zu suchen, sondern sie im Rahmen unserer Wirtschaftsordnung sinnvoll auszuweiten. Selbst wenn es sich bei der augenblicklich verschärften Erwerbsnot der Frauen vordringlich um ein temporäres Problem handelt, so ist ihre Behebung im Ruhrgebiet nur strukturell möglich, da anzunehmen ist, daß auch späterhin ein normalisierter Wirtschaftsverlauf nicht krisenfrei bleiben wird.

Quelle: Resi Dieckmann: Die Frauenarbeit im Ruhrgebiet. Eine Untersuchung über strukturelle Grundlagen, kriegsbedingte Wandlung und künftige Gestaltung der Frauenarbeit im westfälischen Ruhrgebiet. Diss. Münster 1949. S. 1f.

Q189 „Artfremde" Frauenarbeit – wenn nötig, ja!

Der Erfolg der Frau auf den ihr artfremden technischen Arbeitsgebieten beweist die Richtigkeit der These, daß die Frau auch in jenen Arbeitsbereichen etwas zu leisten vermag, die an und für sich nicht ihrer Veranlagung entsprechen, wo aber die Möglichkeit besteht, in gewissem Umfange ihr Interesse für die Arbeit zu wecken.

Daraus läßt sich für die Zukunft ableiten, die von den Frauen erneut den Einsatz in Berufen, die bisher ausschließlich dem Manne vorbehalten waren, verlangt, daß es durch geschickte psychologische Beeinflussung und Anregung möglich ist, die Leistungsfähigkeit der Frau auch in jenen Arbeitsbereichen zur Entfaltung zu bringen, die ihr bisher verschlossen waren. Wenn auch das Interesse und die Freude an der Arbeit normalerweise die physische Leistungskraft des Menschen steigert, wird der Leistung der Frau trotz ihrer Arbeitsbereitschaft oftmals durch die körperliche Konstitution eine Grenze gesetzt.

Trotz des vermehrten Kräftebedarfs wird in Zukunft die Betätigung der Frau auf einigen der angeführten Arbeitsplätze nicht mehr erforderlich sein, da laut Bestimmung der Siegermächte u. a. der Bau von Werkzeugmaschinen usw. in Deutschland nicht gestattet ist und für die zulässigen Industriegebiete, die hoch qualifizierte Kräfte benötigen, wohl der restliche Facharbeiterbestand ausreichen dürfte. Eine endgültige Entscheidung wird die zukünftige wirtschaftliche Entwicklung bringen.

Quelle: Ursula unten Schrievers: Die industrielle Frauenarbeit, ihre Entwicklung und ihre Auswirkungen. Diss. Marburg 1946. S. 62

Q190 Frauen und Technik

Eine Reihe von Männerberufen, die im Kriege erstmals in größerem Umfang Frauen erschlossen wurden, verlangten *technisch-konstruktive Begabung.* Ist diese der Frau eigen? Zwischen Knabe und Mädchen ergibt sich bereits eine Verschiedenheit der Begabung weniger in Mathematik selbst als in den Spezialgebieten wie darstellende Geometrie, Physik, Technik. Der Frau fehlt „die natürliche Neigung gerade für das Physikalische, für die Probleme der Bewegung, für die Gesetzlichkeit der Bewegungsvorgänge, für Schwerpunktverlagerungen, für die Wirkungen der Beziehungen der Teile zueinander, für Übertragung von Bewegungen." Dieser Mangel an technischer Begabung ist etwas Angeborenes. Es ist eine der Ursachen für das fehlende Sachinteresse.

Aus dieser durchschnittlichen technischen Nichtbegabung der Frau resultiert auch die *„Angst" vor der Technik,* die häufig zu beobachten ist und gar nicht so selten zu Unfällen führt. Die Gründe im einzelnen:

1. Die Frau interessiert sich nicht für technische Dinge, sieht keine Zusammengehörigkeit und Wechselwirkung, die Technik wirkt unheimlich.
2. Sie geht nicht auf die Dinge los, um ihre unheimliche Natur kennenzulernen, sie ist keine Kämpfernatur.
3. Die Minderwertigkeitsgefühle verstärken noch die Angst.

Quelle: Marietta Marx: Die Frau im Betrieb. Eine betriebswirtschaftliche Untersuchung. Diss. Köln 1949. S. 12

Q191 Wünschenswerte Beschränkungen für die Frauenarbeit

Über die gesetzlichen Vorschriften hinaus wird der Kreis der für Frauen geeigneten Arbeiten weiter eingeengt. Eine seelische Besonderheit der Frau ist ihre starke Aufgeschlossenheit für ästhetische Werte. Ungeeignet sind deshalb für sie Arbeiten, die diesem Empfinden der Frau entgegengesetzt sind, wie etwa *Schmutzarbeit,* Arbeit bei starkem *Lärm.* Starker Lärm kann bei dem zierlicher gebauten Innenohr der Frau stärkere Schädigungen hervorrufen. Gegen *Staub* sind Mann und Frau gleich empfindlich, aber die seelische Depression durch diese Schmutzarbeit ist bei ihr größer.

Als für Frauen ungeeignete Arbeitsplätze sind auch solche anzusehen, bei denen *plötzliche Gefahr* auftreten kann, weil bei der Frau die Reaktionsgeschwindigkeit der Muskeln weit geringer ist als beim Mann und sie so die Schrecksekunde langsamer überwindet. Von Arbeitsplätzen, die einer stärkeren *allgemeinen Unfallgefährdung* ausgesetzt sind, sind vor allem die Frauen fernzuhalten, die unter starken Menstruationsbeschwerden leiden d. s. nach Erhebungen in USA etwa 25% aller Frauen.

. . .

Zusammenfassend ist über den Arbeitsplatz der Frau zu sagen: Frauen eignen sich für alle Tätigkeiten, die keine körperlich schwere Arbeit verlangen und die weder unter toxischen Einflüssen noch sonst die Frau stärker gefährdenden Bedingungen verrichtet werden. Empfehlenswert ist die Ausschaltung der Frau bei Arbeiten, die besonders schmutzig, lärmend und rauh sind. Monotoner Arbeit bringen Frauen im Verhältnis zur übrigen Fabrikarbeit relativ weniger Unlust entgegen, sie sind also dafür besser einzusetzen als Männer. Zur Gruppenarbeit neigen besonders Jugendliche. Zuammenarbeit von Männern und Frauen in Akkordgruppen ist für die meisten Fälle abzulehnen.

Quelle: Marietta Marx: Die Frau im Betrieb. Eine betriebswirtschaftliche Untersuchung. Diss. Köln 1949. S. 23 + S. 27

Q192 Zur „Monotoniebegabung" der Frau

Zu unterscheiden sind Eintönigkeit und Monotonie. Die Eintönigkeit haftet der Arbeit an, sie ist eine objektiv zu erfassende Eigenschaft. Die Monotonie wird beim Individuum hervorgerufen durch unlustbetonte Einwirkung dieser eintönigen Arbeit auf die Seele des Arbeitenden. Sie ist also eine subjektiv zu erfassende Eigenschaft.

Die Menschen sind verschiedenartig veranlagt hinsichtlich der Leichtigkeit, gleichartige Eindrücke in langer Folge zu erfassen. Wer schwer begreift, braucht viel Energie, die Monotonieempfindung stellt sich bei ihm später ein. Da an sich die Auffassungsgabe bei Männern und Frauen gleichmäßig verteilt ist, müßten Männer und Frauen auch die gleichen Variationen der Monotonieempfindlichkeit zeigen.

Es ergeben sich vier Möglichkeiten, wie die Arbeiterin auf monotone Tätigkeit reagieren kann:

1. Sie leidet stark unter der Vernachlässigung ihrer geistigen Gestaltungskräfte, unter der Entseelung der Arbeit.
2. Die monotone Arbeit gibt ihr Gelegenheit, ihren privaten Gedankengängen nachzuhängen, so empfindet sie die Monotonie nicht so heftig.
3. Die Arbeiterin leistet Akkordarbeit. Ihr Sinnen ist auf Schnelligkeit gerichtet. Dieses Streben beansprucht sie so stark, daß sie die Arbeit nicht als Monotonie empfindet, sie ist befriedigt, wenn sie ihre Höchstleistung erzielen kann.
4. Eine besondere Freude des weiblichen Geschlechts am leichten Ablauf eines Bewegungsflusses läßt die einförmige Arbeit als gutbeherrschte Automatik lustbetont erleben.

Wie schon . . . gezeigt . . ., steht die Frau in der Fabrik einer spezifisch männlichen Welt gegenüber, sie fühlt sich fremd und nicht mit der Arbeit verbunden. Der Schwerpunkt der seelischen Antriebe liegt bei der Frau beim Menschlich-Persönlichen. Industriearbeit an sich läßt Frauen eher unbefriedigt als Männer. Ist die Arbeit eintönig, so verursacht das keinen wesentlichen Zuwachs an Unbefriedigtsein mehr im Verhältnis zur übrigen Fabrikarbeit. Hierauf ist die Behauptung der geringeren Monotonieempfindlichkeit der Frau zurückzuführen und ihre relativ günstigere Einsatzmöglichkeit für einförmige Arbeit zu erklären.

Die Freude des weiblichen Geschlechts am rhythmischen Ablauf des Bewegungsflusses läßt sich auch an ihrer Vorliebe für *Gesang während der Arbeit* erkennen. Dieser Gesang wirkt der Monotonieempfindung entgegen und ermüdungshemmend (die Wirkung des Gesanges bei der marschierenden Kolonne ist ja bekannt). Man sollte, wenn der Gesang nicht außergewöhnlich störend ist, ihn als Mittel zur Leistungsförderung dulden.

Quelle: Marietta Marx: Die Frau im Betrieb. Eine betriebswirtschaftliche Untersuchung. Diss. Köln 1949. S. 24 f.

Q193 Arbeitsverbote für Frauen

Die Frau ist in nicht so weitgehendem Umfang einsatzfähig wie der Mann, hauptsächlich durch ihre körperliche Konstitution. Um eine Beanspruchung der Frau über ihre Kräfte hinaus zu verhindern, hat der Gesetzgeber festgestellt, welche Arbeiten für Frauen ungeeignet sind; der *gesetzliche Rahmen,* innerhalb dessen Frauenarbeit geleistet werden darf, ist also negativ bestimmt, alle nicht ausgeschlossenen Arbeiten könnten von der Frau verrichtet werden.

Niedergelegt sind diese gesetzlichen Bestimmungen in der Gewerbeordnung des Norddeutschen Bundes vom 21. 6. 1869, ergänzt durch zahlreiche Bekanntmachungen und Vorschriften für die einzelnen Gewerbezweige.

Danach ist die Verwendung von Arbeiterinnen untersagt für Tätigkeiten, bei denen sie in Berührung kommen

mit Blei oder Bleiverbindungen (in Akkumulatorenfabriken, bei Lackier-, Mal- und Anstricharbeiten, in bestimmten Abteilungen der Bleihütten) und

mit Chromaten, Nitro- und Amidoverbindungen, Schwefelkohlenstoff, Thomasmehl in der Herstellung, mit Zink während der Destillation

Diese Bestimmungen sollen der größeren Empfindlichkeit des weiblichen Organismus, besonders des weiblichen Genitalapparates gegenüber *Giften* (Blut- und Nervengiften) gerecht werden.

Die Empfindlichkeit der Frau gegenüber *Hitze* ist nicht größer als die des Mannes, jedoch ergeben sich bei ihr durch Ausstrahlung von zu Rotglut erhitzten Flächen schneller Blutkreislaufstörungen.

Die Frau reagiert stärker auf *Erschütterung und Druck.* Daher die Vorschriften (aber auch um die Umgebung gegen Menschen- und Sachschäden zu schützen),

daß Frauen keine beweglichen Dampfkessel bedienen dürfen,

daß sie in einer Reihe von Betriebsräumen der Glashütten nicht beschäftigt werden sollen,

daß sie in Zuckerfabriken von der Bedienung der Rübenschwemmen, Wäschen etc. ausgeschlossen sind,

daß sie bei Druckluftarbeiten z. B. in Senkkästen, Schächten, Tunnels, Taucherglocken nicht herangezogen werden dürfen.

Mit den Beschäftigungsverboten für Frauen in Steinbrüchen, Ziegeleien sowie in Walz- und Hammerwerken, dann gemäß Arbeitszeitordnung vom 6. 4. 1938 in Bergwerken, Salinen, Aufbereitungsanlagen, für Untertagearbeiten, in Kokereien soll besonders *schwere körperliche Arbeit* ausgeschaltet werden.

Heben und Tragen von Lasten führt bei der Frau mit ihrer andersartigen Ausbildung des Beckens und der Bauchmuskulatur zu Unterleibsstörungen, Überbeanspruchung des Blutkreislaufs und Reizerscheinungen der Nerven. Für Bau- und Transportarbeiten bestand früher ein regelrechtes Beschäftigungsverbot, das durch Kontrollratsgesetz Nr. 32 vom 10. Juli 1946 aufgehoben wurde. Richtlinien über Höchstgewichte (. . .), die Frauen beim Tragen, Heben, Schieben und Ziehen von Wagen zugemutet werden können, begrenzen das Tätigkeitsfeld. Rechtsgrundlage für diese Einzelbestimmungen ist der § 120a–e der Gew.O., der global sagt, daß nur solche Arbeiten von Frauen übernommen werden sollen, die ihr billigerweise zugemutet werden können. Durch die immer wieder sich überholende Technik kann der Gesetzgeber schlecht im einzelnen festlegen, welche Arbeiten zumutbar sind und welche nicht. Die Auslegung der Zumutbarkeit ist in das Ermessen der Gewerbeaufsichtsämter gelegt.

Quelle: Marietta Marx: Die Frau im Betrieb. Eine betriebswirtschaftliche Untersuchung. Diss. Köln 1949. S. 21–23

Q194 Die Fabrik als der Frau fremdes Arbeitsgebiet

Diese prinzipielle Interesselosigkeit der Frau an der Industriearbeit hat aber noch einen weiteren Grund. Die Frau ist gewohnt, nicht nur mit der Welt der Lebewesen, sondern auch mit der Sachwelt in ein persönliches Verhältnis zu kommen; sie pflegt daheim „ihre" Hauswäsche, putzt „ihre" Küche, wäscht „ihr gutes Porzellan" ab. In der Fabrik kommt

sie in eine fremde Arbeitssituation, in eine spezifisch männliche Welt, von Männern geschaffen. Sie findet keine Beziehung zu den Dingen, zu ihrer täglichen Arbeit.
Die Beziehungslosigkeit zur Arbeit läßt es auch gleichgültig erscheinen, in welchem Industriezweig sie schafft. Die Nähmaschine in der Kleiderfabrik ist Maschine, ohne daß die Frau eine nähere Bindung zu ihr hat; das von ihr hergestellte Teilprodukt, etwa der Mantelgürtel, den sie während einer ganzen Saison in gleicher Form herstellt, wird kaum in der Lage sein, ihr Interesse besonders zu fesseln. Die Textil-, Bekleidungs- und Nahrungsmittelindustrie beschäftigt nicht deshalb so viel Frauen, weil ihr Produktionsbereich der weiblichen Sphäre näher liegt oder gar der Hausfrauentätigkeit einer früheren Zeit entstammt, sondern weil geschickte billige Hände gebraucht werden. Die Anziehungskraft für die Frauen liegt mehr in der sauberen und leichteren Arbeit (im Vergleich etwa mit der Metallverarbeitung). Diese fehlende innere Bindung an Arbeitsplatz und Werkstück läßt sich erzeugen durch persönlichen Kontakt zu ihm und durch sachliches Interesse. Dieses Sachinteresse ist aber, wie eben dargelegt, durch das Vorwiegen des auf das Persönliche gerichteten Interesses von Natur aus nur schwach entwickelt und wird durch die Zerlegung der Arbeit auch kaum gefördert. Übernimmt die Frau qualifiziertere Arbeit, die einer stärkeren Überlegung bedarf, so wird sie schon dadurch zu einem Sachinteresse geführt und vielfach Freude an der Arbeit gewinnen können.
Wird der Frau Verantwortung übertragen, etwa für eine bestimmte Maschine, „ihre Maschine", dann kann sie auf dem Umweg über die persönliche Beziehung, über Pflichttreue oder Ehrgeiz (ihre Maschine ist die sauberste etc.) hier zu einem sachlichen Interesse gelangen. Durch überlegende Beobachtungen weiß sie eher kleine Störungen zu beheben, vermag sie sachgemäßer zu betreuen.
Quelle: Marietta Marx: Die Frau im Betrieb. Eine betriebswirtschaftliche Untersuchung. Diss. Köln 1949. S. 9 f.

Q 195 Die Gefahr „seelischer Vergröberung" durch Fabrikarbeit
A. Meister sagt ganz mit Recht: „Schwere, laute und schmutzige, in einem (übermäßig) schnellen Tempo zu verrichtende Arbeit vergröbert das Seelenleben: Bei Arbeiten in einem lärmenden (und staubenden) Betrieb ist eine Verständigung der Arbeitenden untereinander nur auf Grund eines sich „gegenseitigen Anschreiens" möglich. Muß nun längere Zeit unter diesen Umständen gearbeitet werden, so hat die Arbeiterin sich so an das Anschreien gewöhnt, daß sie dies Laute, Harte und schließlich auch die Gewöhnung an den Schmutz mit in ihr Privatleben übernimmt. Sie stumpft dagegen ab, was in ihrer Arbeit eine Hilfe bedeutet, ihr aber seelisch schadet und indirekt auch ihrer Familie."
Daß diese Arbeiten besonders ungünstig auf jugendliche Arbeiterinnen wirken, ist sehr verständlich. Werkfürsorgerinnen und Fabrikpflegerinnen klagen, daß es bei den Frauen, die längere Zeit mit diesen Arbeiten beschäftigt werden, nicht nur an äußerer Gepflegtheit fehle, sondern daß sie auch in sittlicher Hinsicht unterhalb der andern Arbeiterinnen stehen. Man vermisse bei ihnen ebenso das Feine, Zarte der äußeren Form wie die vornehme und zurückhaltende Haltung der sittlich hochstehenden Frau. Auch die Achtung der männlichen Mitarbeiter vor diesen Frauen läßt oft nach. Es ist auch so, daß die feiner gearteten Frauen sich kaum zu solchen Arbeiten melden, es sei denn aus bitterster Not.
Quelle: Martha Moers: Frauenerwerbsarbeit und ihre Wirkungen auf die Frau. Recklinghausen 1948. S. 130 f.

Q 196 Familienorientiertheit der Frauen garantiert Ausbeutbarkeit
Außer an die allgemeinen Grundsätze der Menschenführung soll der Vorgesetzte in Frauenabteilungen daran denken, daß er nicht schlechtweg Arbeitskräfte, sondern Frauen vor sich hat, vor allem soll er nicht vergessen, daß die Frau

1. ihre Beziehung zu Menschen und Dingen meist nur über das Persönliche gewinnt,
2. die Arbeit – wenn auch unbewußt – als etwas Interimistisches beachtet, und
3. im Durchschnitt stärker mit Minderwertigkeitsgefühlen behaftet ist als der Mann.

Daraus ergeben sich für den Leiter in einer Frauenabteilung folgende Hauptforderungen:

a) das Bedürfnis nach persönlichem Kontakt einzusetzen, auch um zu sachlichen Zielen zu gelangen,
b) Berufsfreude und Betriebsstolz in der Frau zu wecken und zu fördern,
c) alles zu tun, um die hemmenden Komplexe wegzuschaffen.

Die Persönlichkeit des einzelnen Vorgesetzten und die jeweiligen Umstände erheischen eine andere Umgangsart; eine Rezeptur kann nicht nützen und auch keine Erfahrungen ersetzen. Hier soll nur noch gezeigt werden, wie die Verwirklichung der obigen Grundforderungen gut gelungen ist.

Ein Beispiel für die Weckung des Sachinteresses auf dem Umweg über das Persönliche: Bei Anlernung von Frauen zu Hilfsschlosserinnen wurde von den Frauen fortwährend über Schmerzen in den Händen geklagt und äußerste Unlust gezeigt. Der Ausbildungsleiter versuchte deshalb in einem neuen Kursus, den Frauen die Ausbildung schmackhafter zu machen. Zu Beginn des Kursus zeigte er ihnen einen hübschen Metall-Kerzenleuchter und sagte ihnen, daß sie in 4 Wochen diesen Leuchter selbst herstellen könnten. Er schlug vor, den Leuchter als Überraschung für ihren Mann anzufertigen. Mit Feuereifer stürzten sich die Frauen in die Arbeit und führten die einzelnen Übungen trotz der Schwielen und Blasen nun mit Freude aus.

Quelle: Marietta Marx: Die Frau im Betrieb. Eine betriebswirtschaftliche Untersuchung. Diss. Köln 1949. S. 50 f.

Q197   „Trümmerfrauen" bei Aufräumarbeiten (siehe Abbildung auf Seite 280)
Quelle: Richard Bauer: Ruinen-Jahre. Bilder aus dem zerstörten München 1945–1949. München 1983. S. 167

Q198   Auch die berufstätige Frau muß „ihrem Frauenwesen treu bleiben"

Das Problem des Frauenüberschusses steht in solch enger Verflechtung mit den Frauenproblemen überhaupt, daß es niemals einseitig als arbeitseinsatzmäßiges gelöst werden kann. Es sei auf die Gefahr der modernen Zeit hingewiesen, die Frau nur in einer Teilfunktion zu sehen, entweder nur als Geschlechtswesen oder nur als Arbeitskraft, aber nie in der Ganzheit ihres Wesens. Wenn man den Frauen den uneingeschränkten Zugang zu allen Männerberufen öffnet, um damit ihre Gleichberechtigung zum Ausdruck zu bringen, so ist das ein sehr zweifelhaftes Geschenk. Dieser Weg führt in Wirklichkeit zur Vergewaltigung der Frauennatur, ein Unglück nicht nur für die Frau, sondern für die ganze Menschheit. Wenn die Frau dem Rufe der Zeit folgt und noch mehr als bisher aus der Geborgenheit der Familie in die ihr Wesen bedrohende Welt des beruflichen und öffentlichen Lebens eintritt, dann ist die Gemeinschaft verpflichtet, ihr jegliche Hilfe zuteil werden zu lassen, um ihrem Frauenwesen treu zu bleiben. Darum sind Berufsberatung und Berufszuführung der weiblichen Jugend sowie ihre Berufserziehung Aufgaben von höchster Bedeutung und Verantwortlichkeit der Gegenwart.

Quelle: Margarete Brendgen: Neue Wege der weiblichen Berufsberatung. In: Arbeitsblatt für die britische Zone. Hrsg. vom Zentralamt für Arbeit, Lemgo. 1. Jg. 1947. S. 357. DIa 51. HSTA

Q199   Die Auswirkungen der Fabrikarbeit auf die Haushaltsführung

Interessiert den männlichen Arbeiter der praktische Ablauf des ganzen Betriebes, die modernen technischen Mittel, begeistert er sich am Leistungsvermögen und an der Kraft

einer Maschine, so beeindrucken diese Faktoren die Frau weniger. Sie achtet viel mehr auf die Schönheit, Sauberkeit, Wohlgeformtheit und Farbenfreudigkeit der Dinge. Ein schöner Eßsaal, freundliche Aufenthaltsräume, eine moderne Werksküche, saubere sanitäre Anlagen vermögen die Frau mehr zu beeinflussen und ihren Leistungswillen zu steigern.

Vor allen Dingen ist für sie Sauberkeit und Ordnung wichtig. Die Hausfrau und Mutter opfert in ihrem Haushalt einen wesentlichen Teil der Zeit, um ihn ordentlich und gepflegt zu erhalten. Findet sie nun an ihrem Arbeitsplatz nicht die gewohnte Ordnung und Sauberkeit und hat auch keine Möglichkeit, diese herzustellen, wird nicht nur ihre Arbeitslust gesenkt, da sie sich in dieser Umgebung nicht wohl fühlt, sondern es tritt auch die Gefahr auf, daß sie sich mit der Zeit an diesen Zustand gewöhnt und die Unordentlichkeit und Unsauberkeit im Betrieb nicht mehr empfindet. Sehr leicht verliert sie dann auch in ihrem Haushalt den Blick dafür und läßt den Kindern und dem Heim nicht mehr die erforderliche Pflege zukommen.

Andererseits kann ein ordentlicher und sauberer Betrieb erzieherisch auf die Frau einwirken, besonders auf die Jungarbeiterin, deren Charakter noch stärker den Umwelteinflüssen unterliegt. Da nicht die Arbeit die Frau an einen Betrieb bindet, sondern in erster Linie der Arbeitsplatz und die Arbeitsumwelt, hat die Betriebsführung es in weitgehendem Maße in der Hand, den Leistungswillen der Frau anzuregen.

Die Arbeitsfreude der weiblichen Kraft kann gesteigert werden, wenn sie eine gewisse persönliche Freiheit besitzt, sich ihren Arbeitsplatz zu gestalten. Je unabhängiger und selbständiger sie in ihrem Wirkungskreis ist, um so schneller findet sie einen Ausgleich und eine Verbindung zwischen der vertrauten Häuslichkeit und dem Betrieb.

Gerade die Frau und Mutter, die gewohnt ist, in ihrem Heim nach Belieben schalten und walten zu können, wird sich wohler fühlen, wenn sie in dem Betrieb, in dem sie sonst völlig abhängig und unselbständig sein muß, ihren Arbeitsplatz irgendwie persönlich gestalten kann. Kleinigkeiten, wie ein Bild an der Wand, ein passender Spruch, ein Gefäß mit Blumen vermögen gerade Frauen wesentlich zu beeinflussen, wobei man aber die Wirkung nicht unterschätzen darf.

Nicht nur während der Friedensjahre wurde für die „Schönheit der Arbeit" geworben, sondern auch während des Krieges fand man unzählige Werkräume und Arbeitsplätze, wo man den Versuch unternommen hatte, Raum und Umgebung eine freundlichere, persönlichere Note zu verleihen. Charakteristisch war, daß in fast allen Fällen weibliche Arbeitskräfte die Anregung zu diesen Veränderungen gegeben hatten und oft durch einige Frauen ein sauberer, freundlicher Geist in die Fabrikräume gebracht wurde.

Quelle: Ursula unten Schrievers: Die industrielle Frauenarbeit, ihre Entwicklung und ihre Auswirkungen. Diss. Marburg 1946. S. 51 f.

Q 200   Die Gesundheit der Mütter ist unersetzlich

Schließlich sind noch einige Worte zu sagen über die schädlichen Einflüsse von Giftstoffen und Staub. Sowohl die Frau als auch Jugendliche sind empfindlicher gegen diese Einflüsse als der erwachsene Mann. Mit Giftstoffen ist – bei Beobachtung der nötigen Vorsichtsmaßregeln – im allgemeinen noch keine direkte Gefahr für die erwachsene Frau verbunden, wohl aber für Jugendliche, weil bei ihnen oft die Umsicht und Vorsicht fehlt. Deshalb sollten Jugendliche gar nicht unter solchen Umständen beschäftigt werden, die Frau nur dann, wenn sie tatsächlich auch vor der geringsten Vergiftung geschützt werden kann, denn sie hat ja als Mutter Pflichten zu erfüllen, in deren Ausübung sie unersetzlich ist, und zu diesen Aufgaben gehört die volle Gesundheit.

Quelle: Martha Moers: Frauenerwerbsarbeit und ihre Wirkungen auf die Frau. Recklinghausen 1948. S. 96 f.

Q 201

Gewerbeaufsichtsamt Dortmund Dortmund, den 14. Juni 1948
Tgb.-Nr. . . . Kaiserstr. 6
An den
Herrn Regierungspräsidenten
Arnsberg/Westf.
Betrifft: Fraueneinsatz im Baugewerbe.
Berichterstatter: Gewerbeinspektorin S.

Beim Arbeitsamt in Bochum hat eine Baufirma die Zulassung einer Maurer-Umschülerin beantragt. Ein ähnlicher Fall ist hier in Dortmund bekannt geworden.

Es handelt sich in beiden Fällen um Arbeiterinnen, die seit längerer Zeit im Baugewerbe tätig und den Firmen als fleißige, zuverlässige Arbeitskräfte bekannt sind: Anlaß für die beabsichtigte Umschulung ist seitens der Firma der Mangel an männlichen Fachkräften, während für die Arbeiterin die Lust und Liebe zur Arbeit, aber auch die bessere Verdienstmöglichkeit bei leichterer Beschäftigung maßgeblich sind. Die Gewerkschaft ist mit der Umschulung einverstanden.

Nach der Ausführungsanweisung der Militärregierung vom Oktober 1946 zum Kontrollratsgesetz Nr. 32 sollen Frauen u. a. nicht für Arbeiten auf Gerüsten und Leitern eingesetzt werden. Die Firma in Bochum hat ausdrücklich darauf hingewiesen, daß für die Umschülerin für längere Zeit genügend Arbeiten vorhanden sind, welche nicht auf Gerüsten auszuführen sind. Das Gewerbeaufsichtsamt hat daher zunächst keine Bedenken gegen die Umschulung erhoben unter der ausdrücklichen Voraussetzung, daß die Schutzvorschriften für Frauen weiterhin beachtet werden.

Bei dem Mangel an männlichen Fachkräften ist jedoch damit zu rechnen, daß noch mehr derartige Anträge für Umschulung weiblicher Personen gestellt werden.

Es erscheint daher angebracht, das allgemeine Verbot der Frauenarbeit auf Gerüsten und Leitern zwar aufrecht zu erhalten, unter Berücksichtigung der anfangs genannten Gründe jedoch in den Fällen einer freiwilligen Umschulung weiblicher Personen für Maurerarbeiten die Beschäftigung zuzulassen, sofern durch ein ärztliches Zeugnis nachgewiesen wird, daß es sich um schwindelfreie Frauen oder Mädchen handelt.
Quelle: Bestand NW 45–66. HSTA

Q 202

Der Regierungspräsident Arnsberg, den 26. Juni 1948
IGA 21/1
Betrifft:
Fraueneinsatz im Baugewerbe. – Dort, Bericht vom 14. 6. 48–Tgb. Nr. 388–,
Von dem Inhalt Ihres oben angeführten Berichtes habe ich Kenntnis genommen.
Grundsätzlich habe ich Bedenken, Frauen auf Gerüsten und Leitern im Baugewerbe einzusetzen, sofern die Gefahr des Absturzes mit größerer Wahrscheinlichkeit gegeben ist. Man muß bei der Frage des Fraueneinsatzes berücksichtigen, daß die weibliche Konstitution eine ganz andere ist, als die des Mannes. Durch die weit geringere Zahl an roten Blutkörperchen und auch durch die kleinere Ausbildung des Herzens besteht bei Überanstrengung aber auch insbesondere während der monatlichen Tage bei der Frau in viel größerem Umfange die Möglichkeit und damit die Wahrscheinlichkeit, daß sie Schwindelanfällen ausgesetzt ist, als der Mann.
Ich halte es unter Berücksichtigung dieser Gesichtspunkte nicht für zweckmäßig, Frauen im Baugewerbe oder in anderen Betrieben, wo sie in erheblichem Umfange der Absturzgefahr ausgesetzt ist, zu beschäftigen. Ich bin der Auffassung, daß diese Gesichtspunkte bislang von den Gewerbeaufsichtsämtern beim Fraueneinsatz berücksichtigt worden sind.

Auch bei der Beschäftigung von Frauen auf Krananlagen aller Art in den Betrieben wurde hierauf besonders geachtet. Es wurden daher mit Recht schwer zugängliche, meistens ältere Krananlagen, so insbesondere auf Hüttenwerken und ähnlich gelagerten Betrieben für den Fraueneinsatz ausgeschlossen.

Ich bitte die Angelegenheit mit den zuständigen Arbeitsämtern des Bezirks und insbesondere mit den Gewerkschaften eingehend zu besprechen. Sofern von diesen Stellen eine andere Ansicht vertreten werden sollte, ersuche ich um Bericht. Zu Ihrer Orientierung teile ich Ihnen mit, daß ich dem Herrn Arbeitsminister des Landes Nordrhein-Westfalen Abschrift Ihres Berichtes und Abschrift meiner Verfügung vom heutigen Tage zur gefl. Kenntnisnahme zugeleitet habe.

gez.

An das Gewerbeaufsichtsamt *in Dortmund*
Quelle: Bestand NW 45–66. HSTA

Q 203 Frauen brauchen frauengerechte Arbeitsplätze!

...

Im Berichtsmonat wurden erstmalig *neue* Arbeitsplätze auf ihre Eignung für Frauenarbeit in Gemeinschaft mit der Leiterin des weiblichen Arbeitseinsatzes beim Arbeitsamt Köln überprüft. Es handelt sich um Frauenarbeit in der Dachsteinindustrie. Frauen wurden sowohl bei der Biberschwanzherstellung als auch bei der Falzziegelherstellung beschäftigt. Die Beschäftigung in der Biberschwanzherstellung ist als für Frauenarbeit geeignet anzusehen, während die Falzziegelherstellung durch Frauen abgelehnt werden muß, solange nicht für Frauen leichter zu handhabende Werkzeuge und Maschinen zu beschaffen sind. ...

Quelle: Schreiben des Regierungspräsidenten Köln an den Arbeitsminister des Landes NRW, Abteilung Arbeitsschutz, am 22. 8. 1947. NW 45–120. HSTA

Q 204

Der Arbeitsminister   Düsseldorf, den 9. März 1948
des Landes
Nordrhein-Westfalen   An den
III b 22/Pa./bo.   Herrn Leitenden Gewerbeaufsichtsbeamten
                         bei der Regierung

Düsseldorf	Münster
Köln	Arnsberg
Aachen	Minden

Betrifft: Frauenarbeit in der Zementsteinindustrie.

Im Wiederaufbauinteresse liegt auch die Erzeugung von Zementdachsteinen. Sie wird in zahlreichen Fällen auf Maschinen mit Handbedienung (auf sogenannten Schlag- und Rolltischen) vorgenommen. Zur Bedienung der Maschinen werden Frauen herangezogen. Im Einvernehmen mit dem Landesarbeitsamt sollen für diese Arbeit Frauen nur auf freiwilliger Grundlage vermittelt werden. Diese Arbeit kann auf die Dauer zu Gesundheitsschädigungen führen, weshalb sie für Frauen nur unter folgenden Bedingungen zugelassen werden soll:

1.) Die Frauen müssen mindestens 21 Jahre alt, gesund und kräftig sein.

2.) Sie sind vor dem Einsatz vom Arbeitsamtsarzt auf ihre Eignung hin zu untersuchen.

3.) Zur Erleichterung der Arbeit und um ein ständiges Bücken und Pressen des Leibes gegen die Tischkante zu vermeiden, müssen die Arbeitsplätze an den Schlag- und Rolltischen der Größe der Arbeiterin (Hüftgelenkhöhe) angepaßt werden. Die Fußhebel sind ebenfalls entsprechend anzuordnen. Die Preßform ist an den Tischrand zu versetzen oder der Teil des Tisches vor der Form auszusparen. Die Formtische sollten für Frauen von vornherein etwas höher gebaut werden, anderenfalls könnte der Größenunterschied z. B. durch Holzunterlagen ausgeglichen werden.

4.) Die Frauen dürfen diese Arbeit nur im Zeitlohn ausführen.

5.) Den Frauen sind die Lebensmittelzulagen nach dem Zulagenhandbuch zu gewähren.

Ich bitte, die Durchführung der Maßnahmen evtl. durch Verfügung auf Grund von § 120 d. RGO erzwingen zu lassen.

Abdrucke für die Gewerbeaufsichtsämter sind beigefügt. Ich ersuche die Gewerbeaufsichtsämter um Bericht über die gesammelten Erfahrungen bis zum 1. Juli ds. Js.

Im Auftrag

Beglaubigt: gez.

Quelle: Bestand NW 37–647. Band I. HSTA

Q 205 Der geschlechtsspezifische Arbeitsmarkt ändert sich mit dem Stand der Technik

Die Gewerkschaften stehen auf dem Standpunkt, daß der Frau grundsätzlich alle Berufe offen stehen, denn die Gewerkschaften kämpfen für die Gleichberechtigung aller Menschen in sozialer, politischer und kultureller Hinsicht.

Soweit die Frau infolge besonderer biologischer Beschaffenheit für bestimmte körperlich schwere Arbeiten weniger geeignet oder gegenüber gesundheitsgefährlichen Tätigkeiten anfälliger ist als der voll arbeitsfähige Mann, kann und muß sie durch besondere Frauenschutzgesetze vor schlimmen Folgen bewahrt bleiben, wie es ja auch für Männer Erleichterungen der Arbeitsbedingungen in besonders gefährlichen oder schweren Berufen gibt. Es besteht ein Verbot von Frauen-Nachtarbeit (mit bestimmten Ausnahmen), von Frauentätigkeit in Abteilungen mit giftigen Gasen, es gibt eine Schwangerenschutz-Bestimmung u. a. m. Da die fortschreitende Technik eine Mechanisierung der Arbeitsprozesse und Änderungen in bestimmten Gewerbezweigen herbeiführt, sind die Frauenschutzgesetze aber nicht sämlich ein für allemal gegeben, sondern unter Umständen zu ändern. Darüber zu entscheiden und zu wachen, ist auch eine der vielen Aufgaben der Gewerkschaften.

Die Geschichte der Industrieentwicklung und der Entwicklung der Gewerkschaftsbewegung schließt, wie schon eingangs dargelegt worden ist, eine allmählich sich vollziehende Einbeziehung der Frau in die verschiedenen Berufe in sich. So ist es bis heute dabei geblieben, daß manche Berufe als „weibliche", andere als typisch „männliche" bezeichnet werden. Zum ersteren gehören die Hauswirtschaft, die Textil- und Bekleidungsindustrie, zu letzteren vor allem der Bergbau und das Baugewerbe. In wissenschaftlichen Berufen hat man lange Zeit ebenfalls solche Unterscheidungen gemacht und z. B. die juristische Laufbahn oder naturwissenschaftliche Forschungen dem Manne mehr liegend bezeichnet als der Frau. Eine ganze Anzahl Frauen aber hat sich längst auch einen Namen in der naturwissenschaftlichen Forschung erworben. Auf Grund der Erfahrungen hört man heute auch oft, daß die Frau sich besonders gut als Richterin in Jugendangelegenheiten eigne oder als verantwortliche Kraft in der Jugend- und der gesamten Sozialfürsorge, wobei dann in umgekehrter Übertreibung und Einseitigkeit manchmal dem Manne schlechthin Einfühlungsvermögen in das Empfinden Notleidender abgesprochen wird. Eines ist so unsinnig wie das andere, weil es sich nicht um Fähigkeiten handelt, die von Natur aus gegeben sind, sondern um Erziehungsresultate. Es ist längst für so gut wie alle Berufe notwendig geworden, daß Männer wie Frauen vernunftgemäß, sachlich und doch auch mit starkem menschlichem Empfinden ihre Tätigkeit ausüben.

Während des Krieges wurden den Frauen großes Lob gespendet, daß sie auch als Ingenieurin, als Schweißerin, Fräserin usw. sehr Tüchtiges leisten. Je mehr man der Frau den Weg öffnet zu den verschiedensten Tätigkeitsgebieten, je mehr ihre Ausbildung dem entspricht und die Erziehung von Mädchen und Jungen weniger einseitig geschieht, desto mehr erweist sich, daß bei Frauen genau so wie bei Männern individuelle Anlagen und Neigungen sehr verschieden sind. Die Gewerkschaften stellen sich daher die Aufgabe, nach Kräften mitzuwirken, daß auch jede Frau möglichst nach ihren Fähigkeiten und Neigungen einen Beruf oder eine Erwerbsarbeit finden kann.

Quelle: Irmgard Enderle: Frauenüberschuß und Erwerbsarbeit. Köln 1947. S. 5f.

Q206 Männliche Normen der Arbeitswelt müssen hinterfragt werden

... Hier haben wir es mit einer ausgesprochenen Nachkriegserscheinung zu tun. Das Baugewerbe galt als ein Männerberuf, Frauenarbeit war in ihm nicht üblich. Transport von Baumaterialien, Arbeiten in Ziegelbrennereien gehörten zu den Arbeiten, die für Frauen gesetzlich verboten waren. Die Verhältnisse nach dem Zusammenbruch bedingten, daß – zunächst zwar mit aller Vorsicht – Frauen zu den Aufräumungsarbeiten herangeholt wurden. Sie zeigten sich anstellig und willig, so daß die Versuche weiter ausgebaut werden konnten. In Berlin sind 40 000 Frauen mit Aufräumungs-, Enttrümmerungs- und Abrißarbeiten beschäftigt. Es handelt sich um für Frauen ungewohnte, körperlich schwere Arbeiten, um Arbeiten im Freien bei jedem Wetter, verbunden mit Staub, Dreck, sprödem und der Frau fremdem Werkstoff. Außerdem sind die Frauen schlecht ausgerüstet, was Arbeitskleidung und Schuhzeug betrifft. Vom Steineklopfen angefangen bis zum Einreißen der Wände und Hilfeleistung beim Einreißen von Ruinen leisten die Frauen alle vorkommenden Arbeiten. Man gibt ihnen Werkzeuge in die Hand: Schippen, Picken, Hämmer, die für die Beschäftigung von Männern angefertigt wurden und für Frauen wenig geeignet sind. Eine arbeitstechnische Überprüfung der Werkzeuge, die von Frauen benutzt werden, ist dringend erforderlich, um die Arbeit zu erleichtern und die Leistungen zu steigern. Viele Frauen führen diese Arbeiten bereits zwei Jahre aus. Alle Anzeichen sprechen dafür, daß Frauenarbeit im Baugewerbe auch weiterhin benötigt wird, weil männliche Arbeitskräfte dafür nicht vorhanden sind. Als notwendig erweist sich ferner eine stärkere Überwachung des Unfallschutzes. Von den 16 400 Unfällen im Berliner Baugewerbe im Jahre 1946 sind die Frauen mit 80 v. H. betroffen. Neben der Belehrung der Frauen und dem Hinweis auf die Gefahren wäre der Arbeitsschutz mehr auszubauen. Es mag dahingestellt bleiben, ob manche dieser schweren Arbeiten auf die Dauer von Frauen ausgeführt werden sollen. Nur durch die außergewöhnliche Notlage läßt sich eine derartige Beschäftigung rechtfertigen. Es wäre zu erwarten, daß Maschinen und Technisierung stärker eingesetzt werden. Das Baugewerbe ist ein ausgesprochener Mangelberuf. Große Anstrengungen sind erforderlich, um durch Nachwuchslenkung und Umschulung neue Arbeitskräfte zu gewinnen. Versuche, die Frau als Facharbeiterin in das Baugewerbe hereinzunehmen, sind in den ersten Anfängen steckengeblieben. Allerdings wird die Frau im Hochbau, als Dachdecker, als Zimmerer nur in Ausnahmefällen Verwendung finden. Im Baunebengewerbe wäre Frauenarbeit durchaus möglich. Voraussetzung dafür ist eine Überprüfung der Arbeiten und ihre Aufteilung. Auch müßte sich das Handwerk zu einer Umstellung entschließen können. Wenn z. B. die Beschäftigung im Maler- und Anstreichergewerbe damit abgelehnt wurde, weil es üblich sei, daß der Maler die Leiter fortbewegt, ohne herunterzusteigen, und die Frau das nicht könne, so haben Beobachtungen ergeben, daß nicht jeder Maler diese Arbeitsweise befolgt. Nach Lage der Dinge scheint die künftige Wohnung mehr durch Anstrich als durch Tapete wohnlich gestaltet zu werden. Die ordnungsgemäße Ausbildung der Frau könnte hier eine Verknappung der Arbeitskräfte ausgleichen. Ebenso überholt dünkt uns eine Begründung, die zur Ablehnung der Frauenarbeit in der Glaserei vorgebracht wurde. Hier wird entgegengehalten, die Einglasung erfolge stets im obersten Stockwerk eines Neubaues. Es könnte den Frauen nicht zugemutet werden, das schwere Glas nach oben zu schleppen. Auch das scheint kein stichhaltiger Grund zu sein; der Glaser muß nicht unbedingt im obersten Stockwerk arbeiten. Außerdem wird der Facharbeiter nicht auch gleichzeitig den Transport ausführen. Rationelle Arbeitsweise dürfte auch hier die Frauenarbeit begünstigen. Eine Überprüfung vieler anderer Handwerkszweige wird ergeben, daß Frauenarbeit eine vielseitige Verwendung finden könnte, wenn der Frau die Ausbildung mit abschließender Prüfung zugänglich gemacht würde.

Quelle: Mina Amann: Die Entwicklung der Frauenarbeit. In: Zentralblatt für Arbeitswissenschaft. 4/1947 (1). S. 73–76. Hier S. 75

Q 207

Der Arbeitsminister des
Landes Nordrhein-Westfalen
Hauptabtg. Landesarbeitsamt
II b F 5106
Rundverfg. 23/47

Düsseldorf, den 22. Febr. 1947

An die
Herren Vorsitzenden der Arbeitsämter
im Bezirk des Landesarbeitsamtes
Nordrhein-Westfalen

Betrifft: Zusammenarbeit mit den Gewerbeaufsichtsämtern bei der Vermittlung weiblicher Arbeitskräfte.

Der Mangel an männlichen Arbeitskräften einerseits und der große Kräftebedarf in der gewerblichen Wirtschaft andererseits erfordert noch auf lange Zeit den verstärkten Einsatz von Frauen anstelle von Männern. Hierbei ist zur Vermeidung gesundheitlicher Schäden Sorge zu tragen, daß die Frauen nicht mit Arbeiten beschäftigt werden, die für sie ungeeignet sind oder für die Beschäftigungsverbot besteht.

Die Gewerbeaufsichtsämter sind aufgrund ihrer Erfahrungen und eingehenden Kenntnisse der sozialen, technischen und wirtschaftlichen Betriebsverhältnisse in der Lage, die Arbeitsämter bei der Auswahl und Überprüfung der Arbeitsplätze maßgeblich zu beraten.

Ich ordne daher an, daß in allen Fällen, in denen der Einsatz von Frauen auf ungewöhnlichen oder bisher nur von Männern eingenommenen Arbeitsplätzen geplant ist, vorher die Stellungnahme der örtlichen Gewerbeaufsichtsämter eingeholt wird. Hierdurch wird den Gefahren für die Gesundheit der werktätigen Frauen vorgebeugt und gleichzeitig der zweckvolle Einsatz der weiblichen Arbeitskräfte gefördert.

Gelegentliche Berichterstattung über die Zusammenarbeit mit den Gewerbeaufsichtsämtern behalte ich mir vor.

(Verteiler A und G)   In Vertretung:

Quelle: Bestand NW 45–120. HSTA

Q 208 *

Arbeitsamt Siegen   Siegen, den 28. Okt. 1946
Geschäftszeichen: 5206
An den
Herrn Präsidenten
des Landesarbeitsamtes Westfalen-Lippe
Münster
Betrifft: Einsatz von Frauen in der Metall-Industrie.
Vorgang: Dortige Verfügung vom 9. Okt. 1946 – GZ.: 5206–
Die Ermittlungen bei den Geisweider Eisenwerken haben ergeben, daß dort etwa 100 Frauen beschäftigt sind, von denen

19 als Putzerinnen im Blockwalzwerk,
11 als Sortiererinnen im Stahlstabwalzwerk,
27 als Blechsortiererinnen und
 1 als Kranführerin

mit Schwer- und Schwerstarbeit beschäftigt sind. Die übrigen sind bei leichteren Arbeiten angesetzt. Die erstere Gruppe erhält Schwer- bzw. Schwerstarbeiterzulage.

Die Firma hat einen Antrag eingereicht, der inzwischen dem Landesarbeitsamt vorgelegt worden ist, den Lohn der Frauen zu erhöhen und nach Möglichkeit dem Lohn für Männer anzugleichen, weil die Leistungen der Frauen diesen Vorschlag rechtfertigen. Es handelt sich überwiegend um Frauen, die aus dem Osten flüchten mußten und für ihre Angehörigen nunmehr mit ihrem Arbeitsverdienst aufkommen müssen. Die Frauen verdienen bei den Geisweider Eisenwerken einen ausreichenden Lohn, werden gut verpflegt und legen den größten Wert darauf, ihren Arbeitsplatz zu behalten. Dem Gewerberat des hiesigen Gewerbeaufsichtsamtes und einem Medizinalrat, Prof. Dr. B., von der Regierung in Münster gegenüber haben sich die Frauen einmütig dahingehend geäußert, daß die Arbeit für sie nicht zu schwer sei, daß sie im Gegeneil gewohnt seien, weil sie aus ländlichen Gebieten stammten, früher in der Landwirtschaft viel schwerere Arbeit geleistet zu haben, wie sie sie jetzt verrichten.

Eine Möglichkeit, sie in leichtere Arbeit umzusetzen, in der sie in der Lage wären, ihren und ihrer Angehörigen Lebensunterhalt zu verdienen, besteht bei der Wirtschaftslage im hiesigen Bezirk z. Zt. nicht. Das Gewerbeaufsichtsamt ist nach Rücksprache auch damit einverstanden, daß die Frauen ihren Arbeitsplatz behalten, mit Rücksicht darauf, daß eine Möglichkeit, dafür Männer zuzuweisen, z. Zt. nicht besteht.

Von der Zuweisung weiterer Frauen zu den Geisweider Eisenwerken für schwere Arbeit wird in Zukunft Abstand genommen.

Der Leiter:
gez. H.

Quelle: Bestand NW 37–647. Band I. HSTA

Q 209   Frauennachtarbeit – Auszug aus einem Sitzungsprotokoll des Fachausschusses für Frauenfragen im NRW-Landesarbeitsamt vom 4. 5. 1949

Das Thema „Frauennachtarbeit" soll heute unter zwei Gesichtspunkten behandelt werden: dem des Arbeitsschutzes und dem der Arbeitsvermittlung. Die Interessen überschneiden sich. Vom Standpunkt des Arbeitsschutzes wird angestrebt, den Vorkriegsstand wieder herzustellen, die Frauen aus der Nachtarbeit zu entfernen. Die Arbeitsvermittlung ist bestrebt, den Frauen die Arbeitsplätze zu erhalten; eine Folge der Ablösung wäre Arbeitslosigkeit auf unbestimmte Zeit, vielleicht auf Dauer. Die Stellungnahme des Fachausschusses zu dieser Frage wird erbeten. . . .

Frau RR. Tritz weist darauf hin, daß die Frage der Frauennachtarbeit auch in anderen Ländern diskutiert wird, z. B. werden in England Ausnahmeanträge genehmigt, wenn eine wirtschaftliche Notwendigkeit vorliegt.

Es ist hier nur zu entscheiden, welches das kleinere Übel ist, Nachtarbeit zu leisten oder evtl. jahrelang erwerbslos zu bleiben. Es wird u. a. auf ein Beispiel verwiesen: In einem Bezirk müssen junge Mädchen um 4 Uhr nachts aufstehen, haben eine zweistündige Anfahrt um an ihre Arbeitsstelle zu kommen und machen nach getaner Arbeit wieder den Rückweg. In diesem Zusammenhang kann die Nachtarbeit nur als ein Übel in der Reihe von vielen gesehen werden.

Frau Traeder ist der Ansicht, daß eine grundsätzliche Stellungnahme jetzt noch nicht möglich ist, weil wir die kommende Entwicklung der Wirtschaft noch nicht übersehen können. – Die gesundheitliche Schädigung erfolgt nicht durch die Art der Arbeit, sondern durch die fehlende Nachtruhe, die die Frauen meist am Tage nicht voll ersetzen können. ...

Frau RR. Tritz faßt nochmals dahin zusammen, daß die Nachtarbeit keineswegs erwünscht aber ein notwendiges Übel sei. Interesse daran besteht nicht aus arbeitsmarktpolitischen, sondern aus sozialpolitischen Gründen. Die gemachten Vorschläge: Industrieverlagerungen und bessere Ausnutzung der Arbeitsplätze für Frauen in den Betrieben sollen noch stärker als bisher Berücksichtigung finden. Darüber hinaus bleibt aber die Notwendigkeit der Frauennachtarbeit in begrenztem Umfange bestehen. Es scheint zweckmäßig, die Möglichkeit zunächst für die Dauer eines Jahres bestehen zu lassen, wenn nicht die Arbeitslosigkeit von mehreren hundert Frauen herbeigeführt werden soll. ...

Die Gewerkschaftsvertreterinnen erklären abschließend, daß sie grundsätzlich die Frauennachtarbeit ablehnen, daß das Arbeitsschutzgesetz unter allen Umständen in vollem Umfange Geltung behalten muß und daß nur in ganz besonders begründeten und geprüften Einzelfällen eine möglichst kurz befristete Genehmigung erteilt werden soll. ...

Quelle: Niederschrift über die Sitzung des Fachausschusses für Frauenfragen am 30. März 1949 im Landesarbeitsamt, Düsseldorf. NW 45–120. HSTA

Q 210 (siehe Abbildung auf Seite 289)
Quelle: Bestand NW 45–7. HSTA

Q 211 Frauenarbeitsschutz zur Sicherung der Fortpflanzungsfunktion

Bei Arbeiten mit gesundheitsschädlichen Stoffen handelt es sich im wesentlichen um die Gefahren durch Gase, Dämpfe, Rauch und giftige Flüssigkeiten, die durch Einatmen oder Berühren den menschlichen Körper bedrohen. Ebenso können Wärme- und Röntgenstrahlen gesundheitsschädlich wirken.

Wenn auch Männern und Frauen in diesen Betrieben die gleiche Gefahr droht, so hat die Praxis gezeigt, daß das weibliche Geschlecht beim Umgang mit Giftstoffen stärker gefährdet ist, da der schwächere Körper der Frau in höherem Grade giftempfindlich ist, vor allem wieder in den kritischen Zeiten des Wachstums, der Wechseljahre und während der Menstruation und Schwangerschaft.

Bei der weiblichen Arbeitskraft kommt noch eine gewisse Gifteinwirkung durch äußere Ursachen hinzu, wie z. B. durch unzweckmäßige Kleidung und Haartracht, in denen sich die schädigenden Stoffe ansammeln können.

Die Giftstoffe rufen bei dem weiblichen Organismus tiefgreifendere Schäden hervor als beim männlichen. Vor allen Dingen traten Störungen bei der Fortpflanzungsbereitschaft und Fortpflanzung selbst auf. Zu den gefährlichsten Giften sind Blei,

Quecksilber, Arsen, Schwefelkohlenstoff, Benzol und seine Homologen, die Nitro- und Armidoverbindungen des Benzols (Nitrobenzol, Anilin usw.) und die Lösemittel der zahlreichen Lacke, Farben, Reinigungs- und Klebemittel zu rechnen.

Gesundheitsschädliche Gase treten z. B. in den Abteilungen der Industrie auf, wo Werkstücke gestrichen und spritzlackiert werden.

Die Lösungsmittel der schnell trocknenden Farben und die Reinigungsstoffe enthalten mehr oder weniger gefährliche Chemikalien, die bei langdauerndem Einatmen zu Gesundheitsstörungen führen. Besonders das Benzol ist als Blut- und Nervengift gefährlich. Gegen Einwirkungen dieses Gases sind namentlich werdende Mütter höchst empfindlich. Frauen, welche vorher jahrelang ohne nennenswerte Schädigungen mit Benzol oder benzolhaltigen Stoffen hatten arbeiten können, erkranken im Verlauf der Schwangerschaft an schweren, teilweise tödlichen Veränderungen des Knochenmarkes und des Blutes. Es ist daher dringende Pflicht der Betriebsführung, die weiblichen Arbeitskräfte, ganz besonders die neu hinzugekommenen, aufzuklären, bevor sie an die Arbeit mit gesundheitsschädlichen Stoffen gestellt werden.

Der Arbeitsminister   Düsseldorf, den 13.Juni 1949
   des Landes
Nordrhein-Westfalen

IIIg 22   Nr. 20/49
Pa/M   An die

Gewerbeaufsichtsämter des

Landes Nordrhein-Westfalen
========================

Betrifft: Frauenarbeit bei der Zementstein-Herstellung.
Vorgang : Mein Erlass vom 9.3.1948 - IIIb 22/Pa./Be.-

Aus den Berichten der Gewerbeaufsichtsämter über Erfahrungen
mit der Frauenarbeit an sogenannten Hand-Steinschlagmaschinen
ist zu entnehmen, dass die Zahl der hieran tätigen Frauen
klein ist und dass bei einigen schon nach verhältnismässig
kurzer Zeit gesundheitliche Schäden an den Unterleibsorganen
aufgetreten sind. Ferner ist aus ihnen zu ersehen, dass mit
zunehmender Verschärfung des Wettbewerbes die Zementsteinhersteller eine weitere Steigerung der Leistung auch an den
Schlag- und Rolltischen anstreben müssen, die jedoch mit
Frauen nicht zu erreichen ist.

Aus diesen Gründen beabsichtige ich, meinen Erlass vom 9.3.1949
- IIIb 22/Pa./Be. - zurückzuziehen und diese Frauenarbeit
gänzlich zu untersagen. Ich bitte jedoch um vorherigen Bericht,
ob die Frauenarbeit überhaupt noch Bedeutung hat und ob etwa
§ 120 d) RGO. eine ausreichende Handhabe zu ihrem Verbot bietet.

Bei dieser Gelegenheit weise ich auf einen Artikel in Nr. 1
der VDI-Zeitschrift von 1949 über leistungsfähige Betonstein-
maschinen zur Bekanntgabe an interessierte Hersteller hin.

Fristvermerk: 15.7.1949   Im Auftrag:
                               gez.
Verteiler: 1 A
          Beglaubigt:

          (Angestellte)

Beim Umgang mit Farben und Lacken, die diese gefährlichen Farbnebel und Gase erzeugen, muß dafür gesorgt werden, daß geeignete Absaugvorrichtungen angebracht sind und genügend Frischluft zugeführt wird. In großen Betrieben ist meistens ein besonderer Gasschutz eingesetzt, der mit modernen Spürgeräten, an denen selbständig anzeigende Alarmvorrichtungen angebracht sind, arbeitet. Dadurch wird nicht nur die einzelne Arbeitskraft vor Schäden bewahrt, sondern man begegnet auch Brand- und Explosionsgefahren.

In den Industriezweigen, wo Blei und Quecksilber verarbeitet werden, ist bei der Frauenbeschäftigung größte Vorsicht geboten, denn die entstehenden Gase verursachen schwerste Berufserkrankungen. Blei wirkt besonders schädigend auf die Fortpflanzungsorgane und verursacht Menstruations- und Keimschädigungen. Wie auffallend hoch die Zahl der Fehlge-burten bei Bleiarbeiterinnen zu Beginn der Industrialisierung war, veranschaulicht eine Übersicht von Goergesreid. Danach kamen auf 1000 Frauen

Früh-, Fehl- und Totgeburten

1. in der Hauswirtschaft 43,2
2. in Fabriken ausschließlich
   Bleifabriken 47,6
3. vor der Heirat in Bleibetrieben
   beschäftigt 86,0
4. nach der Heirat in Bleibetrieben
   beschäftigt 133,5

Die Sterblichkeit der Säuglinge betrug:

1. bei Frauen, die nur hauswirt-
   schaftlich tätig waren 150
2. bei Fabrikarbeiterinnen (nicht in
   Bleibetrieben) 214
3. vor der Heirat in Bleibetrieben
   beschäftigt 157
4. nach der Heirat in Bleibetrieben
   beschäftigt 271

auf je 1000 Säuglinge.

Quelle: Ursula unten Schrievers: Die industrielle Frauenarbeit, ihre Entwicklung und ihre Auswirkungen. Diss. Marburg 1946. S. 67f.

Q 212 Erlaß des Präsidenten des Landesarbeitsamtes der Nord-Rheinprovinz über Krankenversicherung; hier: Mutterschutzgesetz

Vom 15. Juni 1946. Arb/730–1

1. Auf Anordnung des Haupt-Quartiers der Militär-Regierung Nord-Rhein-Region vom 11. Mai 1946 wird § 7 des Gesetzes zum Schutze der erwerbstätigen Mutter – Mutterschutzgesetz – vom 17. Mai 1942 RGBl. I S. 321 mit der Maßgabe aufgehoben, daß Abs. I Satz 3 auch weiterhin anzuwenden ist.
2. Sämtliche Ausführungsbestimmungen werden aufgehoben; insbesondere Abschnitt VI, Ziff. 21 bis 24 der Ausführungsverordnung zum Mutterschutzgesetz vom 7. Mai 1942 (RABl. III 162).
3. Aufgehoben werden ferner:
   Die Erlasse des Reichsarbeitsministers betreffend Wochenhilfe nach dem Mutterschutzgesetz und der Reichsversicherungsordnung vom 31. August 1942 (RABl. III 270) und diejenigen vom 25. Januar 1943 (RABl. III 35), vom 22. Mai 1943 (RABl. III 189) sowie vom 28. Juni 1943 (RABl. III 220) über die Anwendung des § 7 des Mutterschutzgesetzes.

Düsseldorf, den 27. Juni 1946.   Der Präsident des Landesarbeitsamtes
                                                   Nord-Rheinprovinz: Scheuble.

Quelle: Mitteilungs- und Verordnungsblatt des Oberpräsidenten der Nordrhein-Provinz. Nr. 40 vom 17. 7. 1946 (1). S. 239f.

Q 213 Offizielle Ehrung der Mutter des 400 000. „Bürgers" von Duisburg. Ein Sparbuch als „Arbeitslohn" (siehe Abbildungen auf Seite 291)
     Um den Mutterschutz war es zur selben Zeit schlecht bestellt

Quelle: Stadtarchiv Duisburg

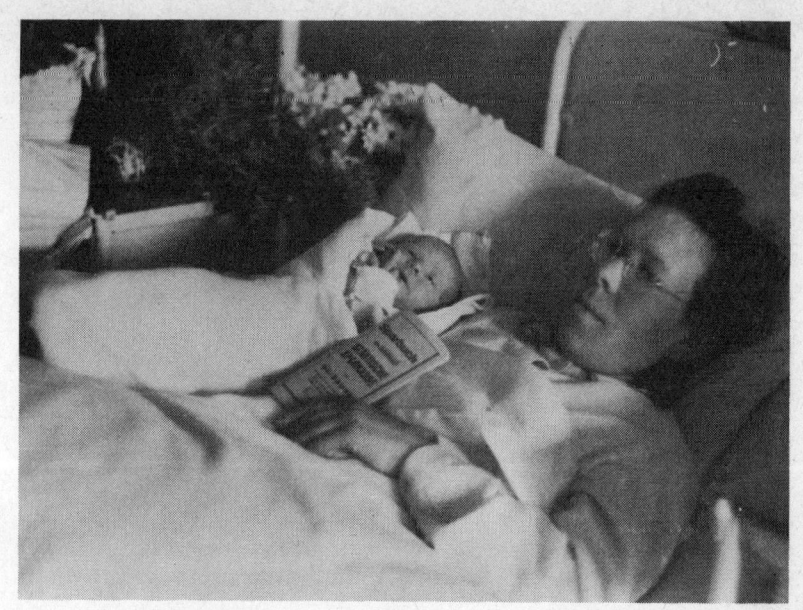

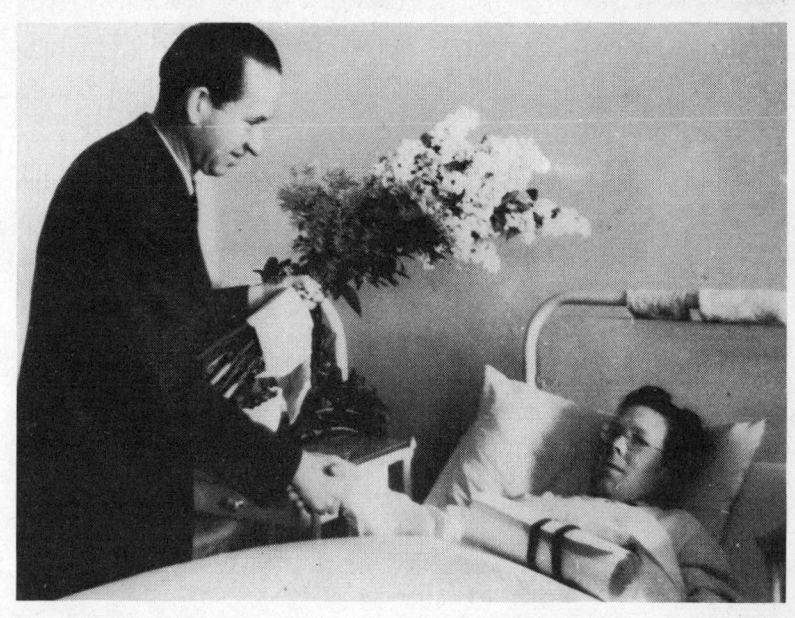

Q 214   Entnazifizierung des Mutterschutzes unnötig?

Es ist wenig bekannt, daß das 1942 erlassene Mutterschutzgesetz, also ein Nazigesetz, heute noch Gültigkeit hat. Natürlich wurde es damals nicht aus Sorge für die Frauen geschaffen, sondern um recht viel Kinder in die Welt zu setzen. Man mußte entgegen den scheinheiligen Beteuerungen „Die Frau gehört ins Haus", um die Kriegsanstrengungen auf ein Höchstmaß zu steigern, so viel Frauen wie möglich in den Produktionsprozeß bringen. Um nun den Bedarf an Kanonenfutter für spätere Zeiten nicht in Gefahr zu bringen, mußten Bestimmungen geschaffen werden, die angeblich die werdenden Mütter schützen sollten.

Die Gründe der Nazis mögen uns heute wenig kümmern. Der Inhalt des Gesetzes war gut und es blieb deshalb bestehen.

Quelle: Das Mutterschutzgesetz. In: Die Genossin. 5/1949 (12). S. 150

Q 215   Entschließung der Frauenausschüsse der Gewerkschaftsbünde zum Mutterschutz

Die Trizonale Tagung der Mitglieder der Frauenausschüsse der Gewerkschaftsbünde in Rod a. d. Weil vom 25.–27. Januar 1949 nahm Stellung zur Frage des *Mutterschutzes.*

Die Teilnehmerinnen der Tagung vertraten die Auffassung, daß die Schaffung eines ausreichenden Mutterschutzes unerläßlich ist. Sie haben kein Verständnis dafür, daß die Leistungen nach § 7 des Mutterschutzgesetzes von 1942 außer Kraft gesetzt wurden und dadurch die Lage der werdenden Mutter eine wesentliche Verschlechterung erfuhr. Sie halten es trotz aller Schwierigkeiten für notwendig, daß der durch die Außerkraftsetzung des § 7 aufgehobene Schutz wieder durch eine gesetzliche Regelung herbeigeführt wird.

Quelle: Protokoll über die Tagung der Frauenausschüsse der Bünde vom 25.–27. 1. 1949 in Rod a. d. Weil. DGB-Akte „Verschiedene Protokolle ab 1945". DGB-Archiv

Q 216   Die Verwaltung für Arbeit zum § 7

§ 7 des Mutterschutzgesetzes

Vom Direktor der Verwaltung für Arbeit wird dazu geschrieben:

„Dem vom Länderrat des amerikanischen Besatzungsgebietes angenommenen Gesetz über die Wiedereinführung von Leistungen nach § 7 des Mutterschutzgesetzes,. . ., hat die amerikanische Militärregierung bisher nicht zugestimmt.

. . . Eine Rundfrage des Zentralamtes für Arbeit in der britischen Zone bei den Landesregierungen dieser Zone hat ergeben, daß die Arbeitsministerien die Wiedereinführung des § 7 des Mutterschutzgesetzes befürworten, die Finanzministerien sich aber bisher noch nicht damit einverstanden erklärt haben, die entstehenden Mehraufwendungen, die nach § 14 des Gesetzes früher vom Reich den Krankenkassen erstattet wurden, auf die Länderhaushalte zu übernehmen. Den Krankenkassen kann aber bei ihrer gegenwärtigen Finanzlage die Aufbringung der Kosten nicht zugemutet werden.

Die Verwaltung für Arbeit setzt sich für eine einheitliche Regelung der Angelegenheiten im Vereinigten Wirtschaftsgebiet ein und wird darüber mit den Landesregierungen weitere Verhandlungen, insbesondere über die Frage der Kostenübernahme, führen. Für den Fall, daß eine Verständigung erzielt werden kann, werde ich veranlassen, daß dem Wirtschaftsrat ein entsprechendes Gesetz vorgelegt wird.

Da die Frauenausschüsse verschiedener Bünde wegen der Wiedereinführung des § 7 des Mutterschutzgesetzes Beschlüsse gefaßt haben, bitten wir, sie von diesem Bescheid der Verwaltung für Arbeit in Kenntnis zu setzen.   gez. E. Bühring." . . .

Wir machen weiterhin noch darauf aufmerksam, daß im Gewerkschaftsblatt der britischen Zone „Der Bund" Nr. 26 vom 18. 12. 1948 berichtet wird, daß der zentrale Frauenausschuß des Deutschen Gewerkschafts-Bundes (britische Zone) auf seiner vorletzten Zusammenkunft noch einmal einen Entwurf zu einem neuen Mutterschutzgesetz beraten hat.

Die Angelegenheit wird von uns weiter verfolgt. Wir werden zu gegebener Zeit Näheres berichten.
Hm.

Quelle: Die Genossin. 2/1949 (12). S. 48 f.

Q 217 Der Wirtschaftsrat beschließt die Aufhebung des Kündigungsschutzes für schwangere Frauen

Über das Mutterschutzgesetz, das zwar im Jahre 1942 erlassen wurde, aber bis jetzt noch in Kraft ist, wurde ausführlich im April-Heft berichtet. Dabei wurde die Hoffnung ausgesprochen, daß durch eine Aufhebung der ungerechtfertigten Aufteilung der Frauen in Vollschutzberechtigte und Mindestgeschützte das deutsche Mutterschutzgesetz beispielgebend für die ganze Welt würde. Inzwischen ist eine sehr wesentliche Änderung des Mutterschutzgesetzes vorgenommen worden: der Paragraph 6 über den Kündigungsschutz hat in dem am 29. Juli vom Wirtschaftsrat verabschiedeten neuen Mutterschutzgesetz eine andere Fassung erhalten. Es heißt darin:

„Kann der Arbeitgeber die schwangere Frau mangels jeglicher Verwendungsmöglichkeit auch an einem anderen Arbeitsplatz oder im Hinblick auf seine wirtschaftliche Lage selbst bei besonderer Berücksichtigung der Schutzbedürftigkeit der Frau in der Zeit vor und nach der Niederkunft nicht mehr beschäftigen, so kann er das Beschäftigungsverhältnis mit Zustimmung des Arbeitsamtes mit einer Kündigungsfrist von mindestens vier Wochen auflösen."

Damit wird in der Zeit der zunehmenden Arbeitslosigkeit der Kündigungsschutz für die werdende Mutter aufgehoben. Jedem Arbeitgeber ist eine Handhabe zur Lösung des Arbeitsverhältnisses gegeben, denn Frauen sind während der Schwangerschaft oft nicht voll arbeitsfähig und können somit den vorhandenen Verwendungsmöglichkeiten einfach nicht mehr genügen. Die Frau wird also in einem Zustand, der der größten Schonung bedarf, der ärgsten Not und Sorge ausgesetzt. Denn Arbeitslosigkeit bedeutet Verdienstausfall – und sie wird arbeitslos, denn welcher Arbeitgeber stellt eine Schwangere neu ein?

Selbst das erste Mutterschutzgesetz aus dem Jahre 1927 sah in seinem Paragraphen 4 einen Kündigungsschutz von insgesamt 18 Wochen vor. Das jetzt vom Wirtschaftsrat verabschiedete Gesetz bedeutet also unzweifelhaft einen Rückschritt in der Sozialpolitik.

Es ist unverständlich, daß dieser Gesetzestext einstimmig angenommen wurde, denn das Plenum des Wirtschaftsrates setzt sich aus den Abgeordneten der einzelnen Parteien zusammen.

Quelle: Die Welt der Frau. 4/1949 (4). S. 40

9. Doppelbelastung

Die auch in Nicht-Krisenzeiten sprichwörtliche „Doppelbelastung" berufstätiger Frauen – vor allem berufstätiger Mütter – durch Haushalt und Beruf nahm in der Nachkriegszeit besonders große Ausmaße an (Q218 + 219), nicht nur wegen der sehr viel umfangreicheren und schwierigeren Hausarbeit, sondern auch wegen der extrem schlechten Arbeitsbedingungen im Produktionsbereich, die gekennzeichnet waren von in vielen Fällen harter, kräftezehrender Arbeit bei gleichzeitiger Unterernährung, mangelhafter Bekleidung, langen Wegen zum Arbeitsplatz bei nur schlecht funktionierenden Verkehrsmitteln. Einige Betriebe arbeiteten aufgrund der Stromrationierungen nur an 5 Tagen in der Woche, die allgemein übliche Arbeitszeit betrug damals aber noch 48 Stunden an 6 Wochentagen. Halbtagsstellen waren kaum vorhanden, Arbeitswege von 1 bis 1½ Stunden Dauer waren der Normalfall, so daß der Arbeitstag einer berufstätigen Frau *ohne Hausarbeit* schon 11–12 Stunden betrug. Unter Anrechnung nur der notwendigsten, unaufschiebbaren Hausarbeiten wie Einkaufen, Kochen, Heizen, Waschen usw. kann im Normalfall von einem ungefähr 16stündigen Arbeitstag ausgegangen werden. Daß bei einer derartigen Belastung bei weiblichen Arbeitskräften eine erhöhte Unfallgefahr im Vergleich zu ihren männlichen Kollegen zu verzeichnen war, kann kaum verwundern (Q221).

Es gab zwar einige betriebliche Initiativen zur Erleichterung der reproduktiven „Pflichten" weiblicher Arbeitskräfte (Q223). Da jedoch die Einrichtung von Betriebskindergärten, öffentlichen Kinderhorten, betriebseigenen Waschanstalten, Einkaufsläden etc. (Q225) mangels gesetzlicher Absicherung vom guten Willen der Unternehmensleitungen bzw. öffentlichen Verwaltungen abhing, wurden solche Anregungen nur dann aufgegriffen, wenn die Betriebe „mangels Masse" auf die doppelt belasteten weiblichen Arbeitskräfte angewiesen waren. Mit einer Anerkennung des gesellschaftlichen Werts von Hausarbeit hatte die Einräumung solcher Erleichterungen nichts zu tun.

Daß die Hausarbeit nach wie vor als Privatsache galt, zeigt die Diskussion um den sogenannten Hausarbeitstag, der 1949 in einigen Ländern der Westzonen eingeführt wurde (Q231–232) und bis heute existiert. Bereits im Vorfeld der Wiedereinführung des während des Krieges von den Nationalsozialisten eingerichteten, unbezahlten „freien" Tages für Arbeitnehmerinnen mit eigenem Hausstand wurde deutlich, daß der Hausarbeitstag ebenso wie die anderen besonderen Frauenarbeitsschutzbestimmungen lediglich der Erhaltung weiblicher Arbeitskraft im Sinne der geschlechtsspezifischen Arbeitsteilung dienen sollte und keineswegs als Aufbrechen der Trennung von Produktion und Reproduktion gewertet werden kann. Der von Irmgard Enderle (Gewerkschafterin und Mitglied des Wirtschaftsrates) vertretenen Auffassung, die gesellschaftlich notwendige Funktion der Mutterschaft durch Einräumen eines bezahlten Hausarbeitstages anzuerkennen, wurde auch von gewerkschaftlicher Seite begegnet mit dem Argument, eine solche „Extraleistung" sei unvereinbar mit dem Kampf um die Gleichstellung der Frau in der Produktion (Q 230), sie widerspreche der Forderung nach Aufhebung der Lohndiskriminierung und sei Wasser auf die Mühlen der Befürworter/innen der „Doppelverdiener"-Kampagne. Es sei nicht Aufgabe der Arbeitgeber, sondern des Staates, solche „sozialpolitischen" Maßnahmen zu finanzieren. Genau diese Argumente – diesmal von Arbeitgeberseite – führten denn auch bereits kurze Zeit nach Inkrafttreten des „Gesetzes über *Freizeitgewährung* für Frauen mit eigenem Hausstand" (Hvhbg. D. S.) zur erneuten Infragestellung des Hausarbeitstages. In Nordrhein-Westfalen forderte der Arbeitsminister die Gewerbeaufsichtsämter bereits nach knapp 5 Monaten zur Stellungnahme und zu Praxisberichten über die Handhabung des Hausarbeitstages auf, da infolge der „praktische(n) Auswirkungen, insbesondere in typischen Frauenbetrieben" an eine Novellierung des Gesetzes gedacht sei. In der Praxis wirkte sich das Gesetz tatsächlich nachteilig für die anspruchsberechtigten Frauen aus, insbesondere deshalb, weil die Arbeitgeber in der Zeit erhöhter Arbeitslosigkeit nach der Währungsreform ungehindert dazu übergingen, die betreffenden Frauen ganz einfach nicht mehr einzustellen (Q 233), so daß sie schließlich häufig „freiwillig" auf den Hausarbeitstag verzichteten.

*Arbeits-
überlastung
der
Bäuerin*

Q 218

EINE STIMME UNTER
TAUSENDEN

Liebe Landfrau!

*Als vielgeplagte Bäuerin möchte
ich Dir einmal mein Herz aus-
schütten. Es wäre ein großer Irrtum, zu glauben, wir Landfrauen
seien nicht genügend über moderne technische Hilfsmittel in der
Land- und Hauswirtschaft unterrichtet.
Schon seit Jahren ist man selbst in entle-
gensten Dörfern hierüber aufgeklärt worden. Wir Bäuerinnen sind uns auch über
den Segen der Genossenschafts-Methode
klar; auf diesem Wege könnten selbst teure
Maschinen und Geräte der allgemeinen Benutzung zugänglich gemacht werden. Die
jetzt überall neu entstehenden Landfrauen-
Verbände finden hier Gelegenheit, ihren
Segen praktisch zu erweisen. Es gilt, sich
sowohl mit den entsprechenden Regierungsstellen als auch mit land- und hauswirtschaftlichen Maschinenfabriken in
Verbindung zu setzen und dafür zu sorgen,
daß die so sehr dringend benötigten Maschinen und Geräte uns in ausreichenden
Mengen geliefert werden. Die Herstellung
von technischen Hilfsmitteln für Landfrauen ist einer der entscheidenden*
*Schritte im allgemeinen Wiederaufbau!
Demgegenüber sollte die Herstellung ne-
bensächlicher Artikel eine gerechte Einschränkung erfahren.
Liebe Landfrau, ich glaube, daß viele
andere Bäuerinnen in gleicher Lage Dir
ähnliche Briefe schreiben. Sorge bitte dafür, daß unser Notruf in die breite Öffentlichkeit dringt.*

Die fortschreitende Industrialisierung
Deutschlands bedingte, daß die Bauernfrau allmählich, aber stetig aus ihrem
ursprünglichen Bereich der Familie und dem Haushalt herausge-
führt und mehr und mehr zur Feldarbeiterin wurde. Notwendig wurde dieser
Schritt, da durch die vergangene hundert-
jährige Entwicklung als Folge der Flucht
aus dem Bauerntum unser bäuerlicher

Volksteil immer mehr zahlenmäßig zu schrumpfen begann. Die Zahl der zur Verfügung stehenden Arbeitskräfte wurde hierdurch immer kleiner und führte zur übermäßigen Belastung der Zurückgebliebenen. Unter den einzelnen Gliedern der bäuerlichen Familie wurde vornehmlich die Bauernfrau davon betroffen. Sie wurde zur gleichberechtigten, aber auch gleichbelasteten Arbeitspartnerin des Bauern bei der Feldarbeit. Wie sehr sich das Verhältnis gegenüber früher verschob, wie sehr die Frauenarbeit in der Landwirtschaft gegenüber Industrie und Handwerk, Handel und Verkehr zunahm, zeigen folgende 1939 durchgeführte Erhebungen: Im Jahre 1939 wurden in der Landwirtschaft 50%, in der Industrie und im Handwerk 20%, im Handel und Verkehr 30% Frauen beschäftigt. Die Frau war also in der Landwirtschaft im Verhältnis zu den anderen Berufsgruppen am stärksten als Arbeiterin eingesetzt.

In bezug auf Alter und Familienstand war der Anteil der verheirateten Frauen in der Landwirtschaft 56% und fast doppelt so hoch wie in den beiden anderen Wirtschaftsgruppen. Weiterhin ist auffällig, daß in der Landwirtschaft die jugendlichen

mittelbäuerlichen Betrieb (um 50 ha) fast zur Hälfte von Frauen, im kleinbäuerlichen Betrieb fast zu ¾ von Frauen geleistet worden.

Im und nach dem Krieg stieg die Arbeitslast der Bäuerin noch viel mehr.

Wo erfolgt nun der Arbeitseinsatz unserer bäuerlichen Frauen?

Kurz gesagt, überall dort, wo die männliche Arbeitskraft fehlt. So muß die Frau in den kleinbäuerlichen Betrieben sehr oft fast ganz die Stelle des Bauern vertreten und dessen Arbeiten mitverrichten. Sie muß pflügen, säen, das Feld düngen, Gras und Getreide mähen, dreschen, eben alle in einem bäuerlichen Betrieb vorkommenden Arbeiten tun. Ihr Einsatz spezialisiert sich mit steigender Betriebsgröße und deren zunehmender Besetzung mit männlichen Arbeitskräften mehr auf besondere Arbeiten. Hier erwartet sie neben der Haus-, Hof- und Stallarbeit vornehmlich leichtere Feldarbeit, Pflege der Hackfruchtfelder, Erntehilfe, Hackfruchternte.

Selbstverständlich hängt ihr Einsatz auch in sehr starkem Maße von der Betriebsart ab, also davon, ob der Betrieb vorwiegend Getreidebau, Obst-, Garten- oder Wein-

Immer wieder muß es gesagt werden: Bäuerin, Mutter, Hausfrau und Feldarbeiterin in einer Person: Für die Schultern eines einzelnen Menschen eine allzuschwere Last!

(unter 16 Jahren) und noch mehr die älteren weiblichen Berufstätigen über 50 Jahren als Arbeitskräfte eingesetzt waren und hier wiederum in der Landwirtschaft fast doppelt so hoch wie in den anderen Wirtschaftsabteilungen.

Vorwiegend erfolgte der Einsatz der weiblichen Personen in den klein- und mittelbäuerlichen Betrieben, und zwar: in Betrieben von 0,5–2 ha, 70,4%, von 2–5 ha 65,6%, von 10–20 ha 60%, von 200 und mehr ha 25,5%.

Die zu bewältigende Arbeitsmenge war im

bau, Hackfruchtbau, Viehzucht, Milchwirtschaft treibt oder sich sonstwie spezialisiert hat; aber auch davon, ob es sich um einen intensiv oder extensiv bewirtschafteten Betrieb handelt. Die Arbeit der Frau ist also, überblicken wir unsere deutsche Landwirtschaft, sehr verschiedenartig. Sie ist aber besonders dort schwierig, wo sie vornehmlich als Arbeiterin auf dem Felde eingesetzt ist, und das gilt für die meisten der Betriebe.

Sämtliche bisher durchgeführten Untersuchungen bringen den eindeutigen Beweis, daß unter den weiblichen Arbeitskräften die Bäuerin der überbelastete Teil ist. Sie hat immer die größere Arbeitsstundenleistung aufzuweisen als der Bauer. Sie liegt im Durchschnitt um 10% höher wie beim Bauern, der selbst wieder im Vergleich zu den anderen Berufen überbeschäftigt ist.

Die Arbeitsnot der Bäuerin hat zum großen Teil besonders in den letzten Jahrzehnten Formen angenommen, die als unserer Kulturstufe unwürdig bezeichnet werden müssen und die sich auch bereits heute zu schlimmen Folgen auswirken.

Gewöhnlich hat man vom Leben der Bäuerin eine Idealvorstellung. Sie ist aber heute nicht mehr die Gestalt, die im Haus und Hof frei und selbständig schaltet und waltet, die von jungen arbeitsfreudigen Töchtern und Mägden umgeben ist, denen sie befehlen und deren Arbeit sie überwachen kann. Sie ist nicht mehr die Herrin des Hauses, die alle sorgend betreut und Ordnung schafft in Haus und Hof. Ihr Leben, das sie heute zu führen gezwungen ist, ist viel unromantischer und nüchterner; es ist ein hartes Arbeitsleben, es ist nicht mehr das Leben, das eine richtige Bäuerin führen sollte, der ein genügend großer Besitz und genügend Arbeitskräfte zur Verfügung stehen.

Dieses harte Leben unserer Durchschnittsbäuerin verschlechterte sich in den letzten Jahrzehnten mehr und mehr und führte zum Raubbau an ihrem ganzen Wesen, es bedingte mit den gesamten kulturellen Verfall unseres Bauerntums.

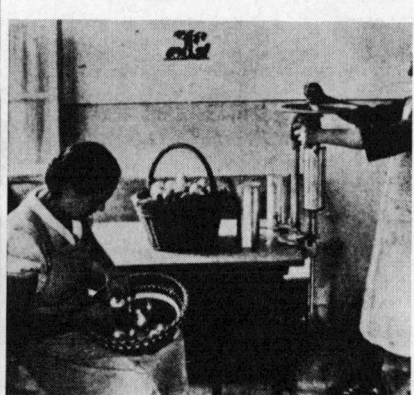

Quelle: Die Landfrau. 19/20/1947 (2). S. 12 f.

Q 219 Mißstände im Reproduktionsbereich hindern die Frauen an der Aufnahme einer Erwerbsarbeit

Die Drosselung der Produktion von Verbrauchsgütern und die nicht einmal das Existenzminimum deckende Lebensmittelzuteilung erschweren die mit der Haushaltsführung verbundenen Aufgaben sehr erheblich. Diese alltägliche Arbeit der Frau, früher so selbstverständlich, wird überaus kompliziert. Da sind einmal die besonderen Schwierigkeiten des Kochens zu nennen. Die Nahrungsmittel fehlen. Strom und Gas sind nur beschränkt zugeteilt. Darüber hinaus stellen die beengten Wohnverhältnisse physisch und psychisch äußerste Anforderungen an die Frau. Infolgedessen werden die weiblichen Kräfte bis zur Grenze des Möglichen angespannt und zur rastlosen Arbeit gezwungen, so daß zur eigenen Berufsarbeit kaum Raum bleibt. Die Ernährungsverhältnisse machen zeitraubende Hamsterfahrten unerläßlich. Sie sollen die Diskrepanz zwischen dem Mindestbedarf des Körpers an Nahrungsmitteln und der zugestandenen Kalorienzahl überbrücken. Hinzu tritt die Sorge um die Beschaffung selbst der auf Karten zu beziehenden Waren. Sie ist im dicht besiedelten Ruhrgebiet weit schwieriger als in anderen Bezirken und oft mit stundenlangem Schlangenstehen verbunden. Die unterschiedliche Versorgung der Städte mit Lebensmitteln führt zu Brot-, Fleisch- und Fettfahrten etwa von Dortmund nach Essen oder von Bochum nach Essen. Ist es da erstaunlich, wenn die Passivität gegenüber einer wirtschaftlichen Betätigung mit der ständig gekürzten Nahrungsmittelra-tionierung und der immer geringer werdenden Aussicht, sich durch Arbeitsleistung tatsächlich mehr verschaffen zu können, anwächst?

Auch die durch Kriegszerstörungen stark beeinflußten Wohnverhältnisse bewirken eine beachtliche Reduzierung der Arbeitslust. Wohl hat im Ruhrgebiet schon immer die um die männlichen Arbeitsplätze sich konzentrierende Siedlungsweise die Erwerbstätigkeit der Frauen durch lange Anmarschwege behindert. Heute sind die Verkehrswege zu den Arbeitsstätten noch bedeutend verlängert, entweder durch Betriebsverlagerungen, oder Unterbringung der ausgebombten Arbeiter in entlegenen Wohnvierteln. Bei den anfangs mangelhaften Verkehrsmöglichkeiten treten der Arbeitsaufnahme der Frau neue Erschwernisse entgegen.

Ein weiteres Hemmnis ist in dem Bekleidungsmangel zu suchen. Es fehlt nicht nur an Kleidung überhaupt, es fehlt insbesondere bei den Frauen, die auf einen Erwerb angewiesen sind, an Arbeitskleidung. Wenn die Frau ihre letzten Schuhe und vielfach das einzige Kleid bei der Arbeit aufträgt, ohne Ersatz zu bekommen, dann wird sie lieber auf das Arbeitsentgelt verzichten. Die Bereitstellung von Arbeitskleidung innerhalb der Betriebe ist nur in beschränktem Umfang, und auch dann nur zu beträchtlich gestiegenen Preisen möglich. Daher können wir auch von dieser Seite aus keine Bereitschaft zur Erwerbstätigkeit erwarten.

Quelle: Resi Dieckmann: Die Frauenarbeit im Ruhrgebiet. Eine Untersuchung über strukturelle Grundlagen, kriegsbedingte Wandlung und künftige Gestaltung der Frauenarbeit im westlichen Ruhrgebiet. Diss. Münster 1949. S. 35 f.

Q 220 Doppelbelastung erwerbstätiger Hausfrauen und Mütter

... Die Probleme wachsen, wenn es sich bei der Frauenarbeit um feste Stellungen außerhalb des Hauses, im Büro, im Laden oder in der Fabrik handelt, deren Bezahlung keine Haushalthilfe erlaubt. Hier geht es meist nicht ohne eine hilfreiche Nachbarin für gelegentliche Besorgungen und einen Kindergarten oder Hort, in dem die Kinder tagsüber aufgehoben sind. Vielleicht ist es auch möglich, nur halbtags zu arbeiten, obwohl gesagt werden muß, daß es viel zu wenig Halbtagsstellungen gibt. Hier müßten bedeutend mehr Möglichkeiten geschaffen werden.

Hausarbeit und Beruf lassen sich unter den augenblicklichen Lebensbedingungen in Deutschland nur in günstig gelagerten Fällen befriedigend vereinigen. Eine Voraussetzung ist natürlich, daß die Frau im Haushalt erfahren ist – und jede Frau sollte das eigentlich sein, auch wenn sie sich zu einem männlichen Beruf entschlossen hat – und daß sie die Umsicht, die sie bestimmt in ihrem Beruf täglich beweist, auch zuhause walten läßt. Auch hier braucht sie Organisationstalent, einen Stundenplan, manchmal sogar einen Minutenplan. Bohemienhafte Unordnung ist meist eine Charakterfrage, keine Berufsfrage.

Eines sollte sich jede Frau mit Haushalt auf alle Fälle gründlich überlegen, bevor sie eine Arbeit annimmt: ob sich die investierte Kraft lohnen wird, finanziell oder ideell. Die Gefahr, zuviel an häuslicher Harmonie aufzugeben und dafür etwas Fragwürdiges einzutauschen, ist groß und sollte nur gewagt werden, wenn die äußeren Verhältnisse dazu zwingen oder aber, wenn man sich stark genug fühlt, sie durch Leistung überwinden zu können.

Dr. Ilse Fischer

... Sehen wir uns also verschiedene Fälle an: eine Mutter hat neben ihrem Haushalt noch einen Beruf. Sie wird beide Pflichten vereinen können dank der ihr innewohnenden besonderen Kraft und dank des erst durch einen Beruf voll ausgefüllten Lebens. Dieses Befriedigtsein wird sie erst befähigen, den Ihren das Heim gemütlich zu machen.

Der andere Fall: Die Frau ist diesen doppelten Beanspruchungen nicht gewachsen. Sie wird sich für den einfachen Haushalt eine Hilfe nehmen. Ist das nicht möglich, müßte sie auf den Beruf verzichten, sie hätte sonst lieber nicht heiraten sollen. Es besteht hier auch die Lösung, daß der Mann der Frau im Haushalt hilft. Ich sehe schon förmlich die entsetzten Augen der Leserinnen und vielleicht auch der Leser, die dazu nicht geheiratet haben. Warum eigentlich nicht? Heiratet man eine gute Haushälterin oder den Menschen, mit dem man wirklich eine gute Ehe in jeder Beziehung führen zu können glaubt? Wenn die Frauen nach Männerberufen streben, warum sollen die Männer nicht ein wenig in die Kochtöpfe gucken dürfen. Die besten Hotels und Restaurants haben sowieso meist Köche. Glauben Sie nicht, daß es netter ist, wenn der Mann der Frau hilft, alles herzurichten, damit man sonntags schnell ins Grüne kommt, als wenn er im Lehnstuhl sitzt und die Frau tummelt sich herum. Derweil trommelt der Mann nervös auf der Tischplatte herum, als ob's davon schneller ginge.

Manchmal muß eben fünf gerade sein. Es braucht nicht jeden Tag geputzt, gebügelt zu werden, es geht alles in vereinfachtem Verfahren, weil es einfach muß. Manche Frauen dagegen werden trotz Kinderlosigkeit mit ihrer kleinen Puppenwirtschaft nie fertig, während einer richtigen Mutter auch bei vielen Kindern noch Zeit für jedes bleibt.

Zum Schluß aus der Schule geplaudert: meine Buben sind recht froh, wenn ich mal geschäftlich verreisen muß, dann kocht Vati alles, was gut schmeckt. Ja, seine guten Suppen sind berühmt.

Else Silber

Quelle: Frauenwelt. 9/1947 (2). S. 11

Q 221 Erhöhte Unfallgefahr durch Doppelbelastung

Die Unfallgefahr für weibliche Arbeiter ist vor allem aus dem Gesichtspunkt anzusehen, daß die Frauen als Mütter unersetzlich sind. Außerdem wird von ärztlicher Seite öfter darauf hingewiesen, daß Frauen während der monatlichen Regel mehr zu Unfällen neigen als sonst. Diese zeitweise größere Unfallbereitschaft macht es gleichfalls nötig, daß Frauen nicht an Maschinen mit großer Unfallgefahr gestellt werden. ...

Bei Männerarbeit war fast immer die Unfallhäufigkeit vermindert während der letzten Stunde vor Schluß der Arbeit, bei Frauen fehlte diese günstige Wirkung häufig, bedingt durch ihre größere Ermüdbarkeit oder mehr seelisch dadurch, daß für die Frauen das Ende der Schicht meistens nicht gleichbedeutend ist mit dem Beginn der Ruhezeit, sondern für sie das Ende der Fabrikarbeit nur einen Wechsel der Arbeit darstellt und gleichbedeutend ist mit dem Beginn der Hausarbeit.

Bei der Arbeiterin finden Unfälle öfter am Montag statt, die Gründe hierfür können in der Ermüdung durch die Hausarbeit liegen oder auch seelisch bedingt sein, weil sie mit ihren Gedanken noch an die Häuslichkeit gebunden ist. – Wenn Nachtarbeit stattfindet, so wird meistens eine größere Unfallhäufigkeit festgestellt, deren Hauptgrund in einem höheren Ermüdungszustand der Frauen bestehen kann, weil sie nicht in gleichem Maße wie der Mann die Nacht zum Schlafen benutzen, sondern zu einem großen Teil für häusliche Arbeiten.

Quelle: Martha Moers: Frauenerwerbsarbeit und ihre Wirkungen auf die Frau. Recklinghausen 1948. S. 100 f.

Q 222   Der freie Samstag

Mit einigem Schrecken sehen wir berufstätigen Mütter das Ende des freien Samstag kommen, der für uns, die wir nebenbei einen ganzen oder einen halben Haushalt und Kinder zu versorgen haben, eine große Erleichterung in unserem an und für sich schweren Daseinskampf bedeutet hat. Da zweifellos die Arbeitslosigkeit steigen wird, möchte ich der Meinung mancher Kollegin in gleicher Lage Ausdruck geben mit dem Vorschlag, für uns doch die 40stündige Arbeitswoche bei geringerer Bezahlung aufrechtzuerhalten und dafür die entsprechend benötigten Arbeitskräfte, die sonst ausgestellt werden sollten, zu behalten. Mit etwas weniger Geld können wir zur Not auskommen und unsere Kollegen und Kolleginnen sehen wir auch nicht gern auf der Straße, wenn wir selbst das Glück haben, nicht ausgestellt zu werden. Aber die starke Arbeitsbelastung halten wir vielleicht nach all den schweren Jahren nicht mehr ohne weiteres aus.   Hedwig C.

Quelle: Der Regenbogen. 7/1948 (3). S. 2

Q 223   Mehr öffentliche Kindergärten!

Kindergärten sind schon heute eine dringliche Forderung für überlastete Hausfrauen sowie erst recht erwerbstätiger Frauen. Die Forderung wird immer dringlicher mit der zu erwartenden Zunahme der Frauenerwerbsarbeit. Es gibt einige vorbildliche Kindergärten bei Großbetrieben (z. B. Reichsbahndirektionen). Aber wir sollten uns besonders für gutgeleitete und genügend lange Zeit geöffnete (Wechselschichten der Helferinnen) öffentliche Kindergärten einsetzen. Einmal um nicht nur einige Bevorzugte in gut funktionierenden Betrieben zu schaffen, sondern wirklich allgemein helfen, zweitens um die Kinder aus verschiedenem sozialen Milieu zusammenzubringen.

Quelle: Die Genossin. 8/1948 (11). S. 129

Q 224   „Eine neue Art des Einkaufs" (siehe Abbildungen auf Seite 302)

Eine Arbeitserleichterung für die Hausfrauen stellte die „Selbstbedienung" nicht dar. Sie ermöglichte statt dessen die „Wegrationalisierung" von Verkäuferinnen und erhöhte den Konsumanreiz.

Quelle: Frauenwelt 1949

Q 225   Was können die Betriebe für die erwerbstätigen Hausfrauen tun?

Die Inanspruchnahme im Betrieb hindert aber die Hausfrau nicht nur an der Erfüllung ihrer Hausfrauenaufgabe. Das Mädchen oder die junge Frau erhalten auch nicht die Ausbildung, die zur reibungslosen Abwicklung ihrer Hausfrauenaufgaben notwendig wäre. Die Einrichtung von Abendkursen im Nähen, Kochen und Säuglingspflegen würde eine Lücke schließen.

Hingewiesen sei noch auf die in einigen Betrieben bestehende Möglichkeit, die Betriebseinrichtung für Verrichtung eigener Haushaltsarbeiten nach Arbeitsschluß zur Verfügung zu stellen. In einer Textilfabrik können die Arbeiterinnen an bestimmten Wochentagen abends ihre eigene Wäsche in der Fabrik ausbessern mit den vorhandenen Maschinen.

Die Einrichtung einer Werksnähstube (evtl. in Verbindung mit einem Kursus) ist in einzelnen Fällen sehr begrüßt worden. Nach Feierabend wird den Frauen reihum Gelegenheit gegeben, eine Nähmaschine zu benutzen zur Neuanfertigung oder Reparatur ihrer Garderobe.

In Zeiten des Sohlenmangels wird die werkseigene Schuhmacherei die berufstätige Hausfrau entlasten und ihr am meisten zu gute kommen.

In Werk O fand sich in Jahren des größten Warenmangels sogar eine Sonderkolonne, die sich mit Krautkochen und Ölpressen aus mitgebrachten Bucheckern, Mohn, Raps abgab.

Diese Einrichtung wurde besonders von den weiblichen Arbeitskräften begrüßt, die sich ja nach Feierabend noch hauptamtlich um diese zeitbedingte Arbeit kümmern mußten.

Quelle: Marietta Marx: Die Frau im Betrieb. Eine betriebswirtschaftliche Untersuchung. Diss. Köln 1949. S. 61

Q226 Der Fünfstundentag für die Frau

... Wollen wir nicht einmal daran gehen, das so wichtige Problem zu lösen: wie kann dauernde berufliche Arbeit mit Hausfrauenarbeit vereint werden, ohne daß nach längerer oder kürzerer Zeit die ständig überanstrengte Frau gesundheitlichen Schaden erleidet? Vom ungemütlichen Haushalt ganz zu schweigen.

Wir schlagen als Lösung den Fünf-Stunden-Arbeitstag für die Frau vor. . . .

Zum Beispiel: In einem Büro arbeiten fünf Büroangestellte jeden Tag acht Stunden, d. h. 40 Stunden Arbeit werden gebraucht. Wie wäre es, wenn acht Menschen von morgen ab dort täglich arbeiten würden. Jedes Schulkind kann diese Aufgabe lösen, sollten nicht auch intelligente Erwachsene dazu fähig sein?

Das geht nicht? Phantastereien? O nein, denn dies gibt es nämlich bereits. Hören Sie den Text eines Inserates aus der großen amerikanischen Zeitung New York Herald Tribune, in dem es in der schönen Sprache der Inserate träumerisch heißt: „. . . nie hätte ich gedacht, daß ich meine Stellung so gut ausfüllen könnte, ohne dabei meinen Haushalt zu vernachlässigen. Morgens habe ich natürlich meine Hausarbeit und die Besorgungen und abends muß ich das Abendbrot richten. Und dann erzählte mir meine Nachbarin von den Halbtagsstellungen bei Macy, wo man von 11 Uhr bis ½ 5 Uhr arbeitet und nur einen Tag in der Woche länger. So habe ich reichlich Zeit für meine Hausarbeit. Ich werde allen meinen Freundinnen raten, sich nur solche Halbtagsstellungen zu suchen . . ." So lautet das Inserat von Macy, einem der größten und bestorganisierten Warenhäuser der Welt. Glauben Sie, daß die geschäftstüchtigen und praktischen Amerikaner den Fünfstundentag für Frauen aus reiner Menschenfreundlichkeit eingeführt haben? Bestimmt nicht, aber wenn ein so großes Unternehmen wie Macy eine solche umwälzende Neuerung in die Tat umsetzt, dann können wir sicher sein, daß vorher alle Für und Wider genauestens geprüft worden sind. Also? Wie wäre es, wenn in einem so frauenreichen Lande wie bei uns einmal ernsthaft an der Lösung dieser Frage gearbeitet werden würde? Fortschrittliche Menschen haben übrigens vor 1933 in fortschrittlichen Zeitschriften schon öffentlich über diese Fragen diskutiert. Benützen wir jetzt die Gelegenheit, um aus Ruinen nicht nur ein neues, sondern auch ein vernünftiges und sinnvolles Leben blühen zu lassen.

Quelle: Die Welt der Frau. 4/1946 (1). S. 10

Q227 Entschließung der Frauenausschüsse der Gewerkschaftsbünde zur Halbtags-Beschäftigung

Die Trizonale Konferenz der Frauenausschüsse der Gewerkschaftsbünde vom 25.–27. Januar 1949 in Rod a. d. Weil hat zur Frage der *Halbtags-Beschäftigung* von Frauen Stellung genommen.

Die Konferenz vertritt den Standpunkt, daß die Voraussetzungen für die halbtägige Frauenarbeit geschaffen werden müssen mit Rücksicht auf den Kreis von Frauen, der auf

Erwerbsarbeit angewiesen ist, wegen dringenden häuslichen Versorgungspflichten jedoch nicht ganztägig zur Arbeit gehen kann.

Quelle: Protokoll über die Tagung der Frauenausschüsse der Bünde vom 25.-27. 1. 1949 in Rod a. d. Weil (Taunus). DGB-Akte „Verschiedene Protokolle ab 1945". DGB-Archiv

Q 228 Gewerkschafterinnen fordern bezahlten Hausarbeitstag

Gewerkschaftsrat
der vereinten Zonen
Sekretariat
Bezahlter Hausarbeitstag für erwerbstätige Frauen.

Die trizonale Frauenkonferenz der Mitglieder der Frauenausschüsse der Bünde in Rod a. d. Weil vom 25.-27. Januar 1949 hält die Forderung nach dem bezahlten Hausarbeitstag für notwendig und berechtigt.

Sie stellt sich hinter den zwischen den Vertretern der Arbeitgeberverbände und Gewerkschaften gemeinsam formulierten Vorschlag folgenden Inhalts:

1. Frauen mit eigenem Haushalt oder mit Haushaltsführung für bedürftige Eltern, Geschwister oder Kinder ohne ausreichende Hilfe im Haushalt, die die betriebsnormale wöchentliche Arbeitszeit einhalten, wird innerhalb vier Wochen eine Freizeit in Form eines freien Hausarbeitstages zur Erledigung häuslicher und persönlicher Angelegenheiten gewährt. Der ausfallende Lohn ist zu vergüten.

   Frauen, die ein oder mehrere Kinder unter 14 Jahren im gemeinsamen Haushalt ohne ausreichende Hilfe zu betreuen haben, ist ein weiterer, jedoch unbezahlter Hausarbeitstag für diesen Zeitraum zu gewähren.

2. Die Ansprüche aus dieser Anordnung sind nicht abdingbar.

3. Die Bestimmung, in § 2, Abs. 2 u. 3 der Freizeitanordnung des Reichsarbeitsministers vom 22. 10. 43 (VII a 3820) wird aufgehoben.

Die Konferenz stellt an den Gewerkschaftsrat den Antrag, diesen Vorschlag an die Verwaltung für Arbeit weiterzuleiten mit der Maßgabe, eine entsprechende Gesetzesvorlage beim Wirtschaftsrat einzureichen.

Quelle: Protokoll über die Tagung der Frauenausschüsse der Bünde vom 25.-27. Januar 1949 in Rod a. d. Weil. DGB-Akte „Verschiedene Protokolle ab 1945". DGB-Archiv

Q 229 Ist der Hausarbeitstag ein Urlaubstag?

Einmal im Monat pflegt die Hausfrau ihre Wäsche zu waschen. Auch sonst hat sie Arbeiten, die besser an einem Tag zusammen erledigt werden: Hausputz, Einmachen. Um diesem Bedürfnis, sich einen vollen Tag den hausfraulichen Sorgen widmen zu können, nachzukommen, haben viele Betriebe einen Hausarbeitstag für Frauen mit Haushalt eingerichtet. Ihr Hauptgrund ist, das unberechenbare Fehlen der verheirateten Frau auszuschalten. Bei einer Betriebsuntersuchung in einer süddeutschen Textilfabrik sprachen sich 85% der Frauen, aber nur 19% der Männer dafür aus, daß sie unter keinen Umständen auf den freien Sonnabend (als den Hausarbeitstag), auch nicht bei besonderer Prämiengewährung verzichten würden.

Eine Reihe von Bestrebungen sind im Gange, einen Hausarbeitstag, oft auch einen zweiten Tag im Monat, als gesetzliche Freizeit für die arbeitende Frau mit eigenem Hausstand zu schaffen. Im Eifer wird dabei gelegentlich über das Ziel hinausgeschossen durch das Verlangen, daß der Hausarbeitstag bezahlt werden solle. Durch diese Regelung würden den verheirateten Frauen bei gleicher Lohnzahlung 12 oder 24 zusätzliche Urlaubstage bezahlt werden im Gegensatz zur unverheirateten. Die Betriebe würden vielleicht auf dieses Gesetz mit der Ausschaltung der verheirateten Frau aus dem Produktionsprozeß reagieren – was den Sinn des Gesetzes geradezu umkehren würde – oder aber, wozu weniger Aussicht besteht, mit einer schlechteren Stunden- oder Akkordzahlung der verheirateten Frau gegenüber dem jungen Mädchen.

Quelle: Marietta Marx: Die Frau im Betrieb. Eine betriebswirtschaftliche Untersuchung. Diss. Köln 1949. S. 55 f.

Q 230   Gegen „Extraleistungen" für weibliche Arbeitnehmer

... Ich habe es bedauert, daß auf dem Bielefelder Frauen-Gewerkschaftskongreß die „prinzipielle" Forderung nach dem bezahlten Hausarbeitstag aufgestellt worden ist. Es wäre richtiger gewesen, ihn als zeitgebundene Notmaßnahme so weit wie möglich durchzusetzen, und wenn man Irmgard Enderle's Begründung aufmerksam liest, kann einem nicht entgehen, daß ihre Argumente allerhöchstens für eine solche Übergangsforderung ausreichen. Wir haben keine Aussicht auf die Durchsetzung einer solchen prinzipiellen Forderung, und nach meiner Überzeugung auch keinen Rechtsanspruch an die Gewerkschaften, diese Sache für uns durchzufechten. Mein Eindruck ist, daß in dieser Frage die Propaganda eine viel zu große Rolle gespielt hat, und daß viele Frauen sich von dieser Parole haben bestechen lassen, ohne tiefer über die Zusammenhänge nachzudenken.

Wie begründen wir denn diese Forderung? Doch damit, daß auf der Frau eine doppelte Belastung liegt, sei es als Mutter oder als Hausfrau und als Arbeitnehmerin. Und hier liegt nach meiner Ansicht der Denkfehler. Aufgabe der Gewerkschaften ist es, die Forderungen der Arbeitnehmer den Arbeitgebern gegenüber zu vertreten. Es ist aber nicht der Arbeitgeber, der der Frau die doppelte Belastung auferlegt. Wenn der Staat verlangt, daß die Frauen sowohl als Mütter und Hausfrauen als auch als Arbeitnehmer im üblichen Sinne ihre Pflichten erfüllen, so obliegt es dem Staate, die Voraussetzungen dafür zu schaffen, bzw. notwendige Erleichterungen für berufstätige Hausfrauen und Mütter zu gewährleisten. Wohlgemerkt: Dem Staat, nicht aber dem individuellen Arbeitgeber. Es wäre z. B. Sache der kommunalen Behörden, dafür zu sorgen, daß besondere Tage oder Nachmittage in öffentlichen Waschhäusern für berufstätige Frauen freigehalten werden, daß es Einkaufsstunden gibt, die den Möglichkeiten der arbeitenden Frauen Rechnung tragen, daß es Kantinen und Großküchen gibt, die diesen Frauen Küchenarbeiten abnehmen, kurz, daß überhaupt viel mehr häusliche Kleinarbeit zu erschwinglichen Preisen in kommunalen oder staatlichen Großbetrieben erledigt werden kann. ...

Die Sorge, daß die Frauen bei Entlassungen zuerst betroffen werden, wird sich in den allernächsten Wochen nur zu sehr bewahrheiten, und wir können es uns nicht leisten, die Abwehr gegen diesen Schlag durch Extraforderungen abzuschwächen. In Verhandlungen mit Arbeitgebern kommt bereits die Forderung nach der „ungesunden Konkurrenz" zwischen Frauen- und Männerlöhnen zum Ausdruck. In Veröffentlichungen der Unternehmerverbände wird darauf hingewiesen, daß „Sonderleistungen, wie freie Waschtage usw." bei der Aufstellung von Kostenrechnungen in Erwägung gezogen werden müssen. Darüber hinaus sind Bedenken geäußert worden, ob den Frauen in der Woche, in denen sie ihren Hausarbeitstag haben, die Zulagekarte zustehe oder nicht usw. Vergessen wir auch nicht, daß die Frage des „Doppelverdienertums" und des Verzichtes zugunsten Kriegsbeschädigter nicht ausgestanden ist. Unsere unverheirateten Kolleginnen stehen keineswegs auf dem Standpunkt, daß auch die Verheiratete Anspruch auf den Arbeitsplatz hat. Das wird sich um so deutlicher zeigen, je näher die Gefahr der Entlassungen kommt. Es ist leider so, daß die geschlossene Frauenfront noch nicht besteht. Das können wir bedauern, müssen aber damit rechnen, wenn es sich darum handelt, zu prüfen, wie weit Forderungen mit Aussicht auf Erfolg gestellt werden können. ...

Mir scheint, als sei die sozialpolitische Forderung nach Erleichterungen für berufstätige Frauen und Mütter durcheinander geworfen mit der gewerkschaftlichen Forderung der wirtschaftlichen Interessenvertretung der Frauen. Die letztere kann nach meiner Auffassung nur gipfeln in der Parole „Gleicher Lohn für gleiche Leistung", und es muß die Möglichkeit erkämpft werden, die gleichen Leistungen zu produzieren. Daß die Gewerkschaft eine gewisse Vorarbeit für die Durchsetzung der sozialpolitischen Forderung leisten kann, soll nicht bestritten werden. Solche Vorarbeiten leistet die Gewerkschaft ja heute auf anderen Gebieten (Ernährung usw.) bereits weitgehend, weil ja an sie die Nöte und Schwierigkeiten gewissermaßen aus erster Hand herangetragen werden. Es bleibt aber die Aufgabe bestehen, die Frauen darüber aufzuklären, daß die politischen Parteien für die Veränderung der gesellschaftlichen Zustände verantwortlich sind, die ja auch von Irmgard Enderle gefordert wird, daß es also darauf ankommt, die Partei zu stützen, die die beste Gewähr dafür bietet, daß bei dem Neuaufbau mehr Rücksicht auf die Sorgen der berufstätigen Frauen genommen wird, als das bisher geschehen ist. ...

Quelle: Elisabeth Innis: Der bezahlte Hausarbeitstag. In: Die Genossin. 5+6/1948 (11). S. 49–51

Q 231 Bremen: „Freier" Hausarbeitstag eingeführt

Bremen
Ein Gesetz über den freien Hausarbeitstag ist kürzlich verabschiedet worden, das allen Frauen, die mindestens vierundzwanzig Wochenstunden beschäftigt sind und die für einen eigenen Haushalt, ein Kleinkind oder ein schulpflichtiges Kind oder eine arbeitsunfähige Person sorgen müssen, einen bezahlten arbeitsfreien Wochentag zuspricht.

Quelle: Die Welt der Frau. 9/1949 (3). S. 27

Q 232 Der Landtag für Nordrhein-Westfalen hat am 27. Juli 1948 folgendes Gesetz beschlossen:

Gesetz
über Freizeitgewährung für Frauen mit eigenem Hausstand.

§ 1
1. In Betrieben und Verwaltungen aller Art haben Frauen mit eigenem Hausstand, die im Durchschnitt wöchentlich mindestens 40 Stunden arbeiten, Anspruch auf einen arbeitsfreien Wochentag (Hausarbeitstag) in jedem Monat.

§ 2
1. Der freie Hausarbeitstag wird mit dem Tagesdurchschnittslohn der vorhergehenden Lohnberechnungsperiode bezahlt.
2. Vor- und Nacharbeit der infolge des freien Hausarbeitstages ausfallenden Arbeitszeit darf nicht gefordert werden.

§ 3
1. Das Gesetz tritt mit seiner Verkündung in Kraft.
2. Entgegenstehende Bestimmungen treten außer Kraft.
Ausgefertigt: Düsseldorf, den 27. Juli 1948
Quelle: Bestand NW 45–123/124. HSTA

Q 233 Die Praxis des Hausarbeitstags

Der Hausarbeitstag wurde bisher in Betrieben mit sechstägiger Arbeitsweise ohne weiteres gewährt. Schwieriger war die Durchführung des Gesetzes bei einer fünftägigen Wochenarbeitszeit, wo die Samstage arbeitsfrei bleiben. In mehreren Betrieben (. . .) hat die Belegschaft freiwillig auf einen Hausarbeitstag verzichtet, wenn an den Samstagen nicht gearbeitet wurde.

Die Änderung des Gesetzes, daß der Anspruch auf einen Hausarbeitstag erst dann besteht, wenn an 6 Tagen gearbeitet wird, ist daher zu begrüßen.

Bedenken bestehen jedoch über die Festlegung des Geltungsbereiches. Der Begriff „gesetzliche Verpflichtung" ist klar umrissen, während „sittliche Verpflichtung" sehr dehnbar ist und eine kaum beabsichtigte Ausdehnung des Gesetzes mit sich bringen kann.

Auch sind unterhaltungsbedürftige Angehörige häufig noch sehr rüstig, daß sie den Haushalt ohne große Mühe selbständig versorgen können, während die Hausfrau ohne Kinder, die mit ihrem Mann arbeitet, um sich in ihrem ausgebombten oder Flüchtlingshaushalt notwendige Gegenstände beschaffen zu können, für 2 Personen sorgen muß und doch keinen Hausarbeitstag erhält. Dasselbe gilt für berufstätige Geschwister in Wohngemeinschaft. Ferner sind bei Alleinstehenden besonders die Angestellten im Nachteil, deren Arbeitszeiten überwiegend länger sind als die der Arbeiterinnen. Aus diesem Grunde dürften über die Anwendung des Gesetzes Streitigkeiten in den Betrieben mit überwiegender Frauenbelegschaft entstehen.

Ich empfehle daher in den Gesetzesentwurf noch einzufügen, daß für die Gewährung des Hausarbeitstages nur solche Frauen in Frage kommen, die neben ihrer Tätigkeit im Beruf ihren Haushalt selbst führen müssen.

Die beginnende schlechte Geschäftslage hat, wie die Arbeitsämter bestätigen, bereits dazu geführt, daß bei Einstellungen solche Frauen bevorzugt werden, die keinen Anspruch auf einen Hausarbeitstag haben, so daß sich der Wille des Gesetzgebers zum Nachteil der berufstätigen Frauen auswirken könnte.

Quelle: Schreiben des Gewerbeaufsichtsamtes Mönchen-Gladbach an den Arbeitsminister des Landes NRW am 16. 7. 1949. NW 45–123 + 124. HSTA

. . . Die Erhebungen über die praktischen Auswirkungen des Hausarbeitstaggesetzes vom 27.7.1948 haben ein widersprechendes Bild ergeben, weil der persönliche Geltungsbereich nicht eindeutig klar umrissen ist. Das hat dazu geführt, daß ein Teil der Betriebe sich überhaupt nicht an die gesetzlichen Bestimmungen hielten. Andere gewährten den Hausarbeitstag grundsätzlich nur an halben Arbeitstagen (z. B. mittwochs oder samstags). In den größeren Betrieben sind seitens der Betriebsleitungen in einzelnen Fällen Kontrollen der persönlichen Verhältnisse der Arbeiterinnen durch Betriebsfürsorgerinnen veranlaßt worden, um festzustellen, ob und wem jeweils Anspruch auf einen freien Arbeitstag zuerkannt werden konnte. Hierbei führten dann zufällige Kontrollergebnisse zu Beunruhigungen und Unwillen unter der weiblichen Arbeiterschaft, wenn beispielsweise bei der Wohnung einer Arbeiterin, welche in der vorherigen Nacht die Wohnung zufällig sorgfältigst in Ordnung gebracht hatte, der Eindruck entstand, daß hier ein Hausarbeitstag überflüssig wäre, während in einem anderen Falle eine auffällige Unordnung und Unsauberkeit in der Wohnung den Eindruck erweckten, daß hier ein Hausarbeitstag unentbehrlich wäre. . . .

Zusammenfassend darf gesagt werden, daß auch die Neuregelung in der in Aussicht genommenen Gesetzesfassung kaum reibungslose Durchführung erwarten läßt. Ein Teil der Arbeitgeber wird es in Zukunft vermeiden, weibliche Arbeitnehmer, die einen Hausarbeitstag beanspruchen, einzustellen. Während die Arbeitnehmer den freien Hausarbeitstag als soziale Errungenschaft ansehen, betrachten ihn die Arbeitgeber als eine überholte Kriegsmaßnahme, die sich mit den heutigen Friedens-Wirtschaftsanforderungen nicht vereinbaren lasse. Außerdem wird in den Betrieben der Großindustrie damit zu rechnen sein, daß seitens der Betriebsleitung sowie der Betriebsräte auch weiterhin der Grundsatz verfochten wird, daß die Frauen, – wenn sie den gleichen Lohn wie die Männer erhalten – keine Sonderrechte beanspruchen dürfen.

Quelle: Schreiben des Gewerbeaufsichtsamts Duisburg an den Arbeitsminister des Landes NRW am 16. 7. 1949. NW 45–123 + 124. HSTA

... Betroffener Personenkreis: Ist die Bezeichnung Frau ... lediglich Bezeichnung des Geschlechts und umfaßt sie demzufolge alle weiblichen Arbeitnehmer oder gilt sie nur für solche Personen, die diesen Titel durch Verheiratung erworben haben? In letzterem Falle würden auch verwitwete und geschiedene Frauen in den Genuß der Vorteile des Gesetzes kommen, ledige Arbeitnehmerinnen aber nicht. . . .

Die Notwendigkeit der Gewährung eines bezahlten Hausarbeitstages an Frauen, die hilfsbedürftige Angehörige betreuen, ist ... bereits dargelegt worden. Dabei dürfte es auch nicht entscheidend sein, ob die Frauen in der mit den Angehörigen bewohnten Wohnung Haushaltungsvorstand sind oder nicht. Ebenso erforderlich ist die Gewährung aber Frauen gegenüber, die in nicht eigenen Räumen zu leben gezwungen sind. Es handelt sich hierbei fast ausnahmslos um Bombengeschädigte und Vertriebene. Diese Frauen haben gewöhnlich die gleichen häuslichen Pflichten zu erfüllen, wie die Frauen mit eigener Wohnung. Vielleicht wenden sie sogar für die Reinigung und Pflege fremder Möbel und Geräte mehr Zeit und Sorgfalt auf, als sie dies bei Benutzung eigener Sachen tun würden. Wohl in jedem Fall wirkt sich die räumliche Beengtheit, in der sie leben und der häufig noch herrschende Mangel an geeigneten Möbeln und Hilfsmitteln erschwerend und zeitraubend aus. Der oft vorgebrachte Einwand, daß Ausgebombte und Vertriebene nicht viel Zeit für häusliche Arbeiten benötigten, weil sie ja nur über geringen Wohnraum verfügen, ist deshalb keineswegs stichhaltig. . . .

Urlaub. In fast allen befragten Betrieben besteht die Gepflogenheit, in den Monaten, in die der Urlaub fällt, den Hausarbeitstag nicht zu gewähren. Die betroffenen Frauen haben sich anscheinend damit abgefunden, daß sie auf diese Weise einen Tag von ihrem Urlaub einbüßen. Sie wenden sich aber dagegen, daß ihnen dann, wenn der Urlaub sich auf 2 Monate erstreckt – z.B. vom 25.6. bis 8.7. – der Hausarbeitstag in beiden Monaten entfällt. Auch diese Handhabung hat ihren Ursprung in den mehrfach erwähnten Richtlinien der Vereinigung rheinisch-westfälischer Arbeitgeberverbände, die folgendermaßen lauten: Im Urlaubsmonat entfällt der Hausarbeitstag. Fällt der Urlaub in 2 aufeinanderfolgende Monate, so entfällt der Hausarbeitstag in beiden Monaten. Bemerkenswert erscheint in diesem Zusammenhang die Äußerung des Betriebsführers einer hiesigen Papierfabrik, der die Anrechnung des Hausarbeitstages auf den Urlaub ablehnte, weil der Urlaub tarifvertragsgemäß der Erholung dienen solle. . . .

So ist z. B. die ... Frage, ob verheiratete, verwitwete, geschiedene und ledige Frauen zu dem betroffenen *Personenkreis* gehören, durch die Formulierung „weiblicher Arbeitnehmer" (§ 1 Abs. 1 des Entwurfs) genügend geklärt.

Dagegen bringt die in § 1 Abs. 1 des Entwurfs weiter enthaltene, nähere Kennzeichnung der fraglichen weiblichen Arbeitnehmer dadurch eine wesentliche Veränderung gegenüber dem derzeitigen Zustand, daß nunmehr nur solche Personen in den Genuß des Hausarbeitstages kommen sollen, die für Angehörige sorgen, „die einen ausreichenden Lebensunterhalt nicht haben würden". Dadurch werden von der Gewährung des Hausarbeitstages ausgeschlossen: Frauen, deren Ehemänner oder Kinder einen ausreichenden Lebensunterhalt haben,

Töchter, deren Eltern oder Elternteile den Lebensunterhalt durch eine Rente u. dgl. haben und

alleinstehende Frauen, die nicht für Angehörige zu sorgen brauchen. Die zuerst erwähnten Frauen, insbesondere die, deren

Ehemänner den Lebensunterhalt selbst verdienen, stellten bisher den größten Kreis unter den anspruchsberechtigten Frauen. Ihnen wurde der bezahlte Haushaltungstag ohne weiteres gewährt, wenn die sonstigen Voraussetzungen dafür vorlagen. Der Ausschluß dieser Frauen von der Gewährung des bezahlten Hausarbeitstages würde nicht nur bei den Frauen selbst, sondern auch bei deren Ehemännern schwere Verärgerung hervorrufen. In gleicher Weise würden Frauen reagieren, die sich durch die in Aussicht genommenen Bestimmungen der Möglichkeit beraubt sähen, z. B. für ihre erwachsenen berufstätigen Söhne zu sorgen.

Quelle: Schreiben des Gewerbeaufsichtsamts Wuppertal an den Arbeitsminister des Landes NRW am 19. 7. 1949. NW 45-123 + 124. HSTA

Q 234
Quelle: Bestand NW 45-123 + 124. HSTA

Hausarbeitstag — ja oder nein?

Das am 27. Juli 1948 vom Landtag beschlossene Gesetz sollte den Frauen mit eigenem Hausstand einen bezahlten freien Hausarbeitstag sichern.

Die völlige Unzulänglichkeit dieses Gesetzes hat sich inzwischen verhängnisvoll ausgewirkt:

Frauen, die den ihnen gesetzlich zustehenden Hausarbeitstag verlangen, werden unter irgendeinem Vorwand entlassen und bei Neueinstellungen machen viele Arbeitgeber den Verzicht auf den Hausarbeitstag zur Bedingung.

Da unsere Vorstellungen bei der Landesregierung vergeblich blieben, haben wir heute durch eine Delegation unserer Frauengruppe

Herrn Ministerpräsidenten A r n o l d
Herrn Arbeitsminister H a l b f e l l
Herrn Landtagspräsidenten G o c k e l n

und den parlamentarischen Parteien unseres Landes eine Denkschrift überreichen lassen. Gleichzeitig übergeben wir hiermit den Text dieser Denkschrift der Öffentlichkeit, um alle an der **Wiederherstellung des Arbeitsfriedens** interessierten Stellen auf den unhaltbaren Rechtszustand hinzuweisen, der durch die Verkündung des Gesetzes über den Hausarbeitstag entstanden ist und der sich zum Schaden der Arbeitnehmer ausgewirkt sowie eine beträchtliche Unruhe unter den berufstätigen Frauen verursacht hat.

Wir sind der Auffassung, daß es für Landtag und Landesregierung jetzt

an der Zeit ist, zu handeln!

D ü s s e l d o r f , den 16. Mai 1949.

Deutsche Angestellten-Gewerkschaft
Landesverband Nordrhein-Westfalen
Düsseldorf, Kavalleriestraße 1

Q 235   Aus einer Denkschrift der DAG zum Hausarbeitstag (16. 5. 1949)

... Die wesentliche Neuerung dieses Gesetzes gegenüber dem bisherigen Rechtszustand ist, daß der freie Hausarbeitstag für Frauen nunmehr bezahlt werden muß. Das Gesetz hat aber nicht etwa den von den Urhebern angestrebten Fortschritt auf dem Gebiete der Freizeitgewährung für Frauen gebracht, sondern genau das Gegenteil bewirkt. In den 3 Monaten nach dem Inkrafttreten des Gesetzes mußte leider festgestellt werden, daß seine Durchführung überall auf erhebliche Schwierigkeiten stößt.

Die Gründe hierfür sind folgende:

1.) Der Begriff „eigener Hausstand" wurde bisher amtlich nicht näher definiert.

Dieses Versäumnis hatte zur Folge, daß die Unternehmer eigene Auslegungen suchten, die dem von ihnen freiwillig zugestandenen Maß an sozialem Entgegenkommen entsprachen. So wird in vielen Betrieben der Begriff „eigener Hausstand" mit dem Begriff „eigene Wohnung" oder „Haushaltungsvorstand" gleichgesetzt. ...

2.) Das Gesetz enthält keine Bestimmungen darüber, ob die Freizeitanordnung vom 22. 10. 1943 und die hierzu ergangenen Ergänzungsanordnungen noch in Kraft sind.
...

3.) Das Gesetz enthält keine Bestimmung darüber, welche Behörden die Durchführung dieses Gesetzes zu überwachen und welche Behörden bei auftretenden Zweifelsfragen zu entscheiden haben.

Diese Lücke im Gesetz hatte zur Folge, daß alle beteiligten Institutionen, wie Gewerkschaften, Arbeitgeberverbände, Unternehmer, Landesarbeitsamt usw., eigene Auslegungen zu den erwähnten Zweifelsfragen formulierten, so daß die praktische Durchführung des Gesetzes in den verschiedenen Landesteilen und an den verschiedenen Arbeitsstellen erheblich voneinander abweicht. ...

4.) Das Gesetz enthält keine Bestimmungen darüber, wie Verstöße gegen dieses Gesetz geahndet werden sollen.

Zweifellos hatte dieser unverzeihliche Fehler die folgenschwersten Auswirkungen. Es kann nämlich kein Arbeitgeber auf dem Verwaltungswege gezwungen werden, die Vorschriften des Gesetzes einzuhalten. Mit großer Besorgnis haben wir feststellen müssen, daß in vielen Betrieben denjenigen Frauen, die den ihnen nach dem Gesetz zustehenden Hausarbeitstag verlangten, unter irgendeinem Vorwand gekündigt wurde. Und nicht nur beim Arbeitsamt Essen wird, wie uns berichtet wurde, bei der Anforderung weiblicher Arbeitskräfte die Forderung erhoben: „Ohne eigenen Haushalt!" ...

Wir halten es daher für unsere Pflicht, die Öffentlichkeit mit allem gebotenen Nachdruck auf folgende Tatsachen hinzuweisen:

1.) Der Landtag beschließt ein Gesetz, das erhebliche Lücken aufweist und den beabsichtigten Zweck in das Gegenteil verkehrt.

2.) Der für die Durchführung des Gesetzes sachlich zuständige Minister hat diese Lücken entweder überhaupt nicht erkannt, oder – wenn er sie rechtzeitig erkannte – nicht mit dem notwendigen Nachdruck auf diese Lücken hingewiesen.

3.) Obwohl wir in mehreren Zuschriften auf die verhängnisvollen Auswirkungen dieses Gesetzes hinwiesen, erklärt das Arbeitsministerium, nicht „ermächtigt" zu sein und beläßt es bei diesem katastrophalen Rechtszustand.

Wir sind der Auffassung, daß eine solche Handlungsweise nicht geeignet ist, das Vertrauen in die parlamentarische Arbeit zu festigen und müssen uns energisch gegen eine solche Störung des Arbeitsfriedens wehren. Der Konfliktstoffe gibt es im Arbeitsleben wahrhaftig genug, als daß wir uns durch unfähige Regierungsmethoden deren noch mehr aufhalsen lassen müßten.

Unsere Vorwürfe richten sich weniger gegen die geistigen Urheber dieses Gesetzes, als gegen die für die Formulierung der Gesetzestexte zuständigen Beamten und die für die sachliche Richtigkeit verantwortlichen Regierungsstellen. Wenn eine politische Partei, ganz gleich welcher Färbung, auf einem Gebiete die Initiative ergreift, um einen sozialen Fortschritt zu erreichen, dann sollten sich die Beamten der Landesregierung nicht gegenseitig darin überbieten, diesen Fortschritt zu sabotieren.

Wir sind jedenfalls nicht gewillt, uns den einmal erreichten bezahlten Hausarbeitstag durch bürokratische Methoden aus den Händen winden zu lassen.

Quelle: Denkschrift der Deutschen Angestellten-Gewerkschaft. Landesverband Nordrhein-Westfalen zu dem Gesetz über Freizeitgewährung für Frauen mit eigenem Hausstand. NW 45–123 + 124. HSTA

Q 236
Quelle: Bestand NW 45–123 + 124. HSTA

Industriegewerkschaft **Textil . Bekleidung . Leder**
Verwaltungsstelle Bocholt

Bankverbindung:
Stadtsparkasse Bocholt Nr. 1077

Bocholt, den 26. Mai 1949
Nordallee 4
Fernruf 234

An das
Sekretariat des Landtages
von Nordrhein - Westfalen

Düsseldorf
Ständehaus

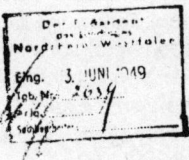

Nachstehend übermitteln wir eine Entschliessung und bitten um Vorlage bei der Neuberatung des Gesetzes über den Hausarbeitstag für weibliche Arbeitnehmer.

                    Achtungsvoll !
            Gewerkschaft Textil, Bekleidung u. Leder

                    (K r ü g e r)

            E n t s c h l i e s s u n g !

Die Betriebsräteversammlung der Verwaltungsstelle Bocholt der Gewerkschaft Textil - Bekleidung - Leder, in der etwa

            5o Textilbetriebe

vertreten waren,

nahm in ihrer heutigen Betriebsräteversammlung zu den Bestrebungen der Unternehmerverbände, das am 12.2.49 in Kraft getretene Gesetz über den Hausarbeitstag für weibl. Arbeitnehmer im Lande NRW. aufheben zu lassen, Stellung und lehnte diese Bestrebungen schärfstens ab. Sie erwartet vom Landtag, dass er dieses soziale Fürsorgegesetz für unsere, unter erschwerten Bedingungen arbeitenden berufstätigen Frauen aufrecht erhält und die Regierung auffordert, dem Gesetz die notwendige Achtung zu verschaffen. Sie bittet ferner den Landtag, gem. dem Vorschlag der Gewerkschaften zum Hausarbeitstaggesetz eine Novelle zu beschliessen, die es dem Arbeitsminister ermöglicht, notwendige Durchführungsbestimmungen zu erlassen.

10. Lohndiskriminierung

Die Weiterführung der nationalsozialistischen Bewirtschaftungspolitik durch die Alliierten erstreckte sich auch auf die Lohnpolitik. Die Kontrollratsdirektive Nr. 14 vom 12. 10. 1945 (Q 237) bestätigte den 1939 eingeführten Lohnstop. Die am 13. 9. 1946 erlassene Ergänzung zu dieser Direktive (Q 238) ermöglichte zwar eine Angleichung extrem niedriger Löhne an ein Durchschnittsniveau und darüber hinaus bei gleicher Arbeit und gleicher Leistung die Anhebung der Löhne von Frauen und Jugendlichen auf das Lohnniveau der Männer, jedoch handelte es sich – ganz abgesehen von der Problematik der Festlegbarkeit von „gleicher Arbeit" und der damit nicht aufgehobenen Geringschätzung „weiblicher" Produktionsarbeit – um eine reine Kannbestimmung, die denn auch, wie die Praxis zeigte (Q 240–243), kaum Anwendung fand.

Im Gegensatz dazu wurde in der damaligen SBZ durch den Befehl Nr. 253 der SMA vom 17. 8. 1946 (Q 239) das Prinzip der Lohngleichheit bei gleicher Arbeit und gleicher Leistung verbindlich festgeschrieben.

Während gewerkschaftlich orientierte Frauen versuchten, mit dem Argument „Frauen dürfen keine Lohndrücker sein!" auch die männlichen Arbeitnehmer für ihren Kampf um die Lohngleichheit zu gewinnen, argumentierte die Gegenseite (Q 246) für die Beibehaltung der Lohnungleichheit selbst bei indifferenter (also gleicher) Arbeit mit demselben Argument, die Unterbezahlung erhöhe die „Krisensicherheit" weiblicher Arbeitsplätze.

Die Argumente für die Beibehaltung der niedrigeren Frauenlöhne, gegen die die Gewerkschafterinnen anzukämpfen hatten, beschränkten sich nicht auf die altbekannten und heute noch gebrauchten Behauptungen der an Männernormen gemessenen Minderwertigkeit weiblicher Arbeit und der männlichen Ernährerfunktion (Familien- oder Soziallöhne), sondern nahmen noch viel absonderlichere Formen an, indem z. B. angeführt wurde, Frauen brauchten einfach weniger Geld für ihren Lebensunterhalt, weil sie a) anspruchsloser seien und b) durch ihre hauswirtschaftlichen Fähigkeiten (also unbezahlte Mehrarbeit!) Geld einsparen könnten, daß der Mann für Dienstleistungen aufwenden müsse (Q 247).

Erschwert wurde der Kampf um die Lohngleichheit ganz besonders dadurch, daß die vereinzelten Aktionen von Gewerkschafterinnen und Arbeiterparteien zum größten Teil ungehört verhallten. Eine Mobilisierung der Arbeiterinnen für den Kampf um die Lohngleichheit scheiterte schon im Vorfeld am mangelnden Engagement der betroffenen Frauen[1], dessen Ursachen sicherlich zum Teil in der Nachkriegssituation selbst zu suchen sind (Arbeitsüberlastung), ganz wesentlich aber auch mit dem Selbstverständnis der Frauen zusammenhingen, die sich eben nicht in erster Linie als Lohnarbeiterinnen, sondern als Hausfrauen verstanden.

Q 237 Direktive Nr. 14
Grundsätze für die Bestimmungen betreffs der Arbeitslöhne

1. Während der Dauer der Besatzung wird Deutschland als ein einheitliches Wirtschaftsgebiet behandelt werden. Zu diesem Zwecke wird ein gemeinschaftliches Verfahren in Fragen, die sich auf Löhne, Preise und Zuteilung lebenswichtiger Verbrauchsmittel beziehen, eingeführt werden.

2. Die Militärregierung wird Anweisungen an die deutschen Behörden erlassen,

---

[1] Vgl. dazu die Ausführungen in Petra Drohsel: Die Lohngleichheitsdebatte in den Gewerkschaften nach '45. In: Anna E. Freier/Annette Kuhn (Hrsg.): „Das Schicksal Deutschlands liegt in der Hand seiner Frauen" – Frauen in der deutschen Nachkriegsgeschichte. Düsseldorf 1984.

die bestehenden Aufsichtsmaßregeln für Arbeitslöhne weiterbestehen zu lassen. Die Aufsicht wird von den dazu bezeichneten deutschen Arbeitsämtern im Sinne dieser Direktive ausgeübt.

3. Zur Durchführung dieser Grundsätze werden die bestehenden Lohnsätze, einschließlich derer für Stückarbeit und Überstunden, sowie alle Sonderzulagen auf ihrer gegenwärtigen Höhe erhalten und angewandt, soweit diese Direktive nicht anderes bestimmt:

a) Es darf bei der Anwendung der Lohnsätze für Gruppen oder Einzelpersonen kein Unterschied aus rassischen oder religiösen Gründen oder auf Grund von politischer Gesinnung oder von Zugehörigkeit zu einer politischen Partei gemacht werden.

b) Die Auszahlung von Prämien und sonstigen Vergütungen für Kriegsrisikos wird eingestellt.

c) Die Einführung neuer Lohnsätze ist zulässig, wenn wegen einer Änderung in einem Fertigfabrikat oder in den zu seiner Herstellung gebrauchten Rohstoffen oder aus ähnlichen Gründen ein solches Verfahren zweckmäßig erscheint. Die neuen Lohnsätze sind soweit wie möglich den bestehenden Lohnsätzen für gleichartige Arbeit anzupassen. Der ehemalige normale Verdienst der in Frage kommenden Arbeiter soll auch berücksichtigt werden.

d) Stundenlöhne müssen der tatsächlich bei der Arbeit aufgewendeten Zeit entsprechen.

4. Gewerkschaften dürfen mit Arbeitgebern oder Arbeitgeberverbänden Verhandlungen über die Änderung der Lohnsätze anknüpfen, soweit es die oben erwähnten Grundsätze zulassen. Es dürfen jedoch keine Änderungen in den Lohnsätzen ohne Genehmigung der deutschen Arbeitsämter vorgenommen werden.

5. Nach der Errichtung von repräsentativen und freien Gewerkschaften und Arbeitgeberverbänden werden die deutschen Behörden angewiesen, Körperschaften mit beratender Stimme zur Bearbeitung von Lohnfragen ins Leben zu rufen.

6. Die Verfügungen der deutschen Arbeitsämter in ihrer Eigenschaft als Aufsichtsstellen für Arbeitslöhne können von der Militärregierung überprüft, widerrufen oder abgeändert werden. Diese wird immer verlangen, daß die Verfügungen mit dieser Direktive und den anderen Anweisungen der Alliierten im Einklang stehen.

7. Die deutschen Behörden werden auf Anforderung der Militärregierung das Verhältnis der Lohnsätze in den verschiedenen Gegenden und Industrien überprüfen und den Alliierten Behörden Empfehlungen über erwünschte Lohnänderungen, die sich aus Bevölkerungsverschiebungen und dem Übergang zu einer Friedenswirtschaft ergeben, zukommen lassen.

Nach Rücksprache mit den Vertretern der Arbeitgeber und Arbeitnehmer werden die deutschen Behörden Empfehlungen über die Vereinfachung des deutschen Lohnwesens unterbreiten.

8. Die Einführung neuer Arbeitslohnsätze darf den durchschnittlichen Lohnsatz nicht erhöhen.

Ausgefertigt in Berlin, den 12. Oktober 1945.

(Die in den drei offiziellen Sprachen abgefaßten Originaltexte dieser Direktive sind von *L. Koeltz,* Armeekorps-General, *V. Sokolowsky,* General der Armee, *Lucius D. Clay,* Generalleutnant, und *J. F. M. Whiteley,* Generalmajor, unterzeichnet.)

Quelle: Amtsblatt des Kontrollrats in Deutschland. Nr. 3 vom 31. 1. 1946. DIa 28. HSTA

Q 238   Kontrollrat. Ergänzung zur Direktive Nr. 14

Der Kontrollrat bestimmt, daß § 3 der Direktive Nr. 14 wie folgt ergänzt wird:

e) Die Löhne für Frauen und Jugendliche dürfen bei gleicher Arbeit und gleicher Leistung bis zur Höhe der Löhne für männliche Arbeitskräfte erhöht werden.

f) In gewissen Industriezweigen können die Löhne entweder erhöht oder herabgesetzt werden, soweit dies der Korrektur einer schlechten Abstimmung oder Beseitigung von Ungerechtigkeiten dient. Solche Industriezweige werden von der alliierten

Kontrollbehörde bestimmt, die ebenfalls die Grenzen der zulässigen Abweichung von den bestehenden Lohnsätzen und, soweit es notwendig ist, einen Zeitpunkt, vor welchem die neuen Sätze nicht in Kraft treten dürfen, festsetzen wird. Arbeitgeber und Gewerkschaften dürfen dann über die neuen Tarifsätze innerhalb der vorgeschriebenen Grenzen verhandeln, und zwar unter Aufsicht der betreffenden deutschen Behörden. Ausfertigungen der neuen Tarife sind der alliierten Kontrollbehörde innerhalb von 15 Tagen nach Inkrafttreten einzureichen.

g) Lohnerhöhungen zur Erreichung eines Stundenlohnsatzes von 50 Rpf werden für solche Arbeiter genehmigt, die weniger als diesen Betrag erhalten und deren Verdienst nicht durch kostenfreie Mahlzeiten, Unterkunft oder sonstige Nebenbezüge angemessen ergänzt bzw. nicht durch niedrige Lebenshaltungskosten ausgeglichen wird.

h) Die Zonenkommandanten dürfen „Industriegebiete", soweit dieser Ausdruck dem Zweck der Lohnkontrolle dient, neu bestimmen, wenn Änderungen der wirtschaftlichen Lage dies rechtfertigen.

Sämtliche Änderungen der Tarifordnungen hinsichtlich e), g) und h) dieses Paragraphen sind dem Manpower-Direktorat zu melden.

Ausgefertigt in Berlin, den 13. Sept. 1946.

B. H. ROBERTSON, Generalleutnant;

R. NOIRET, General der Armee;

P. A. KUROCHKIN, Generaloberst;

LUCIUS D. CLAY, Generalleutnant.

Quelle: Arbeitsblatt für die britische Zone. 1947 (1). S. 231. DIa 51. HSTA

Q 239 Befehl

des Obersten Chefs der Sowjetischen Militär-Administration – Oberbefehlshabers einer Gruppe der Sowjetischen Besatzungstruppen in Deutschland Nr. 253 vom 17. August 1946

Über gleiche Entlohnung der Frauen, der jugendlichen Arbeiter und der erwachsenen Männer für gleiche Arbeit

Zum Zwecke der Beseitigung des Unterschiedes in der Entlohnung nach Geschlecht und Alter und gleichfalls zur Schaffung günstigerer Bedingungen bei der Verwendung der Arbeitskraft der Frauen und Jugendlichen in der Industrie, im Transportwesen, im Handel, in der Landwirtschaft und in Behörden

befehle ich:

1. Gleiche Entlohnung für gleiche Arbeit der Arbeiter und Angestellten, unabhängig vom Geschlecht und Alter, ist festzusetzen.

2. Die entsprechenden Vorschriften der deutschen Gesetze und die Tarifbestimmungen aufzuheben, die einen Unterschied in der Entlohnung bei gleicher Arbeit nach Geschlecht und Alter der Arbeitenden vorsehen.

3. Die Deutsche Verwaltung für Arbeit und Sozialfürsorge hat die notwendigen Abänderungen, die sich aus diesem Befehl ergeben, in den bestehenden Tarifbestimmungen und Verträgen vorzunehmen.

4. Der Deutschen Verwaltung für Arbeit und Sozialfürsorge, gemeinsam mit den Organen der Gesundheitsbehörden und den Freien Deutschen Gewerkschaften innerhalb von zwei Monaten das Verzeichnis der Berufe zu überprüfen, nach welchem die Zulässigkeit der Frauenarbeit aus verschiedenen Gründen entweder beschränkt oder verboten war und diejenigen Berufe zusammenzustellen, die für die Frauen unbedingt gesundheitsschädlich sind.

5. Die Kontrolle über die Ausführung dieses Befehls der Abteilung „Die Arbeitskraft" der SMA in Deutschland aufzuerlegen.

Der Oberste Chef der SMA in Deutschland Oberbefehlshaber der Sowjetischen Besatzungstruppen in Deutschland

Marschall der Sowjetunion

W. Sokolowskij

Mitglied des Kriegsrats der Sowjetischen Militäradministration

Generalleutnant F. Bokow

Stabschef der SMA in Deutschland

Generalleutnant M. Dratwin

Quelle: Arbeit und Sozialfürsorge. 13/14/1946. S. 306

Q240 Löhne und Arbeitszeiten der Arbeiter/innen in NRW, Durchschnitt aller Gewerbegruppen 1946–1949*

a) männliche Arbeiter

Jahr Monat	Durchschnittlicher Bruttostundenverdienst				Durchschnittliche Wochenarbeitszeit				Durchschnittlicher Bruttowochenverdienst			
	Fach-arbeiter	ange-lernte Arbeiter	Hilfs-arbeiter	Arbeiter ins-gesamt	Fach-arbeiter	ange-lernte Arbeiter	Hilfs-arbeiter	Arbeiter ins-gesamt	Fach-arbeiter	ange-lernte Arbeiter	Hilfs-arbeiter	Arbeiter ins-gesamt
	Rpf bzw. Pf				Stunden				RM bzw. DM			
1946	105,9	97,4	79,1	96,6	42,3	42,1	41,1	42,0	44,89	41,10	32,62	40,55
1947	109,9	102,2	85,5	102,5	40,4	40,3	39,6	40,2	44,34	41,18	33,90	41,25
1948	121,1	114,5	96,1	113,4	44,1	44,1	42,6	43,8	53,62	50,66	41,12	49,81
1946 März	104,8	96,9	77,2	94,9	41,3	40,4	39,5	40,7	43,61	39,69	30,99	38,66
Juni	106,0	97,0	78,7	96,1	44,2	44,0	42,4	43,5	46,89	42,68	33,37	41,85
September	107,7	98,1	80,1	97,6	41,8	41,7	40,0	41,6	45,02	40,84	32,04	40,56
Dezember	105,2	97,6	80,2	97,8	41,9	42,2	42,6	42,0	44,03	41,18	34,06	41,14
1947 April	106,5	97,8	80,5	99,4	38,5	39,1	37,7	38,7	40,96	38,24	30,29	38,45
Juni	109,8	103,4	90,2	103,9	41,5	41,4	40,9	41,3	45,54	42,83	36,91	42,91
September	109,8	103,2	85,1	102,8	39,7	39,7	39,2	39,5	43,55	40,94	33,35	40,70
Dezember	113,4	104,4	86,3	104,0	41,7	40,9	40,6	41,2	47,32	42,70	35,03	42,94
1948 März	112,5	106,4	87,1	104,9	41,8	41,7	40,2	41,4	47,07	44,35	35,03	43,44
Juni	114,6	108,0	91,1	107,4	41,9	41,8	40,6	41,6	48,09	45,13	36,97	44,70
September	125,2	117,6	100,3	117,1	45,4	45,7	43,5	45,0	56,84	53,55	43,68	52,65
Dezember	132,1	126,1	105,7	124,3	47,3	47,3	46,2	47,0	62,68	59,60	48,80	58,46
1949 März	135,1	128,2	108,2	126,9	47,5	47,8	46,5	47,4	64,15	61,31	50,34	60,11
Juni	139,0	132,6	113,2	131,1	47,8	48,0	47,2	47,8	66,40	63,69	53,48	62,61

* Ohne Bergbau. Bis 1948 20 Gewerbegruppen, ab 1949 24 Gewerbegruppen.

Quelle: Statistisches Jahrbuch Nordrhein-Westfalen. 1. Jg. 1949. Hrsg. vom Statistischen Landesamt Nordrhein-Westfalen. Düsseldorf 1950. S. 222

b) weibliche Arbeiter

Jahr Monat	Durchschnittlicher Bruttostundenverdienst (Rpf bzw. Pf)				Durchschnittliche Wochenarbeitszeit (Stunden)				Durchschnittlicher Bruttowochenverdienst (RM bzw. DM)			
	Fach-arbeiter	ange-lernte Arbeiter	Hilfs-arbeiter	Arbeiter ins-gesamt	Fach-arbeiter	ange-lernte Arbeiter	Hilfs-arbeiter	Arbeiter ins-gesamt	Fach-arbeiter	ange-lernte Arbeiter	Hilfs-arbeiter	Arbeiter ins-gesamt
1946	60,0	60,0	54,0	57,4	35,6	35,6	36,2	35,7	21,33	21,33	19,56	20,53
1947	63,0	63,0	57,2	60,4	35,3	35,3	35,7	35,6	22,25	22,25	20,39	21,43
1948	72,0	72,0	64,3	68,9	39,6	39,6	39,6	39,6	28,60	28,60	25,60	27,36
1946 März	58,9	58,9	52,4	56,3	34,0	34,0	35,2	34,3	20,06	20,06	18,44	19,29
Juni	60,2	60,2	53,3	57,0	36,8	36,8	36,3	36,6	22,16	22,16	19,34	21,01
September	60,9	60,9	55,2	58,3	35,0	35,0	35,5	35,1	21,32	21,32	19,60	20,46
Dezember	59,8	59,8	55,2	57,9	36,4	36,4	37,8	36,9	21,76	21,76	20,86	21,35
1947 April	61,3	61,9	57,3	59,8	33,5	34,9	33,8	34,4	20,54	21,61	19,33	20,52
Juni	62,1	62,1	56,4	59,7	35,5	35,5	36,1	35,7	22,06	22,06	20,32	21,33
September	63,2	62,5	57,3	60,1	34,4	34,4	35,5	34,9	21,77	21,50	20,32	20,87
Dezember	65,5	65,5	57,6	61,9	36,8	36,8	37,5	37,2	24,10	24,10	21,60	23,01
1948 März	65,4	65,4	58,5	62,6	37,4	37,4	38,5	37,6	24,46	24,46	22,53	23,55
Juni	66,0	66,0	60,5	63,5	37,7	37,7	38,4	38,1	24,86	24,86	23,23	24,17
September	76,9	76,0	66,9	72,9	40,0	41,4	39,5	40,5	30,76	31,45	26,65	29,39
Dezember	80,1	80,1	71,3	76,7	42,2	42,2	42,0	42,2	33,84	33,84	29,97	32,33
1949 März	83,5	83,5	73,2	79,7	43,3	43,3	43,0	43,2	36,19	36,19	31,47	34,40
Juni	88,8	88,8	76,1	84,0	43,0	43,0	44,0	43,3	38,16	38,16	33,46	36,89

* Ohne Bergbau. Bis 1948 20 Gewerbegruppen, ab 1949 24 Gewerbegruppen.

Quelle: Statistisches Jahrbuch Nordrhein-Westfalen. 1. Jg. 1949. Hrsg. vom Statistischen Landesamt Nordrhein-Westfalen. Düsseldorf 1950. S. 222

Q 241   Lohndiskriminierung in fast allen Berufszweigen

Selbst wir Frauen haben es uns angewöhnt, auf die sogenannten Frauenrechtlerinnen älterer Schule um ihrer manchmal wenig anmutigen Kampfesmethoden willen mit einem gewissen Unbehagen herabzusehen, obwohl sie lediglich um die Gleichberechtigung kämpften, die wir alle haben. Jedenfalls haben wir eine Verfassung, in der manches von beruflicher und sonstiger Gleichberechtigung, von gleichem Lohn für gleiche Leistung festgelegt ist. Fragt sich nur, für wen diese Bestimmungen eigentlich verbindlich sind. Staat und Gemeinden richten sich jedenfalls nicht danach. Sie bedenken zum Beispiel die Lehrerinnen mit 10% weniger Gehalt als ihre männlichen Kollegen. Das ist noch von früher her so und die Begründung lautet: Frauen fehlen so oft! (Allgemeinem Vernehmen nach nehmen Männer ihre Erkrankungen meist wichtiger als Frauen, und diese ärgerniserregenden Kollegen, die sich jeder Verpflichtung bei jeder Gelegenheit entziehen, sind unter den Männern wohl nicht seltener als unter den Frauen.) Die meisten Lehrerinnen sind ledig, aber welche ledige Frau hat heute nicht jemand, meistens aber wie ein Familienvater mehrere Menschen zu ernähren? Indessen zahlt sie trotzdem die Steuern der Ledigen (die Ermäßigungen sind geringfügig, und dabei geht ein Drittel des Gehaltes dahin. (Auch das im Falle der Familienverpflichtung erhöhte Wohnungsgeld beträgt für die Lehrerin wiederum weniger als für einen verheirateten Lehrer.) Die Lehrerin ist also bei gleicher Arbeitsleistung in mehrfacher Hinsicht ihren männlichen Kollegen gegenüber im Nachteil. Immerhin ist man beim Finanzministerium vorstellig geworden und man hat versprochen, diese „Verfassungswidrigkeit" sofort abzustellen. (Das war vor einem Jahr, und wie lange es nun dauert, bis die auch in der Sitzung des Landtags vom 18. Juni beantragte Gleichheit der Bezahlung weiblicher Lehrkräfte Tatsache wird, muß man noch abwarten.) Falls man übrigens im Hinblick auf den langsam trottenden Amtsschimmel die Stellung der Lehrerin für eine Ausnahme hält: auf einem Frauenkongreß wollten kürzlich Lehrerinnen in einer Resolution dieselben Gehälter wie ihre männlichen Kollegen fordern. Man ließ sie nicht ausreden. Vertreterinnen anderer Berufe hinderten sie mit dem Einwand, man müsse gemeinsam vorgehen, weil es in anderen Berufen um kein Haar anders sei. Man müsse gemeinsam um gleichen Lohn für alle kämpfen. – Man kann eben doch nicht immer beruhigt nach Hause tragen, was man schwarz auf weiß besitzt, nicht einmal dann, wenn es in der Verfassung steht. Zum Schirm braucht man ja nicht gleich zu greifen, aber ansonsten kann man offenbar die Erinnerung an die berüchtigten Vorkämpferinnen doch noch nicht ganz zu Grabe tragen.   *G. L.*

Quelle: Die Welt der Frau. 1/1947 (2). S. 2

Q 242   In Bayern wurde die bisherige Gehaltskürzung für Lehrerinnen aufgehoben. Ab 1. April beziehen die Lehrerinnen das gleiche Gehalt wie die Lehrer.

Quelle: Die Welt der Frau. 3/1947 (2). S. 29

Q 243   Frauenlöhne völlig unzureichend!

„Wenn Arbeiterfrauen und -mädchen zu Prostituierten werden, so tragen Sie, meine Herren, allein die Schuld daran, denn kein Mensch ist in der Lage, mit 58 Pfennig Stundenlohn das Leben zu fristen, geschweige denn eine Familie zu ernähren." Diese Entgegnung gab eine Gewerkschaftsvertreterin einem Unternehmer, der kürzlich zu den Tarifverhandlungen der Industriegewerkschaft Chemie in Frankfurt am Main erklärt hatte, die Unternehmer seien nicht geneigt, den „Ami-Liebchen" mehr als 58 Pfennig in der Stunde zu zahlen. Abgesehen von dem Zynismus dieses „Herrn", der sich gegen ehrlich arbeitende

Frauen und Mädchen richtete, ist der niedrige Lohnsatz auch bezeichnend für die Ausbeutermethoden des westzonalen Unternehmertums. Daß die Stundenlöhne für Frauen um 24 Pfennig niedriger liegen als die der Männer – der Stundenlohn für Männer in diesem Industriezweig ist auf 82 Pfennig festgelegt –, zeigt wieder einmal deutlich, was für wesentliche Unterschiede zwischen Frauen- und Männerlöhnen im Westen bestehen. ...

Nicht nur in Hessen stellen sich die Unternehmer taub und stumm, wenn es darum geht, den Frauen bei gleicher Arbeit und Leistung auch den gleichen Lohn wie den Männern zu zahlen. Auch in Wuppertal zeigen die neuen Lohnabkommen noch immer einen großen Unterschied in der Bewertung der Männer- und Frauenarbeit. Hier erhalten die Arbeiterinnen in der Metallindustrie nur 75 Prozent des Männerlohnes. Nach einer Lohnerhöhung um 50 Prozent, die kürzlich zwischen dem Vorstand der Industriegewerkschaft Metall in der britischen Zone und dem Arbeitgeberausschuß Metall Nordrhein-Westfalen vereinbart wurde, sind die Tariflöhne der Metallfacharbeiter auf 1,02 Mark im Industriegebiet und auf 96 Pfennig in den Randgebieten festgesetzt worden; das bedeutet also, daß die Arbeiter vor dieser Neuregelung 68 Pfennig bzw. 64 Pfennig und die Frauen entsprechend weniger in der Stunde erhielten. Die Differenz zwischen Facharbeitern und ungelernten Arbeitern beträgt 22 Prozent. ...

Quelle: Wie sollen sie damit ihr Leben fristen? In: Die Frau von heute. 21/1948 (3). S. 2

Q 244   Frauen dürfen keine Lohndrücker sein!

... Es blieb dem Nationalsozialismus vorbehalten, die Frauen in die Fabriken zu pressen zu einem Lohn, der zum Leben zu wenig und zum Sterben zu viel war. Daneben hatten sie noch die Aufgabe, dem Führer die notwendigen Kinder zu schenken, um den Aderlaß des Krieges wieder auszugleichen. Unbestritten ist, daß der Frau auch im Produktionsprozeß eine bedeutende Rolle zukommt; dies muß allerdings zu einem Lohnsatz geschehen, der sie nicht zum Lohndrücker und dadurch eventuell zum Streikbrecher degradiert. Es entspricht absolut unserer Auffassung, wenn der Kontrollrat verfügt hat, daß der Grundsatz, gleicher Lohn für gleiche Leistung, auch in erster Linie Anwendung auf die Frauenarbeit in den Fabriken zu finden hat. Die Geschichte weist eine Riesenzahl von Beispielen dafür auf, daß man die unpolitische Frau in der Vergangenheit sehr oft als Streikbrecher benützte, eine Rolle, die man einer politisch aufgeklärten Frau niemals zumuten könnte. In einer Broschüre der englischen Fabian Society, der sozialistischen Gesellschaft, der auch Ministerpräsident Attlee angehört, wird gesagt: „Frauen sollten aufhören, sich in Stellungen zwingen zu lassen, in denen sie leistungsfähige Streikbrecher sind." Man muß sich vollkommen im klaren darüber sein, daß manche Frau, die in der Vergangenheit niemals daran dachte sich eine eigene Existenz aufzubauen, oder ihr Leben mit der Hände Arbeit zu fristen, heute gezwungen ist, tätig im Produktionsprozeß zu stehen. ...

Quelle: Um die Gleichberechtigung der Frau. In: Der Silberstreifen. 4 + 5/1946 (1). S. 9

Q 245   Gleicher Lohn für gleichwertige Arbeit – das Recht der Staatsbürgerin

... Wie war es denn nach dem ersten Weltkrieg, in dem die Frau im wahrsten Sinne des Wortes auch schon „ihren Mann" in der Wirtschaft gestanden hatte. Lohnte man ihr dies? Kaum wurden die ersten Tarife abgeschlossen, als auch schon, wie bei den weiblichen kaufmännischen Angestellten ein 15–20%iger Abzug für sie von den festgesetzten Männergehältern in den Gehaltstarifen aufgenommen wurde. Allgemein wurde in der Folgezeit ein 10%iger Abzug durchgeführt. Es gab überall nur wenig einsichtige Firmen, die Mann und Frau als Angestellte gleich hoch bezahlten; sie blieben trotzdem leistungsfähig. Aber immer wieder hat man als berufstätige Frau den Eindruck, als sähe der berufstätige Mann in der Gleichstellung und Gleichbewertung der Frauenarbeit einen seine Existenz bedrohenden Faktor. Das ist aber gar nicht der Fall. Im Gegenteil: Wenn beide gleich bezahlt werden wollen, müssen sie auch gleichwertige Ausbildung und gleichwertige Arbeitsleistung nachweisen. Aber nicht nur um die gleiche Bezahlung für gleiche Leistung für die Frau geht es jetzt, sondern auch um die Beteiligung an allen Einrichtungen. Das sind nicht nur die sogenannten Sozialgebiete im engsten Sinne, sondern auch die Beisitzerplätze für Arbeitsgerichte, Schlichtungsausschüsse usw. Die Schöffen- und Geschworenen-Plätze bei den Gerichten mit eingerechnet. Wenn man der Frau auch jetzt die Schippe in die Hand drückt, weil es um den Aufbau von Heimat, Existenz und Familie geht, dann wird sie mitarbeiten in der Hoffnung, daß diese Prüfungszeit Befreiung von überholten Vorurteilen bringen wird.   *Johanna Krüger*

Quelle: Der Regenbogen. 7/1946 (1). S. 2

Q 246   Für und wider die Lohngleichheit

Bei der Lohnangleichung für mit *typischer Männerarbeit* beschäftigte Frauen muß unterschieden werden zwischen Leistungen, die vorwiegend auf Grund einer längeren Ausbildungszeit oder starken technischen Verständnisses Männerarbeit sind und solchen, die wegen ihrer körperlichen Schwere Männerarbeit sind. Für diese längere Ausbildungszeit erfordernden Schlosser-, Dreher-, und Kranführerarbeiten werden hauptsächlich nur dafür geeignete Frauen herangezogen bzw. es melden sich dafür nur solche, die an dem Beruf interessiert sind und die längere Ausbildung mit geringerem Ausbildungslohn in Kauf nehmen. Es ist deshalb eine Durchschnitts-Männerleistung von diesen Frauen zu erwarten. Der Betrieb wird hier den gleichen Lohn für Mann und Frau für zweckmäßig halten.

Bei den physisch schweren typischen Männerarbeiten z. B. Bauarbeiten auf dem Gerüst, Waggons entladen, Kohlenschippen kann die Frau fast nie die gleiche Arbeitsleistung wie der Mann erreichen. Der Betrieb wird sich mit dieser Minderleistung nicht abfinden, wenn er für die weibliche Arbeitskraft den gleichen Lohn zahlen soll wie für die männliche. Er neigt dazu, auf möglichst weitgehende Erfüllung der männlichen Arbeitsleistung zu drängen unter Vernachlässigung der für die Frau notwendigen Rücksichten. Bei entspanntem Arbeitsmarkt wird er die Frau aus dieser Arbeitskategorie ausschalten.

Die körperlich schwere typische Männerarbeit bringt der Frau große Nachteile. Sie treibt Raubbau mit ihrer Gesundheit und

ist zudem nur Notstopfen, der bei schwächerer Beschäftigung abgebaut wird.

Im wohlverstandenen Interesse des Betriebes und der Frau wird hier deshalb die Beibehaltung einer Lohnspanne für physisch schwere Männerarbeit angebracht sein. Für die Frau fällt der Anreiz weg, diese Arbeit zu übernehmen und der Betrieb wird vor nutzlosen Experimenten bewahrt.

Der zweifellos bestehende große Bedarf an körperlich schwerer wenig gelernter Arbeit kann auf andere Weise gedeckt werden. Ansätze dazu sind vorhanden. Die höhere Entlohnung der Bauhilfsarbeiter ist eine der Möglichkeiten. Sie soll Männer aus anderen Berufen, die weniger Körperkräfte beanspruchen, anlocken, in körperlich schwerere Arbeit überzuwechseln. Deren alte Arbeitsplätze könnten von Frauen übernommen werden. Die Nationalökonomen sprechen hier von „Verschiebung" von Arbeitskräften.

Ist bei der *indifferenten Arbeit* eine Lohngleichstellung für Mann und Frau zweckmäßig?

Als Beispiel für diese Arbeitskategorie kann ein Teil der Büroarbeiten gelten (mit Ausnahme der Arbeit der Stenotypistin, Sekretärin, Maschinenbuchhalterin und Hollerithlocherin, die als spezifisch weibliche Berufe anzusprechen sind). Merkmal der indifferenten Arbeit ist, daß die Leistung von Mann und Frau gleich gut verrichtet werden kann. Wenngleich die ökonomische Tendenz zur Gleichstellung der Löhne an sich nicht besteht, wie vorhin dargelegt wurde, so dürften einer Tendenz von anderer Seite zur Gleichstellung der

Löhne bei indifferenzierter Arbeit wegen dieser gleichen Leistung für den Betrieb keine Bedenken entgegenstehen. In Krisenzeiten hat die Gleichstellung – wenn sie sich dann überhaupt zu halten vermag – für die Frau einen Nachteil: Man hält unter dem Druck der Konkurrenz bei absteigender Beschäftigung die billigsten Kräfte im Betrieb. Bisher war das die Frau. Infolgedessen war die Frauenbeschäftigung krisensicherer als die des Mannes. Dieser Beschäftigungsvorrang fällt bei der Gleichstellung weg. Das ist ein von der Sozialpolitik vielleicht zu begrüßender Umstand, der diese Arbeit aber nicht mehr berührt.

Quelle: Marietta Marx: Die Frau im Betrieb. Eine betriebswirtschaftliche Untersuchung. Diss. Köln 1949. S. 32 f.

Q 247 Eine Gewerkschafterin über die tariflichen Bestimmungen über die Entlohnung der Frauen

Die Aufgaben der Gewerkschaften können niemals für alle Zeiten feststehende sein. Sie verändern sich immer. Eine grundsätzliche Aufgabe steht fest, und zwar die Arbeitsbedingungen der arbeitenden Menschheit zu verbessern. Dazu gehört die Entlohnung, auch die Veränderung, sich ihm anzupassen. Die Frauen haben genauso für Familien zu sorgen wie der Mann. Der Unterschied ist durchaus nicht mehr gerechtfertigt, daß weibliche Beschäftigte auch heute noch nur 80 bis 90% des männlichen Lohnes erhalten. ... Diese Löhne sind geschaffen worden in einer Zeit, wo die gesellschaftliche Stellung der Frau noch eine ganz andere war als heute. ... Was entscheidend ist, auch heute noch, ist die Tatsache, daß in den Betrieben und der Industriegruppe, wo die Frauen zuerst Einlaß gefunden haben, die Löhne auch heute noch die geringsten sind. ...

Die Arbeitskraft der Frau wird benötigt. Die Erwerbstätigkeit der Frau ist heute eine Selbstverständlichkeit. ... wir Frauen sind nicht dümmer geboren oder vielleicht weniger entwicklungsfähig. Der Krieg hat bewiesen, daß die Frauen trotz viel schlechterer Ausbildung die an sie gestellten Anforderungen bewältigt haben. ...

Erstaunlich, wenn man die einzelnen Tarifverträge durchschaut, wie unterschiedlich die Arbeit der Frau heute noch bewertet und bezahlt wird. Unverständlich, mit welchen Paragraphen und Klauseln man auch heute immer wieder versucht, die Arbeitsentlohnung der Frauen möglichst niedrig zu halten und die Forderung auf gleiche Arbeit – gleichen Lohn – abschiebt. Zur Zeit des Lohnstops ..., wo die Möglichkeit gegeben war, die Frauenlöhne den Männerlöhnen anzupassen, ist dieses in den wenigsten Fällen geschehen. ...

Ich kann nicht glauben, daß die Arbeiten, die die Frauen leisten, die vielleicht körperlich leichtere sind, jedoch weniger sein sollen als nur Hilfsarbeiten. Es gibt einen ganzen Teil von Arbeiten, die nur von Frauen ausgeführt werden können auf Grund ihrer Geschicklichkeit und die man eben nicht als Hilfsarbeiten bezeichnen kann und darf. ...

Betreffs gleicher Leistung sei noch zu sagen, man fragt bei den Männern nun auch nicht, ob sie auf Grund ihrer Körperkräfte berechtigt sind, den Männerlohn zu erhalten, sondern man wird eben den Schwächeren nicht an der schweren Arbeit finden. ...

Bei der fortschreitenden technischen Entwicklung und Arbeitsteilung, bei der es in heutiger Zeit gar nicht mehr so auf die Kraft des Menschen ankommt, sondern mehr auf die Geschicklichkeit, ist die Frage der gleichen Entlohnung immer mehr gerechtfertigt. ...

Die Frau braucht weniger? Wo ist dies der Fall? Wenn es der Fall ist, und sie mit weniger zufrieden ist, dann aus dem Grund, weil der Verdienst nicht ausreicht zu mehr. Hinzu kommt, daß sie sich auf Grund ihrer Geschicklichkeit und Erziehung manche Dinge selbst machen kann und dadurch billiger kommt als der Mann. Dieses setzt sie aber an ihrer eigenen Arbeitskraft wieder zu. Sie würde es sich vielleicht auch lieber manchmal machen lassen. Es ist auch nicht normal, daß eine Frau schlechter essen muß oder die Speisen billiger kommen für sie. . . .

Bei Beamten, ob bei städtischen, kommunalen oder staatlichen Behörden, ist heute noch eine unterschiedliche Besoldung. Beim Kultusministerium wurde der Antrag gestellt auf eine gleichmäßige Besoldung für Lehrer und Lehrerinnen. Der Antrag wurde abgelehnt; diese Mittel seien nicht vorhanden. . . .

Quelle: Protokoll über die Tagung der Frauenausschüsse der Bünde vom 25.–27.1.1949 in Rod a. d. Weil. DGB-Akte „Verschiedene Protokolle ab 1945". DGB-Archiv

Q 248

Gewerkschaftsrat
der vereinten Zonen
– Sekretariat –
Ergebnis der Beratungen über die Bestimmungen der Frauenlöhne in den Tarifen auf der Konferenz der Frauenausschüsse der Bünde in Rod a. d. Weil vom 25.–27. Januar 1949.
Von der Konferenz wurden drei Fragen herausgestellt.

1. Leistungslohn
2. Soziallohn
3. Gesetzlicher Mindestlohn

Zu Punkt 1.
Die Konferenz ist der Auffassung, daß für die Entlohnung aller Beschäftigten grundsätzlich die Entlohnung nach Leistungen als gerechtfertigt anzusehen ist.
Durch Leistungslohn werden auch die leider jetzt noch vielfach vorhandenen und ungerechtfertigten geringeren Entlohnungen der Frauen gegenüber den Männern sowie andere ungerechtfertigte Lohn-Unterscheidungen behoben.
Zu Punkt 2.
Der Soziallohn wurde abgelehnt mit der Begründung, daß der Ausgleich für alle sich ergebenden Mehraufwendungen zur Erhaltung der Familie Aufgabe der Allgemeinheit ist.
Zu Punkt 3.
Die Konferenz lehnt die Festlegung allgemeiner gesetzlicher Mindestlöhne ab. Die Lohnregelung muß grundsätzlich tarifvertraglich erfolgen.
Für solche Wirtschafts- und Erwerbszweige, für die eine tarifvertragliche Regelung der Lohn- und Arbeitsbedingungen wegen Fehlens eines Tarifvertragskontrahenten nicht möglich ist (z. B. Landarbeiter, Hausangestellte, Heimarbeiter), muß ein Gesetz zur Regelung der Mindestarbeitsbedingungen erlassen werden.
Quelle: Protokoll über die Tagung der Frauenausschüsse der Bünde vom 25.–27.1.1949 in Rod a. d. Weil. DGB-Akte „Verschiedene Protokolle ab 1945". DGB-Archiv

11. Recht auf Arbeit

Daß die Ausweitung weiblicher Lohnarbeit in der Kriegs- und Nachkriegszeit keineswegs automatisch eine günstigere Ausgangsbasis für die Erweiterung der Rechte der Frau als Arbeitnehmerin brachte, wurde schon lange vor der Währungsreform deutlich.

In Anknüpfung an nicht erst von den Nationalsozialisten eingeführte, sondern bereits während und nach Beendigung des I. Weltkrieges angewandte Praktiken der Arbeitspolitik mußten Frauen bereits in den ersten Nachkriegsjahren immer dann um ihre Arbeitsplätze bangen, wenn ein männlicher Bewerber, ein „Ernährer", sein Interesse bekundete (Q 249), und zwar nicht nur im Bereich traditioneller „Männerarbeit", sondern insbesondere auch in den weitaus angenehmeren Verwaltungsberufen. So wurden beispielsweise immer noch auf der juristischen Grundlage des § 63 des Deutschen Beamtengesetzes verheiratete Beamtinnen aus dem Staatsdienst entlassen (Q 250 + 251) und die Kriegsheimkehrer hatten aufgrund einer Verordnung aus dem Jahre 1939 ein Anrecht auf „ihren" alten Arbeitsplatz (Q 252), der dann natürlich „geräumt" werden mußte.

Auch wurden erwerbstätige Ehefrauen wieder entlassen mit dem Argument, „Doppelverdiener" (und damit waren natürlich die Frauen gemeint!) hätten ihren Arbeitsplatz aus Gründen sozialer Gerechtigkeit zugunsten arbeitsloser Familienväter zu räumen. Dem „Kampf gegen das Doppelverdienertum" fielen in erster Linie wie in der Weimarer Republik und im Nationalsozialismus Frauen in qualifizierten Positionen (Akademikerinnen, Lehrerinnen, Verwaltungsangestellte vgl. Q 256–259) zum Opfer; typische „Frauenarbeit" kam für Männer aufgrund der schlechten Arbeitsbedingungen und der niedrigen Löhne erst gar nicht infrage. Wo das „Doppelverdiener"-Argument nicht angewendet werden konnte, griff man zu anderen, ebenfalls altbewährten Taktiken. Frauen seien zu häufig krank (Q 260 + 261) oder bildeten eine „sittliche Gefahr".

Nach der Währungsreform verschlechterte sich die Situation erwerbstätiger Frauen drastisch insofern, als mit der Normalisierung des Marktes zum einen mehr Frauen auf Lohneinkommen angewiesen waren (Q 263 + 264) und zum anderen die Arbeitsplätze aufgrund der stabilisierten Währung nun auch für Männer wieder attraktiv wurden. Besonders hart betroffen waren ältere Arbeitnehmerinnen (Q 264), die bei den steigenden Arbeitslosenzahlen (Q 262–264) kaum eine Chance hatten, einen Arbeitsplatz zu finden, sowie die auf Heimarbeit angewiesenen Frauen (Q 264 + 265), da viele Betriebe, die Heimarbeit vergaben, schließen mußten oder ihre Kapazität einschränkten.

Da Lehrstellen und Studienplätze knapp waren, andererseits die Zahl der Heimkehrer, von denen viele noch keine Berufsausbildung hatten, stieg, sanken die Chancen der weiblichen Schulentlassenen auf eine Lehrstelle oder gar einen Studienplatz. Der moralische Druck auf Frauen, die unbeirrt an ihren qualifizierten Berufswünschen festhielten, nahm zu (Q266). Man (und frau!) überlegte, was gegen die „unnatürliche Höhe" (Q267) der Studentinnenzahlen unternommen werden könnte und entwickelte ganz erstaunliche „Lösungsvorschläge" (Q267), deren Ziel ganz klar die Bindung der Frau ans Haus und die Restabilisierung des geschlechtsspezifischen Arbeitsmarktes war, was auch die verschiedenen Berufslenkungsmaßnahmen für weibliche Arbeitskräfte klar erkennen lassen. Umschulungsmaßnahmen für Männer zum Baufacharbeiter oder Bergmann sollten „Leichtarbeitsplätze" für Frauen freimachen (Q269).

Die von den Landesarbeitsämtern ins Leben gerufene „Frauenselbsthilfe" (Übernahme von Flick-, Stopf- und Näharbeiten) war nichts anderes als stundenweise hausfrauliche Heimarbeit ohne soziale Absicherung, dafür aber Entlastung der Wohlfahrtsämter (Q271).

Für potentielle Anwärterinnen auf qualifizierte Berufe wurde die „Aktion Nordsee" (Vermittlung von Au-pair-Mädchen nach England) ins Leben gerufen (Q272), und es wurde versucht, den Hausgehilfinnenberuf, an dessen extrem schlechten Arbeitsbedingungen sich nichts geändert hatte (Q273–275) durch Einführung einer privaten hauswirtschaftlichen Lehre attraktiver zu machen. (Vgl. auch Q278.) Dieser hauswirtschaftliche Lehr- und Anlernberuf wurde von den Gewerkschafterinnen bekämpft mit dem zweifellos richtigen Argument, hier schleiche sich durch die Hintertür das nationalsozialistische „Pflichtjahr" wieder ein (Q276).

Q 249   Recht auf Arbeit – auch für die Frauen

Dem Pressedienst der Zentralverwaltung für Volksbildung entnehmen wir folgende Notiz: „Frauen beim Magistrat Hamburg im Abbau. Den dort beschäftigten Frauen wurde mitgeteilt, sie brauchten vorläufig wegen des Mangels an männlichen Bewerbern noch nicht mit einer Entlassung rechnen."

In einer Zeit, in der das Fundament zur demokratischen Erneuerung Deutschlands gelegt wird, ist die Stellungnahme zur Frage des Rechtes der Frau auf Arbeit der Prüfstein, der anzeigt, ob wirklich konsequente Demokraten am Wiederaufbau Deutschlands arbeiten oder getarnte Reaktionäre, die einer augenblicklichen bequemen Notlösung zuliebe die Lebensfähigkeit des Ganzen in Frage stellen. Denn die Gleichberechtigung der Frau gehört zu den demokratischen Grundanschauungen, und es ist selbstverständlich, daß sie die generelle Anerkennung des Rechtes der Frau auf Arbeit in sich schließt. Vom demokratischen Standpunkte ist es also grundsätzlich unmöglich, die Berechtigung der Frauenarbeit von dem Hoch- oder Tiefstand der Wirtschaft abhängig zu machen, eine Gesinnung, deren sich sogar die Weimarer Republik nicht schämte. Nach der Meinung solcher „Demokraten" ist in den Zeiten des Wirtschaftsaufstiegs die Frauenarbeit zu begünstigen. Wirtschaftskrise aber bedeutet Erschwerung oder sogar Verbot der Frauenarbeit. Heute soll die Frau zurück an den Kochtopf, morgen aber braucht man sie wieder. Dann werden Betriebsrätinnen, Lehrerinnen, Juristinnen, Stadträtinnen, Volkswirtinnen gesucht – und keine oder sehr mittelmäßige gefunden. Warum? Die Frau, die wieder nur auf den häuslichen Pflichtenkreis beschränkt wird, kann sich nicht weiter entfalten, kann nicht ohne Vorbereitung Funktionen ausfüllen, für die sie die Voraussetzungen nicht mitbringt. . . .

Es erscheint uns recht billig, in Zeiten der Männerknappheit die Gleichberechtigung der Frau in großer Aufmachung als demokratischen Programmpunkt zu verkünden, beim ersten Anzeichen einer wirtschaftlichen Schwierigkeit aber in das Geschrei gegen das Recht der Frau auf Arbeit – ganz gleich, ob es sich um eine verheiratete oder eine ledige handelt – mit einzustimmen, wie wir es leider auch in unseren eigenen Reihen erleben. Jeder Mann und jede Frau sei sich bewußt, daß es hier um wesentliche demokratische Prinzipien geht, die nicht aufgegeben werden können, ohne daß das ganze Gefüge einen unheilbaren Riß bekommt.

Quelle: Die Frau von heute. 15/1946 (1). S. 7

Q 250   Stellungnahme der ersten Frauen-Arbeitstagung der Gewerkschaften der britischen Besatzungszone zur Entlassung beamteter Frauen

An das Zonensekretariat zur Weiterleitung an alle Gewerkschaften.

Die erste gewerkschaftliche Frauen-Arbeitstagung nimmt Stellung zu den *Versuchen, die Frauen aus den beamteten und anderen Stellen entlassen zu wollen.* Wir bedauern das aufs tiefste. Wir fordern, daß solche Versuche sofort unterbunden werden, denn der Grundsatz der Gleichberechtigung der Frauen, der von den Gewerkschaften vertreten wird, muß sich auch im Wirtschaftsleben unseres Volkes Geltung verschaffen. Die Tatsache, daß es in der Hauptsache Frauen waren, die das Wirtschaftsleben in Deutschland während des Krieges aufrechterhielten, muß insofern gewürdigt werden, daß heute nach dem Kriege jeder Frau das Recht auf Arbeit zugestanden wird. Wir erwarten von allen leitenden Dienststellen, im besonderen von den Arbeitsämtern, daß sie sich den Grundsatz: „Das Recht auf Arbeit" zu eigen machten und nicht den Versuchen, die Frau aus ihren heutigen Arbeitsplätzen zu verdrängen, Vorschub leisten.

Quelle: Protokoll der 1. gewerkschaftlichen Frauen-Arbeitstagung vom 20.–22. 11. 1946 in Bielefeld. DGB-Akte „Verschiedene Protokolle. DGB-Archiv

Q251   Nordrhein-Westfalen hebt den § 63 DGB auf

Für das Land Nordrhein-Westfalen ist im MinBl. vom 13. 3. 48 S. 78 ein Erlaß des sozialdemokratischen Innenministers veröffentlicht worden, durch den angeordnet wird, daß die Ausnahmebestimmung gegen die weiblichen Beamten, wie sie das Deutsche Beamtengesetz von 1937 gebracht hatte, nicht mehr anzuwenden ist.

Mit dieser Anordnung wird für das größte deutsche Land ein großes Unrecht beseitigt, und es ist deshalb wohl angebracht, sich einmal mit der Frage der verheirateten weiblichen Beamten zu befassen.

Der § 63 des DGB von 1937 bestimmt:

„Ein verheirateter, weiblicher Beamter ist zu entlassen, wenn er es beantragt oder wenn seine wirtschaftliche Versorgung nach der Höhe des Familieneinkommens dauernd gesichert erscheint. ... Die oberste Dienstbehörde entscheidet endgültig darüber, ob die wirtschaftliche Versorgung dauernd gesichert erscheint. ...“

Diese Bestimmung, die, wo ihre Anwendung nicht ausdrücklich untersagt ist, noch heute wirksam ist, verstößt gegen wesentliche Grundrechte der persönlichen Freiheit der Frau und gegen ihre Würde.

1. Nach der Weimarer Verfassung, die zwar während der Hitlerzeit nicht angewendet wurde, aber bisher nicht außer Kraft gesetzt ist,

   „haben Männer und Frauen grundsätzlich dieselben staatsbürgerlichen Rechte und Pflichten. (Art. 109 Satz 2),

   sind alle Staatsbürger ohne Unterschied nach Maßgabe der Gesetze und entsprechend ihrer Befähigung und ihren Leistungen zu den öffentlichen Ämtern zuzulassen. Alle Ausnahmebestimmungen gegen weibliche Beamte werden beseitigt.“ (Art. 128 Abs. 1 und 2).

Diese Bestimmungen hatten ihren guten Sinn und Grund. Die Frau ist dem Manne zwar nicht gleich*artig,* aber gleich*wertig.*

Frauen haben in Deutschland das aktive und passive Wahlrecht, sie sind mitverantwortlich für das allgemeine Wohl. Ob die Frauen ehelich gebunden sind oder nicht, muß dabei gleichgültig sein.

Nur das BGB verhängt über die verheiratete Beamtin ein Ausnahmerecht, das in der Nazizeit damit begründet wurde, es diene zur Entlastung des Arbeitsmarktes, es schränke das „Doppelverdienertum“ ein und führe die Frauen ihrem eigentlichen Beruf als Frau und Mutter zu. Soviel Unaufrichtigkeiten – soviel Unrichtigkeiten.

Man kann in einem demokratischen Gemeinwesen nicht eine Gruppe von Staatsbürgern zwingen, auf ihr natürliches Recht der Eheschließung zu verzichten oder sich der Gefahr auszusetzen, Arbeits- und Wirkungskreis und damit meist auch Lohn und Brot zu verlieren. Denn neben dem Recht auf Zulassung zu allen öffentlichen Ämtern steht das Recht auf die Arbeit. Schon nach Art. 163 WV hatte jeder Deutsche „... die sittliche Pflicht, seine geistigen und körperlichen Kräfte so zu betätigen, wie es das Wohl der Gesamtheit erfordert“. Pflicht und Recht sind hier gleichzusetzen.

Jede Frau hat ein Recht auf Arbeit, auf Betätigung in dem ihr vertraut und lieb gewordenen Beruf, den sie sehr oft als ein Berufensein empfindet. Es gibt keinen Grund, daß sich daran etwas ändert, wenn eine Frau heiratet. Arbeit und Beruf sind auch durchaus nicht identisch mit Erwerb und Geldverdienen, wenn sich auch eins aus dem anderen in der Regel ergibt.

Quelle: Verheiratete weibliche Beamte. In: Die Genossin. 3/1948 (11). S. 31

Q252   Hat der Heimkehrer einen Anspruch auf den alten Arbeitsplatz?

Durch die Verordnung zur Abänderung und Ergänzung von Vorschriften auf dem Gebiet des Arbeitsrechts vom 1. 9. 39 (RGBl. 1, S. 1683) wurde bestimmt, daß ein bestehendes Beschäftigungsverhältnis durch die Einberufung zum Wehrdienst nicht gelöst wird, daß die beiderseitigen Rechte und Pflichten für die Dauer der Einberufung ruhen und eine Kündigung seitens des Unternehmers grundsätzlich nicht möglich ist.

Können unsere heimkehrenden Kriegsgefangenen aus diesen Vorschriften Rechte herleiten?

Die britische Militärregierung hat ihre am 14. 1. 46 erlassene Anordnung, durch die bestimmt worden war, daß die entlassenen Kriegsgefangenen keinen Anspruch auf ihren alten Arbeitsplatz haben, wieder aufgehoben. Seither wird den heimkehrenden Kriegsgefangenen in der britischen Zone unter Berufung auf die Verordnung vom 1.9.39 wieder ein Anspruch auf den alten Arbeitsplatz zuerkannt. In der amerikanischen Zone wurde die Weitergeltung der Verordnung und ihre Anwendbarkeit auf Arbeitnehmer, die aus der Kriegsgefangenschaft heimkehren, bisher allgemein anerkannt. Auch in der französischen Zone sind bislang keine Vorschriften erlassen worden, denenzufolge der durch die Verordnung vom 1.9.39 geschaffene Rechtszustand als beseitigt betrachtet werden müßte. . . .

Zieht man in Betracht, daß die meisten Arbeitgeber ihre noch in der Kriegsgefangenschaft befindlichen früheren Arbeitnehmer nach wie vor als zur Belegschaft gehörig betrachten, daß sie sich im Rahmen der gegebenen Möglichkeiten intensiv bemühen, ihre Entlassung zu bewirken, und jederzeit bereit sind, ihnen den alten Arbeitplatz wieder einzuräumen, so erkennt man, daß der weiteren Anwendung der einschlägigen Vorschriften der Verordnung vom 1.9.39 trotz der veränderten Zeitverhältnisse auch von der Arbeitgeberseite her keine grundsätzlichen Bedenken entgegenstehen.

Unseren Heimkehrern dürfte also auch heute noch ein Anspruch auf ihren alten Arbeitsplatz zuzuerkennen sein, sofern nicht im Einzelfalle die Voraussetzungen für die Fortsetzung des Beschäftigungsverhältnisses weggefallen sind. . . .

Anders liegen die Dinge, wenn der Anspruch des Heimkehrers auf den alten Arbeitsplatz unstreitig ist, der Arbeitgeber aber das Beschäftigungsverhältnis zum nächstmöglichen Termin kündigen oder einen anderen Arbeitnehmer entlassen will, um den Heimkehrer wieder in den Betrieb aufnehmen zu können. Denn die Kündigung bedarf nach wie vor der Zustimmung des Arbeitsamtes. Die Arbeitsämter werden in derartigen Fällen die Belange der Beteiligten mit besonderer Aufmerksamkeit berücksichtigen und gegeneinander abwägen müssen.

Den Fällen, in denen die Weiterbeschäftigung des Heimkehrers unmöglich ist, dürften den Fällen rechtlich gleichzusetzen sein, in denen es dem Arbeitgeber nicht zugemutet werden kann, zumal die Grenze zwischen Unmöglichkeit und Unzumutbarkeit schwer zu ziehen ist. Es ist im Rahmen dieser Ausführungen nicht möglich, auch nur an einigen Beispielen zu erörtern unter welchen Voraussetzungen das eine oder das andere anzunehmen ist. Es sei lediglich darauf hingewiesen, daß es nur in besonders gelagerten Ausnahmefällen zu verantworten sein dürfte, die Weiterbeschäftigung für unmöglich oder für unzumutbar zu erklären.

W. Endry

Quelle: Frauenwelt. 12/13/1947 (2). S. 24

Q 253   Reserve zurück an den Herd

„Die Frauen aber müssen begreifen, daß ihre Zeit um ist und daß sie als Ersatz für Männer fernerhin nicht mehr benötigt werden." Dieser sonderbare Standpunkt wird in einem mit „X" gezeichneten Aufsatz im Mitteilungsblatt der Reichsbahndirektion München vertreten, der sich gegen die Weiterbeschäftigung von Frauen im Reichsbahndienst und ihre Zulassung zur Beamtinnenlaufbahn wendet. Weiter heißt es darin: „Mit Grauen beobachtete der personalwirtschaftlich geschulte Beamte, wie zuerst in den Büros des inneren Dienstes und später auch bei den Außenstellen immer mehr weibliche Arbeitskräfte verwendet wurden." Es ist anzunehmen, daß die im Bereich der Reichsbahndirektion München arbeitenden Frauen diesem „X" und seinen Gesinnungsfreunden die richtige Antwort erteilen werden.

FDGB

Quelle: Die Frau von heute. 14/1947 (2). S. 4

Q 254 Doppelverdiener, ein Schlagwort, das wieder einmal aktuell ist

Unter den Rezepten, mit denen man unsere kritische Situation zu bessern versucht, hat man in der letzten Zeit wieder ein schon recht abgestandenes Mittelchen hervorgeholt: den „Kampf gegen die Doppelverdiener". In der Praxis mehren sich die Fälle, wo man unter Berufung auf einen moralisch und wirtschaftlich nicht zu rechtfertigenden Doppelverdienst – verheiratete Frauen aus ihren Stellungen entläßt.

Denn das ist nämlich der Kern des Schlagwortes: nicht gegen den wirklichen Doppelverdiener, d. h. einen Erwerbstätigen mit mehreren Einnahmequellen richtet sich der Kampf, sondern gegen die verheiratete Frau, die erwerbstätig ist. Und damit denkt man noch immer in der längst von der Wirklichkeit überholten Anschauung, daß Männerlöhne Familienlöhne seien, aber das Einkommen der Frau offenbar ein Privatlohn sei.

Es ist eigentlich absurd, unter den heutigen Verhältnissen der verheirateten Frau das Recht auf Erwerbsarbeit überhaupt in Frage zu stellen. In Baden mußten z. B. Ärztinnen gegen eine alte Bestimmung, die ihnen bei Verheiratung die Ausübung der Praxis verbietet, erneut ankämpfen; in England erwog man soeben auf einer Lehrertagung, verheiratete Frauen zu entlassen.

Freilich sind es bisher immer nur Einzelfälle, da Behörden verheiratete Frauen entlassen, um Männern Platz zu machen. Von der Forderung einer gesetzlichen Regelung, wie sie in den Arbeitskrisen zwischen 1920–1933 immer wieder erhoben wurde, sind wir zur Zeit zwar noch weit entfernt. Es scheint uns aber eher notwendig, gerade im Hinblick auf solche verhängnisvollen Entwicklungsmöglichkeiten das Gegenteil zu fordern, nämlich jede derartige Ausnahmebestimmung von vornherein zu unterbinden. Es ist heute, wo die Frauen die Zweidrittelmehrheit in der Bevölkerung haben, und wo sie leider in einem noch nicht festzustellendem Ausmaß der Familienernährer sein müssen, unsinnig und ungerecht, ihnen irgendwelche Rechte und Möglichkeiten der Erwerbsarbeit zu bestreiten. Es wird natürlich immer Fälle geben, wo bei der Besetzung eines Arbeitsplatzes nach sozialen Gründen vielleicht eine verheiratete Frau in günstigeren Verhältnissen ihre Stelle für weniger Begünstigte frei machen kann und muß. Aber das wird man immer der Entscheidung des einzelnen Betriebes oder Betriebsrates überlassen müssen. Eine allgemeine Regelung würde aber, und das ist eines der wichtigsten Argumente, die Mehrzahl der Fälle gar nicht treffen, denn von den erwerbstätigen Ehefrauen arbeitet die übergroße Zahl als „mithelfende Familienangehörige" vor allem in der Landwirtschaft, wie die Bauersfrau, im Handwerk, wie die Fleischersfrau, und niemand wird deren Ausschaltung zu Gunsten eines Angestellten fördern oder erreichen.

Es ist widersinnig in einem Moment, wo man alle Frauen bis zu 50 Jahren, auch diejenigen, die gar nicht für eine außerhäusliche Erwerbsarbeit in Betracht kommen, zur Meldepflicht bei den Arbeitsämtern zwingt, ihnen also Pflichten auferlegt, gleichzeitig ihre Rechte in Frage zu stellen. Im übrigen wäre hier vielleicht eher ein anderer Arbeitswechsel am Platz: für die schweren Enttrümmerungsarbeiten sind Männer weit geeigneter, für deren Büroarbeiten vielleicht Frauen angelernt werden könnten.

Es war nach dem ersten Weltkrieg soweit gekommen, daß zahlreiche Menschen darauf verzichteten, ihre Lebensgemeinschaft durch das Standesamt zu legitimieren, damit sie dadurch in ihrem Einkommen nicht geschädigt würden. Solche Tendenzen dürfen sich nicht wiederholen. Die Entwicklung hat sie von selbst überholt, indem sie immer mehr Frauen unfreiwillig zu Familienernährerinnen machte. *Susanne S.*

Quelle: Frauenwelt. 12/13/1947 (2). S. 8

Q 255 Entlassung von „Doppelverdienerinnen" nicht ungerecht

Man liest jetzt wieder so viel vom Begriff „Doppelverdiener" und erklärt in Frauenkreisen, daß er endgültig schwinden müsse, daß jede Frau ein unangetastetes Recht auf Arbeit habe. Ich bin weit davon entfernt, das zu bestreiten, im Gegenteil, ich finde diese Einstellung durchaus richtig für Zeiten, in denen genug Arbeit vorhanden ist. Wie aber wird es, wenn wieder einmal eine allgemeine Arbeitslosigkeit eintreten sollte? Ich selbst war 1931 mit meiner Berufsausbildung fertig und mußte dann Jahre hindurch stempeln gehen. Auch mein Vater saß ohne Arbeit zu Hause. Wir waren oft der Verzweiflung nahe, und das Gefühl der Bitterkeit wurde dann besonders stark, wenn wir Familien sahen, in denen Vater, Mutter und Tochter noch eine Stellung hatten – nicht auf Grund besonderer Tüchtigkeit, sondern einfach deshalb, weil sie in einem Unternehmen saßen, das den damaligen wirtschaftlichen Schwankungen nicht so ausgesetzt war.

Ich vertrete den Standpunkt, daß bei Arbeitsverknappung die Arbeitsplätze gerecht verteilt werden müssen. Wenn eine Frau einen Mann hat, der verdient, sollte sie ruhig ihre Stellung zugunsten eines arbeitslosen Familienvaters aufgeben müssen. Das bedeutet keineswegs eine Zurücksetzung der Frauen. Höher als unser Recht muß uns in diesem Falle auch das Wohl der Kinder stehen, die von der Arbeitslosigkeit ihrer Familien besonders betroffen werden.   *Franziska B.*

Quelle: Die Frau von heute. 15/1947 (2). S. 18

Q 256 Was ist Ihre Meinung?

Die Entlassung der verheirateten Lehrerinnen aus dem Schuldienst hat eine heftige Polemik ausgelöst. Das Kultusministerium betont, daß nur die verheirateten Lehrerinnen entlassen würden, die *nicht* die Ernährer einer Familie seien und die nur für eine begrenzte Zeit wieder eingestellt worden waren. Die Frauenverbände sehen darin eine prinzipielle Mißachtung der weiblichen Gleichberechtigung und eine ungerechte Härte. Im Verlauf der Auseinandersetzungen wurden auch andere Vorschläge für eine Verbesserung des Schulwesens gemacht. Unter anderem soll als äußerste Klassenstärke eine Schülerzahl von 35–40 festgesetzt werden.

Wir bitten nun unsere Leserschaft, uns ganz kurz – Postkarte genügt – Ihre Stellungnahme zu folgenden Fragen bekannt zugeben:

a) Halten Sie die Entlassung der verheirateten Lehrerinnen unter den oben angeführten Voraussetzungen und Umständen für berechtigt?

b) Halten Sie die an sich wünschenswerte Klassenstärke von 35–40 Schülern für vordringlich durchzuführen angesichts der augenblicklichen Finanzlage des Staates?

Quelle: Frauenwelt. 11/12/1948 (3). S. 32

Q 257 Soll verheirateten Ärztinnen die Kassenpraxis entzogen werden?

> **Der bayerische Ärztinnenbund hat gegen die verfassungswidrige Änderung der Zulassungsordnung, nach der verheirateten Ärztinnen die Kassenpraxis verweigert werden soll, protestiert.**

Quelle: Die Welt der Frau. 6/1948 (2). S. 27

Q 258 Keine Richterinnen mehr?

Es war bekanntlich der republikanische Reichstag, der endlich den Frauen das Recht gab, die zweite juristische Prüfung zu machen und damit auch zum Richteramt zugelassen zu werden. Die nationalsozialistische Regierung entfernte ab 1933 schleunigst alle Frauen aus dem Richteramt und sperrte ihnen in der Folge den weiteren Zugang zum Richteramt grundsätzlich. Jetzt holen Parteivertreter – auch solche, die sich für mehr als „demokratisch" halten – diesen alten nationalsozialistischen Ladenhüter wieder hervor, einerlei, ob die betreffende Frau sämtliche vom zuständigen Minister in der Öffentlichkeit vertretenen Voraussetzungen weit mehr als erfüllt.

Wir warten darauf, wann und von wem die geliebte alte Parole „die Frau gehört ins Haus" zuerst wieder als programmatische Parteiforderung aufgestellt werden wird. Und wir warten weiter darauf, ob und wieviele Frauen dann politisch wieder genau so urteilslos und kurzsichtig sein werden, solche Parteien zu wählen, wie sie ehedem den nationalsozialistischen „Führern" gefolgt sind, für die sie ihre Männer im Felde opfern und sich Haus und Hof in Trümmer legen lassen durften.

„Nur die größten Kälber wählen sich ihre Metzger selber."   *Dr. Marie-Elisabeth Lüders*
Quelle: Der Silberstreifen. 2/1946 (1). S. 6f.

Q 259   Richtlinien der Stadtverwaltung Duisburg zur Einsparung von Personal nach der Währungsreform

... Weibliche Arbeitskräfte, die früher in einem anderen Berufe tätig waren (z. B. als Hausgehilfinnen, Kinderpflegerinnen, Verkäuferinnen usw.) und die während der letzten Jahre die Tätigkeit einer Büroangestellten erledigt haben, müssen wieder in ihren alten Beruf zurückkehren, wenn man ihnen das unter Berücksichtigung ihres Gesundheitszustandes, ihres Lebensalters und ihrer sonstigen persönlichen Verhältnisse billigerweise zumuten kann. Diese Arbeitskräfte werden sicher vom Arbeitsamt den Personen vorgezogen werden, die sich erst jetzt darauf besinnen, daß es zweckmäßig ist, sich wieder einer Arbeit (z. B. im Haushalt) zuzuwenden. ...

... Grundsätzlich sollen Männer und Frauen im Arbeitsprozeß gleichberechtigt sein. Es muß aber dafür gesorgt werden, daß sofort alle verheirateten weiblichen Arbeitskräfte, deren Ehemänner in einem festen Arbeitsverhältnis stehen, ihren Arbeitsplatz freimachen, damit soziale und wirtschaftliche Härten für andere Arbeitskräfte vermieden werden. Selbstverständlich wird es Ausnahmen geben, z. B. bei bestimmten Berufen, für die heute noch ein sehr großer Mangel an Arbeitskräften vorhanden ist und für die eine besondere Berufsausbildung notwendig ist. Z. B. kann eine verheiratete Röntgenassistentin nicht deshalb entlassen werden, weil ihr Ehemann in einem festen Beschäftigungsverhältnis ist, denn für diese Tätigkeit ist eine besondere Berufsausbildung erforderlich. Im Einzelfall kann es vorkommen, daß auch die Entlassung von Männern als Doppelverdiener sozial und wirtschaftlich zu vertreten ist, wenn die Ehefrau in einem festen Arbeitsverhältnis ist. Hier muß von Fall zu Fall entschieden werden. ...

Quelle: Anlage zu Punkt „Außerhalb der Tagesordnung" der Sitzung des Personalausschusses der Stadt Duisburg am 20. Juli 1948 im Rathaus zu Duisburg. 100 A/7. STA-DU

Q 260   Frauen 'raus!

Im Bezirk des Gewerbeaufsichtsamtes Dortmund ist ausgesprochene Frauenarbeit nur im verhältnismäßig geringen Umfange vertreten. Die hier vorherrschende Eisenindustrie verfügt zwangsläufig nur über wenig geeignete Arbeiten für weibliche Personen. So kommt es, daß letztere verschiedentlich auch an Arbeitsplätzen angetroffen werden, die mit Rücksicht auf die besondere Schutzbedürftigkeit der berufstätigen Frau als unerwünscht und für weibliche Arbeitnehmer weniger geeignet angesehen werden müssen. Bei der großen Zahl weiblicher Arbeitsloser, denen nur ein geringer Bruchteil von Arbeitsangeboten gegenübersteht, wollen die Arbeiterinnen ihre im Kriegseinsatz eingenommenen Arbeitsplätze mit den verhältnismäßig hohen Lohnsätzen natürlich behalten und sträuben sich nachdrücklich dagegen, daß die Stellen mit männlichen Arbeitskräften besetzt werden sollen. Verschiedentlich wird von den Frauen der Vorwurf erhoben, daß sie ja während der

Kriegsjahre mit den schweren Bombenangriffen, sowie trotz der jahrelangen Unterernährung diese Arbeit verrichten mußten. Es sei daher unverständlich, daß sie jetzt den Arbeitsplatz verlieren sollen. Soweit es sich um Frauen mit besonders schwierigen wirtschaftlichen Verhältnissen handelt, kann eine gewisse Berechtigung der Einwendungen nicht bestritten werden. In diesem Zusammenhang sei noch bemerkt, daß die Dortmunder Stadtwerke (Abtl. Verkehrsbetriebe) vor einigen Wochen die Schaffnerinnen in den Straßenbahnen durch Männer ersetzen wollten, obwohl die Schaffnerinnen sich bisher durchaus bewährt hatten. Als Vorwand diente die angeblich hohe Krankenziffer, durch welche die Stadtwerke kein Interesse an der Frauenarbeit haben. Es darf jedoch nicht verkannt werden, daß zweifellos die jahrelange Unterernährung sich auch ungünstig auf den Gesundheitszustand der Frauen ausgewirkt hat. Mit den besseren Ernährungsverhältnissen dürften allmählich auch die Krankenziffern wieder sinken. Den Bemühungen des Arbeitsamtes ist es gelungen, die beabsichtigten Entlassungen lediglich darauf zu beschränken, daß bei freiwilligem Ausscheiden von Schaffnerinnen Männer eingestellt werden.

Quelle: Schreiben des Gewerbeaufsichtsamts Dortmund an den Arbeitsminister des Landes NRW vom 31. 12. 1949. NW 37 Nr. 647 Band I. HSTA

Q 261 Die Schaffnerinnen als erotische „Unruheelemente"

Sowohl die Straßenbahnen in Essen als auch die Straßenbahnen in Mülheim wollen freiwerdende Arbeitsplätze nur noch mit Männern besetzen. Als hauptsächlicher Grund hierfür wird angegeben, daß der Arbeitsausfall bei den Frauen viel größer sei als bei den Männern. Die Essener Straßenbahn behauptet beispielsweise, daß sie wegen des häufigen Fehlens der Frauen für die Arbeitsleistung von 100 Männern 140 Frauen gebrauche. Auch wurde von beiden Betrieben – allerdings nur ganz am Rande – bemerkt, daß die Schaffnerinnen ein Unruheelement in der Belegschaft wären. Fahrer und Schaffnerin seien sehr stark aufeinander angewiesen, wodurch eine gewisse Vertraulichkeit entstehe, die dann leicht infolge der großen Freiheit und Selbständigkeit (Spätdient und gemeinsame Heimwege) in ein unerlaubtes Fahrwasser geriete.

Quelle: Schreiben des Gewerbeaufsichtsamts Essen an den Arbeitsminister des Landes NRW vom 29. 12. 1949. NW 37 Nr. 647 Band I. HSTA

Q 262 Die Entwicklung der Arbeitslosigkeit in NRW Mai 1947 – Juni 1949

Stichtag	Männer	Frauen	Insgesamt
31. 5. 1947	108 957	53 363	162 320
30. 6. 1947	104 263	49 093	153 356
31. 7. 1947	99 094	44 351	143 445
31. 8. 1947	89 053	35 274	124 327
30. 9. 1947	86 110	34 435	120 545
31. 10. 1947	83 293	32 645	115 938
29. 11. 1947	78 592	30 565	109 157
31. 12. 1947	81 687	32 274	113 961
31. 3. 1948	85 564	31 956	117 520
30. 6. 1948	88 997	33 263	122 260
30. 9. 1948	87 746	**50 913**	138 659
31. 12. 1948	67 423	38 820	106 243
31. 3. 1949	93 604	46 103	139 707
30. 6. 1949	127 642	**55 068**	182 710

Quelle: Zusammenstellung aus den Heften 8/1947 – 7/1949 der Statistischen Mitteilungen des Arbeitsministeriums Nordrhein-Westfalen. Hrsg. von der Hauptabteilung II Landesarbeitsamt. NW 45 Nr. 204–206. HSTA

Q 263 Sorge ums tägliche Brot

Auf der Abteilung für weibliche Stellenvermittlung beim Arbeitsamt Eßlingen (Württemberg) versuchen Frauen aller Altersstufen und Schichten täglich, irgendeine Arbeit vermittelt zu bekommen.

Die verantwortliche Beamtin berichtet, daß die Zahl der arbeitssuchenden Frauen seit der Währungsreform unaufhörlich steigt. Der größte Teil der Frauen steht heute vor dem Nichts. Viele haben Kinder, alte Eltern oder einen kriegsversehrten Mann zu versorgen und sind bereit, jede Arbeit anzunehmen. Aber gerade für diese alleinigen Ernährer einer Familie ist die Stellenvermittlung so gut wie aussichtslos, zumal die Unternehmer bei dem Überhang an Arbeitskräften nur vielseitig verwendbare, unabhängige und billigere Arbeitskräfte einstellen.

In wachsendem Maße melden sich außerdem Frauen, die bei dem durch Lohndruck und der steigenden Teuerung kärglichen Verdienst des Mannes mitverdienen müssen. Bei der abwartenden Haltung der verschiedensten Firmen ist es trotz aller Mühe nur selten möglich, in schlimmsten Notfällen einen geeigneten Arbeitsplatz zu vermitteln. Manche Unternehmer stellen für leichtere Arbeit Kriegsversehrte ein, oder aber sie nehmen mit der Begründung keine Neueinstellungen vor, weil sie Kriegsgefangene zurückerwarten. Mehr und mehr gehen die Arbeitgeber auch zur Anstellung von Studenten über.

Zu der trostlosen Lage der weiblichen Arbeitsuchenden einige Eßlinger Frauenstimmen:

Frau M., 32 Jahre:
Wir sind eine fünfköpfige Familie. Ich habe drei Kinder im Alter von 9, 6 und 1½ Jahren. Mein Mann bringt wöchentlich 40 Mark nach Hause, das reicht bei diesen hohen Preisen nirgends hin. Wir hatten kleine Ersparnisse, so konnten wir vor der Währungsreform monatlich etwas dazu geben. Dies ist heute vorbei, weil unsere Ersparnisse durch die Geldentwertung weg sind. Ich habe mich nach Arbeit umgesehen. Ich möchte Heimarbeit, weil ich nicht von den Kindern weggehen kann.

Frl. K., 54 Jahre:
Vor der Währungsreform habe ich für Privathaushalte genäht. Meine Ersparnisse sind durch die Geldentwertung draufgegangen. Die Frauen müssen jetzt alle sparen, weil das Leben soviel teurer geworden ist, niemand läßt mehr nähen. Seit zwei Wochen bin ich ohne jede Beschäftigung. Wenn ich weiterleben will, muß ich irgendeine Arbeit annehmen. Bloß hat das Arbeitsamt keinerlei Arbeit zu vermitteln.

Frau A., 23 Jahre:
Vor der Währungsreform habe ich als Bedienung gearbeitet, wurde jetzt gekündigt. Neue Arbeit kann man so schwer finden. Meine wenigen Ersparnisse nahm mir die Geldentwertung. Nun liege ich meiner Mutter zur Last, das bedrückt mich sehr. Ich würde jede Arbeit annehmen.

Frau Str., 56 Jahre:
Ich bin alleinstehend und kam als Flüchtling im April nach Eßlingen. Bis zur Währungsreform erhielt ich 30 Mark Wohlfahrtsunterstützung. Außerdem verdiente ich zusätzlich durch Strickarbeit für die „Bunte Wollstube". Augenblicklich vergibt sie keine Heimarbeit. Ich lebe mit meiner Schwester zusammen. Sie ist Schneiderin, zahlt die ganze Miete, aber mehr kann sie nicht für mich tun. Ich komme täglich zum Arbeitsamt und suche irgendeine Arbeit. Bis jetzt ohne Erfolg.

Quelle: Die Frau von heute. 2/1949 (4). S. 2

Q 264 Setzt sich die Tüchtige durch? – Die heutige Beschäftigungslage der Frau

Die Zahl der Mädchen und Frauen, die in ernste Existenzschwierigkeiten geraten, wächst. Dreißig Prozent der Arbeitslosen in Nordwürttemberg-Nordbaden sind Frauen. Im Mai 1948 standen für 6000 weibliche Arbeitsuchende 30 000 offene Stellen zur Verfügung; nach der Währungsreform im August 1948 gab es 8000 Stellen für 13 000 Arbeitsuchende. Heute sind für 16 000 Arbeitsuchende lediglich 5500 Stellen vorhanden. Diese Zahlen – wie auch die folgenden Ausführungen – beziehen sich, wie soeben erwähnt, auf Nordwürttemberg-Nordbaden. In anderen Ländern und Zonen werden die Verhältnisse vielleicht etwas günstiger zum Teil aber auch ungünstiger liegen. Aus dem Rheinland wird zum Beispiel berichtet, daß der Prozentsatz der arbeitslosen Frauen größer ist als der der Männer. Das eine muß jedoch zur Zeit überall festgestellt werden: Die Zahl der Arbeitsuchenden wächst, die der offenen Stellen geht zurück; die Absatzstockung zwingt viele Betriebe zu Entlassungen.

Die am schwersten Betroffenen

Entlassen werden heute vorwiegend Angestellte aller Berufsgruppen, für die sich jedoch immer noch anderweitig beschränkte Unterkommensmöglichkeit findet. Nach wie vor ist es *die ältere Frau* und die *Kriegerwitwe* aus allen Gesellschaftskreisen, die früher nie im Erwerbsleben stand, für die sich heute nur schwer ein Arbeitsplatz findet. Vor einiger Zeit noch war es möglich, sie als Hilfsarbeiterin in der Industrie, für Aushilfarbeiten im Büro oder für stundenweise Hilfe im Haushalt unterzubringen. Heute werden Hilfskräfte in der Industrie am ehesten entlassen; auch die Zugeh-, Putz- und sonstigen Aushilfsstellen im Haushalt sind erheblich zurückgegangen. Viele Hausfrauen können sich eine Hilfe nicht mehr leisten. Mit Heimarbeit, die durch Arbeitsämter, durch caritative und andere Organisationen vermittelt wird, können nur wenige, und zwar nur außerordentlich flinke Frauen ein notdürftiges Leben fristen. Ähnlich ist es mit den mancherlei Selbsthilfeaktionen, die in letzter Zeit in vielen Städten von verschiedenen Verbänden aus eingeleitet wurden: sie sind für einige eine kleine Hilfe, – Vertreterinnen der Arbeitsverwaltung Stuttgart haben vor einiger Zeit mit dem Versuch begonnen, Betriebe für halbtägige Beschäftigung für solche Frauen zu gewinnen, die Kinder oder sonstige Angehörige zu versorgen haben. Damals waren manche Betriebsführer nicht abgeneigt; heute, da sie um die Erhaltung ihrer Existenz kämpfen, zögern sie. Die Hauptfürsorgestellen Stuttgart und Karlsruhe haben – um diesen Frauen zu helfen – sich bereit erklärt, auf die Hälfte der Ablösung zu verzichten, die für einen nicht besetzten Schwerbeschädigtenplatz zu bezahlen wäre, wenn eine Kriegerwitwe eingestellt wird. Dies soll den Betrieben den Entschluß zur Aufnahme und Anlernung von solchen Frauen erleichtern, die bisher nie erwerbstätig waren. Doch auch durch diese Verfügung, der nur zögernd Folge geleistet wird, wird nur wenigen geholfen.

Die Frauenorganisationen sollten es sich zur Aufgabe machen, sich um diese älteren Frauen und um die Kriegerwitwen besonders zu kümmern, – sie sollten aber vor allem in dem Bemühen nicht nachlassen, in Zusammenarbeit mit andern Organisationen, für diese Frauen eine bessere Rentenversorgung zu erreichen.

Warum nicht hauswirtschaftliche Lehre

Junge Mädchen, vorwiegend Schulentlassene, gehören zu einer weiteren größeren Gruppe von Arbeitsuchenden. Für viele ist es nicht mehr möglich, vor Ergreifung eines Berufs einige Jahre zu Hause zu bleiben. Lehrstellen im Handwerk, im Verkauf oder im kaufmännischen Betrieb sind knapp: etwa ein Viertel der Nachfragenden kann eine bekommen. Auf eine weitere schulische Ausbildung für einen sozialen, pflegerischen oder geistigen Beruf oder auf ein Studium, müssen viele aus wirtschaftlichen Gründen verzichten. Viele schrecken der geringen Aussicht wegen, später eine Anstellung zu finden, davor zurück. Es kann sich, was die Möglichkeit des Unterkommens in den sogenannten „höheren" Berufen anbelangt, in einiger Zeit manches ändern.

Bedenklich macht die Arbeitslosigkeit unter den jugendlichen Arbeiterinnen mancher Industriegebiete. Die Mädchen, die Arbeitslosenunterstützung beziehen, zeigen wenig Neigung, diese Zeit mit ungewohnter Arbeit, etwa in der Landwirtschaft oder im Haushalt auszufüllen. Eine Lösung, nicht nur für diese Mädchen selbst, sondern auch für die älteren Arbeitsuchenden, wäre die von vielen Frauen und Frauenverbänden geforderte Förderung der hauswirtschaftlichen Lehre oder eine einjährige hauswirtschaftliche Tätigkeit der Schulentlassenen, gegen die mit der übrigens nicht richtigen Begründung, es handle sich um eine Einrichtung des Dritten Reiches, heute vorwiegend von den linksgerichteten Parteien Stellung genommen wird. Da in Zukunft jung verheiratete

Quelle: Die Welt der Frau. 2/1949 (4). S. 6

Frauen wohl weit stärker als bisher auf Erwerb angewiesen sein werden, wäre es schon aus diesem Grunde notwendig, daß sich die Mädchen möglichst früh theoretische und vor allem auch praktische Kenntnisse in der Hauswirtschaft aneignen. . . .

Q 265   Heimarbeiterinnen in Not

Häufiger und in größerer Zahl denn je kommen heute Frauen in die Betriebe und fragen nach Heimarbeit. Und zwar sind darunter – im Gegensatz zu früher – Frauen aus allen Kreisen und Schichten: Offiziers- und Lehrersfrauen, Frauen von Großgrundbesitzern und Aristokratinnen sind als Heimarbeiterinnen keine Seltenheit mehr. Einen beträchtlichen Teil stellen die Neubürgerinnen. Vorwiegend handelt es sich um Frauen von Gefallenen und Vermißten mit Kindern, unter denen sich – ebenfalls im Gegensatz zu früher – verhältnismäßig viel ältere Frauen befinden, solche, die bisher nie im Erwerbsleben standen und denen diese Arbeit darum besonders schwerfällt. Ein Heer solcher Frauen meldete sich nach der Währungsreform. Dagegen ist die Zahl der beschäftigten Heimarbeiterinnen seit der Geldneuordnung erheblich zurückgegangen.

Die Not der Heimarbeiterinnen ist heute doppelt groß; einmal ist es nur fleißigen, besonders flinken und gewandten Frauen möglich, einen sehr bescheidenen Lebensunterhalt auf diese Weise zu bestreiten. Häufig müssen die Nachtstunden noch herhalten und in vielen Familien kann auf die Hilfe der Kinder nicht verzichtet werden. Dazu kommt seit einiger Zeit die große Schwierigkeit, Arbeit zu bekommen. Viele Betriebe, die Heimarbeit ausgegeben haben, haben ihre Produktion eingestellt oder doch eingeschränkt. Davon sind besonders auch die Heimarbeiterindustrien betroffen, die Ostflüchtlinge mitgebracht und vorwiegend in Süddeutschland aufgebaut haben. Die Hoffnungen auf Exportmöglichkeiten haben bisher nicht erfüllt. Die Aussichten auf größere Beschäf-

tigungsmöglichkeit für Heimarbeiterinnen sind kleiner denn je.

Außer den bisher üblichen Heimarbeitszweigen, wie Anfertigung von Oberkleidung und Wäsche, Miedernähen, Hand- und Maschinenstricken, Häkeln, Sticken, Tapisserie- und Kartonagearbeiten, werden heute noch Klöppelspitzen, Decken, Schmuck- und Bijouteriewaren, Knöpfe und Glasschleifereien in Heimarbeit hergestellt. In den letzten Fällen handelt es sich vielfach um von den Flüchtlingen mitgebrachte Fertigkeiten. Der Verdienst ist gering. Ungeübte müssen froh sein, wenn sie auf wenig über zwanzig Pfennige in der Stunde kommen. Für Filieren und Netzen werden zum Beispiel 30 bis 40 Pfennige im Durchschnitt bezahlt, ungefähr dasselbe für Kartonagearbeiten (Tüten- und Beutelkleben). Mit Klöppelarbeiten, die erstaunliche Fingerfertigkeit erfordern, werden 30 bis 35 Pfennige verdient. Höhere Löhne werden dagegen für Taschentüchersäumen oder in der Bekleidungsindustrie bezahlt, wo allerdings Vorkenntnisse verlangt werden. Kein Wunder, daß mehr Frauen, als man wohl glaubt, längst nicht mehr in der Lage sind, die Lebensmittel zu kaufen, die auf die Karten zu haben sind. Die Rente, sofern ein Anspruch vorhanden ist, ist meist klein, und die Wohlfahrtsunterstützung reicht kaum für das Nötigste. Die Kohlebeschaffung ist für viele Frauen ein Problem.

Ein Besuch bei einigen Heimarbeiterinnen zeigt die Not dieser Frauen: eine achtunddreißigjährige Witwe, die 35 Mark monatlich mit Handschuhhäkeln verdiente, lebte tagelang von trockenem Brot, um dem an einem Leberleiden erkrankten Töchterchen die zur Genesung nötigen Bananen kaufen zu können. Für eine erste Anzahlung für Kohlen hatte sie den ganzen Sommer über gespart. Jetzt ist sie ohne Arbeit. – Eine Sudetendeutsche, Mutter von zehn unterernährten Kindern, setzt mit Hilfe eines kleinen Apparates Metallteile für Strumpfhaltergürtel zusammen. Ein großer Teil der Kinder hilft dabei. Für 288 Stück gibt es 80 Pfennige. Früher wurden auf diese Weise 120 bis 150 Mark monatlich verdient, heute – da nicht genügend Arbeit vorhanden ist – noch 40 Mark. Der Mann bringt als Hilfsarbeiter 100 bis 120 Mark mit nach Hause. – 22 bis 28 Mark monatlich verdient die Mutter eines achtzehnjährigen lungenkranken Sohnes durch Schachtelkleben. Für 1000 Stück, die in vier Stunden gefertigt werden, bekommt sie 2 Mark. Früher, als der Sohn noch mithelfen konnte und es noch mehr Arbeit gab, kam sie auf 70 bis 90 Mark monatlich. . . .

Quelle: Die Welt der Frau. 6/1949 (4). S. 32 f.

Q 266   Verheiratete Studentinnen – „Pathologisch asozial"?

Immer wieder lese ich von Frauenverbänden, in denen fortschrittliche Frauen tatkräftig an der Gestaltung der Zukunft mitarbeiten. Was aber kann man bei aller Fortschrittlichkeit gegen die Rückständigkeit ausrichten, in der so viele Männer befangen sind, die wichtige Stellungen innehaben? Ich kann beim besten Willen nicht über das folgende Erlebnis hinwegkommen:

Ich heiratete mit einundzwanzig Jahren einen Jugendfreund. Wir ergänzten uns ausgezeichnet und hatten das gleiche Ziel: durch die jahrelange Krankheit meines Mannes befaßten wir uns eingehend mit den Problemen von Krankheit und Gesundheit, drangen tiefer in das Gebiet ein und beschlossen, Medizin zu studieren. Als die Gesundheit meines Mannes sich gebessert hatte und ich der unmittelbaren Aufgabe der Pflege enthoben war, bereitete ich mich auf das Abitur vor. Unter den mißlichsten Bedingungen, schwierigen materiellen Verhältnissen und schwerer seelischer Belastung erlangte ich die Voraussetzung zum Beginn des Studiums.

Nach all den Mühen und Opfern erhielt ich dann aber mein Gesuch um Zulassung zum Studium mit ablehnendem Bescheid zurück. Auf persönliche Vorstellung hin wurde von den maßgebenden Herren mitgeteilt, daß ich nicht zugelassen werden könne, weil ich verheiratet sei! (Wörtlich: „Eine verheiratete Frau! Wo denken sie hin! Die Presse würde mich steinigen!") Ein anderer nannte mich sogar „pathologisch asozial"! Sie werden sich vorstellen können, daß diese Begründung mich schlechthin erschüttert hat. Gibt mir nicht mein ernstes Interesse am Studium das Recht dazu, und habe ich nicht durch die Begabung, die ich zu haben glaube, die Pflicht zur Bildung? Steht unsere Verfassung nur auf dem Papier? . . .

Quelle: Die Welt der Frau. 7/1948 (2). S. 28

Q 267   Überlegungen zur Reduzierung der Studentinnenzahlen

. . . Der jetzige Stand des Frauenstudiums ist jedem bekannt. Die Zahl der studierenden Frauen hat eine fast unnatürliche Höhe erreicht, so daß von allen Seiten, sogar von einem Teil der Akademikerinnen selber, eine Einschränkung des Frauenstudiums gewünscht wird. Besonders wollen natürlich die Männer die Zahl der studierenden Frauen vermindert sehen. Sie sagen, daß es ungerecht ist, wenn so viele Frauen in den überfüllten Hörsälen sitzen und später den männlichen Kollegen das Brot wegnehmen, wenn diese Frauen doch zum größten Teil heiraten und Kinder bekommen. Weiter sagt man einem Teil der studierenden Frauen nach, daß sie nur studierten, um einen Ehemann kennen zu lernen und außerdem, weil das Frauenstudium gerade Mode sei.

Gewiß mag dies zum Teil stimmen. Doch wird niemand bestreiten können, daß die Frau ebenso intelligent ist wie der Mann.

Jeder wird auch einsehen, daß es Rechtsanwältinnen, Ärztinnen, Studienrätinnen und andere weibliche Akademiker geben muß.

Aber dennoch geht es nicht, daß die Zahl der studierenden Frauen so hoch ist, daß die eben erwähnten Mißstände ganz besonders kraß zutage treten. Wir Frauen müssen uns darüber klar sein, daß trotz der scheinbaren Gleichberechtigung die Gesetze fast ausnahmslos von Männern gemacht und die Staaten fast alle von ihnen regiert werden. Es ist, wenn die Mißstände beim Frauenstudium zu groß werden, gar nicht ausgeschlossen, daß eine Reaktion auftritt und Gesetze geschaffen werden, welche die Frauen wieder in die dunkelste Unwissenheit und Sklaverei stürzen. Die Akademikerinnen müssen darum selber bestrebt sein, daß eine Auslese getroffen wird und die Zahl der weiblichen Studierenden in einer vernünftigen Grenze gehalten wird.

Viele Vorschläge wurden schon gemacht, um das Frauenstudium einzuschränken. So dachte man an eine Universität, speziell für Frauen, mit nur weiblichen Assistenten und Professoren. Man prophezeite, daß dann mit einem Schlag das Interesse der Frauen am Studium erlöschen und die Zahl der Studentinnen erheblich zurückgehen würde, weil damit die Heiratsaussichten und unterhaltsamen Amüsements innerhalb der Hochschule nicht mehr bestünden. An und für sich wäre der Vorschlag schon zu erwägen, wenn er nicht gerade die wirklich wissensdurstigen Frauen benachteiligen müßte. . . .

Prinzipiell müßte angeordnet werden, daß jede Frau nach 10jähriger Schulzeit (dem ehemaligen „Einjährigen" entsprechend), also mit 16 oder 17 Jahren, die Schule zu verlassen hat. Erst mit 22 Jahren dürfte die Oberschule besucht und anschließend das Abitur gemacht werden. Mit einem Schlag würden damit die Töchter, die heute gewohnheitsgemäß das Abitur machen, gezwungen werden, etwas anderes anzufangen, ihre weiblichen Fähigkeiten auszubilden und ihre Heiratspläne außerhalb der Universität zu verlegen. Einer Frau, die nicht echtes Interesse am Studium hat, fällt es nicht ein, mit 22 Jahren das Abitur nachzumachen. Außerdem ist bis dahin schon ein Teil von ihnen unter der Haube. Eine wissensdurstige Frau aber wird diese Zeit überstehen, sie wird auch Verständnis für diese Wartezeit haben, wenn sie weiß, daß sie damit dazu beiträgt, das Frauenstudium nicht zur Modetorheit oder zum Heiratsmarkt herabwürdigen zu lassen. Gerade in der Überwindung der Schwierigkeit, nach langer Schulpause das Abitur nachzumachen, liegt der absolute Beweis für das Interesse am Studium. Alle die Vorgängerinnen der Frauenbewegung, alle die Studentinnen um 1900 und später mußten ja fast ausnahmslos diesen Weg beschreiten, weil sie gar nicht von Hause aus die Erlaubnis bekamen, sich zu einer normalen Zeit die Universitätsreife zu holen. Auch viele Männer haben diesen Weg beschritten. Natürlich müßte jedem Menschen, der minderbemittelt ist, eine finanzielle Unterstützung, ein Stipendium, gewährt werden, wenn er sein Interesse am Studium dadurch zum Ausdruck bringt, daß er zu dem schweren Weg – das Abitur nachzumachen – bereit ist.

Mit der Durchführung meines Vorschlages würde jeder Gesellschaftsklasse Gerechtigkeit widerfahren, soweit es sich um das Frauenstudium handelt.   *Dr. Käthe Wendel*

Quelle: Frauenstudium auf neuen Wegen. In: Frauenwelt. 1/1949 (4). S. 12

Q 268   Leserinnenbriefe zur Diskussion um das Frauenstudium

Eine unbedingte Gegnerin dieses Vorschlages von Frau Dr. Wendel ist Frau Dr. Ilse D. „Was wir erstreben, ist die vollständige Gleichberechtigung der Frau auf allen Gebieten, vor allen Dingen in rechtlicher Beziehung. Wir würden aber das bisher Erreichte selbst zerschlagen, wenn wir die Vorschläge von Frau Dr. Wendel nur ernstlich erwägen wollten. . . . Eine unmögliche Benachteiligung. Ich halte es nach eigenen Erfahrungen für besser, es bei der bisherigen Übung zu belassen. Es schadet durchaus nichts, wenn zahlreiche junge Mädchen studieren, denn eine ganze Reihe wird weggeheiratet werden. Aber wer weiß vorher, ob eine Ehe nun wirklich das ersehnte Glück bringt. Ein Studium gibt der Frau immer Rückhalt. – Das Recht zum Studium wird man uns niemals nehmen können und für eine gewisse Auslese sorgen jetzt schon die erfreulich hohen Anforderungen, die das Abitur stellt. – Sollen wir Frauen, die im Leben etwas erreicht haben, die Hand bieten, daß unsere jungen Nachfolgerinnen es noch schwerer haben als wir? Daß sie noch mehr eingeengt sein sollen, als wir es schon ohnehin sind? Dazu kann keine verantwortungsbewußte Frau ihre Hand bieten."

„Den Gedanken von Frau Dr. Wendel, Frauen erst nach einer Zwischenschaltung von mehreren Jahren praktischer Arbeit zur Universität zuzulassen, muß ich aus einem Gesichtspunkt bejahen. Ich habe an mir selbst, die ich 6½ Jahre warten mußte, bis sich mein Wunsch durchführen ließ, erlebt, daß man mit 24 Jahren durch das Mehr an Lebenserfahrung mit ganz anderem Blick für das Wesentliche an das Studium herangeht als frisch von der Schulbank weg. Dabei möchte ich 24 Jahre trotzdem als etwas zu hoch gegriffen bezeichnen. Nicht einig aber gehe ich mit der Schreiberin in dem Vorschlag, diese Pause in der geistigen Ausbildung zwei Jahre vor das Abitur zu verlegen. Die Oberschulzeit würde in diesem Falle ein intensives schulmäßiges Arbeiten bedingen, das unwillkürlich auf die daran anschließende Universitätsausbildung übertragen würde. Damit aber wäre ein Vorteil, den die Unterbrechung mit sich bringt, verscherzt. Die Frau neigt viel mehr als der Mann zum schulmäßigen Arbeiten, da sie seine Gedankenweite im Allgemeinen nicht besitzt und damit für das Selbststudium nicht so prädestiniert ist. Eine zeitlange Lösung vom Schulbetrieb, während der in den Musestunden schon eine Beschäftigung mit dem sie besonders Interessierenden erfolgt, würde einer Frau das Wesen des Studiums viel näher bringen."

Quelle: Neue Ziele – nicht nur neue Wege. In: Frauenwelt. 4/1949 (4). S. 12 f.

Q 269   Berufsausbildung der Jugend, Umschulung von Arbeitskräften

Der Mangel an passenden Schulungs- und Ausbildungseinrichtungen wurde durch heimkehrende Kriegsteilnehmer, Flüchtlinge, Kriegsbeschädigte, die entweder eine frühere Lehre beenden oder sich für einen neuen Beruf ausbilden wollten, verschärft. Dies galt auch für viele junge Frauen. Die Einrichtung von Spezialbetrieben für Zwecke der Berufsausbildung wurde gefördert. Oft meldeten sich 4 Bewerber für eine freie Ausbildungsstelle, während andere Orte offene Stellen meldeten, die wegen örtlichen Mangels an Bewerbern freiblieben. Um das Wohnungsproblem zu lösen, wurden Lehrlingsheime errichtet. In einigen Ländern wurde ein neuntes Schuljahr an der Volksschule angeordnet, um diejenigen Jugendlichen aufzufangen, die nach der Schulentlassung keine Lehrstelle finden konnten. Es wurden besondere Jugendorganisationen gebildet (so z. B. das Bayerische Jugendwerk), wo die Jugendlichen gemeinnützige Arbeiten verrichten konnten, um daraufhin eine bevorzugte Lehrstellenvermittlung zu erhalten. An einigen Orten wurden Jugendliche aufgefordert, ein freiwilliges Arbeitsjahr zu leisten. Die Sow. Z. plante eine völlige gesetzliche Neuregelung der Berufsausbildung; auch in der Bizone wurde ein Plan für die Berufsausbildung der Jugend entworfen. Die Berufsausbildung selbst war im allgemeinen auf dem Einheitslehrvertrag aufgebaut. Die praktische Ausbildung wurde durch Lehrgänge an den Berufsschulen in theoretischem Unterricht ergänzt, der in einer Abschlußprüfung endete, die von den Industrie- und Handelskammern bzw. Handwerkskammern abgenommen wurde.

Während gewisse Berufsgruppen (Angestellte, Bürokräfte) eine große Anzahl Arbeitsloser aufwiesen, die wenig Aussicht hatten, jemals wieder in ihre alten Stellungen zurückzukommen, bestand ein großer Mangel an Facharbeitern im wichtigen Wiederaufbaugewerbe, besonders im Bergbau und Baugewerbe. Um diesem Übelstand abzuhelfen, wurde unter Mitwirkung der Organisation der Wirtschaft, der Gewerkschaften und der Betriebe ein besonderes Umschulungsprogramm geplant. Parallel mit dieser Planung bemühte man

sich, Fachkräfte in solche Tätigkeit zu bringen, die ihrer Ausbildung entsprach, und sie aus Leichtarbeitsplätzen zu entfernen, um so Raum für erhöhte Frauenarbeit zu bekommen.
Quelle: Deutschland-Jahrbuch 1949. Hrsg. von Klaus Mehnert und Heinrich Schulte. Essen o. J. S. 244

Q 270
Quelle: Bestand NW 45–6. HSTA

Der Arbeitsminister   Rundverfügung Nr.115/49(IIg 9/49)
des Landes Nordrhein-Westfalen   Düsseldorf, den 2. März 1949
Hauptabteilung Landesarbeitsamt
Der Präsident

LAA IIg 4 - 6410

An die
Herren Vorsitzenden
der Arbeitsämter

Betrifft: Ausweitung der Berufsmöglichkeiten für den weiblichen Nachwuchs.
Vorgang : Rdvfg. Nr. 154/47 (IIc 29/47) vom 4.8.1947 -G.Z. IIg 6410 -

     Die Mehrzahl der statistischen Monatsberichte der Berufsbera-
tung für Januar 1949 lässt erkennen, dass das Angebot an Ausbildungsstel-
len für männliche Jugendliche zu Ostern 1949 die Anzahl der männlichen
Bewerber übersteigt, während die zu diesem Termin gemeldeten Ausbildungsmöglichkeiten für weibliche Nachwuchskräfte bei weitem hinter der Anzahl
der ausbildungswilligen Mädchen zurückbleiben. In Anbetracht dieses Tat-
bestandes und der unumgänglichen Notwendigkeit einer gegenwärtigen und
zukünftigen Erweiterung der Berufsmöglichkeit der Frau weise ich nochmals nachdrücklichst darauf hin, dass männliche und weibliche Berufsberatung in enger Zusammenarbeit und unter Hinzuziehung der örtlichen Be-
rufsvertretungen und antragstellenden Ausbilder in verantwortungsbewus-
ter Weise prüfen, welche Lehr- und Anlernstellen in Landwirtschaft, Handwerk, Industrie, Handel, Verwaltung und Verkehr, die bisher für männliche
Jugendliche vorgesehen waren, von weiblichen Nachwuchskräften eingenommen werden können.

     Auch ist es zweckmässig, von dem Gesichtspunkt des Arbeits-
schutzes aus über die Ausbildungs- und Arbeitsmöglichkeiten für weibliche Jugendliche mit den Gewerbeaufsichtsämtern zu beraten.

     Über die im Rahmen dieser Bemühungen gesammelten Erfahrungen
und auftretenden Schwierigkeiten bitte ich mich zu unterrichten.

Q 271 „Frauenselbsthilfe" – ein Versuch der Arbeitsbeschaffung für bisher nicht erwerbstätige Frauen

Der Arbeitsmarkt der weiblichen Arbeitskräfte erhält zur Zeit sein besonderes Gepräge durch die große Zahl arbeitsuchender Frauen, die unter der Reichsmarkwährung von Ersparnissen, Renten oder Einkommensüberschüssen von Angehörigen gelebt haben, seit der Währungsreform jedoch verarmt und auf Erwerbsarbeit angewiesen sind. Zahlreiche Kriegerwitwen, Frauen von Vermißten, Gefangenen und Invaliden sowie Flüchtlinge befinden sich unter den neuen Arbeitsuchenden, ferner Empfängerinnen kleiner Renten, Frauen von Arbeitslosen und Geringverdienenden sowie Fachschülerinnen und Studentinnen, die ohne eigenen Erwerb ihre Ausbildung nicht fortsetzen könnten.
Wegen mangelnder beruflicher Ausbildung oder Übung, aus gesundheitlichen Rücksichten oder infolge von Sorgepflich-

ten gegenüber Angehörigen kommen sehr viele dieser Währungsgeschädigten für die üblichen Arbeitnehmertätigkeiten in Betrieben, Dienststellen und selbst Haushaltungen nicht in Betracht. Da auch Heimarbeit, die besonders krisenempfindlich ist, zur Zeit nur in geringem Umfange vergeben wird, stehen die Arbeitsämter dem Strom bisher nicht erwerbstätiger arbeitsuchender Frauen gegenüber vor einer schwierigen Aufgabe.

In dieser Lage hat das Landesarbeitsamt Hessen mit der „Frauenselbsthilfe" einen Versuch der Arbeitsbeschaffung unternommen, der über Hessen hinaus Interesse gefunden hat, so daß ein kurzer Bericht über seine Durchführung und die bisher mit ihr gemachten Erfahrungen gerechtfertigt erscheint.

Ausgehend von den verwertbaren Fähigkeiten der Frauen, die sich, abgesehen von hauswirtschaftlichen Arbeiten im engeren Sinne, in der Regel auf Nähen, Flicken, Stopfen und Stricken beschränken, wurde versucht, den Arbeitsuchenden derartige Arbeiten, die im Zeichen des Bezugscheines und der Textilpunkte und auf lange Sicht aus Gründen der Armut und Teuerung in den privaten Haushaltungen und bei jeder Einzelperson reichlich anfallen, zu erschließen. Durch Plakate, Presse und Rundfunk wurden Hausfrauen und berufstätige Männer und Frauen aufgefordert, ihre reparaturbedürftigen Kleidungsstücke und sonstigen Textilien den in Not befindlichen Frauen zum Ausbessern zu überlassen. Gleichzeitig wurden größeren Betrieben und Dienststellen der Verwaltung mit werbenden Begleitschreiben versehene Listen gesandt oder persönlich überbracht, in die sich Berufstätige eintragen können, die für sich selbst oder für ihre Familien entsprechende Aufträge erteilen wollen. Auf die Möglichkeit der fernmündlichen Übermittlung der Aufträge an das Arbeitsamt, Abteilung „Frauenselbsthilfe", wurde hingewiesen. ...

Der Personenkreis der Auftraggeber setzt sich etwa zur Hälfte aus Hausfrauen und zur Hälfte aus Berufstätigen – überwiegend alleinstehenden oder von ihren Familien getrennt lebenden Männern – zusammen.

Von den 115 Ende Januar 1949 beschäftigten „Helferinnen" der „Frauenselbsthilfe", die größtenteils laufend für mehrere Auftraggeber arbeiten, standen 72 allein. Von den übrigen 43 haben 24 für den Lebensunterhalt der Familie zu sorgen, da die Männer vermißt, in Gefangenschaft, arbeitsunfähig – zum Teil schwerkriegsbeschädigt – oder im Gefängnis (2 Fälle) sind. Der Rest der Frauen ist wegen zu geringen Einkommens der Männer zum Mitverdienen gezwungen. Die Frauen von Vermißten und Gefallenen beziehen vielfach nur die Waisenrente für die Kinder und erarbeiten durch die „Frauenselbsthilfe" den Restbetrag für den Unterhalt der Familie. Einige Frauen konnten, nachdem die Unterbringung der Kinder gelungen war, in gewerbliche Arbeit überführt werden. Eine Anzahl von Frauen mit Kindern wurde durch die Vermittlungsstelle für Stundenfrauen für die Vormittage in einen Haushalt vermittelt, während sie nachmittags und abends zu Hause noch Näh- und Strickarbeiten ausführen. Einer Reihe von Helferinnen wurde bereits ein ausreichender Kundenkreis zugeführt, so daß sie auf die Inanspruchnahme von öffentlicher oder privater Unterstützung verzichten können. Etwa 8–10 Alleinstehende, die infolge Alters oder Krankheit keiner regelmäßigen Arbeit nachgehen können und weder Arbeitslosenfürsorge noch Wohlfahrtsunterstützung in Anspruch nehmen wollen, bestreiten ebenfalls ihren Lebensunterhalt bereits vollständig durch Nähen für die „Frauenselbsthilfe." ...

Gelingt es, die „Frauenselbsthilfe" zu einer Dauereinrichtung zu machen, so kann zahlreichen unverschuldet in Not geratenen Frauen wirksame Hilfe zuteil werden. Zugleich werden die Probleme der Entlastung zu stark beanspruchter Hausfrauen und berufstätiger Frauen sowie der Instandhaltung der Wäsche und Kleidung alleinstehender und von ihren Familien getrennt lebender Männer wenigstens teilweise gelöst. Volkswirtschaftlich und sozialpolitisch betrachtet, dürfte auch die bessere Instandhaltung der immer noch knappen und für breite Schichten der Bevölkerung zu teuren Textilien durch eine Art „Jedermannshilfe" als wertvolles Ergebnis zu buchen sein.

Dr. Erna Hamann

Quelle: Arbeitsblatt 1949 (1). Hrsg. vom Zentralamt für Arbeit, Lemgo. S. 69–71. DIa 51. HSTA

Q 272 Die „Aktion Nordsee" –
Anwerbung deutscher Hausfgehilfinnen für Großbritannien

Seit Juli 1948 wird in der britischen Zone und etwas später auch im britischen Sektor von Berlin unter dem Stichwort „Aktion Nordsee" auf breiter Grundlage eine Werbung deutscher Mädchen für hauswirtschaftliche Arbeiten in England durchgeführt. . . .

Voraussetzungen für die Meldung von Arbeitsbedingungen

Die Freiwilligenmeldung für die hauswirtschaftliche Arbeit in England ist an folgende Bedingungen geknüpft:

Alter 18 bis 35 Jahre (bis zum 10. Mai 1949 betrug das Höchstalter 28 Jahre).

Sechsmonatiger Aufenthalt in der britischen Zone (bis zum 10. Mai 1949 wurde der zweijährige Aufenthalt in der britischen Zone verlangt).

Völlige Gesundheit; der Nachweis wird durch ein arbeitsamtsärztliches Attest erbracht.

Guter Leumund, nachzuweisen durch polizeiliches Führungszeugnis und Empfehlungen von zwei angesehenen Persönlichkeiten.

In den ersten Monaten beschränkte sich die Vermittlung auf hauswirtschaftliche Kräfte für Krankenhäuser, Heime, Anstalten und bäuerliche Haushaltungen. Seit einigen Monaten werden Mädchen auch als Stationshelferinnen in Krankenhäusern beschäftigt. Auch ist inzwischen die Vermittlung in den städtischen Privathaushalt einbezogen worden.

Die Dauer des Aufenthaltes in England ist für zwei Jahre vorgesehen. Bei Bewährung der Hausgehilfin kann der Aufenthalt verlängert werden.

Neben Unterkunft und freier Verpflegung wird ein Wochenlohn von 42 bis 45 Schilling gezahlt. Das sind bei dem heutigen Kurswert (1 Pfund = 13,50 DM) 28 bis 37 DM. Die Kaufkraft des verdienten Geldes läßt sich an den Preisen für Gegenstände des täglichen Bedarfs ermessen. Es kosten z. B. ein Paar Strümpfe 2½ Schilling, ein Paar Schuhe 30 Schilling.

Hauswirtschaftliche Erfahrung wird von den Bewerberinnen nicht verlangt; die Bereitschaft zur Übernahme hauswirtschaftiher Arbeit genügt. Die Stationshelferinnen müssen über einige englische Sprachkenntnisse verfügen. . . .

Die Freiwilligen repräsentieren fast die ganze Breite der Frauenberufe. Da ist die Studentin, die ihr Studium aus wirtschaftlichen Gründen abbrechen mußte, die Abiturientin, die ihre Studienabsichten aufgegeben oder zurückgestellt hat, die Stenotypistin, die ehemalige Schwesternhelferin, die noch keinen befriedigenden beruflichen Anschluß fand. Bei vielen ist das Berufsbild völlig ungeformt. Die bisherige wechselnde Berufsarbeit war allzusehr von äußeren Gegebenheiten und zu wenig von Neigung und Leistungsveranlagung bestimmt. Auch Arbeiterinnen, Hausgehilfinnen und Haustöchter stellen ein beachtliches Kontingent; doch ist die typische Hausgehilfin mit langjähriger Berufspraxis und ausgeprägter Berufsverbundenheit nur selten anzutreffen. Nicht wenige Freiwillige wählen die Auslandstätigkeit bewußt und zielstrebig zur Vervollkommnung der Sprachkenntnisse oder zur allgemeinen Fortbildung. Frauen und Mädchen mit beachtlicher Allgemeinbildung werden Hausgehilfinnen in England.

Die soziale Schichtung ist ein getreues Spiegelbild der heutigen deutschen Verhältnisse, der Erschütterung des sozialen Gefüges und der Senkung des Lebensstandards als Folgen materieller Not. Fast alle sozialen Schichten sind vertreten, Töchter von Arbeitern, Geschäftsleuten, Intellektuellen, Kriegerwitwen und Ostflüchtlinge. Mancher Kriegerwitwe und manchem Flüchtling erscheint die Auslandstätigkeit eine Hilfe in der Auswegslosigkeit ihrer wirtschaftlichen Existenz. . . .

Arbeitsmarktpolitische Beurteilung der Aktion

Es ist selbstverständlich, daß die „Aktion Nordsee" in den Bereich arbeitspolitischer Diskussion gerät. Neben positiver Stellungnahme gibt es auf deutscher Seite verständlicherweise Bedenken und kritische Bemerkungen in den interessierten Kreisen. „Die jungen leistungsfähigen Kräfte, die wir in Deutschland dringend brauchen, gehen ins Ausland, die alten und minderleistungsfähigen Kräfte bleiben hier." Das ist der Nenner, auf den die Bedenken gebracht werden können.

Die hier und da von englischer Seite vertretene Auffassung, man helfe Deutschland durch die Abnahme von Arbeitskräften, für die es in der Heimat doch keine Arbeit gäbe, ist, gelinde gesagt, euphemistisch. Eine Untersuchung ergäbe, daß alle diese Arbeitskräfte in Deutschland nicht nur beschäftigt werden könnten, sondern daß ihre Beschäftigung sogar erwünscht wäre, wenn – und das ist das Entscheidende – sie bereit wären, die gebotenen Arbeitsmöglichkeiten zu nützen, konkret gesagt, wenn ein großer Teil bereit wäre, in deutschen Haushaltungen zu arbeiten.

Die Mehrzahl von ihnen ist aber hierzu nicht bereit. Es ist ja auch nicht die hauswirtschaftliche Arbeit, die England anziehend macht. Sie ist für die meisten das Mittel zu gutem Verdienst, besseren Lebensbedingungen, sprachlicher Fortbildung, Sprungbrett für mehr; sie ist der Weg in die geheimnisvolle Fremde, von der man Auftrieb und Weiterbildung, vielleicht etwas Unbestimmbares, jedenfalls etwas Gutes erwartet. . . .

Quelle: Arbeitsblatt 1949 (1). Hrsg. vom Zentralamt für Arbeit, Lemgo. S. 254–256. DIa 51. HSTA

Q 273   Wo bleiben die Hausangestellten?

Ja, wo bleiben sie? Ich selber bin von Beruf Hausgehilfin, und ich würde auch gern wieder in den Haushalt gehen, wenn die Hausfrauen oder die Familienmitglieder begreifen würden, daß wir auch Menschen sind, die Empfinden haben. Durch das ewige Hetzen von morgens bis abends und mangelhafte Ernährung dazu bin ich sehr krank geworden. Warum ist es nicht möglich, daß die Arbeitszeit etwas geregelt ist? Und warum geht es nicht, daß man uns tagsüber eine Ruhepause einräumt? Dann kommt durchschnittlich der Kampf um den Ausgang hinzu. Immer muß man um diese Dinge, die vom menschlichen Standpunkt selbstverständlich sein sollten, kämpfen. Mit etwas mehr gerechtem Denken und Empfinden für unsern Beruf, wäre es möglich, daß manches junge Mädchen oder Frau in den Haushalt gehen würde.   *E. F.*

Quelle: Die Frau von heute. 7/1948 (3). S. 18

Q 274   Der Lohnanspruch der Hausgehilfin

Für die Bezahlung der im Haushalt Beschäftigten gibt es bekanntlich keine tarifliche Regelung. Aus diesem Grund ist es sehr zu begrüßen, daß das Bayerische Staatsministerium für Arbeit und Soziale Fürsorge nach der Währungsreform Richtlinien für die Bezahlung der Haushaltkräfte erlassen hat, die wir im Nachstehenden auszugsweise wiedergeben.

Es werden bei freier Wohnung und Verpflegung folgende monatlichen Nettolöhne für die Großstädte vorgesehen, die sich in kleineren Städten um rd. 5% und in Landgemeinden um rd. 10% ermäßigen:

Hauswirtschaftliche Lehrlinge: im 1. Lehrjahr 12.– DM, im 2. Lehrjahr 17.– DM.

Berufsanfängerinnen (Haushaltskräfte in den ersten beiden Jahren ihrer hauswirtschaftlichen Tätigkeit): im Alter bis zu 15 Jahren: 15.– bis 20.– DM, bis zu 17 Jahren: 20.– bis 25.– DM, über 17 Jahre 25.– bis 30.– DM.

Hausgehilfinnen und Haushälterinnen (nach 2jähriger Berufstätigkeit) im 1. und 2. Berufsjahr 30.– bis 40.– DM, im 3. bis 5. Berufsjahr 35.– bis 45.– DM, und nach dem 6. Berufsjahr 40.– bis 55.– DM. Für besondere Kenntnisse im Nähen, Kochen usw. ist ein Zuschlag von etwa 5.– DM vorgesehen.

Köchinnen: im 1. bis 3. Berufsjahr 50.– bis 60.– DM, vom 4. Berufsjahr an 60.– bis 70.– DM.

Wirtschafterinnen: im 1. bis 3. Berufsjahr 55.– bis 70.– DM, vom 4. Berufsjahr an 65.– bis 80.– DM.

Aufwartungen: mit Verköstigung DM 0,55, ohne Verköstigung DM 0,60 Stundenlohn.

Waschfrauen: mit Verköstigung DM 6.–, ohne Verköstigung DM 7,50 Tageslohn.   *Dr. S.*

Quelle: Der Regenbogen. 11/1948 (3). S. 19

Q 275   Mangelnder Arbeitsschutz als Ursache des Hausgehilfinnenmangels

Die Hausarbeit unterliegt durch ihre besondere strukturelle Prägung und durch den Einfluß persönlicher, genauer Vorherbestimmung wenig zugänglicher Daten eigenen Ablaufsgesetzen, die eine schematische Regelung der Arbeitsbedingungen erschweren. Eine Besonderheit ist ferner eine ständige Arbeitshäufung, eine Folge der nach der Seite des menschlichen Arbeitseinsatzes hin nahezu unbegrenzt möglichen Intensivierung der Hausarbeit. Die vielseitige Tätigkeit der erwerbsberuflich Hausarbeit verrichtenden Hausgehilfin wird sich nie im selben Maße versachlichen lassen wie etwa die Arbeit einer Industriearbeiterin, Verkäuferin oder Büroangestellten. Dies gilt besonders dort, wo die Hausarbeit auf persönliche Bedienung und menschliche Pflege gerichtet ist.

Der Haushalt ist gleichzeitig der äußere Rahmen für das Familienleben, das von einer individuellen Hausordnung umschlossen wird. Die Einbeziehung der Hausgehilfin in die Hausordnung und die Wohngemeinschaft verwischt allzu leicht die Grenzen zwischen beruflicher und persönlicher Verpflichtung. Durch die ständigen menschlich-persönlichen Berührungen wird unser Arbeitsverhältnis in besonderem Maße zu einem Vertrauensverhältnis. Die Charakterwerte der Vertragspartner werden zu einem wesentlichen Kriterium seiner Tragfähigkeit. Wirtschaftsleiterin ist die Hausfrau, die von liebender Sorge für ihre Familienangehörigen und von dem Prinzip sparsamer Einkommensverwendung durchdrungen ist. Daraus ist ein eigentümlicher „Familienegoismus" zu begreifen, der sich u. E. der Lösung des Hausgehilfinnenschutzes ebenfalls hemmend in den Weg stellt.

Während alle anderen Arbeitgeber sich seit langem den sozialen Schutzbestimmungen zugunsten ihrer Arbeitnehmer haben fügen müssen, wehrten sich die Arbeitgeber im Haushalt immer wieder einmütig, sobald Vorschläge eines erweiterten Sozialschutzes für Hausgehilfinnen ihre Interessen zu beeinträchtigen schienen. Sie machten geltend, daß Eingriffe solcher Art zu Störungen der individuellen Ordnung des Haushaltes führen würden und somit höchste Werte einer Gesellschaft – das Familienleben – in ihrem Bestande gefährdet seien. Eine solche Gefährdung sahen die gleichen Arbeitgeber aber auch im zunehmenden Hausgehilfinnenmangel, ohne eine Brücke zu beiden Gedankengängen zu schlagen. Diese Haltung des Arbeitgebers ist von ökonomischen und psychologischen Daten beeinflußt. Von ökonomischen insofern, als die Einstellung einer Hausgehilfin in der Regel eine relativ hohe Belastung des Einkommens mit sich bringt, die jede zusätzliche soziale Leistung oder geringere Ausnutzung der Arbeitskraft zu einem Problem macht; von psychologischen, als verkannt wird, daß die von erwerbsmäßigen Gesichtspunkten bestimmte Arbeitsauffassung der Hausgehilfin eine andere sein muß, als die der gegenseitig verpflichteten Familienangehörigen. So stellt sich u. a. der Lösung des Kernproblems eines Sozialschutzes im Haushalt – der Arbeitszeitkürzung – immer wieder eine falsche Auffassung der Hausfrau entgegen; sie vermag nicht einzusehen, warum sie ihrer Hausgehilfin täglich festgelegte Ruhepausen und frühen Arbeitsschluß gewähren soll, während sie selbst von morgens bis abends auf den Beinen sein muß. Diese Auffassung muß vor allem deshalb befremden, weil ein großer Teil der heutigen Hausfrauen vor der Ehe selbst im Berufsleben gestanden ist und dort geregelte Arbeitsbedingungen und Sozialschutz für selbstverständlich erachtet hat.

Es soll keineswegs verkannt werden, daß sowohl ein soziales Verantwortungsgefühl gegenüber der Hausgenossin als auch der leidige Hausgehilfinnenmangel es im einzelnen wohl selten zu einer übermäßigen Ausnützung der überlegenen Rechtsstellung des Arbeitgebers kommen ließen. So wurden z. B. gewisse soziale Leistungen, wie Gewährung eines wöchentlichen freien Nachmittags und jährlichen Urlaubs, ferner die Übernahme der vollen Sozialversicherungsbeiträge und Weihnachtsgeschenke in Höhe eines monatlichen Geldlohnes allgemein üblich. Doch sind diese sozialen Zugeständnisse keinesfalls ausreichend. Es widerspricht außerdem dem Prinzip der sozialen Gerechtigkeit, wenn es lediglich vom guten Willen der einen Gruppe abhängt, ob die von ihr abhängige Gruppe zu ihrem Recht kommt. Jede echte soziale Regelung muß einer unsozialen Ausnützung einer Abhängigkeitsbeziehung vorbeugen und Willkürhandlungen ausschließen.

Bei den Auseinandersetzungen um einen zeitgemäßen Hausgehilfinnenschutz ging es u. E. immer zu einseitig um die Frage, was nützt dem Haushalt und was schadet ihm. Der Zusammenhang mit dem gesamten fortentwickelten Sozialschutz wurde zu wenig beachtet. Seit dem preußischen Regulativ über die Beschäftigung jugendlicher Arbeiter in den Fabriken von 1839 und der Gewerbeordnung von 1869 waren die Arbeitsbedingungen der wirtschaftlich schwächeren Gruppen durch staatlichen Eingriff und organisierte Selbsthilfe – und hier besonders durch den kollektiven Arbeitsvertrag – ständig verbessert worden. Die Hausgehilfinnen wurden dabei von wichtigen Regelungen, vor allem von der Arbeitszeitkürzung, dem Jugend- und Mutterschutz ausgenommen und nahmen vor allem auch infolge ihrer schwachen Selbsthilfe eine zunehmend sozial benachteiligte Sonderstellung ein. Die durch den Drang nach persönlich ungebundenerer Berufsausübung noch verstärkte Folge war Abneigung gegen die Aufnahme des Hausgehilfinnenberufes und Hausflucht.

Nur vom Land her kam immer noch ein Zustrom Hausdienste suchender Mädchen, die sich damit mit vorübergehender oder dauernder Absicht (und darin liegt eine Tragik besonderer Art) von der Landarbeit abwandten. Sie waren arbeitsgewohnt, fügsam und verhältnismäßig anspruchslos und eben deshalb als Hausgehilfinnen besonders gesucht. Was wäre aber aus dem Hausgehilfinnenberuf ohne diesen ländlichen Zustrom geworden?

Quelle: Gretel Keller: Die Hausgehilfinnenfrage in der deutschen Sozialpolitik. Diss. Tübingen 1948. S. 110–113

Q276 Hauswirtschaftliches Lehr- oder Anlernverhältnis?

... Es scheint sich zu wiederholen, was bereits nach dem ersten Weltkrieg versucht wurde, daß man sich zur Zeit wieder stärker denn je mit der Frage beschäftigt, ob es nicht gut sei, die jungen schulentlassenen Mädchen für eine bis zweijährige Haushaltslehre oder für das hauswirtschaftliche Anlernverhältnis zu gewinnen. Man hofft dadurch, den Engpaß „Arbeitsstelle" überbrücken zu können. Der Arbeitsmarkt zeigt die unterschiedlichsten Tendenzen, während die Industrien, die das Monopol der Frauenarbeit sind (z. B. Textil und Bekleidung) noch stark aufnahmefähig sind, zeigt sich auf der anderen Seite als Auswirkung der Währungsreform ein Anfall von überschüssigen Arbeitskräften. Bei der Suche nach Arbeitskräften ist man sogar auf die kuriose Idee verfallen, eine halbjährige Beurlaubung der Berufsschulpflichtigen vor der Ausschulung aus der Berufsschule in Erwägung zu ziehen. Es ist selbstverständlich, daß eine solche Lösung abgelehnt werden muß.

Doch zum Grundsätzlichen. Ist es wirklich so, daß man alles tun muß, um die jungen Mädchen auf den Beruf „Hausfrau" vorzubereiten? Versteht ein Mädchen, welches die Schule verläßt, nichts von den Arbeiten, die täglich im Hause verrichtet werden müssen? Argumente dieser Art, die zur Begründung ins Feld geführt werden, sind nicht stichhaltig genug, um überzeugend zu wirken, daß ein hauswirtschaftliches Anlernverhältnis unbedingt notwendig sei. . . . Es scheint hinter allem etwas anderes zu stehen. Bekannt ist, daß die Nazis

ein hauswirtschaftliches Pflichtjahr

eingeführt hatten. In diesem Pflichtjahr ist in vielen Fällen eine Ausbeutung der jungen Mädchen übelster Art zu verzeichnen gewesen. Ferner war so ein Pflichtjahrmädel eine billige Arbeitskraft. Gewisse Kreise, die sich in der „Naziherrlichkeit" diese Einrichtung zu Nutze machten, scheinen heute das stärkste Interesse daran zu haben, daß eine hauswirtschaftliche Lehrzeit oder ein hauswirtschaftliches Anlernverhältnis für junge Mädchen bis zu 18 Jahren obligatorisch wird. Das wäre aber nur eine moderne Umschreibung des von den Nazis eingeführten hauswirtschaftlichen Pflichtjahres.

Eine Lehrzeit auf dem Gebiet des Haushaltswesens kann nur soweit in Frage kommen, als es sich dabei um die Ausbildung von leitenden Kräften für die sozialen Berufe (Fürsorgerinnen, Krankenpflegerinnen, Anstaltsleiterinnen, Heimleiterinnen u. ä.) oder für Leiterinnen von Einrichtungen wie Großküchen, Internaten und die Haushalts*leitung* in gewerblichen und landwirtschaftlichen Großbetrieben handelt. Für die Ausbildung solcher Kräfte kommen die Staatlichen Haushaltsschulen und der Anstaltshaushalt in Frage. Nur so ist die Gewähr dafür gegeben, daß die Ausbildung eine fachmännische und der Lehrling vor jeder privaten Ausbeutung geschützt ist. Lehrlinge können nur da ausgebildet werden, wo auch die entsprechenden Kräfte mit fachlicher Eignung vorhanden sind:

1. Gewerbelehrerinnen für Haushalt
2. Hauswirtschaftsleiterinnen und
3. Geprüfte Wirtschafterinnen

Dagegen muß eine Ausbildung durch sogenannte Meisterinnen der Hauswirtschaft, die . . . nur im privaten Haushalt anzutreffen sind, abgelehnt werden.

Wenn man glaubt, den Engpaß „Arbeitsstelle" mit der Einführung des hauswirtschaftlichen Lehr- und Anlernverhältnisses beheben zu können, dann ist man im Irrtum. Arbeitsstellen werden nicht dadurch geschaffen, daß man Lehrverhältnisse und Anlernverhältnisse konstruiert. Da wo solche Verhältnisse konstruiert werden könnten, ist es auch in der Regel das Bedürfnis, anfallende Arbeit auf fremde Personen zu übertragen, also Arbeitskräfte zu beschäftigen. Das braucht aber nicht in einem konstruierten Lehr- oder Anlernverhältnis zu geschehen, sondern in einem freien Arbeitsverhältnis durch Dienstvertrag. . . .

Quelle: Die Genossin. 7/1948 (11). S. 92 f.

Q 277 Stellungnahme der Gewerkschafterinnen zum hauswirtschaftlichen Lehr- und Anlernverhältnis in privaten Haushaltungen

Die Trizonale Frauenkonferenz der Mitglieder der Frauenausschüsse der Bünde in Rod a. d. Weil vom 25.–27. Januar 1949 beschäftigte sich erneut mit der Frage des Hauswirtschaftlichen Lehr- und Anlernverhältnisses in privaten Haushaltungen.

Die Konferenz spricht sich einmütig gegen das Lehr- und Anlernverhältnis in privaten Haushaltungen aus. Sie wendet sich insbesondere aber auch gegen die von den Arbeitsämtern ausgearbeiteten Lehrverträge und weist darauf hin, daß diese Bestimmungen enthalten, die unseren Auffassungen widersprechen.

Die Konferenz hält es dagegen für notwendig, daß in allen Schulen (Volks- und Höheren Schulen) der obligatorische Haushaltunterricht aufgenommen und ausgebaut wird.

Des weiteren tritt die Konferenz für die Errichtung bzw. den Ausbau weiterer staatlicher Haushaltungsschulen zur Ausbildung von leitenden Kräften für die sozialen Berufe (z. B. Fürsorgerinnen, Krankenpflegerinnen, Anstalts- und Heimleiterinnen u. ä.) ein. Den Aufstieg in diese sozialen Berufe auch den minderbemittelten Kreisen zu ermöglichen, ist Aufgabe einer kommenden Schulreform.

Die Konferenz stellt als Ziel heraus: Schaffung von Arbeitsverträgen auch für die Hausangestellten auf Grund von Tarifverträgen. Solange solche wegen Fehlens geeigneter Tarifkontrahenten nicht möglich sind, ist die gesetzliche Regelung von Mindestentgelten für die Hausangestellten anzustreben.

Darüber hinaus ist das gesamte Hausangestelltenproblem in dem zu bildenden Trizonalen Frauenarbeitsausschuß noch eingehender zu untersuchen und weitere Vorschläge an den Gewerkschaftsrat einzureichen.

Quelle: Protokoll über die Tagung der Frauenausschüsse der Bünde vom 25.–27. Januar 1949 in Rod a. d. Weil. DGB-Akte „Verschiedene Protokolle ab 1945". DGB-Archiv

Q 278 Zwangsvermittlung in die Hauswirtschaft?

Bei der Frage nach der Zumutbarkeit hauswirtschaftlicher Arbeit für Angehörige anderer Berufe ergeben sich gegensätzliche Meinungen. Die Gewerkschaftsvertreterinnen stehen auf dem Standpunkt, daß die Bedingungen in der hauswirtschaftlichen Arbeit heute noch so ungünstig sind, daß ein derartiges Arbeitsangebot nicht ohne weiteres vertretbar ist. Es bedeutet fast immer eine erhebliche wirtschaftliche Schädigung des Arbeitnehmers.

Demgegenüber wird von einigen anderen Mitgliedern die unbedingte Verpflichtung zur Arbeit vor Inanspruchnahme öffentlicher Mittel betont. Es müsse individuell verfahren werden. Bei qualifizierten Berufen, Fachkräften und Älteren wird großzügiger zu verfahren sein als bei ungelernten Kräften, denen ein Übergang in die Hauswirtschaft näher liegt. Zusammenfassend weist Frau RR. T. darauf hin, daß unter den Unterstützungsempfängerinnen, deren Zahl dauernd steigt, manche Frauen sind, die keine ernsten Arbeitsabsichten haben, denen es vielmehr ausschließlich auf Unterstützung ankommt. Eine zu große Zurückhaltung beim Anbieten hauswirtschaftlicher Arbeit ziehe zwangsläufig eine weitere Zunahme der Zahl der Unterstützungsempfängerinnen nach sich, während die Ausnutzung der Vermittlungsmöglichkeiten in der Hauswirtschaft den Unterstützungsbezug in Grenzen halte. Sie vertritt die Auffassung, daß die gegenwärtige Lage es verlange, daß auch die Arbeitsmöglichkeiten in der Hauswirtschaft sinnvoll genutzt werden. Das gelte insbesondere für junge Arbeitskräfte. Richtlinien könnten hierfür nicht aufgestellt werden, da die Fälle zu verschieden gelagert seien. Die Entscheidung müsse von Fall zu Fall getroffen werden.

Quelle: Niederschrift über die Sitzung des Fachausschusses für Frauenfragen am 23. 6. 49 im Landesarbeitsamt, Düsseldorf. NW 45–12. HSTA

Sachregister

FRAUEN in der GESCHICHTE

Annette Kuhn /
Gerhard Schneider (Hrsg.)
Frauen in der Geschichte I
Frauenrechte und die
gesellschaftliche Arbeit der
Frauen im Wandel
320 Seiten, Broschur
ISBN 3-590-18009-9

Annette Kuhn / Jörn Rüsen
(Hrsg.)
Frauen in der Geschichte II
Beiträge zur Sozialgeschichte
der Frauen
320 Seiten, Broschur
ISBN 3-590-18012-9

Annette Kuhn / Jörn Rüsen
(Hrsg.)
Frauen in der Geschichte III
Beiträge zur Geschichte der
Weiblichkeit
280 Seiten, Broschur
ISBN 3-590-18017-X

Ilse Brehmer / Juliane Jacobi-
Dittrich / Elke Kleinau / Annette
Kuhn (Hrsg.)
Frauen in der Geschichte IV
„Wissen heißt leben …"
Beiträge zur Bildungs-
geschichte von Frauen
im 18. und 19. Jahrhundert
432 Seiten, Broschur
ISBN 3-590-18023-4

Anna-Elisabeth Freier / Annette Kuhn (Hrsg.)
Frauen in der Geschichte V
Schwann

Anna-Elisabeth Freier /
Annette Kuhn (Hrsg.)
Frauen in der Geschichte V
„Das Schicksal Deutschlands
liegt in der Hand seiner Frauen" –
Frauen in der deutschen
Nachkriegsgeschichte
472 Seiten, Broschur
ISBN 3-590-18027-7

Bodo von Borries / Annette Kuhn /
Jörn Rüsen (Hrsg.)
Frau in der Geschichte I / II / III
Sammelband Geschichts-
didaktik
ca. 288 Seiten, Broschur
ISBN 3-590-18099-4

Pädagogischer Verlag Schwann-Bagel